ZUR LAGE DER FLÜCHTLINGE IN DER WELT
UNHCR-REPORT 2000/2001

50 Jahre humanitärer Einsatz

VERLAG J. H. W. DIETZ NACHF. BONN

© United Nations High Commissioner for Refugees 2000

Urheberrechte für die Datenbank/Cover Design
Oxford University Press

Die in diesem Buch vertretenen Ansichten entsprechen nicht unbedingt
der offiziellen UNHCR-Politik und werden auch nicht unbedingt
von den wissenschaftlichen Beratern geteilt. Sofern nicht anders angegeben,
wurden keine Ereignisse nach dem 31. Dezember 1999 berücksichtigt.
Die Karten sind an keiner Stelle Ausdruck einer
wie auch immer gearteten Einstellung von UNHCR
zum rechtlichen Status irgendeines Landes,
eines Territoriums, einer Stadt oder eines Gebietes oder ihrer Grenzen.

Sofern nicht anders angegeben, wurden alle Karten von der UNHCR-Kartenabteilung
(auf der Grundlage digitaler Kartendaten der Marke Global Insight - 1998
© Europa Technologies Ltd.) und alle Statistiken
von der UNHCR-Statistikabteilung erstellt.

Das Buch ist auch in anderen Sprachen erhältlich.
Nähere Informationen erhalten Sie vom
Centre for Documentation and Research
UNHCR, CP 2500
CH-1211 Genf 2
Fax: (+41 22) 739 7367
Email: cdr@unhcr.ch

Layout und Typographie der Originalausgabe
Epps Ransom Associates, London

Die Deutsche Bibliothek – CIP-Einheitsaufnahme

50 Jahre humanitärer Einsatz / UNHCR. [Übers. Klaus Birker ...]. - Bonn: Dietz, 2000
(Zur Lage der Flüchtlinge in der Welt; 2000/01)
Einheitssacht.: Fifty years of humanitarian action <dt.>
ISBN 3-8012-0298-4

© Copyright für die deutschsprachige Ausgabe 2000 by
Verlag J. H. W. Dietz Nachf. GmbH, In der Raste 2, 53129 Bonn
Lektorat: Dorothee Wahl

Übersetzung der englischsprachigen Vorlage
Klaus Birker unter Mitarbeit von Rainer Pawellek und Norbert Völker

Layout und Typographie der deutschen Ausgabe:
alfred friese — www.inrhein.de

Druck und Verarbeitung: Kösel Kempten (www.KoeselBuch.de)
Alle Rechte vorbehalten

Printed in Germany 2000

Titelfoto: Eine irakische Flüchtlingsfamilie bei der Ankunft
im Iran im April 1991 (UNHCR/J. Stjerneklar/1991)

Redaktionsteam

Leitender Redakteur und Hauptautor
Mark Cutts

Redakteure
Sean Loughna, Frances Nicholson

Beratung
Jeff Crisp, Irene Khan

Produktion
Udo Janz, Raymond Wilkinson

Statistik
Bela Hovy, Tarek Abou Chabake

Kartographie
Jean-Yves Bouchardy, Yvon Orand

Assistenz
Claire Bessette, Elena Bovay, Maureen Gumbe

Deutsche Ausgabe
**Stefan Telöken, Angelika Emmelmann
Dorothee Greve**

Lektorat
Dorothee Wahl

Produziert von der UNHCR-Informations-
und Kommunikationsabteilung
unter der Leitung von
John Horekens

Weitere Autoren

**Joel Boutroue, Sarah Collinson,
Filippo Grandi, Jane Hoverd Chanaa,
Judith Kumin, Bohdan Nahajlo,
Kathleen Newland, Gerard Prunier,
W. Courtland Robinson, Philip
Rudge, Hiram Ruiz, Sumit Sen,
Hugo Slim, Patricia Weiss Fagen
und Michael Williams.**

Danksagung

Das Redaktionsteam dankt folgenden Personen für ihre Unterstützung bei der Erstellung dieses Reports: Für Beiträge zu den Kästen: Erin Baines, Carol Batchelor, Jon Bennett, Jo Boyden, Walter Brill, Peter Carey, Roberta Cohen, Nicola Cozza, Bryan Deschamp, David Griffiths, Karen Jacobsen, Kris Janowski, Mahendra P. Lama, Milton Moreno, Terence Ranger, Paul Richards, Ronald Skeldon, Claudena Skran, Samia Tabari, Rick Towle, Nicholas Van Hear und Peter van der Vaart.

Für redaktionelle Hilfestellung: Marilyn Achiron, Daniel Bellamy, Axel Bisschop, Emery Brusset, Gervaise Coles, Maureen Connelly, Steven Corliss, Damtew Dessalegne, Khassim Diagne, Jiddo van Drunen, Jean-François Durieux, Ragnhild Ek, Kemlin Furley, Mireille Girard, Oldrich Haselman, Otto Hieronymi, Anneliese Hollmann, Susan Hopper, Arafat Jamal, Mitch Januska, Stéphane Jaquemet, Anne Kellner, Sanda Kimbimbi, Pirkko Kourula, Wei Meng Lim-Kabaa, Marion Lindsay, Christina Linner, Serge Malé, Michael McBride, Nicholas Morris, Ilunga Ngandu, Bernadette Passade Cissé, Trudy Peterson, Françoise Peyroux, Ron Redmond, José Riera, John Ryle, Stacy Sullivan, Hans Thoolen, Volker Türk, Neill Wright, Kirsten Young und Philippa Youngman.

Das Redaktionsteam dankt ebenfalls den Mitgliedern der Academic Advisory Group für ihre Mitarbeit. Nicht fehlen darf ein Hinweis auf die wichtige Rolle von Myron Weiner (†), der die UNHCR-Forschungsarbeit wesentlich inspirierte.

Academic Advisory Group

B.S. Chimni, Jawaharlal Nehru Universität, New Delhi, Indien
Shahram Chubin, Zentrum für Sicherheitspolitik, Genf, Schweiz
Leonardo Franco, Lanus Universität, Buenos Aires, Argentinien
Bill Frelick, US Komitee für Flüchtlinge, Washington DC, USA
Marrack Goulding, St Antony's College, Oxford, Großbritannien
Ivor C. Jackson, UNHCR (pens.), Genf, Schweiz
Monica Juma, Moi Universität, Nairobi, Kenia
Kemal Kirisci, Bogazici Universität, Istanbul, Turkei
Gil Loescher, Notre Dame Universität, Indiana, USA
Thandika Mkandawire, UN Forschungsinstitut für Soziale Entwicklung, Genf, Schweiz
Yves Sandoz, Internationales Komitee vom Roten Kreuz, Genf, Schweiz
Astri Suhrke, Chr. Michelsen Institut, Bergen, Norwegen
Valery Tishkov, Institut für Ethnologie und Anthropologie, Moskau, Russische Föderation
Catherine Wihtol de Wenden, Centre National de la Recherche Scientifique, Paris, Frankreich

Inhalt

		Seite
	Vorwort des Generalsekretärs der Vereinten Nationen	ix
	Vorwort der Hohen Flüchtlingskommissarin der Vereinten Nationen	x
	Einleitung	1
	• Internationale Ansätze zum Flüchtlingsschutz	
	• Das Mandat und die Aktivitäten von UNHCR	
	• Die Geschichte von Flucht und Vertreibung	
1	**Die frühen Jahre**	**13**
	• Die United Nations Relief and Rehabilitation Administration (UNRRA)	14
	• Die Internationale Flüchtlingsorganisation	16
	• Die Gründung von UNHCR	18
	• Die Genfer Flüchtlingskonvention von 1951	26
	• Die Ungarnkrise von 1956	28
1.1	Nansen und McDonald: Pioniere des Flüchtlingsschutzes	16
1.2	Die Unterstützung der Vereinten Nationen für die palästinensischen Flüchtlinge	21
1.3	Die Genfer Flüchtlingskonvention von 1951	25
1.4	Deutsche Wiedergutmachungspraxis gegenüber Flüchtlingen nach dem Krieg	30
1.5	Chinesische Flüchtlinge in Hongkong	36
2	**Entkolonialisierung in Afrika**	**43**
	• Der Algerische Unabhängigkeitskrieg	44
	• Entkolonialisierung südlich der Sahara	51
	• Ruanda und das ostafrikanische Seenhochland	54
	• Die Ausweitung des internationalen Schutzsystems	61
2.1	Flucht aus Rhodesien, Rückkehr nach Simbabwe	52
2.2	Das Protokoll von 1967 zum Abkommen über die Rechtsstellung der Flüchtlinge von 1951	62
2.3	Die OAU-Flüchtlingskonvention von 1969	65

		Seite
3	**Bruch in Ostasien**	**69**
	• Die Geburt des Staates Bangladesch	70
	• Rückführung und Bevölkerungstausch	80
	• Die expandierende Rolle von UNHCR in Asien	87
3.1	Tibetische Flüchtlinge in Indien	73
3.2	Die Vertreibung der Südasiaten aus Uganda	81
3.3	Das Elend der Rohingyas	87
4	**Flucht aus Indochina**	**91**
	• Der Krieg und der Exodus aus Vietnam	92
	• Kambodschanische Flüchtlinge in Thailand	105
	• Laotische Flüchtlinge in Thailand	111
	• Indochina als Wendepunkt	116
4.1	Internationale Konferenzen über die Indochinaflüchtlinge	96
4.2	Piraterie im südchinesischen Meer	100
4.3	Vietnamesische Flüchtlinge in den USA	103
4.4	Indochinesische Unbegleitete Minderjährige	108
5	**Stellvertreterkriege in Afrika, Asien und Mittelamerika**	**119**
	• Krieg und Hunger am Horn von Afrika	120
	• Afghanische Flüchtlinge in Pakistan und im Iran	131
	• Massenflucht in Mittelamerika	137
	• Konfliktlösung und Rückführung	148
5.1	Flüchtlingslager und -siedlungen	122
5.2	Mosambikanische Flüchtlinge: Die Folgen für die Aufnahmeländer	128
5.3	Die Flüchtlingsdeklaration von Cartagena aus dem Jahre 1984	140
5.4	Chile unter General Pinochet	143

		Seite
6	**Rückführung und Friedenssicherung Anfang der neunziger Jahre**	**151**
	• Die Rückführung nach Namibia	152
	• Rückführungen in Mittelamerika	155
	• Die Rückführung nach Kambodscha	161
	• Die Rückführung nach Mosambik	168
	• Sich wandelnde Ansätze zu Rückführung und Reintegration	173
6.1	Der Schutz von Flüchtlingskindern	156
6.2	Die Verknüpfung von Soforthilfe und Entwicklung	162
6.3	Menschenrechte und Flüchtlinge	170
7	**Asyl in den Industrieländern**	**175**
	• Die Entwicklung der Asylpolitik in Europa	176
	• Weiterwanderung und Asyl in Nordamerika	195
	• Die Asylpolitik in Australien, Neuseeland und Japan	204
	• Das Asylrecht schützen	206
7.1	Die Asylpolitik der Europäischen Union	179
7.2	Nichtstaatliche Urheber von Verfolgung	185
7.3	Finanzierungstrends	188
7.4	Haitianische Asylsuchende	199
8	**Flucht und Vertreibung in der früheren Sowjetunion**	**209**
	• Das sowjetische Vermächtnis	210
	• Konflikte im Südkaukasus und in Tadschikistan	217
	• Neue Herausforderungen in den GUS-Staaten	223
	• Konflikt im Nordkaukasus	229
	• Die zukünftigen Herausforderungen	235
8.1	Staatenlosigkeit und strittige Staatsangehörigkeit	213
8.2	Nichtregierungsorganisationen	219
8.3	Bewaffnete Angriffe auf humanitäre Helfer	232

		Seite
9	**Krieg und humanitäre Einsätze im Irak und auf dem Balkan**	**239**
	• Die Kurdenkrise im Nordirak	240
	• Krieg in Kroatien und Bosnien und Herzegowina	247
	• Die Kosovo-Krise	264
	• Grenzen humanitären Handelns in Kriegszeiten	275
9.1	Binnenvertriebene	243
9.2	Osttimor: Der Preis der Unabhängigkeit	267
9.3	Internationale Strafgerichtsbarkeit	273
10	**Der Völkermord in Ruanda und die weitere Entwicklung**	**277**
	• Der Massenexodus aus Ruanda	278
	• Die Flucht aus den Flüchtlingslagern	291
	• Die Suche nach den vermissten Flüchtlingen in Zaire	302
	• Eine neue Phase des Krieges im Kongo	306
10.1	Das Problem der Militarisierung von Flüchtlingslagern	280
10.2	Flüchtlinge und Aids	285
10.3	Somalia: Flucht und Leben im Ausland	289
10.4	Krieg, Flucht und Vertreibung in Westafrika	293
10.5	Westsahara: Flüchtlinge in der Wüste	300
11	**Der Wandel von Flucht und Vertreibung**	**309**

		Seite
	Anmerkungen	324
	Anhang	323
	Statistiken	337
	Technische Hinweise zur Erhebung statistischer Daten	
1	Vertragsstaaten der Genfer Flüchtlingskonvention von 1951, des Protokolls von 1967 sowie der OAU-Flüchtlingskonvention von 1969 und Mitglieder des Exekutivkomitees (EXCOM) von UNHCR (Stand: 31. Dezember 1999)	338
2	Flüchtlinge und andere von UNHCR erfasste Personen (Stand: 31. Dezember 1999)	342
3	Flüchtlinge nach Regionen (geschätzt), 1950 - 1999	346
4	Flüchtlingsbevölkerungen in den größten Asylländern, 1980 - 1999 (in Tausend)	347
5	Größte Flüchtlingsbevölkerungen nach Herkunftsland, 1980 - 1999 (in Tausend)	350
6	Flüchtlingsbevölkerungen nach Herkunfts- und Asylland/-gebiet (Stand: 31. Dezember 1999)	352
7	Flüchtlinge pro 1.000 Einwohner: Rangliste der führenden 40 Länder (Stand: 31. Dezember 1999	355
8	Flüchtlinge im ostafrikanischen Seenhochland, 1960 - 1999	356
9	Asylanträge und aufgenommene Flüchtlinge in ausgewählten Industrieländern, 1990 - 1999	357
10	Wichtigste Herkunftsländer/-gebiete von Asylbewerbern in Westeuropa, 1990 - 1999	361
11	Hohe Flüchtlingskommissare 1951 - 2000	362
	Weiterführende Literatur	364

		Seite
	Karten	
1.1	Vertragsstaaten der Genfer Flüchtlingskonvention von 1951 und/oder des zugehörigen Protokolls von 1967 (Stand: 31. Dezember 1999)	27
2.1	Kolonialherrschaft und Unabhängigkeit in Afrika	55
3.1	Standorte der größten Flüchtlingslager in Indien im November 1971	71
3.2	UNHCR-Luftbrücke in Südasien, 1973 - 1974	84
4.1	Fluchtbewegungen aus Indochina, 1975 - 1995	92
4.2	Thailand: UNHCR-Flüchtlingslager für Laoten, Kambodschaner und Vietnamesen in den 80er und 90er Jahren	114
5.1	Größte Flüchtlingsströme in Nordostafrika in den 80er Jahren	121
5.2	Größte Flüchtlingsströme aus Afghanistan, 1979 - 1990	132
5.3	Größte Flüchtlingsströme in Mittelamerika in den 80er Jahren	139
6.1	Rückführung nach Mosambik, 1992 - 1994	169
7.1	Politische Karte von Europa, 1999	194
8.1	Die Gemeinschaft Unabhängiger Staaten (GUS) und angrenzende Staaten, 1999	215
8.2	Kaukasus: Flucht und Vertreibung in den 90er Jahren	230
9.1	Kroatien und Bosnien und Herzegowina, April 1995	253
9.2	Flüchtlinge und Vertriebene aus dem ehemaligen Jugoslawien, Dezember 1995	260
9.3	Die Vereinbarung von Dayton für Bosnien und Herzegowina, 1995	263
9.4	Flüchtlinge und Vertriebene aus dem Kosovo in Nachbarstaaten/-territorien, Mitte Juni 1999	266
9.5	Osttimor und umliegende Region, 1999	269
10.1	Flüchtlinge und Binnenvertriebene in Westafrika, 1994	295
10.2	Westsahara, 1999	301
10.3	Flüchtlingsbewegungen aus Ruanda und Burundi, 1994 - 1999	304
11.1	Große Flüchtlingsbevölkerungen weltweit, 1999	314

Grafiken

		Seite
0.1	Von UNHCR erfasste Personen, 31. Dezember 1999	11
2.1	Flüchtlinge im ostafrikanischen Seenhochland, 1960 - 2000	59
3.1	Bangladeschische Flüchtlinge in Indien, 1. Dezember 1971	77
4.1	Indochina: Weiterwanderung und Rückkehr, 1975 - 1997	98
4.2	Vietnamesische Boatpeople nach Erstasylland/-gebiet, 1975 - 1995	102
4.3	Indochinesische Neuankömmlinge nach Erstasylland oder -gebiet, 1975 - 1995	112
4.4	Dauerhafte Ansiedlung indochinesischer Flüchtlinge nach Ansiedlungsland, 1975 - 1995	113
5.1	Flüchtlingsbevölkerungen in Äthiopien, Kenia, Somalia und dem Sudan, 1982 - 1999	120
5.2	Afghanische Flüchtlinge nach Asylland, 1979 - 1999	134
5.3	Registrierte Flüchtlinge in Mittelamerika und Mexiko, 1980 - 1999	141
5.4	Flüchtlinge nach wichtigsten Asylregionen, 1975 - 2000	142
6.1	Zurückgekehrte Flüchtlinge weltweit (geschätzt), 1975 - 1999	172
7.1	Asylanträge in Europa, Nordamerika, Australien und Neuseeland, 1980 - 2000	177
7.2	Wichtigste Herkunftsländer/-gebiete von Aslybewerbern in Westeuropa, 1990 - 1999	181
7.3	Asylanträge in Mitteleuropa, 1990 - 1999	184
7.4	Anzahl von anerkannten Flüchtlingen pro Jahr in Europa, 1990 - 1999	187
7.5	Beiträge der Hauptgeber an UNHCR als Prozentsatz am BSP, 1999	188
7.6	Die 15 größten Geber von UNHCR, 1980 - 1999	188
7.7	Ausgaben von UNHCR, 1950 - 2000	189
7.8	UNHCR-Ausgaben nach Regionen, 1990 - 2000	189
7.9	Asylanträge in Industriestaaten, 1980 - 1999	192
7.10	Asylanträge pro 1.000 Einwohner in wichtigen Industriestaaten, 1999	193
7.11	Anteil der Asylbewerber, die als Flüchtlinge anerkannt wurden oder denen ein Bleiberecht aus humanitären Gründen gewährt wurde, 1990 - 2000	197
7.12	Aus Erstasylländern in Industrieländern angesiedelte Flüchtlinge, 1981 - 1999	205
8.1	Massendeportationen in der Sowjetunion in den vierziger Jahren	211
8.2	In der Russischen Föderation erfasste „zwangsumgesiedelte" Personen nach Gebiet des vorherigen Wohnsitzes, 1993 - 1998	225
8.3	Flüchtlinge und Binnenvertriebene in der Gemeinschaft unabhängiger Staaten, 1999	234
9.1	Länder mit den meisten Binnenvertriebenen, 1999	245
10.1	Ruandische und burundische Flüchtlingsbevölkerungen, 1993 - 1999	282
10.2	Ruandische Flüchtlinge im ostafrikanischen Seenhochland, Ende August 1994	283

Vorwort
des Generalsekretärs der Vereinten Nationen

Flucht und Vertreibung gehören zu den größten Problemen, mit denen die Vereinten Nationen seit ihrer Gründung konfrontiert sind. Es sind mit die schutzbedürftigsten Menschen auf der Welt, die infolge von Konflikten, Verfolgung oder anderen Menschenrechtsverletzungen vertrieben werden. Seit 50 Jahren steht das Amt des Hohen Flüchtlingskommissars der Vereinten Nationen (United Nations High Commissioner for Refugees - UNHCR) an der Spitze internationaler Bemühungen, den Schutz dieser Menschen zu gewährleisten.

UNHCR begann als eine kleine humanitäre Organisation mit einem auf drei Jahre befristeten Mandat. Europäischen Flüchtlingen, die nach dem Zweiten Weltkrieg noch keine neue Heimat gefunden hatten, sollte bei der Wiederansiedlung geholfen werden. Seitdem ist das Amt stetig gewachsen, um immer mehr Flüchtlingen und anderen Vertriebenen helfen zu können. Es unterstützt heute rund 22 Millionen Menschen weltweit.

Die Lage der Flüchtlinge in der Welt 2000 ist ein wichtiges Buch zu einem akuten Problem. Es bietet einen detaillierten Überblick über ein halbes Jahrhundert internationalen humanitären Engagements zu Gunsten von Flüchtlingen und anderen Vertriebenen in allen großen Flüchtlingskrisen der letzten 50 Jahre. Es beschreibt, wie jede neue Krise zur Erweiterung des Flüchtlingsrechts beigetragen hat, und analysiert die sich wandelnde Reaktion der internationalen Gemeinschaft auf das Problem der Zwangsmigration. Vor allem ordnet es jedoch die humanitäre Hilfe in den globalen politischen Kontext ein und untersucht die wichtigen Verknüpfungen von Flucht und Vertreibung mit den Themen Frieden und Sicherheit.

Als früherer UNHCR-Mitarbeiter wurde ich selbst in vielen Fällen Zeuge des Elends und der Not entwurzelter Menschen. Dieses Buch ist ein Tribut an den Überlebenswillen von Millionen Flüchtlingen und Vertriebenen. Es würdigt zudem das Engagement und die Beharrlichkeit all jener, die sich in den letzten 50 Jahren bemüht haben, diese Menschen zu schützen und ihnen zu helfen.

Kofi Annan

Vorwort
der Hohen Flüchtlingskommissarin der Vereinten Nationen

Man braucht nur einen Blick auf das Inhaltsverzeichnis dieses Buches zu werfen, um ermessen zu können, warum das fünfzigjährige Bestehen von UNHCR kein Grund zum Feiern ist. Jahrzehnt für Jahrzehnt liefert das Buch eine erschreckende Chronik der großen Verwerfungen der letzten 50 Jahre - eine scheinbar nicht enden wollende Folge von Konflikten und Krisen, die zur Flucht und Vertreibung von mehreren zehn Millionen Menschen geführt haben.

Zu Beginn des neuen Jahrtausends veranschaulicht die Tatsache, dass es UNHCR immer noch gibt, das fortdauernde Versagen der internationalen Gemeinschaft, Verfolgung, Armut und andere Ursachen von Konflikten, Flucht und Vertreibung zu verhindern. Allein im letzten Jahr des 20. Jahrhunderts mussten mehr als eine Million Menschen aus ihrer Heimat im Kosovo, in Osttimor und in Tschetschenien fliehen. Das verdeutlicht: Das Problem von Flucht und Vertreibung ist nicht gelöst und wird die internationale Gemeinschaft im 21. Jahrhundert wahrscheinlich noch lange beschäftigen.

Wenn auch die Notwendigkeit des Weiterbestehens von UNHCR keinen Grund zum Feiern bietet, so kann man jedoch dem Mut der Millionen von Flüchtlingen und Vertriebenen Tribut zollen. Sie haben sich in den letzten 50 Jahren ihrem Schicksal entgegengestemmt, obwohl ihnen häufig nichts als die Hoffnung geblieben war. Sie gehören zu den bewunderungswürdigen Menschen des 20. Jahrhunderts und verdienen unsere Hochachtung. Deshalb ehrt UNHCR sie in diesem Jubiläumsjahr für ihre zahllosen individuellen und kollektiven Triumphe.

Nicht nur ist die Zahl der Menschen gestiegen, für die UNHCR zuständig ist, sondern das Problem von Flucht und Vertreibung ist auch komplexer geworden. Bei den Maßnahmen, die das Amt ergreifen kann, müssen heute viele neue Entwicklungen berücksichtigt werden. Dazu zählen die drastischen geopolitischen Verschiebungen, die enorme Zunahme der Zahl der Binnenvertriebenen, die Häufigkeit humanitärer Krisen in Konfliktsituationen, in denen Zivilisten zur Zielscheibe und Mitarbeiter humanitärer Organisationen nicht selten angegriffen werden. Hinzu kommt die Globalisierung, die den einen neue Chancen eröffnet, sie aber anderen verschließt. Weitere neue Entwicklungen zeichnen sich in der Zunahme des Menschenschmuggels, der Einschränkung des Asyls und der offenen Kritik an der Genfer Flüchtlingskonvention von 1951, der Grundlage der Arbeit von UNHCR, ab.

Staaten haben sich bei der Unterstützung von Flüchtlingen und anderen Vertriebenen oft gastfreundlich und großzügig gezeigt. Ebenso hat UNHCR zusammen mit seinen Partnerorganisationen bei vielen Gelegenheiten eine wichtige Rolle dabei gespielt, diese Menschen zu schützen, zu unterstützen und ihnen zu helfen, ein neues Leben zu beginnen. Aber wie dieses Buch nur zu deutlich belegt, sind humanitäre Maßnahmen von begrenztem Wert, wenn sie nicht in einen größeren strategischen und politischen Rahmen eingebettet sind, um die Ursachen von Konflikten anzugehen. Die Erfahrung hat immer wieder gezeigt, dass humanitäres Handeln allein keine Probleme von grundsätzlich politischer Natur lösen kann. Dennoch waren humanitäre Organisationen wie UNHCR nur allzu oft in schwierigen und gefährlichen Situationen auf sich allein gestellt und mussten ohne angemessene finanzielle und politische Unterstützung agieren.

In bestimmten Regionen hat die internationale Gemeinschaft angesichts von Flucht und Vertreibung entschlossen reagiert. In anderen mit einer geringeren strategischen Bedeutung hat sie es bedauerlicherweise an dieser politischen Entschiedenheit fehlen lassen. Mittel und Ressourcen wurden beispielsweise rasch für einige der großen Notsituationen in Afrika wie der ruandischen Flüchtlingskrise im Jahre 1994 bereitgestellt - oder auch für die Menschen, die 1999 durch den Konflikt im Kosovo vertrieben wurden. Wenig Aufmerksamkeit erhielt dagegen die Situation in Westafrika, wo durch Konflikte in Sierra Leone und Guinea-Bissau mehrere hunderttausend Menschen entwurzelt wurden.

Wenn die internationalen Medien wieder abgezogen sind, fehlt es Staaten oft auch an der nötigen politischen Entschlossenheit, zur Lösung von Flüchtlingsproblemen nach dem Ende von Konflikten beizutragen. Flüchtlinge und Vertriebene kehren dann häufig an Orte zurück, an denen ein noch instabiler Frieden durch Versöhnung, Instandsetzung der Infrastruktur und Wiederaufbau gefestigt werden muss. Leider verhindert die politische Ungewissheit in vielen Fällen die Beteiligung von Entwicklungsorganisationen und Investitionen durch Finanzinstitutionen, sodass zwischen der humanitären Nothilfe und längerfristig angelegten Entwicklungsmaßnahmen eine zeitliche Lücke klafft.

In diesem Buch werden viele dieser wichtigen Fragen einer kritischen Analyse unterzogen. Darüber hinaus bietet es möglichst objektive Schilderungen der oft schwierigen Situationen von Flüchtlingen und Vertriebenen sowie des sich verändernden internationalen politischen Klimas, in dem UNHCR und andere humanitäre Organisationen gearbeitet haben. Mit dem Buch wird nicht die Absicht verfolgt, ein Urteil abzugeben oder eine offizielle Geschichte von UNHCR oder des Flüchtlingsproblems vorzulegen. Vielmehr soll es einen historischen Überblick über die vielen Dilemmas geben, mit denen Regierungen, humanitäre Organisationen und andere Akteure bei der Bewältigung von Flucht und Vertreibung konfrontiert waren.

Ich hatte die Ehre, fast die gesamten neunziger Jahre an der Spitze von UNHCR und seinem engagierten Personal zu stehen. In meiner Zeit als Hohe Flüchtlingskommissarin habe ich wiederholt versucht, die Verknüpfung von Flucht und Vertreibung mit den Themen Frieden und Sicherheit herauszustellen. Es ist von großer Bedeutung, dass die internationale Gemeinschaft die Suche nach dauerhaften Lösungen für Flucht und Vertreibung fortsetzt. Sonst droht Gefahr. Die Geschichte hat gezeigt, dass Flucht und Vertreibung nicht nur eine Folge von Konflikten sind, sondern selbst auch Konflikte verursachen können. Ohne Sicherheit für die Menschen kann es weder Frieden noch Stabilität geben.

Sadako Ogata

Einleitung

In den letzten Jahren ist viel über humanitäre Hilfe geschrieben worden. Auch zu den rechtlichen Aspekten des Flüchtlingsschutzes gibt es eine Flut von Fachpublikationen. Aber nur wenige Historiker haben sich explizit mit dem Thema Flucht und Vertreibung aus internationaler Sicht beschäftigt. In seinem Buch *On History* nennt der Historiker Eric Hobsbawm es ein „beunruhigendes Phänomen", dass manche historischen Ereignisse in einen größeren historischen Kanon eingehen, andere hingegen nicht.[1] Dieses Buch versucht, insofern Abhilfe zu schaffen, als es die Geschichte von Flucht und Vertreibung in der zweiten Hälfte des 20. Jahrhunderts untersucht.

Im letzten Jahrzehnt des 20. Jahrhunderts rückten die Probleme, mit denen Flüchtlinge und Binnenvertriebene konfrontiert wurden, zunehmend in das Bewusstsein von Regierungen, internationalen Organisationen und der Öffentlichkeit. Ein wichtiger Grund hierfür war die Live-Berichterstattung im Fernsehen, mit dramatischen Bildern von verzweifelten Menschen auf der Flucht, beispielsweise aus Bosnien und Herzegowina, Tschetschenien, dem Irak, dem Kosovo oder Ruanda. Zudem wuchs die Zahl der Akteure, die sich nach dem Ende des Kalten Krieges mit der Problematik auseinander setzten – humanitäre Organisationen, Menschenrechtsorganisationen, multinationale Truppen, Teilnehmer an Friedensverhandlungen, Ermittler bei der Verfolgung von Kriegsverbrechern, Journalisten und andere. Flucht und Vertreibung sind allerdings nicht neu, ebenso wenig wie die internationalen Bemühungen, das Leiden entwurzelter Menschen zu lindern.

Internationale Ansätze zum Flüchtlingsschutz

Während des gesamten Verlaufs der Geschichte mussten Menschen ihren Wohnsitz verlassen und anderenorts Schutz suchen, um der Verfolgung, bewaffneten Konflikten und politischer Gewalt zu entgehen. Keine Region der Welt war davon ausgenommen. Die meisten Religionen kennen Grundwerte wie die Gewährung von Asyl, Refugium, Zuflucht und Gastfreundlichkeit für Menschen in Not. Bis zu diesem Jahrhundert gab es jedoch keine universellen Vorschriften für den Schutz solcher Menschen. Die Bemühungen, sie zu schützen und zu unterstützen, erfolgten im Wesentlichen auf lokaler Ebene und waren situationsbedingt.

Erst nach dem Ersten Weltkrieg in der Zeit des Völkerbundes erlangte die Flüchtlingsfrage einen internationalen Stellenwerte, für die Lösungen gefunden werden mussten. Trotz dieser Erkenntnis ging die Entwicklung eines internationalen Schutz-

Wie diese ältere Frau in Deutschland mussten sich Millionen Menschen nach dem Zweiten Weltkrieg ein neues Zuhause suchen. (ASSOCIATED PRESS-SANDERS/1945)

und Hilfssystems für Flüchtlinge nur langsam und mit Unterbrechungen voran. Der Völkerbund ernannte einige Hochkommissare und Gesandte zur Lösung der Probleme spezieller Flüchtlingsgruppen, wie der Russen, Armenier und Deutschen, aber keines dieser Ämter war auf Dauer angelegt. Nach dem Zweiten Weltkrieg wurden Organisationen speziell zur Betreuung europäischer, palästinensischer und koreanischer Flüchtlinge gegründet.

Damit verfügte die internationale Gemeinschaft bis 1950 nicht über ein Netzwerk von Institutionen, Systemen und völkerrechtlichen Bestimmungen, um der Flüchtlingsproblematik mit einem globalen Ansatz zu begegnen. Den Wendepunkt markierten 1950/51 die Gründung des Amtes des Hohen Flüchtlingskommissars der Vereinten Nationen (UNHCR) und die Verabschiedung des Übereinkommens über die Rechtsstellung der Flüchtlinge von 1951 („Genfer Flüchtlingskonvention"). Gemeinsam bildeten sie zum ersten Mal eine formelle Grundlage, um Flüchtlingen zu helfen und völkerrechtliche Maßstäbe für deren Schutz setzen zu können.

Die Genfer Flüchtlingskonvention ist in zweierlei Hinsicht von Bedeutung. Ursprünglich auf Flüchtlinge aus Europa beschränkt, liefert sie zum einen eine allgemeine Definition des Begriffs „Flüchtling". Danach ist jemand Flüchtling, der sich außerhalb seines Herkunftslandes befindet und infolge begründeter Furcht vor Verfolgung wegen seiner Rasse, Religion, Nationalität, politischen Überzeugung oder Zugehörigkeit zu einer bestimmten sozialen Gruppe nicht dorthin zurückkehren kann. Dies bedeutet, dass Menschen, die zwar fliehen mussten oder vertrieben wurden, aber ihr Land nicht verlassen haben, keineswegs unter die völkerrechtliche Definition des Flüchtlingsbegriffs fallen. Zum anderen schreibt sie alle Rechte und Pflichten eines Konventionsflüchtlings fest. Die Konvention legt den Vertragsstaaten bestimmte Pflichten auf. Deren Kernstück ist das Prinzip des *Non-refoulement*. Es besagt, dass Flüchtlinge nicht über die Grenzen von Gebieten aus- oder zurückgewiesen werden dürfen, in denen sie begründet Verfolgung befürchten müssen.

Die vorrangige Verantwortung für den Schutz und die Unterstützung von Flüchtlingen obliegt den Staaten und insbesondere den Asylstaaten, die das Ziel von Flüchtlingen sind. UNHCR hat die wichtige Aufgabe, die Einhaltung der Konvention durch die Staaten zu fördern und zu überwachen sowie sie in die Lage zu versetzen, Flüchtlingen auf ihrem Territorium angemessenen Schutz bieten zu können.

UNHCR hat insofern ein Doppelmandat, als das Amt sowohl internationalen Schutz leisten als auch Lösungen für Flüchtlinge finden soll. Traditionell ist UNHCR stets davon ausgegangen, dass es drei mögliche Lösungen für Flüchtlinge gibt: die freiwillige Rückkehr, die Integration vor Ort im Erstasylland und die Weiterwanderung vom Erstasyl- in ein Drittland zur dauerhaften Ansiedlung. Wie die Kapitel in diesem Buch zeigen, wurden alle diese Lösungen zu verschiedenen Zeiten mit unterschiedlichem Nachdruck verfolgt.

Die internationale Gemeinschaft hat sich seit 1950 intensiver und universeller als zuvor mit der Flüchtlingsproblematik beschäftigt. Gleichwohl bestanden immer Spannungen zwischen den verschiedenen dabei involvierten Akteuren. Dieses angespannte Verhältnis gibt es insbesondere zwischen UNHCR und den Staaten. Einerseits sind die

Staaten Partner des Amtes: Sie entwickelten das internationale Flüchtlingsrecht, das die Bedingungen für die Arbeit von UNHCR setzt; sie sind im Exekutivkomitee des Amtes vertreten, sie stellen die Mittel bereit, ohne die UNHCR nicht aktiv werden kann, und sie erlauben dem Amt, auf ihrem Territorium tätig zu werden. Andererseits muss UNHCR oft vorbringen, dass die Staaten Flüchtlingsströme verursacht haben oder Flüchtlinge und Asylsuchende nicht ausreichend schützen und unterstützen.

Das Mandat und die Aktivitäten von UNHCR

Die Kernaufgaben von UNHCR haben sich seit 1950 nicht verändert. Der Flüchtlingsschutz und die Suche nach Lösungen für die Probleme von Flüchtlingen sind nach wie vor die zentralen Ziele des Amtes. Aber das Umfeld, in dem UNHCR tätig wird, und die Spannbreite der Aktivitäten des Amtes haben sich in den letzten 50 Jahren erheblich gewandelt.

1. Der Umfang der UNHCR-Hilfseinsätze hat enorm zugenommen. Zunächst sollte das Amt Lösungen für etwa 400.000 Flüchtlinge finden, die nach dem Zweiten Weltkrieg noch immer heimatlos waren; 1996 unterstützte es dagegen 26 Millionen Menschen. Der Etat und die Mitarbeiterzahl sind ebenfalls stark gewachsen. 1951 hatte UNHCR einen Etat von 300.000 Dollar und 33 Mitarbeiter; 1999 überstieg der Etat eine Milliarde Dollar, und das Amt beschäftigte mehr als 5.000 Mitarbeiter. Auch der geographische Wirkungskreis von UNHCR ist größer geworden. Anfangs nur in Europa aktiv, hatte es im Jahre 1999 weltweit Vertretungen in 120 Ländern.

2. Das Spektrum der Aktivitäten von UNHCR ist breiter geworden. Anfangs konzentrierte sich das Amt vor allem darauf, an der dauerhaften Ansiedlung von Flüchtlingen in Drittländern mitzuwirken. Mit der Erweiterung des geographischen Wirkungskreises auf andere Teile der Welt wurde UNHCR an einem breiteren Spektrum von Aktivitäten beteiligt. Dazu zählten die materielle Unterstützung von Flüchtlingen in Form von Nahrungsmittelhilfe und Bereitstellung von Unterkünften, Gesundheitsfürsorge, Bildungsmaßnahmen und andere soziale Leistungen. Um zu verhindern, dass Flüchtlingsbevölkerungen als undifferenzierte Masse behandelt werden, entwickelte das Amt Sonderprogramme für bestimmte Gruppen wie Frauen und Kinder, Jugendliche, ältere Menschen, traumatisierte Personen und Behinderte.

3. Der Kreis der Hilfsempfänger von UNHCR ist ständig größer geworden. UNHCR hat primär als Organisation für den Flüchtlingsschutz gearbeitet. Aber Flüchtlinge sind nicht die einzigen vom Amt erfassten Personen. Im Laufe der Jahre hat UNHCR auch andere Kategorien schutzbedürftiger Menschen in seine Arbeit eingebunden. Dazu zählen Binnenvertriebene, Rückkehrer (Flüchtlinge oder Binnenvertriebene, die an ihren früheren Wohnort zurückgekehrt sind), Asylbewerber (über deren Flüchtlingseigenschaft noch nicht entschieden wurde), Staatenlose, vom Krieg betroffene Bevölkerungen und andere.

Die Ausweitung der Aufgaben von UNHCR ist mit der Satzung des Amtes vereinbar. Artikel 1 weist UNHCR an, „dauerhafte Lösungen für die Probleme von Flüchtlingen" zu suchen, während Artikel 9 festlegt, dass das Amt sich „mit solchen zusätzlichen Tätigkeiten befassen [wird], wie sie die Vollversammlung beschließt". Eine Reihe von Resolutionen der Vollversammlung bildet seitdem die Rechtsgrundlage für viele Aktivitäten von UNHCR zu Gunsten von schutzbedürftigen Bevölkerungen, bei denen es sich nicht um Flüchtlinge handelt.

4. Die Zahl der internationalen Akteure, die sich für den Schutz und die Unterstützung von Flüchtlingen und anderen Vertriebenen engagieren, hat erheblich zugenommen. Anfang der fünfziger Jahre hatte UNHCR nur wenige Partnerorganisationen. 1999 waren dagegen an der Durchführung seiner Hilfsprogramme allein mehr als 500 Nichtregierungsorganisationen (NGOs) beteiligt. Der UN-Generalsekretär forderte UNHCR auch immer häufiger auf, als federführende humanitäre UN-Organisation in Krisensituationen zu agieren. Dabei arbeitet das Amt mittlerweile mit anderen UN-Organisationen, UN-Friedenssicherungstruppen, anderen multinationalen Truppen, regionalen Organisationen, Menschenrechtsorganisationen und einer Vielzahl anderer internationaler und lokaler Akteure zusammen.

5. UNHCR ist zunehmend in instabilen und unsicheren Regionen sowie in laufenden Konflikten aktiv. Anfangs arbeitete das Amt nur in Asylländern, die sicher und nicht von einem bewaffneten Konflikt betroffen waren. Heute sind die UNHCR-Mitarbeiter häufig mitten im Krieg vor Ort. Dies setzt sie neuen Gefahren aus und hat das Amt mit einer ganzen Reihe neuer Probleme konfrontiert.

Die Aktivitäten von UNHCR in seiner Frühzeit wurden bisweilen als reaktiv, an den Aufnahmeländern orientiert und flüchtlingsspezifisch beschrieben:[2]

- reaktiv, weil sich UNHCR bei der Bewältigung von Flüchtlingsproblemen primär auf die Asylländer beschränkte,
- an den Aufnahmeländern orientiert, weil der Schwerpunkt auf Aktivitäten in den Asylländern lag und die Zuständigkeit für die Lösung von Flüchtlingsproblemen den Aufnahme- und nicht den Herkunftsländern zugeschoben wurde, und
- flüchtlingsspezifisch, weil UNHCR sich um andere Formen von Vertreibung und Entwurzelung generell nicht kümmerte.

Im Gegensatz dazu gilt die spätere Arbeit von UNHCR, besonders während des Kalten Krieges, als aktiv, am Herkunftsland orientiert und ganzheitlich:

- aktiv, weil das Amt nun zur Verhinderung von Menschenrechtsverletzungen und von Situationen bereit war, die zu Flucht und Vertreibung führen,
- am Herkunftsland orientiert, weil in der Strategie von UNHCR zunehmend nicht nur die Pflichten der Aufnahmeländer, sondern auch die der Herkunftsländer von Flüchtlingen eine Rolle spielten, und
- ganzheitlich, weil das Amt für einen umfassenden Ansatz zum Flucht- und Vertreibungsproblem eintrat. Dieser Ansatz ist längerfristig angelegt und berücksichtigt nicht nur die Erfordernisse von Flüchtlingen, sondern auch die von Binnenvertriebenen, Rückkehrern, Asylbewerbern, Staatenlosen und anderen Gruppen.

Die Geschichte von Flucht und Vertreibung

Dieses Buch soll keine Geschichte der Institution UNHCR sein, sondern vielmehr eine allgemeine Geschichte von Flucht und Vertreibung in den letzten 50 Jahren seit der Gründung des Amtes. Ein großer Teil des Buches ist den Krisen gewidmet, in denen UNHCR bei der Versorgung von Flüchtlingen und anderen Vertriebenen eine zentrale Rolle gespielt hat. Es behandelt aber auch andere Gruppen wie beispielsweise die Palästinenser (für die primär das Hilfswerk der Vereinten Nationen für die Palästinaflüchtlinge im Nahen Osten zuständig ist) und tibetische Flüchtlinge in Indien, an deren Schutz und Unterstützung UNHCR kaum beteiligt war. Die Verfasser haben sich bemüht, im gesamten Text nicht nur die Not der Menschen zu beschreiben, die ihre Wohnorte verlassen müssen, sondern auch auf die politischen Umstände einzugehen, die zu ihrer Entwurzelung geführt haben, sowie auf die politischen Aspekte und internationalen Reaktionen von Regierungen, humanitären Organisationen und anderen Akteuren.

Das Buch versucht nicht, einen vollständigen Überblick über alle Vertreibungen und Flüchtlingsbewegungen in den letzten 50 Jahren zu geben, sondern bietet vielmehr eine Reihe von Fallstudien. Jede von ihnen ist symptomatisch für spezielle Aspekte von Flucht und Vertreibung. Gezeigt wird, wie verschiedene Erfahrungen die Entwicklung von Organisationen wie UNHCR beeinflusst haben. Dieser Ansatz ermöglicht es, besondere Flucht- und Vertreibungssituationen eingehend zu behandeln. Von Nachteil ist dabei allerdings, dass eine Reihe wichtiger Ereignisse und einige Themen nur kurz oder gar nicht aufgegriffen werden können.

Das Buch deckt den Zeitraum bis zum 31. Dezember 1999 ab. Sofern nicht anders angegeben, werden keine Ereignisse nach diesem Datum behandelt oder erwähnt. Die Struktur des Buches ist weitgehend chronologisch. Einzelne Kapitel beschäftigen sich allerdings auch mit bestimmten Regionen oder Themen. Es stützt sich auf Berichte von UNHCR-Mitarbeitern, eine gründliche Auswertung der UNHCR-Archive, Befragungen einer Reihe von Personen außerhalb des Amtes und umfangreiche Fachliteratur. Die meisten Quellen sind in den Endnoten und in der Übersicht über die weiterführende Literatur aufgeführt. Die Darstellung der frühen Jahre von UNHCR basiert zu einem großen Teil auf Louise Holborns wichtigem Werk *Refugees* (2 Bände): *A Problem of our Time: The Work of the United Nations High Commissioner for Refugees, 1951—1972*.[3]

Zunächst in Europa

Kapitel 1 beginnt mit einem kurzen Überblick über die Vorläufer von UNHCR einschließlich des ersten Hochkommissars für Flüchtlinge in der Zeit des Völkerbunds, Fridtjof Nansen, der United Nations Relief and Rehabilitation Administration (UNRRA, 1943 – 1947) und der Internationalen Flüchtlingsorganisation (*International Refugee Organization* – IRO, 1947 – 1952). Im Anschluss daran wird der Leser über die Gründung von UNHCR informiert und die widersprüchlichen Ansichten über die Aufgaben des Amtes sowie die Konferenz der Bevollmächtigten von 1951, die zur Verabschiedung der Genfer Flüchtlingskonvention führte.

Während der fünfziger Jahre konzentrierte sich UNHCR auf Flüchtlinge in Europa. Da die Gründung des Amtes mit dem Beginn des Kalten Krieges zusammenfiel, galt damals die Ansiedlung in einem anderen Land gemeinhin als die geeignetste Lösung von Flüchtlingsproblemen. Es steht außer Frage, dass die westlichen Regierungen bei der Gründung von UNHCR und der Verabschiedung der Genfer Flüchtlingskonvention primär Flüchtlinge aus kommunistischen Ländern im Sinn hatten. Angesichts der gespannten Ost-West-Beziehungen waren die ersten Schritte von UNHCR von Vorsicht geprägt. Sie beschränkten sich im Wesentlichen auf Westeuropa und auf rechtliche Aspekte. Beispielsweise half das Amt den europäischen Regierungen bei der Ausarbeitung von Gesetzen und Verfahren zur Umsetzung der Genfer Flüchtlingskonvention.

Die erste große Herausforderung für UNHCR war der Exodus von rund 200.000 Flüchtlingen aus Ungarn im Jahre 1956 nach der sowjetischen Niederschlagung des Aufstands in dem Land. Diese Flüchtlingskrise wurde durch die Ansiedlung der meisten Flüchtlinge in westeuropäischen Ländern gelöst. Damals war UNHCR eine stark eurozentrierte Organisation, die beispielsweise wenig für die mehreren hunderttausend in Hongkong eintreffenden chinesischen Flüchtlinge oder die Tibeter tat, die im selben Jahrzehnt nach Indien flohen. In den ersten Jahren des Amtes reichte der Horizont von UNHCR kaum über Europa hinaus. Eine Ausnahme bildete die Unterstützung europäischer Flüchtlinge, die nach der chinesischen Revolution in Schanghai festsaßen.

Die sechziger und siebziger Jahre

Kapitel 2 behandelt die Entkolonialisierung Afrikas, die in den sechziger Jahren in Gang kam. Sie läutete für UNHCR eine neue Ära ein, in der sich der Schwerpunkt von Europa weg verlagerte. Richtungsweisend war besonders die Unterstützung für die Menschen, die vor dem algerischen Unabhängigkeitskrieg nach Marokko und Tunesien geflohen waren. Als Algerien 1962 von Frankreich unabhängig wurde, kehrten etwa 250.000 Flüchtlinge in ihr Herkunftsland zurück. Dies war die erste große Rückführungsoperation, an der UNHCR mitwirkte.

Der weitere Verlauf des Kapitels ist anderen Fällen von Flucht und Vertreibung in Afrika südlich der Sahara gewidmet. Dabei steht besonders die Rolle von UNHCR bei der Unterstützung der ruandischen Flüchtlinge im Kongo und in anderen Ländern im Mittelpunkt. Diese Flüchtlinge unterschieden sich in vielen Beziehungen von den Vorstellungen, die der Genfer Flüchtlingskonvention zugrunde lagen. Die meisten hatten ihre Wohnorte nicht aus Furcht vor Verfolgung, sondern wegen des Krieges und der Gewalt im Zusammenhang mit der Dekolonialisierung verlassen. Sie wollten sich auch nicht im Aufnahmeland integrieren, sondern zurückkehren, sobald ihr Land unabhängig wurde und die Sicherheitslage es erlaubte. UNHCR hatte es nun nicht mehr mit Menschen zu tun, deren Flüchtlingseigenschaft im Einzelfall geprüft werden konnte, sondern mit großen Flüchtlingsströmen und Massenfluchten.

Das Kapitel beschreibt weiterhin, wie 1967 die geographischen und zeitlichen Einschränkungen der Genfer Flüchtlingskonvention von 1951 durch ein neues Protokoll aufgehoben wurden, das die Konvention allgemein anwendbar machte. 1969 verabschiedete die Organisation für Afrikanische Einheit eine regionale Flüchtlingskonvention. Diese erweiterte die Flüchtlingsdefinition auf Menschen, die vor Krieg und innerstaatlicher Gewalt ins Ausland fliehen mussten.

Kapitel 3 wendet sich nach Südasien und beschreibt die Flüchtlingskrise in Bangladesch, die zum ersten Engagement von UNHCR auf dem indischen Subkontinent führte. Der Krieg, der in die Unabhängigkeit von Bangladesch mündete, veranlasste 1971 schätzungsweise zehn Millionen Bangladescher zur Flucht nach Indien. Dabei handelte es sich um die größte Flüchtlingsbewegung in der zweiten Hälfte des 20. Jahrhunderts. Für UNHCR war es die bis dahin größte humanitäre Krise. Der UN-Generalsekretär bat damals das Amt, als „Anlaufstelle" für die Koordination der humanitären Hilfe durch die Vereinten Nationen und andere internationale Akteure zu dienen. Dies war der Vorläufer für das in späteren Jahren angewendete Konzept der „federführenden Organisation". Nach dem Ende der Kampfhandlungen half UNHCR, eine Massenrückführung von Flüchtlingen nach Bangladesch zu organisieren. Bis Ende Februar 1972 waren die meisten Flüchtlinge heimgekehrt. Ein Jahr später beteiligte sich das Amt am Bevölkerungsaustausch zwischen Bangladesch und Pakistan, einer der größten Bevölkerungsbewegungen dieser Art, die jemals stattgefunden hat.

Wenngleich sich das Kapitel primär auf die Flüchtlingskrise in Bangladesch konzentriert, werden dort auch die tibetischen Flüchtlinge in Indien erwähnt, ferner der Einsatz von UNHCR für die von Birma nach Bangladesch geflohenen Rohingyas und die Rolle des Amtes bei der Unterstützung von Asiaten, die 1972 von Staatspräsident Idi Amin aus Uganda ausgewiesen wurden.

Die Erweiterung des Flüchtlingsschutzes

Kapitel 4 beschreibt die Fluchtbewegungen aus Kambodscha, Laos und Vietnam nach den dortigen Unruhen Mitte der siebziger Jahre. Der Exodus aus Indochina hielt mehr als zwei Jahrzehnte an. In dieser Zeit verließen über drei Millionen Menschen ihre Heimatländer. Im Gegensatz zu den Krisen in Algerien und Bangladesch, auf die große Rückführungen folgten, galt als bevorzugte Lösung für die indochinesischen Flüchtlinge wie bei den Europäern in den fünfziger Jahren die Weiterwanderung aus dem Erstasylland und die Ansiedlung in Drittländern. Mit Unterstützung von UNHCR wurden damals etwa zwei Millionen Indochinesen in anderen Ländern angesiedelt, davon allein etwa 1,3 Millionen in den Vereinigten Staaten.

UNHCR spielte während der gesamten großen und lang anhaltenden Krise eine führende Rolle bei der Unterstützung der Flüchtlinge und erweiterte in dieser Zeit die Palette seiner Aktivitäten beträchtlich. Das Amt wirkte an der Einrichtung und Verwaltung von Flüchtlingslagern für Kambodschaner, Laoten und Vietnamesen sowie der Entwicklung innovativer Antipiraterie- und Seenotrettungsmaßnahmen zum Schutz vietnamesischer „Boatpeople" mit. Zwischen 1975 und 1980 stieg der UNHCR-Etat von 76 auf 510 Millionen Dollar, während sich gleichzeitig die Mitarbeiterzahl mehr als verdoppelte.

Während der achtziger Jahre sank die Bereitschaft der westlichen Regierungen zur Aufnahme der indochinesischen Flüchtlinge, die sie zunehmend als Wirtschaftsmigranten und nicht mehr als Flüchtlinge einstuften. Unter dem Druck dieser Regierungen ergriffen die Staaten in der Region schließlich neue Maßnahmen zur Ausreisekontrolle und zur Erleichterung der Rückkehr. Der Exodus aus Indochina deckte die Grenzen der Bereitschaft der westlichen Staaten auf, Asyl zu gewähren, selbst wenn es um Menschen ging, die aus kommunistischen Regimen flohen.

Kapitel 5 konzentriert sich auf die achtziger Jahre, als sich der Kalte Krieg verschärfte und Bürgerkriege in verschiedenen Teilen der Welt durch die Einmischung der Supermächte zu langwierigen Stellvertreterkriegen eskalierten. Diese Konflikte lösten neue Wellen von Flüchtlingen und Vertriebenen aus, insbesondere am Horn von Afrika, in Asien und in Mittelamerika. Das Herkunftsland mit den meisten Flüchtlingen war in dieser Zeit Afghanistan. Der Krieg nach dem sowjetischen Einmarsch in das Land im Jahre 1979 zwang insgesamt sechs Millionen Afghanen, im Iran und in Pakistan Zuflucht zu suchen.

Die achtziger Jahre waren das Jahrzehnt der großen Flüchtlingslager. Die Staaten verfolgten mit der Asylgewährung klare strategische Interessen, zeigten jedoch nur wenig Eifer, langfristige dauerhafte Lösungen für die Flüchtlinge zu suchen. Im Gegenteil: Die Flüchtlinge wurden als Figuren im geopolitischen Machtspiel mit dem Ziel missbraucht, Regime zu destabilisieren und Unruhen in ihren Herkunftsländern zu schüren. Dies galt für die afghanischen Mudschaheddin in Pakistan, die kambodschanischen Roten Khmer in Thailand, eritreische und äthiopische Widerstandsbewegungen mit Stützpunkten im Sudan und die Rebellen in Mittelamerika. Es war auch das Jahrzehnt, in dem der Begriff „*refugee warrior*" bekannt wurde.

Das rasche Wachstum von UNHCR hielt in den achtziger Jahren an, als das Amt zum ersten Mal gleichzeitig drei große Krisen auf drei verschiedenen Kontinenten zu bewältigen hatte. In der gespannten Atmosphäre des Kalten Krieges musste UNHCR häufig unter politisch heiklen Bedingungen arbeiten. In dieser Zeit beteiligte sich das Amt außerdem intensiver als früher an der Unterstützung der einheimischen Bevölkerung in von Kriegen betroffenen Gebieten.

In diesem Kapitel wird auch auf den ersten Einsatz von UNHCR in Südamerika eingegangen. Nach dem Sturz der demokratisch gewählten Regierung von Salvador Allende in Chile (1973) und der Machtübernahme durch eine Militärjunta in Argentinien (1974) wurden sehr viele Menschen zu Flüchtlingen, von denen ein großer Teil in Europa, Nordamerika und in anderen Ländern angesiedelt werden konnte.

Das darauf folgende Kapitel 6 schildert den Optimismus, der sich mit dem Ende des Kalten Krieges verband. Zahlreiche große Rückführungen fanden statt. Es keimte die Hoffnung, dass für viele Flüchtlingsprobleme auf der Welt dauerhafte Lösungen gefunden werden könnten. Ab 1989 gab es in Namibia, Kambodscha, El Salvador, Guatemala und Mosambik UN-Friedenssicherungseinsätze. In all diesen Fällen wirkte UNHCR an der freiwilligen Rückkehr der Flüchtlinge mit. Im Gegensatz zu früheren Rückführungen, bei denen die Aktivitäten des Amtes kurz nach der Ankunft der Flüchtlinge in ihren Herkunftsländern geendet hatten, erweiterte UNHCR in Kambodscha, Mosambik und El Salvador seine Rolle und beteiligte sich an einer breiten Palette von Reintegrations- und Unterstützungsmaßnahmen, um den Rückkehrern und anderen zu helfen, sich wieder in die Gesellschaft einzugliedern und sich eine neue Existenz aufzubauen.

Die Herausforderung des Asyls

Kapitel 7 untersucht die Entwicklung der Asylpolitik in den Industriestaaten mit dem Schwerpunkt auf den europäischen Ländern und Nordamerika. In den achtziger und neunziger Jahren traf eine große Zahl von Asylsuchenden in diesen Ländern ein. Weil die Regierungen der Flüchtlingseigenschaft vieler dieser Menschen skeptisch gegenüberstanden, ergriffen sie zunehmend restriktive Maßnahmen, um ihnen den Zugang zu ihrem Territorium zu erschweren. Ein großer Teil des Kapitels ist den Auswirkungen der von den europäischen Ländern ergriffenen Maßnahmen zur Harmonisierung ihrer Asylpolitik und -verfahren auf Asylsuchende und Asylbewerber gewidmet. Im weiteren Verlauf des Kapitels wird dann noch auf die Entwicklung der Asylpolitik in Ländern wie Australien, Neuseeland und Japan eingegangen.

Die in den meisten Industriestaaten vorgenommenen Gesetzesänderungen haben die Möglichkeiten von Asylsuchenden, Zugang zu einem Asylverfahren zu erhalten und in Sicherheit zu gelangen, erheblich eingeschränkt. Zu den in diesem Kapitel behandelten Themen zählen der Menschenschmuggel und das Schleuserunwesen, die oft jahrelange Internierung oder Inhaftierung von Asylbewerbern einschließlich unbegleiteter Kinder und Großfamilien sowie die Schwierigkeiten bei der Familienzusammenführung. Maßnahmen mit dem Ziel, illegalen Migranten den Zugang zu den Industriestaaten zu versperren, haben die ohnehin problematische Unterscheidung zwischen Flüchtlingen und Migranten weiter erschwert. Sie führen dazu, dass Flüchtlinge zunehmend als Menschen gelten, die das Gesetz zu umgehen versuchen.

Staaten haben ein legitimes Interesse, den Zugang zu ihrem Territorium zu kontrollieren. Sie haben jedoch ebenso völkerrechtliche Verpflichtungen, Menschen auf der Flucht vor Verfolgung in ihren Herkunftsländern Schutz zu gewähren. Das grundlegende, in der Genfer Flüchtlingskonvention festgeschriebene Recht auf Asyl muss aufrechterhalten werden.

Nach dem Ende des Kalten Krieges

Kapitel 8 behandelt die großen Bevölkerungsbewegungen nach der Auflösung der Sowjetunion im Jahre 1991 und einige der komplexen Verknüpfungen zwischen Migration, Flucht und Vertreibung. Auf dem Gebiet der Gemeinschaft unabhängiger Staaten verließen in den neunziger Jahren bis zu neun Millionen Menschen ihren bisherigen Wohnsitz. Dazu zählten die Menschen, die sich nach der Errichtung neuer nationaler Grenzen plötzlich außerhalb ihrer „Heimatländer" befanden, und Tausende Angehörige der von Stalin in den vierziger Jahren deportierten Völker, die nun in ihre angestammten Gebiete zurückkehrten.

Durch ethnische Konflikte und Unabhängigkeitsbestrebungen im Südkaukasus und Zentralasien wurden in der ersten Hälfte der neunziger Jahre ebenfalls viele Menschen zu Vertriebenen und Flüchtlingen, für die UNHCR große Hilfsoperationen durchführte. Das Kapitel beschreibt den Konflikt zwischen Armenien und Aserbaidschan um Nagorny-Karabach, die bewaffneten Auseinandersetzungen in den georgischen autonomen Gebieten Abchasien und Südossetien sowie den Bürgerkrieg in Tadschikistan. Es geht auch auf die Fluchtbewegungen durch den Konflikt in Tschetschenien in der zweiten Hälfte des Jahrzehnts ein, die UNHCR zu gefährlichen und komplexen Hilfsoperationen im Nordkaukasus zwangen.

Die Unruhen der neunziger Jahre führten zu einer raschen Erweiterung der Aufgaben und Einsätze von UNHCR, weil die internationale Gemeinschaft immer häufiger darauf vertraute, dass das Amt akute Probleme für sie löste. UNHCR musste in laufenden Konflikten aktiv werden und begann, in größerem Umfang als je zuvor mit UN-Friedenssicherungstruppen und anderen multinationalen Militärs zusammenzuarbeiten. Das Amt beteiligte sich auch zunehmend an der Unterstützung von Binnenvertriebenen und anderen vom Krieg betroffenen Bevölkerungen.

Kapitel 9 konzentriert sich auf zwei große Flüchtlingskrisen in den neunziger Jahren, bei denen UNHCR große Hilfsoperationen koordinierte und dabei eng mit multinationalen Truppen zusammenarbeitete. Die Erste betraf die Massenflucht von Kurden aus dem Nordirak im Jahre 1991 nach der Unterdrückung einer am Ende des Golf-Krieges ausgebrochenen Rebellion durch die irakische Regierung. Die Weigerung der türkischen Regierung, den irakischen Kurden Asyl zu gewähren, löste einen großen Hilfseinsatz aus, der von Koalitionstruppen unter amerikanischem Kommando für Tausende von Menschen durchgeführt wurde, die auf Gebirgspässen an der irakisch-türkischen Grenze festsaßen. Die Truppen richteten für die Betroffenen anschließend eine Sicherheitszone im Nordirak ein. UNHCR übernahm später die Zuständigkeit für die Hilfsoperation. Diese bildete insofern einen Wendepunkt für das Amt, als sie eine Verlagerung der UNHCR-Aktivitäten von den Asyl- zu den Herkunftsländern einleitete.

Die zweite große Krise ereignete sich auf dem Balkan. 1991 begann der von Gewalt begleitete Zerfall Jugoslawiens. Er führte zur größten Flüchtlingskrise in Europa seit dem Zweiten Weltkrieg. Das Kapitel beschreibt die Dilemmas von UNHCR und anderen humanitären Organisationen angesichts der „ethnischen Säuberungen" und die Schwierigkeiten des Schutzes gefährdeter Zivilisten bei laufenden Kampfhandlungen. Es geht detailliert auf die Einrichtung von Schutzzonen in Bosnien und Herzegowina durch die internationale Gemeinschaft ein, die nach dem Fall von Srebrenica und Zepa mit furchtbaren Massakern endete.

Während des gesamten Krieges in Bosnien und Herzegowina koordinierte UNHCR eine riesige Hilfsoperation. Die humanitären Organisationen mussten zahlreiche Hindernisse überwinden, um Zugang zur schutzbedürftigen Bevölkerung zu erhalten. Ihre Mitarbeiter waren großen Gefahren ausgesetzt, und viele starben oder wurden verletzt. Die humanitäre Hilfe unter der Federführung von UNHCR wurde weitgehend zu einem Ersatz für andere Formen politischen oder militärischen Eingreifens. Das Kapitel schildert anschließend die ersten vier Jahre nach dem Abschluss des Friedensabkommens von Dayton im Dezember 1995, in denen die Rückführung kaum dazu beitragen konnte, die ethnische Trennung wieder rückgängig zu machen.

Ebenfalls in Kapitel 9 wird die Flüchtlingskrise im Süden des Balkan im Jahre 1999 beschrieben, als rund 800.000 Kosovo-Albaner nach Albanien und in die ehemalige jugoslawische Republik Mazedonien flohen. Die Analyse befasst sich mit der Koordinierung der internationalen Hilfe für die Flüchtlinge durch UNHCR, dem

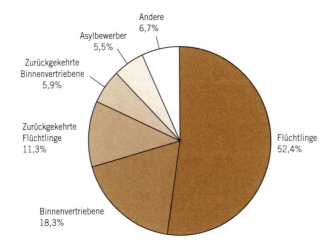

Von UNHCR erfasste Personen nach Kategorien, 31. Dezember 1999 * (insgesamt 22,3 Millionen)

Grafik 0.1

* Weitere Einzelheiten und Erläuterungen siehe Anhang 2.

Trend zur bilateralen Unterstützung, der Rolle der Truppen unter dem NATO-Kommando bei der Einrichtung der Flüchtlingslager und der gesamten humanitären Hilfsaktion sowie dem Programm zur Evakuierung aus humanitären Gründen, in dessen Rahmen Flüchtlinge aus Mazedonien in Drittländer gebracht wurden. Im Juni 1999 stimmte die Bundesrepublik Jugoslawien offiziell einem Friedensplan zu, der den Abzug all ihrer Truppen und paramilitärischen Einheiten aus dem Kosovo und die anschließende Stationierung von Friedenssicherungstruppen unter dem Kommando der NATO in der Provinz vorsah. Innerhalb von drei Monaten verließen daraufhin etwa 200.000 Serben und Angehörige anderer Minderheiten das Kosovo. Diese Entwicklung wurde als „umgekehrte ethnische Säuberung" beschrieben.

Kapitel 10 gilt den Flüchtlingstragödien in Afrika in den neunziger Jahren. Nach dem Völkermord in Ruanda im Jahre 1994 flüchteten mehr als zwei Millionen Ruander nach Zaire, Tansania, Burundi und Uganda. Das Kapitel beschreibt vor allem die Situation in Zaire (der späteren Demokratischen Republik Kongo) und Tansania. Es schildert die vielen Schwierigkeiten von UNHCR und anderen humanitären Organisationen bei ihren Bemühungen, Flüchtlinge in großen Lagern zu unterstützen, die von Angehörigen der früheren Regierung und der Armee von Ruanda kontrolliert wurden, mithin den Verantwortlichen für den Völkermord. Viele der Flüchtlinge in den Lagern wurden von ihnen als politische Geiseln und „menschliche Schutzschilde" missbraucht. UNHCR versuchte wiederholt, die Sicherheit für die Flüchtlinge zu verbessern und den zivilen und humanitären Charakter der Lager zu gewährleisten. Die Politisierung oder Militarisierung von Flüchtlingslagern und -siedlungen kann bewaffnete Angriffe und Übergriffe auf fremdes Territorium nach sich ziehen, durch die ganze Regionen destabilisiert werden können.

Die Kapitel 9 und 10 bieten auch kurze Beschreibungen anderer großer Krisen in den neunziger Jahren. Dazu zählen der Konflikt in Somalia, der massive Bevölkerungsbewegungen und die Entstehung großer somalischer Exil-Gemeinden zur Folge hatte, die Flüchtlingskrise in Osttimor 1999 und Fluchtbewegungen in Westafrika. Diese Kapitel befassen sich auch mit politischen Initiativen zu Gunsten von Binnenvertriebenen, dem Völkerstrafrecht, dem Problem militarisierter Flüchtlingslager und der Gefährdung von Flüchtlingen durch AIDS.

Kapitel 11 schließlich stellt einige der Herausforderungen des 21. Jahrhunderts vor. Dabei gilt das Augenmerk der Globalisierung, dem sich wandelnden Charakter von Konflikten, der zunehmenden Komplexität von Bevölkerungsbewegungen und neuen Formen humanitären Handelns. Im Mittelpunkt steht dabei die zukünftige Rolle von UNHCR. Die Notwendigkeit, dauerhafte Lösungen für Flucht- und Vertreibungsprobleme zu finden, hat nichts an Dringlichkeit eingebüßt. Denn es wird weder Frieden zwischen den Staaten noch internationale Stabilität geben, wenn die Menschen nicht in Sicherheit leben können.

1 Die frühen Jahre

Während des Zweiten Weltkriegs und unmittelbar danach kam es zu den größten Vertreibungswellen der neueren Geschichte. Im Mai 1945 lebten in Europa schätzungsweise mehr als 40 Millionen Menschen, die aus ihrer Heimat vertrieben worden waren. Die Deutschen, die vor den vorrückenden Sowjetarmeen im Osten fliehen mussten, waren in dieser Zahl ebenso wenig enthalten wie die ausländischen Zwangsarbeiter in Deutschland. Etwa 13 Millionen Vertriebene (*Volksdeutsche*), die ab 1945 aus der Sowjetunion, Polen, der Tschechoslowakei und anderen osteuropäischen Ländern ausgewiesen wurden, kamen hinzu. Weitere 11,3 Millionen Zwangsarbeiter und andere verschleppte Personen befanden sich nach Erkenntnissen der Alliierten während des Krieges im Gebiet des ehemaligen Deutschen Reiches im Arbeitseinsatz.[1]

Darüber hinaus flohen auch mehr als eine Million Russen, Ukrainer, Weißrussen, Polen, Esten, Letten, Litauer und Personen anderer Nationalitäten vor der kommunistischen Vorherrschaft und Stalins Totalitarismus. Gleichzeitig machten der Bürgerkrieg in Griechenland und andere Konflikte in Südosteuropa, die nach dem Rückzug der Nationalsozialisten aufflammten, mehrere zehntausend Menschen zu Flüchtlingen. Auch außerhalb Europas hatte es schon während des Krieges massive Vertreibungen gegeben. So wurden Millionen Chinesen aus Gebieten vertrieben, die von den japanischen Besatzungsstreitkräften in China kontrolliert wurden.[2]

Die riesigen Bevölkerungsbewegungen auf dem gesamten europäischen Kontinent, auf dem der Krieg so verheerende Verwüstungen hinterlassen hatte, bereiteten den Alliierten die größten Sorgen. Bereits lange vor Kriegsende erkannten sie, dass nach der Befreiung Europas diese massiven Umwälzungen würden bewältigt werden müssen. Deshalb wurde 1943 *die United Nations Relief and Rehabilitation Administration (UNRRA)* gegründet, die 1947 von der Internationalen Flüchtlingsorganisation – *International Refugee Organisation (IRO)* – abgelöst wurde. Die Arbeit dieser unmittelbaren Vorgängerorganisationen von UNHCR wird in dem vorliegenden Kapitel untersucht. Anschließend wird auf die Entwicklungen eingegangen, die zur Gründung von UNHCR im Jahre 1950 und zur Verabschiedung der Genfer Flüchtlingskonvention von 1951 führten. Dieses Abkommen ist seitdem zum Grundstein des internationalen Flüchtlingsschutzes geworden. Schließlich wird in diesem Kapitel die erste große Herausforderung des Amtes näher beleuchtet – die Flucht von 200.000 Menschen aus Ungarn nach der Niederschlagung des Volksaufstandes durch sowjetische Truppen im Jahr 1956.

Die United Nations Relief and Rehabilitation Administration (UNRRA)

Zu den Millionen Heimatlosen am Ende des Zweiten Weltkrieges zählten auch diese Flüchtlinge aus Osteuropa in einem Lager in Deutschland. (UNHCR/1953)

Im November 1943 – also noch vor dem Ende des Zweiten Weltkrieges und der formellen Gründung der Vereinten Nationen im Juni 1945 – riefen die Alliierten (einschließlich der Sowjetunion) die *United Nations Relief and Rehabilitation Administration* (UNRRA) ins Leben. UNRRA erhielt ein weit reichendes Mandat, Hilfsmaßnahmen und den Wiederaufbau in verwüsteten Gebieten zu unterstützen. Sie wurde nicht gezielt als Flüchtlingshilfsorganisation gegründet, sondern half vielmehr allen, die vom Krieg entwurzelt worden waren. In den Jahren 1944 und 1945 leistete UNRRA Soforthilfe für Tausende von Flüchtlingen und Vertriebenen in Gebieten, die von den Alliierten kontrolliert wurden – mit Ausnahme der Sowjetzone, da die Sowjetunion UNRRA keine Einsätze gestattete. Bis zum Ende des Krieges in Europa im Mai 1945 arbeitete UNRRA eng mit den alliierten Streitkräften zusammen, die den Nachschub und die Logistik übernahmen. Mitte 1945 hatte UNRRA mehr als 300 Teams im Einsatz.

Nach Kriegsende konzentrierte sich UNRRA weitgehend auf Aktivitäten zur Rückführung. Die meisten Menschen, die durch Kriegseinwirkungen entwurzelt worden waren, wollten möglichst bald an ihre früheren Wohnorte zurückkehren. Hinzu kam, dass die 1945 auf den Konferenzen von Jalta und Potsdam getroffenen Vereinbarungen eine zügige Rückführung von Sowjetbürgern in die Sowjetunion vorsahen.

Von Mai bis September 1945 leistete UNRRA Unterstützung bei der Rückführung von etwa sieben Millionen Menschen.[3] Wie ein Historiker anmerkte, litt die Organisation allerdings ständig darunter, dass sie den alliierten Streitkräften unterstellt war:

UNRRA musste mit ansehen, wie ihr Prestige schwand und ihre Fähigkeiten zu unabhängigem Handeln verloren gingen. ... In dem Vakuum, das sich in einer frühen

Phase wegen der offenkundig unzureichenden Vorbereitung von UNRRA auf eine enorme Aufgabe auftat, übernahmen die Militärs einen wesentlichen Teil der Aktivitäten zur Flüchtlingshilfe. Doch die Soldaten schienen ebenso wenig für den Umgang mit Vertriebenen gerüstet zu sein, vor allem nicht mit dem stetig zunehmenden Anteil derer, die gar nicht zurückkehren konnten oder wollten. Die Angehörigen der Militärverwaltung, schroff und durch ihre Aufgaben angespannt, betrachteten die Flüchtlinge häufig als Last, derer man sich möglichst schnell entledigen wollte.[4]

Die Rückführungsmaßnahmen wurden immer umstrittener, insbesondere angesichts der Tatsache, dass der Widerstand gegen die Rückführung wuchs. Zu den in dieser Zeit hastig zurückgeführten Personen zählten etwa zwei Millionen Sowjetbürger, von denen viele – vor allem Ukrainer und Balten – nicht gewillt gewesen waren, in ihre Herkunftsländer zurückzukehren. Die Rückkehr vieler von ihnen endete in Stalins Arbeitslagern. Osteuropäer wurden dagegen weniger schnell zurückgeführt. Auch aus diesem Personenkreis wollte ein großer Teil nicht in Länder zurückkehren, die nun im kommunistischen Machtbereich lagen. Dennoch wurden viele dieser Menschen zurückgeschickt, ohne auf ihre persönlichen Wünsche Rücksicht zu nehmen. Anfangs wurde von den westlichen Ländern gar nicht zur Kenntnis genommen, was mit vielen der Menschen geschah, die man gegen ihren Willen in ihre Herkunftsländer zurückgeführt hatte. Besonders die Regierung der Vereinigten Staaten kritisierte die Rückführungspraxis jedoch zunehmend.

Bis 1946 war eine erbitterte Debatte darüber entbrannt, ob UNRRA auch solche Menschen betreuen sollte, die gar nicht zurückgeführt werden wollten. Die Ostblockländer verlangten, dass nur die Vertriebenen Hilfe erhalten sollten, die in ihre Herkunftsländer zurückkehrten. Der Westen bestand jedoch darauf, dass jedem Einzelnen die freie Entscheidung für oder gegen eine Rückkehr überlassen werden sollte und diese keine Einschränkung seines Rechts auf Unterstützung zur Folge haben dürfte. Die amerikanische Regierung wiederum brandmarkte die Rückführungspraxis von UNRRA und deren Wiedereingliederungsprogramme in den Ostblockländern als Maßnahmen, die nur einer Stärkung der politischen Macht der Sowjets über Osteuropa dienen würden.[5]

Die zögerliche Haltung der Flüchtlinge blieb ein großes Problem, das in den Nachkriegsjahren dominierend bleiben sollte. Innerhalb der Vereinten Nationen wurde die Rückführung zu einer heiklen politischen Angelegenheit. Sie war eines der umstrittensten Themen im UN-Sicherheitsrat während der ersten Jahre seines Bestehens. Die Debatte darüber spiegelte unmittelbar die fundamentalen ideologischen Konflikte wider, die den Osten und den Westen damals trennten. Sie lief schlicht auf die Frage hinaus, ob den Menschen das Recht zustehen sollte, das Land ihres ständigen Aufenthalts zu wählen, vor Unterdrückung zu fliehen und ihre Meinung frei zu äußern.

Schließlich weigerte sich die Regierung der Vereinigten Staaten, die die UNRRA zu 70 Prozent finanzierten und einen großen Teil ihrer Führungskräfte stellten, das Mandat der Organisation über 1947 hinaus zu verlängern und weitere finanzielle Mittel bereitzustellen. Aus dieser Position heraus und angesichts hartnäckiger Opposition aus den Ostblockländern drängten die USA mit Nachdruck auf die Gründung einer neuen Flüchtlingsorganisation anderer Prägung.

Kasten 1.1 Nansen und McDonald: Pioniere des Flüchtlingsschutzes

UNHCR nahm seine Arbeit nach dem Zweiten Weltkrieg auf. Konzertierte internationale Bemühungen zur Unterstützung von Flüchtlingen hatten jedoch schon in der Zeit zwischen den beiden Weltkriegen begonnen. Zwischen 1919 und 1939 entwurzelten gewaltsame Konflikte und politische Unruhen allein in Europa über fünf Millionen Menschen. Zu den Betroffenen zählten Russen, Griechen, Türken, Armenier, Juden und spanische Republikaner. Die ersten vom Völkerbund ernannten Hohen Flüchtlingskommissare waren Fridtjof Nansen aus Norwegen (1921 - 1930) und James McDonald aus den Vereinigten Staaten (1933 - 1935). Sie waren in der Zeit zwischen den Weltkriegen zwei der wichtigsten Pioniere der internationalen Aktivitäten zum Schutz von Flüchtlingen. Diese beiden Männer hatten unterschiedliche Auffassungen über die potenziellen Lösungsmöglichkeiten für Flüchtlingsprobleme, doch beide prägten spätere internationale Bemühungen um deren Schutz.

Fridtjof Nansen

Als „offizielles Datum" für den Beginn der internationalen Bemühungen zur Unterstützung von Flüchtlingen kann der August 1921 gelten, als das Internationale Komitee vom Roten Kreuz (IKRK) an den Völkerbund appellierte, den mehr als eine Million russischen Flüchtlingen beizustehen, die während des russischen Bürgerkrieges vertrieben worden waren und von denen viele Hunger litten. Der Völkerbund ernannte daraufhin den berühmten Polarforscher Fridtjof Nansen zum „Hohen Flüchtlingskommissar im Auftrag des Völkerbundes im Zusammenhang mit den Problemen der russischen Flüchtlinge in Europa". Sein Zuständigkeitsbereich wurde später auf griechische, bulgarische und armenische Flüchtlinge sowie bestimmte andere Flüchtlingsgruppen ausgeweitet.

Nansen begab sich an die immense Aufgabe, die Rechtsstellung der russischen Flüchtlinge zu definieren und ihnen entweder Arbeit in den Aufnahmeländern zu verschaffen oder ihre Rückkehr zu organisieren. Der Völkerbund stellte ihm hierfür 4.000 britische Pfund zur Verfügung. Nansen stellte rasch Mitarbeiter ein und gründete das Amt des Hohen Flüchtlingskommissars in Genf mit Vertretungen in Aufnahmeländern von Flüchtlingen - eine Grundstruktur, die später auch von UNHCR übernommen werden sollte. Um geeignete Arbeitsmöglichkeiten für Flüchtlinge zu finden, kooperierte Nansen eng mit der Internationalen Arbeitsorganisation (*International Labour Organization* - ILO). So gelang es, etwa 60.000 Flüchtlingen Arbeit zu vermitteln.

Nansen widmete seine besondere Aufmerksamkeit dem rechtlichen Schutz der Flüchtlinge. Er organisierte eine internationale Konferenz, die zum Ergebnis hatte, dass Reise- und Personaldokumente für Flüchtlinge - allgemein als „Nansen-Pässe" bezeichnet - eingeführt wurden. Als Verhandlungen mit der Sowjetunion über die Rückführung der russischen Flüchtlinge scheiterten, veranlasste Nansen, dass zusätzliche Maßnahmen ergriffen wurden, um Flüchtlingen in ihren Aufnahmeländern eine sichere Rechtsstellung zu geben. Diese frühen Rechtsabkommen wurden später zur Basis für die Flüchtlingsabkommen von 1933 und 1951.

1922 musste sich Nansen mit einer weiteren Flüchtlingskrise befassen - der Flucht von fast zwei Millionen Menschen vor dem griechisch-türkischen Krieg. Er reiste unverzüglich in die Region, um bei der Koordinierung der internationalen Hilfsbemühungen

Die Internationale Flüchtlingsorganisation

Die Internationale Flüchtlingsorganisation (*International Refugee Organization* – IRO) wurde im Juli 1947 als befristet tätige Sonderorganisation der Vereinten Nationen ins Leben gerufen. Bei ihrer Gründung erwartete man, dass ihr auf drei Jahre angelegtes Programm bis zum 30. Juni 1950 abgeschlossen sein würde.

Obwohl sich die Arbeit der IRO auf die Unterstützung europäischer Flüchtlinge beschränkte, war sie immerhin die erste internationale Organisation, die sich eingehend mit allen Aspekten der Flüchtlingsproblematik beschäftigte. Ihre erklärten Aufgaben erstreckten sich auf die Bereiche Rückführung, Ermittlung, Registrierung und Klassifizierung, Betreuung und Unterstützung, völkerrechtlicher und politischer

mitzuwirken. Während seines Aufenthalts in Griechenland betonte Nansen, der Hohe Flüchtlingskommissar habe bei politischen Streitigkeiten neutral zu bleiben. Obwohl er persönlich die Türkei für die Krise verantwortlich machte, leistete er für griechische und türkische Flüchtlinge gleichermaßen Hilfe und traf mit offiziellen Vertretern beider Seiten zusammen. Schließlich übertrug ihm der Völkerbund die Verantwortung für die Ansiedlung aus der Türkei geflohener Angehöriger der griechischen Bevölkerungsgruppe im westlichen Thrakien. Einen beträchtlichen Teil seines späteren Lebens verbrachte Nansen mit dem Versuch, ein Darlehen für die dauerhafte Ansiedlung armenischer Flüchtlinge in der Sowjetunion in die Wege zu leiten. Doch eine starke antikommunistische Opposition verhinderte, dass er dieses Ziel erreichte.

1922 erhielt Nansen für seine Arbeit den Friedensnobelpreis. Nach seinem Tod im Jahr 1930 wurde diese Arbeit vom Internationalen Nansen-Büro fortgeführt. Seit 1954 zeichnet UNHCR jedes Jahr Einzelpersonen oder Personengruppen, die beim Schutz von Flüchtlingen Außergewöhnliches geleistet haben, mit einer Nansen-Medaille aus.

James McDonald

In den dreißiger Jahren wurde die internationale Gemeinschaft mit dem Exodus von Flüchtlingen aus dem nationalsozialistischen Deutschland konfrontiert. Obwohl der Völkerbund eine direkte Finanzierung von Hilfsmaßnahmen ablehnte, berief er James McDonald, einen Professor und Journalisten aus den Vereinigten Staaten, zum unabhängigen „Hohen Kommissar für Flüchtlinge (Juden und andere Personen) aus Deutschland". Von 1933 bis 1935 kämpfte McDonald gegen Einwanderungsbeschränkungen in aller Welt an, um jüdischen Flüchtlingen eine Ansiedlung zu ermöglichen. Besondere Verdienste erwarb er sich bei der Koordinierung der Arbeit freiwilliger Hilfsorganisationen, die den größten Teil der finanziellen Mittel für die Flüchtlingshilfe bereitstellten. In seinen beiden Amtsjahren als Hoher Kommissar half er bei der Umsiedlung von 80.000 Flüchtlingen nach Palästina und in andere Länder.

Als die Nationalsozialisten im September 1935 die Nürnberger Gesetze in Kraft setzten, sah sich McDonald vor seine größte Herausforderung gestellt. Diese Gesetze entzogen Juden die Staatsbürgerschaft und das Wahlrecht. Überdies forderten die Nationalsozialisten die Deutschen auf, jüdische Angestellte zu entlassen und jüdische Geschäfte zu boykottieren. Als die Judenverfolgung immer weiter zunahm, verließen viele Juden das Land. Frustriert darüber, dass der Völkerbund keine energischeren Maßnahmen ergriff, trat McDonald am 27. Dezember 1935 zurück. In einem Brief, der damals in einem großen Teil der internationalen Presse veröffentlicht wurde, warnte er: Wenn innenpolitische Maßnahmen die Menschen zu demoralisieren drohen, haben sich die Prinzipien der diplomatischen Korrektheit denen der allgemeinen Menschlichkeit unterzuordnen. Ich wäre kleinmütig, würde ich nicht die Aufmerksamkeit auf die gegenwärtige Situation lenken und mich dafür einsetzen, dass die Meinung der Welt, die in den Maßnahmen des Völkerbundes, dessen Mitgliedstaaten und anderer Länder zum Ausdruck kommt, dazu beiträgt, die schon eingetretenen und drohenden Tragödien abzuwenden.[i]

Trotz aller Bemühungen McDonalds verhallte sein Appell nach direkter Intervention ungehört. Der Völkerbund betrachtete die Behandlung der Juden durch Deutschland weiterhin als reine innere Angelegenheit. Dennoch hat McDonald seinen Platz in der Geschichte – als früher Verfechter der Notwendigkeit eines entschlossenen politischen Handelns zur Bekämpfung der eigentlichen Ursachen von Flüchtlingsströmen.

Schutz, Transport, dauerhafte Ansiedlung in Drittländern und Reintegration. Doch hinter der Fassade dieser vielen Aufgaben vollzog sich eine unübersehbare Verlagerung der Prioritäten von einer Rückführungspolitik, wie sie UNRRA verfolgt hatte, zu einer Politik der Weiterwanderung aus den Asylländern zur dauerhaften Ansiedlung in Drittländern.

In der IRO-Verfassung wurde als Hauptziel der Organisation genannt, „auf jede nur mögliche Weise eine baldige Rückkehr [der Flüchtlinge] in das jeweilige Land, dessen Staatsangehörigkeit sie besitzen, oder in das Land ihres früheren ständigen Wohnsitzes zu fördern und zu unterstützen".[6] Dieses Ziel wurde jedoch von der Resolution der UN-Vollversammlung zur IRO-Gründung relativiert. Dort hieß es, dass „keine Flüchtlinge oder Vertriebenen [mit berechtigten Einwänden] zur Rückkehr in ihr Herkunftsland gezwungen werden sollten".[7]

Diese Verlagerung des Schwerpunkts von der Rückführung zur dauerhaften Ansiedlung außerhalb des Herkunftslandes rief die Kritik der Ostblockstaaten hervor. Diese argumentierten, eine dauerhafte Ansiedlung wäre ein Mittel zur Beschaffung leicht verfügbarer Arbeitskräfte und würde subversiven Gruppen, die den internationalen Frieden bedrohten, Zufluchtsorte verschaffen. Letztlich wirkte die IRO bei der Rückführung von lediglich 73.000 Menschen mit, verglichen mit über einer Million Menschen, denen sie bei der dauerhaften Ansiedlung in Drittländern half. Mehr als 30 Prozent von ihnen nahmen allein die Vereinigten Staaten auf, gefolgt von Australien, Israel, Kanada und verschiedenen lateinamerikanischen Ländern.

Mit den fünfziger Jahren war eine neue Ära der Emigration angebrochen. Einer der Anreize zur Aufnahme von Flüchtlingen war der potenzielle wirtschaftliche Vorteil, leicht verfügbare Arbeitskräfte für die aufblühende Wirtschaft zu bekommen. Westliche Regierungen vertraten die Ansicht, die weltweite Ansiedlung von Flüchtlingen würde eine günstigere Verteilung der Weltbevölkerung mit sich bringen, weil dadurch das überfüllte Europa zum Vorteil der unterbevölkerten und weniger entwickelten „Übersee-Demokratien" entlastet würde.[8]

Die IRO war jedoch nicht fähig, das Flüchtlingsproblem zu lösen. Ende 1951 gab es noch etwa 400.000 Vertriebene in Europa. Im Februar 1952 wurde die Organisation offiziell aufgelöst.[9] Zwar herrschte allgemein Einigkeit über die Notwendigkeit einer dauerhaften internationalen Zusammenarbeit bei der Bewältigung des Flüchtlingsproblems, aber grundlegende Uneinigkeit über die Ziele, denen eine solche Kooperation dienen sollte. Die Ostblockländer sparten nicht mit Vorwürfen, die Länder des Westens hätten sich der IRO als Werkzeug zur Durchsetzung ihrer politischen Ziele bedient. Die Vereinigten Staaten wiederum waren mehr und mehr desillusioniert, finanzierten sie doch zu mehr als zwei Dritteln eine Organisation, deren Kosten den gesamten Etat für den Rest der Vereinten Nationen überstiegen.

Die Gründung von UNHCR

Ende der vierziger Jahre trat eine Verhärtung der Fronten des Kalten Krieges ein, die prägend für die internationalen Beziehungen in den nächsten 40 Jahren sein sollte. Der Berlin-Blockade von 1948/49 folgten rasch hintereinander die Explosion der ersten sowjetischen Atombombe, die Gründung zweier deutscher Staaten, die Gründung des Nordatlantikpakts (NATO), der Sieg Mao Zedongs in China und der Beginn des Korea-Krieges im Jahre 1950. Damit wurde immer deutlicher, dass die Flüchtlingsproblematik kein vorübergehendes Nachkriegsphänomen war. Neue Krisen riefen neue Flüchtlingsströme hervor, wie es nach der kommunistischen Machtübernahme in verschiedenen Ländern von der Tschechoslowakei bis China der Fall war. Gleichzeitig schränkte der Eiserne Vorhang zwischen Ost- und Westeuropa die Bewegungsfreiheit der Menschen zwischen den Machtblöcken ein.

Die Verhandlungen innerhalb der Vereinten Nationen über die Bildung einer neuen UN-Flüchtlingsorganisation waren von den ideologischen Spannungen des Kalten

Die frühen Jahre

Deutschland 1950: Displaced Persons warten vor dem Büro der Internationalen Flüchtlingsorganisation. Sie hoffen auf die Möglichkeit zur Weiterwanderung in ein neues Land, um sich dort ansiedeln zu können. (IRO/1950)

Krieges durchdrungen. Vorschläge zur Gründung einer solchen Institution waren von verschiedenen Seiten gekommen, unter anderem auch vom Internationalen Komitee vom Roten Kreuz (IKRK). Die Sowjetunion und ihre Satellitenstaaten boykottierten viele Verhandlungen völlig. Überdies gab es weit reichende Meinungsverschiedenheiten unter den Westmächten selbst. Die Vereinigten Staaten wollten eine klar definierte Organisation für eine begrenzte Zeit mit geringem Mittelbedarf und eingeschränkten Zielen, zu denen in erster Linie der Schutz der verbliebenen IRO-Flüchtlinge bis zu deren dauerhafter Ansiedlung gehören sollte. Insbesondere waren die Vereinigten Staaten bestrebt, der neuen Institution eine Rolle bei Hilfseinsätzen zu verwehren. Zu diesem Zweck sollte ihr die Unterstützung der Vollversammlung bei Einsätzen verweigert werden. Auch das Recht, freiwillige Beiträge von Gebern zu sammeln, sollte ihr nach dem Willen der Vereinigten Staaten nicht zugestanden werden. Demgegenüber favorisierten die westeuropäischen Staaten, die den größten Teil der Flüchtlingslast trugen, zusammen mit Pakistan und Indien, die nach der Teilung Indiens im Jahr 1947 jeweils mehrere Millionen Flüchtlinge aufgenommen hatten, eine starke und vielseitig einsetzbare Flüchtlingsorganisation mit unbefristetem Mandat. Diese Länder setzten sich für einen unabhängigen Hochkommissar ein, der die Befugnis haben sollte, selbst Mittel zu beschaffen und zugunsten von Flüchtlingen auszugeben.

Vertriebene aus Lagern in Deutschland, Italien und Österreich besteigen ein von der Internationalen Flüchtlingsorganisation gechartertes Schiff, um ein neues Leben in den USA zu beginnen. (UNHCR/1951)

Das Ergebnis dieser Debatte war ein Kompromiss. Im Dezember 1949 beschloss die UN-Vollversammlung mit 36 zu 5 Stimmen bei 11 Enthaltungen die Einrichtung des Amtes des Hohen Flüchtlingskommissars der Vereinten Nationen (*United Nations High Commissioner for Refugees* – UNHCR) für eine zunächst dreijährige Amtszeit, die am 1. Januar 1951 beginnen sollte.[10] Dabei sollte es sich um ein Nebenorgan der Vollversammlung nach Artikel 22 der Charta der Vereinten Nationen handeln. In der von der Vollversammlung am 14. Dezember 1950 verabschiedeten UNHCR-Satzung schlugen sich sowohl das Einvernehmen der USA und anderer westlicher Staaten gegenüber den Ostblockländern als auch die Differenzen und unterschiedlichen Prioritäten zwischen den USA und den westeuropäischen Staaten nieder. Ein Beobachter bemerkte dazu: „Die ernsthaften Beschränkungen hinsichtlich des Umfangs der Aufgaben und Befugnisse von UNHCR resultierten im Prinzip aus dem Wunsch der Vereinigten Staaten und ihrer westlichen Verbündeten, eine internationale Flüchtlingsorganisation ins Leben zu rufen, die weder irgendeine Bedrohung für die nationale Souveränität der Westmächte darstellen noch irgendwelche neuen finanziellen Verpflichtungen für sie mit sich bringen sollte."[11]

Kasten 1.2 — Die Unterstützung der Vereinten Nationen für die palästinensischen Flüchtlinge

Im November 1947 stimmte die UN-Vollversammlung der Teilung Palästinas in einen jüdischen und einen arabischen Staat zu. Fünfeinhalb Monate später zog sich Großbritannien, das während der Zeit des Völkerbunds ein Mandat zur Verwaltung des Territoriums hatte, aus der Region zurück. Die arabische Bevölkerung Palästinas und die arabischen Staaten lehnten den Teilungsplan ab, in welchem der jüdischen Bevölkerung mehr als die Hälfte des Territoriums zugesprochen wurde, obwohl die Araber zu jener Zeit die Bevölkerungsmehrheit stellten. In dem nachfolgenden Konflikt zwischen Juden und Palästinensern besetzten die Juden weitere Gebiete. Am 14. Mai 1948 wurde der Staat Israel ausgerufen. Bis zur Vereinbarung eines Waffenstillstands im Jahr 1949 hatte Israel drei Viertel des ehemaligen britischen Mandatsgebiets unter seine Kontrolle gebracht.

In der Zeit bis zur Gründung des Staates Israel und der unmittelbar darauf folgenden weiteren Zusammenstöße zwischen Arabern und Juden wurden etwa 750.000 Palästinenser vertrieben oder zur Flucht aus den jüdisch kontrollierten Gebieten gezwungen. Die Vereinten Nationen bemühten sich, auf dem Verhandlungswege ihre Rückkehr zu ermöglichen. Dies wurde jedoch von Israel abgelehnt.

Neue jüdische Siedlungen wurden in aller Eile auf palästinensischem Grundbesitz errichtet, und neu im Land eintreffende jüdische Einwanderer in Häusern von Palästinensern einquartiert. Die Mehrheit der palästinensischen Flüchtlinge siedelte sich in Städten in den arabischen Ländern an oder kehrte in ihre angestammten Wohngebiete zurück. Etwa ein Drittel der Flüchtlinge blieb jedoch in Lagern in der Region. Bis heute sind diese Lager ein Symbol für das Leid der palästinensischen Flüchtlinge geblieben.

Die Gründung von UNRWA

Hilfe für die palästinensischen Flüchtlinge kam zunächst von Nichtregierungsorganisationen unter der Schirmherrschaft des UN-Hilfswerks für palästinensische Flüchtlinge (*United Nations Relief for Palestine Refugees* - UNRPR). Im Dezember 1949 beschloss die UN-Vollversammlung dann die Gründung des Hilfswerks der Vereinten Nationen für die Palästinaflüchtlinge im Nahen Osten (*United Nations Relief and Works Agency* - UNRWA).

Die Entscheidung zur Gründung von UNRWA beruhte in erster Linie auf einer Initiative der USA, die den Vorsitz in der UN-Schlichtungskommission für Palästina inne hatten. Sie wurde getroffen, als klar wurde, dass die Regierung des neu gegründeten Staates Israel einer Rückkehr von Flüchtlingen auf sein Territorium in nennenswertem Umfang kaum zustimmen würde. Die amerikanische Regierung schlug vor, die Vollversammlung sollte die Einrichtung einer Sonderorganisation beschließen, um die Hilfsaktionen für die Flüchtlinge fortzuführen, vor allem aber, um groß angelegte Entwicklungsprojekte auf den Weg zu bringen (daher das Wort *Works* in der englischen Bezeichnung von UNRWA, das in der deutschen offiziellen Übersetzung nicht wiedergegeben wird). Die arabischen Staaten akzeptierten diesen Vorschlag erst, nachdem sie die Zusage erhalten hatten, dass die Einrichtung von UNRWA nicht das Recht der Flüchtlinge auf die Rückkehr an ihre früheren Wohnorte gemäß Resolution 194(III) der Vollversammlung vom 11. Dezember 1948 in Frage stellen würde. Dies wurde in Resolution 302(IV) der UN-Vollversammlung vom 8. Dezember 1949, die das Gründungsmandat von UNRWA betraf, eindeutig festgelegt.

Zur gleichen Zeit fanden bei den Vereinten Nationen Verhandlungen über die Bildung der Organisation statt, aus der später UNHCR werden sollte. Nach der Gründung von UNRWA

Artikel 2 der UNHCR-Satzung legt fest, dass die Arbeit des Hohen Flüchtlingskommissars „völlig unpolitisch, humanitär und sozial sein und sich in der Regel auf Gruppen und Kategorien von Flüchtlingen erstrecken soll". Diese Unterscheidung zwischen politischen und humanitären Belangen war von großer Bedeutung. Viele UNHCR-Mitarbeiter sind überzeugt, dass die Betonung der unpolitischen Natur der Arbeit des Hohen Flüchtlingskommissars der Vereinten Nationen eine wesentliche Voraussetzung dafür war, dem Amt Einsätze sowohl auf dem Höhepunkt des Kalten Krieges als auch in späteren bewaffneten Konflikten zu ermöglichen. Andere Beob-

bestanden die arabischen Staaten jedoch darauf, dass palästinensische Flüchtlinge, die durch UNRWA betreut wurden, weder unter das UNHCR-Mandat noch unter die Genfer Flüchtlingskonvention fallen sollten. Sie befürchteten, die im Entwurf des Abkommens diskutierte Definition des individuellen Flüchtlingsbegriffs würde die Position der Palästinenser schwächen, deren Rechte auf Rückkehr als Gruppe in Resolutionen der Vollversammlung anerkannt worden waren. Andere Beteiligte waren zudem der Auffassung, dass der unpolitische Charakter der Arbeit, wie er für das im Entstehen begriffene Amt des Hohen Flüchtlingskommissars der Vereinten Nationen vorgesehen war, mit der heiklen und politisch aufgeladenen Palästinenserfrage nicht vereinbar sein würde.

Aus diesen Gründen schließen sowohl die UNHCR-Satzung von 1950 als auch die Genfer Flüchtlingskonvention Personen aus, „die weiter von anderen Organen oder Organisationen der Vereinten Nationen Schutz und Hilfe" erhalten. Der geographische Tätigkeitsbereich von UNRWA ist auf den Libanon, Syrien, Jordanien, das Westjordanland und den Gaza-Streifen beschränkt. Nur wenn Palästinenser dieses UNRWA-Tätigkeitsgebiet verlassen, fallen sie unter das UNHCR-Mandat und das Abkommen von 1951.

Im Gegensatz zu UNHCR erhielt UNRWA keine detaillierte Satzung und entwickelte mit der Zeit seine eigene Flüchtlingsdefinition in seinen *Zusammengefassten Registrierungsanweisungen (Consolidated Registration Instructions)*. Diese definieren palästinensische Flüchtlinge als Personen, deren gewöhnlicher Wohnsitz für einen Zeitraum von mindestens zwei Jahren vor dem Konflikt von 1948 Palästina war, die auf Grund dieses Konflikts sowohl ihr Zuhause als auch ihre Erwerbsmöglichkeiten verloren haben und die 1948 in den Tätigkeitsbereich von UNRWA geflohen sind. Zur Inanspruchnahme von Hilfsleistungen sind auch die Nachkommen dieser Flüchtlinge berechtigt.

UNRWA hat im Gegensatz zu UNHCR nicht die Aufgabe, Dauerlösungen für die von ihm betreuten Flüchtlinge zu suchen. Ein weiterer Unterschied ist, dass sich das UNRWA-Mandat in erster Linie darauf erstreckt, grundlegende Hilfsleistungen zu erbringen, nicht jedoch darauf, internationalen Schutz zu leisten, was zu den Hauptaufgaben von UNHCR gehört.

Die frühen Jahre von UNRWA

UNRWA wurde als Spezialorgan der Vereinten Nationen mit befristetem Mandat gegründet, das regelmäßig erneuert werden sollte. In den frühen fünfziger Jahren weigerten sich die USA noch, Mittel für UNHCR bereit zu stellen, traten dafür aber als Hauptgeber von UNRWA auf, der sie seitdem geblieben sind.

1950 war UNRWA für die Betreuung von fast einer Million Flüchtlingen in Jordanien, Libanon, Syrien, im Westjordanland und im Gaza-Streifen zuständig. Die erste Aufgabe bestand darin, die von seinen Vorgängerorganisationen begonnene und noch laufende Soforthilfe fortzusetzen und den Flüchtlingen zu helfen, aus ihren Zelten in haltbarere Dauerunterkünfte umzuziehen. Von 1950 bis 1957 unterstützte UNRWA Projekte zur regionalen Wirtschaftsförderung, mit denen die Landwirtschaft ausgebaut, die internationale Zusammenarbeit gefördert und die Palästinenser in die Wirtschaft der Region integriert werden sollten. Mitte der fünfziger Jahre versuchte sich UNRWA an der Umsetzung von zwei größeren Neuansiedlungsvorhaben. Beide wurden jedoch nicht nur von den Aufnahmeländern abgelehnt, sondern auch von den Flüchtlingen selbst, die auf ihrem Recht auf Rückkehr beharrten.

Das Scheitern derartiger Initiativen war Anlass für eine Neubewertung der Ziele, die UNRWA verfolgen sollte. Von 1957 bis 1967 zog sich das Hilfswerk aus ehrgeizigen regionalen Entwicklungsprojekten zurück und konzentrierte sich stattdessen auf Hilfs-, Ausbildungs- und Gesundheitsprogramme in den Flüchtlingslagern.

achter argumentieren, dass sich diese Differenzierung zwar in vielerlei Hinsicht als vorteilhaft erwiesen hat, aber von Anfang an in gewissem Maße irreführend war, da sie vor allem unter dem Aspekt vorgenommen wurde, die ernsten Auswirkungen der Polarisierung der beiden Machtblöcke in den frühen fünfziger Jahren zu lindern und eine totale Erstarrung der Vereinten Nationen beim Umgang mit der Flüchtlingsproblematik zu jener Zeit zu verhindern.[12] Einige Experten meinen auch, dass UNHCR als UN-Unterorganisation, die formell der Vollversammlung untersteht, niemals ganz unabhängig von den politischen Organen der Vereinten Nationen sein kann.[13] Die anhal-

Als Folge des so genannten „Sechstagekrieges" zwischen Arabern und Israelis im Jahr 1967 kam es zur Flucht und Vertreibung einer großen Zahl von Palästinensern, die fortan eine neue Gruppe palästinensischer Flüchtlinge bildeten. Zu diesen Flüchtlingen gehörten auch diejenigen, die aus dem Westjordanland nach Jordanien und Syrien oder aus dem Gaza-Streifen nach Ägypten oder Jordanien geflohen waren. Wie 1948 verhinderte die israelische Regierung auch diesmal die Rückkehr der Flüchtlinge in die Gebiete, die seitdem als „israelisch besetzte Gebiete" bezeichnet werden.

Von den 350.000 Palästinensern, die 1967 vor dem Krieg geflohen waren, wurden etwa die Hälfte als „Binnenvertriebene" eingestuft. Sie waren 1948 nicht vertrieben worden und fielen damit nicht unter das UNRWA-Mandat, was sie noch schutzbedürftiger machte. Obwohl das UNRWA-Mandat nicht formell dahin gehend geändert wurde, dass es auch diese neue Kategorie von Flüchtlingen einschloss, führte die Organisation mit Unterstützung der UN-Vollversammlung einige Soforthilfemaßnahmen für diese Palästinenser durch. Die anderen Betroffenen waren nun schon zum zweiten Mal in 20 Jahren auf der Flucht. Im Westjordanland und im Gaza-Streifen hatte die israelische Besetzung ein neues und äußerst heikles Verhältnis zwischen UNRWA, den palästinensischen Flüchtlingen und der israelischen Regierung zur Folge.

Spätere Entwicklungen

20 Jahre vergingen, bevor es im Dezember 1987 auf den Straßen der israelisch besetzten Gebiete zur offenen und spontanen Revolte der Palästinenser kam. Einen Monat nach Ausbruch der palästinensischen *Intifada* (Aufstand) schlug der UN-Generalsekretär eine begrenzte Erweiterung des UNRWA-Mandats auf Aufgaben zum „passiven Schutz" in den israelisch besetzten Gebieten im Westjordanland und im Gaza-Streifen vor. Nach Resolutionen der Vollversammlung, in denen dieser Vorschlag befürwortet wurde, wurden ein Rechtshilfeprogramm ins Leben gerufen, zusätzliche Mitarbeiter vor Ort und aus dem Ausland eingestellt und Menschenrechtsbeobachter entsandt.

Die Erklärung der Prinzipien zur palästinensischen Selbstverwaltung in den israelisch besetzten Gebieten, die im September 1993 von Palästinenserführer Yassir Arafat und dem israelischen Ministerpräsidenten Yitzhak Rabin unterzeichnet wurde, hatte den Zweck, die Regierungsgewalt allmählich der palästinensischen Nationalbehörde zu übertragen. Einen Monat später startete UNRWA zur Unterstützung des Friedensprozesses ein „Friedensimplementierungsprogramm". Es umfasste Projekte zur Verbesserung des Bildungs- und Gesundheitswesens, zum Bau von Notunterkünften und anderer Teile der Infrastruktur sowie zur Gewährung von Darlehen für Kleinbetriebe.

Inzwischen ist die dritte und sogar vierte Flüchtlingsgeneration herangewachsen. 1999 lebten in der Region rund 3,6 Millionen von insgesamt rund sechs Millionen Palästinensern weltweit. Ungefähr 1,5 Millionen Flüchtlinge leben in Jordanien und weitere 1,3 Millionen im Westjordanland und im Gaza-Streifen. Etwa ein Drittel der Flüchtlinge lebt in 59 Flüchtlingslagern, der Rest in Dörfern sowie Klein- und Großstädten im UNRWA-Tätigkeitsgebiet. Ungeachtet vielfältiger Schwierigkeiten bei der Mittelbeschaffung errichtete UNRWA im Lauf der Jahre rund 650 Schulen, in denen heute mehr als 450.000 Schüler unterrichtet werden. Hinzu kamen acht Berufsausbildungszentren, 122 Gesundheitszentren und zahlreiche weitere Projekte für unterschiedliche gemeinnützige Zwecke. Aber noch immer ist die Not der Flüchtlinge groß, und bis eine langfristige und umfassende politische Lösung für das Palästinenserproblem gefunden und realisiert worden ist, werden die Rechtsstellung und die Zukunft der Mehrheit der palästinensischen Flüchtlinge ungewiss bleiben.

tende Debatte zu diesem Thema dreht sich weitgehend um die Tatsache, dass damals versäumt wurde, klar zu definieren, was eine „humanitäre", bzw. was eine „politische Tätigkeit" ist.

Die Debatte über den Umfang, in dem eine Organisation Flüchtlinge schützen und unterstützen, aber zugleich unpolitisch bleiben kann, war nicht neu. Diese Frage war sogar zur Zeit des Völkerbundes viel diskutiert worden, als Fridtjof Nansen und James McDonald, zwei Hochkommissare mit der Zuständigkeit für bestimmte Flüchtlingsgruppen, unterschiedliche Konzepte verfolgten [siehe Kasten 1.1].

UNHCR hatte laut der Satzung des Amtes zwei primäre Aufgaben: Erstens sollte Flüchtlingen über Ländergrenzen hinweg Schutz geboten werden. Zweitens sollte das Amt Dauerlösungen des Flüchtlingsproblems finden und zu diesem Zweck die Regierungen dabei unterstützen, ihnen die freiwillige Rückkehr oder ihre Eingliederung im Aufnahmeland zu erleichtern. Die neue Organisation erhielt zwar das Recht, sich um freiwillige Beiträge von Gebern zu bemühen, doch konnten die USA durchsetzen, dass derartige Anforderungen der Zustimmung durch die Vollversammlung bedurften. Das Ergebnis: UNHCR wurde von einem geringen Verwaltungsbudget der Vollversammlung und einem kleinen „Soforthilfefonds" abhängig.

Die amerikanische Regierung weigerte sich anfangs, überhaupt Beiträge zu diesem Fonds zu leisten, da sie zu diesem Zeitpunkt UNHCR nicht als die am besten geeignete Organisation zur Weiterleitung finanzieller Mittel betrachtete. Stattdessen entschied sie sich dafür, das *United States Escapee Program* und das *Intergovernmental Committee for European Migration* (ICEM) zu unterstützen. Letzteres wurde 1952 gegründet, um europäischen Migranten und Flüchtlingen bei der Auswanderung nach Übersee zu helfen. Aus dem Komitee wurde später die Internationale Organisation für Migration (*International Organization for Migration* – IOM). Innerhalb des UN-Systems finanzierten die Vereinigten Staaten zudem das Hilfswerk der Vereinten Nationen für die Palästinaflüchtlinge im Nahen Osten (*United Nations Relief and Works Agency* – UNRWA) [siehe Kasten 1.2] sowie die Organisation der Vereinten Nationen für den koreanischen Wiederaufbau (*United Nations Korean Reconstruction Agency* – UNKRA), eine Hilfsorganisation für die Millionen Menschen, die durch den Korea-Krieg heimatlos geworden waren.

UNHCR war von Anfang an durch eine unzureichende finanzielle Ausstattung in seiner Handlungsfähigkeit eingeschränkt. Jedes Hilfsprojekt musste über freiwillige Beiträge finanziert werden, die zumeist von staatlicher Seite kamen. Das Amt erhielt nicht die Ressourcen zur Abwicklung eines Rückführungsprogramms, wie es etwa von UNRRA durchgeführt worden war, oder eines Programms zur dauerhaften Ansiedlung in Drittländern wie die IRO. Vielmehr wurde es aufgefordert, internationalen Schutz zu leisten und mit seiner nur geringen Finanzausstattung Lösungen für Flüchtlingsprobleme zu erarbeiten. Wie es der erste Hohe Flüchtlingskommissar der Vereinten Nationen Gerrit Jan van Heuven Goedhart ausdrückte, bestand damit die reale Gefahr, dass sein Amt einfach nur „das Elend verwalten" würde.[14]

Mit einem Jahresetat von nicht mehr als 300.000 Dollar erwies sich die Erwartung, UNHCR könnte in der Lage sein, innerhalb weniger Jahre eine abschließende Lösung des Flüchtlingsproblems in Europa herbeizuführen, als falsch. Trotz der Bemühungen des Hohen Flüchtlingskommissars van Heuven Goedhart, den Regierungen das Ausmaß des Flüchtlingsproblems klar zu machen, stellten diese nur in äußerst geringem Umfang Mittel bereit. Andererseits entwickelte UNHCR immer produktivere Partnerschaften mit freiwilligen Hilfsorganisationen. Der erste größere Geldbetrag wurde UNHCR 1951 zur Verfügung gestellt. Er kam nicht von den Regierungen, sondern von der Ford-Stiftung in den USA und belief sich auf 3,1 Millionen Dollar. Diese Gelder wurden für ein Pilotprojekt verwendet, in dem zum ersten Mal der Schwerpunkt auf eine lokale Integration in europäischen Ländern als Lösung von Flüchtlingsproblemen gelegt wurde. Schließlich, im Jahr 1954, wurde ein neuer

Kasten 1.3: Die Genfer Flüchtlingskonvention von 1951

Die Genfer Flüchtlingskonvention von 1951 wurde von der Konferenz der Vereinten Nationen über die Rechtsstellung der Flüchtlinge und Staatenlosen verabschiedet, die vom 2. bis 25. Juli 1951 in Genf stattfand. Sie wurde am 28. Juli 1951 zur Unterzeichnung aufgelegt und trat am 22. April 1954 in Kraft.

Das Abkommen legt die Pflichten und Rechte von Flüchtlingen und die Verpflichtungen der Staaten gegenüber Flüchtlingen fest. Es gibt auch internationale Maßstäbe für die Behandlung von Flüchtlingen vor. Darüber hinaus enthält es Prinzipien, die die Rechte von Flüchtlingen in den Bereichen Erwerbstätigkeit, Bildung, Wohnsitz, Freizügigkeit, Zugang zu Gerichten und Einbürgerung stützen und gewährleisten. Vor allem verbietet es jedoch, Flüchtlinge in ein Land zurückzuführen, in denen ihnen Verfolgung droht. Zwei der wichtigsten Bestimmungen finden sich in den Artikeln 1 und 33:

Artikel 1 - Definition des Begriffs „Flüchtling"

(A2) [Jede Person, die] ... aus der begründeten Furcht vor Verfolgung wegen ihrer Rasse, Religion, Nationalität, Zugehörigkeit zu einer bestimmten sozialen Gruppe oder wegen ihrer politischen Überzeugung sich außerhalb des Landes befindet, dessen Staatsangehörigkeit sie besitzt, und den Schutz des Landes nicht in Anspruch nehmen kann oder wegen dieser Befürchtungen nicht in Anspruch nehmen will; oder die sich als staatenlose ... außerhalb des Landes befindet, in welchem sie ihren gewöhnlichen Aufenthalt hatte, und nicht dorthin zurückkehren kann oder wegen der erwähnten Befürchtungen nicht dorthin zurückkehren will.

Artikel 33 - Verbot der Ausweisung und Zurückweisung

1. Keiner der vertragschließenden Staaten wird einen Flüchtling auf irgendeine Weise über die Grenzen von Gebieten ausweisen oder zurückweisen, in denen sein Leben oder seine Freiheit wegen seiner Rasse, Staatsangehörigkeit, seiner Zugehörigkeit zu einer bestimmten sozialen Gruppe oder wegen seiner politischen Überzeugung bedroht sein würde.

Die Flüchtlingsdefinition in der Genfer Flüchtlingskonvention von 1951 war auf Personen begrenzt, die „infolge von Ereignissen, die vor dem 1. Januar 1951 eingetreten sind", zu Flüchtlingen geworden waren. Diese zeitliche Einschränkung wurde später durch Artikel I(2) des Protokolls über die Rechtsstellung der Flüchtlinge von 1967 aufgehoben [siehe Kasten 2.2]. Die Unterzeichnerstaaten der Genfer Flüchtlingskonvention hatten zudem die Möglichkeit, eine Erklärung abzugeben, mit der sie ihre Verpflichtungen gemäß dem Abkommen auf Personen begrenzen konnten, die durch Ereignisse in Europa zu Flüchtlingen geworden waren.

Die Genfer Flüchtlingskonvention ist zusammen mit dem zugehörigen Protokoll von 1967 weiterhin das wichtigste und einzige weltweit gültige Instrument des internationalen Flüchtlingsrechts. Bis zum 31. Dezember 1999 waren 131 Staaten sowohl dem Abkommen von 1951 als auch dem Protokoll von 1967 beigetreten. 138 Staaten hatten eines oder beide dieser Instrumente ratifiziert.

Flüchtlingsfonds der Vereinten Nationen (United Nations Refugee Fund – UNREF) zur Durchführung von Projekten in Ländern wie Österreich, der Bundesrepublik Deutschland, Griechenland und Italien eingerichtet. Diesen Fonds finanzierten nun auch die Vereinigten Staaten, die sich zuvor geweigert hatten, UNHCR finanziell zu unterstützen, und zwar auf Grund einer Entscheidung des amerikanischen Kongresses von 1950, jegliche Verwendung von Mitteln der USA durch irgendeine internationale Organisation zu unterbinden, die in Ländern hinter dem Eisernen Vorhang tätig war.

Auch der zunächst hartnäckige Widerstand der Sowjetunion gegenüber UNHCR ließ Mitte der fünfziger Jahre allmählich nach. Bis dahin hatte sich der Kalte Krieg bis weit über die Grenzen Europas ausgebreitet, und neue Länder beeinflussten nun die Arbeit der Vereinten Nationen. Die Sowjetunion hatte dabei geholfen, mehreren Entwicklungsländern die Aufnahme in die Vereinten Nationen zu erleichtern, und diese Länder erkannten nun den potenziellen Nutzen von UNHCR für ihre eigenen Flüchtlingsprobleme an.

Die Genfer Flüchtlingskonvention von 1951

Die Rechte und Pflichten, die im Abkommen über die Rechtsstellung der Flüchtlinge von 1951 festgelegt wurden, bilden die wesentliche Grundlage für die Arbeit von UNHCR. Die Verhandlungen zu diesem Abkommen fanden parallel zu denen über die Gründung von UNHCR statt. Mehr als sieben Monate später, am 28. Juli 1951, wurde es von einer internationalen Konferenz verabschiedet.

Besondere Kontroversen rief die Definition des Begriffs „Flüchtling" hervor. Da das Abkommen neue Verpflichtungen schaffte, die völkerrechtlich bindend sein würden, versuchten einige am Entwurfsprozess beteiligte Staaten, die Definition auf Kategorien von Flüchtlingen zu begrenzen, denen gegenüber sie rechtliche Verpflichtungen zu übernehmen bereit sein würden. Die Vereinigten Staaten favorisierten eine enge Definition angesichts der rechtlichen Verpflichtungen, die eine allgemeiner gehaltene Definition nach sich ziehen würde. Die westeuropäischen Staaten dagegen setzten sich für eine allgemeinere Definition ein, wenngleich es auch unter diesen Staaten verschiedene Auffassungen gab.

Schließlich wurde eine Kompromissformel gefunden. Die Regierungen einigten sich auf eine allgemeine, universell anwendbare Definition des Begriffs „Flüchtling", die auf dem zentralen Leitgedanken einer „begründeten Furcht vor Verfolgung" basierte. Gleichzeitig legten sie zwei wichtige Einschränkungen für den Geltungsbereich des Abkommens von 1951 fest. Die Erste lautete, dass die Vorteile des Abkommens nicht auf Personen anzuwenden sein sollten, die auf Grund von Ereignissen nach dem 1. Januar 1951 zu Flüchtlingen wurden, selbst dann nicht, wenn sie ansonsten die Voraussetzungen für die Flüchtlingseigenschaft erfüllten. Zum Zweiten wurde Staaten, die dem Abkommen beitraten, die Möglichkeit eingeräumt, eine Erklärung abzugeben, die ihre Pflichten gegenüber europäischen Flüchtlingen gemäß dem Abkommen begrenzte.

Die Einigung auf diese Definition des Begriffs „Flüchtling" war ein einschneidender Richtungswechsel in der Flüchtlingspolitik, denn sie bedeutete, dass die Flüchtlingseigenschaft künftig nicht mehr nur wie in früheren Jahren anhand der Zugehörigkeit zu einer Kategorie oder Gruppe, sondern auch auf einer individuellen Grundlage geprüft werden konnte. Die Definition besaß nun zudem allgemeine Gültigkeit und war nicht mehr an bestimmte nationale Gruppen gebunden, beispielsweise an Russen aus der Sowjetunion oder Griechen aus der Türkei, wie dies in der Zeit zwischen den Weltkriegen der Fall gewesen war.

In der Allgemeinen Erklärung der Menschenrechte von 1948 war das Recht des Einzelnen verbrieft worden, Asyl zu suchen und zu genießen. Den Staaten, die das Ab-

Vertragsstaaten der Genfer Flüchtlingskonvention von 1951 und des zugehörigen Protokolls von 1967 (Stand: 31. Dezember 1999)

Karte 1.1

LEGENDE
Vertragsstaat des Abkommens von 1951 und/oder des Protokolls von 1967

Die in dieser Karte gezeigten Grenzen entsprechen dem Gebrauch der Kartographischen Abteilung der Vereinten Nationen in New York.
Die in dieser Karte gezeigten Grenzen und Namen sowie die verwendeten Bezeichnungen implizieren keine offizielle Anerkennung oder Akzeptanz durch die Vereinten Nationen.

kommen über die Rechtsstellung der Flüchtlinge formulierten, war die Wahrung des souveränen Rechts, Zugang zu ihrem Territorium zu gewähren, jedoch so wichtig, dass sie nicht bereit waren, in diesem neuen, völkerrechtlich bindenden Abkommen ein bedingungsloses Asylrecht anzuerkennen. Daher wird im Abkommen von 1951 kein „Recht auf Asyl" erwähnt. Allerdings verpflichtet eine der wichtigsten Bestimmungen des Abkommens seine Signatarstaaten, einen Flüchtling nicht auszuweisen oder in einen Staat zurückzuschicken, in dem er von Verfolgung bedroht wäre. Diese Bestimmung wird als „Prinzip des *Non-refoulement*" bezeichnet, weil in Artikel 33 des Abkommens das französische Wort für „Nichtabschiebung" verwendet wird. Andere Bestimmungen des Abkommens betreffen die Rechte von Flüchtlingen im Hinblick auf Fragen wie Beschäftigung, Unterbringung, Ausbildung, Sozialhilfe, Ausweise und Freizügigkeit [siehe Kasten 1.3].

Ähnliche Rechte waren schon im Abkommen über die internationale Rechtsstellung der Flüchtlinge von 1933 formuliert worden, dem ersten internationalen Abkommen zur Festschreibung des Prinzips, dass Flüchtlinge nicht gegen ihren Willen in ihr Herkunftsland abgeschoben werden dürfen.[15] Dieses Abkommen wurde allerdings nur von acht Staaten ratifiziert. Eine weitere wichtige internationale Übereinkunft war das Abkommen über die Rechtsstellung der Flüchtlinge aus Deutschland von 1938, das jedoch vom Ausbruch des Zweiten Weltkriegs eingeholt und nur von drei Staaten ratifiziert wurde. Im Gegensatz dazu liegt die Stärke der Genfer Flüchtlingskonvention in der großen Zahl der Vertragsstaaten, die es ratifiziert haben [siehe Karte 1.1].

Die Ungarnkrise von 1956

Die erste große Prüfung für UNHCR war der Exodus von Flüchtlingen aus Ungarn nach der Niederschlagung des Aufstands durch die Sowjetunion im Jahr 1956. Viele Flüchtlinge folgten jener Route nach Österreich, auf der Teile der ungarischen Bevölkerung schon in den Jahren 1944 und 1945 vor der Roten Armee geflohen waren. Während die weitaus Meisten – etwa 180.000 – nach Österreich flohen, entkamen etwa 20.000 in das sozialistische Jugoslawien, das sich 1948 mit der Sowjetunion überworfen hatte. Dieser Exodus verschaffte UNHCR erste Erfahrungen im Umgang mit einem massenhaften Zustrom von Menschen, die auf der Flucht vor politischer Unterdrückung waren. Neu war für das Amt auch die Zusammenarbeit mit dem Internationalen Komitee vom Roten Kreuz (in Ungarn) und der Liga der Rotkreuzgesellschaften (in Österreich).

In den Jahren 1956 und 1957 betreute UNHCR ungarische Flüchtlinge in Österreich und Jugoslawien, wirkte bei ihrer dauerhaften Ansiedlung in 35 Ländern mit und begleitete die freiwillige Rückkehr eines kleineren Teils der Flüchtlinge nach Ungarn. Die Krise wurde von Auguste Lindt gemeistert, der am 10. Dezember 1956 die Nachfolge des Hohen Flüchtlingskommissars van Heuven Goedhart antrat. Dieser Einsatz leitete die Umgestaltung von UNHCR ein. Aus einer kleinen UN-Behörde, die für

Österreich 1956: Nach der sowjetischen Niederschlagung des Aufstands in ihrer Heimat suchen Ungarn Zuflucht im Nachbarland. (RDZ/1956)

die Abwicklung einiger aus dem Zweiten Weltkrieg übrig gebliebener Flüchtlingsgruppen zuständig gewesen war, wurde eine wesentlich größere Organisation mit breiter angelegten Aufgaben. Aus der Krise, die einer der wichtigsten Höhepunkte des Kalten Krieges wurde, sollte UNHCR erheblich gestärkt und mit beträchtlich gestiegenem internationalen Ansehen hervorgehen.

Die Ungarnkrise resultierte aus dem politischen Tauwetter in Osteuropa und der Sowjetunion nach Stalins Tod im März 1953. Das kommunistische Regime, das in Ungarn 1947/48 die Macht übernommen hatte, war von einem der engsten Gefolgsleute Stalins in Osteuropa geführt worden. 1949 hatte dieses Regime eine Reihe von Schauprozessen nach dem Vorbild der Moskauer Prozesse von 1936 veranstaltet, die zur Hinrichtung vieler führender Kommunisten führten. 1954, im Jahr nach Stalins Tod, wurden der Chef der Sicherheitspolizei und der Generalsekretär der regierenden kommunistischen Partei selbst verhaftet und angeklagt, ihre Kompetenzen überschritten und ungerechtfertigte Festnahmen veranlasst zu haben.

Die berühmte Rede von Nikita Chruschtschow vor dem 20. Parteitag der Kommunistischen Partei der Sowjetunion im Februar 1956, in der er schwere Fehler Stalins einräumte, erschütterte nicht nur die Sowjetunion, sondern das gesamte kommunisti-

Kasten 1.4

Deutsche Wiedergutmachungspraxis gegenüber Flüchtlingen nach dem Krieg

Schon bald nach Gründung der Bundesrepublik Deutschland im Jahr 1949 setzten Diskussionen über die Entschädigung von Opfern der Verfolgung durch die Nationalsozialisten ein. Dabei wurden die Begriffe „Reparation" oder „Wiedergutmachung" selten verwendet, da allgemeine Einigkeit darüber herrschte, dass keine noch so hohen Zahlungen eine Entschädigung für die Schrecken des Holocaust sein konnten.

Die ersten Gesetze, die in der Bundesrepublik verabschiedet wurden, definierten als „Verfolgte" im Zusammenhang mit Entschädigungsfragen Personen, die wegen ihrer Rasse, Religion oder politischen Überzeugung zu leiden hatten. Andere Personen - selbst solche, die in einem Konzentrationslager inhaftiert waren oder Zwangsarbeit leisten mussten - erfüllten nicht die Kriterien für „Verfolgte", sondern galten als so genannte „Nationalgeschädigte".

Von diesen „Nationalgeschädigten" gab es Zehntausende - Polen, Ukrainer, Weißrussen, Serben, Tschechen, Slowaken und andere, die man interniert oder deportiert und zur Sklavenarbeit in deutschen Fabriken gezwungen hatte. Das Leben dieser Menschen war in den meisten Fällen zugrunde gerichtet worden: Ihre Gesundheit war ruiniert, ihre Familien waren entwurzelt und auseinander gerissen, und ihre Wohnstätten beschädigt oder zerstört. Nach dem Krieg emigrierten viele von ihnen nach Nord- oder Südamerika, Südafrika oder Australien. Ihre Schadenersatzansprüche wurden von ihren neuen Heimatländern freilich nicht vertreten, deren Bürger sie ja zur Zeit ihrer Verfolgung noch nicht waren.

Die ersten Verhandlungen über eine Entschädigung konzentrierten sich auf diejenigen Personen, die aus religiösen Gründen verfolgt worden waren. Die 1951 gegründete *Conference on Jewish Material Claims against Germany* (kurz „Jewish Claims Conference" - JCC), der zahlreiche jüdische Organisationen angehören, setzte sich das folgende halbe Jahrhundert über energisch für die jüdischen Opfer des Nationalsozialisten ein. Andere Personenkreise wie Sinti und Roma oder Kommunisten verfügten über keine vergleichbare Organisation, ebenso wenig wie die „Nationalgeschädigten".

Das erste Entschädigungsgesetz der Bundesrepublik Deutschland trat 1953 in Kraft und sah einige begrenzte Zahlungen an bestimmte „Nationalgeschädigte" vor, deren Gesundheit ernsthaft angegriffen war und die bis zu genau festgelegten Stichtagen Flüchtlinge wurden. Ein weiteres Gesetz aus dem Jahr 1956 enthielt keine Bestimmungen über weitere Hilfen für diesen Personenkreis.

1957 nahmen westliche Regierungen mit der Bundesregierung in Bonn Verhandlungen über Entschädigungsleistungen für ihre Bürger auf. Zunächst war die Rede von einem globalen Fonds, der auch die „Nationalgeschädigten" berücksichtigen sollte, doch dann wurde beschlossen, die Entschädigungsfrage bis zum Abschluss eines formalen Friedensvertrages zu vertagen. Bis dahin sollte Deutschland Gespräche mit UNHCR über Flüchtlinge führen, die wegen ihrer Nationalität zu leiden gehabt hatten.

Der Notfonds

1960 schlossen Deutschland und UNHCR einen ersten Vertrag. Danach sollte UNHCR einen „Notfonds" mit einem Volumen von 45 Millionen DM verwalten, der von der Regierung für „Nationalgeschädigte" eingerichtet

---

sche Lager. Seine explizite Zusicherung, die Beziehungen der Sowjetunion zu seinen benachbarten Satellitenstaaten überprüfen zu wollen, hatte in Osteuropa dramatische Konsequenzen, vor allem in Polen und Ungarn. In Polen führten Demonstrationen und Streiks im Juni jenes Jahres zu einem Regierungswechsel und einer vorsichtig dosierten Liberalisierung des Regimes, das von Moskau widerstrebend akzeptiert wurde.

In Ungarn dagegen sollten die Reformversuche ein tragisches Ende nehmen. Zuerst schien das Regime die Notwendigkeit von Reformen zu erkennen. Es machte Zugeständnisse an die Bauern, mäßigte seine Terrorherrschaft, und ernannte mit Imre Nagy sogar widerwillig einen Kritiker von Kollektivierung und erzwungener Industrialisierung zum Ministerpräsidenten. Doch Volksaufmärsche im Oktober 1956 zeigten die verbreitete Ablehnung des Regimes und den Hass auf seine Geheimpolizei. Die

worden war, die vor dem 1. Oktober 1953 zu Flüchtlingen geworden waren. Im Verlauf der folgenden fünf Jahre zahlte UNHCR an etwa 10.000 Personen Beträge zwischen 3.000 und 8.000 DM aus.

Unterdessen waren weitere potenzielle Empfänger von Entschädigungsleistungen in den Westen geflüchtet. Bis 1965 waren die Mittel verbraucht. Ein Jahr später einigten sich UNHCR und Deutschland in einem Zusatzvertrag auf die Verlegung des Stichtages auf den 31. Dezember 1965 und die Bereitstellung von weiteren 3,5 Millionen DM. Doch die Entschädigungsforderungen überstiegen weiterhin die verfügbaren Mittel, sodass auch dieser zusätzliche Betrag bald aufgebraucht war.

Es war eine schwierige Aufgabe, zu entscheiden, wem die bescheidenen Beträge zugute kommen sollten, die UNHCR verteilen konnte. Dazu prüften UNHCR-Mitarbeiter Anträge von Überlebenden aus aller Welt. Viele Antragsteller hatten Fotos beigelegt, die aufgenommen worden waren, bevor sie deportiert und in Deutschland zur Zwangsarbeit eingesetzt worden waren. Andere hatten ärztliche Atteste, handgeschriebene Haushaltspläne oder unbezahlte Rechnungen beigefügt. Die relativ kleinen Beträge, die zur Verteilung bereitstanden, waren in keiner Weise dem Leid während der Verfolgung angemessen. Diesen Zahlungen wurde aber dennoch große Bedeutung zugemessen, zeigten sie doch den Opfern, dass man sie nicht vergessen hatte.

1980 nahm die Claims Conference Verhandlungen mit der Bundesrepublik Deutschland über die Einrichtung eines neuen Fonds für jüdische Verfolgte auf, die erst nach 1965 in den Westen geflüchtet waren. Außerdem bemühte sich UNHCR um weitere Mittel zur Entschädigung von „Nationalgeschädigten", die nach 1965 Flüchtlinge geworden waren.

Die Verhandlungen mit der Claims Conference führten zur Einrichtung von drei neuen Fonds mit einem Volumen von insgesamt 500 Millionen DM für Opfer im Sinne der deutschen Gesetze, zu denen die „Nationalgeschädigten" nicht gehörten. Für die letztere Gruppe war ein neuer Fonds in Höhe von fünf Millionen DM vorgesehen, der von UNHCR verwaltet werden sollte. Schnell wurde jedoch klar, dass dieser nicht ausreichen würde. Die Emigration aus Osteuropa und insbesondere aus Polen nahm zu, und mit dieser neuen Flüchtlingswelle trafen viele Personen im Westen ein, die für Entschädigungsleistungen in Frage kamen. 1984 stockte Deutschland den von UNHCR verwalteten Fonds um nochmals 3,5 Millionen DM auf. Bis zum Mai jenes Jahres waren über 1.100 Neuanträge eingegangen, und man erwartete weitere Anträge, ausschließlich von Überlebenden, die nach 1965 Flüchtlinge geworden waren.

Die bei UNHCR eingehenden Briefe machten deutlich, dass die Antragsteller noch immer unter den Auswirkungen ihrer Verfolgung litten. Viele wiesen einen so schlechten Gesundheitszustand auf, dass sie arbeitsunfähig waren. Den angerichteten Schaden konnte kein Geld der Welt wieder gutmachen, aber den Opfern kam es auch viel mehr darauf an, ihr Leid in das öffentliche Bewusstsein zu rücken, selbst wenn sie schon im Rentenalter waren.

Die Tätigkeit von UNHCR zu Gunsten der Flüchtlinge über den Notfonds endete 1993. Bis zu diesem Zeitpunkt hatte die bundesdeutsche Regierung 59 Millionen DM über den von UNHCR verwalteten Fonds an Flüchtlinge und ehemalige Flüchtlinge ausgezahlt, die Opfer der Verfolgung durch die Nationalsozialisten gewesen waren.

Bewegung erreichte ihren Höhepunkt in einem Massenaufstand am 23. Oktober, als etwa 300.000 Menschen auf den Straßen protestierten und mit ungarischen und sowjetischen Soldaten zusammenstießen. Um den Forderungen des Volkes entgegenzukommen, bildete Nagy am 27. Oktober eine Koalitionsregierung ohne kommunistische Hardliner und versprach freie Wahlen. Am 1. November machte er den verhängnisvollen Vorschlag, Ungarn solle den Warschauer Pakt verlassen und sich für neutral erklären.

Nachdem die Sowjetarmee schon begonnen hatte, ihre Soldaten aus der ungarischen Hauptstadt Budapest zurückzuziehen, griff sie die Hauptstadt am 4. November an. In den ausgedehnten Straßenkämpfen, die nun folgten, wurde mit 200.000 Mann und mehr als 2.000 Panzern jeder Widerstand gegen die Rote Armee rücksichtslos gebrochen. Tausende von Ungarn wurden deportiert oder wie Nagy exekutiert. Bei der Konfrontation, die sich als die gewalttätigste Auseinandersetzung in Europa zwischen dem Zweiten Weltkrieg und den Kriegen des zerfallenden Jugoslawien in den neunziger Jahren erweisen sollte, starben in zehn Tagen auf den Straßen von Budapest mehr als 3.000 Menschen.

Der Exodus der Flüchtlinge

Schon vor der Niederschlagung des Ungarnaufstands waren die ersten Flüchtlinge in Österreich eingetroffen. Am 5. November stufte die österreichische Regierung die Situation als so bedrohlich ein, dass sie UNHCR um Hilfe ersuchte. Angebote zur Gewährung von dauerhaftem oder vorübergehendem Asyl trafen bald aus Kanada, Chile, Frankreich, Dänemark, Norwegen, Schweden und Großbritannien ein. Am 8. November gab der amerikanische Präsident Dwight D. Eisenhower bekannt, die USA seien zur sofortigen Aufnahme von 5.000 Flüchtlingen bereit. Dieses Kontingent wurde kurze Zeit später auf 6.000 erhöht. Im Dezember verkündete die amerikanische Regierung schließlich, weitere 16.500 ungarische Flüchtlinge aus Österreich in den USA aufnehmen zu wollen.[16]

Insgesamt flohen etwa 200.000 Ungarn aus ihrem Herkunftsland. Bis Ende November wurden 115.851 Personen bei ihrer Ankunft in Österreich erfasst. Männer, Frauen und Kinder, verängstigt und verzweifelt, waren auf der Flucht, ihre Habseligkeiten in Koffern und auf Karren hinter sich her ziehend. Sie marschierten über dieselbe Straße zur Grenzstadt Hegyeshalom wie Zehntausende ungarischer Juden, die von den Nationalsozialisten zwölf Jahre zuvor deportiert worden waren. Ein Flüchtling berichtete: „Wir haben alles zurückgelassen, als würden wir aus einem brennenden Haus fliehen."[17] Zwischen Dezember 1956 und Januar 1957 kamen weitere 56.800 Ungarn nach Österreich. Danach ging die Zahl der in Österreich eintreffenden Flüchtlinge drastisch zurück, vornehmlich auf Grund der Verschärfung der Grenzkontrollen durch das neue, von den Sowjets in Budapest installierte Regime unter der Führung von János Kádár.

Angesichts dieses massiven Zustroms von Flüchtlingen richtete die österreichische Regierung einen Dringlichkeitsappell an UNHCR, in dem sie um finanzielle Unterstützung und die dauerhafte Ansiedlung von möglichst vielen Flüchtlingen in Drittländern nachsuchte. Österreich erholte sich selbst noch von den Entbehrungen des Zweiten Weltkriegs, in dessen letzten Tagen das Land Schauplatz erbitterter Kämpfe zwischen deutschen Truppen und den vorrückenden sowjetischen Streitkräften gewesen war. Die alliierte Besetzung Österreichs, das wie Deutschland in vier Zonen eingeteilt worden war, endete offiziell im Mai 1955. Die Besatzungsmächte waren vier Monate später abgezogen, und zu Beginn des Jahres 1956 hatten die ungarischen Behörden einen großen Teil der Stacheldrahtbarrieren zwischen den beiden Ländern entfernen lassen. Österreich hatte daher erst seit kurzer Zeit wieder seine Souveränität erlangt und unterstrich während der Ungarn-Krise seine neutrale Position zwischen den beiden Blöcken des Kalten Krieges.

Die Hilfsaktion für die Flüchtlinge erfolgte unter der Leitung des Roten Kreuzes, das eng mit UNHCR zusammenarbeitete. Sie war damit die erste von zahlreichen Kriseneinsätzen, in denen beide Organisationen später gemeinsam vor Ort tätig sein sollten. Die Basis für das UNHCR-Engagement bildete Resolution 1006 der UN-Vollversammlung vom 9. November 1956. Im Dezember, nur wenige Tage nach seiner Wahl zum Hohen Flüchtlingskommissar der Vereinten Nationen, reiste Auguste Lindt in die österreichische Hauptstadt Wien, um sich ein eigenes Bild von den dringenden Bedürfnissen der ungarischen Flüchtlinge zu machen, von denen zu jener Zeit etwa 3.000 pro Nacht die Grenze zu Österreich überquerten.[18]

Einige Flüchtlinge fanden auch eine Alternative zum Asyl in Österreich, indem sie nach Jugoslawien flohen, das zwar selbst ein kommunistischer Staat war, dessen Führer Josip Broz Tito jedoch 1948 mit Stalin gebrochen hatte. Nach Stalins Tod hatten sich die Beziehungen zur Sowjetunion verbessert, und Stalins Nachfolger Nikita Chruschtschow und Nikolai Bulganin hatten bei ihrem Besuch in Belgrad im Mai 1955 die Bereitschaft der Sowjetunion signalisiert, den unabhängigen Weg Jugoslawiens zu tolerieren. Unter diesen Umständen war Titos Entscheidung, die ungarischen Flüchtlinge aufzunehmen, ein mutiger Schritt.[19]

Jugoslawien war das einzige kommunistische Land gewesen, das an der internationalen Konferenz in Genf teilgenommen hatte, auf der 1951 der Entwurf für die Genfer Flüchtlingskonvention ausgearbeitet worden war. Der erste Hohe Flüchtlingskommissar der Vereinten Nationen van Heuven Goedhart hatte im April 1953 selbst Jugoslawien besucht, um der jugoslawischen Regierung die Arbeit von UNHCR vorzustellen. Es war der erste Besuch dieser Art in einem kommunistischen Land.[20] Diese vorangegangene Kontaktaufnahme zwischen UNHCR und Jugoslawien sollte sich während der Ungarnkrise als äußerst nützlich erweisen. Im Dezember 1956 bat Tito UNHCR, sein Land bei der Bewältigung des Flüchtlingszustroms zu unterstützen.

Zunächst bestand die jugoslawische Regierung auf der Ansiedlung aller Flüchtlinge in Drittländern und auf einer Entschädigung der Regierung für alle ihre Ausgaben. Diese Bedingungen wurden jedoch schließlich zurückgezogen. Zwischen November und Dezember 1956 trafen etwa 1.500 Ungarn in Jugoslawien ein. Im Januar 1957 überstieg die Zahl der Neuankömmlinge schon 13.000.[21] Der Umstand, dass bereits Zehntausende Menschen ungarischer Volkszugehörigkeit in Jugoslawien – vor allem in der Region Wojwodina – lebten, förderte die Akzeptanz der Flüchtlinge. Paradoxerweise sollten beim Zerfall Jugoslawiens in den neunziger Jahren viele Angehörige der ungarischen Volksgruppe den Weg in die entgegengesetzte Richtung nehmen.

In Jugoslawien wurde am 21. Februar 1957 ein Koordinierungsausschuss zur Bewältigung der Krise gebildet, in dem neben Vertretern der jugoslawischen Regierung auch UNHCR, die Liga der Rotkreuzgesellschaften, CARE (*Cooperative Action for American Relief Everywhere*), des *Church World Service* und die *British Voluntary Society for Aid to Hungarians* vertreten waren. Bis März 1957, als Auguste Lindt Belgrad besuchte und die Regierung für die Betreuung ungarischer Flüchtlinge lobte, hatte UNHCR bereits 50.000 Dollar an das Jugoslawische Rote Kreuz überwiesen. Weitere 124.000 Dollar waren für die UNHCR-Vertretung in Belgrad bereitgestellt worden.[22]

Anwendbarkeit der UN-Flüchtlingskonvention von 1951

Während die Ungarn, die ihr Land 1956 verließen, von den Regierungen westlicher Nationen allgemein als „Flüchtlinge" betrachtet wurden, war nicht ohne Weiteres klar, ob die im Abkommen über die Rechtsstellung der Flüchtlinge von 1951 definierten Rechte und Pflichten auch im Zusammenhang mit der Ungarnkrise anwendbar sein würden, da im Abkommen eindeutig festgelegt war, dass es nur für „vor dem 1. Januar 1951 eingetretene Ereignisse" gelten sollte. Ungeachtet ihrer Rechtsstellung wurden jedoch alle diejenigen, die nach dem 23. Oktober 1956 – dem Tag des Aufstands in Budapest – das Land verließen, von UNHCR und von den westlichen Regierungen in der Praxis als Flüchtlinge eingestuft, vorausgesetzt, dass eine Einzelfallprüfung keine Anhaltspunkte ergab, ihnen die Flüchtlingseigenschaft zu verwehren. In dieser Hinsicht ähnelte die Vorgehensweise den Praktiken zur Zeit des Völkerbunds, als die Rechtsstellung einer Person auf der Grundlage ihrer Zugehörigkeit zu einer bestimmten Flüchtlingsgruppe festgelegt wurde.

Entscheidenden Anteil an der juristischen Klärung dieser wie auch so vieler anderer Fragen in den ersten beiden Jahrzehnten des Bestehens von UNHCR hatte Paul Weis, ein Flüchtling aus Wien und damals Rechtsberater des Hohen Flüchtlingskommissars. Auf dessen Veranlassung definierte Weis im Januar 1957 die UNHCR-Position in einem wichtigen Memorandum.[23] Dies geschah nicht nur, weil die Angelegenheit der Klärung bedurfte, sondern auch, weil es selbst unter befreundeten Ländern wie beispielsweise Schweden einige Bedenken bezüglich der Erweiterung der Zuständigkeit von UNHCR auf aktuelle Ereignisse gab.

Die nahe liegenden Ausgangspunkte für Weis waren die Definition des Begriffs „Flüchtling", in Artikel 1A(2) des Abkommens über die Rechtsstellung der Flüchtlinge von 1951 und die problematische Verknüpfung dieser Definition mit „vor dem 1. Januar 1951 eingetretenen Ereignissen". Weis verwies darauf, dass das *Ad Hoc Committee on Statelessness and Related Problems*, das den Entwurf des Abkommens formuliert hatte, im Protokoll seiner ersten Sitzung am 17. Februar 1950 argumentiert hatte, dass mit diesem Wortlaut „auf Ereignisse von großer Bedeutung abgehoben wird, mit denen territoriale oder einschneidende politische Veränderungen sowie systematische Programme zur Verfolgung verbunden sind". Er führte aus, dass diese Interpretation und die Diskussionen, die in den einzelnen Gremien geführt worden waren, von denen die Definition im Abkommen formuliert worden war, klar erkennen ließen, dass das Datum, zu dem jemand Flüchtling wurde, irrelevant war. Außerdem, so erklärte Weis, war offenkundig, dass es in Ungarn „einschneidende politische Veränderungen" gegeben hatte, und zwar mit der Gründung einer von der kommunistischen Partei dominierten Volksrepublik in den Jahren 1947/48. Der Aufstand vom Oktober 1956 und der anschließende Exodus von Flüchtlingen waren in diesem Sinn „ein Folgeeffekt dieser früheren politischen Veränderung". Wenn die Betroffenen die Bedingungen aus Artikel 1A(2) erfüllten, waren sie somit zweifellos Flüchtlinge.

Im Hinblick auf die UNHCR-Satzung selbst erklärte Weis, es wäre klar, dass Flüchtlinge aus Ungarn, die die Bedingungen in Artikel 6B erfüllten, als Personen zu betrachten seien, die unter das UNHCR-Mandat fallen. Dieser Artikel erweitert die Zuständigkeit von UNHCR auf „jede andere Person, die sich außerhalb des Landes befindet, dessen Staatsangehörigkeit sie besitzt, ... weil sie begründete Furcht vor Verfolgung wegen ihrer Rasse, Religion, Staatsangehörigkeit oder politischen Meinung hat oder hatte und nicht imstande ist, ... in das Land ihres früheren gewöhnlichen Wohnsitzes zurückzukehren". Auch für Weis war es „rätselhaft", dass die UNHCR-Satzung in den Artikeln 6A(ii) und 6B zwei Definitionen zu Flüchtlingen enthält, die in den UNHCR-Zuständigkeitsbereich fallen. Diese sind allerdings fast identisch, wenn man davon absieht, dass Artikel 6A(ii) den 1. Januar 1951 als Stichtag nennt. Dies führte er auf die Tatsache zurück, dass es in den Gremien, die das Abkommen über die Rechtsstellung der Flüchtlinge und die Satzung ausarbeiteten, zwei Gruppen mit gegensätzlichen Auffassungen über die Definition des Begriffs „Flüchtling" gegeben hatte: die Universalisten, die für eine breite allgemeine Definition waren, und die Konservativen, die einer Definition den Vorzug gaben, bei der die verschiedenen Flüchtlingskategorien einzeln aufgezählt wurden. Die Definition, auf die man sich schließlich geeinigt hatte, war ein von einer informellen Arbeitsgruppe formulierter Kompromiss.

Schließlich machte für Weis die Entwicklung dieser Überlegungen klar, dass auch Personen, die auf Grund von Ereignissen nach dem 1. Januar 1951 Flüchtlinge wurden, unter das UNHCR-Mandat fielen, wobei der Hohe Flüchtlingskommissar die Möglichkeit besaß, zusätzlich seinen Beratenden Ausschuss (aus dem später das Exekutivkomitee wurde) zu konsultieren oder die Angelegenheit vor die Vollversammlung zu bringen. Dies jedenfalls ging klar aus den Artikeln 1 und 3 der Satzung hervor. Im Fall von Ungarn hatte die UN-Vollversammlung eindeutig die Zuständigkeit des Hohen Flüchtlingskommissars für die ungarischen Flüchtlinge bestätigt.[24]

Die Ansiedlung der ungarischen Flüchtlinge in Drittländern

Die Kosten der Soforthilfe für die Flüchtlinge, die wegen der Niederschlagung des Ungarnaufstands aus ihrer Heimat geflohen waren, bestritt UNHCR mit Mitteln aus dem 1954 angelegten Flüchtlingsfonds (UNREF). Der Hohe Flüchtlingskommissar rief zudem zu freiwilligen Sonderbeiträgen auf und löste damit bei etlichen Gebern großzügige Reaktionen aus. Im November 1956 wurde ein gemeinsamer Ausschuss gebildet, bestehend aus UNHCR, dem *Intergovernmental Committee for European Migration* (ICEM), der österreichischen Regierung, dem *United States Escapee Program* und freiwilligen Hilfsorganisationen. Im Winter 1956 und das ganze Jahr 1957 hindurch spielten freiwillige Hilfsorganisationen eine wichtige Rolle bei der Unterstützung der ungarischen Flüchtlinge und ihrer Ansiedlung in Drittländern.

Der Lösungsansatz für das Problem basierte von Anfang an darauf, dass man sich um eine dauerhafte Ansiedlung der Flüchtlinge in Drittländern bemühen wollte. Österreich, das zu Beginn der Hilfsaktionen eine besonders schwere Last zu tragen hatte, brauchte sofortige Unterstützung. In der westlichen Welt herrschte zudem ein Gefühl von Abscheu angesichts der Ereignisse in Ungarn, verbunden mit beträchtlichen Schuldgefühlen, dass nicht mehr getan worden war, um der ungarischen Bevölkerung in ihrem Kampf um Demokratie zu helfen.

Die Öffentlichkeit übte in einem am Ende des 20. Jahrhunderts vielleicht nicht

Kasten 1.5 — Chinesische Flüchtlinge in Hongkong

Hongkong an der Südküste Chinas und ab 1842 unter britischer Kolonialverwaltung wurde zu Zeiten politischer Unruhen in China wiederholt Ziel von Flüchtlingen. Die Einwohnerzahl des Territoriums stieg durch die große Zahl der Menschen, die vor dem chinesischen Bauernaufstand (Taiping-Bewegung) in den fünfziger Jahren des 19. Jahrhunderts flohen, dem Boxeraufstand um die Jahrhundertwende, der Revolution im Gefolge der Gründung der Republik China im Jahr 1912 und dem chinesisch-japanischen Krieg von 1937 bis 1945 stark an. Nach dem japanischen Sieg über die britischen Streitkräfte im Dezember 1941 reduzierte sich die Bevölkerung Hongkongs um mehr als eine Million auf etwa 650.000. Die meisten, die während der japanischen Besetzung geflohen waren, kehrten allerdings zurück, als die Briten ab 1945 wieder in Hongkong herrschten.

1949/50 kamen zu diesen Rückkehrern mehrere hunderttausend Neuankömmlinge hinzu, die vor den siegreichen kommunistischen Kampfverbänden in China geflohen waren. Viele von ihnen kehrten, nachdem wieder Frieden herrschte, an ihre früheren Wohnorte in China zurück. In den Jahren 1953/54 begann sich die Bevölkerung von Hongkong bei 2,25 Millionen Einwohnern zu stabilisieren. Diese Zunahme der Einwohnerzahl auf mehr als das Dreifache in nur acht Jahren hatte enorme Belastungen der örtlichen Infrastruktur zur Folge.

Der Vertreter Chinas bei den Vereinten Nationen brachte das Thema dieser Neuankömmlinge in den Jahren 1951 und 1952 in der UN-Vollversammlung zur Sprache. Daraufhin entsandte der Hohe Flüchtlingskommissar van Heuven Goedhart 1954 eine von der Ford-Stiftung finanzierte „Erhebungsmission", um die Situation der chinesischen Flüchtlinge in Hongkong zu untersuchen. Diese legte 1954 ihren Bericht vor, nach dem nicht alle Neuankömmlinge als Flüchtlinge mit „begründeter Furcht vor Verfolgung" gelten konnten.[ii] Rund 285.000 Personen waren nach Einschätzung der Mission aus „politischen Gründen" nach Hongkong gekommen und stellten damit 53 Prozent der Einwanderer, die zwischen 1945 und 1952 eingetroffen waren. Diese Zahl erhöhte sich auf 385.000, wenn man diejenigen Personen mitrechnete, die vor Ort zu Flüchtlingen geworden waren, das heißt, die zunächst aus anderen Gründen eingereist, aber nun aus politischen Gründen nicht mehr zu einer Rückkehr bereit waren. Noch höher fiel der Anteil dieser Personengruppe aus, wenn man alle Mitglieder der Flüchtlingshaushalte einbezog, beispielsweise Ehepartner und in Hongkong geborene Kinder. Unter Berücksichtigung all dieser Personengruppen konnte man 30 Prozent der Gesamtbevölkerung Hongkongs zum Zeitpunkt der Untersuchung der UN-Delegation als „Flüchtlinge" einstufen. Damit schien sich die damals in Europa und Nordamerika allgemein verbreitete Auffassung zu bestätigen, dass praktisch jeder, der einen kommunistischen Staat verließ, ein Flüchtling war.

Dieses relativ einfache Bild wurde allerdings durch zwei Faktoren verkompliziert. Erstens wollten die Briten nicht anerkennen, dass es in Hongkong eine echte Flüchtlingssituation gab. Die überwältigende Mehrheit der Neuankömmlinge hatte

---

mehr leicht vorstellbaren Ausmaß Druck auf die westlichen Regierungen aus, den Flüchtlingen sofortige Aufnahme zu gewähren. Für die Registrierung der in Österreich eintreffenden Flüchtlinge wurde erst gar keine zentrale Dienststelle eingerichtet, weil man davon ausging, dass diese Personen ohnehin so schnell wie möglich umgesiedelt werden mussten. In einer Mitteilung vom 20. November 1956 beispielsweise informierte die UNHCR-Vertretung in Wien den Hohen Flüchtlingskommissar, es sei einfach nicht möglich, die normalen Verfahren zur Feststellung der Flüchtlingseigenschaft und zur dauerhaften Ansiedlung in einem Drittland durchzuführen.[25] Daher wurde mit den österreichischen Behörden vereinbart, dass eine eingehende Überprüfung der Flüchtlingseigenschaft im Land der Ansiedlung stattfinden sollte.

Die Eile, mit der die Flüchtlinge in anderen Ländern angesiedelt wurden, wird an den Zahlen der Ankömmlinge in den USA deutlich. Die erste Gruppe von 60 ungarischen Flüchtlingen traf dort per Flugzeug am 21. November 1956 ein.[26] Ein großer Armeestützpunkt – Camp Kilmer in New Jersey – wurde für die vorübergehende Unterbringung der Flüchtlinge hergerichtet. Bis Ende Februar 1957 flog die amerikani-

sich – ungeachtet ihrer Motive zur Einreise in die Kolonie – in die Gesellschaft integriert und konnte sich frei bewegen. Außerdem hatte sich weniger als ein Drittel aller Haushaltsvorstände der Neuankömmlinge bei einer Flüchtlingsorganisation erfassen lassen. Die Briten räumten wohl Probleme wegen der Überbevölkerung und Engpässe bei der Grundversorgung ein, waren aber der Auffassung, die chinesische Bevölkerung würde nicht diskriminiert. Die einzige Ausnahme in dieser Hinsicht war die Unterbringung von Neuankömmlingen in Rennie's Mill. Dort wohnten überwiegend Kuomintang-Sympathisanten aus Nordchina, die von der kantonesischen Bevölkerungsmehrheit Hongkongs getrennt blieben.

Die zweite Komplikation lag in der eigenartigen Rechtsstellung der Personen, die neu in Hongkong eintrafen. Zwar verließen Hunderttausende China aus politischen Gründen, aber theoretisch gab es nichts, was sie hindern konnte, gefahrlos nach China, und zwar nach Taiwan, zurückzukehren. Dort befand sich die Regierung der (bis 1971 von den Vereinten Nationen anerkannten) Republik China. Streng genommen konnte man daher argumentieren, dass die Neuankömmlinge in Hongkong keine Flüchtlinge waren, da sie ja den Schutz ihres Herkunftslandes genossen und dorthin zurückkehren konnten. Die Untersuchung der Erhebungsmission hatte ergeben, dass deutlich mehr als die Hälfte der neu in Hongkong eingetroffenen Personen ihre Bereitschaft signalisiert hatten, einer dauerhaften Ansiedlung in Taiwan zuzustimmen. In der Praxis wurden aber nur wenige der vom chinesischen Festland eintreffenden Neuankömmlinge vom nationalchinesischen Taiwan aufgenommen. Möglicherweise war dies auf taiwanesische Befürchtungen zurückzuführen, die Neuankömmlinge könnten versuchen, die nationalistische Regierung zu stürzen. Schließlich stimmte das nationalistische Regime in Taiwan einer Übersiedlung von mehr als 150.000 Flüchtlingen aus Hongkong und Macao zwischen 1949 und 1954 zu.

Unterdessen wurde die Regierung der Volksrepublik China in Peking von Großbritannien anerkannt, das in direkten Verhandlungen versuchte, die Abwanderung der Menschen vom chinesischen Festland nach Hongkong einzudämmen. So verhinderten die Haltung der Kolonialverwaltung und die kuriose Situation der Menschen in Hongkong, die beiden damaligen chinesischen Staaten gleichzeitig angehörten, ein energischeres Eingreifen von UNHCR. Gleichwohl forderte die UN-Vollversammlung UNHCR 1957 auf, seine „guten Dienste" für die Beschaffung von Mitteln zur Unterstützung der chinesischen Flüchtlinge in Hongkong einzusetzen. Damit war ein erster Schritt in Richtung eines UNHCR-Engagements für Flüchtlinge außerhalb Europas getan.[iii] Die von UNHCR während des Weltflüchtlingsjahrs 1959/60 beschafften Mittel flossen insbesondere in Wohnungsbauprojekte, die von freiwilligen Hilfsorganisationen in Hongkong abgewickelt wurden.

sche Luftwaffe 9.000 Flüchtlinge über den Atlantik. Weitere 7.000 wurden auf Schiffen der amerikanischen Marine in die Vereinigten Staaten gebracht. Bis Mitte 1958 hatten die USA etwa 38.000 ungarische Flüchtlinge aufgenommen. Weitere wichtige Aufnahmeländer waren Kanada (35.000), Großbritannien (16.000), die Bundesrepublik Deutschland (15.000), Australien (13.000), die Schweiz (11.500) und Frankreich (10.000). In geringerer Zahl nahmen auch so unterschiedliche Länder wie Chile, die Dominikanische Republik, Island, Irland, Neukaledonien, Paraguay und Südafrika ungarische Flüchtlinge auf.

Rückkehr nach Ungarn

Selbst vor dem Hintergrund der Konfrontation im Kalten Krieg war die Ansiedlung in einem Drittland nicht die einzige Alternative für die Flüchtlinge. Ein Teil von ihnen – darunter vor allem diejenigen, die von ihren nächsten Familienangehörigen getrennt worden waren – entschied sich für die Rückkehr nach Ungarn. Dies wurde von der ungarischen Regierung begrüßt. Das Kádár-Regime, das nach der sowjetischen Militärintervention installiert worden war, begann ab 1957 vorsichtig, Anzeichen für eine eingeschränkte Unabhängigkeit zu zeigen. Diese Politik wurde von der Sowjetunion stillschweigend toleriert. In dieser Hinsicht bestand ein beträchtlicher Unterschied zwischen der Situation in Ungarn nach 1956 und derjenigen in der Tschechoslowakei nach 1968, die Ziel einer noch repressiveren sowjetischen Militärintervention wurde.

Schon Ende November 1956 hatte die neue ungarische Regierung den Personen, die wegen des Aufstandes aus dem Land geflohen waren, eine begrenzte Amnestie angeboten.[27] Ungeachtet der herrschenden politischen Spannungen stellte der Hohe Flüchtlingskommissar Lindt den Kontakt zur neuen Regierung her. Einer seiner späteren Rechtsberater merkte dazu an: „Die Menschlichkeit und Beherztheit dieses Schrittes hat viel dazu beigetragen, die fast vollständige Isolation seines Amtes von den sozialistischen Ländern zu überwinden und die Familienzusammenführung und die große Rückkehrbewegung in den folgenden Monaten und Jahren zu vereinfachen."[28]

Lindt gab sich sehr viel Mühe, dafür zu sorgen, dass UNHCR eine positive Rolle bei der freiwilligen Rückkehr von Flüchtlingen spielte. Zu diesem Zweck wurden sowohl in Österreich als auch in Jugoslawien spezielle Verfahren entwickelt. Ungarische Rückführungsmissionen wurden stets von Ungarisch sprechenden Mitarbeitern begleitet, und UNHCR-Mitarbeiter brachten Flüchtlinge, die in ihre Heimat zurückkehren wollten, bis zur Grenze. Im Januar 1958, als Lindt auf Einladung der ungarischen Regierung Budapest besuchte, traf er persönlich mit einer Reihe von Rückkehrern zusammen.[29] Insgesamt kehrten 18.200 Flüchtlinge nach Ungarn zurück, was einem Anteil von mehr als neun Prozent aller Flüchtlinge entsprach.

Das Problem der unbegleiteten Minderjährigen

Eine besonders schwierige Frage wurde durch das Problem der „unbegleiteten Minderjährigen" aufgeworfen, die heute oft als „von den Eltern getrennte Kinder" bezeichnet werden. Flüchtlingskinder, die auf eigene Faust fliehen oder auf der Flucht von ihren Familien getrennt werden, sind naturgemäß besonders gefährdet. Die Feststellung, ob solche Kinder die Flüchtlingseigenschaft haben oder nicht, ist schwierig, aber von Wichtigkeit, denn nur wenn Minderjährige als Flüchtlinge eingestuft werden können, fallen sie unter das UNHCR-Mandat.

Im November 1956 verlangten die ungarischen Behörden, die österreichische Regierung sollte unbegleitete Kinder unter 18 Jahren zurückschicken. Diese Forderung wurde auf einer Dringlichkeitssitzung von UNHCR und dem IKRK in Genf am 13. Dezember erörtert. Dort wurde vereinbart, dass Kinder unter 14 Jahren zurückgeschickt werden sollten, wenn beide Elternteile in Ungarn ansässig waren und die Rückkehr des Kindes verlangten. Die Altersbeschränkung wurde später fallen gelassen. Rückführungsersuchen mussten schriftlich beim IKRK beantragt werden, das im Gegensatz zu UNHCR sowohl in Österreich als auch in Ungarn vertreten war.

Von Anfang an waren die Probleme vorhersehbar gewesen, zu denen es kommen würde, wenn die Eltern nicht ausfindig gemacht werden konnten, nur noch ein Elternteil lebte oder das Kind Vollwaise war. In diesen Fällen musste das Wohl des Kindes die weitere Vorgehensweise bestimmen. Dabei billigte man den Gerichten des jeweiligen Landes die nötige Kompetenz zu.[30] Ungelöst blieb das Problem allerdings, wenn zwar beide Elternteile die Rückkehr ihres Kindes nach Ungarn verlangten, das Kind jedoch damit nicht einverstanden war. UNHCR sollte in den kommenden Jahren noch oft mit ähnlichen Problemen im Zusammenhang mit unbegleiteten Minderjährigen konfrontiert werden.

Brückenbau zwischen Ost und West

Im April 1961 berichtete Lindt dem UNHCR-Exekutivkomitee, bei der Lösung der Problematik der Ungarnflüchtlinge seien so gute Fortschritte erzielt worden, dass „es nicht mehr notwendig war, diese Flüchtlinge als separate Gruppe zu behandeln".[31] Das Ansehen von UNHCR in der Weltöffentlichkeit war nach der Hilfsaktion für die ungarischen Flüchtlinge beachtlich gestiegen. Wenn es in den fünfziger Jahren einen Meilenstein für die weitere Entwicklung von UNHCR gab, war es die ungarische Flüchtlingskrise.

Insbesondere wandelte sich die Haltung der amerikanischen Regierung gegenüber UNHCR. Höchst bemerkenswert an der Krise war in der Tat die Passivität der westlichen Staaten gegenüber dem, was sie für eine von sowjetischer Seite geschaffene vollendete Tatsache hielten. In dieser Hinsicht wie auch bei anderen schweren Krisen, in denen UNHCR in den folgenden Jahren zum Einsatz kam, konnten die Regierungen in London, Paris, Washington und anderswo erleichtert zur Kenntnis nehmen, dass „etwas unternommen wurde".

Für UNHCR war die ungarische Flüchtlingskrise deshalb von so großer Bedeutung, weil sie dem Amt erstmals die Tür zur kommunistischen Welt öffnete, und zwar sowohl in Jugoslawien als auch in Ungarn selbst. Dies war weitgehend auf die politische und diplomatische Bewältigung der Krise durch den Hohen Flüchtlingskommissar Lindt zurückzuführen. Zu dessen größten Verdiensten gehörte die Ausweitung der Hilfsaktionen auf Länder im kommunistischen Machtbereich bei gleichzeitiger Gewährleistung der Unterstützung der westlichen Welt im Allgemeinen und der USA im Besonderen. Die einstige Skepsis der Supermacht gegenüber UNHCR wich der Einsicht, dass ein internationales Gremium mit speziellen Aufgaben in Bezug auf Flüchtlinge notwendig war.

Die ungarische Flüchtlingskrise war die erste große Krise, in der sich UNHCR engagierte. Sie machte deutlich, dass es eines ständigen internationalen Systems zur Bewältigung von Flüchtlingsproblemen schon bei ihrer Entstehung bedurfte. Während der kritischen Wochen hatte UNHCR eine wichtige Rolle als Koordinierungsstelle gespielt, die nicht nur mit Regierungsstellen, sondern auch mit Nichtregierungs- und zwischenstaatlichen Organisationen zusammenarbeitete. Die Krise hatte auch auf bemerkenswert klare Weise die engen Verflechtungen zwischen den verschiedenen Aufgaben von UNHCR – des internationalen Schutzes und der materiellen Hilfe auf der einen und der Suche nach dauerhaften Lösungen für Flüchtlingsprobleme auf der anderen Seite – aufgezeigt.

Die Ungarnkrise hatte beträchtlichen Einfluss auf die Verabschiedung einer Resolution durch die Vollversammlung im folgenden Jahr. In ihr wurde die globale Natur des Flüchtlingsproblems anerkannt.[32] Diese Resolution beschloss die Einrichtung eines Soforthilfefonds und die Bildung des Exekutivkomitees (EXCOM) des Hohen Flüchtlingskommissars der Vereinten Nationen. Das Komitee genehmigt das jährliche Hilfsprogramm des Amtes und berät es nach Aufruf in Fragen der Schutz- und Hilfsaufgaben. Die beiden organisatorischen Änderungen spiegelten eine breitere Akzeptanz der sich entwickelnden Rolle von UNHCR wider, die durch das 1959/60 ausgerufene Weltflüchtlingsjahr zusätzlich gestärkt wurde. Es verschaffte nicht nur der Arbeit von UNHCR in Europa viel Publizität, sondern auch dem UNHCR-Einsatz für chinesische Flüchtlinge, die nach Hongkong geflohen waren [siehe Kasten 1.5], und dem Einsatz für algerische Flüchtlinge in Marokko und Tunesien.

Das UNHCR-Engagement für chinesische Flüchtlinge in Hongkong stellte einen wichtigen Durchbruch für die Arbeit des Amtes dar. Zugunsten dieser speziellen Flüchtlingsgruppe ersuchte die UN-Vollversammlung im November 1957 das Amt erstmals, seine „guten Dienste" für die Beschaffung von Mitteln einzusetzen, mit denen einer Gruppe von Flüchtlingen außerhalb Europas geholfen werden sollte.[33] Obwohl letztlich nur geringfügige Unterstützung benötigt wurde, weil die Flüchtlinge schon bald in Hongkong mit seiner expandierenden Wirtschaft integriert waren, bildete diese Anfrage einen wichtigen Präzedenzfall für ein UNHCR-Engagement in Entwicklungsländern. Zum ersten Mal erhielt die Organisation die nötigen Mittel zur Bewältigung größerer Flüchtlingskrisen nicht nur in Europa, sondern auch in anderen Teilen der Welt.

2 Entkolonialisierung in Afrika

In den sechziger Jahren verlagerte sich der Schwerpunkt der UNHCR-Aktivitäten in zunehmendem Maße von Europa auf die Kolonien. Seit dem Ende des Zweiten Weltkrieges hatten dort die Forderungen nach Unabhängigkeit drastisch zugenommen. Um 1960 wurde offensichtlich: Das Ende der europäischen Kolonialherrschaft stand auf dem afrikanischen Kontinent bevor. In vielen Fällen ging der Machtwechsel relativ friedlich vor sich; in anderen weigerten sich die Kolonialmächte nachzugeben. Dies führte zu größeren Kriegen, die wiederum Flüchtlingskrisen auslösten.

Vorbote der Kriege, die in Afrika in den sechziger und siebziger Jahren ausbrachen, war der Algerienkrieg von 1954 bis 1962. Er war der erste und zugleich einer der blutigsten „nationalen Befreiungskriege". Der UNHCR-Einsatz zur Unterstützung algerischer Flüchtlinge in Marokko und Tunesien sowie die Hilfe bei deren Rückführung nach Beendigung des Krieges kennzeichneten den Beginn eines umfangreichen Engagements auf dem schwarzen Kontinent.

Die Erfahrungen von UNHCR in Afrika sollten das Amt insgesamt verändern. In den frühen sechziger Jahren sah sich UNHCR zahlreichen neuen Herausforderungen und Gefahren bei dem Versuch gegenüber, ruandischen Flüchtlingen im ostafrikanischen Seenhochland Schutz und Unterstützung zu bieten. Bei der ruandischen Flüchtlingskrise zeigten sich deutliche Unterschiede zu jenen in Ungarn und Algerien, in die UNHCR zuvor involviert war. In beiden Fällen wurden dauerhafte Lösungen gefunden: für die überwiegende Mehrheit der Ungarn die Weiterwanderung in Drittländer und für den weitaus größten Teil der Algerier die Rückführung. Die Probleme der ruandischen Flüchtlinge erwiesen sich als wesentlich hartnäckiger. Zu den dauerhaften Lösungen für die ungarischen und algerischen Flüchtlinge hatte in nicht unerheblichem Maße beigetragen, dass die Erstasylländer – Österreich und Jugoslawien bzw. Marokko und Tunesien – politisch stabil waren. Im Gegensatz dazu waren im ostafrikanischen Seenhochland die Erstasylländer bis auf Tansania für die ruandischen Flüchtlinge politisch äußerst labil.

Ende der sechziger Jahre unterstützte UNHCR eine Reihe afrikanischer Staaten bei der Bewältigung von Flüchtlingsproblemen in Afrika südlich der Sahara. Etwa zwei Drittel der Mittel, die weltweit für UNHCR-Programme zur Verfügung standen, wurden 1969 in afrikanischen Ländern ausgegeben. Dies macht deutlich, wie sehr sich der Schwerpunkt der Aktivitäten des Amtes in einem Zeitraum von nur einem Jahrzehnt verlagert hatte. Die internationale Gemeinschaft hatte zunehmend erkannt, dass Flüchtlingsprobleme nicht lokal oder regional begrenzt, sondern globaler Natur waren. Dieser Einsicht wurde 1967 mit einem neuen Protokoll Rechnung getragen, das

Ein algerischer Flüchtling in Tunesien. Während des Unabhängigkeitskrieges in Algerien (1954-1962) flohen rund 250.000 Menschen nach Tunesien und Marokko. (UNHCR/S. WRIGHT/1961)

den Anwendungsbereich des Abkommens von 1951 ausweitete. In einem weiteren wichtigen Schritt arbeitete 1969 die Organisation für Afrikanische Einheit (OAU) in Konsultation mit UNHCR eine eigene, regionale Flüchtlingskonvention aus.

Der Algerische Unabhängigkeitskrieg

Der Algerische Unabhängigkeitskrieg war ein grausamer Kolonialkrieg, in dem schätzungsweise 300.000 Algerier getötet wurden und über eine Million europäischer Kolonisten aus dem Land fliehen mussten. Die französische Armee verlor mehr als 24.000 Mann, und etwa 6.000 französische Kolonisten wurden getötet. Der Krieg verursachte mittelbar oder unmittelbar den Sturz von sechs französischen Ministerpräsidenten und den Zusammenbruch der Vierten Republik. Er brachte Staatspräsident Charles de Gaulle beinahe zu Fall und stürzte Frankreich fast in einen Bürgerkrieg. In diesem Guerillakrieg kämpften leicht bewaffnete einheimische Truppen gegen eine starke ausländische Interventionsstreitmacht. Die Tatsache, dass über eine Million auch als *Pieds noirs* bezeichnete französische Kolonisten, deren Familien seit über einem Jahrhundert in Algerien lebten, das Land als ihre Heimat ansahen und aus innerer Überzeugung gegen die Unabhängigkeit waren, ließ den Konflikt nur noch erbitterter werden.

Frankreich war 1830 in Algerien einmarschiert und erklärte das Territorium 1848 zum Bestandteil des französischen Kernlandes. In den Jahren 1901 bzw. 1912 kamen die benachbarten Länder Marokko und Tunesien ebenfalls unter französische Herrschaft, wurden aber anders als Algerien zu Protektoraten erklärt.

Der algerische Unabhängigkeitskrieg nahm im November 1954 im 400 Kilometer südöstlich der Hauptstadt Algier gelegenen Aurès-Gebirge seinen Anfang. Innerhalb weniger Jahre hatte Frankreich etwa 500.000 Soldaten vor Ort stationiert, ungefähr genauso viele, wie die Vereinigten Staaten in den sechziger Jahren nach Vietnam schicken sollten. Die französischen Truppen standen zwischen den Kolonisten und den zunehmend militanten Aufständischen unter Führung der Nationale Befreiungsfront (FLN). Die französische Regierung konzentrierte sich auf Operationen gegen die Rebellen. Sie konnte jedoch den bewaffneten Aufstand trotz einiger vorübergehender militärischer Erfolge nicht beenden. Auch nachdem 1958 General de Gaulle erneut an die Macht gekommen und im Jahr darauf die Fünfte Republik ausgerufen worden war, sollten bis zu einer politischen Lösung des Konflikts noch viele Jahre vergehen.

Der verbreitete Einsatz der Folter durch die französische Armee veranlasste viele Algerier, aus dem Land zu fliehen.[1] Dies bereitete dem Internationalen Komitee vom Roten Kreuz (IKRK) große Sorgen. Nach anfänglichem Zögern seitens der französischen Behörden wurden dem IKRK ab 1955 Gefängnisbesuche gestattet. In einem Bericht, er wurde der französischen Zeitung *Le Monde* zugespielt und am 5. Januar 1960 veröffentlicht, lieferte das IKRK umfassende und unwiderlegbare Beweise für Folterungen in Algerien. Die Veröffentlichung dieses Berichts führte in Frankreich zu starken politischen Kontroversen. Die Besuche durch das IKRK wurden ein Jahr lang ausgesetzt. Nach deren Wiederaufnahme hatte sich die Situation etwas verbessert.

Die französische Strategie der konterrevolutionären Kriegführung, die später als Modell für andere Kriege in Indochina, Lateinamerika und Afrika diente, umfasste zunehmend auch die Zwangsumsiedlung einer großen Zahl von Bewohnern ländlicher Gebiete, die als Sympathisanten der Aufständischen galten. Sie wurden in Sammellagern untergebracht, die mit Stacheldraht umzäunt waren und in denen die Versorgungslage oft äußerst schlecht war (die Franzosen verwendeten hierfür den Begriff *regroupement* von *regrouper* = sammeln/versammeln). Mehr als eine Million Menschen waren davon betroffen. Durch dieses Vorgehen wurde die Bevölkerung von der FLN abgeschnitten. Die Kämpfer der Nationalen Befreiungsarmee (ALN), des bewaffneten Flügels der FLN, wurden damit ihrer Unterschlupf- und Versorgungsmöglichkeiten beraubt – was ihnen das Leben zweifellos schwerer machte. Die unter militärischen Gesichtspunkten erfolgreiche französische Maßnahme richtete jedoch gleichzeitig verheerenden politischen Schaden an.

Im März 1960 lebten in Algerien über 1,2 Millionen Vertriebene in Lagern. Ein UNHCR-Vertreter, der nach dem Ende des Krieges den Osten Algeriens bereiste, beschrieb die dortigen Zustände:

Von einer ALN-Patrouille eskortiert, ging es weit in die Berge, um zwei dieser Sammellager aufzusuchen. Beide Lager glichen sich weitgehend: In jedem waren mehrere hundert Personen untergebracht, deren Häuser durch militärische Aktionen zerstört worden waren. Sie waren über die vergangenen Jahre am Hang eines Hügels zusammengepfercht worden. Zum Schutz hatten sie sich Hütten gebaut. Das gesamte Lager war mit Stacheldraht eingezäunt und konnte von einer nahe liegenden befestigten Anlage überblickt werden. Bis zum Waffenstillstand durften die Insassen das Lager nur einmal täglich mit bewaffneter Begleitung zum Wasserholen verlassen. Ihre Bewegungsfreiheit war auf den unmittelbaren, durch Stacheldraht umzäunten Lagerbereich beschränkt. Der Zugang zu landwirtschaftlichen Flächen wurde ihnen verwehrt. Nahrungsmittel wurden nur unregelmäßig und in unzureichender Menge verteilt.[2]

Flucht nach Tunesien und Marokko

Um diesen schrecklichen Zuständen in den französischen Lagern zu entgehen, flohen tausende Algerier über die Grenze nach Tunesien und Marokko. Als 1957 das Umsiedlungsprogramm eingeleitet wurde, stieg die Zahl der Algerier, die das Land verließen. Im August 1957 wies der UNHCR-Rechtsexperte Paul Weis darauf hin, dass innerhalb von zwei Jahren etwa 30.000 Menschen aus dem Land geflohen waren. Sie alle schienen dringend der Hilfe zu bedürfen. Zudem meinte Weis, es handele sich bei vielen von ihnen um *Prima-Facie*-Flüchtlinge, zu deren Schutz und Unterstützung UNHCR nach Artikel 6B seines Statuts das Mandat besaß, weil „sie sich Maßnahmen seitens der französischen Behörden ausgesetzt sahen, die gegen Zivilisten wegen ihrer Rassenzugehörigkeit oder ihrer nationalen und politischen Sympathien ergriffen wurden, oder Grund zu der Annahme hatten, dass sie im Zuge von so genannten ‚*Rattisage*'-Operationen (Durchkämmungsoperationen) derartigen Maßnahmen unterworfen werden könnten".[3]

Viele Algerier, die Ende der fünfziger und Anfang der sechziger Jahre nach Marokko oder Tunesien geflohen waren, lebten in bitterster Armut. (UNHCR/1961)

Die Regierungen in Tunesien und Marokko, die erst im März 1956 die Unabhängigkeit von Frankreich erlangt hatten, waren nicht in der Lage, diesen Flüchtlingen angemessen zu helfen. Im Mai 1957 ersuchte der tunesische Präsident Habib Bourguiba den Hohen Flüchtlingskommissar Auguste Lindt um Unterstützung.[4] Lindt reagierte darauf mit der Entsendung eines seiner erfahrensten Beamten, Arnold Rørholt, nach Tunesien. Nachdem feststand, dass die französische Regierung keine Einwände gegen einen UNHCR-Hilfseinsatz hatte, solange sich diese auf materielle Hilfe beschränkte, bat Lindt die Schweizer Regierung, das „Startkapital" für den Einsatz zur Verfügung zu stellen.

Mit Blick auf Frankreich war der Entschluss zu diesem Einsatz zwangsläufig sehr delikat. Frankreich war nicht nur Mitglied des UN-Sicherheitsrats und hatte UNHCR von Anfang an unterstützt, sondern die französische Regierung betrachtete Algerien zudem als Teil des französischen Kernlandes und sträubte sich, die nach Tunesien Geflohenen als „Flüchtlinge" anzuerkennen. Der damalige Stellvertretende Hohe Flüchtlingskommissar James Reed bemerkte dazu: „Die Algerier in Tunesien zu Flüchtlingen zu erklären, würde bedeuten, dass sie eine begründete Furcht vor Verfolgung durch die französischen Behörden in Algerien haben, was ein Schlag ins Gesicht der französischen Regierung wäre."[5]

Bei den Vereinten Nationen hatte Frankreich nachdrücklich die Position vertreten, es handele sich bei dem Konflikt in Algerien um eine innere Angelegenheit und die Vereinten Nationen seien deshalb dafür nicht zuständig. Lindt selbst reiste nach Paris, um zu versuchen, dem Außenminister gegenüber die französischen Bedenken in Bezug auf UNHCR-Hilfsmaßnahmen zu zerstreuen. Der Hohe Flüchtlingskommissar war sich jedoch auch darüber im Klaren, dass die Algerien-Politik der USA allmählich unter Druck geriet. Im September schrieb Lindt an den amerikanischen Außenminister John Foster Dulles. Er informierte ihn über seine Absichten in Bezug auf die Flüchtlinge in Tunesien und erbat von Washington politische und finanzielle Unterstützung. Während der gesamten Algerien-Operation gaben Lindt und sein Nachfolger, Félix Schnyder, sich erhebliche Mühe, die kontinuierliche Unterstützung durch die amerikanische Regierung sicherzustellen.[6]

Bis 1958 waren in Marokko und Tunesien zwischen den Dünen Zeltstädte errichtet worden, in denen Tausende von Flüchtlingen lebten, die von der Liga der Rotkreuzgesellschaften (durch örtliche Roter-Halbmond-Gesellschaften) und UNHCR unterstützt wurden. Mit Mitteln der Schweizer Regierung und materieller Unterstützung durch die USA begannen Liga und UNHCR mit der Aufgabe, die Flüchtlinge mit Nahrung, Kleidung und medizinischer Hilfe zu versorgen. Als das französische Militär in der ersten Hälfte des Jahres 1958 mit der Festlegung der so genannten Morice-Linie ein ausgedehntes „Niemandsland", schuf, verschärfte sich die Situation in Tunesien weiter. Noch mehr Menschen flohen aus Algerien.

Der UNHCR befasste sich in den ersten drei Jahren seines Einsatzes in der Algerien-Krise praktisch damit, die Liga der Rotkreuzgesellschaften bei der Durchführung ihrer Hilfsmaßnahmen zu unterstützen. Am 5. Dezember 1958 verabschiedete die UN-Vollversammlung die Resolution 1286(XIII). Der Hohe Flüchtlingskommissar wurde aufgefordert, „mit seiner Tätigkeit im Interesse der Flüchtlinge in Tunesien in substanziellem Umfang fortzufahren und vergleichbare Maßnahmen in Marokko durchzuführen". Diese Resolution war das zweite Mal seit Hongkong 1957, dass das UNHCR gebeten wurde, seine „guten Dienste" im Interesse von Flüchtlingen außerhalb Europas zur Verfügung zu stellen.

Im Februar 1959 wurde die Liga der Rotkreuzgesellschaften formell zur UNHCR-Partnerorganisation. Zwischen 1959 und 1962 brachte UNHCR zwei Millionen US-Dollar jährlich an finanziellen Beiträgen für die Hilfsmaßnahmen auf. Im September 1959 ernannte UNHCR Vertreter in Tunis und Rabat, die als Verbindungsleute zur tunesischen beziehungsweise marokkanischen Regierung fungierten und die internationalen Bemühungen koordinierten, Hilfsgüter zu den Flüchtlingen zu bringen. Im Dezember 1959 gab es 110.245 Flüchtlinge in Marokko und 151.903 in Tunesien.[7]

Unter den Flüchtlingen befanden sich jedoch auch Kämpfer des militanten Flügels der FLN.[8] Schießereien entlang der tunesisch-algerischen Grenze waren nicht ungewöhnlich. Als Antwort auf den Artilleriebeschuss algerischen Territoriums durch die FLN griffen im Februar 1958 französische Flugzeuge Sakiet in Tunesien an. Bei diesem Vorfall wurden 75 Zivilisten getötet, die meisten von ihnen Flüchtlinge.[9] Dieser Angriff wurde international von vielen Seiten verurteilt. Derartige Vorfälle führten zu einem permanenten Klima der Unsicherheit in den Lagern und verursachten bei den Flüchtlingen wachsende Sympathien für die FLN. Dadurch entstand ein Problem, das UNHCR noch lange Zeit zu schaffen machen sollte: zwischen Flüchtlingen und bewaffneten Gruppen unterscheiden zu können, die sich unter die Flüchtlinge gemischt hatten.

In Marokko und Tunesien verschärfte sich das Problem der Kämpfer in den Flüchtlingslagern, als der Krieg eskalierte. Im Februar 1961 schrieb der UNHCR-Vertreter in Marokko, dass viele in den Lagern entweder Guerillakämpfer der ALN waren oder zu deren Streitkräften eingezogen wurden.[10] In einem späteren Memorandum merkte er an:

Die Mobilisierung geht in aller Öffentlichkeit vor sich und scheint bereits seit einigen Wochen im Gange zu sein. Personen, die sich widersetzen, werden zwangsrekrutiert. Ein kleiner grüner, als „Salatkorb" bezeichneter Transporter fährt in den Straßen der Stadt Oujda umher. Junge Männer werden unversehens auf den Kopf geschlagen und in den Bus geworfen. In einigen Fällen wurden bei Widerstand extreme Maßnahmen ergriffen. Mir wurde von drei Personen berichtet, die man mit durchgeschnittenen Kehlen aufgefunden hat. Das Ausmaß der Mobilisierung in tatsächlichen Zahlen zu beurteilen, ist für mich nahezu unmöglich, aber ich bin überzeugt, dass die Zahl der neuen Rekruten in die Tausende geht.[11]

Waffenstillstand und Rückführung

Nach Beginn der ersten Runde der Friedensgespräche zwischen Frankreich und der FLN in Evian (Frankreich) im Mai 1961 reiste der damals amtierende Hohe Flüchtlingskommissar Félix Schnyder nach Marokko und Tunesien, um mit den beiden Regierungen über die Rückführung und damit zusammenhängende Fragen zu sprechen. Dass er sowohl von König Hassan II von Marokko als auch vom tunesischen Präsidenten Bourguiba empfangen wurde, war ein deutliches Zeichen des Vertrauens, dass UNHCR mittlerweile genoss.

Es dauerte jedoch noch fast ein Jahr, bis am 18. März 1962 ein Waffenstillstandsabkommen zwischen Frankreich und der provisorischen algerischen Staatsführung unterzeichnet wurde. Bestandteil dieses Abkommens waren Maßnahmen zur rechtzeitigen Rückführung der Flüchtlinge aus Marokko und Tunesien zum Unabhängigkeitsreferendum, das für den 1. Juli 1962 geplant war. Die formelle Grundlage für die Beteiligung des UNHCR hierbei, war bereits durch eine Resolution der Vollversammlung im Dezember 1961 geschaffen worden. Diese forderte den Hohen Flüchtlingskommissar auf, „alle ihm zur Verfügung stehenden Mittel einzusetzen, um die ordnungsgemäße Rückkehr der algerischen Flüchtlinge aus Marokko und Tunesien an ihre Wohnorte zu unterstützen und die Möglichkeit zu berücksichtigen, bei Bedarf deren Ansiedlung an einem anderen Ort in ihrem Herkunftsland zu erleichtern".[12]

Im April 1962 traf eine gemeinsame Mission von UNHCR und IKRK am Hauptsitz der französischen Verwaltung in Rocher Noir außerhalb von Algier ein und begann mit den Vorbereitungen für die Rückführung der Flüchtlinge. Zur selben Zeit besuchte der Stellvertretende Hohe Flüchtlingskommissar Sadruddin Aga Khan Marokko, wo er mit zwei Mitgliedern des Exekutivkomitees der Revolutionären Volksregierung von Algerien sowie den marokkanischen Behörden zusammentraf. Er war besorgt darüber, dass bislang weder die Franzosen noch die Algerier ihre Vertreter für die Drei-Parteien-Rückführungskommissionen benannt hatten und die Rückführung zu langsam vorwärts ging.[13] Für die algerischen Behörden war es wichtig, dass so viele Flüchtlinge wie möglich rechtzeitig bis zum Referendum über die Selbstbestimmung am 1. Juli 1962 zurückgekehrt waren.

UNHCR bat die Geber dringend um Mittel. Die Rückführung ging relativ reibungslos vonstatten, obwohl sich die Flüchtlinge in einigen Gebieten weigerten, in ihre ländlichen Herkunftsgebiete zurückzukehren: Krieg und Vertreibung hatten einen Prozess des sozialen Wandels und der Urbanisierung in Gang gesetzt. In den östlichen Landesteilen verlief die Rückkehr langsamer und problematischer als im Westen. Die Gründe lagen zum einen im Ausmaß der kriegsbedingten Zerstörungen, zum anderen am plötzlichen Rückzug der französischen Verwaltung. Ein besonderes Problem, das sich bei fast allen Konflikten des Jahrhunderts immer wieder stellen sollte, war die Gefahr durch Landminen. Dennoch wurden als Termine für die Rückführung aller Flüchtlinge aus Tunesien der 20. Juli und für die aus Marokko der 25. Juli festgelegt. Die gemeinsame Hilfsaktion von Rotem Kreuz und UNHCR in den beiden Ländern sollte am 31. Juli 1962 abgeschlossen werden. Die Liga der Rotkreuzgesellschaften organisierte und führte mit finanzieller Unterstützung durch UNHCR die Hilfsmaßnahmen für die zurückgeführten Flüchtlinge in Algerien durch.

Zwischen dem 4. Mai und dem 25. Juli kehrten mehr als 61.400 Flüchtlinge aus Marokko zurück.[14] Die Rückführung von 120.000 Flüchtlingen aus Tunesien fand zwischen dem 30. Mai und dem 20. Juli statt. Der Transport erfolgte von den marokkanischen und tunesischen Zentren aus. Vor ihrer Rückfahrt wurden die Flüchtlinge von zwölf Ärzteteams untersucht. Ungefähr 15.000 Zelte wurden an jene verteilt, die keine Unterkunft hatten. Die Anzahl der Rückkehrer war weitaus geringer als die Zahl der von UNHCR erfassten Flüchtlinge. In einigen Fällen waren Flüchtlinge auf eigene Initiative und ohne fremde Hilfe zurückgekehrt, andere hatten sich in die marokkanische oder tunesische Gesellschaft integriert. Da sich ein Teil der Flüchtlinge mehrfach hatte registrieren lassen, waren die ursprünglichen Zahlen zweifellos zu hoch angesetzt worden – ein Phänomen, mit dem UNHCR bei späteren Hilfseinsätzen noch oft zurechtkommen musste. Die Gesamtkosten der Rückführungsaktion beliefen sich auf 1,24 Millionen US-Dollar.

Das Unabhängigkeitsreferendum fand wie geplant am 1. Juli 1962 statt. 99,7 Prozent der Wähler (dies entsprach 91,2 % der registrierten Wahlberechtigten) stimmten für die Unabhängigkeit. Die französischen Wähler hatten in Frankreich bereits in einem Referendum am 8. April 1962 ihre Zustimmung zu dem in Evian geschlossenen Abkommen gegeben. General de Gaulle erklärte am 3. Juli 1962 förmlich die Unabhängigkeit Algeriens.

Integration der Rückkehrer in Algerien und Neuankömmlinge in Frankreich

Innerhalb von sechs Monaten verließen deutlich mehr als eine Million Kolonisten Algerien in Richtung Frankreich. Viele hatten sich zu diesem Schritt nach dem Ausbruch von Kämpfen zwischen Splittergruppen innerhalb der ALN Ende August 1962 entschlossen. Die Kämpfe führten damit zu einer weiteren Ausdünnung der europäischstämmigen Bevölkerung und zur Vergrößerung der wirtschaftlichen Probleme. Neben den bevölkerungsmäßigen Umwälzungen zum Ende des Zweiten Weltkrieges und den Bevölkerungsbewegungen als Folge der Auflösung der Sowjetunion und Jugoslawiens in den neunziger Jahren war dies die größte Völkerwanderung, die in Europa im 20. Jahrhundert stattgefunden hat. Außer denen, die nach Frankreich gingen, wanderten etwa 50.000 *Pieds noirs* nach Spanien, 12.000 nach Kanada und 10.000 nach Israel aus.

Unter denen, die nach Frankreich gingen, befanden sich auch Algerier, die gemeinsam mit den französischen Streitkräften im Krieg gekämpft oder für die französischen Kolonialbehörden gearbeitet hatten. Sie wurden als *Harkis* bezeichnet. Über 160.000 wurden zwischen 1962 und 1967 vom französischen Militär nach Frankreich umgesiedelt. Sie erhielten die französische Staatsbürgerschaft, aber viele hatten und haben mit Integrationsproblemen und Diskriminierung zu kämpfen. In Algerien wurden die *Harkis* als Verräter angesehen und mussten mit Verfolgung und Tod rechnen. Schätzungsweise mehr als 100.000 von ihnen wurden nach dem Krieg getötet.[15]

Die Reintegration der Rückkehrer in Algerien bereitete beträchtliche Probleme. Sie verschlimmerten sich durch die weit reichenden kriegsbedingten Zerstörungen. Darüber hinaus war durch den plötzlichen und abrupten Fortgang der gesamten europäischen Bevölkerung, der *Pieds noirs*, die algerische Gesellschaft ihrer Infrastruktur beraubt worden. Für UNHCR war es das erste, aber keineswegs das letzte Mal, dass das Amt auch nach dem Ende eines Konflikts in einem Land seine Arbeit weiterführen musste. Wie es auch in späteren Jahren immer wieder der Fall sein sollte, hatte es in Algerien zwar Frieden gegeben, aber die internationale Gemeinschaft sah sich nur beschränkt verpflichtet, durch wirtschaftlichen und institutionellen Wiederaufbau zur Konsolidierung dieses Friedens beizutragen. Im Oktober schrieb der Hohe Flüchtlingskommissar Félix Schnyder an UN-Generalsekretär U Thant. In seinem Brief bat er dringend um weit reichende internationale Zusammenarbeit mit der neuen algerischen Regierung und bot der neuen Staatsführung die Dienste von UNHCR an. Er verwendete eine Formulierung, die von späteren Inhabern des Amtes oft zitiert werden sollte: „Das Schicksal der zurückgeführten früheren Flüchtlinge kann nicht länger von dem der algerischen Bevölkerung in ihrer Gesamtheit getrennt werden, ohne dass die soziale Stabilität des Landes ernsthaft gefährdet wird."[16]

Das UNHCR-Engagement in der Algerien-Krise war in keiner Weise unumstößlich. Lindts 1957 getroffene ursprüngliche Entscheidung zum Eingreifen wurde durchaus kontrovers gesehen. Einige leitende UNHCR-Mitarbeiter hatten die Meinung vertreten, man würde sich durch eine derartige Vorgehensweise den Zorn der französischen Regierung zuziehen. Lindt stellte jedoch eindeutig fest, dass das Mandat der Organisation universell anzuwenden war und UNHCR sich nicht ausschließlich mit Flüchtlingen aus kommunistischen Ländern befassen durfte.[17] Die UNHCR-Aktivitäten in der Algerien-Krise unterstrichen nicht nur den globalen Charakter des Flüchtlingsproblems, sondern auch das Potenzial für koordinierte und effektive internationale Maßnahmen zum Schutz und zur Unterstützung von Flüchtlingen. Ausgehend vom Engagement in Algerien in den sechziger Jahren nahm die Arbeit von UNHCR einen zunehmend globalen Charakter an. Als in späteren Jahren die südlich der Sahara gelegenen Gebiete Afrikas ähnliche Konflikte und Umwälzungen durchmachten, wurden die „guten Dienste", die die UN-Vollversammlung erstmals im Jahre 1957 von UNHCR angefordert hatte, immer wieder in Anspruch genommen.

Entkolonialisierung südlich der Sahara

Bei Ausbruch des Algerien-Krieges (1954) waren Ägypten, Äthiopien, Liberia und Südafrika die einzigen unabhängigen Staaten Afrikas. Als der Krieg 1962 beendet war, hatten praktisch alle britischen, französischen und belgischen Kolonien ihre Unabhängigkeit entweder bereits erlangt oder würden sie innerhalb weniger Jahre erreichen. Nach 1965 war ganz Afrika unabhängig – mit Ausnahme der portugiesisch regierten Gebiete und dem damaligen Spanisch-Sahara. Die weißen Minderheitsregime in Rhodesien (später Simbabwe), der Republik Südafrika und Südwestafrika (später Namibia) repräsentierten eine Form lokaler Kolonisierung, die wesentlich langsamer verschwinden sollte. So wurde eine Mehrheitsregierung in Südafrika erst 1994 erreicht. Dutzende neuer Staaten entstanden im Verlauf des Entkolonialisierungsprozesses. In dem Maße, in dem die Zahl der UN-Mitgliedstaaten zunahm, änderte sich auch die Balance innerhalb der Vereinten Nationen.

Während in einigen Staaten die Unabhängigkeit friedlich erlangt wurde, führte in anderen Fällen die Forderung nach einer neuen Regierung zu bewaffneten Konflikten, bei denen Menschen aus ihren Wohnorten und oft auch über Grenzen hinweg vertrieben wurden. Politische Dominanz einer ethnischen Gruppe oder nur versuchte Staatsstreiche zwangen in den jungen afrikanischen Staaten Menschen zur Flucht.

Anfang der sechziger Jahre mündete die Gewalt, die nach der Unabhängigkeit des Kongo sowie Ruandas und Burundis im ostafrikanischen Seenhochland ausbrach, in Gemetzeln und massiver Vertreibung. Im Laufe der sechziger Jahre flohen Tausende von Menschen aus den portugiesisch verwalteten Ländern Angola, Mosambik und Guinea-Bissau, und eine geringere Zahl verließ die Republik Südafrika, Südwestafrika und Rhodesien, die von Minderheiten kontrolliert wurden. Die größte Gruppe von Flüchtlingen bildeten die Bewohner der portugiesischen Territorien, die in Nachbarstaaten flohen, um den Auswirkungen bewaffneter Unabhängigkeitskämpfe zu entkommen. Aus Nordangola flohen die Menschen in die Republik Kongo, wo sich die meisten dauerhaft niederließen;[18] aus dem Osten und Süden Angolas flüchtete man nach Sambia und Botswana. Flüchtlinge aus Guinea-Bissau kamen in den Senegal, wo sie sich unter die ethnisch verwandten Volksgruppen im Süden des Landes mischten.

Zur Lage der Flüchtlinge in der Welt

Kasten 2.1 Flucht aus Rhodesien, Rückkehr nach Simbabwe

Mitte der sechziger Jahre war nahezu jede der ehemaligen afrikanischen Kolonien Großbritanniens unabhängig. Rhodesien bildete die Ausnahme. Die dortige weiße Minderheitsregierung weigerte sich, das Stimmrecht auf die Mehrheit der Bürger dieses Landes auszuweiten. Im November 1965 erklärte der rhodesische Premierminister Ian Smith einseitig die Unabhängigkeit. Das Ausbleiben einer militärischen Reaktion seitens Großbritanniens, die Unwirksamkeit von Abkommen und die brutale Unterdrückung afrikanischer politischer Aktivitäten bewogen die schwarze nationalistische Bewegung, zum bewaffneten Kampf überzugehen.

Die beiden Oppositionsparteien Zimbabwe African National Union (ZANU) und Zimbabwe African People's Union (ZAPU) bildeten militärische Flügel und begannen einen Guerillakrieg. Rhodesische Polizei und Armee schlugen hart zurück. Anfang des Jahrzehnts waren weiße Flüchtlinge aus dem Kongo nach Rhodesien gekommen, und die weißen Rhodesier waren entschlossen, jetzt nicht selbst zu Flüchtlingen zu werden.

Zunächst bestanden kaum Aussichten auf eine Verhandlungslösung. Die rhodesischen Sicherheitskräfte konnten den Aufstand niederhalten, während es sich bei der kleinen Zahl derer, die in die Nachbarländer zogen, hauptsächlich um Menschen handelte, die am nationalen Befreiungskampf teilnehmen wollten. Gegen Ende der sechziger Jahre jedoch flohen Menschen wegen der von der Regierung sanktionierten Brutalität aus Rhodesien. Von 1973 an ging man mit neuen harten Gesetzen gegen Schwarze vor, die beschuldigt wurden, den Guerillakrieg zu unterstützen. Tausende Dorfbewohner wurden gezwungen, in umzäunte „geschützte Dörfer" unter der Überwachung spezieller Sicherheitskräfte umzusiedeln. Gewaltanwendung und Misshandlungen durch die rhodesischen Sicherheitskräfte waren weit verbreitet. 1975 verabschiedete Rhodesien ein Entschädigungs- und Wiedergutmachungsgesetz mit Rückwirkung ab Dezember 1972, um die Sicherheitskräfte davor zu schützen, für Tötungen, Folterungen und Zerstörungen während des Krieges haftbar gemacht zu werden. Als Reaktion darauf wurde der Aufstand intensiver, immer mehr Menschen schlossen sich den Guerillas an. Im Verlauf der siebziger Jahre verbesserten sich deren Ausbildung und Ausrüstung, und sie begannen, von Basen in Mosambik und Sambia aus zu operieren.

Flucht nach Mosambik, Botswana und Sambia

Die größten Flüchtlingsströme setzten Mitte der siebziger Jahre ein, als sich die Kämpfe verschärften. Nach Schätzungen von UNHCR gab es Ende 1975 rund 14.500 Flüchtlinge aus Rhodesien in Mosambik. Diese Zahl stieg innerhalb weniger Jahre rasch an: 1979 wurde die Zahl der rhodesischen Flüchtlinge in Mosambik, Botswana und Sambia auf mehr als 210.000 geschätzt.

Entlang der Ostgrenze legten manche Flüchtlinge nur eine kurze Wegstrecke zurück, weil sie zwar das Land verließen, aber in Mosambik bei Verwandten unterkamen. Zahlreiche andere zogen in große, von der ZANU unterhaltene Lager weiter im Landesinneren von Mosambik in Orten wie Chimoio und Nyadzonia. Diese Lager beherbergten nicht nur eine große Zahl von Flüchtlingen, sondern auch in der Ausbildung befindliche

Die Flüchtlinge aus Mosambik strömten in die südlichen Gebiete Tansanias und Sambias. Eine geringere Zahl an Flüchtlingen aus der Republik Südafrika erreichte Botswana, Sambia und Tansania. Einige zogen noch weiter in andere afrikanische Staaten, nach Europa und in die USA.

Zahlreiche weitere Flüchtlingsbewegungen wurden in den sechziger Jahren durch interne bewaffnete Auseinandersetzungen ausgelöst. Ewe-Flüchtlinge aus Ghana drangen nach dem Scheitern ihrer Bemühungen um die Wiedervereinigung der Ewe in Togo und in Ghana in den Togo ein. In den Jahren nach der Unabhängigkeit litt die Republik Kongo unter einem lang anhaltenden Bürgerkrieg, der die Menschen dazu zwang, sich in alle neun Nachbarstaaten, vor allem in die Zentralafrikanische Republik, in den Sudan, nach Uganda, Burundi und Tansania, in Sicherheit zu bringen. Der Bürgerkrieg im Sudan verursachte mehrere aufeinander folgende Flücht-

Guerilakämpfer, was sie zum Ziel von Angriffen der rhodesischen Streitkräfte machte. So wurden beispielsweise am 9. August 1976 bei einem Angriff auf das Lager Nyadzonia mehrere hundert Flüchtlinge getötet. Auch in den Lagern in Sambia befanden sich sowohl Flüchtlinge als auch Guerillas. In Botswana gab es Transitlager für Menschen, die auf dem Weg nach Sambia waren. In Rhodesien selbst flohen Tausende aus ihren Häusern auf dem Land, um in provisorischen Lagern in der Nähe größerer Ortschaften und Städte zu leben.

Da die Lager in den Nachbarstaaten derart offensichtlich auch militärisch genutzt wurden, hatten Hilfsorganisationen und Regierungen Schwierigkeiten, den Flüchtlingen zu helfen, ohne gleichzeitig die Kämpfer zu unterstützen. Die Medikamente und Nahrungsmittel, die zur Unterstützung der Flüchtlinge nach Mosambik geschickt wurden, fanden zwangsläufig auch ihren Weg zu den Guerillas. Kirchliche Gruppen, die nach verschleppten Kindern suchten, fanden diese als gut ausgebildete Kämpfer vor. UNHCR unterstützte die Flüchtlinge und war in einigen der Lager im Einsatz, konnte aber kaum noch zwischen Flüchtlingen und Guerillakämpfern unterscheiden. 1978 stellte das Amt die Unterstützung ZAPU-naher Lager ein, leistete jedoch weiterhin Soforthilfe. Die zahlreichen politischen und Sicherheitsprobleme im Zusammenhang mit diesen Lagern führten dazu, dass die internationale Flüchtlingshilfe in allen drei Staaten, die Flüchtlinge aufgenommen hatten, minimal war. In vielen dieser Lager herrschte chronische Nahrungsmittelknappheit.

Rückführung und Wiederaufbau

1976 schlossen sich ZANU und ZAPU zur Patriotischen Front zusammen und erhöhten den Druck auf die rhodesischen Sicherheitskräfte. Die Entschlossenheit der Rhodesier ließ mit der Zeit nach, so dass es 1978 zu Verhandlungen kam. Bei den Gesprächen im Lancaster House in London von September bis Dezember 1979 wurde ein Abkommen geschlossen, das unter anderem die frühzeitige Rückführung der Flüchtlinge vorsah, damit diese an Wahlen teilnehmen konnten. UNHCR beteiligte sich an dem Rückführungsprogramm mit einem Volumen von 140 Millionen Dollar unter der Voraussetzung, dass die Rückkehr auf freiwilliger Basis erfolgte, zwischen dem Herkunftsland und den Asylländern Einigkeit über die Modalitäten von Rücktransport und Aufnahme herrschte und die Flüchtlinge in ihre früheren Dörfer und Häuser zurückkehren durften.

Ende 1979 trat ein Waffenstillstand in Kraft, im Februar 1980 fanden die ersten allgemeinen Wahlen statt, und im April 1980 wurde formell die Unabhängigkeit der Republik Simbabwe erklärt. Anfang der achtziger Jahre waren drei Viertel der aus Simbabwe stammenden Flüchtlinge nach Hause zurückgekehrt. Weil das Land nicht mehr von einer weißen Minderheitsregierung beherrscht wurde, gingen die Rückkehrer nicht nur engagiert daran, ihr eigenes Leben wieder in die Hand zu nehmen, sondern waren gewillt, am Aufbau einer neuen Nation teilzunehmen. Die Dorfgemeinschaften wurden zügig wieder aufgebaut. UNHCR und andere internationale Hilfsorganisationen boten Unterstützung bei der Reintegration. Ab Anfang der achtziger Jahre wurde Simbabwe dann selbst Zufluchtsort einer wachsenden Zahl von Menschen, die vor dem Bürgerkrieg in Mosambik flohen. 1992 gab es in dem Land 230.000 Flüchtlinge aus Mosambik.

lingswellen aus dem Süden nach Uganda, in den Kongo, die Zentralafrikanische Republik und Äthiopien. Der bewaffnete Konflikt zwischen dem äthiopischen Militär und Separatisten in der Provinz Eritrea löste einen Flüchtlingsstrom in den Sudan aus. Nach bewaffneten Auseinandersetzungen um ihre religiös motivierten separatistischen Bestrebungen flohen Angehörige der Lumpa-Sekte aus Sambia und wurden zu Flüchtlingen im Kongo.

Vermutlich der verheerendste Konflikt von allen war der 1967 beginnende Biafra-Krieg. Er brach aus, als die vorwiegend von Ibo bewohnte Region im Osten Nigerias im Juni jenes Jahres die unabhängige Republik Biafra ausrief. Im darauf folgenden Monat begann der Bürgerkrieg. Zweieinhalb Jahre später hatte sich die nigerianische Regierung durchgesetzt. Im Verlauf des Krieges waren mindestens 600.000 Menschen meist an Hunger gestorben, und etwa zwei Millionen Menschen waren aus ihren Wohnorten vertrieben worden. Der Hunger in Biafra wurde in noch nie dagewesenem Umfang über das Fernsehen verbreitet. Dramatische Bilder abgemagerter Kinder wurden von der Führung Biafras erfolgreich dazu ausgenutzt, die internationale Gemeinschaft zum Handeln zu veranlassen. Das IKRK, das Kinderhilfswerk der Vereinten Nationen (UNICEF) und eine kleine Zahl internationaler, nicht staatlicher, vorwiegend kirchlicher Organisationen kümmerten sich direkt um die Menschen in Biafra und richteten eine Luftbrücke in das eingekesselte Rebellengebiet ein. Auf dem Höhepunkt wurden über die Luftbrücke in jeder Nacht mit 40 Flügen 500 Tonnen humanitäre Hilfsgüter transportiert. Bei der vom IKRK während der Krise zum „Hochkommissar für Nigeria" ernannten Person handelte es sich um Auguste Lindt, der von 1957 bis 1960 das Amt des Hohen Flüchtlingskommissars der Vereinten Nationen innegehabt hatte.[19]

Während des Biafrakrieges flohen mehr als 50.000 Nigerianer in die angrenzenden Nachbarstaaten. UNHCR wurde bei der Unterstützung der Vertriebenen innerhalb Nigerias nicht einbezogen, leistete jedoch den etwa 40.000 Ibo-Flüchtlingen in Äquatorialguinea Hilfe, nachdem dessen Regierung das Amt im März 1969 um Hilfe ersucht hatte. Nach Kriegsende im Januar 1970 half UNHCR außerdem bei der Rückführung aus verschiedenen Ländern, unter anderem bei der Rückkehr von 5.000 Kindern aus Gabun und Côte d'Ivoire.

Ruanda und das Ostafrikanische Seenhochland

Der Konflikt im ostafrikanischen Seenhochland ist in Anbetracht der Krise, die sich dort etwa 30 Jahre später entwickelte [siehe Kapitel 10], von besonderer Bedeutung. Die Unabhängigkeit sowohl der belgischen Kolonie Kongo im Jahre 1960 als auch des unter belgischer Verwaltung stehenden Treuhandgebiets Ruanda-Burundi (aus dem die beiden Staaten Ruanda und Burundi entstanden) zwei Jahre später wurde von einem starken Aderlass und einer internationalen Krise begleitet. In den sechziger wie auch in den neunziger Jahren war Ruanda das Epizentrum der politischen Gewalt, die Flüchtlingsbewegungen in der gesamten Region nach sich zogen.[20]

Wie sein südlicher Nachbar Burundi war Ruanda bis 1918 eine deutsche Kolonie gewesen. Nach dem Ersten Weltkrieg verwaltete Belgien die zwei Länder als Treuhandgebiete zunächst im Namen des Völkerbundes, später der Vereinten Nationen. Die Ursache der ethnischen Gewalt in Ruanda und Burundi liegt in dem Ausmaß, in dem die Frage der Identität von internationalen und lokalen Akteuren aus politischen Motiven mobilisiert, mythologisiert und manipuliert wurde.

Die Ursprünge des Genozids, dem 1994 etwa 800.000 ruandische Tutsi zum Opfer fielen, liegen viele Jahre zurück. Die Kolonialherrschaft hatte die zwei wichtigsten Volksgruppen auf vielfältige Weise verhärtet und polarisiert. Die belgischen Behörden hatten das komplizierte lokale System der Machtbereiche von Stammesfürsten vereinfacht, wodurch die Tutsi eine nahezu totale Kontrolle über das Landvolk der Hutu erhielten. Bereits 1930 hatten sie zudem Personalausweise eingeführt, in denen die

Kolonialherrschaft und Unabhängigkeit in Afrika   Karte 2.1

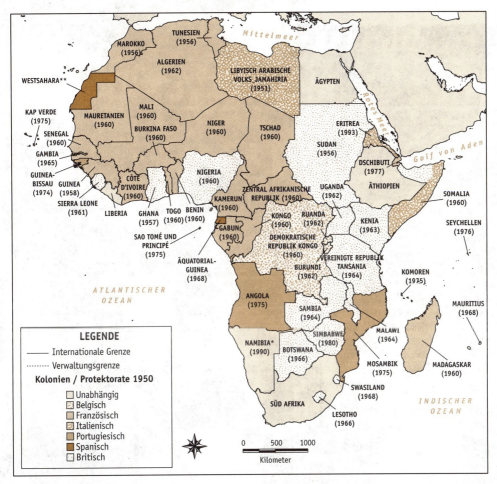

Hinweise:
Die Jahreszahl gibt an, wann das jeweilige Land zum ersten Mal unabhängig wurde (für Länder, die nach 1950 unabhängig wurden).
Die angegebenen Kolonialmächte entsprechen dem Stand von 1950.
Ländernamen und Grenzen entsprechen dem Stand vom 31. Dezember 1999.
* Namibia, früher als Südwestafrika bezeichnet, wurde von 1920 bis 1990, dem Jahr seiner Unabhängigkeit, von Südafrika verwaltet.
** Spanien gab 1975 die Kontrolle über Spanisch-Sahara auf. Seitdem ist der Status des jetzt als Westsahara bezeichneten Gebiets umstritten.
Eine von den Vereinten Nationen unterstützte Volksabstimmung über den zukünftigen Status des Gebiets muss noch stattfinden.
Quellen: UNHCR; *Global Insight digitale Kartendaten*, Europa Technologies Ltd. 1998; J. Scott, *The World Since 1914*, Heinemann Educational, Oxford, 1989; *The Europa World Yearbook 1999*, Europa Publications, London, 1999.

Volksgruppenzugehörigkeit eingetragen wurde. Darüber hinaus hatte die römisch-katholische Kirche zahlreiche vorkoloniale religiöse Bräuche zerschlagen, die als Bindeglied zwischen den beiden Volksgruppen gedient hatten. Als in den fünfziger Jahren die Vereinten Nationen immer stärker darauf drängten, den Übergang zur Unabhängigkeit zu beschleunigen, gingen die belgischen Behörden von der lange währenden Unterstützung der Tutsi-Minderheit abrupt zur Unterstützung der Hutu-Mehrheit über. Dies führte im November 1959 zu Unruhen und zum Sturz der Tutsi-Mo-

Zur Lage der Flüchtlinge in der Welt

Ruandische Flüchtlinge im Aufnahmezentrum Kalonge in der Provinz Kivu im Kongo. Anfang der sechziger Jahre flohen 150.000 Ruander in benachbarte Länder. (UNHCR/S. WRIGHT/1961)

narchie. Im Januar 1961 wurde nach einem von Belgien unterstützten Staatsstreich praktisch eine Hutu-Republik ausgerufen. Die Tutsi wurden aus ihren gewohnten politischen Positionen verdrängt. Es folgte die erste große Flucht von rund 120.000 Tutsi in die Nachbarstaaten. Ein Teil der Flüchtlinge, die zur Teilnahme an den Wahlen vom September 1961 zurückgekehrt waren, wurde Opfer von Vergeltungsmaßnahmen, viele flohen erneut. Dennoch gingen die Flüchtlinge davon aus, dass sie im Juli 1962 nach der Erlangung der Unabhängigkeit Ruandas und dem Abzug der Belgier zurückkehren konnten. Viele Flüchtlinge hielten eine Rückkehr jedoch nur bei einer Wiederherstellung der Monarchie und der Vorherrschaft der Tutsi für möglich. Für die meisten fand die Rückkehr erst drei Jahrzehnte später statt. Die Tatsache, dass sich die internationale Gemeinschaft nicht bereits in den sechziger Jahren um die Probleme der ruandischen Flüchtlinge gekümmert hatte, trug erheblich zur Eskalation der Gewalt in den neunziger Jahren bei.

In der Annahme, die Unabhängigkeit ließe nur noch wenige Monate auf sich warten, forderte die UN-Vollversammlung in der Resolution 1743(XVI) vom 27. Februar 1962 die Rückkehr und Wiederansiedlung der Flüchtlinge. UN-Mitarbeiter versuchten, die Regierung in der ruandischen Hauptstadt Kigali dazu zu bewegen, den Flüchtlingen die Rückkehr zu gestatten, allerdings mit wenig Erfolg. Ein UN-Bericht aus dieser Zeit kam zu der pessimistischen Schlussfolgerung:

Die Entwicklung der letzten achtzehn Monate mündete in der rassistischen Diktatur einer Partei ... Ein Unterdrückungssystem wurde durch ein anderes ersetzt ... Es ist durchaus möglich, dass wir eines Tages Zeugen gewalttätiger Reaktionen seitens der Tutsi werden.[21]

Im benachbarten Burundi konstatierte ein UNHCR-Vertreter „im Hinblick auf die sichere Rückkehr nach Ruanda eine Angstpsychose bei den Flüchtlingen".[22] Auf Drängen der Regierungen Belgiens und Burundis suchte der Hohe Flüchtlingskommissar rastlos nach Möglichkeiten, noch vor der Unabhängigkeit etwas zu unternehmen. Im Juni besuchte der Leiter der Einsatzabteilung, Thomas Jamieson, Burundi und benachbarte Staaten, um eine Beurteilung des ruandischen Flüchtlingsproblems abgeben zu können. Die burundischen Behörden stimmten lediglich zu, 15.000 der ungefähr 40.000 ruandischen Flüchtlinge auf burundischem Gebiet anzusiedeln. Sie baten um die Übernahme der anderen durch Tanganjika, das im Oktober 1964 zur Vereinigten Republik Tansania wurde, und die Republik Kongo. Tanganjika war von Anfang an großzügig und ging bei der Umsiedlung der Flüchtlinge mit bestem Beispiel voran. Staatspräsident Julius Nyerere interessierte sich persönlich für diese Angelegenheit.[23] Zu diesem Zeitpunkt hatten etwa 150.000 ruandische Flüchtlinge in den Nachbarstaaten Zuflucht gesucht. Außer den 40.000 in Burundi befanden sich noch etwa 60.000 in den Kivu-Provinzen im Osten des Kongo, 35.000 in Uganda und 15.000 in Tanganjika.[24]

Auf kurze Sicht hatten die Flüchtlinge in Burundi die größte politische Wirkung. Ein Ergebnis der Anwesenheit ruandischer Tutsi-Flüchtlinge war, dass die burundischen Tutsi starr an ihrem Ansinnen festhielten, die Kontrolle über das politische System zu behalten. Vor allem behielten sie die weit gehende Kontrolle über die Armee. Die ruandischen Flüchtlinge wünschten die Wiedereinsetzung des früheren Regimes in ihrem Land. Bewaffnete Kräfte unter den ruandischen Flüchtlingen, die sich größtenteils in zwei Lagern nahe der ruandischen Grenze aufhielten, führten Angriffe auf ruandisches Gebiet durch. Diese als *Inyenzi* (Kakerlaken) bezeichneten Gruppen bewirkten ein Verhärten der gegen die Tutsi gerichteten Stimmung innerhalb Ruandas und bestätigten die ethnische Mythologie der Hutu. In Ruanda gebliebene Tutsi wurden häufig Opfer von Mordanschlägen.[25] Hierzu kam es insbesondere, als die *Inyenzi* im Dezember 1963 zumindest der Größenordnung nach eine Invasion Ruandas organisierten. Der Versuch scheiterte jedoch innerhalb weniger Tage. In der Zeit danach wurden mindestens 10.000 Tutsi getötet, und ein erneuter Exodus von Tutsi-Flüchtlingen setzte ein: Etwa 7.500 Tutsi flohen nach Uganda, weitere 10.000 nach Burundi.

Aber auch Burundi selbst war gegen politische Umwälzungen nicht gefeit. Nachdem der Hutu-Premierminister Pierre Ngendandumwe im Januar 1965 bei einem Attentat ums Leben gekommen war, führte ein gescheiterter Hutu-Aufstand zu einem Putsch der Armee und zur Abschaffung der Monarchie. Das neue von Tutsi-Extremisten geführte, brutale Militärregime organisierte später ein Massaker, dem 1972 über 100.000 Hutu zum Opfer fielen. Dies verursachte die Flucht von mehreren hunderttausend Menschen nach Tansania.[26]

Als Reaktion auf die Ruanda-Krise startete UNHCR ein großes Programm für die ruandischen Flüchtlinge in sämtlichen zentralafrikanischen Staaten, in denen sie Zuflucht gesucht hatten. Solche Programme umfassten in der Anfangsphase auch die Verteilung von Nahrungsmitteln, um den Flüchtlingen die Zeit zu geben, das ihnen zur Verfügung gestellte Land urbar zu machen und zu bestellen, um sich schließlich selbst versorgen zu können. Die Maßnahmen zur Besiedelung ländlicher Gebiete waren jedoch nicht immer erfolgreich. Denn hierzu war eine gewisse soziale und politische Stabilität des Aufnahmelandes erforderlich, von der nicht immer ausgegangen werden konnte. Ein weiteres ständig wiederkehrendes Problem war, dass in einigen Lagern politische Führer, die eine gewaltsame Rückkehr nach Ruanda durchsetzen wollten, die Flüchtlinge ausnutzten. In den sechziger Jahren konnten sich die ruandischen Flüchtlinge am leichtesten in Tansania niederlassen, einem der stabilsten Länder der Region. In vielen anderen Ländern, in die Menschen aus Ruanda geflohen waren, gestaltete sich die Ansiedlung wesentlich schwieriger. Selbst Uganda, das sich seinerzeit einer beachtlichen Stabilität erfreute, geriet 1966 in innere Unruhen, nachdem Premierminister Obote Staatspräsident Mutesa gestürzt hatte.

Flüchtlinge in den Kivu-Provinzen des Kongo

In den sechziger Jahren bemühte sich die Regierung in Leopoldville sehr, das Land trotz starker Sezessionstendenzen hauptsächlich in der Provinz Katanga (später Shaba) im Süden zusammenzuhalten. Sie stand auch vor dem Problem, dass es innerhalb des Landes eine große Zahl Vertriebener gab.[27] Die meisten der ruandischen Flüchtlinge, die ihre Heimat verlassen hatten, lebten in den Provinzen Nord-Kivu und Süd-Kivu im Osten des Landes. Anfang 1962 gab es im Kivu-Gebiet bereits 60.000 ruandische Flüchtlinge. Sie konzentrierten sich hauptsächlich um Goma, Bukavu, Nyangezi und Luvungi.[28] Anfangs wurden die Flüchtlinge von der Provinzregierung freundlich aufgenommen. Innenpolitische Streitigkeiten innerhalb des Kongo führten jedoch 1963 zu einer wachsenden Unsicherheit für die Flüchtlinge. Die Gewalt wurde alltäglich und richtete sich zunehmend gegen die Flüchtlinge. François Preziosi, ein in den Flüchtlingslagern im Kongo tätiger UNHCR-Mitarbeiter, schrieb im Oktober 1963 an den Hohen Flüchtlingskommissar in Worten, die dreißig Jahre später in beunruhigender Weise ihren Widerhall fanden:

Flüchtlinge im ostafrikanischen Seenhochland, 1960 - 2000 *

Grafik 2.1

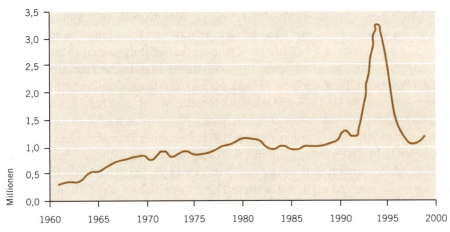

*Dies beinhaltet Burundi, Ruanda, Tansania, Uganda und Zaire/Demokratische Republik Kongo

Wie ich feststellte, verwenden die Behörden im Nord-Kivu diesen Begriff [Tutsi] als Propagandamittel. Alles Schlechte in ihrem Gebiet wird durch „Tutsi" verursacht. Ähnlich dem Begriff „Jude" in Hitler-Deutschland scheint sich im Gebrauch des Wortes „Tutsi" eine Mischung aus subjektiver Furcht, Hass und Frustration niederzuschlagen. Jeder, der wie ein Tutsi aussieht, muss damit rechnen, geschlagen, getötet oder gefangen genommen zu werden, desgleichen jeder, der den Tutsi hilft. In Sake bekam ich ein von der Provinzregierung von Nord-Kivu an die Zentralregierung in Leopoldville gerichtetes Telegramm zu Gesicht, in dem sämtliche Unruhen und Gräueltaten in Nord-Kivu den Tutsi zugeschrieben wurden.[29]

Im November 1963 telegrafierte der Hohe Flüchtlingskommissar Félix Schnyder an Premierminister Cyrille Adoula in Leopoldville und bat die Zentralregierung dringend um Intervention zum Schutz der Flüchtlinge. Auf Vorschlag des leitenden politischen Assistenten des UN-Generalsekretärs U Thant, Ralph Bunche, wurde eine gemeinsame Kommission der Vereinten Nationen und der Regierung des Kongo gebildet, um die Situation zu untersuchen und die politischen Spannungen zu verringern. Die Rebellion im Osten des Kongo unter Führung von Pierre Mulele führte jedoch das Problem zu einer neuen Dimension. Die zu diesem Zeitpunkt von den Zentralbehörden in Leopoldville gestützte Provinzregierung nahm die Bedrohung durch die Rebellen zum Vorwand, die Ausweisung der Flüchtlinge zu verlangen. Als Begründung gaben sie an, dass ein Teil von ihnen die Rebellen unterstützt hätte.[30] Im August 1964 wurden François Preziosi und ein Mitarbeiter der Internationalen Arbeitsorganisation (*International Labour Organization* – ILO) bei dem Versuch, Flüchtlingen zu helfen, die von den Aufständischen in einem Lager nahe Kalonge eingeschüchtert wurden, brutal ermordet [siehe Kasten 8.3]. Als Folge davon stellten UNHCR und ILO vorübergehend ihre Tätigkeit im Kivu-Gebiet ein.

Nahezu gleichzeitig ordnete die Regierung in Leopoldville die Ausweisung sämtlicher Flüchtlinge an. Zwar wurde der Erlass nie systematisch angewandt, jedoch fortan von den lokalen Behörden dazu benutzt, ruandische Flüchtlinge zu schikanieren.[31] Die Zentralregierung wünschte nunmehr die Ausweisung der Flüchtlinge nach Uganda oder Tansania. Im November 1964 begannen ruandische Flüchtlinge, von Goma nach Tansania umzusiedeln – ein mühseliges Unterfangen. Schließlich konnten mit Unterstützung von UNHCR etwa 5.000 Flüchtlinge mit dem Schiff von Bukavu nach Goma fahren, von wo aus sie in gecharterten Flugzeugen nach Tabora in Tansania geflogen wurden. Dort wurden sie von UNHCR in einer provisorischen Einrichtung untergebracht. Dann fuhren sie mit dem Zug in das etwa 20 Stunden entfernt gelegene Mpanda und von dort weiter mit dem Lastwagen ins Mwezi-Hochland, wo sie sich niederließen. Über 10.000 weitere Flüchtlinge flohen ohne Unterstützung nach Uganda, weitere 10.000 nach Burundi. Obwohl der eigentliche Lufttransport fast vollständig von zwei deutschen religiösen Organisationen finanziert wurde, entschloss sich UNHCR zur Teilnahme an dieser Operation, weil das Amt die Lage so einschätzte, dass die Flüchtlinge innerhalb des Kongo, zumindest soweit es die Kivu-Provinzen betraf, nicht länger geschützt werden konnten.[32] Später, im Jahre 1996, traf das UNHCR für die gleiche Region eine ähnliche Entscheidung.

Die im Kongo gebliebenen Flüchtlinge konnten zunächst von UNHCR unterstützt werden. Die Kinyarwanda sprechende Gruppe hatte sich unter die größere kongolesische Kinyarwanda sprechende Bevölkerung gemischt, obgleich ihnen die kongolesische Staatsangehörigkeit vorenthalten wurde. Diese Menschen sahen sich beträchtlichen Anfeindungen ausgesetzt, insbesondere nachdem 1965 Staatspräsident Mobutu Sese Seko an die Macht gekommen war. Mobutu hatte ein gestörtes Verhältnis zur Kinyarwanda sprechenden Bevölkerung, und es war schwierig für die Flüchtlinge, sich vom Rest dieser Sprachgruppe, der die kongolesische Staatsangehörigkeit besaß, zu distanzieren. Als Folge davon wurden sie in die lokalen politischen Vorgänge hineingezogen. Preziosi merkte seinerzeit an:

Die Flüchtlinge können nicht neutral bleiben. Sie müssen Position beziehen. Wenn sie das nicht tun, ziehen sie sich die Feindschaft der Führer und der Menschen zu, bei denen sie leben. Tun sie es doch, beschuldigt sie die Gegenseite, sich in [fremde] politische Angelegenheiten einzumischen. In beiden Fällen haben sie Nachteile.[33]

Zwangsläufig muss man sich fragen, wie die späteren Ereignisse abgelaufen wären, hätte man in den sechziger Jahren für die ruandischen Flüchtlinge eine dauerhafte Lösung gefunden. Es gab wenig Zweifel daran, dass die überwiegende Mehrheit der Flüchtlinge nach Ruanda zurückkehren wollte. Eine Untersuchung der Situation in den Kivu-Provinzen im Jahre 1963 dokumentierte den überwältigenden Wunsch unter den Flüchtlingen, in die Heimat zurückzukehren. Dieser Wunsch beinhaltete jedoch gleichzeitig die Voraussetzung, dass UNHCR ihnen eine „wasserdichte" Garantie für ihr Wohlergehen in Ruanda geben würde.[34] Hätte zu jener Zeit eine Rückführung stattgefunden, wäre es vielleicht möglich gewesen, zwischen Tutsi und Hutu zu einer neuen gegenseitigen Verständigung zu kommen und dadurch den Genozid

30 Jahre später zu vermeiden. Man könnte auch behaupten, die Ansiedlung hätte in einer politisch stabilen Umgebung wie Tansania vielleicht funktioniert, wenn die internationale Gemeinschaft bei der Bereitstellung der erforderlichen Mittel großzügiger gewesen wäre. Zweifelsohne hätte auch mehr getan werden können, regionale Lösungen zu finden.

Zu jener Zeit wurde die Aufmerksamkeit der internationalen Gemeinschaft durch den Krieg um die an Rohstoffen reiche, sezessionistische Provinz Katanga im Süden des Kongo abgelenkt. Während belgische Truppen die Sezessionisten unterstützten, hatten die Vereinten Nationen auf Drängen der kongolesischen Regierung in den Konflikt eingegriffen und von 1960 bis 1964 im Rahmen der Operation der Vereinten Nationen für den Kongo (ONUC) Truppen stationiert – ein komplizierter Friedenssicherungseinsatz, der von zahlreichen Problemen begleitet war. Die Spannungen des Kalten Krieges und die Beschäftigung der Staaten mit anderen Ereignissen – insbesondere der Kuba-Krise 1962 – lassen deren mangelnden Willen etwas verständlicher erscheinen, die ruandische Flüchtlingskrise umfassender und gründlicher anzugehen.

Die Ausweitung des internationalen Schutzsystems

1965 gab es rund 850.000 Flüchtlinge in Afrika. Zwar konnten viele von denen, die während der Unabhängigkeitskriege geflohen waren, innerhalb eines relativ kurzen Zeitraums zurückkehren, jedoch lösten neue Konflikte weitere Flüchtlingsströme aus. Zum Ende des Jahrzehnts war die Zahl der Flüchtlinge in Afrika auf rund eine Million gestiegen. Diese späteren Flüchtlingsgruppen unterschieden sich in Größe, Charakter und Bedürfnissen sehr von denen in Europa; sie verlangten einen neuen Ansatz zur Beantwortung der Frage, wie die Flüchtlingseigenschaft festgestellt werden kann.

Bei der Unterstützung dieser neuen Flüchtlinge musste UNHCR flexibel vorgehen. Die große Zahl der Betroffenen bedeutete, dass es nicht praktikabel war, jeden Einzelnen daraufhin zu untersuchen, ob seine Furcht vor Verfolgung begründet war oder nicht. UNHCR bediente sich deshalb der Methode, für ganze Gruppen die Flüchtlingseigenschaft *prima facie* festzustellen. Dies ermöglichte es, unter Berücksichtigung der Umstände, die zum Verlassen des Herkunftslandes geführt hatten, Flüchtlinge aufgrund ihrer Zugehörigkeit zu einer Gruppe einzustufen. Diese Flüchtlinge wurden in den Nachbarstaaten bereitwillig aufgenommen, bedurften aber oftmals dringend materieller Hilfe. UNHCR leistete von Fall zu Fall Soforthilfe bei der Unterstützung großer Flüchtlingsbevölkerungen, wenn die UN-Vollversammlung die „guten Dienste" des Amtes explizit anforderte.

Die Flüchtlinge in Afrika konnten keinen Nutzen aus dem völkerrechtlichen Rahmen zum Flüchtlingsschutz ziehen, der auf jene Flüchtlinge anwendbar war, denen UNHCR in Europa geholfen hatte. Die Genfer Flüchtlingskonvention war auf Personen beschränkt, die infolge von Ereignissen zu Flüchtlingen geworden waren, die vor dem 1. Januar 1951 stattgefunden hatten. Zudem konnten die Signatarstaaten ihren geografischen Anwendungsbereich auf Europa beschränken. Im Gegensatz dazu er-

> **Kasten 2.2**
>
> ## Das Protokoll von 1967 zum Abkommen über die Rechtsstellung der Flüchtlinge von 1951
>
> Das Protokoll von 1967 über die Rechtsstellung der Flüchtlinge hob die in die Flüchtlingsdefinition des Abkommens von 1951 aufgenommene zeitliche Einschränkung „Ereignisse, die vor dem 1. Januar 1951 eingetreten sind", auf. Es trat am 4. Oktober 1967 in Kraft.
>
> Obwohl das Protokoll von 1967 untrennbar mit dem Abkommen von 1951 verbunden ist, bildet es ein unabhängiges völkerrechtliches Instrument. Staaten, die ihm beitreten, verpflichten sich, die Artikel 2 bis 34 des Abkommens von 1951 ohne zeitliche oder geographische Einschränkungen auf alle Personen anzuwenden, die die Voraussetzungen für die Flüchtlingseigenschaft erfüllen. Der Beitritt zum Protokoll allein reicht allerdings nicht aus, um einen Vertragsstaat zur Anwendung aller Bestimmungen des Abkommens von 1951 zu verpflichten. Die meisten Staaten haben sich jedoch dafür entschieden, sowohl dem Abkommen von 1951 als auch dem Protokoll von 1967 beizutreten, wodurch das Gewicht der beiden Instrumente als Grundlagen des internationalen Flüchtlingsrechts gestärkt wurde.
>
> Bis zum 31. Dezember 1999 waren 134 Staaten dem Protokoll von 1967 beigetreten. Zu diesem Zeitpunkt waren die einzigen Staaten, die zwar dem Abkommen von 1951, nicht jedoch dem Protokoll von 1967 beigetreten waren, Madagaskar, Monaco, Namibia und St. Vincent und die Grenadinen. Die einzigen Staaten, die nur dem Protokoll von 1967, nicht jedoch dem Abkommen von 1951 beigetreten waren, waren Cap Verde, Swasiland, die Vereinigten Staaten und Venezuela.

hielt UNHCR gemäß seinem Statut die allgemeine Zuständigkeit, sich um Flüchtlingsprobleme zu kümmern, wo auch immer sie auftreten sollten. In Afrika erwiesen sich die Einschränkungen des Abkommens von 1951 und hier insbesondere der Stichtag in zunehmendem Maß als Hindernis. Mitte der sechziger Jahre traf deshalb die Genfer Flüchtlingskonvention auf die Mehrheit der Flüchtlinge, die von UNHCR unterstützt wurden, nicht zu.

Die afrikanischen Regierungen, die wegen möglicher Sicherheitsprobleme durch die Flüchtlingsbewegungen besorgt waren, hatten außerdem ein Eigeninteresse daran, eine regionale Flüchtlingskonvention aufzustellen. Sie befürchteten, Flüchtlinge könnten die Asylstaaten als Basis benutzen, um von dort aus zu versuchen, die Regime, vor denen sie geflohen waren, zu stürzen. Daher entschieden UNHCR und die afrikanischen Staaten, dass neue völkerrechtliche Instrumente für den Umgang mit Flüchtlingen geschaffen werden mussten.

In den sechziger Jahren beteiligte sich UNHCR an der Integration afrikanischer Flüchtlinge in ihren Asylländern, so auch bei diesen Mosambikanern im tansanischen Rutamba. (UNHCR/J. MOHR 1968)

Das Protokoll von 1967 zur Genfer Flüchtlingskonvention

Als das Abkommen über die Rechtsstellung von Flüchtlingen im Jahre 1951 angenommen wurde, waren seine Verfasser sich seiner Einschränkungen bewusst. Sie verliehen deshalb der Hoffnung Ausdruck, dass die Staaten die in dem Abkommen vorgesehenen Verfahrensweisen auf diejenigen ausweiten würden, „die nicht von den Bestimmungen der Konvention erfasst werden".[35] 1964 konkretisierte sich diese Hoffnung, als das UNHCR-Exekutivkomitee den Hohen Flüchtlingskommissar um Auskunft bat, welche Schritte möglich wären, um den zeitlichen Anwendungsbereich des Abkommens von 1951 zu erweitern. Der Hohe Flüchtlingskommissar schlug mehrere unterschiedliche Wege vor, in denen die zeitliche Beschränkung abgeschwächt, aber nicht aufgehoben wurde. Die Rechtsexperten aus Afrika, Europa, Nord- und Südamerika, die zur Erörterung dieser Vorschläge zusammengekommen waren, meinten jedoch, die Zeit sei reif für deren komplette Abschaffung. Überdies drängten sie darauf, dies mit Hilfe einer neuen internationalen Vereinbarung zu bewerkstelligen. Statt das Abkommen einfach durch Streichung der zeitlichen Einschränkung anzupassen, sollte dieses neue Protokoll umfassender formuliert werden, so dass ein das Protokoll unterzeichnender Staat letztlich an das Abkommen gebunden wäre.

Die Rechtsexperten schlugen Möglichkeiten vor, wie das Protokoll für die Staaten, die zögerten, für zukünftige Flüchtlinge Verantwortung zu übernehmen, akzeptabler gestaltet werden könnte. Die optionale geografische Einschränkung der Konvention sollte erhalten bleiben, allerdings nur für jene Staaten, die sich bei der Unterzeichnung des Abkommens von 1951 darauf berufen hatten. Außerdem wurde es den Unterzeichnern des Protokolls gestattet, sich die Ablehnung der verbindlichen Rechtsprechung durch den Internationalen Gerichtshof bei Streitigkeiten vorzubehalten, die sich durch das Protokoll ergaben. Obwohl es erst im Januar 1967 zum Beitritt auflag, hatten bereits im September die erforderlichen sechs Staaten das Protokoll angenommen, woraufhin es am 4. Oktober 1967 in Kraft trat.

Das Protokoll von 1967 konnte nur derart rasch von der Idee zur Realität werden, weil dabei Neuerungen im Völkerrecht ausgenutzt wurden und sich der Hohe Flüchtlingskommissar Sadruddin Aga Khan persönlich stark dafür engagierte. Man vermied das traditionelle Novellierungsverfahren, bei dem die Einberufung einer internationalen Konferenz von Vertretern sämtlicher Regierungen, die das Abkommen unterzeichnet hatten, notwendig gewesen wäre. Dieses hätte sehr viel Zeit in Anspruch genommen. Das resultierende Protokoll von 1967 zur Genfer Flüchtlingskonvention war kurz und direkt. Es trat als unabhängiges völkerrechtliches Instrument bereits in Kraft, nachdem ihm lediglich eine geringe Zahl von Staaten beigetreten war. Die wichtigste Neuerung bestand jedoch in der Öffnung des Protokolls für die Unterzeichnung durch Staaten, die das Abkommen von 1951 bisher noch nicht ratifiziert hatten. Dieser Schachzug führte zum Beitritt der USA, die das Abkommen von 1951 weder unterzeichnet noch ratifiziert hatten.

Die ständig zunehmende Akzeptanz des Protokolls von 1967 war für UNHCR von großer Bedeutung. Das Protokoll erweiterte den Umfang der von den Staaten einzugehenden Verpflichtungen und bestätigte die Verpflichtung der Staaten zur Zusammenarbeit mit UNHCR [siehe Kasten 2.2].

Kasten 2.3 — Die OAU-Flüchtlingskonvention von 1969

1969 verabschiedete die Organisation für Afrikanische Einheit (Organization of African Unity - OAU) die Konvention zur Regelung der Probleme von Flüchtlingen in Afrika. Sie bekräftigt das Abkommen von 1951 über die Rechtsstellung der Flüchtlinge als „das grundlegende und universale Instrument hinsichtlich des Flüchtlingsstatus", erweitert jedoch die darin enthaltene Flüchtlingsdefinition und enthält weitere wichtige Bestimmungen, die im Abkommen von 1951 nicht explizit enthalten sind. Dazu zählen Bestimmungen über das Verbot der Zurückweisung an der Grenze, das Asyl, den Standort von Flüchtlingssiedlungen, das Verbot subversiver Aktivitäten von Flüchtlingen und die freiwillige Rückführung.

Artikel I - Definition des Begriffs „Flüchtling"

1. [Definition gemäß Artikel 1 (A(2) des Abkommens von 1951]
2. Der Begriff „Flüchtling" gilt auch für jede Person, die aufgrund von äußerer Aggression, Okkupation, ausländischer Vorherrschaft oder Ereignissen, die ernsthaft die öffentliche Ordnung stören, sei es in ihrem gesamten Herkunftsland oder einem Teil davon oder in dem Land, dessen Staatsangehörigkeit sie besitzt, gezwungen ist, den Ort, an dem sie für gewöhnlich ihren Wohnsitz hatte, zu verlassen, um an einem anderen Ort außerhalb ihres Herkunftslandes oder des Landes, dessen Staatsangehörigkeit sie besitzt, Zuflucht zu nehmen.

Artikel II - Asyl

1. Die Mitgliedstaaten der OAU werden alles in ihren Kräften Stehende tun, um entsprechend ihrer Gesetzgebung Flüchtlinge aufzunehmen und die Ansiedlung jener Flüchtlinge zu sichern, die aus anerkannten Gründen nicht in der Lage oder bereit sind, in ihr Herkunftsland oder das Land, dessen Staatsangehörigkeit sie besitzen, zurückzukehren.
2. Die Gewährung von Asyl an Flüchtlinge ist ein friedlicher und humanitärer Akt, der von keinem Mitgliedstaat als unfreundlicher Akt angesehen wird.
3. Niemand wird durch einen Mitgliedstaat Maßnahmen wie Zurückweisung an der Grenze, Rückführung oder Auslieferung unterworfen, die ihn zwingen, zurückzukehren oder auf einem Gebiet zu bleiben, wo sein Leben, seine physische Integrität oder seine Freiheit aus den in Artikel I, Abschnitt 1 und 2 genannten Gründen bedroht wären.
4. Wenn ein Mitgliedstaat Schwierigkeiten hat, Flüchtlingen weiterhin Asyl zu gewähren, kann er sich direkt oder über die OAU an andere Mitgliedstaaten wenden, und diese anderen Mitgliedstaaten werden im Geiste der afrikanischen Solidarität und der internationalen Zusammenarbeit geeignete Maßnahmen ergreifen, um die Lage für den Asyl gewährenden Mitgliedstaat zu erleichtern.
6. Aus Gründen der Sicherheit siedeln Asylländer, soweit dies möglich ist, Flüchtlinge in angemessener Entfernung von der Grenze zu ihrem Herkunftsland an.

Artikel III - Verbot subversiver Handlungen

1. Jeder Flüchtling ... hat sich jeder Art von subversiven Handlungen gegenüber Mitgliedstaaten der OAU zu enthalten.
2. Die Signatarstaaten untersagen es Flüchtlingen, die sich auf ihrem Territorium niedergelassen haben, einen Mitgliedstaat der OAU auf irgendeine Weise anzugreifen, die geeignet ist, Spannungen zwischen den Mitgliedstaaten hervorzurufen, insbesondere durch den Gebrauch von Waffen, über die Presse oder den Rundfunk.

Artikel V - Freiwillige Rückführung

1. Der im Wesentlichen freiwillige Charakter der Rückführungen wird in allen Fällen beachtet, und kein Flüchtling wird gegen seinen Willen zurückgeführt.

Die OAU-Flüchtlingskonvention trat am 20. Juni 1974 in Kraft. Bis zum 31. Dezember waren ihr 45 der 53 afrikanischen Staaten beigetreten.

Die OAU-Flüchtlingskonvention von 1969

Das Interesse des Hohen Flüchtlingskommissars an einer zügigen Akzeptanz des Protokolls wurde teilweise durch die Bemühungen der Mitgliedstaaten der Organisation für Afrikanische Einheit (*Organization of African Unity* – OAU) stimuliert, ihre eigene regionale Flüchtlingskonvention zu entwerfen.[36] Bereits 1963 hatte die OAU beschlossen, dass ein regionaler Vertrag erforderlich sei, um dem besonderen Charakter der Flüchtlingssituation in Afrika gerecht zu werden. Zwar wurde das Protokoll von 1967 von den OAU-Mitgliedstaaten begrüßt, aber sie hielten eine regionale Konvention weiterhin für unabdingbar. Die Entscheidung der OAU zum Entwurf eines eigenständigen Instruments stellte für UNHCR zunächst ein Problem dar. Denn ein neues Abkommen in Konkurrenz zur Genfer Flüchtlingskonvention hätte deren universellen Charakter beeinträchtigen können, für den sich UNHCR von Beginn an eingesetzt hatte. Hätte überdies eine OAU-Flüchtlingskonvention nicht den hohen Standards des Abkommens von 1951 entsprochen, wären Flüchtlinge in Afrika nicht in gleicher Weise geschützt gewesen.

Diese Bedenken verschwanden, als UNHCR eingeladen wurde, an der Ausarbeitung des Entwurfs teilzunehmen. OAU-Sekretariat und UNHCR kamen überein, dass das afrikanische Instrument eine regionale Ergänzung zum Abkommen von 1951 werden sollte. Die Präambel der OAU-Konvention zu den speziellen Aspekten von Flüchtlingsproblemen in Afrika aus dem Jahre 1969 erkennt daher das Abkommen von 1951 als „das grundlegende und universelle Instrument in Bezug auf die Rechtsstellung von Flüchtlingen" an. Demgemäß definiert die OAU-Flüchtlingskonvention wie die Genfer Flüchtlingskonvention der Vereinten Nationen einen Flüchtling als eine Person, die „eine begründete Furcht vor Verfolgung" hat. Sie berücksichtigt darüber hinaus auch Personen, die aufgrund von äußerer Aggression, Besetzung, Fremdherrschaft oder schwerwiegenden Störungen der öffentlichen Ordnung in ihrem Herkunftsland geflohen sind. Personen, die vor bürgerkriegsähnlichen Situationen, Gewalt und Krieg flohen, waren nun berechtigt, in den Vertragsstaaten der OAU-Flüchtlingskonvention die Rechtsstellung von Flüchtlingen zu beanspruchen, und zwar unabhängig davon, ob sie individuell eine begründete Furcht vor Verfolgung glaubhaft machen konnten oder nicht.

Weitere wichtige Ergänzungen wurden vorgenommen. Obwohl kein internationales Übereinkommen ein individuelles Recht auf Asyl ausdrücklich anerkannte, bestätigt die OAU-Flüchtlingskonvention erstens, dass sich die Staaten „nach Kräften bemühen sollen, … Flüchtlinge aufzunehmen und [deren] Ansiedlung zu gewährleisten". Zweitens erweitert sie die im Abkommen von 1951 enthaltene Garantie, nicht ausgewiesen oder zurückgewiesen zu werden (*Non-refoulement*). Erwähnt wird eine absolute und uneingeschränkte Forderung, dass kein Flüchtling „Maßnahmen wie beispielsweise Zurückweisung an der Grenze, Rücktransport oder Ausweisung ausgesetzt werden darf, wodurch er gezwungen würde, in ein Gebiet zurückzukehren oder in diesem zu bleiben, in dem sein Leben, seine körperliche Unversehrtheit oder seine Freiheit bedroht ist". Drittens bekennt sie sich erstmalig uneingeschränkt zum Prinzip der freiwilligen Rückkehr in einem völkerrechtlichen Kontext. Viertens definiert sie die Pflichten von Asyl- und Herkunftsländern. Flüchtlinge dürfen danach nicht dafür bestraft werden, dass sie geflohen sind, und sollen jede mögliche Unterstützung erhalten, die ihre Rückkehr erleichtert. Fünftens werden die Staaten bei großen Flüchtlingsströmen zur Einführung eines Systems zur Lastenteilung angehalten.

Die afrikanischen Regierungen waren außerdem entschlossen, dafür zu sorgen, dass die Sicherheitsbedenken von Asyl- und Herkunftsländern berücksichtigt würden. Daher erklärt die OAU-Flüchtlingskonvention, dass „die Gewährung von Asyl ... von keinem Mitgliedstaat als unfreundlicher Akt angesehen werden soll". In der Präambel der Konvention wird auf die Notwendigkeit eingegangen, „zwischen einem Flüchtling, der ein friedliches und normales Leben sucht, und einer Person zu unterscheiden, die ein Land nur zu dem Zweck verlässt, um von außen subversiv tätig zu werden". Sie enthält auch das Versprechen der Signatarstaaten, „in ihren jeweiligen Territorien ansässige Flüchtlinge daran zu hindern, Mitgliedstaaten der OAU anzugreifen". Eine weitere Bestimmung fordert, dass Flüchtlinge „in ausreichender Entfernung von der Grenze ihres Herkunftslandes" anzusiedeln sind und sich „jeder subversiven, gegen einen Mitgliedstaat der OAU gerichteten Aktivitäten enthalten" [siehe Kasten 2.3].

Die OAU-Flüchtlingskonvention trat im Juni 1974 in Kraft. Seitdem bildet sie gemeinsam mit der Genfer Flüchtlingskonvention von 1951 und dem dazugehörigen Protokoll von 1967 einen wichtigen völkerrechtlichen Rahmen für alle UNHCR-Aktivitäten in Afrika. Obwohl die in der OAU-Flüchtlingskonvention enthaltenen Normen und Prinzipien durch Ereignisse in Afrika angeregt wurden, setzten sie wichtige Standards zum Schutz von Flüchtlingen im Allgemeinen und wurden häufig auch in anderen Regionen angewandt. Mit nur wenigen Ausnahmen und in deutlichem Unterschied zu manchen Ländern in anderen Teilen der Welt haben sich die afrikanischen Staaten die gesamte zweite Hälfte des zwanzigsten Jahrhunderts hindurch bei der Aufnahme und Unterbringung großer Flüchtlingsbevölkerungen äußerst großzügig gezeigt.

3 Bruch in Ostasien

In den fünfziger Jahren war UNHCR mit den Ereignissen in Europa und in den Sechzigern mit den Folgen der Dekolonialisierung in Afrika beschäftigt. In den siebziger Jahren kam es dort zu einer weiteren Ausweitung der UNHCR-Aktivitäten, als in den gerade unabhängig gewordenen Staaten Flüchtlingsprobleme entstanden. Wenngleich UNHCR in den fünfziger Jahren kurzzeitig mit der Unterstützung chinesischer Flüchtlinge in Hongkong befasst war, beteiligte sich das Amt erst in den siebziger Jahren in größerem Umfang an Hilfsmaßnahmen in Asien.

In dem Vierteljahrhundert zwischen dem Ende des Zweiten Weltkriegs und 1970 erlangten praktisch alle ehemals kolonialisierten Länder Asiens die Unabhängigkeit. In einigen Staaten ging dies friedlich vonstatten, in anderen hingegen – unter anderem in Indonesien und in geringerem Maße in Malaysia und auf den Philippinen – war der Kampf um die Unabhängigkeit nicht gewaltfrei. Die dramatischsten Umwälzungen fanden jedoch auf dem indischen Subkontinent statt. Die Gewalt zwischen den Religionsgruppen führte 1947 zur Spaltung und zur Entstehung zweier separater Staaten: Indien und Pakistan. Schätzungsweise 14 Millionen Menschen verloren ihre Heimat, als Muslime aus Indien nach Pakistan und Hindus aus Pakistan nach Indien flohen. In späteren Jahren fanden in kleinerem Umfang weitere Bevölkerungsbewegungen statt. Zwangsläufig entstanden in den gerade unabhängig gewordenen Staaten durch einen derart schwer wiegenden Prozess Spannungen und Belastungen. Viele dieser erst seit kurzem unabhängigen Staaten konnten angesichts der wirtschaftlichen Probleme, denen sie sich gegenübersahen, des politischen Drucks von links und rechts und der alles dominierenden Zwänge des Kalten Krieges nur schwer demokratische politische Systeme aufrechterhalten.

In einer Putschwelle, die etwa ein Jahrzehnt nach der Unabhängigkeit einsetzte, ergriffen in mehreren asiatischen Staaten die Militärs die Macht. Ausgehend von Pakistan 1958 über Birma 1962 und Indonesien 1965 wurden demokratische Regierungen durch Militärregime abgelöst. Nahezu ausnahmslos unterdrückten die neuen Machthaber die demokratischen politischen Parteien. Mit ethnischen Minderheiten gingen sie vielfach rücksichtslos um. In einigen Fällen ging die Ergreifung der politischen Macht durch das Militär mit großem Blutvergießen einher. So wurden 1965/66 in Indonesien schätzungsweise 500.000 Menschen getötet. Viele der Opfer dieses Putsches gehörten zur ethnischen Minderheit der Chinesen. In ähnlicher Weise waren Minderheitengruppen in Birma harten Repressionen durch die Militärs ausgesetzt.

In Pakistan hatte die Machtübernahme durch das Militär katastrophale Auswirkungen und resultierte in Bürgerkrieg, der Zerstückelung Pakistans als Staat, Krieg zwischen Indien und Pakistan sowie einem massiven Exodus von Flüchtlingen, wie ihn die Welt seit der Teilung Indiens 1947 nicht erlebt hatte. Mit schätzungsweise zehn

Indien 1971: Bengalische Flüchtlinge bei ihrer Ankunft. Während der Krise, die zur Unabhängigkeit von Bangladesch führte, flohen rund zehn Millionen Bengalen aus Ost-Pakistan nach Indien. (USIS/1971)

Millionen Menschen, die zwischen April und Dezember 1971 das damalige Ost-Pakistan in Richtung Indien verließen, war dies die größte Flüchtlingsbewegung in der zweiten Hälfte des Jahrhunderts. So traumatisch diese Ereignisse auch waren, im Rahmen der größten Rückführungsoperation der Nachkriegszeit kehrte die überwiegende Mehrheit dieser Menschen innerhalb eines Jahres in den späteren unabhängigen Staat Bangladesch zurück. Bei einer weiteren großen Rückführungsoperation in den Jahren 1973/74 war UNHCR bei der Organisation des Lufttransports einer großen Zahl vertriebener Menschen zwischen Bangladesch und Pakistan behilflich.

Die Geburt des Staates Bangladesch

Als Pakistan 1947 die Unabhängigkeit erlangte, war dieser Staat vorwiegend muslimisch, aber dennoch ethnisch gemischt. Außerdem bestand das Land aus einem westlichen und einem durch indisches Staatsgebiet von diesem abgetrennten östlichen Teil. Politisch wurde der neue Staat von West-Pakistan dominiert, was zu Unzufriedenheit im bengalischen Osten führte. Nachdem 1958 das Militärregime von General Ayub Khan die Macht übernommen hatte, verschlechterten sich die Beziehungen zwischen den zwei Landeshälften kontinuierlich, und Ost-Pakistan war nur noch eingeschränkt in der pakistanischen Politik vertreten, obwohl dieser Landesteil die Bevölkerungsmehrheit umfasste. Im öffentlichen Dienst hatten die Bengalen nur einen kleinen Bruchteil der Stellen inne, und in der Armee betrug der Anteil der Bengalen vermutlich weniger als zehn Prozent. Darüber hinaus wurden die wirtschaftlichen Interessen Ost-Pakistans denen West-Pakistans untergeordnet.

In den sechziger Jahren nahmen die bengalischen Autonomieforderungen zu. Sie fielen zeitlich mit Unruhen in West-Pakistan zusammen, die in Demonstrationen und Streiks gipfelten. 1969 führten diese Unruhen zum Sturz der Regierung von General Ayub Khan. Die darauf folgende, von General Yahya Khan geführte Militärregierung kündigte frühzeitig an, dass sie sich als Übergangsregierung ansah und bestrebt war, die Macht an zivile Institutionen zu übertragen. Im Januar 1970 wurde das Verbot politischer Parteien und politischer Betätigung aufgehoben. Frühzeitig fanden am 7. Dezember jenes Jahres Wahlen zu einer neuen Nationalversammlung statt. Zur Überraschung praktisch aller Beobachter erhielt auf das ganze Land bezogen die nur regional aktive Awami-Liga unter Führung von Scheich Mujibur Rahman die absolute Mehrheit der Sitze. Sie gewann alle ihre Sitze in Ost-Pakistan. In West-Pakistan wurde die Mehrheit der Sitze von der von Zulfiqar Ali Bhutto geführten Pakistanischen Volkspartei gewonnen. Ursprünglich strebte die Awami-Liga die Autonomie für den Osten bei einer lockeren Union mit dem Westen an. Ein Konsens zwischen der Awami-Liga, der Pakistanischen Volkspartei und der Armee erwies sich jedoch als unmöglich.[1]

Angesichts zunehmender Unzufriedenheit im Osten scheiterten die Verhandlungen über einen verfassungsmäßigen Kompromiss. Präsident Yahya Khan verschob die für den 3. März 1971 vorgesehene Einberufung der Nationalversammlung auf unbestimmte Zeit und löste dadurch gewaltsame Proteste in Ost-Pakistan aus. Nach dem scharfen Durchgreifen der pakistanischen Streitkräfte und der Verhängung der Militärherrschaft wurde am 26. März die Unabhängigkeit der Volksrepublik Bangladesch erklärt. Die Awami-Liga wurde für ungesetzlich erklärt, und die pakistanische Armee startete eine massive Operation zu ihrer Bekämpfung. Ins Visier gerieten alle, die man der Unterstützung der Awami-Liga verdächtigte. Verbreitete, von schwer wiegenden Menschenrechtsverletzungen begleitete Repressionen hatten Tausende ziviler Todesopfer zur Folge und führten bald darauf zu einer Massenflucht riesigen Ausmaßes.[2]

Standorte der größten Flüchtlingslager in Indien im November 1971

Karte 3.1

Quellen: UNHCR, Global Insight digitale Kartendaten - © 1998 Europa Technologies Ltd.;
UNHCR, A Story of Anguish and Action, Genf, November 1972, S. 43

Die Millionen bengalischer Flüchtlinge, die 1971 nach Indien flohen, wurden in rund 800 Lagern untergebracht. Die Cholera brach in den total überfüllten Lagern aus. (WFP/T. PAGE/1971)

Der Exodus von zehn Millionen Flüchtlingen

Am 29. März 1971 warnte der UNHCR-Vertreter in Indien, F.L. Pijnacker Hordijk, den Hohen Flüchtlingskommissar der Vereinten Nationen vor dem drohenden Flüchtlingsstrom nach Indien.[3] Wie auch bei zahlreichen anderen Flüchtlingskrisen wurde das Ausmaß des Exodus jedoch unterschätzt. Innerhalb eines Monats hatten fast eine Million Flüchtlinge, die vor der Unterdrückung durch die Militärs in Ost-Pakistan geflohen waren, die Grenze nach Indien überschritten. Ende Mai betrug der durchschnittliche tägliche Zustrom nach Indien mehr als 100.000 Menschen, insgesamt waren es fast vier Millionen. Bis gegen Ende 1971 war diese Zahl nach Angaben der indischen Regierung gegenüber den Vereinten Nationen auf insgesamt 10 Millionen gewachsen.

Ein derartiger Flüchtlingsexodus stellte das Aufnahmeland Indien zwangsläufig vor außerordentliche Probleme. Von Anfang an vertrat die indische Regierung den klaren Standpunkt, dass sie es den Flüchtlingen unter keinen Umständen erlauben würde, sich in Indien auf Dauer niederzulassen. In zunehmendem Maße erkannte die Regierung, dass sie internationale Unterstützung benötigte, um des massiven Flüchtlingszustroms Herr zu werden. Am 23. April 1971 bat der Ständige Vertreter Indiens

Kasten 3.1 Tibetische Flüchtlinge in Indien

Die tibetischen Flüchtlinge, die seit Ende der fünfziger Jahre in Indien leben, werden oft vergessen. Ein Grund: Sie haben mit relativ geringer internationaler Unterstützung überlebt. Größere Zahlen tibetischer Flüchtlinge trafen erstmals im März 1959 in Indien ein, nachdem die Chinesen einen Aufstand niedergeschlagen hatten und der Dalai Lama, der geistige und politische Führer des tibetischen Volkes, geflohen war. Den meisten der mehreren zehntausend Tibeter, die seit jener Zeit vor der chinesischen Herrschaft geflohen sind, gelang die Flucht zu Fuß in einem gefährlichen, wochenlangen Marsch quer durch den Himalaja. Obwohl die Grenze auf chinesischer Seite 1960 geschlossen wurde, sind Tibeter weiterhin geflohen. Die bevorzugte Route führt bis heute über Nepal, wo es in der Hauptstadt Kathmandu eine Aufnahmeeinrichtung für die Flüchtlinge gibt. Über 40 Jahre nach Beginn des Exodus aus Tibet zählt die Flüchtlingsgemeinschaft in Indien nun rund 100.000 Menschen.

Als die ersten Flüchtlinge in Indien ankamen, wurden sie in Durchgangslagern bei Missamari in Assam und Buxa in West-Bengalen untergebracht. Ein inoffizielles „zentrales Hilfskomitee" kümmerte sich um ihre Angelegenheiten. Es erhielt einige Unterstützung aus dem Ausland; internationale Organisationen einschließlich UNHCR waren aber in dieser Phase nicht involviert. Der chinesisch-indische Grenzkrieg des Jahres 1962 kennzeichnete einen Wendepunkt. Zu diesem Zeitpunkt erkannte man, dass die Tibeter nicht so bald in ihre Heimat zurückkehren würden.

Zum gleichen Zeitpunkt erbaten die indischen Behörden erstmals internationale Hilfe für die Flüchtlinge. UNHCR begann ab 1964 mit der Unterstützung der Tibeter in Indien, wenn auch bis 1969 keine offizielle Vertretung in der indischen Hauptstadt New Delhi eingerichtet werden sollte. Die internationale Unterstützung blieb jedoch begrenzt. Seit den sechziger Jahren wurde der größte Teil der internationalen Unterstützung für die tibetischen Flüchtlinge über das Tibet-Büro des Dalai Lama geleitet. Regierungen und internationale Organisationen gingen behutsam vor, wenn sie den Tibetern Unterstützung leisteten. Ihnen war bewusst, dass derartige Maßnahmen von den chinesischen Behörden als Einmischung in die inneren Angelegenheiten angesehen wurden.

Seit 1962 umfassten die Hilfsprogramme für die Flüchtlinge die Einrichtung landwirtschaftlicher Siedlungen und Maßnahmen zur Berufsausbildung. Die Regierungen der indischen Bundesstaaten wiesen den Flüchtlingsfamilien durchschnittlich je 1,2 Hektar Land zu und unterstützten sie beim Bau ihrer Häuser. Weiterhin haben sie die tibetischen Gemeinschaften beim Bau von Wasserversorgung, öffentlichen Einrichtungen, Kunsthandwerkszentren und Schulen unterstützt. Die derzeit etwa 85 tibetischen Schulen in ganz Indien werden von rund 25.000 Schülern besucht.

Offiziell werden die tibetischen Flüchtlinge als Pilger angesehen, die nach Indien eingereist sind. Die indi-

---

bei den Vereinten Nationen, Samar Sen, bei einem Treffen mit UN-Generalsekretär U Thant um internationale Hilfe.[4] Weil immer mehr Länder internationale Unterstützung für Flüchtlinge anforderten, traf sich der Hohe Flüchtlingskommissar der Vereinten Nationen Sadruddin Aga Khan am 26. und 27. April mit Generalsekretär U Thant in der Schweizer Hauptstadt Bern, um die Lage zu erörtern. Zwei Tage später entschied der Generalsekretär, dass UNHCR die Funktion der „zentralen Anlaufstelle" für die Koordination aller Hilfsmaßnahmen der Vereinten Nationen übernehmen sollte. Zum ersten Mal wurde UNHCR bei einer humanitären Krise mit der Rolle des Generalkoordinators betraut.

Das Konzept der „zentralen Anlaufstelle" war etwas Neues und unterschied sich deutlich von den traditionellen Aufgaben des Amtes. Es beinhaltete die Mobilisierung internationaler Unterstützung und die Mittelbeschaffung, die Beschaffung und Auslieferung von Hilfsgütern nach Indien sowie die Koordination mit der indischen Regierung, die sich um die Verteilung dieser Hilfsgüter kümmerte. Anfang Mai entsandte der Hohe Flüchtlingskommissar der Vereinten Nationen Sadruddin Aga Khan eine

schen Behörden haben registrierten tibetischen Flüchtlingen Lebensmittelkarten, Ausweispapiere, Aufenthaltsgenehmigungen und Reisedokumente ausgestellt. Obwohl sie nach dem Ausländergesetz von 1946 als Ausländer gelten, wurden ihnen die Grundrechte der meisten Bürger zugestanden. Bei Wahlen in Indien zu kandidieren oder zu wählen, erlaubte man ihnen jedoch nicht. Bei denjenigen, die vor dem März 1959 nach Indien eingewandert waren und seitdem in Indien ordnungsgemäß ansässig sind, wird die Zulassung zur indischen Staatsangehörigkeit auf individueller Basis geprüft. Mit indischen Staatsangehörigen verheiratete Personen können die indische Staatsangehörigkeit beantragen.

Die indische Regierung hat bewusst eine Politik verfolgt, mit der die tibetische Gemeinschaft in die Lage versetzt wurde, ihre eigene Identität und ihre kulturellen Werte zu bewahren und dazu eigenständige politische und administrative Systeme zu unterhalten. Von Anfang an wurden in geografisch geeigneten Gebieten separate Siedlungen ausgewiesen und aufgebaut, um ihre ökonomische, soziale und religiöse Autonomie zu gewährleisten. In Dharamsala im indischen Bundesstaat Himachal Pradesh wurde eine tibetische Exilregierung gebildet.

Innerhalb eines relativ kurzen Zeitraums ließen sich tibetische Flüchtlinge in Gemeinden in indischen Bundesstaaten wie Himachal Pradesh, Sikkim, Uttar Pradesh, Orissa, Arunachal Pradesh, Karnataka, Madhya Pradesh, West-Bengalen und Maharashtra nieder. In bestimmten Bundesstaaten, beispielsweise in Darjeeling, Sikkim und Arunachal Pradesh, in denen die kulturellen Praktiken denen in Tibet nicht unähnlich waren, passten sich die Tibeter rasch an. In anderen wie Karnataka und Himachal Pradesh gab es örtlich mitunter Widerstand gegen die sichtbare Präsenz der Tibeter und ihren wirtschaftlichen Erfolg.

Viele Tibeter hatten anfangs Probleme mit der Umstellung von der sehr traditionsverhafteten und nahezu geschlossenen Gesellschaft zu der kulturell vielfältigeren des demokratischen Indien. Im Allgemeinen haben sie jedoch ihre kulturellen und religiösen Praktiken erfolgreich bewahren können. Ein Autor nannte die Fähigkeit der tibetischen Flüchtlinge, „im Ausland zahlreiche Klöster eines bemerkenswert hohen Architekturstandards zu bauen und zu finanzieren, und ihre Erfolge beim Aufbau lebensfähiger, denen in Tibet gleichender Klostergemeinschaften … eines der Wunder des zwanzigsten Jahrhunderts".[i]

Trotz des Erreichten möchte die Mehrheit der tibetischen Flüchtlinge in Indien weiterhin nach Tibet zurückkehren. Während die Bedingungen relativ gut sind, unter denen viele dieser Flüchtlinge leben, ist dieses Flüchtlingsproblem deshalb weiterhin ungelöst. Jedes Jahr bitten tibetische Flüchtlinge nicht nur aus Indien, sondern auch aus Nepal und Bhutan in westlichen Ländern um Asyl. Über vier Jahrzehnte nach der ersten Flucht dieser Flüchtlingsgruppe scheint eine dauerhafte Lösung für sie noch nicht in Sicht.

hochrangige UNHCR-Delegation nach Indien. Die Delegation hatte die Aufgabe, vor Ort eine Beurteilung der Lage vorzunehmen, für eine angemessene Koordination zwischen jenen UN-Stellen zu sorgen, die den Flüchtlingen zu helfen versuchten, und mit den indischen Behörden die Wege und Möglichkeiten der Bereitstellung internationaler Unterstützung zu erörtern.[5]

Zwischen dem 6. und dem 19. Mai besuchte die UNHCR-Delegation zahlreiche Flüchtlingslager in den vom Flüchtlingsstrom am meisten betroffenen indischen Bundesstaaten West-Bengalen, Tripura und Assam und führte Gespräche mit hochrangigen indischen Behördenvertretern sowie Mitarbeitern von UN-Organisationen und NGOs. In einem Telex an den Hohen Flüchtlingskommissar der Vereinten Nationen erklärte die Delegation, sie sei „bestürzt über die Lage und die Schreckensherrschaft, wie sie in den erschrockenen und in einigen Fällen nahezu ausdruckslosen Gesichtern der Menschen offensichtlich wird. … Viele Männer, Frauen und Kinder mit Schussverletzungen waren zu sehen. … Brandstiftung, Vergewaltigung und Vertreibung sind die gängigen [Gesprächs-] Themen".⁶ Ein Delegationsmitglied bemerkte: „die Worte fehlen mir, das menschliche Elend zu beschreiben, das wir gerade gesehen haben."⁷

Der Aufenthalt der UNHCR-Delegation fiel mit einem Besuch der indischen Ministerpräsidentin Indira Gandhi in den betroffenen Bundesstaaten – West-Bengalen, Tripura und Assam – zusammen. In einigen Bezirken hatten die Flüchtlinge dort bereits die ortsansässige Bevölkerung an Zahl übertroffen. Mitte Mai gab Indira Gandhi in der *Lok Sabha*, dem Unterhaus des indischen Parlaments, an, dass 330 Lager zur Unterbringung der Flüchtlinge eingerichtet worden waren, deren Zahl sich nunmehr auf vier Millionen belief. Am Ende dieses Monats gab es allein im hügeligen Bundesstaat Tripura 900.000 Flüchtlinge, die einer einheimischen Bevölkerung von 1,5 Millionen gegenüberstanden.⁸ Wie zwei Kenner des Krieges von 1971 anmerkten, „bestand das Problem für Indien nicht nur in der ‚Anwesenheit' von Flüchtlingen an sich, sondern auch darin, wo sie sich aufhielten".⁹

Cholera in den Lagern

Das durch einen derart enormen Flüchtlingszustrom ausgelöste allgemeine Krisengefühl wurde durch ernsthafte Gesundheitsprobleme in den Lagern noch verstärkt. Wie das UN-Kinderhilfswerk UNICEF berichtete, waren insbesondere Kinder betroffen, von denen viele erheblich unterernährt waren.¹⁰ Die hygienischen Verhältnisse waren extrem, und schon bald wurde die Ruhr insbesondere unter den Kindern zu einem Problem. Ende Mai berichtete ein Korrespondent des *Hindustan Standard*:

Viele der Flüchtlinge leiden an Infektionskrankheiten. 626 Ärzte plus 60 Ärzte aus den Reihen der Flüchtlinge versuchen dieser übermächtigen Situation Herr zu werden und werden dabei von ungefähr 800 medizinischen Hilfskräften unterstützt. In den vorhandenen 42 Krankenhäusern wurden 2.700 zusätzliche Betten bereitgestellt, aber wie wird morgen die Lage sein? Am heutigen Tage sind allein im Bezirk Nadia weitere 100.000 Flüchtlinge angekommen.¹¹

Im Mai und Juni begann sich die Cholera in den Lagern auszubreiten. In kürzester Zeit waren die Medikamentenvorräte in West-Bengalen verbraucht. Dies führte zur dringenden Bitte an die Weltgesundheitsorganisation (WHO) um Impfstoffe und Dehydrationsflüssigkeit, die über eine Luftbrücke aus Genf eingeflogen wurden. Anfang Juni wurde die Zahl der Cholerafälle auf 9.500 geschätzt. Bis Ende September war diese Zahl auf über 46.000 angestiegen. Ein britischer Journalist beschrieb in der Londoner Zeitung *Observer* die Szenerie in einem der Krankenhäuser wie folgt:

Cholera ist eine schreckliche und unwürdige Art zu sterben. Die einzige Gnade dabei ist, dass es relativ schnell geht. Die Cholerastationen befinden sich in zwei Gebäuden hinter dem Krankenhaus-Hauptgebäude. Betten gibt es hier nicht. Die Patienten liegen auf Blechen, die den Betonboden abdecken. Die Krankheit geht mit unkontrollierbarem Durchfall und Übergeben einher, deren Resultate allgegenwärtig sind. Die es noch können, fächern sich etwas Luft zu; die, bei denen es schon so weit ist, dass sie es nicht mehr können, sind schwarz von Fliegen. Männer und Frauen jeden Alters befinden sich hier.¹²

Mit der Ausbreitung der Seuche unter den Flüchtlingen wuchs der Druck auf die indischen Behörden. Dass die Gesundheitskrise nicht noch schlimmer verlief, war der Tatsache zu verdanken, dass Indien über ausreichende Nahrungsmittelvorräte verfügte, auf welche die Behörden bei der Versorgung der Flüchtlinge zurückgreifen konnten. Die Geschichte früherer Hungersnöte wie jener des Jahres 1943, als über 1,5 Millionen Menschen in Bengalen starben, ist entsetzlich genug, um sich vorstellen zu können, wie viel schlimmer die Katastrophe von 1971 hätte ausfallen können.

Die Hilfsmaßnahmen

Trotz der Nahrungsmittelreserven Indiens bedeuteten die Flüchtlinge eine ernst zu nehmende wirtschaftliche Belastung des Landes. Die Regierung in Neu-Delhi erwartete von der internationalen Gemeinschaft die Erstattung eines Großteils der Aufwendungen, die ihr durch die Versorgung der Flüchtlinge entstanden waren. Im Mai musste eine UNHCR-Delegation bei einem Besuch ausdrücklich darauf hinweisen, dass die Staaten ihre Beiträge zum UN-Haushalt freiwillig entrichteten. Eine vollständige Kostenübernahme durch die Vereinten Nationen sei deshalb unrealistisch. Gleichwohl rief UN-Generalsekretär U Thant am 19. Mai 1971 weltweit zu Soforthilfe für die Flüchtlinge in Indien auf und appellierte an die internationale Gemeinschaft, sich großzügig zu zeigen.[13] Im folgenden Monat forderte U Thant zudem zu humanitärer Unterstützung für die Menschen in Ost-Pakistan auf. Innerhalb einiger Wochen nach dem ersten weltweiten Appell des Generalsekretärs vom 19. Mai waren etwa 17 Millionen Dollar zugesagt worden.[14] Als der Hohe Flüchtlingskommissar der Vereinten Nationen Sadruddin Aga Khan sich am 22. Juni nach New York begab, um den Generalsekretär über einen zwölftägigen Besuch des Subkontinents zu unterrichten, hatte die Gesamtsumme 70 Millionen Dollar erreicht.

Seit Beginn der Krise in Ost-Pakistan hatte Indira Gandhi deutlich gemacht, dass Indien zur Unterstützung der Flüchtlinge sein Möglichstes tun würde, die Flüchtlinge aber nicht auf Dauer bleiben könnten. Die Position Indiens, die Flüchtlinge müssten in ihr Herkunftsland zurückkehren, wirkte sich auch auf die von der Regierung ergriffenen Maßnahmen aus. Mitte April 1971 entschloss sich das indische Ministerium für Arbeit und Verbesserung der Infrastruktur, das die Hilfsmaßnahmen koordinierte, zur Einrichtung von 50 Lagern, die von Beamten der Zentralregierung geleitet werden sollten und von denen jedes für die Aufnahme von 50.000 Flüchtlingen ausgestattet wurde.

Die indischen Behörden registrierten die Flüchtlinge bei deren Ankunft an der Grenze, wo sie ein Einreisedokument, eine spezielle Lebensmittelration für die Weiterreise im Inland sowie Cholera- und Pockenimpfungen erhielten. Bei denen, die sich an der Grenze nicht erfassen ließen, ging man davon aus, dass sie bei Bekannten, Verwandten oder sonstigen Gastfamilien unterkamen. Anfang Dezember 1971 lebten nach Angaben der indischen Regierung 6,8 Millionen Flüchtlinge in Lagern und weitere 3,1 Millionen bei Gastfamilien.

Die komplexen Probleme, die sich durch diesen massiven Bevölkerungszustrom ergaben, machten ausgiebige Konsultationen zwischen UNHCR und den verschiedenen Ressorts der indischen Regierung erforderlich. Daher wurde unter der Ägide des

Bangladeschische Flüchtlinge in Indien (Stand: 1. Dezember 1971)

Grafik 3.1

Bundesstaat	Anzahl der Lager	Flüchtlinge in Lagern	Flüchtlinge bei Aufnahmefamilien	Flüchtlinge insgesamt
Westbengalen	492	4.849.786	2.386.130	7.235.916
Tripura	276	834.098	547.551	1.381.649
Meghalaya	17	591.520	76.466	667.986
Assam	28	255.642	91.913	347.555
Bihar	8	36.732	-	36.732
Madhya Pradesh	3	219.298	-	219.298
Uttar Pradesh	1	10.169	-	10.169
Summe	**825**	**6.797.245**	**3.102.060**	**9.899.305**

Quelle: "Report of the Secretary-General Concerning the Implementation of General Assembly Resolution 2790(XXVI) and Security Council Resolution 307(1971)", UN-Dokument A/8662/Anh. 3, 11. August 1972

indischen Arbeitsministeriums ein Zentraler Koordinierungsausschuss eingerichtet, der sich aus Vertretern verschiedener anderer Ministerien, des Indischen Roten Kreuzes und UNHCR zusammensetzte. Von Juni 1971 bis zum Ende des Monsuns richtete sich das Augenmerk neben angemessenen Gesundheitseinrichtungen und der Unterbringung der Flüchtlinge vor allem darauf, die lebenswichtigen Versorgungsverbindungen zwischen Kalkutta und den abgelegenen Bundesstaaten im Nordosten Indiens aufrechtzuerhalten. Der Monsun bereitete weitere Probleme bei der Durchführung der Hilfsmaßnahmen, und der unablässige Regen verursachte eine Zunahme der Erkrankungen.

UNHCR hatte kurze Zeit zuvor eine Vertretung in Neu-Delhi eröffnet. Das Amt half bei der Mittelbeschaffung und hielt den Kontakt zu Regierungen und NGOs. Die Gesamtverantwortung für die Bewältigung der Krise vor Ort übernahm jedoch die indische Regierung. In Genf richtete Sadruddin Aga Khan eine UN-Arbeitsgruppe ein, um die Kommunikation zwischen den unmittelbar mit dem Flüchtlingsproblem befassten Teilen des UN-Systems zu erleichtern. Dieses Gremium förderte eine organisationsübergreifende Kooperation und die Formulierung einer gemeinsamen UN-Position zu Fragen der jeweiligen Unterstützung. Sie griff dabei Hilfsangebote sowohl von Regierungen als auch von zwischenstaatlichen und Nichtregierungsorganisationen auf.[15]

Wachsende Spannungen zwischen Indien und Pakistan

Zu Beginn der Krise hatte Indien den Standpunkt vertreten, die Flüchtlinge müssten innerhalb eines Zeitraums von sechs Monaten zurückkehren. Sie wurden deshalb als „Evakuierte" bezeichnet, um ihren zeitlich begrenzten Status zu betonen. Dies war bei der Planung des Hilfsprogramms eine wichtige Einschränkung, da deswegen keine offiziellen Vorkehrungen für einen längeren Zeitraum getroffen wurden. Man setzte den Beginn dieses sechsmonatigen Zeitraums mit dem Einsetzen des ersten Flüchtlingszustromes im März 1971 an, sodass er im September auslaufen sollte. Die Millionen, die über die Grenze kamen, konnten weiterhin auf Großzügigkeit hoffen, aber die indische Regierung war zu keinem Zeitpunkt bereit, die dauerhafte Ansiedlung von Flüchtlingen aus Ost-Pakistan in Indien zu akzeptieren.

Im Laufe der Zeit wurde immer klarer: Die Flüchtlinge konnten nicht innerhalb von sechs Monaten zurückkehren, weil die Verfolgung andauerte, derentwegen sie nach Indien geflohen waren. Die indischen Behörden behaupteten, Pakistan versuche sich mit der Massenvertreibung eines beträchtlichen Anteils der Bevölkerung, zumeist bengalischer Hindus, in Ost-Pakistan aus der politischen Sackgasse zu befreien. In zunehmendem Maße zog Indien in Erwägung, seine eigene politische Lösung in Ost-Pakistan durchzusetzen. Bereits im April hatte die indische Regierung die Bildung einer Exilregierung auf indischem Boden und die Ausbildung bangladeschischer Streitkräfte ausdrücklich genehmigt.

Pakistan erklärte seinerseits ab dem 21. Mai mehrfach seine Bereitschaft, eine Heimkehr der Flüchtlinge zu akzeptieren. Am 28. Juni ernannte Präsident Yahya Khan sogar den Bengalen A.M. Malik zum Sonderbeauftragten für Vertriebene. Die Menschenrechtssituation in Ost-Pakistan besserte sich allerdings nicht, und der Flüchtlingsstrom nach Indien hielt an. Die pakistanischen Behörden waren auch weiterhin nicht bereit, das Verbot der Awami-Liga aufzuheben. Sie wollten den Führer der Awami-Liga, Scheich Mujibur Rahman, wegen Aufwiegelung vor Gericht stellen.

Die indische Regierung hielt die internationalen Reaktionen auf die Krise für unzureichend. Ihre Beziehungen zu den Vereinten Nationen – UNHCR eingeschlossen – wurden zunehmend angespannt. Die von den Vereinten Nationen unterstützten Bemühungen zur Beilegung des Konflikts und sogar ihre Angebote, humanitäre Hilfe zu leisten, wurden von den indischen Behörden zuweilen mit Skepsis betrachtet. Die Kritik der indischen Regierung zielte insbesondere auf den Hohen Flüchtlingskommissar der Vereinten Nationen Sadruddin Aga Khan, weil dieser im Juni auf Einladung des pakistanischen Präsidenten Yahya Khan dem Subkontinent einen Besuch abgestattet hatte. Er konnte dabei ausgedehnte Reisen in Ost-Pakistan unternehmen. Die indische Regierung betrachtete den Besuch als Unterstützung für die pakistanischen Bestrebungen, die Flüchtlinge zur Rückkehr zu bewegen. Da eine politische Regelung getroffen werden musste, bevor die Flüchtlinge sicher heimkehren konnten, hielt sie den Besuch auch für verfrüht. Am Ende der Reise begab sich Sadruddin Aga Khan zu Gesprächen mit Ministerpräsidentin Indira Gandhi nach Neu-Delhi. Viele Mitglieder der indischen Regierung hielten den „Abstecher" nach Delhi für einen nachträglich beschlossenen Schritt, der nur getroffen worden war, um die indische Regierung zu besänftigen.[16]

Die Bemühungen von UNHCR, in den Flüchtlingslagern in Indien präsent zu sein, wurden von der indischen Regierung strikt zurückgewiesen. Sie widersetzte sich auch den UNHCR-Bemühungen um Präsenz in den Aufnahmeeinrichtungen in Ost-Pakistan. Sogar die Präsenz von NGOs in den Lagern wurde nicht länger akzeptiert, als Neu-Delhi seine Unterstützung der Mukhti Bahini ausweitete, der Guerillatruppen aus Bangladesch, die es vom Beginn der Krise an toleriert hatte. Als die Spannungen zwischen Indien und Pakistan und die Wahrscheinlichkeit eines Krieges zunahmen, wurden die Bestrebungen der Vereinten Nationen, in dem Konflikt zu vermitteln, Delhi immer lästiger. UN-Generalsekretär U Thant bot auf Grund der wachsenden Spannungen und der beiderseitigen Mobilisierung der Streitkräfte Ende September an, zwischen Indien und Pakistan zu vermitteln. Während dies von Pakistan begrüßt wurde, interpretierte Indien diesen Vorschlag als Versuch, das Militärregime in Pakistan zu stützen, das es für den massiven Flüchtlingsexodus verantwortlich machte. Indien drängte den Generalsekretär, eine politische Lösung zu finden, welche die Wünsche der Menschen in Ost-Pakistan berücksichtige.[17]

Krieg zwischen Indien und Pakistan

Seit Beginn der Krise im März 1971 strebte Indien erstens die Rückkehr aller Flüchtlinge aus Ost-Pakistan und zweitens die Übertragung der politischen Macht in Ost-Pakistan auf die Awami-Liga an. Daher war für sie jede Lösung der Krise, die keine Vorkehrungen für die Rückkehr der Flüchtlinge vorsah, schlicht inakzeptabel.[18] Von Anfang an war allerdings schwer vorstellbar, wie dies ohne militärische Niederlage und den Rückzug Pakistans aus Ost-Pakistan vor sich gehen sollte.

Bereits im April 1971 hatte die indische Führung die direkte militärische Intervention erwogen. Der indische Stabschef General Manekshaw hatte diesen Vorschlag damals jedoch als verfrüht zurückgewiesen, weil die indische Armee für eine offensive Operation noch nicht bereit war und sechs bis sieben Monate brauchte, um sich für einen Konflikt an beiden Fronten zu rüsten. Die Position der indischen Regierung verhärtete sich, als sie herausfand, dass sowohl die Vereinigten Staaten als auch China Waffen an Pakistan lieferten, um die Einheit des Landes zu bewahren. Ende Juli fand die indische Regierung zu einem Konsens in Bezug auf Ost-Pakistan. Er umfasste die direkte Überwachung der bangladeschischen Exilregierung sowie die militärische Ausbildung der Mukhti Bahini und anderer „Befreiungskräfte" aus Bangladesch. Im August 1971 schloss Indien einen zwanzigjährigen Friedens- und Freundschaftsvertrag mit der Sowjetunion, während Ministerpräsidentin Indira Gandhi nach Westeuropa und in die Vereinigten Staaten reiste, um sich für ein unabhängiges Bangladesch einzusetzen.

Trotz Vermittlungsbemühungen von UN-Generalsekretär U Thant spitzte sich die Situation weiter zu. Erste Berichte über grenzübergreifende Scharmützel und Grenzverletzungen entlang der indischen Grenze zu Ost-Pakistan trafen ein. Bei seinem Besuch in Indien vom 6. bis zum 8. November 1971 brachte Sadruddin Aga Khan seine Besorgnis über die zunehmenden Spannungen und die Auswirkungen zum Ausdruck, die diese auf die Hilfsleistungen für die Flüchtlinge hatten. Den November hindurch wurde die Lage entlang der indischen Grenzen zu Ost- und West-Pakistan immer kritischer. Am 3. Dezember griffen pakistanische Flugzeuge indische Stellungen an der indischen Westfront an. Daraufhin drangen indische Streitkräfte in erheblicher Stärke in Ost-Pakistan ein. Der UN-Sicherheitsrat beriet ausgiebig über das Problem, war jedoch durch das Veto des einen oder anderen ständigen Mitglieds gelähmt. Am 5. Dezember erkannte Indira Gandhi die Unabhängigkeit von Bangladesch an, und am 16. Dezember eroberten die indischen Truppen Dakka.[19] Der Leiter der dortigen UNHCR-Vertretung,

John Kelly, spielte als Vermittler eine wichtige Rolle dabei, zwischen den beiden gegnerischen Armeen einen Waffenstillstand zu erreichen.[20] Die Kapitulation der pakistanischen Armee bedeutete das Ende des Krieges und ebnete den Weg für die Unabhängigkeit von Bangladesch.

Rückführung und Bevölkerungsaustausch

Damit waren auch die Hindernisse für die Rückkehr der Flüchtlinge beseitigt. Indien gab schon bald bekannt, dass alle Flüchtlinge, die nach dem 25. März 1971 in das Land gekommen waren, bis Ende Februar 1972 nach Bangladesch zurückzukehren hätten. Dieser Zeitrahmen schien optimistisch gewählt, weil unter anderem die Bereitstellung der erforderlichen Transportmittel für den Großteil der zehn Millionen Flüchtlinge gewaltige Schwierigkeiten bereitete. Dennoch begannen die Flüchtlinge innerhalb weniger Tage nach dem Ende der Feindseligkeiten aus eigener Initiative nach Hause zurückzukehren. Ein Teil hatte sich sogar schon auf den Weg gemacht, als die Kämpfe noch im Gange waren. Am 6. Januar berichtete der Leiter der UNHCR-Einsatzabteilung Thomas Jamieson in einem Telex an die UNHCR-Zentrale in Genf, bereits eine Million Flüchtlinge hätten Indien verlassen: „Auf beiden Seiten der Grenze werden außerordentliche und koordinierte Anstrengungen unternommen. ... Täglich fahren Sonderzüge ab, und für die kommenden Wochen sind weitere geplant."[21]

Bis Ende Januar waren etwa sechs Millionen Flüchtlinge zurückgekehrt. Ein UNHCR-Bericht stellte fest:

Besucher der Lager staunten in jener Zeit über die nicht enden wollenden Menschenströme. Sie gingen zu Fuß, fuhren auf Fahrrädern und Rikschas und standen auf den Ladeflächen von Lastwagen mit dem einzigen Ziel vor Augen, so schnell wie möglich in ihre Heimatorte in Ost-Bengalen zu kommen. Im Januar überschritten täglich durchschnittlich 210.000 Personen die Grenze nach Bangladesch.[22]

Auf dem Weg zurück erhielten die Flüchtlinge Reiseproviant, medizinische Versorgung und eine Basisration für zwei Wochen. Bemerkenswerterweise waren bis Ende Februar 1972 über neun Millionen Flüchtlinge nach Bangladesch zurückgekehrt. Der Wunsch, nach Hause zurückzukehren, hatte sie die praktischen Probleme überwinden lassen. Am 25. März schätzte die indische Regierung, dass lediglich 60.000 Flüchtlinge im Land verblieben waren.

14,2 Millionen Dollar erhielt UNHCR Ende Mai 1972 für die Rückkehr, wovon 6,3 Millionen der Regierung von Bangladesch als Finanzhilfe und für Projekte zur Wiedereingliederung der Rückkehrer überwiesen wurden. UNHCR billigte eine Vereinbarung zwischen dem Indischen Roten Kreuz und dem Bangladeschischen Roten Kreuz, nach der die Einrichtungen und die Vorräte der in Indien eingerichteten Ernährungszentren dem Bangladeschischen Roten Kreuz übergeben werden sollten. Letzteres sollte dadurch in die Lage versetzt werden, unter den zurückgekehrten Flüchtlin-

Kasten 3.2 Die Vertreibung der Südasiaten aus Uganda

Im Jahre 1972 ordnete der ugandische Präsident Idi Amin die Ausweisung der aus Südasien stammenden Bevölkerung an. Der Erlass löste einen Massenexodus aus. Tausende ugandischer Asiaten suchten nach einem Land, das bereit war, sie aufzunehmen. UNHCR und andere Organisationen spielten eine wichtige Rolle bei der Unterstützung der Vertriebenen.

Die Südasiaten waren schon lange in Ostafrika ansässig. Zu ihnen zählten Hindus, Muslime, Sikhs und Christen aus verschiedenen Regionen des indischen Subkontinents. Sie stammten zum Teil von Kaufleuten aus der Vorkolonialzeit ab, zum Teil von Arbeitern und Handwerkern, die von den Briten für den Eisenbahnbau ins Land gebracht worden waren, von Kleinhändlern, von ins Land geholten Beschäftigten der Kolonialverwaltung oder von Baumwollpflückern und -händlern, die später in andere Wirtschaftszweige wechselten.

Als Uganda 1962 unabhängig wurde, konnten die dort lebenden Asiaten die ugandische Staatsangehörigkeit annehmen. Ein Teil wählte diese Möglichkeit; viele andere hingegen entschieden sich dafür, ihre britischen Pässe zu behalten und dadurch die Chance offen zu lassen, sich später in Großbritannien niederlassen zu können. Anfang der siebziger Jahre lebten etwa 75.000 Südasiaten in Uganda. Etwa die Hälfte davon hatte britische Pässe, ein Drittel hatte die ugandische Staatsangehörigkeit angenommen oder beantragt, und der Rest war indischer, pakistanischer oder kenianischer Nationalität. Die Asiaten waren während der Kolonialzeit immer wieder Ziel gegen sie gerichteter Feindseligkeiten gewesen. Dies beruhte vor allem darauf, dass sie bedeutende Wirtschaftszweige kontrollierten. Nach der Unabhängigkeit nahmen die Feindseligkeiten zu. Der afrikanische Nationalismus wurde zur Triebkraft für Forderungen nach einer „Indigenisierung" mit dem Ziel, den Ausschluss der Afrikaner von den wirtschaftlichen und politischen Machtstrukturen aufzuheben. Derartige Bewegungen traten zuerst im benachbarten Kenia auf. Sie fielen zeitlich mit den restriktiven Einreisebestimmungen zusammen, die Großbritannien vor dem Hintergrund der zunehmenden Besorgnis über die Einwanderung aus den früheren Kolonien im Jahre 1968 eingeführt hatte.

In Uganda verschärften sich in den sechziger Jahren die Spannungen zwischen den Volksgruppen. Das Regime unter Amins Vorgänger Milton Obote wollte den Asiaten die Kontrolle über den Handel entreißen und diesen in die Hände von Afrikanern übergeben. Es war zum Teil eine Reaktion auf diese Bestrebungen, dass die meisten Asiaten die Machtergreifung Amins Anfang 1971 begrüßten. Als sich jedoch die bereits schlechte wirtschaftliche Lage weiter verschlimmerte, trieb die Unzufriedenheit unter der Stadtbevölkerung und den Streitkräften Amin dazu, nach einem Sündenbock für die wirtschaftliche Schwäche des Landes zu suchen. Ende 1971 berief Amin ein Treffen mit prominenten Mitgliedern der asiatischen Gemeinschaft ein und beschimpfte sie, weil sie bestimmte Wirtschaftszweige dominieren und sich nicht integrieren würden.

Im August 1972 gab Amin plötzlich bekannt, alle Personen südasiatischer Herkunft, die nicht die ugandische Staatsangehörigkeit besäßen, hätten das Land innerhalb von drei Monaten zu verlassen. Später erweiterte er den betroffenen Personenkreis auf alle Asiaten gleich welcher Staatsangehörigkeit. Er nahm diesen Erlass hinterher wieder zurück, aber vielen, die einen ugandischen Pass beantragt hatten, wurde er verweigert, sodass sie staatenlos wurden. Obwohl es

---

gen Gesundheitsvorsorgeprogramme durchzuführen. UNHCR stimmte auch dem indischen Vorschlag zu, Bangladesch die 800 Lastwagen, 300 Jeeps und 136 Krankenwagen an Bangladesch zu übergeben, die Indien von UNHCR erhalten hatte.

Die Unabhängigkeit von Bangladesch erleichterte die massenhafte Rückkehr der Flüchtlinge. Obwohl es infolge ihrer Rückkehr nicht zu größeren Streitigkeiten kam, waren viele Flüchtlinge nicht in der Lage, ihren Lebensunterhalt selbst zu bestreiten. Nach der Ankunft in Bangladesch konnten die Flüchtlinge eines von 271 eingerichteten Transitlagern durchlaufen. In diesen Lagern erhielten sie medizinische Versorgung, Lebensmittelrationen und kostenlose Transportmöglichkeiten. Die überwiegende Mehrheit der Flüchtlinge steuerte jedoch direkt ihre Heimatgemeinden an, ohne die Erfassungsstellen in den indischen Lagern oder die Transitlager in Bangladesch aufzusuchen. Das UNHCR-Verbindungsbüro in Dakka war während der gesamten Krise tätig gewesen. Es arbeitete eng mit der Ost-Pakistan-Hilfsaktion der Vereinten Natio-

zahlreiche Ausnahmen - vor allem für Fachkräfte - gab, provozierte die herrschende Atmosphäre der Unsicherheit und der Schikanen einen Massenexodus, als der gesetzte Termin zur Ausreise herannahte.

Zwischen der Ausweisungsanordnung und dem Termin im November verließen über 50.000 Asiaten Uganda. Weitere waren bereits früher geflohen. Nach diesem Termin waren nur noch 200 asiatische Familien in Uganda zurückgeblieben. Zur Ausübung der Verfügungsgewalt über die Vermögenswerte der Ausgewiesenen wurde der *Departed Asians' Property Custodian Board* eingerichtet. War es ihnen nicht gelungen, Geld und Vermögenswerte vor der Flucht ins Ausland zu schaffen, kamen die aus Uganda Geflohenen in ihren Aufnahmeländern mit kaum etwas an, mit dem sie neu anfangen konnten.

Die Rolle von UNHCR und internationaler Gemeinschaft

Als die Krise ausbrach, stimmte Großbritannien widerwillig zu, die eigentlich geltenden Einwanderungsbeschränkungen aufzuheben, und nahm insgesamt etwa 29.000 ugandische Asiaten auf, von denen die meisten einen britischen Pass besaßen. Gleichzeitig appellierte die britische Regierung an andere Länder, ausgewiesene Asiaten aufzunehmen. Letztlich wurden ungefähr 6.000 ugandische Asiaten - viele von ihnen Inhaber eines britischen Passes - in Kanada angesiedelt und etwa 1.500, darunter einige unbestimmter Nationalität, in den Vereinigten Staaten.

Um Uganda verlassen zu können, benötigten die Asiaten gültige Reisedokumente, ein Land, das ihnen vorübergehend oder dauerhaft Asyl gewährte, sowie Geld- und Transportmittel für die Reise. Um jenen Asiaten zu helfen, die diese Voraussetzungen nicht erfüllen konnten, flog eine UN-Delegation, darunter ein UNHCR-Vertreter, in die ugandische Hauptstadt Kampala und verhandelte mit der Regierung über Evakuierungsmaßnahmen. Das Internationale Komitee vom Roten Kreuz erklärte sich bereit, denjenigen Personen Reisedokumente auszuhändigen, die sie benötigten. Das Zwischenstaatliche Komitee für europäische Migration (die Vorläuferorganisation der Internationalen Organisation für Migration) kümmerte sich um den Transport in Länder, in denen eine vorübergehende oder dauerhafte Ansiedlung möglich war.

UNHCR rief die internationale Gemeinschaft auf, Aufnahmeplätze sowie Mittel und Unterstützung für die Ausreise bereitzustellen. Die Reaktion darauf war positiv, und in weniger als zwei Wochen wurden etwa 3.600 Südasiaten nach Belgien, Italien, Malta, Österreich und Spanien ausgeflogen, wo sie in Übergangsunterkünften untergebracht wurden. Außer von Großbritannien, Kanada und den Vereinigten Staaten wurden dauerhafte Ansiedlungsmöglichkeiten von Australien, Österreich, Belgien, Dänemark, den Niederlanden, Neuseeland, Norwegen, Schweden und der Schweiz angeboten. Indien und Pakistan übernahmen etwa 10.000 der Vertriebenen, obgleich sich viele dort nicht dauerhaft niederließen. Regierungen und NGOs sorgten während des Transits für Unterbringung, Nahrungsmittel und medizinische Versorgung, wobei UNHCR die Kosten trug.

Erst in den achtziger Jahren war in Uganda ein bedingter Rechtsbehelf möglich. Letztlich konnten aber doch mehrere tausend Asiaten auf kürzere oder längere Zeit zurückkehren, um einen großen Teil des Eigentums zurückzufordern oder zu verkaufen, das im Zusammenhang mit der Vertreibung beschlagnahmt worden war.

---

nen zusammen, die nach dem katastrophalen Wirbelsturm des Novembers 1970 zur Koordination der internationalen Unterstützung eingeleitet worden war.

Die Rückführungsoperation nach Bangladesch war die bei weitem größte, aber doch nur eine von vielen, die in den siebziger Jahren stattfanden. Wie ein UNHCR-Mitarbeiter einige Jahre später anmerkte, waren die früheren Voraussagen nachweislich falsch, eine Rückführung wäre eine „unwichtige, ja sogar vernachlässigbare Lösung". Vielmehr „entsprach angesichts der politischen Wirklichkeit in der Dritten Welt das aus der Nachkriegszeit stammende westliche Beharren auf der Integration in neue Gemeinschaften als die normale Lösung nicht mehr den anderenorts vorherrschenden Realitäten".[23] Die anderen Rückführungen in Asien betrafen unter anderem etwa 300.000 Flüchtlinge, die 1979 hauptsächlich aus Thailand nach Kambodscha zurückkehrten, und etwa 200.000 Rohingyas in Bangladesch, die 1978/79 in einer sehr umstrittenen Aktion nach Birma zurückkehrten [siehe Kasten 3.3]. In Afrika fanden größere freiwillige Rückführungen in Nigeria (1970/71), im Sudan (1972), in Angola, Mosambik und Guinea-Bissau (1975 – 77) sowie in Zaire (1978) statt, an denen insgesamt fast zwei Millionen Menschen teilnahmen.

Der Bevölkerungsaustausch 1973/74

Das Auseinanderbrechen Pakistans, die Unabhängigkeit von Bangladesch und der Krieg zwischen Indien und Pakistan führten dazu, dass sich Tausende von Menschen in Staaten wiederfanden, zu denen sie nicht länger gehören wollten. Im März 1973, mehr als ein Jahr nach dem Ende des Krieges, schrieb Scheich Mujibur Rahman, zu diesem Zeitpunkt Ministerpräsident von Bangladesch, an UN-Generalsekretär Kurt Waldheim und erbat von den Vereinten Nationen Unterstützung bei einer so genannten „Rückführungsoperation". Ein Teil der Menschen hatte es während des Konflikts in die eine oder die andere Hälfte des Landes verschlagen, während andere sich zum Umzug von Bangladesch nach Pakistan oder umgekehrt auf Grund der geänderten politischen Umstände entschlossen hatten. Im April gaben Indien und Bangladesch eine gemeinsame Erklärung ab, in der zur gleichzeitigen Rückführung von Kriegsgefangenen und inhaftierten Zivilisten und deren Familien aufgerufen wurde. Die Erklärung rief auch zur Rückführung der Bengalen aus Pakistan und der Pakistaner in Bangladesch auf. Dies erwies sich als großer Schritt vorwärts, um aus der Sackgasse herauszukommen, in die man infolge der ständigen Weigerung Pakistans geraten war, die Unabhängigkeit von Bangladesch anzuerkennen. Im darauf folgenden Monat besuchte der Hohe Flüchtlingskommissar der Vereinten Nationen auf Ersuchen des Generalsekretärs Pakistan und Bangladesch, um mit den Regierungen die Möglichkeit einer Massenrückführung zu erörtern.

Am 28. August 1973 unterzeichneten die Regierungen von Bangladesch, Indien und Pakistan das Abkommen von Neu-Delhi, das unter anderem Bestimmungen für die gleichzeitige Rückführung der drei wichtigsten Gruppen enthielt. Diese waren die pakistanischen Kriegsgefangenen und inhaftierten Zivilisten in Indien, alle Bengalen in Pakistan und „eine beträchtliche Anzahl von Nicht-Bengalen", die sich in Bangladesch aufhielten und sich „für die Rückführung nach Pakistan" entschieden hatten. Die „Nicht-Bengalen" wurden üblicherweise als Biharis bezeichnet, weil es sich bei der Mehrheit von ihnen um ursprünglich aus dem indischen Bundesstaat Bihar stammende indische Muslime handelte, die zum Zeitpunkt der Teilung 1947 nach Ost-Pakistan gekommen waren. Die Vereinten Nationen wurden um Unterstützung bei der Rückführung gebeten. Weil UNHCR bereits zuvor als zentrale Anlaufstelle fungiert hatte, ersuchte der Generalsekretär das Amt, alle Aktivitäten im Zusammenhang mit den humanitären Bemühungen zu koordinieren. Dabei arbeitete UNHCR eng mit dem Internationalen Komitee vom Roten Kreuz zusammen.

Gemäß dem Abkommen von Neu-Delhi wurde die Rückkehr der pakistanischen Kriegsgefangenen und inhaftierten Zivilisten zwischen Indien und Pakistan auf bilateraler Grundlage durchgeführt. UNHCR sollte andere Kategorien von Personen bei deren Rückführung unterstützen. Der Hohe Flüchtlingskommissar Sadruddin Aga Khan rief daher am 13. September 1973 dazu auf, noch einmal 14,3 Millionen Dollar für hu-

UNHCR-Luftbrücke in Südasien, 1973 - 1974   Karte 3.2

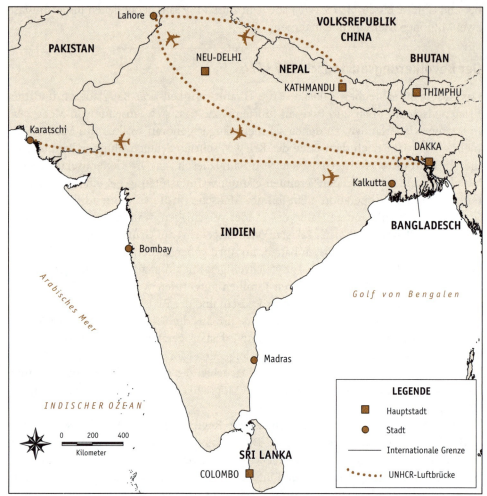

Quelle: UNHCR, "Airlift: The Sub-Continent Repatriation Operation September 1973 - June 1974", Genf, 1975

manitäre Hilfe bereitzustellen und betonte „die Rolle, die diese groß angelegte Rückführungsoperation dabei spielen kann, günstige Voraussetzungen für den Frieden und die Stabilität auf dem Subkontinent zu schaffen".[24] Im November besuchte der Hohe Flüchtlingskommissar Bangladesch und Pakistan erneut, um sich selbst ein Urteil über die Fortschritte der Operation zu bilden.

Ende Oktober 1973 lief eine umfangreiche Rückführungsoperation auf dem Luftwege mit gecharterten Flugzeugen aus Ostdeutschland, der Sowjetunion und Großbritannien an. Den November hindurch waren sechs Flugzeuge im Einsatz, die täglich ca. 1.200 Personen beförderten. Bis Ende Januar 1974 waren etwa 90.000 Menschen von Pakistan nach Bangladesch und über 44.000 von Bangladesch nach Pakistan gebracht worden.[25]

Da Bangladesch und Pakistan keine diplomatischen Beziehungen zueinander unterhielten und es auch keine Kommunikationseinrichtungen zwischen diesen beiden Staaten gab, hatte die Luftoperation mit erheblichen Schwierigkeiten zu kämpfen. UNHCR musste mit Indien über die Überflugfreigaben und die Vorkehrungen für technisch bedingte Landungen verhandeln.[26] Bei der Durchführung der Operation musste ständiger Kontakt zu Regierungen, Fluggesellschaften und weiteren Partnern gehalten werden. Im Endeffekt wurde UNHCR *de facto* zum ausführenden Organ des Abkommens von Neu-Delhi von 1973.

Mitte Februar 1974 waren im Rahmen des Abkommens von Neu-Delhi 200.000 Menschen zurückgeführt worden. Die erfolgreiche Umsetzung des Abkommens spielte bei der am 22. Februar 1974 getroffenen Entscheidung Pakistans, Bangladesch anzuerkennen, keine geringe Rolle. In Übereinstimmung mit den betroffenen Regierungen beendete UNHCR am 1. Juli 1974 die Rückführungsoperation, die im September des Vorjahres begonnen hatte. Bis zu diesem Zeitpunkt waren etwa 9.000 Personen auf dem Seeweg zwischen Bangladesch und Pakistan transportiert worden, und etwa 231.000 Menschen hatten den Subkontinent auf dem Luftwege überquert. Letztere setzten sich zusammen aus 116.000 Bengalen, die von Pakistan nach Bangladesch, etwa 104.000 Nicht-Bengalen, die von Bangladesch nach Pakistan und etwa 11.000 Pakistanern, die von Nepal nach Pakistan geflogen worden waren. Diese letzte Gruppe war auf dem Landweg von Bangladesch nach Nepal geflohen.[27] Seinerzeit war dies die umfangreichste krisenbedingte Luftbrücke, die je für eine Zivilbevölkerung organisiert worden war.

Die Biharis in Bangladesch

Eines der zu diesem Zeitpunkt und zum Teil auch heute noch nicht gelösten Probleme war der Status und die Staatsangehörigkeit der Biharis. Zur Zeit der Teilung 1947 zogen ungefähr eine Million Muslime aus dem indischen Staat Bihar in das spätere Ost-Pakistan. Die meisten von ihnen sprachen Urdu. Deswegen fühlten sie sich an West-Pakistan gebunden, aber es ging ihnen in Ost-Pakistan relativ gut. Als die Spannungen zwischen West- und Ost-Pakistan zunahmen, galten die Biharis jedoch als auf der Seite West-Pakistans stehend. Im Verlauf des Jahres 1971 traten viele Biharis pakistanischen Milizen bei oder kollaborierten mit der pakistanischen Armee. Als Folge davon sah sich die gesamte Bihari-Gemeinschaft nach der Kapitulation der pakistanischen Armee Mitte Dezember 1971 dem Zorn des bengalischen Nationalismus ausgesetzt. Die Biharis wurden als Kollaborateure der pakistanischen Behörden und Streitkräfte angesehen. Viele Biharis wurden getötet, und ein großer Teil ihres Eigentums wurde beschlagnahmt.

Die Biharis gehörten zu den von Pakistan nach dem Rückführungsabkommen vom August 1973 akzeptierten Bevölkerungsgruppen. Gleichwohl ließ sich Pakistan mit der Erteilung der Freigaben Zeit.[28] Bei einem weiteren Treffen der Außenminister der drei Länder in Neu-Delhi im April 1974 wurde eine neue Dreiparteienvereinbarung über eine zweite Rückführungsphase erreicht. 170.000 Biharis siedelten nach Pakistan über.[29] Pakistan interpretierte jedoch die in der Vereinbarung beschriebenen

1973/74: Mit der größten von UNHCR je organisierten Rückkehrer-Luftbrücke wurden auf dem indischen Subkontinent rund 230.000 Menschen in ihre Herkunftsländer zurückgeführt. (UNHCR/1973)

Kategorien der „Nicht-Bengalen" restriktiv und nahm nicht alle Biharis zurück. Über diese erste Bewegung hinaus kehrten zwischen 1977 und 1979 fast 9.900 Biharis nach Pakistan zurück, gefolgt von weiteren 4.800 im Jahre 1982. Zuletzt wurden 1993 noch 53 Bihari-Familien von Pakistan akzeptiert, bevor dortige Proteste eine weitere Übersiedlung von Biharis verhinderten.

Die Biharis sahen sich selbst stets als der pakistanischen Nation zugehörig. Beobachter führen die mangelnde Bereitschaft Pakistans, sie aufzunehmen, auf die Furcht zurück, ihre Präsenz könnte die bereits vorhandenen ethnischen und politischen Spannungen in Pakistan verschärfen. In Bangladesch sahen sich die Biharis bei der Beantragung der Staatsangehörigkeit Problemen gegenüber, da das aus dem Jahr 1972 stammende Staatsangehörigkeitsrecht des Staates Bangladesch denjenigen die Staatsangehörigkeit verweigert, die „einem ausländischen Staat ausdrücklich oder durch ihr Verhalten die Treue schulden, halten oder erklären".[30] Zwar wurden in der Praxis viele Biharis von Bangladesch aufgenommen, jedoch lebten 1999 noch immer über 200.000 Biharis in 66 über Bangladesch verstreuten, unzureichend ausgestatteten Lagern. Ihre unklare Staatsangehörigkeit hat für sie zu unzähligen Problemen geführt. Da kein Land bereit ist, sich für sie uneingeschränkt zuständig zu sehen, sind die Biharis potenziell staatenlos. Nach so vielen Jahren flüchtlingsähnlichen Daseins gibt es jetzt Anzeichen dafür, dass ein Teil der Biharis es vorziehen würde, die bangladeschische Staatsangehörigkeit zu erwerben.[31]

Kasten 3.3 Das Elend der Rohingyas

Ende der siebziger Jahre war UNHCR an einer komplexen und umstrittenen Rückführungsoperation an der Ostgrenze von Bangladesch beteiligt. Sie betraf die Rohingyas, eine muslimische Minderheit aus dem Staat Arakan im weitgehend buddhistischen Birma, die Zuflucht in Bangladesch gesucht hatte.

Die Geschichte der Konflikte und Wanderungsbewegungen unter den diversen Volksgruppen Birmas ist lang. Fast unmittelbar nachdem Birma 1948 die Unabhängigkeit von Großbritannien erreicht hatte, wuchsen in Arakan die Spannungen zwischen den Rohingyas und der örtlichen Bevölkerungsgruppe der Rakhine. Die birmesische Regierung behauptete, die Rohingyas wären erst vor relativ kurzer Zeit vom indischen Subkontinent aus eingewandert und zählten laut der birmesischen Verfassung daher nicht zu den indigenen Gruppen mit einem Anrecht auf die Staatsangehörigkeit. Dies machte aus den Rohingyas eine marginalisierte Gruppe mit erheblichen Schwierigkeiten beim Zugang zu Grundleistungen im sozialen, schulischen und medizinischen Bereich.

Im März 1978 begannen die birmesischen Einwanderungsbehörden die Aktion *Nagamin Sit Sin Yay* (Operation Königsdrache), deren erklärtes Ziel es war, den Status aller Bewohner der Grenzgebiete systematisch zu prüfen und „Maßnahmen gegen Ausländer zu ergreifen", die „illegal in das Land eingesickert" waren. Im Endeffekt zielte dies auf die Rohingyas, die nicht als Staatsangehörige angesehen wurden. Umfangreiche Festnahmen und Ausweisungen folgten, und bis Juli 1978 war eine große Zahl von Rohingyas nach Bangladesch geflohen.

Die Schätzungen über die tatsächlich Betroffenen schwankten. Die Regierung von Bangladesch gab an, mehr als 250.000 Rohingyas hätten Zuflucht gesucht, während die birmesischen Behörden von weniger als 150.000 sprachen. Die Ankunft derart vieler Flüchtlinge setzte das dicht bevölkerte und verarmte Bangladesch erheblich unter Druck und belastete die Beziehungen zwischen den beiden Ländern. Dieser Druck und die Beunruhigung anderer muslimischer Staaten über die Behandlung der Rohingyas bewogen die Regierung von Bangladesch, die Vereinten Nationen um Unterstützung zu bitten. Viele der Flüchtlinge lebten unter erbärmlichen Bedingungen, und die Regierung bestand darauf, dass das Land ihnen nicht auf unbeschränkte Zeit Schutz gewähren konnte. Als Folge davon wurde im Mai 1978 ein umfangreiches UN-Hilfsprogramm gestartet und von UNHCR koordiniert. Insgesamt wurden 13 Flüchtlingslager eingerichtet. Als sich die Krise entschärfte, suchten Birma und Bangladesch nach einer dauerhaften Lösung des Flüchtlingsproblems. Keines dieser Länder war zu diesem Zeitpunkt der Genfer Flüchtlingskonvention beigetreten und ist es auch bis heute nicht.

Im Juli 1978 wurde zwischen beiden Staaten eine bilaterale Vereinbarung über die Rückführung der Rohingyas geschlossen, in die UNHCR nicht eingebunden war. Gegen diese Rückführung gab es unter den Flüchtlingen erheblichen Widerstand. Es wurde über schwerwiegende Zusammenstöße zwischen den Flüchtlingen und bangladeschischen Behördenver-

Die expandierende Rolle von UNHCR in Asien

Der Hilfseinsatz für die Flüchtlinge aus Bangladesch konfrontierte UNHCR mit Problemen, denen sich die Organisation in den folgenden Jahrzehnten mit zunehmender Regelmäßigkeit gegenübersehen sollte. Der Umgang mit plötzlichen großen Flüchtlingsströmen mit Millionen von Menschen gehörte ebenso dazu wie der Einsatz großer, eilig errichteter Aufnahmelager und die Beschaffung und Verteilung von Nahrungsmitteln oder anderen grundlegenden Hilfsgütern. Auch lernte UNHCR die verheerenden Auswirkungen kennen, welche die Cholera in überfüllten Flüchtlingslagern haben kann.

Ein wichtiges Element bei der Bewältigung der Flüchtlingskrise in Bangladesch war, dass UNHCR zur zentralen Anlaufstelle ernannt wurde. Obwohl der Begriff „zentrale Anlaufstelle" später nicht mehr verwendet wurde, erachtete man das Konzept als

tretern berichtet, die mehrere hundert Todesopfer forderten. Sich verschlimmernde Bedingungen in den Lagern, die Festnahme einer Reihe von Rohingya-Führern und die Kürzung der Lebensmittelrationen waren die anderen Faktoren, welche die Flüchtlinge zur Rückkehr bewogen. Bis Ende 1979 waren über 180.000 von ihnen nach Birma zurückgekehrt.

Um die Bedingungen für die Rückkehrer zu verbessern, wendete UNHCR sieben Millionen Dollar für Reintegrationsprojekte auf. Da das Amt jedoch nur wenige Mitarbeiter vor Ort hatte, konnte es die Situation nicht genau beobachten oder dafür sorgen, dass die zurückkehrenden Rohingyas von den Behörden fair behandelt wurden. Ihre Diskriminierung dauerte an. 1982 wurden durch ein neues Staatsangehörigkeitsgesetz drei Klassen der Staatsangehörigkeit geschaffen. Dennoch blieb es für die Rohingyas weiterhin äußerst schwierig, die Staatsangehörigkeit zu erlangen.

1991/92 flohen erneut Rohingyas aus dem nördlichen Staat Rakhine (wie Arakan jetzt genannt wurde). Rund 250.000 Menschen wurden registriert und in 20 Lagern in Bangladesch untergebracht. Die Rückführung dieser Flüchtlinge nach Myanmar, wie das Land seit 1989 heißt, war wiederum umstritten. Die Rückkehr in den Jahren 1992/93 erfolgte im Rahmen einer weiteren bilateralen Vereinbarung zwischen Bangladesch und Myanmar, welche UNHCR erneut nicht einbezog. 1993 stimmte die Regierung von Myanmar endlich der Entsendung von UNHCR-Personal in den Staat Rakhine zu. Nachdem dies im April 1994 geschehen war, erleichterte UNHCR die freiwillige Rückkehr von Flüchtlingen aus Bangladesch. Zu jener Zeit wurde das Amt von Menschenrechtsorganisationen heftig kritisiert. Sie stellten die Freiwilligkeit der Rückführung in Frage und argumentierten, die Situation hätte sich nicht so weit verbessert, dass eine sichere Rückkehr der Rohingyas möglich sei.[ii] UNHCR war sich der Anfälligkeit der Rohingyas auf beiden Seiten der Grenze bewusst, bewertete die Lage aber insgesamt so, dass es den meisten Flüchtlingen an ihren Wohnorten in Myanmar besser erging als in den Lagern in Bangladesch.

1996 und 1997 flohen noch einmal Tausende Rohingyas nach Bangladesch. Zuerst führten die Streitkräfte von Bangladesch Hunderte von ihnen zwangsweise zurück. Dies wurde nach Intervention von UNHCR weitgehend unterbunden. Seit der Einrichtung einer Präsenz im nördlichen Staat Rakhine hat UNHCR eine Reihe von Projekten zur Förderung der Reintegration und zur Verbesserung der grundlegenden Infrastruktur durchgeführt. Auf allen Ebenen wurde der Dialog mit der Regierung von Myanmar in Gang gebracht und Druck auf sie ausgeübt, die Frage der Staatsangehörigkeit der Rohingyas zu lösen und sie nicht mehr zu Zwangsarbeit zu verurteilen. Von den zu Anfang der neunziger Jahre nach Bangladesch Geflohenen waren bis Dezember 1999 200.000 zurückgekehrt; etwa 22.000 blieben in Bangladesch. Viele der Ursachen, die in früheren Jahren eine große Zahl von Rohingyas bewog, Myanmar zu verlassen, sind nicht mehr so schwerwiegend. Dennoch gibt ihre Lage weiterhin Anlass zu internationaler Besorgnis.

nützlich für Krisen, in denen die Erfordernisse insgesamt über das Mandat einer einzelnen UN-Organisation hinausgingen. Die Krise in Bangladesch war die erste von zahlreichen Flüchtlingskrisen, in denen UNHCR vom UN-Generalsekretär beauftragt wurde, als federführende UN-Organisation die internationalen humanitären Hilfsmaßnahmen zu koordinieren.

Der vielleicht bemerkenswerteste Aspekt dieses Hilfseinsatzes war allerdings möglicherweise das in hohem Maße politisierte Umfeld, in dem er durchgeführt wurde. Die Flüchtlingskrise in Bangladesch schärfte innerhalb der Vereinten Nationen das Bewusstsein dafür, dass große Flüchtlingsbewegungen nicht nur das Ergebnis eines Konflikts sind, sondern ihrerseits wiederum eine ernsthafte Bedrohung für den Frieden und die Sicherheit in der jeweiligen Region darstellen können. Auch die Rolle, welche die Leitung der UNHCR-Vertretung in Dakka bei der Aushandlung des Waffenstillstands zwischen den indischen und pakistanischen Streitkräften in den letzten Kriegsstunden spielte, veranschaulicht, wie stark die Organisation vor Ort an der Beendigung der Krise beteiligt war. Sowohl die indische als auch die pakistanische Regierung standen der UNHCR-Arbeit oft misstrauisch gegenüber; folglich waren die Beziehungen zu ihnen oftmals angespannt. Während der gesamten Krise stand der Hohe Flüchtlingskommissar Sadruddin Aga Khan in enger Verbindung mit dem UN-Generalsekretär.

Die Rezepte, die bei den Umwälzungen auf dem indischen Subkontinent Anfang der siebziger Jahre angewendet wurden, hatten ihren Ursprung in Ansätzen aus der Zeit vor dem Zweiten Weltkrieg. Die von den Regierungen in Bangladesch, Indien und Pakistan nach 1973 geschlossenen Rückführungsabkommen basierten auf der Sichtweise, dass mit dem Austausch von Bevölkerungsgruppen eine mögliche Lösung der Minderheitenprobleme innerhalb unabhängiger Staaten erreicht werden könne. Angesichts der großen Entfernungen zwischen Pakistan und Bangladesch erfolgte die Rückführung weitgehend auf dem Luftweg, glich davon abgesehen aber tatsächlich früheren Fällen eines Bevölkerungsaustauschs, beispielsweise dem in den zwanziger Jahren in Europa zwischen Griechenland und der Türkei beziehungsweise zwischen Griechenland und Bulgarien.

UNHCR setzte seine Arbeit in Südasien nach dem Ende der Krise fort. Bis Ende der siebziger Jahre war UNHCR mit der Rückführung der muslimischen Rohingya-Flüchtlinge von Bangladesch nach Birma befasst. Außerhalb dieser Region war UNHCR zudem Anfang der siebziger Jahre an der Unterstützung für die Südasiaten beteiligt, die vom Regime des Präsidenten Idi Amin aus Uganda vertrieben worden waren [siehe Kasten 3.2]. Eine weitere Flüchtlingsgruppe in Südasien, die oft übersehen wird und mit der UNHCR nur relativ wenig zu tun hatte, ist die der tibetischen Flüchtlinge in Indien, die sich dort seit 1959 aufhalten [siehe Kasten 3.1]. UNHCR war in den Jahren nach der Flüchtlingskrise in Bangladesch an der Unterstützung verschiedener neuer Flüchtlingsgruppen in Südasien beteiligt. Gleichwohl verschob sich ab Mitte der siebziger Jahre der Schwerpunkt der UNHCR-Arbeit in Asien nach Indochina.

4 Flucht aus Indochina

Die kommunistische Machtübernahme in den ehemaligen französischen Kolonien Vietnam, Kambodscha und Laos im Jahre 1975 veranlasste im Verlauf der folgenden zwei Jahrzehnte mehr als drei Millionen Menschen zur Flucht. Wegen des anhaltenden Massenexodus aus der Region wurde UNHCR die federführende Rolle bei einem komplexen, aufwändigen und publizitätsträchtigen humanitären Einsatz übertragen. Als 1975 die ersten Flüchtlinge aus Vietnam, Kambodscha und Laos flohen, lagen die jährlichen weltweiten Ausgaben von UNHCR bei weniger als 80 Millionen Dollar. Bis 1980 waren sie auf über 500 Millionen Dollar gestiegen.[1]

Die Konflikte in Indochina wurden durch die Rivalität zwischen den USA und der Sowjetunion sowie China noch verschärft. Die durch diese Konflikte verursachte Massenflucht belastete die Staaten in der Region bis zum Äußersten. Auch die Zusage der westlichen Staaten, vor dem Kommunismus fliehende Menschen dauerhaft aufzunehmen, wurde auf die Probe gestellt. Diese Erfahrung brachte schließlich die betroffenen Staaten zusammen, um einen Ausweg zu finden. Im Falle Vietnams wurde ein Programm zur ordnungsgemäßen Ausreise (*Orderly Departure Programme* – ODP) ins Leben gerufen. Die vietnamesischen Behörden stimmten zu, die reguläre Ausreise von Personen in westliche Aufnahmeländer zu erlauben, um die gefährliche Flucht über das Meer zu vermeiden. Es war das erste Mal, dass UNHCR an Bemühungen mitwirkte, einem Flüchtlingsproblem vorzubeugen, statt lediglich dessen Auswirkungen bewältigen zu müssen. Andere innovative Programme betrafen unter anderem Maßnahmen gegen die Piraterie und zur Seenotrettung, um die vietnamesischen „Boatpeople" zu schützen.

In den frühen Phasen der Krise konnte der Druck auf die Erstasylländer verringert werden, da westliche Drittländer außerhalb der Region sich bereit erklärten, Flüchtlinge aufzunehmen und ihnen eine dauerhafte Ansiedlung zu ermöglichen. Im Verlauf der achtziger Jahre waren die westlichen Regierungen jedoch zunehmend besorgt über die große Zahl der in ihren Ländern eintreffenden Flüchtlinge. Auch den Motiven für ihre Flucht standen sie zunehmend misstrauisch gegenüber. Man sah viele von ihnen eher als Wirtschaftsmigranten denn als Flüchtlinge an. Immer häufiger wurde die Auffassung vertreten, dass die zeitlich unbeschränkte Ansiedlungsgarantie zum Missbrauch einladen würde. Nach 1989 wurden im Rahmen des so genannten Umfassenden Aktionsplans (*Comprehensive Plan of Action*) neue Maßnahmen ergriffen, um die Ausreise zu kontrollieren und die Rückführung abgelehnter Asylbewerber aus der Region zu fördern und zu erleichtern. Dies kennzeichnete eine Wende in der westlichen Reaktion auf Flüchtlingsprobleme. Wie die späteren Krisen in den neunziger Jahren nur allzu deutlich zeigen sollten, hielt der Westen zwar an der Institution des Asyls fest, war aber nicht länger bereit, die dauerhafte Ansiedlung einer großer Zahl von Flüchtlingen zu akzeptieren.

Tausende vietnamesischer Boatpeople wurden nach 1975 das Opfer von Piraten oder ertranken im Meer.
(G. KLIJN/1980)

Zur Lage der Flüchtlinge in der Welt

Fluchtbewegungen aus Indochina, 1975 - 1995 Karte 4.1

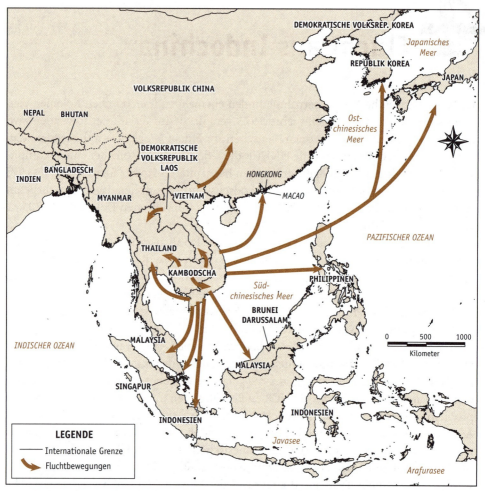

Quellen: UNHCR, Global Insight digitale Kartendaten - ©1998 Europa Technologies Ltd.

Der Krieg und der Exodus aus Vietnam

In den 30 Jahren zwischen 1945 und 1975 herrschte in Vietnam fast ununterbrochen Krieg. Das Leid der Bevölkerung war unbeschreiblich und von massiver Flucht und Vertreibung begleitet. Nach der französischen Niederlage bei Dien Bien Phu im Mai 1954 endete der erste Indochinakrieg mit der Errichtung eines kommunistischen Staates im Norden (der Demokratischen Republik Vietnam, bekannt als Nordvietnam) und eines davon getrennten Staates im Süden (der Republik Vietnam, bekannt als Südvietnam). Angesichts der Bildung einer kommunistischen Regierung im Norden zogen über eine Million Menschen in den Jahren von 1954 bis 1956 südwärts. Zu ihnen zählten fast 800.000 Katholiken, etwa zwei Drittel der gesamten römisch-katholischen Bevölkerung des Nordens. Auch in entgegengesetzter Richtung fand eine Migrationsbewegung statt, als etwa 130.000 Anhänger der kommunistischen Viet-Minh-Bewegung von polnischen und sowjetischen Schiffen nach Norden gebracht wurden.[2]

1960 flammte ein neuerlicher Konflikt in Südvietnam auf. Antikommunistische Kräfte versuchten mit Unterstützung der USA, die zeitweilig 500.000 Soldaten dort stationiert hatten, den von der Sowjetunion und China gestützten kommunistischen Bewegungen in Südostasien Einhalt zu gebieten. Der Krieg in Vietnam führte zu immer größeren Flüchtlingsströmen in allen drei Ländern Indochinas. Zumeist blieben die Betroffenen Binnenvertriebene. Ein Teil wurde jedoch auch über eine internationale Grenze vertrieben und zu Flüchtlingen wie die „Delta-Khmer", die nach Kambodscha flohen, um den Kämpfen in Vietnam zu entkommen.[3] Auf dem Höhepunkt des Krieges Ende der sechziger Jahre war schätzungsweise die Hälfte der 20 Millionen Menschen zählenden Bevölkerung Südvietnams zu Binnenvertriebenen geworden.[4]

Das Pariser Friedensabkommen vom 27. Januar 1973 beendete den Vietnam-Konflikt vorübergehend und eröffnete UNHCR die Möglichkeit, umfassender aktiv zu werden. Das Amt startete ein Programm zur Unterstützung Vertriebener in Vietnam und Laos, das unter anderem Wiederaufbauprojekte für zwölf Millionen Dollar vorsah. Durch die erneuten Auseinandersetzungen Anfang 1975, die am 30. April mit der Eroberung Saigons durch die Revolutionstruppen endeten, wurde dem Programm jedoch schon bald wieder die Grundlage genommen. Im gleichen Jahr kamen in den Nachbarstaaten Laos und Kambodscha kommunistische Regierungen an die Macht.

Anders als die ultraradikalen Roten Khmer, die im April 1975 die Kontrolle in Kambodscha übernahmen, kamen in Vietnam und Laos gemäßigtere pro-sowjetische Führungen an die Macht. Aufgrund des früheren Engagements in diesen beiden Ländern vor dem April 1975 war UNHCR in der Lage, Kontakt zu den Regierungen in Hanoi und Vientiane zu halten. So besuchte der Hohe Flüchtlingskommissar Sadruddin Aga Khan im September 1975 die beiden Staaten und inspizierte Projekte, mit denen UNHCR durch den Krieg vertriebene Menschen bei der Rückkehr unterstützte.

Im Norden Vietnams half UNHCR einem Teil der 2,7 Millionen Vertriebenen in den Bereichen Landwirtschaft, Gesundheitsversorgung und Wiederaufbau. Viele dieser Menschen waren vor den Kämpfen im Süden geflohen, andere durch die amerikanische Bombardierung des Nordens zwischen 1965 und 1972 vertrieben worden. Im Süden stellte UNHCR den Millionen Vertriebenen, die sich nach dem Krieg eine neue Existenz aufbauen wollten, über 20.000 Tonnen Nahrungsmittel und sonstige Hilfsgüter zur Verfügung.

Die Eroberung Saigons

Zunehmend verschob sich der Schwerpunkt der UNHCR-Tätigkeit von der Hilfe für die Vertriebenen innerhalb Vietnams zur Unterstützung für jene Menschen, die aus dem Land geflohen waren. In den letzten Tagen vor der Eroberung Saigons im April 1975 wurden etwa 140.000 Vietnamesen, die der früheren südvietnamesischen Regierung nahe standen, aus dem Land evakuiert und in den USA angesiedelt. Ihnen

Vietnamesische Flüchtlinge, die mit einem kleinen Fischerboot in Malaysia eintrafen, das nur wenige Meter vor der Küste sank. (UNHCR/K. GAUGLER/1978)

folgte eine kleinere Zahl von Vietnamesen, die sich ohne fremde Hilfe per Boot auf den Weg in die benachbarten südasiatischen Länder machten. Bis Ende 1975 waren etwa 5.000 Vietnamesen in Thailand, 4.000 in Hongkong, 1.800 in Singapur und 1.250 auf den Philippinen eingetroffen.

UNHCR sah diese Fluchtbewegungen zunächst als eine direkte Kriegsfolge an und nicht als den Beginn einer neuen Flüchtlingskrise. In einem Spendenaufruf (November 1975) betonte Sadruddin Aga Khan, die Programme für Vietnamesen und Laoten innerhalb und außerhalb ihrer Landesgrenzen seien „zusammenhängende humanitäre Maßnahmen mit dem Ziel, diejenigen zu unterstützen, die durch den Krieg und seine Folgen am schlimmsten entwurzelt worden waren".[5]

In dem Maße, wie die Unzufriedenheit mit dem neuen kommunistischen Regime wuchs, stieg auch die Zahl der Menschen, die außer Landes flohen. Im Juli 1976 nahm die Regierung in Hanoi der Provisorischen Revolutionsregierung, die im Süden nach der Eroberung Saigons gebildet worden war, jegliche ihr bis dahin noch gebliebene Autonomie. Das Land wurde zur Sozialistischen Republik Vietnam vereinigt. Die kommunistischen Machthaber starteten auch ein Programm zur Umsiedlung von Stadtbewohnern in so genannte „neue Wirtschaftszonen" auf dem Land. Mehr als eine Million Menschen wurden in „Umerziehungslager" verbracht. Viele starben, während Zehntausende bis Ende der achtziger Jahre unter miserabelsten Bedingungen interniert blieben. Im Laufe der Zeit wurde zudem deutlich, dass die Dominanz der chinesischen Bevölkerungsgruppe im privatwirtschaftlichen Sektor nicht in die sozialistischen Visionen der neuen Regierung passte.

Anfang 1978 wurden Maßnahmen zur Enteignung von Privatunternehmern eingeleitet, von denen die meisten der chinesischen Bevölkerungsgruppe angehörten. Diese Aktionen fielen zeitlich mit einer deutlichen Verschlechterung der Beziehungen zwischen Vietnam und China zusammen. Diese wiederum spiegelte ihrerseits das sich zunehmend abkühlende Verhältnis Vietnams zu Chinas Verbündetem Kambodscha wider. Als das Auftreten Vietnams auch offiziell gegenüber der chinesischen Bevölkerungsgruppe (oder Hoa) immer feindseliger wurde, griffen chinesische Streitkräfte im Februar 1979 die vietnamesischen Grenzregionen an. Es dauerte über ein Jahrzehnt, bis wieder normale Beziehungen aufgenommen werden konnten.

1977 suchten rund 15.000 Vietnamesen Asyl in südasiatischen Staaten. Bis Ende 1978 hatte sich die Zahl der Bootsflüchtlinge vervierfacht, und 70 Prozent dieser Asylsuchenden waren Vietnamesen chinesischer Abstammung. Eine noch größere Zahl von Angehörigen der chinesischen Bevölkerungsgruppe floh direkt nach China. Sie kamen vor allem aus dem nördlichen Vietnam, wo sie – zumeist arme Fischer, Handwerker oder Bauern – seit Jahrzehnten gelebt hatten. China siedelte daraufhin diese Flüchtlinge auf staatlichen Farmen im Süden Chinas an. UNHCR leistete finanzielle Unterstützung in Höhe von 8,5 Millionen Dollar und eröffnete eine Vertretung in Beijing. Bis Ende 1979 hatten über 250.000 Menschen aus Vietnam Zuflucht in China gesucht.[6] China gewährte ihnen nicht nur Asyl, sondern erlaubte den aus Vietnam geflohenen Menschen auch die Integration – eine Haltung, mit der das Land in Ostasien praktisch allein da stand.

Die Boatpeople

Ende 1978 befanden sich fast 62.000 vietnamesische „Boatpeople" in Lagern überall in Südasien. In dem Maße, wie ihre Zahl wuchs, nahmen auch die Probleme in den Aufnahmeländern zu. Die Spannungen verschärften sich, weil einige der Schiffe, die an den Küsten der Staaten Südasiens auftauchten, keine kleinen, hölzernen Fischerboote waren, sondern Frachter, von regionalen Schmugglerringen gechartert und mit mehr als 2.000 Menschen an Bord. Im November 1978 ankerte zum Beispiel der 1.500-Tonnen-Frachter *Hai Hong* vor Port Klang in Malaysia und bat um die Erlaubnis, seine „menschliche Fracht" von 2.500 Vietnamesen entladen zu dürfen. Als die malaysischen Behörden verlangten, das Schiff solle wieder in See stechen, erklärte der örtliche UNHCR-Vertreter, die Vietnamesen an Bord würden „in die Zuständigkeit seines Amtes fallen".[7] Diese Position wurde durch ein Telex der UNHCR-Zentrale bestätigt, in dem vorgeschlagen wurde, „zukünftig Bootsflüchtlinge aus Vietnam *prima facie* dem Zuständigkeitsbereich von UNHCR zuzuordnen, solange keine klaren gegenteiligen Hinweise vorliegen".[8] Über ein Jahrzehnt lang wurde Vietnamesen, die in einem südostasiatischen Land ein Lager unter UNHCR-Verwaltung erreichten, *prima facie* die Flüchtlingseigenschaft zugesprochen – mit der Aussicht, sich später in einem Drittland im Westen dauerhaft ansiedeln zu können.

> **Kasten 4.1** **Internationale Konferenzen über die Indochinaflüchtlinge**
>
> **Die Genfer Konferenz von 1979**
>
> Mitte 1979 waren von den mehr als 550.000 Indochinesen, die seit 1975 in Südostasien Asyl gesucht hatten, etwa 200.000 dauerhaft in Drittländern außerhalb der Region angesiedelt worden und rund 350.000 in den Erstasylländern verblieben. In den ersten sechs Monaten des Jahres waren für jeden Flüchtling, der zur dauerhaften Ansiedlung zugelassen worden war, drei andere in den Lagern eingetroffen. Ende Juni 1979 kündigten die Mitgliedstaaten der Vereinigung südostasiatischer Nationen (*Association of Southeast Asian Nations* - ASEAN) an, sie würden keine Neuankömmlinge mehr akzeptieren. Boote wurden zurück aufs offene Meer gedrängt, und die Institution des Asyls war in Gefahr. „Das Problem", gab der Hohe Flüchtlingskommissar Poul Hartling zu verstehen, „war den Lösungen einfach davongelaufen".[i]
>
> Am 20./21. Juli 1979 folgten 65 Regierungen einer Einladung des UN-Generalsekretärs zu einer internationalen Konferenz über die Indochinaflüchtlinge. Auf ihr wurden mehrere wichtige Zusagen gemacht. Die Zahl der Weiterwanderungsplätze wurde von 125.000 auf 260.000 erhöht. Vietnam erklärte sich zu Maßnahmen bereit, um die illegale Ausreise zu unterbinden, stattdessen eine ordnungsgemäße, direkte Ausreise aus Vietnam zu ermöglichen. Indonesien und die Philippinen versprachen die Einrichtung regionaler Zentren zur Prüfung von Asylanträgen, um die Weiterwanderung zu beschleunigen. UNHCR erhielt neue Zusagen im Umfang von insgesamt etwa 160 Millionen Dollar in Geld- und Sachwerten - dies war mehr als das Doppelte der Gesamtsumme der vorhergegangenen vier Jahre.
>
> Auch wenn es keine offiziellen Zusagen über das Asyl gab, billigte die Konferenz dessen allgemeine Prinzipien und das *Non-refoulement*. Der Generalsekretär sagte in seiner Eröffnungsansprache, die Erstasylländer erwarteten, dass keine Flüchtlinge nur vorübergehend in ihren Ländern bleiben würden. Man hatte ein *quid pro quo* gefunden: vorübergehendes „Erstasyl" in der Region für die dauerhafte Ansiedlung anderenorts oder - wie es auch beschrieben wurde - „eine offene Küste gegen eine offene Tür".
>
> Die Erstasylländer stellten weitgehend ihre Praxis ein, an ihren Küsten auftauchende Boote aus Vietnam am Anlegen zu hindern und sie aufs offene Meer zurückzudrängen. Die Zahl der vietnamesischen Neuankömmlinge in der Region sank drastisch, als Vietnam die illegale Ausreise mit härteren Strafen belegte. Stattdessen nutzte von nun an eine kleine Zahl von Vietnamesen die Möglichkeit zur ordnungsgemäßen Ausreise. In einem Zeitraum von 18 Monaten wurden 450.000 Indochinaflüchtlinge aus den Lagern der südostasiatischen Erstasylländer in Drittländern angesiedelt. Als zwischen 1980 und 1986 die Zahl der in Drittländern Angesiedelten allmählich jene der Neuankömmlinge überstieg, sprachen die Mitarbeiter von Flüchtlingsorganisationen mit zunehmendem Optimismus über die Lösung der regionalen Krise.
>
> 1987/88 veränderte sich jedoch das Bild wieder. Es wurde offensichtlich: Der alte Konsens würde nicht länger Bestand haben. Die westlichen Staaten sahen sich mit einer wachsenden Zahl von Asylsuchenden vor den eigenen Türen konfrontiert. Sie waren überzeugt, dass die indochinesischen Neuankömmlinge nicht mehr automatisch als Flüchtlinge angesehen werden könnten. Sie reduzierten daher allmählich die Aufnahmezahlen und führten strengere Auswahlkriterien ein. Die Vereinbarung von 1979 - vorübergehende Aufnahme in einem Erstasylland, gefolgt von der Ansiedlung in einem Drittland außerhalb der Region - griff nicht mehr. Der Hohe Flüchtlingskommissar Jean-Pierre Hocké: „Der Konsens, auf dem unser Ansatz zur indochinesischen Flüchtlingsfrage basierte, [wurde] im Lauf der Zeit immer stärker erodiert."[ii]
>
> **Die Genfer Konferenz von 1989 und der Umfassende Aktionsplan**
>
> Zehn Jahre nach der ersten Konferenz über Indochinaflüchtlinge fand im Juni 1989 in Genf eine weitere statt. Bei dieser Gelegenheit verabschiedeten die anwesenden Vertreter von 70 Regierungen einen neuen regionalen Ansatz, der unter der Bezeichnung Umfassender Aktionsplan (*Comprehensive Plan of Action* - CPA) bekannt wurde. Der CPA stand für erhebliche multilaterale Anstrengungen zur Lösung des vietnamesischen Flüchtlingsproblems. Neu war, dass dem Herkunftsland dabei eine Schlüsselrolle zugewiesen wurde, gemeinsam mit weiteren Staaten und Akteuren eine große Flüchtlingskrise zu lösen.

Zu Beginn des indochinesischen Exodus 1975 war noch kein einziges Land in der Region der Genfer Flüchtlingskonvention oder dem Protokoll von 1967 beigetreten. Keines der Länder, die vietnamesische Bootsflüchtlinge aufnahmen, erlaubte ihnen, auf Dauer zu bleiben. Einige gewährten nicht einmal vorübergehend Zuflucht. Singapur weigerte sich, Flüchtlinge an Land gehen zu lassen, die keine Zusage für die Weiterwanderung in-

Der CPA hatte fünf wesentliche Ziele: Erstens sollte die illegale Ausreise aus Vietnam bekämpft werden. Hierzu sollten offizielle Maßnahmen gegen die Organisatoren der Flucht mit Booten ergriffen und Aufklärungskampagnen für die breite Bevölkerung durchgeführt werden. Zudem sollten im Rahmen des Programms zur ordnungsgemäßen Ausreise mehr Möglichkeiten zur legalen Migration geschaffen werden. Zweitens sollten alle Asylsuchenden so lange vorübergehend Asyl erhalten, bis ihre Flüchtlingseigenschaft überprüft und eine dauerhafte Lösung gefunden worden war. Drittens sollte die Flüchtlingseigenschaft aller Asylsuchenden in Übereinstimmung mit internationalen Normen und Kriterien bestimmt werden. Viertens sollten die anerkannten Flüchtlinge sowie die Vietnamesen, die sich bereits vor den regionalen Stichtagen in Lagern aufgehalten hatten, in Drittländern angesiedelt werden. Fünftens sollten die nicht als Flüchtlinge anerkannten Personen zurückgeführt und in ihren Herkunftsländern reintegriert werden.[iii]

UNHCR fiel die Aufgabe zu, den CPA zu realisieren, wobei die Geberstaaten finanzielle Unterstützung leisten sollten. Ein Lenkungsausschuss unter Vorsitz von UNHCR wurde eingerichtet, der sich aus Vertretern aller Regierungen zusammensetzte, die im Rahmen des CPA Zusagen gegeben hatten, sei es für Erstasyl, dauerhafte Ansiedlung oder Rückführung.

Während die 1979 gegebenen Zusagen zum Asyl mehr allgemeiner Natur waren, gingen sie ein Jahrzehnt später mehr ins Detail. Sie besagten: „Allen Asylsuchenden wird vorübergehend Zuflucht gewährt. Sie werden ungeachtet der Art und Weise ihrer Ankunft so lange gleich behandelt, bis die Überprüfung ihrer Flüchtlingseigenschaft abgeschlossen ist." Diese Zusagen wurden im größten Teil der Region eingehalten, wobei es allerdings auch Ausnahmen gab. So stellte unter anderem Thailand seine Praxis ein, Boote an der Landung zu hindern und auf das Meer zurückzudrängen, während Singapur aus Seenot Geretteten und „Direktankömmlingen" nicht mehr erlaubte, an Land zu gehen. In Malaysia hatten die örtlichen Behörden fast während des gesamten Zeitraums von 1989/90 Anweisung, ankommende Boote zurück in internationale Gewässer zu schicken.

Durch die kombinierten Effekte von Abschreckung in den Lagern (einschließlich der Einstellung der Rückkehrbeihilfe für Neuankömmlinge nach dem September 1991) und der UNHCR-Medienkampagnen in Vietnam brachte der CPA den Strom vietnamesischer Asylsuchender schließlich zum Erliegen. 1989 suchten rund 70.000 Vietnamesen in Südostasien Asyl, 1992 nur noch 41. Bei diesen niedrigen Zahlen ist es geblieben.

Zum Zeitpunkt der CPA-Konferenz 1989 befanden sich in den südostasiatischen Lagern insgesamt 50.670 vietnamesische Flüchtlinge, die vor dem Stichtag eingetroffen waren. Von diesen war fast ein Viertel bereits von mindestens einem Aufnahmeland abgewiesen worden, und bei einem weiteren Viertel handelte es sich um sog. Fälle niedriger Priorität bei zunehmend restriktiven Aufnahmekriterien. Ende 1991 waren praktisch alle diese Menschen angesiedelt worden. Von den Vietnamesen, die nach dem Stichtag angekommen waren, wurden insgesamt 32.300 als Flüchtlinge anerkannt und angesiedelt - im Vergleich zu 83.300, deren Anträge abgelehnt wurden und die nach Hause zurückkehrten. Alles in allem wurden während der achtjährigen Umsetzung des CPA über 530.000 Vietnamesen und Laoten in anderen Ländern angesiedelt.

Mit Ausnahme der Philippinen war keines der Länder, die der Einführung individueller Prüfungsverfahren zugestimmt hatten, der Genfer Flüchtlingskonvention beigetreten. In diesen Ländern gab es weder Asylgesetze noch hatten die Verwaltungen in diesem Bereich Erfahrungen. Dennoch führten alle fünf Erstasylländer - Hongkong, Indonesien, Malaysia, die Philippinen und Thailand - Verfahren ein, die den Asylsuchenden Zugang zu UNHCR verschafften. Die Verfahren ermöglichten zudem eine umfassende Anhörung, auch mit Hilfe eines Dolmetschers, und die Möglichkeit der Überprüfung des Falles durch eine zweite Instanz. Darüber hinaus hatten die Bewerber in Hongkong Zugang zu den Gerichten.

Insgesamt wurden 28 Prozent der vietnamesischen Asylsuchenden im Rahmen der CPA-Verfahren als Flüchtlinge anerkannt. Hongkong führte die höchste Zahl von Verfahren durch

nerhalb der nächsten 90 Tage vorweisen konnten. Malaysia und Thailand hinderten häufig Boote an der Landung und ließen sie von ihrer Küstenwache aufs offene Meer zurückdrängen. Als 1979 die Zahl ankommender vietnamesischer Boote dramatisch eskalierte (allein im Juni kamen 54.000 Flüchtlinge an), wurde diese Vorgehensweise zur Routine. Als Folge davon kamen vermutlich Tausende von Vietnamesen auf See um.

(60.275), hatte aber auch die niedrigste Anerkennungsquote (18,8 Prozent). Die Möglichkeit von UNHCR, Flüchtlinge im Rahmen des eigenen Mandats anzuerkennen, stellte ein wichtiges Sicherheitsnetz dar, mit dem sichergestellt wurde, dass keine Person mit einem berechtigten Anspruch abgelehnt und nach Vietnam zurückgeschickt wurde.

Mit Blick auf die Rückführung nach Vietnam hatten die Regierungen, die dem CPA beigetreten waren, vereinbart, dass „zunächst alle Anstrengungen unternommen werden sollen, für die freiwillige Rückkehr [derjenigen, deren Bewerbungen abgelehnt wurden] zu werben. ... Wenn nach einem angemessenen Zeitraum deutlich werden sollte, dass die freiwillige Rückkehr im Hinblick auf die gewünschte Zielsetzung nur unzureichend vorankommt, werden als nach internationalen Gepflogenheiten akzeptabel angesehene Alternativen geprüft."[iv] Zwar wollte das niemand so direkt sagen, aber die meisten bestätigten damals, dass damit die unfreiwillige Rückführung gemeint war.

Hongkong hatte mit der Überprüfung der Asylsuchenden ein Jahr früher als die anderen Länder in der Region begonnen und im März 1989 bereits die erste freiwillige Rückführung nach Vietnam seit über einem Jahrzehnt organisiert. In den Folgemonaten befand die Regierung jedoch, dass nur eine unzureichende Zahl freiwillig zurückkehrte, und griff zu härteren Maßnahmen. Am 12. Dezember 1989 eskortierten mehr als 100 Polizisten aus Hongkong im Schutze der Dunkelheit eine Gruppe von 51 vietnamesischen Männern, Frauen und Kindern zu einem bereitstehenden Flugzeug und flogen sie nach Hanoi. Die nachfolgenden internationalen Proteste überzeugten Hongkong, weitere unfreiwillige Rückführungen zu verschieben. Eine neue Entwicklung ergab sich hingegen, als Großbritannien, Hongkong und Vietnam im Oktober 1991 eine Vereinbarung zur Durchführung eines „ordnungsgemäßen Rückführungsprogramms" (*Orderly Return Programme*) unterzeichneten.

Die Asyl gewährenden ASEAN-Staaten unterzeichneten schließlich eigene Vereinbarungen über ordnungsgemäße Rückführungsprogramme, in deren Rahmen sich UNHCR bereit erklärte, die Transportkosten zu übernehmen und in beschränktem Umfang logistische Unterstützung zu leisten, dabei aber darauf bestand, nicht an Flüchtlingstransporten unter Anwendung von Gewalt teilzuhaben. Am Ende wurde die Grenze zwischen freiwilliger und unfreiwilliger Rückkehr wegen der zunehmenden Spannungen in den Lagern für Vietnamesen und der häufigen Gewaltausbrüche in den Lagern in Hongkong immer verschwommener. Ab 1992 machte die Rückführung größere Fortschritte. UNHCR fiel nun die Aufgabe zu, die Hilfsmaßnahmen zur Wiedereingliederung zu koordinieren und die Situation der über 109.000 Vietnamesen zu überprüfen, die im Rahmen der CPA-Vereinbarungen endgültig nach Hause zurückgekehrt waren.

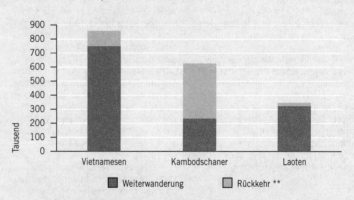

Indochina: Weiterwanderung und Rückkehr, 1975-1997*   Grafik 4.1

* Die Tabelle zeigt Weiterwanderung oder Rückkehr aus den Erstasylländern.
** Einschließlich 367.040 Kambodschaner, die nicht als Ankömmlinge in UNHCR-Lagern in Thailand gezählt wurden, jedoch unter dem Schutz von UNHCR 1992-93 zurückkehrten sowie abgelehnte vietnamesische Asylbewerber.

Ende Juni 1979 veröffentlichten die fünf damaligen Mitglieder der Vereinigung südostasiatischer Nationen (*Association of Southeast Asian Nations* – ASEAN) – Indonesien, Malaysia, die Philippinen, Singapur und Thailand – die Warnung, dass sie „die Grenzen ihrer Belastbarkeit erreicht und beschlossen [hatten], keine Neuankömmlinge mehr zu akzeptieren".[9] Da hierdurch die Institution des Asyls unmittelbar bedroht war, berief der UN-Generalsekretär im Juli jenes Jahres eine internationale Konferenz über „Flüchtlinge und Vertriebene in Südostasien" in Genf ein [siehe Kasten 4.1].[10] „In Südostasien liegt eine ernste Krise vor", schrieb der Hohe Flüchtlingskommissar Poul Hartling in einem für die Konferenz angefertigten Hintergrundpapier, denn das „Grundrecht auf Leben und [die] Sicherheit von Hunderttausenden von Flüchtlingen und Vertriebenen sind bedroht".[11]

Durch die Konferenz von 1979 konnte die unmittelbare Krise bewältigt werden. In einem Dreiparteienabkommen zwischen den Herkunfts-, den Erstasyl- und den Aufnahmeländern versprachen die ASEAN-Staaten, ihre Zusagen einzuhalten, vorübergehend Asyl zu gewähren. Voraussetzung: Vietnam werde sich bemühen, die illegale Ausreise zu unterbinden und für ein ordnungsgemäßes Verlassen des Landes zu werben, und die Aufnahmeländer würden die Zahl der Ansiedlungsplätze erhöhen. Indonesien und die Philippinen kamen überein, regionale Zentren zur Prüfung von Asylanträgen einzurichten, um die schnellere Ansiedlung der Flüchtlinge zu fördern. Mit einigen aufsehenerregenden Ausnahmen wurde daraufhin die Praxis eingestellt, Boote an der Landung zu hindern und aufs offene Meer zurückzudrängen. In der ersten Hälfte des Jahres 1979 hatten monatlich etwa 9.000 Indochinaflüchtlinge aus ihren Erstasylländern in Drittländer weiterwandern können. Diese Zahl erhöhte sich in der zweiten Jahreshälfte auf etwa 25.000 monatlich. Zwischen Juli 1979 und Juli 1982 nahmen über 20 Länder, angeführt von den USA, Australien, Frankreich und Kanada, zusammen 623.800 Flüchtlinge auf.[12]

Vietnam seinerseits stimmte zu, alles zu unternehmen, um die illegale Ausreise zu unterbinden und sich an die mit UNHCR im Mai 1979 geschlossene Vereinbarung über das Programm zur ordnungsgemäßen Ausreise zu halten.[13] Danach sollten die vietnamesischen Behörden die Ausreise von Vietnamesen, die das Land zur Familienzusammenführung oder aus sonstigen humanitären Gründen verlassen wollten, im Regelfall genehmigen, während UNHCR bei den Aufnahmeländern die Einreisevisa besorgte. Das Programm lief zwar nur langsam an, kam dann jedoch allmählich in Gang. Bis 1984 stieg die Zahl der legal ausgereisten Vietnamesen auf 29.100 und übertraf damit die Gesamtzahl von 24.865 Personen, die in den Ländern der Region mit Booten ankamen.

Allerdings hielt der Exodus mit Booten während eines Großteils der achtziger Jahre weiter an. Obwohl die Zahl der Ankömmlinge in der Region insgesamt zurückging und die Zusagen zur Weiterwanderung aufrechterhalten wurden, war der Preis an Menschenleben immens. Ein Autor schätzte, dass etwa zehn Prozent der Boatpeople sich auf dem Meer verirrten, Opfer von Piratenüberfällen wurden, ertranken oder an Austrocknung starben.[14] Durch das Anti-Piraterie-Programm und die Seenotrettungsbemühungen [siehe Kasten 4.2] konnten Menschenleben gerettet werden, aber jedes nicht gerettete Boot bedeutete eine menschliche Tragödie. Nach Angaben der Insassen eines Bootes, das im Juli 1984 die Philippinen erreichte, waren während der 32 Tage auf See etwa 40 Schiffe an ihnen vorbeigefahren, ohne dass auch nur eines ihnen geholfen hatte. Im November 1983 sprach der Leiter der UNHCR-Abteilung für internationalen Schutz, Michel Moussalli, von „Szenen, welche die normale Vorstellungskraft übersteigen. ... 18 Personen verließen Vietnam in einem kleinen Boot und wurden im Golf von Thailand von Piraten angegriffen. Ein Mädchen, das sich gegen die Vergewal-

Kasten 4.2 Piraterie im südchinesischen Meer

Das Piratenunwesen in Südostasien ist so alt wie die Seefahrt selbst. Für die vietnamesischen „Boatpeople" bedeutete dies nicht vorhersehbaren Terror und für diejenigen, die sie zu schützen suchten, ein vertracktes Problem. Allein 1981, als 452 Boote mit 15.479 Flüchtlingen in Thailand ankamen, zeichneten die UNHCR-Statistiken ein Bild des Schreckens: 349 Boote waren jeweils durchschnittlich dreimal angegriffen, 578 Frauen vergewaltigt und 228 entführt worden; 881 Menschen waren tot oder vermisst.

Das Anti-Piraterie-Programm

Als Reaktion auf die wachsende internationale Entrüstung und die Aufforderung, Maßnahmen zu ergreifen, rief UNHCR Ende 1981 zur Bereitstellung von Finanzmitteln auf. Im Juni 1982 begann offiziell ein Anti-Piraterie-Programm, für das zwölf Staaten Mittel in Höhe von 3,6 Millionen Dollar zur Verfügung gestellt hatten.

In Thailand konzentrierten sich die Bemühungen gegen das Piratenunwesen vorzugehen, auf See- und Luftpatrouillen. Sie bewirkten einen allmählichen Rückgang der Zahl der Angriffe. Allerdings bemerkte der Hohe Flüchtlingskommissar Poul Hartling seinerzeit: „Selbst wenn die Quantität zurückgegangen ist, nimmt die „Qualität" der Angriffe, wenn man das so sagen darf, zu. ... Was uns zu Ohren kommt, ist sogar noch erschreckender als früher." Die Berichte „sprechen von einer Grausamkeit, Brutalität und Unmenschlichkeit, die meine Vorstellungskraft übersteigt. Die Flüchtlinge werden mit Messern und Knüppeln attackiert. Es gibt Mord, Raub und Vergewaltigung und was die Welt sonst noch an Grauen kennt."[v]

Ab 1984 ging das UNHCR-Anti-Piraterie-Programm zunehmend zu landgestützten Einsätzen über. Thailändische Polizeieinheiten und Hafenbeamte registrierten Fischerboote, fotografierten die Besatzungen und informierten in öffentlichen Kampagnen über die Strafen für Piraterie. UNHCR half den Opfern der Piraten, mit der Polizei und der Staatsanwaltschaft in Kontakt zu kommen, beobachtete die Gerichtsverhandlungen, kümmerte sich um die Anreise von Zeugen aus dem Ausland und stellte Dolmetscher für Untersuchungen, Inhaftierungen und Verhandlungen zur Verfügung. 1987 waren nur noch acht Prozent aller in Thailand ankommenden Boote angegriffen geworden. Es kam immer noch zu Entführungen und Vergewaltigungen; von Todesfällen durch das Piratenunwesen wurde jedoch nicht mehr berichtet.

Ein Jahr später nahm die Gewalt der Angriffe jedoch wieder alarmierend zu. Über 500 Menschen wurden als tot oder vermisst gemeldet. 1989 lag die Zahl bei über 750. Die Anzahl der Vergewaltigungen und Entführungen nahmen immer weiter zu. Im August 1989 beschrieb ein UNHCR-Mitarbeiter nach der Vernehmung der Überlebenden eines Angriffs, wie die Piraten Männer einzeln aus dem Frachtraum geholt, niedergeknüppelt und anschließend mit Äxten getötet hatten. Anschließend wurden die Vietnamesen, die sich bereits im Wasser befanden, überfahren, unter Wasser gedrückt und getötet. 71 Menschen starben, darunter 15 Frauen und elf Kinder. Nach Meinung von Experten in der Piraterebekämpfung war der Anstieg der Gewalt auf See

---

tigung wehrte, wurde getötet, und ein anderes im Alter von 15 Jahren entführt. Die Piraten rammten das Boot mit den übrigen 16 Personen, die für sie nutzlos waren, so dass alle im Meer umkamen."[15]

Im Laufe der Jahre erlahmte in den westlichen Ländern das Interesse an den vietnamesischen Bootsflüchtlingen. Man begegnete den Motiven eines Teils der Menschen, die das Land verließen, zunehmend mit Misstrauen. Um die Institution des Asyls zu schützen und sicherzustellen, dass die besonders schutzbedürftigen Flüchtlinge nicht in den über Südostasien verstreuten Lagern blieben, musste UNHCR dafür sorgen, dass die Regierungen ihre Zusagen über Weiterwanderungsplätze einhielten. Natürlich konnte das Amt keine Aufenthaltsgenehmigung für ein Land erteilen oder verweigern. Dieses Recht lag bei den Regierungen. Gegen Ende der achtziger Jahre ging die internationale Bereitschaft zur Ansiedlung aller vietnamesischen Asylsuchenden jedoch zurück. Es gab kaum noch genug Weiterwanderungsplätze für alle Neuankömmlinge in den Erstasylländern.

zum Teil auf den Erfolg der landgestützten Maßnahmen zurückzuführen. Bessere Untersuchungsmethoden führten zu mehr Festnahmen und Verurteilungen. Dies schreckte die Gelegenheitstäter ab, hinterließ jedoch einen harten Kern professioneller Krimineller, die ihrerseits keine Zeugen hinterlassen wollten.

Wie es scheint, wurden auch sie schließlich der Hetzjagd müde. Ab Mitte 1990 gab es keine weiteren Berichte über Piratenangriffe auf vietnamesische Boote, und im Dezember 1991 wurde das UNHCR-Anti-Piraterie-Programm beendet. „Der Krieg gegen die Piraten ist nicht vorbei", besagte die abschließende Bewertung, „hat aber ein Stadium erreicht, in dem sich die Stellen vor Ort ausreichend darum kümmern können".

Seenotrettung

Von 1975 bis Ende 1978 waren 110.000 vietnamesische Bootsflüchtlinge in den Erstasylländern angekommen. Zunächst schien die Bereitschaft der Schiffskapitäne sehr hoch zu sein, Schiffen in Seenot zu Hilfe zu kommen. Im Verlauf dieser drei Jahre retteten Schiffe aus 31 Ländern Flüchtlinge von insgesamt 186 Schiffen. Als jedoch in den ersten sieben Monaten des Jahres 1979 die Zahl der vietnamesischen Ankömmlinge in der Region auf über 177.000 stieg, die Erstasylländer immer mehr Boote an der Landung hinderten und zurück aufs offene Meer schickten, wurden lediglich die Insassen von 47 Booten gerettet. Überdies erfolgte die Hälfte der Rettungen durch Schiffe aus nur drei Ländern.

Im August 1979 lud UNHCR nach Genf zu einem Treffen über das Thema Seenotrettung ein. Acht westliche Staaten, darunter die USA, entwickelten ein Programm über so genannte Weiterwanderungsplätze für aus Seenot gerettete Vietnamesen *(Disembarkation Resettlement Offers - DISERO)*. Das Programm garantierte die Ansiedlung aller vietnamesischen Flüchtlinge, die auf See von Handelsschiffen gerettet wurden, welche unter den Flaggen von Staaten fuhren, die keine Flüchtlinge aufnahmen. Die neuen Zusagen schienen nahezu unmittelbar Wirkung zu zeigen. In den letzten fünf Monaten des Jahres 1979 wurden 81 Boote mit 4.031 Menschen an Bord aus Seenot gerettet. Im Mai 1980 übergab UNHCR der thailändischen Regierung in einer demonstrativen Geste ein unbewaffnetes Schnellboot zur Verbesserung der Patrouillen vor der Küste. Inzwischen änderten einige der privaten ausländischen Hilfsschiffe, die bekanntesten davon die *Cap Anamur* und die *Île de Lumière*, ihre Aktivitäten und gingen zur Bootsrettung über. Insgesamt wurden zwischen 1975 und 1990 67.000 Vietnamesen aus Seenot gerettet.

Das Problem bei diesem Programm: Die Garantie, jeder auf See gerettete Vietnamese würde innerhalb von 90 Tagen angesiedelt, stimmte nicht mit den Richtlinien des Umfassenden Aktionsplans aus dem Jahr 1989 überein, nach denen alle Neuankömmlinge sich einer Überprüfung ihrer Flüchtlingseigenschaft zu unterziehen hatten. Schließlich wurde sowohl DISERO als auch ein späteres Begleitprogramm unter der Bezeichnung RASRO (*Rescue at Sea Resettlement Offers*) eingestellt, da die Länder in der Region keine Bereitschaft zur Aufnahme geretteter Bootsflüchtlinge zeigten.

Mitte 1987 nahm die Zahl der ankommenden Vietnamesen erneut zu. Ermutigt durch die Lockerung interner Reisebeschränkungen und die Aussicht auf Ansiedlung in einem westlichen Land benutzten Tausende Südvietnamesen eine neue Route, die sie durch Kambodscha und anschließend mit einer kurzen Bootsfahrt an die Ostküste Thailands führte. Zum Jahreswechsel begannen die thailändischen Behörden, Boote abzufangen und sie aufs Meer zurückzuschicken.

Weitere Zehntausende aus dem Norden wählten eine andere neue Route über Südchina nach Hongkong. 1988 trafen mehr als 18.000 Vietnamesen in Hongkong ein. Dies war die bei weitem höchste Zahl seit der Krise von 1979. Diese Menschen aus dem nördlichen Vietnam zählten zu einer Bevölkerungsgruppe, an der die meisten Aufnahmeländer in der Vergangenheit kaum Interesse gezeigt hatten. Als Konsequenz daraus gab die Verwaltung von Hongkong am 15. Juni 1988 bekannt, dass alle nach diesem Datum ankommenden Vietnamesen in Arrestzentren verbracht würden, wo sie bis zur Prüfung ihrer Flüchtlingseigenschaft eingesperrt bleiben würden. Im Mai

1989 begannen die malaysischen Behörden erneut, vor ihrer Küste eintreffende Boote nach Indonesien zu schicken, wie bereits ein Jahrzehnt zuvor.

Eine neue Formel

Ende der achtziger Jahre war praktisch klar: Der regionale und internationale Konsens aus dem Jahr 1979 war zusammengebrochen. Im Juni 1989 fand daher in Genf eine zweite internationale Konferenz über die Indochinaflüchtlinge statt, bei der eine erneute Einigung erzielt wurde. Der später so genannte Umfassende Aktionsplan (*Comprehensive Plan of Action*) bestätigte einige der Elemente der Vereinbarung von 1979, insbesondere die Zusagen, das Erstasyl beizubehalten, die irreguläre Ausreise zu verringern und die legale Migration zu fördern sowie die Flüchtlinge in Drittländern anzusiedeln. Er enthielt auch einige neue Elemente, vor allem die Zusage zur Einführung regionaler Verfahren zur Feststellung der Flüchtlingseigenschaft und zur Rückführung abgelehnter Bewerber [siehe Kasten 4.1].

Thailand ließ daraufhin davon ab, Boote abzufangen und aufs offene Meer zurückzudrängen – im Gegensatz zu Malaysia, das nicht von seiner Praxis Abstand nahm, Schiffe aus seinen Gewässern zu verweisen. Mit Ausnahme Singapurs verzichteten alle Erstasylländer auf ihre Forderungen nach Ansiedlungsgarantien. Die 50.000 Vietnamesen, die vor dem Stichtag (in den meisten Ländern der 14. März 1989) in den Lagern angekommen waren, wurden in Übersee angesiedelt. Wer nach diesem Datum eintraf, sollte auf seine Flüchtlingseigenschaft hin überprüft werden. Vietnam stellte

Vietnamesische Boat People nach Erstasylland/-gebiet, 1975 - 1995

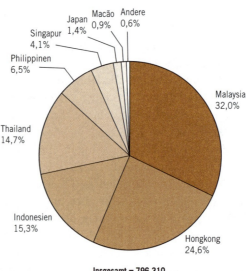

Kasten 4.3 Vietnamesische Flüchtlinge in den USA

Ab 1975 nahmen die USA mehr als eine Million Vietnamesen auf. Obwohl die größte Anzahl von ihnen jetzt in Kalifornien lebt, haben diese Menschen den Weg in alle Staaten und nahezu jede größere amerikanische Stadt gefunden.

Die Ankunft der Vietnamesen erfolgte in mehreren Wellen. Über 175.000 vietnamesische Flüchtlinge flohen in den ersten zwei Jahren nach der Eroberung Saigons 1975 in die USA. Die große Mehrheit von ihnen traf innerhalb weniger Wochen ein und wurde anfangs in vier provisorischen Flüchtlingslagern auf amerikanischen Militärstützpunkten untergebracht. Die Verantwortung für ihre Ansiedlung in den größeren und kleineren Städten der gesamten USA wurde in die Hände einer nicht zu großen Zahl privater, meist religiöser Organisationen gelegt. Sie kümmerten sich um Wohnraum und Sprachkurse, brachten die Kinder in Schulen unter und halfen den Erwachsenen bei der Arbeitssuche.

Die Amerikaner reagierten positiv auf diese erste Welle von Vietnamesen. Viele fühlten sich mitschuldig wegen der Rolle der USA im Vietnam-Krieg und begrüßten die Möglichkeit, den Flüchtlingen zu helfen. Überall im Land nahmen sich Kirchen und soziale Gruppen vor Ort der Flüchtlinge an und halfen ihnen, sich in der neuen Gemeinschaft zurechtzufinden. Diesen ersten Flüchtlingen ging es außerordentlich gut. Die meisten von ihnen entstammten der städtischen Mittelklasse im Süden Vietnams. Mehr als ein Viertel der Haushaltsvorstände konnte eine Hochschulausbildung vorweisen, weitere 40 Prozent hatten eine weiterführende Ausbildung genossen. Alles in allem verfügte diese Gruppe über ein relativ hohes Maß an Fachkenntnissen, war das Stadtleben gewohnt und flexibel.[vi] Obwohl sie zu einer Zeit der schweren wirtschaftlichen Rezession in den USA eintrafen, lag ihre Beschäftigungsquote 1982 über jener der Bevölkerung insgesamt. Vietnamesische Gemeinschaften bildeten sich in Kalifornien, Texas und Washington, DC. Schon bald wurden diese von vietnamesischen Unternehmen beliefert.

Eine zweiten Welle vietnamesischer Flüchtlinge begann ab 1978 in den USA einzutreffen. Dies waren die „Boatpeople", die vor den zunehmenden politischen Repressalien in Vietnam geflohen waren, die sich insbesondere gegen Angehörige der chinesischen Volksgruppe richteten. Genaue Zahlen sind schwer zu ermitteln, doch liegt Schätzungen zufolge die Gesamtzahl der zwischen 1978 und 1997 eingereisten vietnamesischen Bootsflüchtlinge oberhalb von 400.000.[vii] Die Bootsflüchtlinge waren für das Leben in den USA weniger gut gerüstet. Im Allgemeinen waren sie schlechter ausgebildet und hatten einen mehr ländlichen Hintergrund als die 1975 angekommenen Flüchtlinge; wenige sprachen Englisch. Viele hatten unter der Verfolgung in Vietnam, den traumatischen Erlebnissen auf hoher See und den rauen Bedingungen in den Flüchtlingslagern in den südostasiatischen Staaten zu leiden gehabt, die ihre vorübergehende Anwesenheit nur widerwillig hingenommen hatten. Anders als bei der ersten Welle der Vietnamesen, die vielfach als Familien geflohen waren, handelte es sich bei einer großen Zahl der Bootsflüchtlinge zudem um allein stehende Männer.

Zu dem Zeitpunkt, als diese Gruppe Vietnamesen ankam, waren viele Amerikaner der Flüchtlinge zunehmend überdrüssig. Die einwanderungsfeindliche Stimmung, genährt durch die sich abschwächende Wirtschaft, führte in mehreren Städten zu Angriffen auf Vietnamesen. Die amerikanische Regierung stand ebenfalls nicht mehr entschlossen hinter dem Flüchtlingsprogramm. 1982 verkürzte die US-Administration den Zeitraum, in dem neu angekommene Flüchtlinge Unterstützung erhielten. Obwohl sich die Wirtschaft in einem noch schlechteren Zustand als 1975 befand, führte sie eine Reihe von Maßnahmen ein, die auf die möglichst zügige Eingliederung der Flüchtlinge in die Erwerbsbevölkerung zielten. Viele der Bootsflüchtlinge landeten in schlecht bezahlten Arbeitsverhältnissen, oftmals ohne ein Wort Englisch zu können. Dennoch war nach einer Studie aus dem Jahr 1985 die Fähigkeit südostasiatischer Flüchtlinge, selbst ihren Lebensunterhalt zu bestreiten, innerhalb von drei Jahren nach ihrer Ankunft mit denen anderer ethnischer Minderheiten in den USA vergleichbar.

Das 1979 eingeführte Programm zur ordnungsgemäßen Ausreise ermöglichte es den Vietnamesen, direkt von Vietnam in die USA auszuwandern. Es war ursprünglich für die Verwandten von bereits dort lebenden Flüchtlingen und jene Südvietnamesen konzipiert worden, die Verbindungen zur amerikanischen Regierung hatten. Später weitete die amerikanische Regierung das Programm auf Menschen amerikanisch-asiatischer Abstammung (vietnamesische Kinder von US-Truppenangehörigen) sowie ehemalige politische Gefangene und Insassen von Umerziehungslagern aus. Im Rahmen dieses Programms reisten zwischen 1979 und 1999 mehr als 500.000 Vietnamesen in die USA ein.

Viele von ihnen hatten große Probleme, sich in den USA ein neues Leben aufzubauen. Die ehemaligen politischen Gefangenen und Insassen von Umerziehungslagern waren bei ihrer Ankunft durch ihre Erfahrungen in Vietnam traumatisiert. Zudem waren sie älter als die meisten Boatpeople oder die Flüchtlinge des Jahres 1975. Es war schwieriger für sie, Arbeit zu finden. Wenn sie eine Stelle gefunden hatten, entsprach diese oft nicht ihrer früheren sozialen Stellung. All diese Faktoren zusammen erschwerten ihre wirtschaftliche und psychologische Anpassung. Insgesamt jedoch haben sich die über eine Million Vietnamesen, die sich in den USA ansiedelten, und vor allem die zweite Generation der Amerikaner vietnamesischer Abstammung gut eingefügt. Sie bilden heute einen integralen Bestandteil der amerikanischen Gesellschaft.

die irreguläre Ausreise unter Strafe. UNHCR wiederum startete eine Aufklärungskampagne in den Medien mit dem Ziel, potenzielle Asylsuchende mit den neuen regionalen Vereinbarungen vertraut zu machen, die nun auch die Rückführung abgelehnter Asylbewerber vorsahen.

Dem Umfassenden Aktionsplan wurde generell zugute gehalten, dass damit die Institution des Asyls in der Region wiederhergestellt wurde. Einige Experten sahen jedoch in derartigen Maßnahmen einen Verstoß gegen das Recht, das eigene Land zu verlassen, und stellten die Frage, ob UNHCR – auch stillschweigend – dies überhaupt hätte dulden dürfen.[16] Der Umfassende Aktionsplan steht auch für die frühe Anwendung eines Stichtages. Wer vor diesem Datum geflohen war, wurde automatisch für eine Ansiedlung im Ausland akzeptiert; die später Gekommenen mussten sich einer Prüfung der Flüchtlingseigenschaft unterziehen.

Der Erfolg der Konferenz im Jahre 1979 hing von den Zusagen der Aufnahmeländer ab, der Umfassende Aktionsplan jedoch von den Zusagen der Erstasyl- und der Herkunftsländer. Im Dezember 1988 – sieben Monate vor der Genfer Konferenz – unterzeichneten UNHCR und Vietnam eine Vereinbarung, nach der es freiwillige Rückkehrer wieder aufnehmen würde. Vietnam sicherte zu, die Rückkehrer für die Flucht nicht zu bestrafen, gleichsam das Programm zur ordnungsgemäßen Ausreise auszubauen und zu beschleunigen sowie UNHCR zu erlauben, die Situation der Heimkehrer zu überwachen und deren Reintegration zu erleichtern.

Es wurde behauptet, das Programm zur ordnungsgemäßen Ausreise hätte einen gewissen „Anreiz" ausgeübt und Personen erst dann ermutigt, das Land zu verlassen. Dies mag bei vielen so gewesen sein. Dennoch bot es jenen, die das Land verlassen wollten, einen legalen Weg. Selbst wenn dieser „Anreiz" wirklich bestanden hat, war er nur einer von vielen Faktoren, welche die Menschen zur Ausreise veranlassten. Nach Ansicht einiger Experten waren die USA und andere westliche Länder unter anderem aus folgendem Grund seit 1975 daran interessiert, die Ausreise zu fördern. Mit der Flucht der Menschen in der südlichen Hälfte Vietnams konnte der Welt ihre Unzufriedenheit mit der kommunistischen Machtübernahme demonstriert werden.[17]

Am 30. Juli 1989 verabschiedeten die Regierungen der USA und Vietnams eine gemeinsame Erklärung, dass sie sich über die Auswanderung ehemaliger politischer Gefangener und ihrer Familien geeinigt hatten. Danach nahm die Zahl der Teilnehmer am Programm zur ordnungsgemäßen Ausreise drastisch zu und erreichte 1992 mit 86.451 ihren Höchststand. Dazu zählten 21.500 ehemalige Insassen von Umerziehungslagern und deren Familienmitglieder sowie fast 18.000 Kinder amerikanisch-asiatischer Abstammung. Bei letzteren handelte es sich um Kinder amerikanischer Militärangehöriger, die in Vietnam gedient hatten. Insgesamt nahmen die USA über eine Million Personen vietnamesischer Staatsangehörigkeit auf [siehe Kasten 4.3].

Während der achtjährigen Umsetzung des Umfassenden Aktionsplans kehrten mehr als 109.000 Vietnamesen in ihr Herkunftsland zurück. Um ihnen bei der Reintegration zu helfen, erhielt jeder Rückkehrer von UNHCR eine Beihilfe zwischen 240 und 360 Dollar, die vom Ministerium für Arbeit, Kriegsversehrte und soziale Angelegenheiten in Raten ausbezahlt wurde. UNHCR gab zudem sechs Millionen Dollar für 300 im ganzen Land durchgeführte Kleinprojekte in den Bereichen Wasserwirtschaft,

Bildung und Infrastruktur aus. Im Bereich Beschäftigung und Beschaffung von Arbeitsplätzen wandte UNHCR sich an das Internationale Programm der Europäischen Gemeinschaft, das Rückkehrern wie auch Ortsansässigen mehr als 56.000 Darlehen zwischen 300 und 20.000 Dollar gewährte. Diese Darlehen erleichterten die Gründung von Kleinunternehmen erheblich. Sie wurden zu 88 Prozent zurückgezahlt.

80 Prozent der Rückkehrer gingen primär in die acht Küstenprovinzen, doch gab es Rückkehrer aus allen 53 Provinzen Vietnams vom Norden bis in den Süden. Die Beobachtertätigkeit von UNHCR war auch deshalb schwierig, weil schätzungsweise 25 Prozent der Rückkehrer nach ihrer Ankunft aus den Lagern in Vietnam mindestens einmal den Wohnort wechselten. Auf der Arbeitssuche zog es sie in Groß- und Kleinstädte. Die UNHCR-Mitarbeiter berichteten, dass die überwiegende Mehrzahl der Anfragen von Rückkehrern die wirtschaftliche Unterstützung betraf. Die Überprüfung habe keinerlei Hinweise dafür erbracht, dass Rückkehrer verfolgt wurden.[18]

Kambodschanische Flüchtlinge in Thailand

Unter den Asylländern in Südostasien nahm allein Thailand Angehörige aller drei indochinesischen Flüchtlingsgruppen auf. Die zahlenmäßig größte bildeten die Kambodschaner. Thailand war der Genfer Flüchtlingskonvention noch nicht beigetreten, das Land war aber im Juli 1975 bereit, eine Vereinbarung mit UNHCR zu unterzeichnen. Thailand sagte zu, mit dem Amt bei der Durchführung temporärer humanitärer Hilfsmaßnahmen für die Vertriebenen und bei der Suche nach dauerhaften Lösungen einschließlich der freiwilligen Rückkehr und der Weiterwanderung in Drittländer zusammenzuarbeiten. Das thailändische Kabinett hatte einen Monat zuvor festgelegt, dass die Neuankömmlinge in vom Innenministerium betriebenen Lagern untergebracht werden sollten. Diese Entscheidung war Ausdruck des ambivalenten, wenn nicht sogar widersprüchlichen Verhaltens, das sich später vielfach in der Politik und der Vorgehensweise des Landes gegenüber Flüchtlingen und Vertriebenen auf thailändischem Territorium widerspiegeln sollte. Sie besagte: „Sollten vertriebene Personen versuchen, in das Königreich einzudringen, werden Maßnahmen ergriffen, um sie schnellstmöglich aus dem Königreich zu vertreiben. Ist es nicht möglich, sie zurückzuschlagen, werden derartige Personen in Lagern inhaftiert."[19]

Am 17. April 1975 marschierten kommunistische Revolutionäre, die in Kambodscha jahrelang ihren eigenen bewaffneten Kampf geführt hatten, in die Hauptstadt Phnom Penh ein und machten sich daran, sie systematisch zu entvölkern. Das neue Regime der Roten Khmer des nun so genannten Demokratischen Kambodscha gab sich der Welt und sogar dem kambodschanischen Volk niemals voll zu erkennen. Sein undurchsichtiger Führer Pol Pot führte einen brutalen Feldzug, um das Land von ausländischen Einflüssen zu befreien und die landwirtschaftliche Autarkie zu erreichen.[20] Während der vierjährigen Herrschaft der Roten Khmer in Kambodscha evakuierte das Regime die größeren Städte, schaffte die Märkte und die Währung ab, hinderte buddhistische Mönche an der Ausübung ihrer Religion, vertrieb ausländische Einwohner und richtete im ganzen Land kollektivierte Arbeitslager ein.[21] Zum Zeitpunkt der vietnamesischen Invasion Anfang 1979 waren über eine Million Kambodschaner hingerichtet worden oder an Hunger, Krankheit oder Überarbeitung gestorben. Hunderttausende waren zu Binnenvertriebenen geworden.

Einer nicht unerheblichen Zahl von Kambodschanern gelang die Flucht aus dem Land. Diese war jedoch klein im Vergleich zur Zahl der Menschen, die das brutale Regime der Roten Khmer zu Binnenvertriebenen machte. Nach Schätzungen von UNHCR konnten zwischen 1975 und 1978 lediglich 34.000 Kambodschaner nach Thailand fliehen, während weitere 20.000 nach Laos und 170.000 nach Vietnam entkamen.[22] Als Anfang 1979 die Massenflucht aus Indochina einsetzte, kamen in Thailand nur relativ wenige vietnamesische Flüchtlinge an. Bis zur Jahresmitte hatte das Land aber widerstrebend 164.000 kambodschanische und laotische Flüchtlinge aufgenommen, die in von UNHCR geleiteten Lagern lebten. Als Folge der vietnamesischen Invasion, durch die das Regime der Roten Khmer gestürzt wurde, flohen nochmals Zehntausende Kambodschaner zur Ostgrenze Thailands. Nach dieser Invasion kam ein anderes kommunistisches Regime in der dann so genannten Volksrepublik Kambodscha an die Macht.

Im Juni 1979 versammelten thailändische Soldaten über 42.000 kambodschanische Flüchtlinge in Grenzlagern. Sie trieben sie den steilen Berghang bei Preah Vihear hinunter nach Kambodscha. In den Minenfeldern am Fuß des Abhangs starben mindestens mehrere hundert, vielleicht aber sogar mehrere tausend Menschen. Einen Tag nach dem Beginn dieser gewaltsamen Ausweisung forderte der Vertreter des Internationalen Komitees vom Roten Kreuz nachdrücklich und öffentlich, sie wieder aufzunehmen, woraufhin er des Landes verwiesen wurde. UNHCR schwieg aus Furcht vor thailändischen Gegenreaktionen. Dabei handelte es sich um den gravierendsten Fall einer völkerrechtswidrigen Massenabschiebung (*Refoulement*), mit der das Amt seit seiner Gründung zu tun hatte. Wie ein leitender Mitarbeiter später anmerkte, „muss der auffällige Verzicht von UNHCR auf förmliche oder öffentliche Proteste gegen die Massenabschiebung von Kambodschanern aus Thailand im Jahre 1979 als einer der Tiefpunkte in der Wahrnehmung seiner Schutzaufgaben angesehen werden".[23]

Vor diesem Hintergrund bemühte sich die im Juli 1979 in Genf stattfindende Konferenz um Ansiedlungszusagen von Drittländern, um den Druck auf Thailand zu verringern. Von den 1979/80 in Drittländern angesiedelten 452.000 Indochinesen kamen fast 195.000 aus Lagern in Thailand. Im Oktober 1979 kündigte Thailand an, seine Grenze für Kambodschaner öffnen zu wollen, die sich auf der Suche nach Nahrung und Sicherheit weiterhin jenseits der Grenze versammelt hatten. UNHCR wurde eingeladen, Lager (*holding centres*) für diese Neuankömmlinge einzurichten, die nicht vom Innenministerium, sondern von den Streitkräften überwacht werden sollten. Als Grund nannte die thailändische Regierung, dass „sich unter den nach Thailand fliehenden Kambodschanern eine gewisse Anzahl Kämpfer befindet. Um diese in sicheren Gebieten unter Kontrolle zu halten, muss das thailändische Militär einbezogen werden."[24]

UNHCR wandte nahezu 60 Millionen Dollar auf, um den Bedarf von bis zu 300.000 kambodschanischen Flüchtlingen zu decken, und richtete im Regionalbüro in Bangkok eine spezielle Kambodscha-Abteilung ein, die den Bau und die Verwaltung der Lager koordinieren sollte. Nie zuvor war UNHCR in dieser Form an Bau und Versorgung von

Flüchtlingslagern beteiligt gewesen. Eines der vielen Ergebnisse dieser operativen Rolle an der kambodschanischen Grenze war die Einrichtung einer Soforthilfe-Abteilung, der seit jener Zeit bei allen größeren Flüchtlingskrisen eine zentrale Rolle zukommt.

Anfang des Jahres 1980 befanden sich im größten Internierungslager Khao-I-Dang mehr als 100.000 Kambodschaner. Unter diesen Flüchtlingen gab es viele unbegleitete Minderjährige, die UNHCR und anderen Stellen ein besonderes Anliegen waren [siehe Kasten 4.4]. Durch die gelegentlich fragwürdigen Segnungen eines außergewöhnlichen Medieninteresses wurde Khao-I-Dang zumindest zeitweise zum „wahrscheinlich … am besten versorgten Flüchtlingslager der Welt", wie es ein Beobachter formulierte.[25] Es hatte damals mehr Einwohner als jede Stadt in Kambodscha. Im März 1980, als die Zahl der Bewohner mit 140.000 einen Höchststand erreichte, waren 37 NGOs in Khao-I-Dang tätig. In dieser Zahl spiegelte sich die Zunahme von deren Aktivitäten wider, die zu jener Zeit weltweit zu beobachten war.

Die thailändische Grenze blieb für die Kambodschaner nicht sehr lange geöffnet. Im Januar 1980, also nur drei Monate nach Bekanntgabe der Politik der „offenen Tür", machte die thailändische Regierung einen Rückzieher. Sie erklärte, in den Lagern würden keine Neuankömmlinge mehr aufgenommen. Neu eintreffende Kambodschaner würden zukünftig in grenznahen Lagern untergebracht und sollten auch nicht mehr in ein Drittland weiterwandern können.

Die Grenzlager

Von 1979 bis 1981 wurden die Hilfsmaßnahmen für die kambodschanischen Grenzlager von einer Gemeinsamen Mission unter Leitung des UN-Kinderhilfswerks UNICEF und des Internationalen Komitees vom Roten Kreuz koordiniert. Zum Ende des Jahres 1981 zog sich UNICEF offiziell als federführende UN-Organisation für das Grenzprogramm zurück. Dies geschah zum einen, um sich auf die Entwicklungshilfe innerhalb Kambodschas konzentrieren zu können, und zum anderen aus Protest gegen die zunehmende Militarisierung der Grenzlager, insbesondere durch das Wiedererstarken der Roten Khmer.

UNHCR war seit 1979 für Khao-I-Dang und weitere Internierungslager kambodschanischer Flüchtlinge zuständig, hatte es aber vermieden, in den Grenzlagern eine Rolle zu spielen. Ende 1979 hatte UNHCR angeboten, als federführende UN-Organisation an der Grenze zu fungieren. Die vom Amt gestellten Bedingungen – unter anderem der Abzug aller Soldaten und die Beseitigung aller Waffen aus den Lagern sowie deren Verlegung weg von der Grenze - wurden damals jedoch als unrealistisch eingestuft. Überdies hatten zumindest einige der internationalen Geber den Eindruck, UNHCR könnte eine derart umfangreiche und komplexe Krise nicht bewältigen.

Im Januar 1982 übernahm die neu ins Leben gerufene *United Nations Border Relief Operation* (UNBRO) die Koordination der Hilfsmaßnahmen. UNBRO hatte den klaren Auftrag, den Menschen humanitäre Hilfe zu leisten, die ins Niemandsland entlang der thailändisch-kambodschanischen Grenze geflohen waren. Sie hatte jedoch kein explizites Schutzmandat und nicht die Aufgabe, nach dauerhaften Lösungen für die Menschen in ihrer Obhut zu suchen.

Kasten 4.4 Indochinesische Unbegleitete Minderjährige

Als 1979 die kambodschanischen Flüchtlinge die thailändische Grenze überquerten, befand sich darunter ein hoher Anteil von Kindern und Heranwachsenden unter 18 Jahren, die anscheinend keine Verwandten besaßen. Diese Kinder wurden als „unbegleitete Minderjährige" oder [von ihren Eltern] „getrennte Kinder" bezeichnet. Von Anfang an wurde international dringend dazu aufgerufen, sie im Ausland anzusiedeln. Ihre Situation war jedoch kompliziert, und die Suche nach Lösungen für sie wurde zu einer kontroversen Angelegenheit.

Viele dieser Kinder waren Jahre zuvor zum Dienst in den Jugendbrigaden der Roten Khmer zwangsrekrutiert worden. Einige hatten ihre Familien aus den Augen verloren; andere wurden im Verlauf der Ereignisse nach der vietnamesischen Invasion in Kambodscha 1978 von ihnen getrennt. Noch andere waren echte Waisen, die beide Elternteile verloren hatten. Bei einer erheblichen Zahl der Kinder stellte es sich jedoch nach einer eingehenderen Befragung heraus, dass nahe Verwandte von ihnen in Kambodscha irgendwo in Grenznähe oder sogar im selben Lager lebten. Hier lag der Kern der Kontroverse. Daher warnte UNHCR im Dezember 1979 vor überstürzten Schritten in Richtung Weiterwanderung oder Adoption, solange nicht ausgiebige Anstrengungen unternommen worden waren, unbegleitete oder getrennte Kinder und deren überlebende Verwandte in Kambodscha oder in den Grenzlagern zusammenzuführen.

Im darauf folgenden Jahr erbrachte eine Untersuchung der norwegischen Organisation *Redd Barna* und anderer NGOs Beweise dafür, dass die Eltern vieler dieser Kinder noch lebten. Nach der Prüfung von über 2.000 Akten kam *Redd Barna* zu dem Schluss, dass mehr als die Hälfte der Kinder in den Lagern durch die Umstände von den Eltern getrennt worden war und nicht durch deren Tod. Einige Kinder nahmen aufgrund einer langen Trennung oder unbegründeter Gerüchte an, ihre Eltern seien tot. Andere gaben fälschlicherweise an, ihre Eltern seien gestorben, weil sie glaubten, der Status als „unbegleiteter Minderjähriger" würde ihre Ansiedlung in einem Drittland erleichtern. „Die Beweise legen nahe", schloss der Bericht von *Redd Barna*, „dass die meisten Eltern unbegleiteter Minderjähriger noch in Kambodscha leben und es daher ein beträchtliches Potenzial für die Familienzusammenführung gibt."[viii]

Im ersten Punkt erwies sich der Bericht als richtig, im zweiten hingegen als falsch. Das ganze nächste Jahrzehnt über ließ die Politik des Kalten Krieges alle Bemühungen zur Familienzusammenführung innerhalb Kambodschas scheitern. Mehrere hundert unbegleitete oder von ihren Eltern getrennte kambodschanische Kinder konnten schließlich mit Familienmitgliedern in den Grenzlagern zusammengeführt werden. Gleichwohl wurde die große Mehrheit von ihnen unabhängig von der Tatsache, ob sie dort Verwandte hatten oder nicht, in Drittländern angesiedelt.

Das Wohl des Kindes

Die Grundlage von Maßnahmen für unbegleitete oder getrennte Kinder bildet das Familien- und Fürsorgerecht. Es weist Eltern das Recht und die Pflicht zu, für ihre Kinder zu sorgen, bis sie die Volljährigkeit erreicht haben. Im Falle eines Kindes, dessen Eltern tot oder nicht auf-

---

Im Juni 1982 schlossen sich die beiden kambodschanischen nicht-kommunistischen Widerstandsgruppen, die gegen die vietnamesische Besatzung ihres Landes kämpften, mit den Streitkräften der Roten Khmer zusammen, die ebenfalls in den Grenzlagern untergetaucht waren. Sie bildeten die aus drei Parteien bestehende Koalitionsregierung des Demokratischen Kambodscha (*Coalition Government of Democratic Kampuchea* – CGDK). Die CGDK behielt den kambodschanischen Sitz in der UN-Vollversammlung und verfügte über eine Reihe von Lagern entlang der thailändischen Grenze, die ihr als Stützpunkte dienten. Während des gesamten Jahrzehnts konnte sie so einen ständigen politischen und militärischen Druck auf Phnom Penh ausüben. Der sich anschließende Bürgerkrieg trug neue Wellen der Gewalt in die Lager.

Zwischen 1982 und 1985 leistete das UNBRO-Personal Unterstützung bei mehr als 95 Evakuierungen von Lagern aus dem Grenzgebiet, von denen 65 unter Granatbeschuss stattfanden.[26] Die Vietnamesen erreichten mit einer Offensive in der Trockenzeit

findbar sind, besteht international einheitlich das Prinzip, „das Wohl des Kindes" zu fördern. Dazu sollte dem Kind vorübergehend Sicherheit und Fürsorge geboten werden. Gleichzeitig sollte versucht werden, es mit einem Familienmitglied zusammenzuführen oder einen anderen verantwortlichen Erwachsenen zu finden, der es in Pflege nimmt.

Was jedoch passiert, wenn das Prinzip der „Einheit der Familie" sich nicht mehr mit dem „Wohl des Kindes" deckt, wie es in Indochina sehr oft vorgekommen ist? Etwa sieben Prozent aller Vietnamesen, die in Erstasylland erreichten, waren unbegleitete Minderjährige. Einige waren in den chaotischen Kriegsjahren von den anderen Familienmitgliedern getrennt worden oder hatten ihre Eltern bei der Überfahrt über das Meer verloren. Bei vielen Kindern war die Trennung von den Eltern allerdings eine vorsätzliche Handlung. Bis zu einem Drittel floh weniger vor politischer Unterdrückung als vor zerrütteten Familienverhältnissen. In anderen Fällen schickten die Eltern ihre Kinder in der Hoffnung fort, ihnen eine Ausbildung und ein besseres Leben im Westen zu sichern.

Als in den siebziger und achtziger Jahren praktisch allen vietnamesischen Bootsflüchtlingen *prima facie* die Flüchtlingseigenschaft zuerkannt wurde, konzentrierte sich die Debatte über die unbegleiteten Minderjährigen darauf, wie sie in den Erstasyllagern am besten geschützt und danach erfolgreich in einem Drittland angesiedelt werden könnten. Mit der Einführung regionaler Verfahren zur Prüfung der Flüchtlingseigenschaft wurde die Frage der Rückführung und der Rückkehr der Minderjährigen zu ihren Familien in Vietnam zum zentralen Problem.

1989 richtete UNHCR in allen Erstasylländern Sonderausschüsse ein, die im Einzelfall entscheiden sollten, welche Lösung dem Wohl des jeweiligen unbegleiteten Minderjährigen diente. Zu den Mitgliedern dieser Ausschüsse zählten Vertreter der Regierung des Aufnahmelandes, von UNHCR und anderer Stellen mit Erfahrungen in der Kinderfürsorge. UNHCR bestand auf einer raschen Bearbeitung, weil das Amt davon ausging, dass für unbegleitete Minderjährige ein länger währender Lageraufenthalt potenziell noch schädlicher als für Erwachsene oder von Familienmitgliedern begleitete Kinder war. Dennoch warteten im November 1990 in der Region 5.000 unbegleitete Minderjährige auf eine Entscheidung. Die Einzelfallprüfung wurde deshalb heftig kritisiert. Mehr als eine NGO beschuldigte UNHCR, einseitig die Rückführung zu favorisieren und zu diesem Zweck den Verfahrensgang unbegründet zu verzögern.

Fast ein Drittel der unbegleiteten Minderjährigen wurden bei der Prüfung ihrer Flüchtlingseigenschaft für die Ansiedlung in einem Drittland empfohlen. Für sie begann ein neues Leben. Die für die Rückführung Empfohlenen blieben meist in den Lagern. Die Einzelfallprüfung bedeutete in der Praxis, dass viele Minderjährige länger warten mussten als alle anderen. Ende 1993 hatten über 2.600 Minderjährige die Altersgrenze von 16 Jahren in den Lagern überschritten. Sie unterlagen dadurch dem normalen Verfahren für Erwachsene zur Prüfung der Flüchtlingseigenschaft.

1984/85, dass die meisten Behelfslager aus dem kambodschanischen Grenzgebiet auf thailändisches Territorium verlegt werden mussten. Sie verblieben jedoch unter UNBRO-Obhut, wurden von der CGDK verwaltet, und ihre Insassen hatten keinen Zugang zur Weiterwanderung in Drittländer im Westen. Nach der offiziellen Schließung der Grenze und der Lager für Neuankömmlinge im Jahre 1980 wurde Khao-I-Dang für viele Kambodschaner im Grenzgebiet zu einer Art „gelobtem Land", einem Zufluchtsort frei von Granatfeuer und Zwangsrekrutierung, in dem es zumindest eine Möglichkeit des Entkommens gab, wie gering sie auch sein mochte. Khao-I-Dang hatte jedoch seine eigenen speziellen Schutzprobleme. Wer in das Lager wollte, wurde durch Schmuggler ausgebeutet oder musste Bestechungsgelder an Sicherheitskräfte zahlen. Hatten diese „Illegalen" es erst einmal betreten, mussten sie oft jahrelang unter Einschüchterung, Ausbeutung und der Gefahr der Entdeckung leiden, bevor sie registriert wurden und die Gelegenheit zur möglichen Weiterwanderung erhielten.

Kambodschanische Kinder in einem Lager in Aranyaprathet (Thailand). Soldaten der Roten Khmer zwangen die Menschen mit vorgehaltener Waffe, Städte und Dörfer zu verlassen. Zehntausenden blieb nur die Flucht. (UNHCR/Y. HARDY/1978)

UNHCR verwaltete weiterhin Khao-I-Dang, verhandelte aber auch weiter über eine organisierte freiwillige Rückkehr nach Kambodscha; dies geschah jedoch mehr oder weniger erfolglos. Je stärker die Widerstandsgruppen wurden, desto schwieriger wurde eine Verlegung aus dem Grenzgebiet ins Innere Kambodschas. Ein Beobachter:

Nicht nur, dass die Vietnamesen und die Regierung der PRK [People's Republic of Kampuchea, Volksrepublik Kambodscha] die kambodschanische Seite der Grenze vermint hatten: Aus Sicht der PRK waren die Menschen in den Lagern zwangsläufig Anhänger der Widerstandsgruppen. Die Lagerbewohner befürchten daher, im Falle der Rückkehr als Verräter angesehen und verfolgt zu werden. Aus Vertriebenen wurden Flüchtlinge. Gleichzeitig haben die politisch-militärischen Gruppen zunehmend die Kontrolle über die Lagerbevölkerung und die Grenzposten zu Kambodscha gewonnen. Hierdurch ist es für die Menschen sehr schwierig, nach Kambodscha zurückzukehren, sollten sie dies wollen.[27]

Im September 1980 hatte UNHCR ein kleines, mit zwei Personen besetztes Büro in Phnom Penh eröffnet und die Einrichtung eines Programms zur humanitären Unterstützung kambodschanischer Rückkehrer bekannt gegeben. Deren potenzielle Zahl wurde damals auf 300.000 (einschließlich 175.000 Rückkehrern aus Thailand) geschätzt. Das Programm sollte die Bereitstellung von grundlegender Nahrungsmittelhilfe, Saatgut, Werkzeugen und Haushaltswaren für Rückkehrer in den fünf Grenzprovinzen umfassen. Wie sich herausstellte, erfolgte dieser Versuch ein Jahrzehnt zu früh. Trotz jahrelanger Gespräche konnte UNHCR keine gemeinsame Grundlage zwischen Bangkok und Phnom Penh herstellen, sodass die geplanten organisierten Rückführungen aus den thailändischen Grenzlagern erst gar nicht stattfanden. Zwischen 1981 und 1988 kehrte lediglich ein einziger kambodschanischer Flüchtling offiziell aus einem UNHCR-Lager zurück.[28]

Bei einem Treffen in Paris im August 1989 gelang es den vier rivalisierenden Gruppen aus dem nunmehr Kambodscha genannten Land nicht, einen Durchbruch bei ihrer Suche nach einer umfassenden Lösung zur Konfliktbeilegung zu erzielen.[29] In einem Punkt wurde man sich allerdings einig: Die kambodschanischen Flüchtlinge in Thailand und die Kambodschaner an der thailändischen Grenze, insgesamt etwa 306.000 Menschen, sollten sicher und freiwillig nach Hause zurückkehren dürfen, falls es zum Abschluss eines Friedensvertrages käme. Der Abbruch der Pariser Gespräche ließ diese Aussicht jedoch zweifelhaft erscheinen. Kurze Zeit später, im September 1989, stürzte der Rückzug der restlichen 26.000 vietnamesischen Soldaten Kambodscha neuerlich in den Bürgerkrieg. In die Grenzregionen strömten die Opfer einer weiteren Fluchtwelle.

Schließlich wurde im Oktober 1991 in Paris ein von den Vereinten Nationen unterstütztes Abkommen unterzeichnet. Es sah unter anderem vor, dass die Vereinten Nationen eine Übergangsverwaltung stellen sollten, bis Wahlen durchgeführt waren. Dies geschah mit der Entsendung der UN-Übergangsverwaltung in Kambodscha (*United Nations Transitional Authority in Cambodia* – UNTAC) [siehe Kapitel 6]. Dem Abkommen zufolge sollten die Gruppen ferner ihre Truppen entwaffnen und zu 70 Prozent demobilisieren, ihre politischen Gefangenen freilassen, ihre „Zonen" für internationale Inspektionen und zur Wählerregistrierung öffnen und allen nach Thailand vertriebenen kambodschanischen Flüchtlingen erlauben, rechtzeitig zurückzukehren, um sich registrieren zu lassen und wählen zu können. Zum Zeitpunkt der Unterzeichnung des Abkommens gab es in den UNBRO-Grenzlagern in Thailand über 353.000 Flüchtlinge und innerhalb Kambodschas weitere 180.000 Binnenvertriebene. Wie es das Friedensabkommen vorsah, übernahm UNHCR im November 1991 von der UNBRO die Verantwortung für die Grenzlager und begann mit den Planungen für die Rückführung.

Von März 1992 bis Mai 1993 koordinierte UNHCR die Rückführungsbemühungen, die in der erfolgreichen Schließung der Grenzlager und dem sicheren Transport von mehr als 360.000 Menschen zurück nach Kambodscha rechtzeitig vor den Wahlen kulminierten. Am 3. März 1993 verließ der letzte Konvoi mit 199 Rückkehrern Khao-I-Dang. Das am 21. November 1979 eröffnete Lager wurde offiziell geschlossen. In seiner Rede bei den Schließungsfeierlichkeiten nannte der UNHCR-Sondergesandte Sergio Vieira de Mello das Lager Khao-I-Dang ein „mächtiges und tragisches Symbol" des kambodschanischen Exodus und der internationalen humanitären Reaktion darauf. „Das Hauptziel und schließlich der Erfolg" von UNHCR, sagte er, hätten darin bestanden, „ein Lager zu schaffen, das neutral war, in dem Menschen aller politischen Bindungen Zuflucht suchen konnten". Gleichzeitig, so merkte Vieira de Mello an, „wurde Khao-I-Dang das Tor zur Ansiedlung in Drittländern".[30] Von 1975 bis 1992 wurden über 235.000 kambodschanische Flüchtling von Thailand aus in Drittländern angesiedelt, davon 150.000 in den USA. Die meisten von ihnen waren durch die Tore von Khao-I-Dang gegangen.

Laotische Flüchtlinge in Thailand

Als im Mai 1975 der Sieg der Kommunisten in Laos abzusehen war, brachten amerikanische Transportflugzeuge rund 2.500 Hmong von ihrem Stützpunkt in den Bergen von Laos nach Thailand. Die Hmong waren eine in den Bergen lebende Minderheit. Sie hatten während des Krieges in Laos die USA unterstützt. Dabei waren 20.000 ihrer Soldaten im Kampf gefallen, 50.000 nicht zu den Kämpfern gehörende Personen getötet oder verwundet und weitere 120.000 von ihren Wohnsitzen vertrieben worden.[31] Viele entschlossen sich, nicht auf ein neues politisches Regime zu warten, sondern über den Mekong zu fliehen. Als im Dezember 1975 die Demokratische Volksrepublik Laos offiziell ausgerufen wurde, gab es in Thailand 54.000 laotische Flüchtlinge, von denen fast 10.000 der Hmong-Volksgruppe angehörten.

Ein für Laos und Thailand zuständiger UNHCR-Mitarbeiter meinte über die Hmong-Flucht: „Dass die große Mehrheit der Hmong-Flüchtlinge wegen der tief sitzenden Furcht vor Repressalien oder Verfolgung durch das neue Regime geflohen ist, steht außer Frage ... [aber] es gibt außerdem wirtschaftliche Gründe für die Hmong, Laos zu verlassen und dies zu diesem Zeitpunkt zu tun." Abgesehen davon, dass durch die Bombardierung und Entlaubung während des Krieges große Flächen der Bewirtschaftung entzogen worden waren, spielte auch ein anderer Grund eine Rolle:

Eine sehr große Zahl von Hmong-Familien hing zunehmend von den von Flugzeugen abgeworfenen Nahrungsmitteln, der Nahrungsmittelverteilung in den Zentren oder dem von den erwachsenen Männern verdienten Sold ab. ... Als 1975 die anderen Möglichkeiten zum Bestreiten des Lebensunterhalts plötzlich nicht mehr bestanden, sahen sich Zehntausende Hmong nicht nur mit der Furcht vor der Rache des Feindes konfrontiert, sondern auch mit verschärfter Ressourcenknappheit. ... Wären sie in Laos geblieben, hätten sie kaum die Möglichkeit gehabt, einer großen Hungersnot zu entgehen.[32]

Indochinesische Neuankömmlinge nach Erstasylland oder -gebiet, 1975 - 1995

Grafik 4.3

Erstasylland/-gebiet	1975 - 1979	1980 - 1984	1985 - 1989	1990 - 1995	Kumuliert 1975 - 1995
Vietnamesische Boat People					
Hongkong	79.906	28.975	59.518	27.434	195.833
Indonesien	51.156	36.208	19.070	15.274	121.708
Japan	3.073	4.635	1.834	1.529	11.071
Republik Korea	409	318	621	0	1.348
Macáo	4.333	2.777	17	1	7.128
Malaysia	124.103	76.205	52.860	1.327	254.495
Philippinen	12.299	20.201	17.829	1.393	51.722
Singapur	7.858	19.868	4.578	153	32.457
Thailand	25.723	52.468	29.850	9.280	117.321
Andere	2.566	340	321	0	3.227
Summe der Boat People	311.426	241.995	186.498	56.391	796.310
Thailand (auf dem Landweg eingetroffen)	397.943	155.325	66.073	20.905	640.246
Kambodschaner	171.933	47.984	12.811	4.670	237.398
Laoten	211.344	96.224	42.795	9.567	359.930
Vietnamesen	14.666	11.117	10.467	6.668	42.918
Insgesamt (Boat People und auf dem Landweg eingetroffene Flüchtlinge)	709.369	397.320	252.571	77.296	1.436.556*

* Darüber hinaus trafen nach 1975 2.163 Kambodschaner in Indonesien, Malaysia und den Philippinen ein.

Während eines Besuches in Laos im September 1975 hatte der Hohe Flüchtlingskommissar Sadruddin Aga Khan mit der laotischen Regierung vereinbart, „bei der Unterstützung der laotischen Flüchtlinge zusammenzuarbeiten, die so bald wie möglich in ihr Herkunftsland zurückkehren wollen".[33] Im folgenden Jahr einigte sich Laos mit der thailändischen Regierung, die Rückkehr der Flüchtlinge zu akzeptieren. Trotz Zusagen von UNHCR, den Transport zu bestreiten und Reintegrationshilfe zu leisten, kam es jedoch erst 1980 zu einer Rückführung, an der 193 Tiefland-Laoten teilnahmen.

Im Oktober 1975 hatte UNHCR eine Vertretung in der laotischen Hauptstadt Vientiane eröffnet. Bis Ende 1977 hatte das Büro Tausenden von Menschen geholfen, an ihre Wohnsitze zurückzukehren und ihnen Nahrungsmittelhilfe und Ausrüstung für die Landwirtschaft zur Verfügung gestellt.[34] Nach einem Besuch des Hohen Flüchtlingskommissars Poul Hartling im September 1978 stellte UNHCR jedoch alle weiteren Aktivitäten für die Vertriebenen innerhalb von Laos ein. Stattdessen kündigte das Amt die „Verlagerung der UNHCR-Aktivitäten in die an Thailand grenzenden Provinzen insbe-

Dauerhafte Ansiedlung indochinesischer Flüchtlinge nach Ansiedlungsland, 1975 - 1995

Grafik 4.4

Ansiedlungsland	Kambodschaner	Laoten	Vietnamesen	Insgesamt 1975 - 1995
Australien	16.308	10.239	110.996	137.543
Belgien	745	989	2.051	3.785
Dänemark	31	12	4.682	4.725
BR Deutschland	874	1.706	16.848	19.428
Finnland	37	6	1.859	1.902
Frankreich	34.364	34.236	27.071	95.671
Großbritannien	273	346	19.355	19.974
Japan	1.061	1.273	6.469	8.803
Kanada	16.818	17.274	103.053	137.145
Neuseeland	4.421	1.286	4.921	10.628
Niederlande	465	33	7.565	8.063
Norwegen	128	2	6.064	6.194
Schweden	19	26	6.009	6.054
Schweiz	1.638	593	6.239	8.470
Vereinigte Staaten*	150.240	248.147	424.590	822.977
Andere	8.063	4.688	7.070	19.821
Insgesamt	**235.485**	**320.856**	**754.842**	**1.311.183**

* Ohne Teilnehmer am Programm zur ordnungsgemäßen Ausreise (Orderly Departure Programme - ODP)

Thailand: UNHCR-Flüchtlingslager für Laoten, Kambodschaner und Vietnamesen in den 80er und 90er Jahren   Karte 4.2

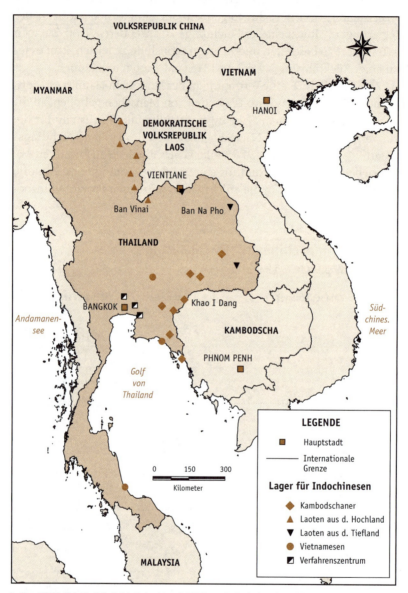

Quellen: UNHCR, Global Insight digitale Kartendaten -©1998 Europa Technologies Ltd., Chulalongkom Univerity

sondere im Süden des Landes" an, um „den Exodus von Personen zu verhindern, die wegen wirtschaftlicher Schwierigkeiten und chronischer Nahrungsmittelknappheit in einigen Gebieten möglicherweise Laos verlassen möchten".[35]

Obwohl der Exodus der Tiefland-Laoten langsam eingesetzt hatte, verzeichneten die Flüchtlingslager bis 1978 über 48.000 Ankömmlinge in Thailand. Ein Teil der Laoten war aus Angst geflohen, in Umerziehungslager eingesperrt zu werden, andere wegen des Verlusts der politischen, wirtschaftlichen und religiösen Freiheit. UNHCR und thailändische Behördenvertreter nahmen jedoch auch an, dass viele Tiefland-Laoten wegen der wirtschaftlichen Probleme in Laos und der Aussicht auf baldige Weiterwanderung in westliche Drittländer geflohen waren.

Im Januar 1981 eröffnete Thailand ein neues Lager für Tiefland-Laoten, Na Pho, und brachte alle Neuankömmlinge dort unter. Die Leistungen im Lager waren eingeschränkt, die Rationen reichten gerade zum Überleben, und Weiterwanderungsmöglichkeiten wurden nicht gewährt.[36] Die von Thailand als „menschliche Abschreckung" bezeichnete Politik, die Grenzen offen zu halten, hingegen die Türen zur Weiterwanderung zu verschließen und die Annehmlichkeiten in den Lagern einzuschränken, hatten anscheinend einen Einfluss auf den Exodus der Tiefland-Laoten. Die Zahl der in Drittländern übernommenen Laoten ging von 75.000 im Jahre 1980 bis 1982 auf etwa 9.000 zurück. Im gleichen Zeitraum sank die Zahl der ankommenden Tiefland-Laoten von 29.000 auf 3.200.

Als 1983/84 wieder mehr Laoten eintrafen, beschloss Thailand, es mit einem anderen Ansatz zu versuchen. Am 1. Juli 1985 kündigte die thailändische Regierung an, zukünftig an der Grenze Verfahren zur Prüfung der Flüchtlingseigenschaft durchzuführen: Laotische Neuankömmlinge hätten sich in sämtlichen neun Grenzprovinzen in Büros des Prüfungsausschusses zu einer Befragung durch Einwanderungsbeamte zu melden. UNHCR-Rechtsexperten konnten diesen Befragungen als Beobachter beiwohnen. Anerkannte Flüchtlinge wurden in das Hmong-Lager Ban Vinai oder nach Na Pho, dem Lager für Tiefland-Laoten, geschickt. Bei jenen, deren Anträge abgelehnt wurden, erhielt UNHCR die Gelegenheit zum Einspruch, bevor sie bis zur Rückführung nach Laos inhaftiert wurden.

Ende 1986 berichtete UNHCR, dass von rund 7.000 überprüften Laoten zwei Drittel als Flüchtlinge anerkannt worden waren, was die ursprünglichen Erwartungen übertraf. Die Überprüfung zeigte aber auch, dass sich unter den Antragstellern kaum Hmong befanden. Berichte von der Grenze deuteten darauf hin, dass in der Tat mehrere hundert Hmong 1986 zurückgewiesen worden waren. Anfang 1988 entschärfte sich die Position der thailändischen Regierung gegenüber den Hmong ein wenig, vermutlich beeinflusst durch die Zusage der USA, mehr Weiterwanderungsplätze für Hmong bereitzustellen. Von 1985 bis 1989 überprüften die thailändischen Beamten etwa 31.000 Laoten, von denen 90 Prozent die Rechtsstellung von Flüchtlingen zugestanden wurde.

Nach dem Umfassenden Aktionsplan sollten die Regierungen von Thailand und Laos sowie UNHCR die Verhandlungen mit dem Ziel beschleunigen, „die sichere Ankunft und den Zugang zum Prüfungsverfahren für Laoten zu gewährleisten, die Verfahren für die Rückkehr der Abgelehnten und die freiwillige Rückkehr ... unter sicheren, humanen und von UNHCR überwachten Bedingungen ... zu beschleunigen und zu vereinfachen".[37] Bis Ende 1990 hatten UNHCR und das thailändische Innenministerium neue Verfahren entsprechend jenen ausgearbeitet, die regional für vietnamesische Asylsuchende verwendet wurden. UNHCR-Mitarbeiter durften den Befragungen beiwohnen, den Antragstellern selbst Fragen stellen und Einspruch gegen Entscheidungen des thailändischen Prüfungsausschusses einlegen. Insgesamt wurden von Oktober 1989 bis Ende 1996 10.005 Laoten befragt, von denen 49 Prozent die Rechtsstellung von Flüchtlingen erhielten und 45 Prozent abgewiesen wurden. Die übrigen Fälle waren zu dem Zeitpunkt noch anhängig oder wurden anderweitig abgeschlossen. Ein Grund für den Rückgang der Anerkennungsquote lag in der Tatsache, dass die thailändischen Einwanderungsbeamten die Anwesenheit naher Verwandter in einem Weiterwanderungsland nicht mehr als ausreichenden Grund für die Anerkennung ansahen.

Bis 1993 wurden alle Flüchtlingslager für Laoten mit Ausnahme von Na Pho geschlossen. Die Hauptaufgaben für UNHCR lagen auf der thailändischen Seite der Grenze darin, die Menschen zur Rückkehr nach Hause zu überreden, und auf der laotischen Seite, ihnen bei der Reintegration zu helfen. Obwohl die Betonung auf einer freiwilligen Rückkehr lag, kamen die laotische und die thailändische Regierung 1991 überein, dass „die im Prüfungsverfahren Abgelehnten ohne Anwendung von Gewalt in Sicherheit und Würde zurückgeführt werden".[38]

Ende 1995 lag die Zahl der von Thailand nach Laos Zurückgekehrten insgesamt bei etwas mehr als 24.000. Von diesen waren 80 Prozent in Thailand die Flüchtlingseigenschaft zugesprochen worden. Sie waren deshalb zur Rückkehr nicht verpflichtet, sondern gingen freiwillig zurück. Etwa 4.400 Rückkehrer (die meisten davon Hmong) waren abgelehnte Asylbewerber. Schätzungsweise 12.000 bis 20.000 Laoten waren zudem seit 1980 auf eigene Initiative aus den Lagern in Thailand zurückgekehrt.

Alle Rückkehrer erhielten das gleiche Standard-Hilfspaket, Bargeld im Gegenwert von 120 Dollar sowie Reis für 18 Monate. Als weitere Unterstützung wurden vor der Ausreise aus Thailand unter anderem landwirtschaftliche Geräte und Werkzeuge, Saatgut und Moskitonetze bereitgestellt. Darüber hinaus bekam jede Rückkehrerfamilie, die sich in einer der Siedlungen in ländlichen Gebieten niederließ, ein Stück Land für ein Haus, ein bis zwei Hektar Land zur Bewirtschaftung und Baumaterial. In den meisten von UNHCR finanzierten ländlichen Siedlungen wurden zudem die Wasserversorgung angelegt sowie Straßen und Grundschulen gebaut. 1996 berichteten UNHCR-Beobachter, dass „die Sicherheit der Rückkehrer kein Problem in Laos ist. Viele Rückkehrer machen sich jedoch Sorgen darum, wie sie ihr Leben neu gestalten und ihre Familien ernähren sollen."[39]

Indochina als Wendepunkt

Während der fast 25 Jahre dauernden Flucht und Vertreibung in und aus Indochina flohen mehr als drei Millionen Menschen aus ihren Herkunftsländern. Von ihnen fanden etwa 2,5 Millionen anderswo eine neue Heimat; eine halbe Million kehrte zurück. Im Verlauf dieser Massenfluchtbewegungen konnten mit Blick auf internationale Bemühungen zur Lösung von Flüchtlingsproblemen viele neue Erkenntnisse gewonnen werden. Auf der positiven Seite kann auf die außergewöhnliche Hilfsbereitschaft der Aufnahmeländer in der ganzen Welt und auf die Tatsache verwiesen werden, dass

Kambodscha, Laos und Vietnam letzten Endes doch Rückführungs- und Wiedereingliederungsprogramme akzeptierten. Innovative Reaktionsmöglichkeiten wurden auch mit dem Programm für ordnungsgemäße Ausreise und den Anti-Piraterie- und Seenotrettungsmaßnahmen gefunden. Vor der Krise waren die meisten Länder der Region noch nicht Vertragsstaaten der Genfer Flüchtlingskonvention von 1951. Seitdem sind China, Japan, Kambodscha, Südkorea, Papua-Neuguinea und die Philippinen der Konvention beigetreten.

Auf der negativen Seite stehen die zahllosen Menschen, die auf See ertrunken sind oder in anderer Weise durch Piratenangriffe, Vergewaltigung, Beschuss oder Langzeitinhaftierung unter unmenschlichen Bedingungen ihr Leben gelassen oder darunter gelitten haben. Wie der Hohe Flüchtlingskommissar Jean-Pierre Hocké 1989 anmerkte, war allzu oft die Wachsamkeit nicht groß genug und die internationale Solidarität ermüdet oder ganz zusammengebrochen.[40]

Bei der Konferenz über die Indochinaflüchtlinge im Jahre 1979 konnten eine allgemeine internationale Anteilnahme und das Bekenntnis zum Flüchtlingsschutz erreicht werden. Sie war aber auch Auslöser für das Konzept des „Erstasyls", bei dem das Schutzversprechen des einen Landes durch das Ansiedlungsangebot eines anderen erkauft wird. Wie ein ehemaliger UNHCR-Mitarbeiter bemerkte, erwiesen sich die zwei von den Erfahrungen in Indochina übrig gebliebenen Konzepte der internationalen Lastenverteilung und des zeitlich beschränkten Asyls „als zwiespältiges Vermächtnis. Beide lassen sich sowohl zu großem humanitären Gewinn als auch als einfache Ausrede benutzen, um sich der Verantwortung zu entledigen und Vorwürfe zu vermeiden".[41]

Es wurde behauptet, dass die Konferenz von 1989 nicht nur für eine bedeutende Änderung der Politik gegenüber den vietnamesischen Asylsuchenden stand, sondern auch einen Wendepunkt in der Herangehensweise westlicher Länder an Flüchtlingsprobleme darstellte. Wie die Krisen der neunziger Jahre nur zu deutlich zeigen sollten, waren die Länder des Westens nicht mehr bereit, sich zur uneingeschränkten Ansiedlung von Flüchtlingen aus ihren Erstasylländern als dauerhafter Lösung zu bekennen. Selbst UNHCR-intern wurde 1994 in einer Beurteilung angeführt, das „die Enttäuschung im Bereich der Weiterwanderung" durch die Erfahrungen in Indochina „negative Auswirkungen auf die Fähigkeit von UNHCR hatte, wirksam entsprechende Aufgaben wahrnehmen zu können".[42]

Zu Beginn des neuen Jahrhunderts ist vielleicht die zeitliche Distanz vorhanden, auf die Erfahrungen von UNHCR mit den Indochinaflüchtlingen zurückzuschauen und zu erkennen, dass nicht die Ansiedlung in Drittländern das Problem war. Für sich allein war sie jedoch auch keine Lösung. Was bleibt, ist die Erkenntnis, dass die internationale Gemeinschaft und UNHCR sich über einen langen und problematischen Zeitraum bemüht haben, eine Kombination verschiedener Lösungen zu finden, die letztendlich ein relativ menschenwürdiges Ende der Krise ermöglichte.

5 Stellvertreterkriege in Afrika, Asien und Mittelamerika

Die achtziger Jahre waren durch erhöhte Spannungen im Rahmen des Kalten Krieges und weltweite Stellvertreterkriege in Entwicklungsländern gekennzeichnet. In diesem Jahrzehnt griffen die Supermächte in lokale Konflikte ein, die von geringem Ausmaß und kurzer Dauer hätten sein können, stattdessen jedoch eskalierten und zu umfassenden Fluchtbewegungen führten. In diesem Kapitel stehen drei Regionen im Mittelpunkt, in denen es zu großen Flüchtlingskrisen kam: das Horn von Afrika, Afghanistan und Mittelamerika. UNHCR spielte bei der Reaktion der internationalen Staatengemeinschaft eine wichtige Rolle.

Am Horn von Afrika zwang eine Serie von Kriegen, deren Auswirkungen durch Hungersnöte verschärft wurden, zu unterschiedlichen Zeiten Millionen Menschen zur Flucht. Mehr als sechs Millionen Afghanen suchten in den angrenzenden Ländern Zuflucht. In Mittelamerika führten drei separate Kriege zur Vertreibung von mehr als zwei Millionen Menschen.

Diese Flüchtlingskrisen stellten sowohl die Aufnahmeländer als auch die internationale Gemeinschaft vor große Herausforderungen. UNHCR musste zum ersten Mal bei mehreren großen Flüchtlingskrisen auf drei verschiedenen Kontinenten gleichzeitig reagieren. Das Amt stand wegen der Einmischung der Supermächte zudem unter besonderem Druck. Praktisch die gesamte Finanzierung von UNHCR erfolgte durch westliche Geber, und auch ein Großteil seines Personals stammte aus westlichen Ländern. Viele der großen Flüchtlingsbevölkerungen der achtziger Jahre flohen vor kommunistischen oder sozialistischen Regierungen. Der Westen verfolgte deshalb bei der Bereitstellung von Mitteln für die Programme von UNHCR auch geopolitische Interessen. Die Länder des Warschauer Pakts hingegen sahen die Vereinten Nationen im Wesentlichen als pro-westlich an. Die Folge war, dass sie weder politisch noch personell oder finanziell unterstützt wurden.

Mit der Ausweitung der Flüchtlingskrisen in den achtziger Jahren wuchs auch der Etat von UNHCR erheblich an. 1975 gab es weltweit 2,8 Millionen Flüchtlinge, und der Etat des Amtes lag bei etwa 76 Millionen Dollar. Ende der achtziger Jahre war die weltweite Flüchtlingsbevölkerung auf fast 15 Millionen angewachsen. Das UNHCR-Budget war auf mehr als 580 Millionen Dollar gestiegen. In dieser Zeit leistete das Amt weitaus mehr Hilfe als je zuvor. Eine der schwierigsten Aufgaben stellte die Verwaltung großer Flüchtlingslager dar. Wie zuvor in Indochina war dabei die Anwesenheit bewaffneter Elemente ein erhebliches Problem.

Die Flüchtlingsbewegungen in den drei Regionen waren nicht die einzigen, die in den achtziger Jahren stattfanden. In zahlreichen anderen Ländern kam es ebenfalls zu

Afghanische Flüchtlinge Anfang der achtziger Jahre in der nordwestlichen Grenzprovinz von Pakistan. (M. KOBAYASHI/1983)

Flüchtlingsbevölkerungen in Äthiopien, Kenia, Somalia und dem Sudan, 1982 - 1999 — Grafik 5.1

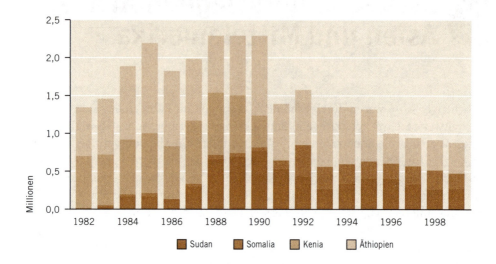

massiven Fluchtbewegungen. So flohen beispielsweise Zehntausende von Menschen aus Sri Lanka nach Indien, aus Uganda in den Südsudan, aus Angola nach Sambia und Zaire sowie aus Mosambik in sechs benachbarte Länder [siehe Kasten 5.2]. UNHCR war überall an den Maßnahmen zum Schutz und zur Unterstützung der Flüchtlinge beteiligt.

Krieg und Hunger am Horn von Afrika

Ende der siebziger und Anfang der achtziger Jahre war das Horn von Afrika Schauplatz zahlreicher großer Flüchtlingsbewegungen. Kriege, Hungersnöte und Massenflucht erweckten das Interesse der Weltöffentlichkeit. Die Einmischung der Supermächte verschärfte die Konflikte und verstärkte deren Auswirkungen. Viele Äthiopier einschließlich Bewohnern Eritreas, das damals noch zu Äthiopien gehörte, suchten Zuflucht im Sudan, in Somalia und Dschibuti. Gleichzeitig flohen Sudanesen und Somalier in großer Zahl nach Äthiopien.

Ende der siebziger Jahre kam es zu einer dramatischen Verschiebung der Beziehungen Äthiopiens und Somalias zu den Supermächten. In Äthiopien konnte Oberstleutnant Mengistu Haile Mariam seine Macht festigen. Mit ihm brach das Land mit seinen traditionellen Verbündeten, den Vereinigten Staaten und bemühte sich um die Unterstützung der Sowjetunion. Daraufhin unterstützten die Vereinigten Staaten die Regierungen im Sudan und in Somalia. Dies hatte beträchtliche Auswirkungen auf die Konflikte in der Region.

Äthiopische Flüchtlinge in Somalia

Ende der siebziger Jahre setzten die großen Flüchtlingsbewegungen aus Äthiopien nach Somalia ein. Als es 1997 in Äthiopien zu inneren Unruhen kam, hielt der somalische Staatspräsident Siad Barre die Gelegenheit für günstig und marschierte in die äthiopische Ogaden-Region ein. Die somalischen Truppen trafen anfänglich auf wenig Widerstand. Als sich die Sowjetunion jedoch entschloss, das marxistische Regime von Staatspräsident Mengistu zu unterstützen, konnten dessen Truppen die Invasion zurückschlagen. Anfang 1978 wurden die somalischen Truppen zurück über die Grenze getrieben. Mehrere hunderttausend im Ogaden lebende Somalier flohen aus Furcht vor Vergeltungsmaßnahmen für ihre Beteiligung an den gewaltsamen Unruhen, die der somalischen Invasion vorausgegangen waren, nach Somalia. Weitere 45.000 gingen in das benachbarte Dschibuti.

Die somalische Regierung bat UNHCR 1979 um Unterstützung. Das Amt half der Regierung, große Flüchtlingslager einzurichten und zu betreiben. Diese Lager trugen kurzfristig dazu bei, die Situation der Flüchtlinge, von denen viele an Unterernährung und Krankheiten litten, zu verbessern. Aber die Probleme, die in fast allen großen und überfüllten Lagern auftreten [siehe Kasten 5.3], machten sich auch hier bald bemerkbar.

Größte Flüchtlingsströme in Nordostafrika in den 80er Jahren Karte 5.1

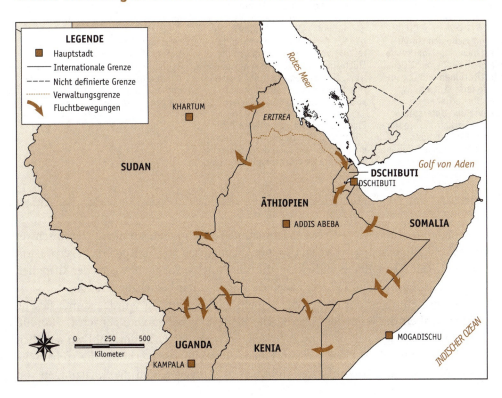

Kasten 5.1 Flüchtlingslager und -siedlungen

Die riesigen Flüchtlingsströme der achtziger Jahre ließen in den Aufnahmeländern große Lager und andere Arten organisierter Siedlungen entstehen. Insbesondere in Afrika traten Lager mehr und mehr an die Stelle der früheren Praxis, Flüchtlingen zu erlauben, sich unter der einheimischen Bevölkerung anzusiedeln.

Seit einer Reihe von Jahren sind die Lager Gegenstand verbreiteter Kritik. UNHCR wurde für die Einrichtung von Lagern heftig angegriffen und für in ihnen auftretenden Probleme verantwortlich gemacht. Den Kritikern zufolge sind Lager schädlich und unnötig. Stattdessen sollten Alternativen wie die eigenständige Ansiedlung verfolgt werden, nach der Flüchtlinge unter der Bevölkerung des jeweiligen Aufnahmelandes leben.[i]

Das Wesen von Lagern

Was ein „Flüchtlingslager" ausmacht, ist nicht genau definiert. Mit dem Begriff werden Siedlungen beschrieben, die sich in ihrer Größe und Art stark unterscheiden. Im Allgemeinen sind Flüchtlingslager eingegrenzte Gebiete, zu denen nur Flüchtlinge sowie Institutionen und Organisationen, die sie unterstützen, Zugang haben. Dort erhalten die Flüchtlinge Schutz und Unterstützung, bis sie in Sicherheit in ihre Herkunftsländer zurückkehren oder anderswo angesiedelt werden können.

Im Gegensatz zu anderen Arten von Siedlungen wie landwirtschaftlichen Siedlungen oder den „Flüchtlingsdörfern", wie sie in den achtziger und neunziger Jahren in Pakistan zu beobachten waren, sind Flüchtlingslager, was ihre Versorgung betrifft, normalerweise nicht autark.

Flüchtlingslager sollen gewöhnlich nur für eine begrenzte Zeit eingerichtet werden und werden entsprechend angelegt. Oftmals bleiben sie jedoch zehn Jahre oder länger bestehen, was zu neuen Problemen führt. Die Einrichtungen zur Wasserversorgung und Abwasserbeseitigung verlieren häufig nach einer gewissen Zeit ihre Funktionsfähigkeit, und die zugewiesenen Flächen erweisen sich als zu klein, wenn die Familien wachsen. In vielen Lagern ist die Brennholzversorgung unzureichend, sodass die Flüchtlinge außerhalb der Lager danach suchen müssen, was Entwaldung und andere Umweltprobleme verursacht. Wenn die Schwierigkeiten von den Lagern auf die in ihrem Umkreis lebende Bevölkerung der Aufnahmeländer übergreift, verhängen deren Regierungen häufig restriktive Verfügungen gegen die Flüchtlinge, mit denen sie beispielsweise ihre Bewegungsfreiheit oder ihre Möglichkeiten einschränken, außerhalb der Lager zu arbeiten.

Eines der schwerwiegendsten Probleme in vielen Lagern ist das Unvermögen oder Versagen der örtlichen Behörden, die Flüchtlinge umfassend zu schützen. Erschwert wird dieser Umstand durch die Tatsache, dass Lager häufig in Konfliktzonen oder deren Nähe eingerichtet werden. Langfristig können Lager zu gefährlichen Orten mit einer hohen Verbrechensrate werden, in denen der Waffen- und Drogenschmuggel blühen und das organisierte Verbrechen sich ausbreitet. Flüchtlinge in diesen Lagern leiden häufig unter Gewalt in der Familie und werden mit der Androhung von Gewalt eingeschüchtert. Bewaffnete Gruppen bringen bisweilen Lager unter ihre Kontrolle oder nutzen sie als Stützpunkte, wie es bei den Mudschaheddin in Pakistan, den „Contras" in Honduras oder jüngst den Interahamwe in Ostzaire der Fall war [siehe Kasten 10.2]. Werden Lager ihres zivilen Charakters beraubt und zu Zufluchtsorten für bewaffnete Gruppen gemacht, sind sie potenzielle Ziele für Angriffe feindlicher Truppen. Lager wurden bombardiert, beschossen sowie zum Zwecke der Geiselnahme oder des Raubs von Fahrzeugen oder Versorgungsgütern überfallen und waren Schauplatz gewaltsamer Auseinandersetzungen bewaffneter Gruppen. Unter solchen Umständen sehen die Regierungen der Aufnahmeländer in ihnen eine Bedrohung der Sicherheit und erlassen weitere Einschränkungen gegen die Flüchtlinge.

Die Flüchtlinge, überwiegend Nomadenstämmen angehörend, konnten sich nur schwer an das sesshafte Dasein gewöhnen. Um ihre Abhängigkeit von Hilfsgütern zu verringern, startete UNHCR eine Reihe landwirtschaftlicher Projekte. Vor allem wegen der Knappheit an brauchbarem Land und Wasser hatten diese jedoch nur begrenzten Erfolg.

Die Beziehungen des Amtes zur somalischen Regierung wurden durch falsche Zahlenangaben der Somalier belastet. Die Regierung behauptete zunächst, 500.000 Flüchtlinge würden sich im Land befinden, während UNHCR ihre Zahl auf lediglich 80.000 schätze. Nach einer zweiten Flüchtlingswelle 1981 erhöhte die somalische Regierung ihre Angaben auf zwei Millionen, wohingegen sich die Schätzungen von

Ist die eigenständige Ansiedlung vorteilhafter?

Kritiker haben UNHCR vorgeworfen, Flüchtlingslager gegenüber eigenständigen Siedlungen zu bevorzugen, weil sich die Flüchtlinge auf diese Weise besser beaufsichtigen und leichter zurückführen lassen. Sie behaupten, Lager seien schädlich und unnötig. Es ließen sich stets zweckmäßigere Alternativen finden. Eine solche Alternative ist die „unterstützte eigenständige Ansiedlung". Dabei wird den Flüchtlingen geholfen, sich unter der einheimischen Bevölkerung niederzulassen. Angeblich haben eigenständig angesiedelte Flüchtlinge ein besseres Leben, sind sicherer und freier und leben unter günstigeren Bedingungen als Flüchtlinge in Lagern oder anderen organisierten Siedlungen. Dieser Argumentation liegt die Annahme zugrunde, Flüchtlinge würden nie in ein Lager gehen, ließe man ihnen die Wahl.

Auf den ersten Blick wirkt diese Argumentation überzeugend. In der Realität ist die Angelegenheit jedoch wesentlich komplexer. Annahmen über angeblich bessere Bedingungen für Flüchtlinge außerhalb von Lagern wurden bislang nicht durch empirische Untersuchungen belegt. Es ist beileibe nicht sicher, dass eigenständig angesiedelte Flüchtlingen generell sicherer als Flüchtlinge in Lagern sind oder es ihnen besser geht. Je nach den Umständen können Flüchtlinge, die außerhalb von Lagern leben, den unterschiedlichsten Problemen bezüglich ihrer Sicherheit oder wirtschaftlichen Problemen ausgesetzt sein. Diese können von Bedrohungen ihnen feindlich gegenüberstehender Einheimischer bis zu Angriffen von Rebellengruppen und der Zwangsrekrutierung in solche Gruppen reichen. Eigenständig angesiedelten Flüchtlingen kann es auch passieren, dass sie von den Behörden des Aufnahmelandes zwangsumgesiedelt oder in Lager eingewiesen werden, wie es in Karatschi und Peschawar in Pakistan Mitte der achtziger Jahre geschah.

Aus der Sicht der Flüchtlinge kann ein Lager in der Praxis die sichere und unter materiellen Gesichtspunkten günstigere Lösung sein als die eigenständige Ansiedlung. Flüchtlinge und ihre Sprecher gründen häufig bereits lagerähnliche Siedlungen, bevor UNHCR oder eine andere humanitäre Organisation ein Hilfsprogramm ausarbeitet. Es sollte auch nicht angenommen werden, Lager seien stets öde und deprimierende Orte voller abhängiger und passiver Opfer. In Flüchtlingslagern kann es im Gegenteil vielfältige lebendige soziale und wirtschaftliche Aktivitäten geben.

Die meisten großen Lager werden zu wirtschaftlich wichtigen Zonen im Aufnahmegebiet. Man findet dort florierende Märkte, Restaurants und andere Einrichtungen, die von Flüchtlingen betrieben werden und Einheimische aus einem größeren Umkreis anziehen.[ii] Beispielsweise war Khao-I-Dang, ein Lager für kambodschanische Flüchtlinge an der thailändischen Grenze, während eines Großteils der achtziger Jahre für seine Restaurants und seinen blühenden Fahrradtaxidienst bekannt. Ein geschäftiger Markt entstand auch im Zentrum des ruandischen Flüchtlingslagers in Goma in Ostzaire von 1994 bis 1997. Das Ausmaß der wirtschaftlichen Aktivitäten in diesem Lager veranschaulicht der Umstand, dass Ende 1995 in dem Lager an manchen Tagen bis zu 20 Stück Vieh geschlachtet wurden.

Obwohl sich in eilig errichteten und überfüllten Lagern leicht Krankheiten wie die Cholera ausbreiten können, erhalten Flüchtlinge dort vor allem nach der ersten Soforthilfephase in vielen Fällen deutlich bessere Gesundheitsfürsorge, Bildung und andere Dienste als die Menschen in der Umgebung. Dies hat dazu geführt, dass in Lagern arbeitende humanitäre Organisationen zunehmend nicht nur für Flüchtlinge Gesundheitsfürsorge, landwirtschaftliche Beratung und Bildung anbieten, sondern auch für die Einheimischen in dem jeweiligen Gebiet. Das soll nicht unterstellen, Lager seien grundsätzlich für die Aufnahmeregion von Vorteil. Wirtschaftlicher Nutzen kann durch andere Probleme aufgehoben werden; diese sollten jedoch in der Relation betrachtet werden. Die Diskussion über die Vor- und Nachteile von Flüchtlingslagern sollte vor dem Hin-

UNHCR, anderen UN-Organisationen und privaten Hilfswerken zwischen 450.000 und 620.000 bewegten.[1] Die Einwohnerzahl der gesamten Ogaden-Region war zuvor auf weit unter eine Million geschätzt worden.

Nachdem die Bemühungen von UNHCR zur Durchführung einer glaubwürdigen Flüchtlingszählung gescheitert waren, einigten sich die UN-Organisationen mit der somalischen Regierung auf eine Zahl von 700.000 Flüchtlingen als „Planungsgrundlage". Dies blieb die offizielle Angabe der Zahl der Flüchtlinge in Somalia bis 1985. Sie wurde auch allen Maßnahmen von UNHCR zur Unterstützung der Flüchtlinge zugrunde gelegt, obwohl Schätzungen des Amtes zufolge bereits 1984 mehr als 300.000

tergrund eines klaren Verständnisses davon geführt werden, wie Lager funktionieren und welchen Einfluss sie auf die jeweilige Region haben.

UNHCR handelt nach dem Grundsatz, die Einrichtung von Lagern zu vermeiden, wenn es realistische Alternativen gibt. Dies ist im Krisenhandbuch von UNHCR unmissverständlich nachzulesen und eine der Grundregeln für die Mitarbeiter des Amtes. In vielen Situationen ist es allerdings die Regierung des Aufnahmelandes, die auf der Einrichtung von Lagern besteht. Oder es sind die Flüchtlinge selbst, die sich in großen Gruppen sammeln und Siedlungen anlegen, die – wenn die internationale Hilfe anläuft – schließlich die Form von Lagern annehmen.

Viele Regierungen von Aufnahmeländern bevorzugen die Errichtung von Lagern an Stelle der eigenständigen Ansiedlung, und dies aus drei Gründen: Erstens aus Sicherheitserwägungen, zweitens wegen der leichteren Organisation der Rückführung und drittens aufgrund der Möglichkeit, nach der offenkundigen Einrichtung von Lagern internationale Unterstützung anfordern zu können. Vor diesem Hintergrund ist es sowohl legitim als auch notwendig, die Motive politischer Entscheidungsträger für die Einrichtung von Lagern in Frage zu stellen – vor allem dann, wenn Möglichkeiten zur eigenständigen Ansiedlung bestehen. Gleichzeitig und ungeachtet des Artikels 26 des Abkommens von 1951 über das Recht von Flüchtlingen auf freie Wahl des Aufenthaltsorts und auf Bewegungsfreiheit haben Rechtsexperten anerkannt, dass Aufnahmestaaten das Recht haben, Flüchtlinge in speziellen Lagern oder ausgewiesenen Gebieten unterzubringen, solange ihre Behandlung bestimmten Mindestanforderungen genügt. Angesichts der politischen, wirtschaftlichen und rechtlichen Erwägungen, die der Einrichtung von Flüchtlingslagern zugrunde liegen, dürften die allgemeinen Argumente zugunsten der eigenständigen Ansiedlung kaum großen Einfluss auf die Maßnahmen vieler Aufnahmeländer haben.

Eine unklare Unterscheidung

Die Diskussion über Flüchtlingslager hat eine Reihe wichtiger Fragen aufgeworfen. In der Praxis bilden Flüchtlingslager und von Flüchtlingen angelegte Siedlungen jedoch selten zwei klar voneinander trennbare Kategorien. Abgesehen von Ausnahmen wie den Internierungslagern in Hongkong in den achtziger und frühen neunziger Jahren wird Flüchtlingen meist nicht verboten, das Lagergelände zu verlassen. In vielen Fällen können sich Flüchtlinge frei innerhalb und außerhalb des Lagers bewegen, um Arbeits-, Handels- oder Anbaumöglichkeiten im Aufnahmeland zu nutzen oder ihr Herkunftsland zu besuchen – eine Gelegenheit, die viele Flüchtlinge vor ihrer Rückkehr wahrnehmen. Menschen, die aus ihrem Herkunftsland vertrieben worden sind und in ein anderes Land gekommen sind, beurteilen ihre Aussichten und nutzen alle Möglichkeiten, die sich ihnen im Lager und seiner Umgebung bieten. Einige Familienmitglieder leben vielleicht im Lager, andere möglicherweise außerhalb davon. Daraus folgt, dass die Trennlinie zwischen der Lagerbevölkerung und der einheimischen Bevölkerung in den umliegenden Gebieten häufig verwischt ist.

In vielen Fällen geht die Diskussion zwischen Befürwortern und Kritikern von Flüchtlingslagern am Kernproblem vorbei. Flüchtlingslager sind nicht von Grund auf gefährlich oder destabilisierend, und ebenso wenig ist die eigenständige Ansiedlung immer die beste Lösung für Flüchtlinge. Die wirkliche Herausforderung für die Aufnahmeländer, die humanitären Organisationen und die politischen Entscheidungsträger besteht darin sicherzustellen, dass auch Flüchtlinge sichere und würdevolle Lebensbedingungen haben – unabhängig davon, ob sie in einem Lager leben oder nicht. Lager können ihren Zweck gut erfüllen, wenn ihre Militarisierung verhindert, das Recht gewahrt, angemessener Zugang zu Gesundheitsfürsorge, Bildung und anderen grundlegenden Diensten gewährleistet wird und die Flüchtlinge die Möglichkeit erhalten, selbst ihren Lebensunterhalt zu bestreiten. Darauf sollten sich die humanitären Anstrengungen richten.

Flüchtlinge nach Äthiopien zurückgekehrt waren. Ein Faktor für die anhaltende Akzeptanz der überhöhten Zahlen der somalischen Regierung durch die westlichen Geber war Druck vonseiten der Vereinigten Staaten, die damals mit der Unterstützung der somalischen Regierung ihre eigenen geopolitischen Interessen verfolgten.

Die somalische Regierung profitierte in vielfältiger Weise von der internationalen Unterstützung, die in diesen Jahren in das Land floss. Die Flüchtlingshilfe durch Organisationen wie UNHCR und das Welternährungsprogramm (*World Food Programme* – WFP) bildete nur einen Teil der Maßnahmen, die insgesamt für das Land geleistet wurden. Diese hatten beträchtliche Auswirkungen auf die gesamte somalische Wirtschaft. Einer Einschätzung zufolge machten sie Mitte der achtziger Jahre mindestens 25 Prozent des Bruttosozialprodukts des Landes aus.[2]

Zwischen 1984 und 1986 kam es zu weiteren Flüchtlingsbewegungen nach Somalia. Gleichzeitig kehrte eine große Zahl von Flüchtlingen von Somalia nach Äthiopien zurück. Ende der achtziger Jahre bewogen zunehmende Vorwürfe über verbreitete Menschenrechtsverletzungen der somalischen Regierung die Vereinigten Staaten zu einer drastischen Kürzung ihrer Militärhilfe. 1989 wurde diese dann vollständig eingestellt. Nachdem UNHCR und das WFP wiederholt vergeblich versucht hatten, sicherzustellen, dass die humanitäre Hilfe nicht fehlgeleitet wurde, stellten sie im August 1989 in einem beispiellosen Vorgang ihre Hilfsleistungen ein. Zwei Jahre später wurde Staatspräsident Barre gestürzt. In Somalia kam es in der Folgezeit zu Gewalt, Hunger, Flucht und Vertreibung in einem noch nie da gewesenen Ausmaß [siehe Kasten 9.2].

Äthiopische Flüchtlinge im Sudan

Eritrea hatte mit Äthiopien eine Föderation gebildet, 1962 wurde es jedoch auf den Status einer Provinz in Nordäthiopien herabgesetzt. Anfang der sechziger Jahre begann der Kampf für das Recht auf Selbstbestimmung. Die ersten offiziell anerkannten Flüchtlinge von dort trafen bereits 1967 im Sudan ein.[3] UNHCR beteiligte sich an der Einrichtung des ersten Lagers für diese Flüchtlinge im Sudan im Jahre 1970.

In den siebziger Jahren flohen auch aus anderen Teilen Äthiopiens Flüchtlinge in großer Zahl in den Sudan. Die sich in die Länge ziehende, blutige Revolution nach dem Sturz des autokratischen Herrschers Haile Selassie im Jahre 1974 wurde auf ihrem Höhepunkt als „roter Terror" bezeichnet. Der linksgerichtete Armeeflügel mit dem Namen „Derg", der die Macht an sich gerissen hatte, tötete oder inhaftierte Tausende politischer Gegner, Gewerkschafter und Studenten und löste einen anhaltenden Exodus aus dem Land aus.

1977 lebten etwa 200.000 eritreische Flüchtlinge im Sudan. Als die äthiopische Regierung ein Jahr später – nun mit massiver sowjetischer Hilfe und gestärkt durch ihren gerade errungenen Sieg über Somalia – eine Großoffensive gegen die Oppositionstruppen in Eritrea einleitete, stieg ihre Zahl rasch an. Ende 1978 lebten mehr als 400.000 äthiopische Flüchtlinge im Sudan, die meisten von ihnen stammten aus Eritrea.

Zunächst hatten die sudanesische Regierung und die Einheimischen im Osten des Landes die Flüchtlinge willkommen geheißen. Je mehr es wurden, desto stärker regte sich vor Ort jedoch der Widerstand gegen ihre Anwesenheit. Bald galten sie als eine Bedrohung der Stabilität des östlichen Landesteils. Die Kämpfe hatten häufig nahe der sudanesischen Grenze und sogar auf sudanesischem Territorium stattgefunden.[4] Als die Regierung mit einer sich ausweitenden Wirtschaftskrise, verschärft durch Ernteausfälle im Ostsudan, konfrontiert wurde, bat sie UNHCR um Unterstützung.

Das Amt arbeitete bei der Einrichtung von Flüchtlingssiedlungen eng mit den sudanesischen Behörden zusammen. 1984 war die Zahl der äthiopischen Flüchtlinge auf 500.000 gestiegen. Von diesen lebten etwa 128.000 in 23 Flüchtlingssiedlungen. Der Rest hatte sich auf eigene Initiative in Städten, Dörfern und im Grenzgebiet niedergelassen. UNHCR hegte ursprünglich die Hoffnung, dass landwirtschaftliche Aktivitäten den Flüchtlingen ermöglichen würden, sich selbst zu versorgen. Bald jedoch wurden die Schwerpunkte deutlich. In einem UNHCR-Bericht aus der Zeit hieß es: „Nur für wenige Siedlungen gibt es genügend Land und Wasser, um das Konzept der Selbstversorgung als realistisch einstufen zu können."[5]

Kämpfe zwischen äthiopischen Regierungseinheiten und bewaffneten eritreischen Oppositionsgruppen sowie zwischen rivalisierenden eritreischen Gruppen führten zu einem anhaltenden Flüchtlingsstrom von Eritrea in den Sudan. Zudem entwickelte sich eine weitere Krise, diesmal in der äthiopischen Region Tigray. Sie sollte zu einem noch größeren Zustrom von Äthiopiern in den Sudan führen, der das Land weiteren Belastungen aussetzte und UNHCR vor eine der größten Herausforderungen in der Geschichte des Amtes stellte.

Hungersnot in Äthiopien und neue Flüchtlingsströme

1984 begann in Äthiopien eine Hungersnot, die zu einer der bekanntesten humanitären Krisen des 20. Jahrhunderts wurde. In einem Buch hieß es: „Die Hungersnot in Äthiopien, über die 1984 weltweit in den Medien berichtet wurde, löste bei den humanitären Organisationen ein Erdbeben aus."[6] Sie kostete schätzungsweise eine Million Äthiopiern das Leben.[7] Obwohl die Hungersnot in der allgemeinen Wahrnehmung auf eine Dürre zurückgeführt wurde, waren ihre Ursachen in Wirklichkeit wesentlich komplexer. Ein Beobachter beschrieb sie wie folgt:

Dürre und Ernteausfälle trugen zu der Hungersnot bei, waren jedoch nicht ursächlich. Die Wirtschafts- und Landwirtschaftspolitik der [äthiopischen] Regierung hatten ebenfalls Anteil, waren aber auch nicht entscheidend. Die Hauptursache für die Hungersnot war die Rebellenbekämpfung durch das äthiopische Heer und die äthiopische Luftwaffe in Tigray und Wollo von 1980 bis 1985, ... bei der die Taktik der verbrannten Erde, die Beschlagnahme von Nahrungsmitteln, die Blockade von Nahrungsmitteln und belagerten Bevölkerungen ... sowie die Zwangsrationierung von Nahrungsmitteln eingesetzt wurden.[8]

Die äthiopische Regierung erlaubte Geberregierungen und internationalen Organisationen, Hilfsgüter in das Land zu bringen, untersagte ihnen jedoch Hilfsleistungen in Gebieten unter der Kontrolle der bewaffneten Oppositionsgruppen in Eritrea und Tigray. Dies hatte zur Folge, dass die humanitären Organisationen in Äthiopien Opfern der Hungersnot in den am stärksten betroffenen Gebieten nicht unmittelbar helfen konnten. Ab Anfang der achtziger Jahre versuchte ein Konsortium von Nichtregierungsorganisationen aus dem Sudan Menschen in den Sperrgebieten mit Nahrung zu versorgen. In heimlichen nächtlichen Einsätzen wurden die Hilfsgüter aus dem Sudan über die Grenze in die betroffenen Gebiete gebracht. Damals galt das als eine ausgesprochen radikale Form humanitären Handelns.

Auf diese Weise ließ sich jedoch der Bedarf der Menschen in den von der Hungersnot betroffenen Gebieten nicht decken. Mehreren hunderttausend verzweifelten Menschen blieb keine andere Wahl, als in von der Regierung kontrollierte Gebiete zu ziehen. Andere sperrten sich dagegen, weil sie befürchteten, von den äthiopischen

Äthiopische Flüchtlinge im Sudan. Mitte der achtziger Jahre flohen mehrere hunderttausend Äthiopier vor Krieg und Hunger aus ihrem Land. (UNHCR/M. VANAPPELGHEM/1985)

Behörden verhaftet oder zur Umsiedlung gezwungen zu werden. Sie flohen in den Sudan, aber auch nach Dschibuti und Somalia.

Zwischen Oktober 1984 und März 1985 trafen etwa 300.000 äthiopische Flüchtlinge im Sudan ein. Die Mehrzahl der Flüchtlinge stammte aus Tigray. Ihre Flucht aus Äthiopien war von der Hilfsgesellschaft von Tigray (*Relief Society of Tigray* – REST) organisiert worden, bei der es sich im Grunde um den zivilen Flügel der Volksbefreiungsfront von Tigray (*Tigray People's Liberation Front* – TPLF) handelte. Die REST hatte bekannt gegeben, sie würde die Bevölkerung ohne weitere Nahrungsmittelhilfe nicht in Tigray halten können.

Während manche Beobachter die Neuankömmlinge eher für Opfer der Hungersnot als des Konfliktes hielten, stufte UNHCR sie als Flüchtlinge ein. Das Amt hatte bereits Ende 1983 die Möglichkeit eines großen Zustroms in Betracht gezogen und darauf aufmerksam gemacht. Als es schließlich ein Jahr später dazu kam, waren das Ausmaß und die Geschwindigkeit der Flucht in den Sudan wesentlich größer als erwartet. Viele Flüchtlinge trafen in einem solch schlechten körperlichen Zustand ein, dass ihnen nicht mehr geholfen werden konnte. Anfänglich waren die Bedingungen in den eilig

Kasten 5.2

Mosambikanische Flüchtlinge: Die Folgen für die Aufnahmeländer

Während eines großen Teils der achtziger Jahre bildeten Mosambikaner nach den Palästinensern und den Afghanen die drittgrößte Flüchtlingsbevölkerung auf der Welt. Sie verließen ihr Herkunftsland im Laufe eines verheerenden Krieges, der 1976 begann und erst 1992 endete. Die Folgen für die benachbarten Länder gingen weit über die normalen Belastungen für den Flüchtlingsschutz hinaus.

Der Ausbruch des Konflikts in Mosambik erfolgte kurze Zeit, nachdem das Land 1975 die Unabhängigkeit erlangt hatte. Als Portugal nach dem Fall des Militärregimes in Lissabon in aller Eile seine afrikanischen Kolonien aufgab, riss die Mosambikanische Befreiungsfront (*Frente de Libertação de Moçambique* – Frelimo), die seit 1964 einen Guerillakrieg gegen die Portugiesen geführt hatte, die Macht in Mosambik an sich. Der Konflikt wurde zwischen der Frelimo-Regierung und dem Mosambikanischen Nationalen Widerstand (*Resistência Nacional Moçambicana* – Renamo) geführt, einer Rebellengruppe, die von den weißen Minderheitsregierungen in Rhodesien und Südafrika ins Leben gerufen und unterstützt wurde.

Im Verlauf des Krieges wendeten die Renamo-Truppen immer brutalere Methoden an, um die Bevölkerung in ihren Operationsgebieten unter ihre Kontrolle zu bringen. Wo immer sie auftauchten, terrorisierten sie die Menschen mit systematischen Morden, Verstümmelungen, Vergewaltigungen und Plünderungen. In dem Maße, in dem es ihr gelang, ihre territoriale Kontrolle auszuweiten, erhöhte sich die Zahl der Menschen, die aus Mosambik flohen. Auch die Frelimo-Truppen griffen zunehmend zu brutalen Maßnahmen, sodass die Renamo schließlich von einem bestimmten Teil der Bevölkerung unterstützt wurde.

Die Flüchtlingskrise erreichte 1992 ihren Höhepunkt. Zu diesem Zeitpunkt lebten etwa 1,7 Millionen Mosambikaner als Flüchtlinge in benachbarten Ländern. Mindestens doppelt so viele waren im eigenen Land zu Binnenvertriebenen geworden. Manche der von den Flüchtlingen verlassenen Gebiete waren buchstäblich menschenleer. Beispielsweise waren aus mehreren Bezirken der Provinz Tete in Mosambik bis zu 90 Prozent aller Bewohner geflohen. Zwischen 1976 und 1992 wurden durch den Konflikt insgesamt etwa 5,7 Millionen Menschen entwurzelt. Mehr als eine Million Mosambikaner verloren das Leben. Mehrere hunderttausend Kinder wurden zu Waisen.

Die Mosambikaner waren jedoch nicht die Einzigen, die unter dem Konflikt zu leiden hatten. Auch die Bewohner der an Mosambik angrenzenden Länder, die ihre spärlichen Ressourcen, Sozialdienste und bisweilen ihr Land mit den Flüchtlingen teilen mussten, zahlten einen hohen Preis. Es handelte sich um Malawi, Sambia, Simbabwe, Südafrika, Swasiland und die Vereinigte Republik Tansania.

Malawi öffnet seine Grenzen und seine Herzen

Das am stärksten betroffene Land war zweifellos Malawi, ein kleines, verarmtes, dicht bevölkertes Land, das den Großteil der mosambikanischen Flüchtlinge aufnahm. Auf dem Höhepunkt der Flüchtlingskrise waren dies bis zu 1,1 Millionen Menschen, was einem Zehntel der Bevölkerung Malawis entsprach.

In Malawi gab es keine Voraussetzungen, die es dem Land ermöglicht hätten, einen so großen Flüchtlingszustrom zu bewältigen. Mitte der achtziger Jahre war es das sechstärmste Land der Welt und einer der am wenigsten entwickelten Staaten Afrikas. 50 Prozent der Kinder waren unterernährt, und es hatte die weltweit vierthöchste Säuglingssterblichkeit. Obwohl es in manchen Gebieten schließlich zwei- bis dreimal so viele Flüchtlinge wie Einheimische gab, änderte sich an der großzügigen Haltung Malawis den Flüchtlingen gegenüber kaum etwas. Viele der zuerst gekommenen Flüchtlinge, die mit den Malawiern ethnisch verwandt waren, ließen sich unter der einheimischen Bevölkerung nieder. Manche konnten Zugang zu Agrarland erhalten, andere waren jedoch von internationaler Hilfe abhängig.

Im ersten Jahrzehnt des Konflikts in Mosambik widersetzte sich die malawische Regierung, die die Renamo unterstützte, der internationalen Betreuung der Flüchtlinge. Sie versuchte, den Bedarf der Flüchtlinge über die vorhandenen staatlichen Strukturen und Dienste zu decken, und gewährte den Flüchtlingen Zugang zu örtlichen Ambulanzen, Krankenhäusern und den eingeschränkten Sozial- und Wohlfahrtsdiensten. 1986 gab Malawi auf Druck benachbarter Regierungen seine Unterstützung für die Renamo auf. Im selben Jahr gestand die Regierung ein, den Zustrom nicht länger allein bewältigen zu können und bat UNHCR um Hilfe.

Zunächst wollte UNHCR die Bemühungen der Regierung unterstützen, den Flüchtlingen über bestehende Mechanismen zu helfen. Das Welternährungsprogramm (*World Food Programme* –

WFP) leistete Nahrungsmittelhilfe. Selbst mit dieser Unterstützung waren die vor Ort bestehenden Einrichtungen jedoch nicht in der Lage, den Bedarf der Einheimischen und der Flüchtlinge zu decken. Als die Flüchtlingszahlen 1987 dramatisch stiegen, bat Malawi UNHCR um die Einrichtung von Flüchtlingslagern und wies alle Neuankömmlinge an, sich in diese zu begeben. Die Regierung verbot ferner den Einheimischen, Flüchtlingen Agrarland zur Verfügung zu stellen. Letzten Endes lebten mehr als zwei Drittel der 1,1 Millionen mosambikanischen Flüchtlinge im Lande in Flüchtlingslagern.

Obwohl es für UNHCR, WFP und andere Organisationen einfacher ist, in Lagern untergebrachte Flüchtlinge zu unterstützen, blieb es in diesem Fall eine schwierige Aufgabe, auch nur die grundlegende Versorgung zu bestreiten. Der Binnenstaat Malawi hatte nur wenige ausgebaute Straßen, und Lkws waren knapp. Viele Lager befanden sich in Gebieten, die nur über unbefestigte Straßen erreicht werden konnten und für Schwerlastkraftwagen nicht geeignet waren. Durch den Lkw-Verkehr wurden Straßen und Brücken stark beschädigt. Die Hilfsorganisationen mieteten viele der in Malawi verfügbaren Lkws für die Nahrungsmittelverteilung an, sodass Bauern und Händler vor Ort Schwierigkeiten mit dem Gütertransport bekamen. Wegen des mangelhaften Transportsystems und unzureichender Lagerungsmöglichkeiten hatten UNHCR und das WFP Schwierigkeiten, ihre Vorräte auf dem nötigen Stand zu halten. Die Folge waren Unterbrechungen der Nahrungsmittelversorgung und eine beunruhigende Zunahme der Unterernährung unter den Flüchtlingen.

Obwohl die meisten Flüchtlinge keinen Zugang zu Agrarland hatten, fanden sie Möglichkeiten, Geld zu verdienen. Mehr als 90 Prozent der Flüchtlinge ergriffen wirtschaftliche Aktivitäten. Sie stellten Töpfe her und verkauften sie, zerstampften Mais, zogen Haustiere groß und verkauften sie oder brauten Bier. Viele verkauften oder tauschten auch Teile ihrer Nahrungsmittelrationen, um andere notwendige Dinge wie Fleisch, frisches Gemüse oder Seife zu bekommen. Die ärmsten Flüchtlinge, von denen ein Teil noch nicht einmal Rationsgutscheine besaß, überlebten, indem sie Bäume fällten und als Brennholz verkauften. Der starke Holzeinschlag führte zu einer so umfassenden Entwaldung, dass die Umwelt in Malawi noch immer geschädigt ist.

Angesichts der Aufenthaltsdauer der Flüchtlinge und der Größe der Flüchtlingsbevölkerung war das lange Einvernehmen zwischen der einheimischen Bevölkerung und den Flüchtlingen bemerkenswert. 1992 zeigten sich ob der Länge des Aufenthalts der Flüchtlinge in Malawi jedoch die ersten Ressentiments bei den Einheimischen. Die Probleme rankten sich um die Auswirkungen ihrer Anwesenheit auf die Wirtschaft, Umweltschäden wie die Entwaldung, Verbrechen und andere soziale Probleme. Eine Dürre, von der ein großer Teil der Region 1992 und Anfang 1993 betroffen wurde, verschärfte die Situation. Obwohl die Hilfsgüter für die Flüchtlinge auch zur Unterstützung der von der Dürre betroffenen Einheimischen verwendet wurden, nahmen die Fälle von Diebstahl aus den Lagerhäusern und Verteilungszentren zu. In einigen Flüchtlingslagern trockneten die Brunnen aus, was zu Hygieneproblemen und einem Ausbruch von Cholera führte, die auf die einheimische Bevölkerung übergriff.

Verdeckte Kosten

Dies sind die sogenannten verdeckten Kosten, die Länder tragen müssen, die große Flüchtlingsbevölkerungen aufnehmen, besonders wenn sie selbst zu den ärmsten Ländern auf der Welt gehören. Flüchtlinge können einen positiven Beitrag in ihren Aufnahmeländern leisten, aber in manchen Fällen kann ihre Anwesenheit auch weit reichende negative Einflüsse haben. Die örtliche Wirtschaft und Umwelt sowie das örtliche soziale und politische Gleichgewicht können betroffen werden. Außerdem können große Flüchtlingsbewegungen ernsthafte Auswirkungen auf den Frieden und die Sicherheit in einem Staat, einer Region oder sogar darüber hinaus haben.

Wenn die Anwesenheit von Flüchtlingen die örtliche Versorgung und die vorhandenen Einrichtungen belastet, können Entwicklungsbemühungen in den Aufnahmeländern untergraben oder verzerrt werden. Die örtlichen Behörden sehen sich dann häufig gezwungen, Mittel von zukunftsträchtigen Entwicklungsprojekten abzuziehen, um den unmittelbaren Bedarf der Flüchtlinge an Nahrungsmitteln, Unterkünften und Schutz zu decken. Eine von der Weltbank finanzierte Untersuchung ergab, dass Malawi trotz der über UNHCR abgewickelten internationalen Unterstützung öffentliche Mittel im Umfang von etwa 25 Millionen Dollar für die Flüchtlingshilfe aufwenden musste, die ursprünglich für andere Projekte vorgesehen waren.

errichteten Flüchtlingslagern schlecht und die Todesraten hoch. Viele starben an den Folgen von Unterernährung, viele Kinder überlebten die Masern nicht.

Zur selben Zeit, als Äthiopier aus Tigray in den Sudan kamen, löste eine Hungersnot in der damaligen äthiopischen Provinz Eritrea, die durch Kampfhandlungen verschärft wurde, einen weiteren Zustrom von Äthiopiern in den Sudan aus. Diese Menschen trafen in Lagern ein, in denen bereits Eritreer lebten. Die Zahl der Bewohner von Wad Sherife, einem ursprünglich für 5.000 Flüchtlinge erbauten Lager, schwoll rasch auf 128.000 an, wodurch es zu einem der größten Flüchtlingslager auf der Welt wurde.[9] UNHCR und seine nicht staatlichen Partnerorganisationen bemühten sich verzweifelt, die Neuankömmlinge in dem Lager unterzubringen und die erforderlichen neuen Lagerhäuser, Behandlungsräume und Ernährungszentren zu errichten.

UNHCR und andere internationale humanitäre Organisationen sowie Regierungen und andere Geber flogen Nahrungsmittel und Hilfsgüter ein. Sie entsandten Ärzteteams und freiwillige Helfer. Im Westen organisierten Musiker und Künstler mit Bob Geldof an der Spitze medienwirksame Großveranstaltungen wie Live Aid und Band Aid, mit denen Millionen Dollar für Hungeropfer nicht nur in Äthiopien und im Sudan, sondern in ganz Afrika südlich der Sahara gesammelt wurden. 1985 erhielt UNHCR von den Gebern allein für sein Hilfsprogramm im Sudan 76 Millionen Dollar – etwa genauso viel wie der Gesamtetat des Amtes für seine weltweiten Aktivitäten gerade einmal zehn Jahre zuvor.[10]

Anfang 1986 meldete UNHCR: „Die internationale Mobilisierung hat etwas bewirkt, und die Situation [im Sudan] hat sich beträchtlich verbessert. ... Die unerträglichen Bilder stark abgemagerter Kinder und ausdrucksloser Männer und Frauen ... gehören bereits der Vergangenheit an."[11] Im Mai 1985 hatte es in Äthiopien wieder geregnet, und die TPLF ermutigte die Menschen zur Rückkehr. Bis Mitte 1987 waren mehr als 170.000 zurückgekehrt. Im Gegensatz zu den Menschen aus Tigray entschieden sich die meisten Eritreer, die 1984 und 1985 in den Sudan gekommen waren, gegen die Rückkehr. Weitere Kämpfe und anhaltender Hunger in Eritrea führten im Gegenteil dazu, dass von neuem Eritreer in den Sudan flohen.

In den achtziger Jahren gab es nicht nur einen Massenexodus aus Äthiopien; das Land nahm selbst auch eine große Anzahl Flüchtlinge auf. Ab 1983, als im Südsudan der Krieg zwischen der Sudanesischen Volksbefreiungsarmee (*Sudan People's Liberation Army* – SPLA) und Regierungstruppen erneut ausbrach, wurden große Bevölkerungsgruppen vertrieben. Bis zum Ende des Jahrzehnts waren mehr als 350.000 Menschen aus dem Südsudan in die Region Gambela in Äthiopien geflohen. UNHCR unterstützte die äthiopische Regierung bei der Versorgung dieser Flüchtlinge, obwohl der Zugang des Amtes zu den Lagern, die Stützpunkte der SPLA waren, häufig eingeschränkt wurde. 1987/88 flohen etwa 365.000 Somalier vor Auseinandersetzungen zwischen somalischen Regierungstruppen und Rebellen, die für die Unabhängigkeit Nordwestsomalias kämpften, ebenfalls nach Äthiopien. Diese Flüchtlinge wurden in großen Lagern im Gebiet von Hartisheik untergebracht. UNHCR koordinierte die internationale Hilfe für diese Lager.

Der Zusammenbruch der Sowjetunion und das Ende des Kalten Krieges bedeuteten auch den Schlusspunkt für das marxistische Regime von Staatspräsident Mengistu in

Äthiopien. Im Mai 1991 nahm die Eritreische Volksbefreiungsfront (*Eritrean People's Liberation Front* – EPLF) die größte eritreische Stadt Asmara ein. Damit endete der längste Bürgerkrieg in Afrika, und es waren die Voraussetzungen für die Unabhängigkeit Eritreas im Jahre 1993 geschaffen. Weniger als eine Woche nach der Einnahme von Asmara zogen Truppen unter Führung der TPLF in die äthiopische Hauptstadt Addis Abeba ein, der Widerstand der äthiopischen Armee brach zusammen. Mengistu wurde aus dem Amt gejagt.

Afghanische Flüchtlinge in Pakistan und im Iran

Afghanistan, ein weiteres der ärmsten und am wenigsten entwickelten Länder, war in den achtziger Jahren ebenfalls Ausgangspunkt massiver Flüchtlingsbewegungen. Die Ursachen für die Konflikte, die zu diesen Flüchtlingsbewegungen führten, waren hausgemacht. Deren enorme Ausmaße sind jedoch weitgehend auf die Einmischung der Supermächte in dieser strategisch bedeutsamen Region zurückzuführen.

Die Krise begann im April 1978, als eine Gruppe großstädtischer Intellektueller unter der Führung von Nur Mohammed Taraki die Macht an sich riss und versuchte, einen kommunistischen Staat zu errichten. Sie setzte weit gehende soziale Reformen in Kraft, die von der sehr traditionsbehafteten Landbevölkerung, der sie eigentlich zugute kommen sollten, abgelehnt wurden. Der Widerstand vonseiten der Politik und der Armee griff rasch um sich. Das Regime, das von der Sowjetunion umfangreiche Militärhilfe erhielt, reagierte hart. Ein Verfasser schrieb:

Angehörige der religiösen, politischen und intellektuellen Eliten wurden inhaftiert oder hingerichtet; bei Boden-Boden- und Luft-Boden-Angriffen wurden Dörfer zerstört und ungezählte Angehörige der Bevölkerung der ländlichen Gebiete getötet. Man schätzt, dass von April 1978 bis Dezember 1979 zwischen 50.000 und 100.000 Menschen verschwanden oder umgebracht wurden.[12]

Innerhalb weniger Monate begannen Afghanen, in die angrenzenden Länder Pakistan und Iran zu fliehen. Die afghanische und die sowjetische Regierung versuchten, Pakistan durch Druck zu bewegen, die Flüchtlinge auszuweisen. Gleichwohl hieß die pakistanische Regierung sie willkommen.[13] Bis August 1978 hatten 3.000 Afghanen in Pakistan Zuflucht gesucht; Anfang 1979 waren es bereits mehr als 20.000.

Als die ersten Flüchtlinge in dem Land eintrafen, hatte UNHCR dort nicht einmal eine Vertretung. Deshalb wurde beim Entwicklungsprogramm der Vereinten Nationen (*United Nations Development Programme* – UNDP) um Hilfe gebeten. Die Organisation wiederum bat UNHCR, Mittel zu Verfügung zu stellen, um den Bedürftigsten unter den Flüchtlingen schnell helfen zu können.[14] Im April 1979 forderte die pakistanische Regierung dann offiziell die Unterstützung von UNHCR an.[15] Nach zwei Erkundungsmissionen in Pakistan konnte UNHCR bei den Gebern die Bereitstellung von 15 Millionen Dollar zur Unterstützung der Flüchtlinge erreichen. Im Oktober 1979 eröffnete das Amt eine Vertretung in Islamabad.[16]

Größte Flüchtlingsströme aus Afghanistan, 1979 - 1990

Karte 5.2

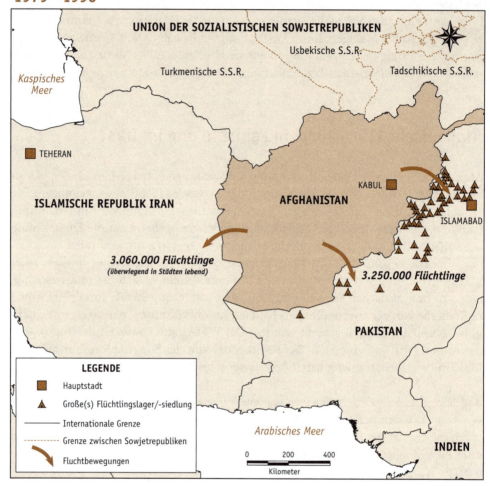

Währenddessen konnte sich die bewaffnete Opposition in Afghanistan gegenüber der kommunistischen Regierung behaupten. Als die Sowjetunion im Dezember 1979 den Verlust eines wichtigen Alliierten an ihrer Südgrenze befürchten musste, marschierte sie in Afghanistan ein und löste damit eine riesige Flüchtlingswelle aus. Innerhalb weniger Wochen flohen 600.000 Afghanen nach Pakistan und in den Iran. Diese Flüchtlingsbewegung setzte sich in den gesamten achtziger Jahren fort. Im Dezember 1990 gab es nach Schätzungen von UNHCR mehr als 6,3 Millionen afghanische Flüchtlinge in den benachbarten Ländern, davon 3,3 Millionen in Pakistan und 3 Millionen im Iran. Zu diesem Zeitpunkt bildeten die Afghanen die größte Flüchtlingsbevölkerung weltweit.

Unterschiede bei der Unterstützung der Flüchtlinge in Pakistan und im Iran

Die Bedingungen für die afghanischen Flüchtlinge in Pakistan unterschieden sich deutlich von denjenigen für die Afghanen im Iran. Bei den Flüchtlingen in Pakistan handelte es sich vor allem um Paschtunen, die in den überwiegend von Paschtunen dominierten Teilen Pakistans Zuflucht suchten. UNHCR richtete mehr als 300 „Flüchtlingsdörfer" ein, in denen die Mehrzahl der Flüchtlinge lebte. Im Gegensatz dazu waren die Flüchtlinge im Iran zumeist Tadschiken, Usbeken und Hazaras. Lediglich ein kleiner Teil dieser Flüchtlinge wurde in Lagern untergebracht. Die meisten zogen in Städte im ganzen Land, wo sie unter den Einheimischen lebten. Eine große Zahl von ihnen konnte einen Arbeitsplatz finden – nicht zuletzt, weil so viele iranische Männer zur Armee eingezogen waren, um im Krieg gegen den Irak zu kämpfen, der im September 1980 begann.

Auch das Ausmaß der internationalen Unterstützung für die Flüchtlinge in Pakistan und im Iran unterschied sich deutlich. In den achtziger Jahren stellten die Geber für die Unterstützung der afghanischen Flüchtlinge in Pakistan Mittel in großem Umfang bereit; für die Afghanen im Iran taten sie hingegen wenig, obwohl die afghanischen Flüchtlinge im Iran damals eine der weltweit größten Flüchtlingsbevölkerungen bildeten.

Zunächst verzichtete die iranische Regierung darauf, um internationale Unterstützung für die Flüchtlinge zu bitten. Wegen der islamischen Revolution 1979 waren die Beziehungen zwischen der neuen Regierung und den westlichen Staaten aufs Äußerste belastet. Zudem hatte im November 1979, nur einen Monat vor dem sowjetischen Einmarsch in Afghanistan, der Angriff auf die amerikanische Botschaft in Teheran stattgefunden, bei dem radikale Studenten eine Gruppe amerikanischer Staatsbürger als Geiseln nahmen. Die resultierenden Spannungen zwischen dem Iran und den westlichen Staaten könnten die Entscheidung der Iraner beeinflusst haben, damals keine internationale oder – wie sie es sahen – „westliche" Unterstützung anzufordern.

Die Situation im Iran änderte sich 1980, als der Krieg mit dem Irak begann. Er löste einen neuen Zustrom von Flüchtlingen, diesmal schiitischen Irakern, in den Iran aus. Zwei Monate später bat die iranische Regierung UNHCR offiziell um Unterstützung. Der Stellvertretende Außenminister des Iran schrieb an den Hohen Flüchtlingskommissar der Vereinten Nationen Poul Hartling: „Wir haben mehrere zehntausend Flüchtlinge aus diesen beiden Ländern aufgenommen und sie ... mit unseren eigenen finanziellen Mitteln unterstützt." Der Iran verfüge nicht über die Ressourcen, um die Flüchtlinge weiterhin angemessen zu unterstützen. Deshalb würde die Regierung UNHCR bitten, „ein umfassendes humanitäres Hilfsprogramm für diese unschuldigen Menschen aufzustellen, die ... genauso betreut werden sollten wie alle anderen Flüchtlinge auch".[17]

Die internationale Hilfe für den Iran blieb jedoch weitgehend aus. In einem internen UNHCR-Memorandum hieß es im Juni 1981: „Nach eineinhalb Jahren ohne Hilfe von außen und oftmals ohne eine Erwerbsmöglichkeit [sind die afghanischen Flüchtlinge im Iran] in einer sehr schwierigen Situation. ... Wir können am offensichtlichen Bedarf der afghanischen Flüchtlinge im Iran, die in der gleichen Situation

Afghanische Flüchtlinge nach Asylland, 1979 - 1999

Grafik 5.2

Jahr	Asylländer					Summe
	Pakistan	Iran	Indien	Russische Föd. [a]	Andere [b]	
1979	402.000	100.000	-	-	-	502.000
1980	1.428.000	300.000	-	-	-	1.728.000
1981	2.375.000	1.500.000	2.700	-	-	3.877.700
1982	2.877.000	1.500.000	3.400	-	-	4.380.400
1983	2.873.000	1.700.000	5.300	-	-	4.578.300
1984	2.500.000	1.800.000	5.900	-	-	4.305.900
1985	2.730.000	1.880.000	5.700	-	-	4.615.700
1986	2.878.000	2.190.000	5.500	-	-	5.073.500
1987	3.156.000	2.350.000	5.200	-	-	5.511.200
1988	3.255.000	2.350.000	4.900	-	-	5.609.900
1989	3.272.000	2.350.000	8.500	-	-	5.630.500
1990	3.253.000	3.061.000	11.900	-	-	6.325.900
1991	3.098.000	3.187.000	9.800	-	-	6.294.800
1992	1.627.000	2.901.000	11.000	8.800	3.000	4.550.800
1993	1.477.000	1.850.000	24.400	24.900	11.900	3.388.200
1994	1.053.000	1.623.000	22.400	28.300	12.300	2.739.000
1995	1.200.000	1.429.000	19.900	18.300	9.700	2.676.900
1996	1.200.000	1.415.000	18.600	20.400	10.700	2.664.700
1997	1.200.000	1.412.000	17.500	21.700	12.500	2.663.700
1998	1.200.000	1.401.000	16.100	8.700	8.400	2.634.200
1999	1.200.000	1.325.700	14.500	12.600	10.000	2.562.800

Hinweise: Stand vom 31. Dezember des jeweiligen Jahres
[a] Nur von UNHCR erfasste Aslybewerber. Ende 1999 waren darüber hinaus nach UNHCR-Angaben weitere 100.000 Afghanen schutzbedürftig.
[b] Kasachstan, Kirgisistan, Tadschikistan, Turkmenistan und Usbekistan

wie die Flüchtlinge in Pakistan oder Indien sind und bei denen es sich um prima facie-Flüchtlinge gemäß unserem Mandat handelt, nicht länger vorbeisehen."[18] Letztendlich erhielt UNHCR in beschränktem Umfang Mittel für die afghanischen Flüchtlinge im Iran. Gleichwohl blieb der Unterschied bei den Ausgaben für Pakistan und den Iran während der gesamten achtziger und neunziger Jahre beträchtlich. Zwischen 1979 und 1997 wendete UNHCR mehr als 1 Milliarde Dollar für die afghanischen Flüchtlinge in Pakistan, aber nur 150 Millionen Dollar für ihre Leidensgenossen im Iran auf.

In Pakistan versorgten UNHCR und andere UN-Organisationen, einzelne Regierungen sowie eine größere Zahl internationaler NGOs die Flüchtlinge mit Nahrungsmitteln und Wasser, leisteten Gesundheitsfürsorge und Abwasserbeseitigung und sorgten für Bildungsmaßnahmen. Die Zunahme der Zahl der NGOs, die in den siebziger Jahren in Südostasien zum ersten Mal zu beobachten war, hielt auch in Pakistan an. Ende der achtziger Jahre waren an dem Hilfseinsatz in Pakistan mehr als 100 internationale NGOs beteiligt. Dazu zählten auch viele muslimische Hilfsorganisationen, mit denen UNHCR zum ersten Mal eng zusammenarbeitete. Das Amt zahlte die Gehälter von mehr als 6.500 einheimischen Kräften, von denen viele beim Pakistanischen Kommissariat für afghanische Flüchtlinge angestellt waren.[19]

Aus innenpolitischen Gründen wollte die pakistanische Regierung den Flüchtlingen, die überwiegend aus ländlichen Gebieten stammten, kein Agrarland zur Bewirtschaftung geben. Die Flüchtlinge konnten sich jedoch frei im Land bewegen. Vielen von ihnen gelang es, Arbeit zu finden. Mitte der achtziger Jahre führte UNHCR verschiedene Programme zur Vergabe von Kleinkrediten, Vermittlung von Fertigkeiten und zudem Bauprojekte ein, um Arbeitsplätze und Lehrstellen für die Flüchtlinge zu schaffen und ihre Abhängigkeit von der internationalen Unterstützung zu verringern. Viele dieser Programme mussten jedoch auf Betreiben der pakistanischen Regierung wieder eingestellt werden. Da es für die Einheimischen keine ähnlichen Programme gab, befürchtete sie Spannungen zwischen der ortsansässigen Bevölkerung und den Flüchtlingen.

Ab 1984 führten UNHCR und die Weltbank in Zusammenarbeit mit der pakistanischen Regierung gemeinsam das so genannte „Arbeitsbeschaffungsprojekt für Flüchtlingsgebiete" durch, in das innerhalb von zwölf Jahren 85 Millionen Dollar investiert wurden. Es umfasste etwa 300 Projekte in drei Gebieten mit vielen Flüchtlingen. Sie dienten der Wiederaufforstung, dem Erosions- und Hochwasserschutz durch die Regelung von Wassereinzugsgebieten, der Bewässerung, der Instandsetzung von Straßen und dem Neubau. Dem Projekt wurde allgemein eine signifikante und positive Wirkung zugeschrieben.[20] Die genannten Maßnahmen und die Möglichkeit, außerhalb der Flüchtlingsdörfer zu arbeiten, halfen vielen Flüchtlingen, sich bis zum Ende der achtziger Jahre selbst versorgen zu können.

Im Iran wurde Ende der achtziger Jahre in Süd-Khorasan ein ähnliches Projekt begonnen. Dabei handelte es sich um ein Gemeinschaftsprojekt von UNHCR und dem Internationalen Fonds für Agrarentwicklung (*International Fund for Agricultural Development – IFAD*), das in Zusammenarbeit mit der iranischen Regierung durchgeführt wurde. Wie bei anderen Projekten im Iran auch waren die Geber jedoch nur zögernd bereit, Mittel für dieses Vorhaben bereitzustellen. Von den ursprünglich von UNHCR und IFAD angeforderten 18 Millionen Dollar erhielten die Organisationen in den ersten fünf Jahren nur ein Drittel.

Ein anderer wichtiger Unterschied zwischen den Leistungen für die Flüchtlinge in Pakistan und im Iran betraf den Bildungssektor. In Pakistan konnten viele Kinder von UNHCR finanzierte Schulen in Flüchtlingsdörfern besuchen. Wegen der geschlechtsspezifischen Diskriminierung von Frauen und Mädchen bei den Paschtunen war dies für Mädchen schwieriger, sodass weniger Mädchen als Jungen diese Schulen besuchten. Eine nicht unerhebliche Zahl von Jungen erhielt zudem eine Ausbildung in privaten *Madrasas* (religiösen Schulen), mit denen UNHCR nichts zu tun hatte. Mitte der neunziger Jahre wurde eine Reihe der Jungen, die als Flüchtlinge in Pakistan aufgewachsen waren und diese *Madrasas* besucht hatten, zu führenden Mitgliedern der islamischen Taliban-Bewegung, die in Afghanistan die Macht an sich riss. Im Iran hingegen besuchten die Flüchtlingskinder die normalen iranischen Schulen. Mädchen hatten einen wesentlich besseren Zugang zu Bildungseinrichtungen.

Sicherheitsprobleme in Pakistan

Die Tatsache, dass die Flüchtlingsdörfer in Pakistan von den verschiedenen afghanischen islamischen bewaffneten Widerstandsgruppen („Mudschaheddin") als Stützpunkte missbraucht wurden, bereitete UNHCR während der gesamten achtziger Jahre große Probleme. Die Vereinigten Staaten, ihre Alliierten und mehrere islamische Länder stellten den Mudschaheddin umfassende Militärhilfe und finanzielle Unterstützung zur Verfügung. Schätzungen zufolge belief sich die Hilfe für die Mudschaheddin zwischen 1982 und 1991 allein von den Vereinigten Staaten auf zwei Milliarden Dollar.[21] Weil der Kampf der Mudschaheddin gegen das von der Sowjetunion unterstützte Regime im Interesse der Geber war, waren viele von ihnen bereit, die Anwesenheit bewaffneter Kämpfer in den Flüchtlingsdörfern zu tolerieren. Dies galt ebenso für die Tatsache, dass humanitäre Hilfe in beträchtlichem Ausmaß für militärische Zwecke verwendet wurde. Manche Beobachter beschrieben daher damals die Flüchtlingsdörfer als „Gemeinschaften von Flüchtlingen und Kriegern".[22]

Als sich 1984 die Sicherheitslage in vielen Flüchtlingsdörfern verschlechterte, suchte UNHCR nach Möglichkeiten, die Flüchtlinge in größere Entfernung von der Grenze zu verlegen, um sie vor Angriffen sowjetischer Einheiten oder Truppen der afghanischen Regierung zu schützen und die Nutzung der Dörfer als Stützpunkte durch die Rebellen einzuschränken. Zu jener Zeit gehörten Flugabwehrraketen und andere schwere Waffen zum normalen Erscheinungsbild vieler Flüchtlingsdörfer. Im Juli 1984 regte UNHCR an, die Unterstützung für diejenigen Dörfer einzustellen, die keine Maßnahmen ergriffen, um diese Militarisierung zu verhindern: „Die Bewahrung des zivilen Charakters der von UNHCR unterstützten Flüchtlingsdörfer ist erforderlich, um den nicht politischen und humanitären Charakter des Amtes aufrechtzuerhalten. ... Wir befürworten die Einstellung der UNHCR-Unterstützung für Dörfer, die es unterlassen haben, die notwendigen Gegenmaßnahmen [d.h. die Entfernung der Waffen] zu ergreifen."[23] Er forderte die UNHCR-Mitarbeiter vor Ort auf, „alles in ihren Kräften Stehende zu tun, um die Flüchtlinge dazu zu bewegen, ... zu ihrer eigenen Sicherheit an geeignete Alternativstandorte umzuziehen", warnte jedoch gleichzeitig, dass „jede Form von Zwang unklug und schädlich" sei.[24]

Die Befürchtungen von UNHCR um die Sicherheit der Flüchtlinge erwiesen sich als wohlbegründet. Mitte 1984 führten sowjetische Einheiten und afghanische Regierungstruppen von Afghanistan aus eine Reihe grenzüberschreitender Angriffe in Pakistan durch, bei denen viele Flüchtlinge getötet oder verletzt wurden. Bei erneuten Angriffen 1986 und 1987 kamen weitere mehrere hundert Flüchtlinge ums Leben. Die sowjetischen Einheiten und die afghanischen Regierungstruppen griffen auch pakistanische Zivilisten an, womit sie Spannungen zwischen der einheimischen Bevölkerung und den Flüchtlingen schürten. Ende 1986 wollten die pakistanischen Behörden offensichtlich ein Zeichen setzen, um aufgebrachte Einheimische zu besänftigen. In der Stadt Peschawar trieben sie mehr als 50.000 Afghanen zusammen, die dort ohne Genehmigung lebten, und transportierten sie in die Flüchtlingsdörfer zurück.

Vorwiegend aus Sicherheitsgründen gingen die pakistanischen Behörden auf diese Weise auch an anderen Orten gegen Flüchtlinge vor. Bei einem Vorfall in Karatschi, der größten Stadt in Pakistan, trieben örtliche Behörden mehr als 18.500 afghanische Flüchtlinge tadschikischer, usbekischer und turkmenischer Abstammung zusammen, zerstörten ihre provisorischen Unterkünfte und entfernten sie aus der Stadt. Sie wurden zu einem mehrere Dutzend Kilometer entfernten Ort gebracht, wo für sie ein neues Flüchtlingsdorf eingerichtet wurde. UNHCR verurteilte damals die Behandlung der Flüchtlinge, stellte schließlich aber doch 400.000 Dollar für wichtige Teile der Infrastruktur des neuen Dorfes zur Verfügung.

Trotz der Befürchtungen von UNHCR wurden keine konkreten Schritte zur Entmilitarisierung der Flüchtlingsdörfer nahe der afghanischen Grenze ergriffen. Auch im weiteren Verlauf der achtziger Jahre wurden sie von den Mudschaheddin als Stützpunkte und Rückzugsbasen missbraucht. Der Krieg zwischen den Mudschaheddin und dem kommunistischen Regime in Kabul ging auch nach dem Abzug der sowjetischen Truppen aus Afghanistan 1989 weiter. Die Kämpfe hielten sogar an, nachdem die Mudschaheddin 1992 die Macht ergriffen hatten. Die verschiedenen Gruppen gingen nun gegeneinander vor. Viele dieser Gruppen operierten von Stützpunkten in Pakistan aus, sodass die Sicherheitsprobleme in den Flüchtlingsdörfern fortbestanden.

Massenflucht in Mittelamerika

In den achtziger Jahren wurde UNHCR auch zum ersten Mal in die Geschehnisse in Mittelamerika hineingezogen, dem Schauplatz dreier separater Kriege in Nicaragua, El Salvador und Guatemala. In allen drei Ländern führten die Kämpfe zwischen Rebellen und ihren staatlichen Widersachern zum Verlust vieler Menschenleben und zu umfassender Flucht und Vertreibung. Bereits in den vorangegangenen Jahrzehnten war es in der Region immer wieder zu gewaltsamen Auseinandersetzungen zwischen den Armen ohne Grundbesitz, die Sozial- und Bodenreformen anstrebten, und den vom Militär unterstützten Landbesitzern gekommen. Eine amerikanische Regierung nach der anderen unterstützte rechtsgerichtete Regierungen in der Region mit dem Ziel, die angebliche Ausbreitung des Kommunismus „vor der amerikanischen Haustüre" zu verhindern und die wirtschaftlichen Interessen der Vereinigten Staaten in der Region zu behaupten. Die Rebellenbewegungen in der Region waren vom kommunistischen Regime in Kuba beeinflusst und wurden von dort zum Teil auch unterstützt.

In Nicaragua hatten die Vereinigten Staaten über drei Generationen das Somoza-Regime unterstützt. In den siebziger Jahre stellten sich politische Parteien, Studenten,

Gewerkschaften, ein großer Teil der Mittelklasse und die katholische Kirche gegen den Letzten dieser Diktatoren, Anastasio Somoza Debayle. Die linksgerichtete Sandinistische Nationale Befreiungsfront (*Frente Sandinista de Liberación Nacional – FSLN*) konnte signifikante Erfolge verzeichnen, sodass Somoza im Juli 1979 aus dem Land floh und den Sandinisten die Macht überließ.

Binnen Wochen verließen daraufhin viele Angehörige der reichen Ober- und der Mittelklasse, der Somoza-Regierung sowie der Armee das Land. Gleichzeitig kehrten viele Nicaraguaner, die zuvor im Exil gewesen waren, in ihre Heimat zurück.[25] Ein Teil der nach Honduras geflohenen Nicaraguaner bildete eine bewaffnete Oppositionsgruppe, die unter dem Namen „Contras" bekannt wurde (vom spanischen Wort *contrarevolucionarios* = Konterrevolutionäre). Während des Krieges in den achtziger Jahren unterstützten die Vereinigten Staaten, die in der sandinistischen Regierung in Nicaragua eine Bedrohung ihrer Interessen sahen, die Contras in erheblichem Ausmaß.

In El Salvador war es seit der Unabhängigkeit häufig zu Staatsstreichen und politisch motivierter Gewalt gekommen. Auch dort konnten sich Rebellengruppen, die allerdings zersplittert waren, in den siebziger Jahren behaupten. Tausende Bauern, die in vielen Fällen von Geistlichen der katholischen Kirche ermutigt wurden, schlossen sich Organisationen an, die eine Bodenreform und mehr soziale Gerechtigkeit forderten. Die Regierung antwortete mit noch stärkerer Unterdrückung. Mehrere tausend Menschen wurden aus politischen Motiven ermordet.

Dieses brutale Vorgehen stoppte die Unruhen nicht. Im Gegenteil: insbesondere in ländlichen Gebieten schlossen sich noch mehr Menschen den Rebellen an. Im Januar 1981 gründete eine Reihe von Oppositionsgruppen die Nationale Befreiungsfront Farabundo Marti (*Frente Farabundo Martí para la Liberación Nacional – FMLN*). Die FMLN zeigte in vielen Gebieten militärisch Präsenz und wurde bald im In- und im Ausland als ernst zu nehmende politische Kraft anerkannt. Die Vereinigten Staaten erhöhten daraufhin die Militärhilfe für die salvadorianische Regierung und beteiligten sich unmittelbar an der Bekämpfung der FMLN durch die salvadorianische Armee. Der Konflikt zwischen der Armee und der FMLN hielt während der gesamten achtziger Jahre an.

Auch in Guatemala erhoben sich in den siebziger Jahren Rebellengruppen gegen das dortige Militärregime. Sie wurden von einem Großteil der indigenen Bevölkerung des Landes unterstützt, die vom politischen und wirtschaftlichen Leben Guatemalas ausgeschlossen war, obwohl sie die Mehrheit bildete. Ende 1981 begann die Armee eine achtzehnmonatige Operation zur Niederschlagung der Rebellion. Sie richtete sich nicht nur gegen die Guerillas, sondern auch gegen die indigene Bevölkerung, die sie der Unterstützung der Rebellen verdächtigte. Mehrere zehntausend Zivilisten, überwiegend Angehörige der indigenen Bevölkerung, wurden ermordet oder verschwanden spurlos.[26] Als direkte Folge dieser Operation wurde schätzungsweise eine Million Menschen zu Binnenvertriebenen. Einige Monate später schlossen sich die verschiedenen Guerillagruppen zur Guatemaltekischen Nationalen Revolutionären Einheit (*Unidad Revolucionaria Nacional Guatemalteca – URNG*) zusammen. Trotz breiter Unterstützung in der Bevölkerung konnte sich die URNG gegenüber der Armee nicht durchsetzen. Bis 1983 hatten die guatemaltekischen Truppen die URNG gezwungen,

Größte Flüchtlingsströme in Mittelamerika in den 80er Jahren

Karte 5.3

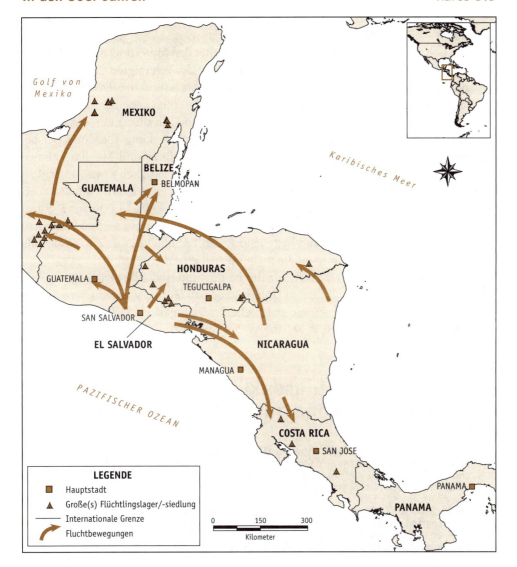

sich in unwegsame Bergregionen zurückzuziehen, wo sie bis zum Beginn der Friedensgespräche gegen Ende des Jahrzehnts die Stellung hielt.

Durch diese bewaffneten Konflikte in Nicaragua, El Salvador und Guatemala wurden zwei Millionen Menschen entwurzelt. Die meisten von ihnen waren Binnenvertriebene oder lebten als illegale Ausländer in anderen Ländern Mittel- und Nordamerikas, vor allem in Honduras, Mexiko, Costa Rica, Belize und Panama, aber auch in den Vereinigten Staaten und Kanada. Von den Mittelamerikanern, die von ihrem Herkunftsland in ein anderes mittelamerikanisches Land, vor allem nach Mexiko, gingen, wurde nur ein Teil als Flüchtlinge anerkannt, von den mehr als 500.000, die in die Vereinigten Staaten flohen, noch weniger. Die meisten erhielten nicht die Gelegenheit, Asyl zu beantragen, oder bemühten sich erst gar nicht darum, weil sie befürchteten, bei einem ablehnenden Bescheid abgeschoben zu werden.

Die sich illegal in den Vereinigten Staaten aufhaltenden Mittelamerikaner genossen daher auch keinen Flüchtlingsschutz. Die Reaktion der Vereinigten Staaten auf die Flüchtlingswelle aus Mittelamerika war nachhaltig von politischen Erwägungen beeinflusst. Nicaraguaner wurden im Allgemeinen willkommen geheißen und erhielten Asyl, während einer großen Zahl von Guatemalteken und Salvadorianern das Asyl verwehrt und ihre Abschiebung verfügt wurde, deren Vollstreckung allerdings bei bestimmten Gruppen ausgesetzt wurde. Costa Rica, Honduras und Mexiko nahmen mehrere hunderttausend Mittelamerikaner auf, von denen lediglich etwa 143.000 als Flüchtlinge anerkannt wurden.[27] 1986 lebten in Honduras etwa 68.000 offiziell anerkannte Flüchtlinge, davon ungefähr 43.000 aus Nicaragua, etwa 24.000 aus El Salvador und eine kleinere Anzahl aus Guatemala, während Mexiko etwa 46.000 Guatemalteken Asyl gewährt hatte. Das Land hatte jedoch darüber hinaus eine sehr große Zahl von Guatemalteken aufgenommen, die nicht offiziell erfasst wurden.[28]

Die Bemühungen von UNHCR, für die beiden unterschiedlichen Gruppen von Flüchtlingen in Honduras Schutz und Unterstützung zu leisten, wurden durch die Politik des Kalten Krieges und andere politische Erwägungen behindert. Die von der amerikanischen bilateralen Hilfe abhängige honduranische Regierung hieß die vor

Kasten 5.3 Die Flüchtlingsdeklaration von Cartagena aus dem Jahre 1984

Angesichts der Flüchtlingskrise in Mittelamerika kam im November 1984 in der kolumbianischen Hafenstadt Cartagena eine Gruppe von Regierungsvertretern, Wissenschaftlern und Anwälten aus Mittelamerika, Mexiko und Panama zusammen: Sie verabschiedeten ein Dokument, das als Flüchtlingsdeklaration von Cartagena bekannt wurde.

Die Erklärung von Cartagena stützt sich auf die Genfer Flüchtlingskonvention. Wie die Flüchtlingskonvention der Organisation für Afrikanische Einheit von 1969 enthält sie eine weiter gefasste Flüchtlingsdefinition als das Abkommen von 1951. Die Erklärung berücksichtigt auch Personen, die ihr Herkunftsland verlassen haben,

> ... weil ihr Leben, ihre Sicherheit oder ihre Freiheit durch allgemeine Gewalt, Fremdaggression, innerstaatliche Konflikte, massive Menschenrechtsverletzungen oder andere schwerwiegende Störungen der öffentlichen Ordnung gefährdet waren.

Obwohl kein völkerrechtlich bindendes Instrument, ist die Deklaration von der Generalversammlung der Organisation der Amerikanischen Staaten wiederholt unterstützt worden. Die meisten Staaten in Mittel- und Lateinamerika sind der Genfer Flüchtlingskonvention oder dem zugehörigen Protokoll von 1967 beigetreten, wenden aber in der Praxis die weiter gefasste Flüchtlingsdefinition aus der Erklärung von Cartagena an. Eine Reihe von Staaten hat sie sogar in ihre eigenen Gesetze übernommen.

Registrierte Flüchtlinge in Mittelamerika und Mexiko, 1980 - 1999

Grafik 5.3

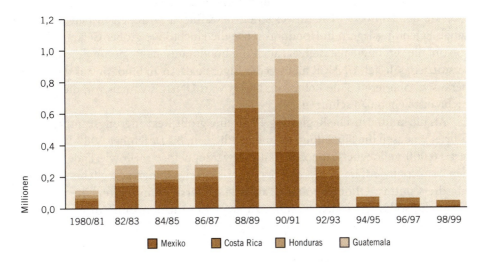

der sandinistischen Regierung geflohenen Nicaraguaner willkommen, begegnete den Flüchtlingen aus El Salvador hingegen mit sehr großem Misstrauen. Die ungleiche Behandlung dieser beiden Flüchtlingsgruppen durch die honduranische Regierung stellte UNHCR vor erhebliche Schwierigkeiten. Die meisten der offiziell anerkannten Flüchtlinge waren in von UNHCR betriebenen Lagern untergebracht. Die Bedingungen in diesen Lagern variierten jedoch beträchtlich. Während die nicaraguanischen Flüchtlinge volle Bewegungsfreiheit genossen, durften die Salvadorianer ihre von der honduranischen Armee bewachten geschlossenen Lager nicht verlassen.

Nicaraguanische Flüchtlinge in Honduras

Die ersten nicaraguanischen Flüchtlinge trafen 1981 im benachbarten Honduras ein. Die meisten von ihnen, etwa 30.000, waren indigene Miskitos. Sie waren vor den Kämpfen zwischen den Contras und sandinistischen Truppen in ihren Herkunftsgebieten geflohen und versuchten zudem, sich den Umsiedlungsplänen der sandinistischen Regierung zu entziehen. Schätzungsweise 14.000 dieser nicaraguanischen Miskitos lebten in von UNHCR eingerichteten Lagern. Die übrigen 8.000 nicaraguanischen Flüchtlinge waren spanischer oder gemischter Abstammung und wurden als „Ladinos" bezeichnet. Diese Ladinos kamen Anfang der achtziger Jahre nach Honduras. Viele waren wie die Miskitos vor den Kämpfen zwischen den Contras und den sandinistischen Truppen geflohen. Andere waren von den Contras rekrutiert worden und ließen sich in von diesen betriebenen Lagern in der Nähe der Grenze nieder.

UNHCR versuchte, eine klare Trennung zwischen den Stützpunkten der Contras und den Flüchtlingslagern aufrechtzuerhalten, und strebte daher eine Verlegung der Flüchtlinge an Standorte in größerer Entfernung von der Grenze an. Es war jedoch allgemein bekannt, dass die Contras aus Lagern heraus operierten, die von UNHCR und dem Internationalen Komitee vom Roten Kreuz geleitet wurden. Ein Beobachter beschrieb diese Situation als „einen Fall der extremen Ausnutzung von Flüchtlingen als Objekte der Politik".[29] Die Anwesenheit bewaffneter Gruppen in den nicaraguanischen Flüchtlingslagern in Honduras setzte die Flüchtlinge großer Gefahr aus. Da aber sowohl die Vereinigten Staaten als auch die honduranische Regierung die Contras unterstützten, sah sich UNHCR nicht in der Lage, sie daran zu hindern, aus diesen Lagern heraus zu operieren. Eine Reihe von NGOs warf UNHCR damals vor, die Flüchtlinge nicht ausreichend zu schützen.

Als die sandinistische Regierung 1987 eine große Rekrutierungskampagne durchführte, wuchsen die Flüchtlingsströme deutlich an. Bis Dezember 1987 hatte UNHCR fast 16.000 geflohene Ladinos erfasst – etwa doppelt so viele wie Ende 1986. Nach der Iran-Contra-Affäre untersagte der amerikanische Kongress jegliche weitere Hilfe für die Contras. Ohne die amerikanische Unterstützung waren die Contras geschwächt, sodass es in dem Konflikt zu einer Pattsituation kam. Im weiteren Verlauf des Jahres begannen die Sandinisten und die Opposition einschließlich der Contras einen „nationalen Dialog", der 1989 in einer Reihe von Vereinbarungen mit dem Ziel mündete, den Krieg zu beenden.

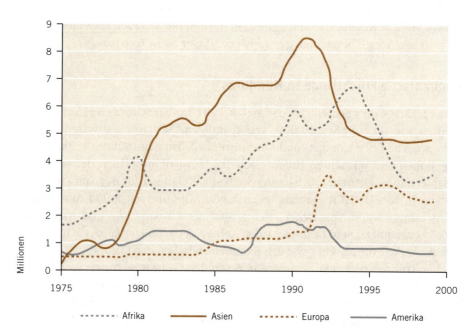

Flüchtlinge nach wichtigsten Asylregionen, 1975 - 2000 * Grafik 5.4

* Ohne palästinensische Flüchtlinge, die vom UN-Hilfswerk für Palästinaflüchtlinge im Nahen Osten (UNRWA) betreut wurden.

Kasten 5.4 Chile unter General Pinochet

Im Gegensatz zu anderen lateinamerikanischen Ländern hatte sich in Chile das Militär vor 1973 traditionell einer Einmischung in die Politik weitgehend enthalten. Das Land galt als eine der stabilsten Demokratien auf dem Kontinent. Am 11. September 1973 unternahm General Augusto Pinochet jedoch einen Putsch gegen die demokratisch gewählte Regierung von Staatspräsident Salvador Allende. Unmittelbar danach wurden alle rechtmäßigen politischen Aktivitäten unterdrückt und mehrere zehntausend Anhänger der früheren sozialistischen Regierung verhaftet. Über das ganze Land wurde der „Belagerungszustand" verhängt.

Insbesondere in den ersten Monaten der Militärjunta kam es verbreitet zu Folterungen, Verschwindenlassen und politischen Morden. Schätzungen zufolge wurden mehr als 4.000 Menschen getötet und etwa 60.000 festgenommen, von denen allerdings die meisten nur kurze Zeit inhaftiert blieben. Das Parlament wurde aufgelöst. Personen, die linker Sympathien verdächtigt wurden, fielen Säuberungsaktionen zum Opfer. In einem UNHCR-Bericht aus der Zeit wurde die Situation mit dem Faschismus in Europa in den dreißiger Jahren verglichen.[iii]

Flüchtlinge aus dem Ausland, die sich damals in Chile aufhielten

Der Putsch und die darauf folgenden Ereignisse stellten UNHCR vor große Probleme. Chile hatte in den Jahren zuvor mehrere tausend Flüchtlinge und politische Exilanten aufgenommen. Ihre Zahl belief sich nach einer Schätzung der Regierung Allende von Mitte 1972 auf etwa 5.000. Viele von diesen waren nach Allendes Wahl im Jahre 1970 nach Chile gekommen. Sie waren auf der Flucht vor rechtsgerichteten Regierungen oder unterstützten die als „einmaliges sozialistisches Experiment" geltende Regierung Allende.

Zwei Tage nach dem Putsch forderte der Hohe Flüchtlingskommissar der Vereinten Nationen Sadruddin Aga Khan in einem Telex an den neuen Außenminister, Konteradmiral Ismael Huerta Díaz, die Regierung auf, ihren Verpflichtungen gemäß der Genfer Flüchtlingskonvention und dem zugehörigen Protokoll von 1967, die die Regierung Allende 1972 ratifiziert hatte, nachzukommen.[iv] Wäre Chile nicht Vertragsstaat dieser völkerrechtlichen Instrumente gewesen, wären die Verhandlungen von UNHCR mit der neuen Regierung mit großer Wahrscheinlichkeit nicht so erfolgreich gewesen. Am 20. September 1973 wurde in der Hauptstadt Santiago eine UNHCR-Vertretung eröffnet.

Noch im selben Monat genehmigte die Regierung die Bildung eines Nationalen Flüchtlingshilfekomitees (*Comité Nacional de Ayuda a los Refugiados* – CONAR). Die Kirchen und Wohlfahrtsorganisationen, die am CONAR mitwirkten, richteten 26 Flüchtlingsaufnahmeeinrichtungen ein, davon 15 in Santiago und 11 in den Provinzen. In diesen Einrichtungen wurde „Mandatsflüchtlingen" geholfen, ihre Papiere in Ordnung zu bringen, und ihre Ausreise in Drittländer organisiert. Bis Ende September waren in diesen Einrichtungen 600 Flüchtlinge erfasst worden. Bis zum 23. Oktober war ihre Zahl auf 1.022 gestiegen.

Mehrere hundert andere, obdachlose Flüchtlinge konnten mit dem Einverständnis der chilenischen Regierung jeweils eine Zeit lang in einem Haus unter dem Schutz der Botschaft der Schweiz untergebracht werden. Diese *casa suiza* bot Hunderten von UNHCR anerkannten Flüchtlingen Asyl, die aus der Haft entlassen worden waren und denen nun die Abschiebung drohte, obwohl sie in Drittländer ausreisen sollten. Sie stammten überwiegend aus Brasilien, Uruguay und Bolivien.

Das CONAR arbeitete unter der Schirmherrschaft von UNHCR. Das Amt bot dem Komitee seine Hilfe bei der Lösung von Flüchtlingsproblemen an. Bis März 1974 hatten über 40 Drittländer 2.608 der 3.574 vom CONAR erfassten Personen zur dauer-

Salvadorianische Flüchtlinge in Honduras

Die ersten salvadorianischen Flüchtlinge kamen 1980 nach Honduras. Zunächst ließen sie sich ohne Probleme in verschiedenen grenznahen Regionen nieder, vor allem in La Virtud. Als die Zahl der Ankömmlinge zunahm, versuchte die honduranische Regierung jedoch, diese Ansiedlung vor Ort zu unterbinden. Sie verdächtigte die Flüchtlinge der Unterstützung der Guerillas und begegnete ihnen mit Misstrauen und Feindseligkeit. Bei einem Vorfall im Mai 1980 wiesen beispielsweise honduranische

haften Ansiedlung aufgenommen. Zu diesen zählten auch 208 Personen, die in ihre Herkunftsländer zurückgeführt worden waren. Weitere 1.500 Personen setzten sich nach Peru und Argentinien ab. UNHCR beteiligte sich mit 215.000 Dollar an den Gesamtausgaben von 300.000 Dollar, die beim CONAR in dieser Zeit anfielen.

Ausreise chilenischer Staatsangehöriger ins Exil

Von Beginn an benutzte das Pinochet-Regime die Vertreibung ins Exil als Bestandteil seiner Strategie zur Neuordnung der politischen Landschaft in Chile und zerstörte damit die politischen Traditionen des Landes. Die Zahl der Verhafteten war so groß, dass das Hauptfußballstadion in Santiago zu einem riesigen provisorischen Gefängnis gemacht wurde.

Die Ausweisungen erfolgten unter Berufung auf Gesetzesverordnung 81 von November 1973, die dem Regime praktisch unbeschränkte Befugnisse gab, Staatsangehörige auszuweisen. Ab Dezember 1974 konnten Personen, die unter Berufung auf den Belagerungszustand verhaftet, aber noch nicht verurteilt worden waren, ihre Freilassung unter der Bedingung beantragen, dass sie ihrer sofortigen Ausweisung zustimmten. Im April 1975 wurde diese Praxis mit Gesetzesverordnung 504 auf verurteilte Gefangene ausgeweitet.

Inter-governmental Committee for European Migration – ICEM), das Internationale Komitee vom Roten Kreuz und UNHCR trugen zusammen mit chilenischen NGOs dazu bei, dass Tausende Chilenen das Land verlassen konnten. UNHCR wurde dabei nach Kräften von anderen UN-Organisationen unterstützt, vor allem von der Internationalen Arbeitsorganisation (*International Labour Organization* – ILO), dem Entwicklungsprogramm der Vereinten Nationen (*United Nations Development Programme* – UNDP) und der Sonderorganisation der Vereinten Nationen für Bildung, Wissenschaft und Kultur (*United Nations Educational, Scientific and Cultural Organization* – UNESCO). Das Amt legte Anfang Oktober 1973 ein Verfahren zur Berechtigungsprüfung fest, anhand dessen entschieden wurde, ob Personen unabhängig davon, ob Chile ihr Herkunftsland oder lediglich das Land ihres ständigen Wohnsitzes war, eine begründete Furcht vor Verfolgung in Chile glaubhaft machen konnten. Für viele Flüchtlinge war das schnellstmögliche Verfahren sehr wichtig, weil sie befürchteten, von den Behörden verhaftet oder sogar umgebracht zu werden.

Wie bei der Flucht aus Ungarn 20 Jahre zuvor wurden die Flüchtlinge in alle Windrichtungen verstreut. Rund 110 Länder von Island bis Zypern und von Kenia bis Kap Verde nahmen Chilenen zur dauerhaften Ansiedlung

auf. Anfänglich flohen viele in andere lateinamerikanische Länder wie Peru, Argentinien und Brasilien. Dort gab es jedoch nur wenig Arbeitsmöglichkeiten, und nach dem Putsch in Argentinien im Jahre 1976 schied der unmittelbare Nachbar Chiles als Fluchtziel praktisch aus. Andere wichtige Zielländer für chilenische Flüchtlinge waren Frankreich, Schweden, Kanada, Mexiko, Australien und Neuseeland.

UNHCR appellierte auch an osteuropäische Länder, chilenische Flüchtlinge zur dauerhaften Ansiedlung aufzunehmen. Etwa 1.000 gingen auf eigene Initiative in die Deutsche Demokratische Republik und etwa ebenso viele mit Unterstützung von UNHCR nach Rumänien. Eine kleinere Zahl konnte sich in anderen osteuropäischen Ländern einschließlich Bulgariens und Jugoslawiens niederlassen. Jugoslawien war das einzige Ostblockland, zu dem UNHCR einigermaßen gute Beziehungen hatte. Der Appell von UNHCR an diese Länder war damals – zu einer Zeit, zu der die Sowjetunion noch offenes Misstrauen gegenüber dem Amt hegte – etwas Neues.

Diplomatisches Asyl

Viele Botschaften in Santiago nutzten die in Lateinamerika gebräuchliche Praxis, Personen auf ihrem Gelände diplomatischen Schutz zu bieten. Innerhalb weniger Tage nach dem

---

Truppen mehrere hundert von der salvadorianischen Armee angegriffene und verfolgte Flüchtlinge an der Grenze zurück. Viele der betroffenen Salvadorianer wurden anschließend getötet. Die Intensivierung der Kämpfe in El Salvador zwang jedoch weiterhin Tausende Salvadorianer zur Flucht nach Honduras. Bis Anfang 1981 war die salvadorianische Flüchtlingsbevölkerung in Honduras auf 30.000 angewachsen.

Die Flüchtlinge fanden in Honduras nicht die Sicherheit, auf die sie gehofft hatten. Eine in La Virtud arbeitende europäische Krankenschwester berichtete: „Die salvadorianische Armee drang mit Zustimmung der honduranischen Soldaten in La Virtud ungehindert auf honduranisches Territorium vor. Einige Flüchtlinge „verschwanden",

Putsch hatten mehr als 3.000 Chilenen in Botschaften in Santiago Zuflucht gesucht, und zwar vor allem in denen von Argentinien, Frankreich, Italien, Mexiko, den Niederlanden, Panama, Schweden und Venezuela. Der schwedische Botschafter Harald Edelstam wurde im Dezember 1973 wegen der besonders aktiven Gewährung von diplomatischem Asyl aus Chile ausgewiesen.

UNHCR unterstützte diese Asylbewerber in seiner Kapazität als Amt, das „gute Dienste" leisten konnte. Bis Mitte Oktober war 4.761 Asylbewerbern, bei denen es sich überwiegend um Chilenen handelte, mit Unterstützung von UNHCR von der Regierung freies Geleit zugesichert worden. Bis Mai 1974 hatte das Außenministerium etwa 8.000 Pässe ausgestellt, die den Inhabern freies Geleit sicherten.[v]

Sichere Zufluchtsstätten für ausländische Flüchtlinge

Die chilenische Gesetzesverordnung 1308 vom 3. Oktober 1973 führte zu einem interessanten Novum in der internationalen Asylpraxis. In Chile wurden für ausländische Flüchtlinge Zufluchtsstätten eingerichtet, für deren Sicherheit die chilenische Regierung selbst die Gewähr übernahm. Im Gebiet von Santiago gab es insgesamt sechs solcher sicherer Zufluchtsstätten, die anfänglich auch vom Regime respektiert wurden. Aber in einem UNHCR-Telex von 1973 ist festgehalten, dass die Einstellung der Regierung gegenüber Flüchtlingen außerordentlich besorgniserregend war. Der Verfasser hielt es für möglich, dass die Junta die Schließung der Zufluchtsstätten anstreben und stattdessen die Einrichtung von Transitzentren außerhalb von Chile fordern könnte.[vi] Paradoxerweise wünschten das auch viele Flüchtlinge.

Nach Schätzungen der UNHCR-Vertretung in Santiago waren im April 1974 landesweit immer noch 15.000 Menschen aus politischen Gründen inhaftiert. Die Einschränkungen der bürgerlichen und politischen Freiheiten bestanden fort, und von Rechtsstaatlichkeit konnte keine Rede sein. Trotz dieser ungünstigen äußeren Umstände blieben alle sechs Zufluchtsstätten für den größten Teil des Jahres 1974 geöffnet. In einer weiteren sicheren Zufluchtsstätte, per Gesetzesverordnung 1698 vom 17. Oktober 1974 eingerichtet, wurde eine Gruppe chilenischer Staatsangehöriger unter dem Schutz der Flagge der Vereinten Nationen untergebracht. Sie warteten dort auf die Ausreise in ein Drittland. In der Verordnung hieß es, dass diese Zufluchtsstätte ausländische Flüchtlinge und Angehörige chilenischer Flüchtlinge im Ausland, die auf die Familienzusammenführung warteten, aufnehmen konnte. Chilenen benötigten für die Zulassung zu dieser Zufluchtsstätte die Genehmigung des Innenministeriums. Durch die Anwesenheit chilenischer Staatsangehöriger in dieser Zufluchtsstätte bekam UNHCR zunehmend mit der Familienzusammenführung zu tun. Das Amt musste Länder finden, die bereit waren, die Familien von Chilenen auf Dauer aufzunehmen, denen bereits im Ausland Asyl gewährt worden war.

In dem Maße, in dem die Flüchtlinge nach und nach ausreisten, sank auch die Zahl der sicheren Zufluchtsstätten. Gegen Ende 1975 war für fast alle ausländischen Flüchtlinge, die nicht in Chile bleiben konnten, ein Ansiedlungsland gefunden worden. Die letzte sichere Zufluchtsstätte wurde dann im April 1976 geschlossen.

Ein Meilenstein für UNHCR

Der Einsatz in Chile nach 1973 war ein wichtiger Meilenstein in der Geschichte von UNHCR. Es war der erste größere Einsatz des Amtes in Lateinamerika. Wie viele Menschen in der Zeit, in der General Pinochet Staatspräsident war, in das Exil geflohen sind, ist nicht genau bekannt. Allein ICEM half bis 1980 rund 20.000 Menschen zur Ausreise. Einer Schätzung zufolge haben bis zu 200.000 Menschen das Land freiwillig verlassen oder wurden ausgewiesen.[vii]

andere wurden tot aufgefunden, und wieder andere von der honduranischen Armee festgenommen."[30] UNHCR protestierte offiziell gegen diese Übergriffe, ebenso führende Kirchenvertreter in der Region; sie konnten allerdings nur wenig bewirken.

Im Oktober 1981 gab die honduranische Regierung dann bekannt, dass sie die Flüchtlinge in La Virtud weiter entfernt von der Grenze nach Mesa Grande verlegen wollten. Das erklärte Ziel der Regierung war, die Flüchtlinge zu schützen, was von UNHCR unterstützt wurde. Einige NGOs und andere Beobachter glaubten jedoch, in Wirklichkeit wolle die Regierung die Flüchtlinge daran hindern, den salvadorianischen Guerillas zu helfen. Das Grenzgebiet sollte geräumt werden, damit die honduranische und die salvadorianische Armee dort ungestört operieren konnten. Die Flüchtlinge in La Virtud waren gegen die geplante Umsiedlung, weil sie befürchteten, danach den ihnen feindselig gesonnenen honduranischen Truppen noch stärker ausgeliefert zu sein. Diese Einschätzung wurde von den meisten NGOs geteilt.

Die Situation spitzte sich am 16. November 1981 zu, als salvadorianische Paramilitärs und Soldaten nach La Virtud eindrangen und eine Reihe von Flüchtlingen entführten. Die honduranische Regierung nutzte den Übergriff als Vorwand zur sofortigen Verwirklichung des Umsiedlungsvorhabens, obwohl die Vorbereitungen in Mesa Grande noch nicht abgeschlossen waren. Gegen den Widerstand der Flüchtlinge und trotz eigener Bedenken blieb UNHCR nichts anderes übrig, als bei der Umsiedlung Hilfe zu leisten. Innerhalb von fünf Monaten wurden 7.500 Flüchtlinge umgesiedelt. Mehr als 5.000 andere kehrten lieber nach El Salvador zurück als nach Mesa Grande zu ziehen. Die Umsiedlung beschwor neue Probleme herauf. Viele der zugesagten Einrichtungen wurden nie gebaut, sodass die Bedingungen für die Flüchtlinge in Mesa Grande wesentlich schlechter als in La Virtud waren. Damit wuchs das Misstrauen der Flüchtlinge gegenüber den honduranischen Behörden und UNHCR.

Die Politik der honduranischen Regierung, die salvadorianischen Flüchtlinge in geschlossenen Lagern einzusperren, erschwerte es diesen, sich selbst zu versorgen. Es war ihnen verboten, sich außerhalb der Lager Arbeit zu suchen. Ebenso wenig durften sie innerhalb der Lager im großen Rahmen Landwirtschaft betreiben, was die Menge an Nahrungsmitteln einschränkte, die sie selbst erzeugen konnten. Doch sie nutzten die ihnen zur Verfügung stehenden Möglichkeiten so gut, wie sie konnten. Sie legten innerhalb des Lagers eigene Gemüsegärten an, die später den Gesamtbedarf des Lagers an Gemüse deckten. Sie bauten Fischteiche, die große Mengen Fisch ergaben, züchteten Schweine und Hühner und richteten Werkstätten ein, in denen sie den Großteil ihrer Kleidung, Schuhe und Hängematten herstellten.

Bei einem weiteren umstrittenen Vorfall im Jahre 1983 teilten die honduranischen Behörden den salvadorianischen Flüchtlingen im Lager Colomoncagua nahe der Grenze zu El Salvador mit, dass auch sie umsiedeln müssten oder nach El Salvador zurückgeführt würden. UNHCR unterstützte die geplante Umsiedlung, warnte die honduranische Regierung jedoch, das Amt werde sich jedem Versuch widersetzen, die Flüchtlinge gegen ihren Willen nach El Salvador zurückzuführen.[31] Internationale NGOs unterstützten damals die Ablehnung der Umsiedlung durch die Flüchtlinge. Am Ende gaben die honduranischen Behörden nach, sodass die Flüchtlinge bleiben konnten, aber die Situation in Colomoncagua blieb angespannt und gefährlich. In dem Lager hatte es von Anfang an viele Sicherheitsprobleme gegeben. Es gab gewaltsame Angriffe gegen die Flüchtlinge, an denen sich zum Teil sogar Soldaten der salvadorianischen Armee beteiligt hatten. Manche Vorfälle beruhten auch auf Auseinandersetzungen zwischen den Flüchtlingen selbst. Hierzu kam es besonders, wenn Flüchtlinge gegen den Willen ihrer Sprecher nach El Salvador zurückkehren wollten.

UNHCR war in den salvadorianischen Lagern von allen Seiten vielfältigen Zwängen ausgesetzt. Die honduranische und die amerikanische Regierung wollten die Kontrolle über die Aktivitäten der Flüchtlinge verstärken, während die Flüchtlinge selbst mehr Freiheit für sich forderten und dabei von den in den Lagern tätigen Nichtregierungsorganisationen unterstützt wurden. UNHCR-Mitarbeiter in den Lagern wurden wiederholt Opfer gewaltsamer Übergriffe von Angehörigen der honduranischen Behörden.

Die Beziehungen von UNHCR zu den mit den salvadorianischen Flüchtlingen in Honduras arbeitenden NGOs waren ebenfalls gespannt. Sie sahen in UNHCR häufig einen Verbündeten der Regierungen von Honduras und der Vereinigten Staaten, die den salvadorianischen Flüchtlingen im Allgemeinen feindselig gegenüberstanden. Ein UNHCR-Mitarbeiter schrieb damals: „In keinem anderen Land, in dem ich zuvor gearbeitet habe, waren die internationalen Mitarbeiter von NGOs UNHCR gegenüber so feindselig eingestellt wie in Mesa Grande und Colomoncagua."[32]

Guatemaltekische Flüchtlinge in Mexiko

In den achtziger Jahren war Mexiko ebenso wie Honduras der Genfer Flüchtlingskonvention von 1951 und dem zugehörigen Protokoll von 1967 noch nicht beigetreten. Als zum ersten Mal Guatemalteken in großer Zahl in Mexiko eintrafen, wurden Tausende sofort wieder abgeschoben. Nach einer Reihe von Protesten aus dem Ausland führte die mexikanische Regierung dann jedoch ein Registrierungsverfahren für guatemaltekische Flüchtlinge ein und gewährte 46.000 von ihnen ein Bleiberecht. Sie zählten zu den mehr als 200.000 Guatemalteken, die 1981/82 nach Mexiko kamen. 1982 eröffnete UNHCR in Mexiko seine erste Vertretung.

Viele der Flüchtlinge, die nicht erfasst wurden, waren in Teile von Mexiko gekommen, die traditionelles Ziel von Guatemalteken auf Arbeitssuche waren und in denen sie sich leicht unter die einheimische Bevölkerung und die dort lebenden Arbeitsmigranten mischen konnten. Bis zu 50.000 gingen auch in die Hauptstadt Mexico City, wo sie sich gar nicht registrieren lassen konnten. Andere trafen erst in Mexiko ein, nachdem die Regierung das Registrierungsverfahren bereits wieder abgeschafft hatte. Alle nicht erfassten Flüchtlinge mussten ständig befürchten, abgeschoben zu werden.

Die registrierten Flüchtlinge in Mexiko lebten im Bundesstaat Chiapas an der Grenze zu Guatemala. In abgelegenen Dschungelgebieten verstreute man sie in über mehr als 50 Lager. Die Lebensbedingungen in diesen Lagern waren außerordentlich schlecht. In Kenntnis dieser schlechten Umstände verfolgte die mexikanische Regierung ab 1984 die Politik, die Flüchtlinge von Chiapas in neue Siedlungen in den Bundesstaaten Campeche und Quintana Roo auf der Halbinsel Yucatan zu verlegen. Letzten Endes wurden 18.000 Flüchtlinge umgesiedelt. Die Regierung behauptete mit einer gewissen Berechtigung, die Umsiedlung sei notwendig, weil die guatemaltekische Armee mehrfach Flüchtlingssiedlungen auf mexikanischem Territorium angegriffen hatte. Der Gouverneur von Chiapas war damals entschieden gegen die Anwesenheit der Flüchtlinge in dem Bundesstaat gewesen. Auf der Halbinsel Yucatan jedoch, einem unterentwickelten Gebiet, konnten die Flüchtlinge an dessen Erschließung mitwirken.

Ein Teil der 25.000 erfassten Flüchtlinge in Chiapas widersetzte sich der Umsiedlung nach Campeche und Quintana Roo und blieb vor Ort. Die mexikanische Regierung forderte mexikanische NGOs auf, die Flüchtlinge nicht zu unterstützen. Die niedrigen Löhne, die sie für ihre Arbeit erhielten, und der mangelnde Zugang zu

Agrarland und sozialen Diensten führten dazu, dass ihre Lebensbedingungen außerordentlich schlecht waren. 1987 verließ deshalb eine Anzahl von Flüchtlingen die Lager, um nach Guatemala zurückzukehren. In der Folgezeit verbesserten sich jedoch sowohl die Sicherheitslage als auch die Lebensbedingungen für die Flüchtlinge in Chiapas in einem gewissen Maße.

Ab 1984 stellte die mexikanische Regierung in Zusammenarbeit mit UNHCR und NGOs für die in Campeche und Quintana Roo angesiedelten Flüchtlinge Agrarland, Unterkünfte, Nahrungsmittelhilfe und umfassende Sozialdienste bereit. Diese Siedlungen erwiesen sich als höchst erfolgreich. Die Flüchtlinge konnten sich bereits nach kurzer Zeit selbst versorgen und sich vor Ort integrieren. Die meisten der in diese Siedlungen verlegten Flüchtlinge blieben dort auf Dauer und erhielten von der Regierung später sogar das Angebot, die mexikanische Staatsangehörigkeit anzunehmen.

Konfliktlösung und Rückführung

Der Beginn der achtziger Jahre stand noch ganz im Zeichen des Kalten Krieges. Am Ende des Jahrzehnts hatten sich sowohl UNHCR als auch die globale politische Landschaft drastisch verändert. UNHCR war beträchtlich gewachsen, nicht nur mit Blick auf die Mitarbeiterzahl und den Haushalt des Amtes, sondern auch auf die Reichweite seiner Aktivitäten. Gleichzeitig waren viele Konflikte, die das letzte Jahrzehnt des Kalten Krieges gekennzeichnet hatten, beendet oder näherten sich zumindest einer Lösung.

Die sowjetischen Truppen zogen sich 1989 aus Afghanistan zurück. Kurz danach brach die ganze Sowjetunion zusammen. Das kommunistische Regime in Kabul wurde 1992 von den Mudschaheddin gestürzt. Insgesamt konnten in den neunziger Jahren etwa vier Millionen Afghanen in ihre Heimat zurückkehren.

In Äthiopien wurde die Regierung von Staatspräsident Mengistu 1991 gestürzt. Es folgte eine Phase relativer Ruhe für das Land. In Eritrea endete 1991 der langwierigste Bürgerkrieg in Afrika. 1993 erlangte das Land offiziell die Unabhängigkeit.

In Mittelamerika zeugte der 1987 in Esquipulas begonnene Friedensprozess von der Entschlossenheit der mittelamerikanischen Staatsmänner, die Konflikte in der Region zu beenden. In Nicaragua begann 1989 die Umsetzung einer Vereinbarung zur Beendigung des Konflikts zwischen der Regierung und den Contras. Im darauf folgenden Jahr verloren die Sandinisten die Parlamentswahlen. In El Salvador und Guatemala wurden 1992 bzw. 1996 offizielle Friedensabkommen abgeschlossen. Viele Flüchtlinge waren jedoch schon zuvor in ihre Herkunftsländer zurückgekehrt. Anfang der neunziger Jahre verlagerte sich daher der Schwerpunkt der UNHCR-Aktivitäten auf die Rückführung.

6 Rückführung und Friedenssicherung Anfang der neunziger Jahre

In den ausgehenden achtziger Jahren eröffnete das Ende des Kalten Krieges neue Möglichkeiten, Frieden zu schaffen. Als die Unterstützung der Supermächte für ihre jeweiligen Verbündeten in den Stellvertreterkriegen versiegte, ergab sich eine neue Situation. In einer Reihe von Fällen trugen die Vereinten Nationen entscheidend zur Vermittlung von Friedensabkommen und – mit der Durchführung großer Friedenssicherungs- und Friedenskonsolidierungseinsätzen – auch zur anschließenden Stabilisierung des Friedens bei.

Anfang der neunziger Jahre herrschte ein verbreiteter Optimismus, dass eine friedlichere Weltordnung, begleitet von internationaler Zusammenarbeit, der Lösung von Konflikten und einem drastischen Rückgang der Zahl der Flüchtlinge und Vertriebenen, zum Greifen nahe war. Die Vereinten Nationen begannen zwischen 1988 und 1994 insgesamt 21 neue Friedenssicherungsmissionen – im Vergleich zu insgesamt nur 13 in den vorhergehenden 40 Jahren. Stellvertretend für den neuen Optimismus stand die *Agenda für den Frieden* des UN-Generalsekretärs Boutros Boutros-Ghali von Juni 1992, die ein Bild eines zu neuem Leben erweckten kollektiven UN-Sicherheitssystems zeichnete.

UNHCR spielte eine wichtige Rolle bei einer Reihe von Friedenssicherungseinsätzen der Vereinten Nationen, vor allem in Namibia, Mittelamerika, Kambodscha und Mosambik, die im Mittelpunkt dieses Kapitels stehen. Jedes dieser Länder war in den Jahren des Kalten Krieges Schauplatz eines langwierigen Konflikts. In allen Fällen mündeten Friedensabkommen, die durch internationale Vermittlung zu Stande gekommen waren, in großen Rückführungen. Die Aktivitäten von UNHCR waren integraler Bestandteil der umfassenderen Maßnahmen der Vereinten Nationen zur Friedenskonsolidierung in den jeweiligen Ländern. Dazu zählten überall die Organisation von Wahlen und andere Schritte, die den Übergang vom Krieg zum Frieden erleichtern sollten. Zu ihrer Unterstützung wurden in unterschiedlichem Umfang internationale Beobachter, zivile Verwaltungsfachleute und in einigen Fällen Friedenssicherungstruppen und Polizisten entsandt.

In Namibia beteiligte sich UNHCR nur kurze Zeit und in beschränktem Maße an der Rückführung. In Mittelamerika, Kambodscha und Mosambik half das Amt hingegen wesentlich intensiver auch noch bei der Reintegration der zurückkehrenden Flüchtlinge. In allen diesen Fällen wirkte UNHCR an einer breiten Palette allgemeiner Programme zur Instandsetzung der Infrastruktur und an vertrauensbildenden Maßnahmen mit. UNHCR und die internationale Gemeinschaft bemühten sich um eine erfolgreiche Reintegration, indem sie Flüchtlinge und Vertriebene im Rahmen eines umfassenden Programms unterstützten. Dies diente auch der langfristigen strukturellen Förderung des Friedens.

Ein Hubschrauber der UN-Übergangsbehörde der Vereinten Nationen in Kambodscha bringt Flüchtlinge zurück in ihre Heimat. (UNHCR/I. GUEST/1992)

Die Aktivitäten von UNHCR waren Ausdruck einer neuen, breiteren Anwendung seines Mandats. Außer beim Einsatz in Namibia endete die Beteiligung von UNHCR nicht, nachdem die Flüchtlinge in Sicherheit die Grenze zurück in ihr Herkunftsland überschritten hatten. Das Amt wirkte auch danach aktiv und länger als je zuvor bei der Versorgung der Rückkehrer mit. Es war das Ziel, den Rückkehrern dabei zu helfen, sich zu reintegrieren und sich eine neue Existenz aufzubauen.

Die Rückführung nach Namibia

Die Unabhängigkeit Namibias im Jahre 1990 stand in unmittelbarem Zusammenhang mit dem Ende der Apartheid in Südafrika und dem Ende des Kalten Krieges. Das Gebiet des neuen Staates, das bis 1968 als Südwestafrika bezeichnet wurde, war seit dem Ende des Ersten Weltkrieges von Südafrika kontrolliert worden. 1966 begann die Südwestafrikanische Volksorganisation (*South West African People's Organization* – SWAPO) einen bewaffneten Befreiungskampf. Sie richtete später Stützpunkte in Angola und Sambia ein. 1978 verabschiedete der UN-Sicherheitsrat die Resolution 435. In ihr wurde das Ende des völkerrechtswidrigen Festhaltens Südafrikas an dem Gebiet und seine baldige Unabhängigkeit nach Wahlen unter Beobachtung der Vereinten Nationen gefordert. Es dauerte jedoch länger als zehn Jahre, bis diese Resolution vollständig umgesetzt worden war.

Die Vereinigten Staaten forderten, die Unabhängigkeit Namibias mit dem Ende des Bürgerkriegs im benachbarten Angola und dem Abzug der dort stationierten kubanischen Truppen zu verknüpfen. Erst im Dezember 1988 unterzeichneten Südafrika, Angola und Kuba Abkommen zur Umsetzung der Resolution 435 und zur Einleitung eines schrittweisen Rückzugs der kubanischen Truppen aus Angola. Zwei Monate später rief der Sicherheitsrat die *United Nations Transition Assistance Group* (UNTAG) ins Leben. Ihr Mandat schloss die Überwachung sowohl des Rückzugs der südafrikanischen Truppen aus Namibia als auch durchzuführender Parlamentswahlen ein.

Rückführung vor Wahlen

Die UNTAG sah von Anfang an die Rückkehr und die friedliche Reintegration der namibischen Flüchtlinge als eine der Voraussetzungen für Wahlen und für den erfolgreichen Übergang Namibias zu einem unabhängigen und demokratischen Staat an. Am 1. April 1989 begann endlich die Umsetzung der Resolution 435 aus dem Jahre 1978. Innerhalb von weniger als einem Jahr kehrten mehr als 43.000 Namibier aus Sambia, Angola und einer Reihe anderer Länder zurück.

Vor dem Beginn der organisierten Rückführung setzte UNHCR in langen und schwierigen Verhandlungen mit der südafrikanischen Regierung eine umfassende Amnestie für alle Rückkehrer durch. Die Flüchtlinge wurden mit Flugzeugen in die Hauptstadt Windhoek und von Juni bis August auch zu weiter nördlich gelegenen Grenzübergängen wie Grootfontein und Ondangwa gebracht. Für die auf dem Land-

Zurückgekehrte namibische Flüchtlinge, die Jahre im Ausland gelebt haben, bei der Ankunft in Ovamboland in Namibia. (UNHCR/L. ASTRÖM/1989)

weg zurückkehrenden Flüchtlinge wurden ebenfalls drei klar definierte Grenzübergänge eingerichtet. Nach Überschreiten der Grenze wurden die Flüchtlinge in fünf neu eingerichtete Aufnahmezentren gebracht, wo sie registriert wurden und Nahrungsmittel, Kleidung, Gesundheitsfürsorge und eine Grundausstattung an Haushaltsutensilien erhielten. Danach wurden die Rückkehrer an ihre früheren Wohnorte überwiegend im Norden des Landes transportiert.

Der Einsatz erlitt einige gravierende Rückschläge. Der Beginn der Rückführung musste um einen Monat verschoben werden, weil am 1. April 1989 schwer bewaffnete SWAPO-Truppen von ihren Stützpunkten in Angola aus in Namibia einmarschierten. Ihr offensichtlicher Versuch, in Namibia als bewaffnete und politische Kraft Präsenz zu zeigen, wurde von den noch im Land befindlichen südafrikanischen Truppen vereitelt. Diese durften vorübergehend ihre Kasernen verlassen. Sie besiegten und vertrieben die SWAPO-Truppen. Ein weiteres Problem war, dass der von Südafrika kontrollierte Generalverwalter während der Rückführung weiterhin die südwestafrikanische Polizei einsetzte, zu der auch einige als äußerst brutal bekannte Antiguerilla-Einheiten, die so genannten *Koevoets*, gehörten. Diese setzten ihre Aktivitäten im Norden des Landes, insbesondere in Ovamboland, illegalerweise fort. Sie verbreiteten Angst und Schrecken und behinderten die Rückkehr der Flüchtlinge, sodass sich der UN-Generalsekretär im Juni 1989 zu einer förmlichen Beschwerde genötigt sah. UNHCR entsandte Mitarbeiter in das Gebiet, um die Situation zu überwachen.[1]

Das Amt wurde damals für die hohen Kosten der namibischen Rückführungsoperation kritisiert. Für die Heimkehr von knapp über 40.000 Flüchtlingen wurden mehr als 36 Millionen Dollar aufgewendet. Fast die Hälfte dieses Betrags entfiel auf die Luftbrücke zum Transport zurückkehrender Flüchtlinge und auf die Lieferung von Hilfsgütern. UNHCR hatte den Luftweg für notwendig gehalten, weil der Landweg durch Südangola unsicher war und das Amt die Verzögerungen wettmachen wollte, die durch den Einmarsch der SWAPO und die langwierigen Verhandlungen mit Südafrika über eine umfassende Amnestie der zurückkehrenden Flüchtlinge entstanden waren.

Trotz der Verzögerungen und Rückschläge wurden fast alle Flüchtlinge rechtzeitig vor den Wahlen im November 1989 zurückgeführt. Die SWAPO gewann mit großem Vorsprung und bildete die erste unabhängige Regierung von Namibia. Wie bei den Rückführungen nach Algerien 1962 und Bangladesch 1972 beschränkte UNHCR seine Unterstützung auf die Deckung des unmittelbaren Bedarfs an Nahrungsmitteln und Hilfsgütern und zog den größten Teil seines Personals ab, nachdem es die Flüchtlinge an ihre Zielorte begleitet hatte. Das Amt hielt seinen Teil der Arbeit für getan, nachdem es die Rückführung abgeschlossen und die Amnestie- und andere Rechtsfragen geklärt waren. Der Namibische Kirchenrat, die wichtigste Partnerorganisation von UNHCR, richtete im ganzen Land Unterstützungszentren ein, um die Flüchtlinge zu empfangen und Minderjährigen, älteren Menschen und anderen anfälligen Gruppen zu helfen.

1990 kam eine organisationsübergreifende Mission unter Federführung der Vereinten Nationen zu dem Ergebnis, dass die zurückkehrenden Namibier große Schwierigkeiten hatten, Arbeit zu finden und sich wirtschaftlich zu integrieren. Dies galt besonders für die Rückkehrer in die ländlichen Gebiete im Norden des Landes. Die Menschen waren voller Hoffnung zurückgekommen und fühlten sich nun von der internationalen Gemeinschaft im Stich gelassen.[2] Die organisationsübergreifende Mission empfahl, den zurückgekehrten Namibiern Unterstützung zukommen zu lassen, aber die Geber zögerten mit der Bereitstellung der erforderlichen Mittel, sodass nur wenige Projekte tatsächlich realisiert wurden.

Ein Teil der Flüchtlinge hatte in Osteuropa oder Kuba weiterführende Bildungseinrichtungen besucht. Sie verfügten dadurch über Fachkenntnisse in verschiedenen Bereichen, die es ihnen letztendlich ermöglichten, doch eine stabile neue Nation mit bescheidenem Wohlstand zu errichten. Der neuen Regierung gehörten zahlreiche zurückgekehrte Flüchtlinge an, unter ihnen auch der neue Staatspräsident, Sam Nujoma.

Die Unabhängigkeit Namibias war die Erste einer Reihe von Errungenschaften nach dem Ende des Kalten Krieges, bei denen das System der Vereinten Nationen eine wichtige Rolle spielte. In diesem Fall zog sich UNHCR kurz nach dem Abschluss der Rückführung aus dem Land zurück. Bei den darauf folgenden Einsätzen beteiligte sich das Amt wesentlich länger an den Reintegrationsmaßnahmen für die Rückkehrer.

Rückführungen in Mittelamerika

Die innerstaatlichen Konflikte in El Salvador, Guatemala und Nicaragua in den achtziger Jahren zwangen mehr als zwei Millionen Menschen, ihre Wohnorte zu verlassen. Von denjenigen Mittelamerikanern, die dabei eine internationale Grenze überschritten, wurden von den Aufnahmeländern in der Region weniger als 150.000 offiziell als Flüchtlinge anerkannt [siehe Kapitel 5]. Die Vertriebenen fanden an ihren Zufluchtsorten im In- und Ausland nur begrenzt Sicherheit. Die Regierungen der Aufnahmeländer zeigten sich zunehmend beunruhigt über große Flüchtlingsbevölkerungen, deren Integration nicht leicht war und in denen sie eine Bedrohung der Sicherheit in ihren Ländern sahen. Sie strebten deshalb ihre frühzeitige Rückführung an.

Als sich Ende der achtziger Jahre die Stellvertreterkriege ihrem Ende näherten, hatten die Regierungen in Mittelamerika ein gemeinsames Interesse, auch die drei Konflikte in El Salvador, Guatemala und Nicaragua zu beenden. Sie organisierten 1986 und 1987 zwei Konferenzen im guatemaltekischen Esquipulas und konnten am 7. August 1987 eine regionale Friedensvereinbarung erreichen. Das unter dem Namen Esquipulas II bekannt gewordene Abkommen wurden von den Staatspräsidenten von Costa Rica, El Salvador, Guatemala, Honduras und Nicaragua unterzeichnet. Es zeichnete einen Weg für einen stabilen und dauerhaften Frieden in Mittelamerika vor. Als 1989 der Kalte Krieg endete, konnten die außerregionalen Mächte, vor allem die Vereinigten Staaten, die sich in diese Konflikte eingemischt hatten, überzeugt werden, die regionalen Friedensbemühungen zu unterstützen. Die Internationale Konferenz über mittelamerikanische Flüchtlinge (*Conferencia Internacional sobre Refugiados Centroamericanos* – CIREFCA) von 1989 spielte ebenfalls eine wichtige Rolle bei der Lösung der Vertreibungsprobleme. Darüber hinaus trug eine Reihe von Initiativen, die die Flüchtlinge selbst ergriffen, dazu bei, in der Region Frieden zu schaffen. Flüchtlinge aus El Salvador begannen Ende der achtziger Jahre mit der Organisation großer Rückkehrbewegungen, noch bevor die offiziellen Friedensabkommen unterzeichnet worden waren. Ihnen taten es Anfang der neunziger Jahre Flüchtlinge aus Guatemala gleich.

Noch vor dem Abschluss der unter UN-Vermittlung stattfindenden Verhandlungen zur Beendigung des Konflikts in El Salvador gaben salvadorianische Flüchtlinge in Honduras ihre Absicht bekannt, in organisierten Gruppen zurückzukehren. Obwohl die Regierung diese Rückkehrpläne ablehnte, hatte sie jedoch keine Kontrolle über die Gebiete, in denen diese sich niederlassen wollten. So begannen die Flüchtlinge, Gebiete wieder zu bevölkern, die infolge des Konflikts menschenleerer geworden waren. Sie kehrten ungeachtet der anhaltenden Kämpfe zurück und siedelten trotz fragwürdiger Ansprüche auf Grund und Boden an Orten ihrer eigenen Wahl. Sie baten UNHCR und andere humanitäre Organisationen, sie bei der Organisation der Rückkehr zu unterstützen. Da sie aber in Gebiete gingen, in denen ihre Sicherheit nicht gewährleistet werden konnte, war UNHCR zu diesem Zeitpunkt nicht bereit, ihre Rückkehr zu fördern oder zu erleichtern. Mitte der neunziger Jahre waren alle in den benachbarten Ländern erfassten, etwa 32.000 salvadorianischen Flüchtlinge zurückgekehrt.

Kasten 6.1 Der Schutz von Flüchtlingskindern

Krieg, Flucht und Vertreibung zerstören die normalen sozialen Strukturen. Kinder sind davon häufig am meisten betroffen. Aus diesem Grund war für UNHCR und andere in Krisensituationen tätige humanitäre Organisationen der Schutz von Kindern immer ein besonderes Anliegen. Etwa die Hälfte aller Flüchtlinge und anderen Menschen, denen UNHCR in seiner fünfzigjährigen Geschichte geholfen hat, war unter 18 Jahre alt.

Zu den schutzbedürftigsten Kindern zählen Waisen und von ihren Familien getrennte Kinder. Manche Familien schicken ihre Kinder bei drohender Kriegsgefahr in weit entfernte Länder, damit sie dort Zuflucht finden. In anderen Fällen werden Kinder ins Ausland geschickt, damit sie keinen Wehrdienst absolvieren müssen oder bessere Bildungsmöglichkeiten als in ihrem Herkunftsland wahrnehmen können. Oder sie beantragen politisches Asyl, um damit den Weg für den Nachzug anderer Familienmitglieder zu ebnen [siehe Kasten 4.4]. Damit setzt man sie jedoch häufig einem erhöhten Risiko aus, missbraucht oder ausgebeutet zu werden.

Das Leben solcher Kinder wird nicht selten in einem entscheidenden Stadium ihrer körperlichen Entwicklung negativ beeinflusst. Schlechte Hygiene und unzureichende Ernährung haben in vielen Fällen verheerende Auswirkungen auf die Säuglingssterblichkeit. Eilig errichtete und überfüllte Flüchtlingslager stellen weitere Gesundheitsgefahren dar. In Flüchtlingssituationen müssen die älteren Kinder oft zusätzliche Aufgaben in der Familie übernehmen, beispielsweise zum Familieneinkommen beitragen oder körperlich behinderte Erwachsene oder jüngere Geschwister versorgen. Sie sind zusätzlich benachteiligt, weil sie ohne den Rückhalt ihrer Gemeinschaft und der ihnen vertrauten Kultur ihre eigene Identität entwickeln und Fertigkeiten erwerben müssen.

Bis zu 300.000 junge Menschen unter 18 Jahren beteiligen sich weltweit aktiv an Konflikten. Manche von ihnen sind erst sieben oder acht Jahre alt. Ein Teil hat sich freiwillig gemeldet, aber in Ländern wie Afghanistan und Sri Lanka sowie in mehreren afrikanischen Ländern werden Kinder zum Waffendienst gezwungen. Flüchtlingskinder sind in besonders hohem Maße der Gefahr ausgesetzt, zwangsrekrutiert zu werden. Viele bewaffnete Gruppen nutzen Kinder als Träger, Köche, Kuriere, Späher oder Soldaten aus.

Kinder und Jugendliche, die fliehen oder vertrieben werden, müssen danach häufig ihre Ausbildungsgänge abbrechen. In Krisensituationen hat die Bildung der Flüchtlingskinder normalerweise nicht die oberste Priorität und kann durch Mittelknappheit noch weiter ins Hintertreffen geraten. Schulische und berufliche Bildung sind für Kinder und Jugendliche aber von entscheidender Bedeutung. Nur so können sie die Fertigkeiten erwerben, die ihnen ein unabhängiges und produktives Leben ermöglichen. Sie sind auch ein wichtiger Schutz gegen die Zwangsrekrutierung in bewaffnete reguläre oder irreguläre Einheiten und gegen andere Formen der Ausbeutung.

Eine Anzahl guatemaltekischer Flüchtlinge in Mexiko folgte dem Beispiel der Salvadorianer. Sie handelten die Bedingungen ihrer Rückkehr sowohl mit der guatemaltekischen Regierung als auch mit UNHCR aus und kehrten dann in organisierten Gruppen aus Mexiko zurück, und zwar sowohl vor als auch nach dem endgültigen Abschluss des Gesamtpakets der Friedensvereinbarungen im Jahre 1996. Ihrer Rückkehr und Reintegration war jedoch nur begrenzter Erfolg beschieden, weil es zu wenig fruchtbares Land für die Rückkehrer gab. Die Beteiligung von UNHCR an der Rückführung nach Guatemala wurde durch die aktive Mitwirkung der Flüchtlinge unterstützt. Das Amt eröffnete 1987 seine erste Vertretung in Guatemala. Verglichen mit früheren Rückführungsprogrammen wurden die guatemaltekischen Flüchtlinge von UNHCR in außergewöhnlichem Maße unterstützt. Flüchtlingsfrauen wurden besonders gefördert und ermutigt, sich an den Gemeinschaftsstrukturen zu beteiligen. Das Programm zur Unterstützung der Flüchtlinge bei der Wiederbeschaffung von Ausweisen und anderen

Den Bedürfnissen von Kindern Rechnung tragen

Das Übereinkommen über die Rechte des Kindes ist zweifellos die umfassendste aller internationalen Menschenrechtsvereinbarungen. Es wurde von allen UN-Mitgliedstaaten außer den Vereinigten Staaten und Somalia unterzeichnet und ratifiziert. Im Sinne des Übereinkommens ist ein Kind jeder Mensch, „der das achtzehnte Lebensjahr noch nicht vollendet hat, soweit die Volljährigkeit nach dem auf das Kind anzuwendenden Recht nicht früher eintritt" (Artikel 1). Ungeachtet dessen wird das Mindestalter für die Einziehung zu den Streitkräften auf 15 Jahre festgelegt (Artikel 38). Ein Fakultativprotokoll, über das zurzeit noch verhandelt wird, soll die Altersgrenze, unter der die Einziehung zur Wehrpflicht und die Teilnahme an bewaffneten Auseinandersetzungen verboten ist, auf 18 Jahre erhöhen. Die Afrikanische Charta über die Rechte und das Wohlergehen des Kindes von 1990, die Ende 1999 in Kraft trat, sieht ein Mindestalter von 18 Jahren für die Rekrutierung und die Teilnahme an bewaffneten Auseinandersetzungen vor.

Die Vereinten Nationen haben in den letzten Jahren dem Schutz von Kindern in von Krieg zerrissenen Gesellschaften viel Aufmerksamkeit gewidmet. Der UN-Generalsekretär beauftragte 1984 Graça Machel, die Auswirkungen bewaffneter Konflikte auf Kinder zu untersuchen, und ernannte 1997 einen Sonderbeauftragten für Kinder in bewaffneten Konflikten. Andere internationale Organe haben sich in der letzten Zeit ebenfalls bemüht, Kinder vor den Folgen bewaffneter Konflikte zu schützen. Das Römische Statut des Internationalen Strafgerichtshofs von 1998 stuft die Zwangsverpflichtung oder Eingliederung von Kindern unter 15 Jahren in die nationalen Streitkräfte oder ihre Verwendung zur aktiven Teilnahme an Feindseligkeiten als Kriegsverbrechen ein. Im Juni 1999 verabschiedete die Internationale Arbeitsorganisation (International Labour Organization – ILO) das Übereinkommen Nr. 182 über das Verbot und die Beseitigung der schlimmsten Formen der Kinderarbeit, das ein Verbot der Zwangs- oder Pflichtrekrutierung von Kindern zum Einsatz in bewaffneten Konflikten vorsieht. Jüngst erhöhte der UN-Generalsekretär das Mindestalter für die Teilnahme an UN-Friedenssicherungseinsätzen auf 18 Jahre.

Dem UN-Kinderhilfswerk (UNICEF) kommt im System der Vereinten Nationen die führende Rolle bei der Unterstützung von Kindern zu. Wenn es darum geht, den speziellen Bedürfnissen von Flüchtlingskindern gerecht zu werden, arbeitet UNHCR eng mit UNICEF, UNESCO und anderen spezialisierten Organisationen wie International Save the Children Alliance zusammen. Zu den Hauptanliegen von UNHCR zählen die Gesundheit von Kindern, die besonderen Bedürfnisse von Jugendlichen und von ihren Familien getrennten Kindern, die Verhütung sexuellen Missbrauchs, die Verhütung der Zwangsrekrutierung sowie Bildung für Jungen und Mädchen. Obwohl Kinder dem Amt besonders am Herzen liegen, können die Programme zu ihrer Unterstützung und ihrem Schutz nur wirksam sein, wenn sie als Teil umfassender Programme durchgeführt werden, die darauf abzielen, den Bedürfnissen ganzer Familien und Gesellschaften gerecht zu werden.

---

persönlichen Papieren stützte sich auf die Erfahrungen, die UNHCR in El Salvador gemacht hatte. Zwischen 1984 und dem Ende des von UNHCR unterstützten Rückführungsprogramms im Juni 1999 kehrten etwa 42.000 Flüchtlinge aus Mexiko zurück. Weitere 22.000, von denen die Hälfte in Mexiko geboren worden war, hatten zu diesem Zeitpunkt das Angebot der mexikanischen Regierung angenommen, sich auf Dauer in dem Land niederzulassen.[3]

In Nicaragua war die Situation anders. Dort kam es erst nach der Wahlniederlage der sandinistischen Regierung im Jahre 1990 zu einer umfassenden Rückkehrbewegung. Anfang der neunziger Jahre kehrten die meisten der 72.000 Flüchtlinge, 350.000 Binnenvertriebenen und 30.000 ehemaligen Kämpfer an ihre früheren Wohnorte zurück.

Die Rückkehrbewegungen nach El Salvador und Guatemala, die vor dem Abschluss formeller Friedensabkommen begannen, unterschieden sich von den Rückführungseinsätzen, an denen UNHCR zuvor beteiligt gewesen war. Sie bewogen das Amt, seine herkömmlichen Ansätze zu Rückführungseinsätzen zu überprüfen. UNHCR erkannte, dass klarere Grundsätze notwendig waren, um entscheiden zu können, wann man sich für die freiwillige Rückkehr einsetzen und wann man diese erleichtern sollte.

Wiederaufbau als entscheidender Bestandteil der Friedenskonsolidierung

Ab 1989 spielte UN-Generalsekretär Javier Pérez de Cuéllar eine wichtige Rolle bei der Vermittlung zwischen den Konfliktparteien in El Salvador. Nach einer Vereinbarung über Menschenrechte baten beide Parteien den Generalsekretär noch vor einem Waffenstillstand um die Stationierung einer UN-Beobachtermission in El Salvador (*Observadores de las Naciones Unidas en El Salvador* – ONUSAL). Der UN-Sicherheitsrat beschloss mit Resolution 693 vom 20. Mai 1991 die Entsendung dieser Mission, deren Mandat sich zunächst auf die Überwachung des oben genannten Abkommens beschränkte. Im Januar 1992 wurde dann eine förmliche Friedensvereinbarung erzielt. Sie war das damals umfassendste Dokument seiner Art und galt als großer Erfolg sowohl der Vereinten Nationen als auch der salvadorianischen Verhandlungsparteien.

Die Konfliktparteien in Guatemala einigten sich im März 1994 auf einen Zeitplan und ein Verfahren zur Friedensschaffung. Am Zustandekommen dieser Vereinbarungen, die sich auf das salvadorianische Beispiel stützten, aber weniger konkrete Bestimmungen zu ihrer Einhaltung umfassten, waren die Betroffenen selbst noch stärker beteiligt. Im November 1994 nahm die UN-Mission in Guatemala (*Misión de las Naciones Unidas en Guatemala* – MINUGUA), von der UN-Vollversammlung mit Resolution 48/267 vom 19. September 1994 konstituiert, ihre Tätigkeit in Guatemala auf. Sie überwachte zunächst den allgemeinen Friedensprozess und ab Dezember 1996, als ein endgültiges Friedensabkommen vorlag, die Umsetzung der dort enthaltenen Bestimmungen.[4]

Die UN-Einsätze in El Salvador und Guatemala gingen weit über traditionelle Friedenssicherungsaufgaben hinaus. Sie umfassten Programme, die dazu dienen sollten, die örtlichen und staatlichen Institutionen zu stärken, Probleme der Landverteilung zu lösen sowie das Rechtswesen und die Menschenrechte zu fördern. Diese Programme wurden weitgehend in Zusammenarbeit mit örtlichen NGOs und Bürgerinitiativen durchgeführt.

Die mittelamerikanischen Staatsmänner und Oppositionsgruppen waren sich einig, dass Frieden und Entwicklung Hand in Hand gehen sollten. Sie strebten einen umfassenden Plan für den regionalen Wiederaufbau an. Große Geber entschieden sich dafür, Mittel über UNHCR und das UN-Entwicklungsprogramm (UNDP) zu leiten. Diese beiden Organisationen sollten eine breite Palette von Projekten verwirklichen, die allen vom Krieg betroffenen Gruppen zugute kommen sollten. Es wurde beschlossen, die hierfür bereitgestellten Mittel nicht zur Unterstützung einzelner Rückkehrerfamilien aufzuwenden, sondern zugunsten der gesamten Gemeinschaften und der betroffenen Gebiete einzusetzen. Dieses umfassende Verfahren sollte sich als eine der wichtigsten Neuerungen des Friedensprozesses in Mittelamerika erweisen.

Salvadorianische Flüchtlinge beim Abbau ihres Lagers in Colomoncagua (Honduras) vor der Rückkehr nach El Salvador. (UNHCR/D. BREGNARD/1990)

Der CIREFCA-Prozess

Die Internationale Konferenz über mittelamerikanische Flüchtlinge (*Conferencia Internacional sobre Refugiados Centroamericanos* – CIREFCA) fand im Mai 1989 statt. Der danach benannte CIREFCA-Prozess, der anschließend begann und bis Ende 1994 lief, umfasste koordinierte nationale, regionale und internationale Maßnahmen zur dauerhaften Lösung der Vertreibungsprobleme in der Region. Der Prozess wurde von den Gebern nachdrücklich unterstützt. Die führenden Politiker in der Region sagten ihrerseits zu, die Lösungen für Flüchtlinge, Rückkehrer und Binnenvertriebene mit dem nationalen Dialog und der Versöhnung in ihren jeweiligen Ländern zu verknüpfen.

CIREFCA diente als Forum, in dem die Regierungen von Belize, Costa Rica, El Salvador, Guatemala, Honduras, Mexiko und Nicaragua ihre jeweiligen Programme erörterten und unter Beteiligung von NGOs Projekte ausarbeiteten, um sie auf internationalen Geberkonferenzen vorzustellen. Das Programm wurde von einem gemeinsamen Team von UNHCR- und UNDP-Mitarbeitern begleitet. CIREFCA sprach sich für Projekte auf Gemeinschaftsebene, Absprachen zwischen führenden Politikern in der Region und einen Informationsaustausch zwischen Regierungen und NGOs in der Region aus.

Der CIREFCA-Prozess ermöglichte UNHCR, den Bedarf der zurückkehrenden Flüchtlinge und Vertriebenen umfassender als je zuvor zu berücksichtigen. UNHCR und UNDP arbeiteten hier zum ersten Mal über einen langen Zeitraum bei der Entwicklung und Umsetzung von Programmen zusammen. Die verschiedenen Kulturen, Prioritäten und Einsatzsysteme der beiden Organisationen führten zu einer Reihe von Schwierigkeiten. UNDP konzentrierte sich vorwiegend darauf, Regierungen dabei zu unterstützen, langfristige Entwicklungsziele zu erreichen, während sich UNHCR-Projekte bis dahin durch eine rasche Umsetzung und kurzfristige Ziele auszeichneten. Trotz einer häufig schwierigen Beziehung profitierte UNHCR enorm von dieser engen Zusammenarbeit mit UNDP.[5]

Die Regierungen in der Region gingen ursprünglich davon aus, dass am CIREFCA-Prozess nur Regierungen, UN-Organisationen und andere große Geber beteiligt sein sollten. Gleichwohl akzeptierten sie nach und nach die wichtige Rolle der örtlichen und internationalen NGOs. Angesichts der anfänglichen Ressentiments der Politiker gegen die NGOs war dies ein bedeutender Fortschritt.

UNHCR-Projekte zur Reintegrationsförderung von Rückkehrern umfassten auch Beihilfen für die Gründung von Kleinbetrieben. Hier eine Teppichmanufaktur für Rückkehrer in Ixcan in Guatemala. (UNHCR/B. PRESS/1996)

Die fortschrittlichste und für zukünftige Rückführungseinsätze bedeutsamste Neuerung im Rahmen des CIREFCA-Prozesses waren die zuerst in Nicaragua breit eingesetzten Soforthilfeprojekte (quick impact projects). Dabei handelte es sich um kleine Projekte, häufig zur Instandsetzung von Ambulanzen, Schulen oder Wasserversorgungssystemen oder zur Schaffung von Verdienstmöglichkeiten. Sie erforderten nur einen geringen Mittelaufwand, dafür jedoch eine tatkräftige Mitwirkung der Gemeinschaft. Die Projekte dienten dazu, dringende Mängel abzustellen, die von den Betroffenen selbst benannt worden waren. Sie wurden in Gemeinschaften mit einem hohen Anteil erst vor kurzer Zeit eingetroffener Rückkehrer durchgeführt. Sie ermutigten die Menschen zum Gedankenaustausch und zur gemeinsamen Nutzung von Fertigkeiten und Ressourcen und trugen dazu bei, die Spannungen zwischen früheren Gegnern abzubauen. Bei späteren Einschätzungen lobte man nicht nur ihren innovativen Charakter, sondern stufte sie auch als wichtigen Beitrag zur erfolgreichen Reintegration und Versöhnung ein.

In der Folgezeit wurden Soforthilfeprojekte auch in Kambodscha, Mosambik und anderen Rückkehrersituationen eingesetzt. 1995 hob die Hohe Flüchtlingskommissarin der Vereinten Nationen Sadako Ogata hervor, diese brächten sowohl der ortsansässigen Bevölkerung als auch den Rückkehrern raschen und greifbaren Nutzen. Sie warnte jedoch gleichzeitig, dass die Auswirkungen solcher Projekte begrenzt seien, würde man sich nicht ausreichend um ihre Nachhaltigkeit bemühen.[6] Es hatte sich in der Tat gezeigt, dass die Soforthilfeprojekte in der unmittelbaren Phase nach dem Ende von Konflikten von den Gebern unterstützt wurden und sie den Gemeinschaften nutzten, viele jedoch später nicht fortgeführt werden konnten. Grund hierfür war mangelndes Interesse der Geber über die erste Phase hinaus und unzureichendes Engagement der örtlichen Behörden bei der Einbindung dieser Projekte in nationale Entwicklungsstrategien.

Aufgrund der Erfahrungen in Mittelamerika erkannten UNHCR und andere humanitäre Organisationen immer deutlicher, dass die Durchführung kleiner Projekte mit geringem Mittelaufwand und kurzer Laufzeit für anfällige Gruppen für einen sicheren Frieden und eine tragfähige Entwicklung nach dem Ende von Konflikten nicht ausreicht. Ebenso lassen sich mit solchen Projekten die strukturellen Probleme wie schwache Verwaltungsstrukturen, die mangelnde Fähigkeit oder Bereitschaft zur Umwidmung staatlicher Ressourcen und fehlende Verdienstmöglichkeiten nicht lösen, die häufig die Ursachen von Konflikten sind. In Mittelamerika halten die Bemühungen um eine tragfähige Reintegration bis heute an. Soforthilfeprojekte gehören heute in der Region der Vergangenheit an, aber die große Kraft und Effizienz der Gemeinschaften und örtlichen NGOs in Mittelamerika zeugen von den nachhaltigen Auswirkungen des CIREFCA-Prozesses.

Die Rückführung nach Kambodscha

Die Friedensvereinbarungen für Kambodscha im Jahre 1991 waren ein weiteres Beispiel für die weit reichenden geopolitischen Veränderungen nach dem Ende des Kalten Krieges. Als die Sowjetunion 1989 ihre Unterstützung für Vietnam einstellte, zogen sich die vietnamesischen Truppen aus Kambodscha zurück. Bald darauf einigten sich

> **Kasten 6.2** **Die Verknüpfung von Soforthilfe und Entwicklung**
>
> Die Verknüpfung von Soforthilfe und breiter angelegter Entwicklungshilfe ist seit Jahren ein wichtiges Anliegen. In den späten siebziger und in den achtziger Jahren standen dabei zwei Erfordernisse im Mittelpunkt des Interesses: erstens, die Flüchtlinge besser in die Lage zu setzen, in den Asylländern die Selbstversorgung zu erreichen, und zweitens, negative soziale und ökologische Auswirkungen der Anwesenheit großer Flüchtlingsbevölkerungen in den Aufnahmeländern zu verringern. In den neunziger Jahren verschob sich der Schwerpunkt auf die Reintegration zurückkehrender Flüchtlinge und Vertriebener in Ländern nach Ende eines Konflikts.
>
> Die zeitliche Lücke zwischen der Soforthilfe und der langfristigen Entwicklungshilfe beruhte häufig auf den institutionellen Unterschieden zwischen Hilfs- und Entwicklungshilfeorganisationen. Hilfsorganisationen müssen rasch reagieren können und den dringenden Bedarf decken. Sie haben zumeist viele ausländische Mitarbeiter. Im Gegensatz dazu haben Entwicklungshilfeorganisationen langfristige Strategien, die auf der regionalen oder staatlichen Ebene umgesetzt werden können. Sie sind in Zeiten offenen Konflikts oder politischer Instabilität häufig gar nicht in den jeweiligen Ländern präsent.
>
> Der Übergang von der Soforthilfe zur Entwicklung hat sich in der Praxis oft als schwierig erwiesen. Zum einen sind die von den Hilfsorganisationen eingeleiteten Projekte meist zu klein und zu fragmentiert, um eine Grundlage für eine tragfähige langfristige Entwicklung bilden zu können. Zum anderen haben Finanzinstitutionen und Entwicklungsorganisationen ihre eigenen Prioritäten und sind häufig nicht bereit, Programme zu finanzieren, in denen ihnen keine maßgebliche Rolle zukommt. Vielen Entwicklungsorganisationen fehlen zudem die praktischen Erfahrungen und das Know-how, die erforderlich sind, um die Verantwortung für die früher von Hilfsorganisationen durchgeführten Projekte zu übernehmen. Der Erfolg und die Tragfähigkeit von Entwicklungsprogrammen hängen wesentlich vom Engagement und der Unterstützung sowohl der örtlichen Bevölkerung als auch der staatlichen Behörden ab. Daran fehlt es häufig bei Projekten, die von Hilfsorganisationen während der Soforthilfephase hastig in Gang gebracht werden.
>
> **Initiativen in Afrika und Mittelamerika**
>
> In Afrika kam der Anstoß zur Förderung der „integrierten Entwicklung und Selbstversorgung" von einer kontinentalen Konferenz zur Situation von Flüchtlingen in Afrika, die im Mai 1979 im tansanischen Arusha veranstaltet wurde.[i] Zwei Jahre später fand in Genf die erste Internationale Konferenz über Hilfe für Flüchtlinge in Afrika (International Conference on Assistance to Refugees in Africa – ICARA I) statt. Schwerpunktthema dieser Konferenz waren die Verknüpfungen zwischen UNHCR-Hilfsprogrammen und breiter angelegten Entwicklungsprogrammen in Aufnahmeländern von Flüchtlingen.
>
> 1984 versuchte man auf einer zweiten Konferenz (ICARA II), Geber, internationale Organisationen und Regierungen von Aufnahmeländern zu bewegen, sich entwicklungsorientierten Ansätzen zur Flüchtlingshilfe zu verpflichten. Man kam überein, schwerpunktmäßig Programme einzusetzen, die darauf ausgerichtet waren, die Selbstversorgung und dauerhafte Lösungen für Flüchtlinge zu erreichen. Die auf dieser Konferenz beschlossenen Initiativen wurden jedoch vom Ausmaß neuer damaliger

die Politiker in der Region, ein Ende der Kämpfe anzustreben, und leiteten mit umfassender Beteiligung des UN-Sicherheitsrats und beträchtlicher internationaler Unterstützung einen Friedensprozess ein. Die vier am Konflikt beteiligten kambodschanischen bewaffneten Gruppen waren zum ersten Mal bereit, gemeinsam auf einen Frieden hinzuarbeiten.

Die Pariser Friedensvereinbarungen wurden am 23. Oktober 1991 auf einer internationalen Konferenz beschlossen.[7] Alle Parteien stimmten zu, dass der Übergang Kambodschas zur Demokratie primär von den Vereinten Nationen überwacht werden sollte. Zu diesem Zweck ermächtigte der UN-Sicherheitsrat mit Resolution 745 vom 28. Februar 1992 die Einrichtung der UN-Übergangsbehörde in Kambodscha (United

Flüchtlingskrisen in Afrika überschattet, die vielfach noch durch verheerende Dürren verschärft wurden. Zudem beharrten die Regierungen der Aufnahmeländer darauf, dass Gelder für Projekte zu Gunsten von Ausländern einschließlich Flüchtlingen zusätzlich zu den Entwicklungshilfemitteln bereitgestellt werden sollten. Diese starrsinnige Haltung hieß damals die Frage der „finanziellen Zusätzlichkeit" (additionality) und war Fortschritten nicht dienlich. Das Gleiche galt für unzureichende Zusagen der internationalen Gemeinschaft für bestimmte Aufnahmeländer von Flüchtlingen.

Als in Mittelamerika Ende der achtziger und Anfang der neunziger Jahre verschiedene Kriege endeten und große Rückkehrbewegungen einsetzten, wurde auch klar, dass die erfolgreiche Reintegration der zurückkehrenden Flüchtlinge und Vertriebenen eine Voraussetzung für einen tragfähigen Frieden war. Diese wiederum hing weitgehend von der Instandsetzung und dem Wiederaufbau der Infrastruktur und den Institutionen ab, die durch den Krieg zerstört worden waren. Um den Frieden zu konsolidieren, wurde deshalb eine Reihe von Entwicklungsprogrammen eingeleitet. UNHCR unterstützte nicht nur zurückkehrende Flüchtlinge und Vertriebene, sondern auch andere vom Krieg betroffene Bevölkerungsgruppen. Die Internationale Konferenz über mittelamerikanische Flüchtlinge (Conferencia Internacional sobre Refugiados Centroamericanos – CIREFCA), die im Mai 1989 in Guatemala stattfand, verabschiedete diverse Initiativen, um die zeitliche Lücke zwischen humanitärer Hilfe und längerfristiger Entwicklung zu überbrücken. Die zahlreichen Soforthilfeprojekte, die von Organisationen wie UNHCR durchgeführt wurden, trugen dazu bei, den Frieden in den vom Krieg betroffenen Gemeinschaften zu festigen. Nur mit Hilfe dieser isolierten Kleinprojekte mit geringem Mittelaufwand konnte die Lücke zwischen Hilfe und Entwicklung jedoch nicht erfolgreich geschlossen werden.

Eine neue Initiative

1999 ergriff UNHCR zusammen mit der Washingtoner Brookings Institution eine neue Initiative, um nach Wegen zu suchen, die Lücke zwischen Hilfe und Entwicklung zu schließen. Das Ziel des so genannten „Brookings-Prozesses" ist es, die Koordination und Zusammenarbeit zwischen Hilfs- und Entwicklungsorganisationen bei den Bemühungen um die langfristige und tragfähige Reintegration von zurückkehrenden Flüchtlingen und Vertriebenen zu verbessern. Anstatt auf Systeme zu vertrauen, bei denen die Zuständigkeit für bestimmte Projekte an einem bestimmten Punkt von Hilfs- an Entwicklungsorganisationen übertragen wird, versucht diese Initiative, von Anfang an die systematische Zusammenarbeit und Koordination zwischen Hilf- und Entwicklungsorganisationen zu gewährleisten. Dahinter steckt die Idee, dass beide Arten von Organisationen gemeinsam Analysen und Bedarfsermittlungen und ebenfalls gemeinsam Aktionspläne und Projektevaluierungen durchführen sollen.

Zu einem späteren Zeitpunkt sollen sich andere internationale Organisationen, NGOs und bilaterale Organe dem „Brookings-Prozess" anschließen, damit eine wirksame Koalition von Reintegrations- und Entwicklungspartnern entsteht. Ein UN-Mitarbeiter erläuterte: „‚Hilfe' bedeutet, Menschenleben zu retten, und ‚Entwicklung' bedeutet, den Lebensunterhalt von Menschen zu sichern. Diese beiden Aktivitäten müssen gleichzeitig stattfinden."[ii]

Nations Transitional Authority in Cambodia – UNTAC). Die Unterzeichnung der Friedensvereinbarungen und die Konstituierung von UNTAC machten deutlich, dass die Flüchtlinge nun zur Rückkehr aufgefordert werden konnten. Es wurde allgemein anerkannt, dass die Rückkehr der Flüchtlinge eine Voraussetzung für den Erfolg der Friedensvereinbarungen und der für Mai 1993 geplanten Parlamentswahlen war. Bereits vor dem Abschluss der Friedensvereinbarungen hatten umfassende Konsultationen mit UNHCR über Fragen der Rückführung stattgefunden.

UNTAC stand vor enormen Herausforderungen. Nach 22 Jahren Krieg war die Infrastruktur in Kambodscha fast vollständig zerstört. Die meisten der noch bestehenden politischen, sozialen und gerichtlichen Institutionen waren weder funktionsfähig noch legitimiert. Die Mehrzahl der Menschen mit für den Wiederaufbau des Landes erforderlichen Qualifikationen war entweder umgebracht worden oder geflohen. Zumindest auf dem Papier überstiegen die Befugnisse und die Zuständigkeiten von UNTAC die aller früheren UN-Friedenssicherungseinsätze. Über die Entmilitarisierung und Demobilisierung der bewaffneten Gruppen hinaus sollte UNTAC ein „neutrales politisches Umfeld" schaffen. Zu diesem Zweck sollte sie bis zur Wahl einer neuen Regierung die Aufgaben der zivilen Verwaltung wahrnehmen und die Einhaltung der Friedensvereinbarungen durch die früheren Konfliktparteien überwachen. UNTAC war damals die bis dahin größte und aufwändigste jemals entsandte UN-Mission. Insgesamt wurden dafür 1,7 Milliarden Dollar aufgewendet. Zeitweise waren 22.000 Mitarbeiter beschäftigt. Dazu zählten 15.000 Angehörige von Friedenssicherungstruppen und rund 3.600 zivile Polizisten aus mehr als 40 Ländern.[8]

Rückführung als Bestandteil des Friedensplans

UNHCR hatte schon lange vor der Ankunft des UNTAC-Leiters und Sonderbeauftragten des Generalsekretärs, Yasushi Akashi, im März 1992 an der Wiederansiedlung von Flüchtlingen mitgewirkt, die auf eigene Initiative zurückgekehrt waren. Das Amt hatte bereits 1980 in der kambodschanischen Hauptstadt Phnom Penh eine Vertretung eröffnet. Als sich 1989 die politische Situation stabilisierte, begann UNHCR mit den Planungen für die Rückführung der Flüchtlinge. Die Pariser Friedensvereinbarungen machten diese Aktivitäten offiziell. In ihnen wurde UNHCR aufgefordert, die Federführung für die Rückführung und die Hauptzuständigkeit für die Reintegration zurückkehrender Flüchtlinge und Vertriebener zu übernehmen. In den Friedensvereinbarungen wurde davon ausgegangen, dass die Flüchtlinge wie im Präzedenzfall Namibia rechtzeitig vor den Wahlen im Mai 1993 aus den Lagern an der thailändischen Grenze nach Kambodscha zurückkehren würden.[9]

Offiziell war die Rückführung eine der sieben Aufgaben von UNTAC. Der UNHCR-Sonderbeauftragte Sergio Viera de Mello, der den Einsatz leitete, war demgemäß Akashi unterstellt. Die anderen sechs Aufgaben betrafen die Regelung militärischer Angelegenheiten, den Neuaufbau der zivilen Polizei, die Durchführung der Wahlen, die Sicherung der Menschenrechte, die Instandsetzung der Infrastruktur und die zivile Verwaltung. In der Realität spielte jedoch jede dieser Aufgaben eine Rolle bei der Rückführung und der Reintegration. Die UN-Präsenz war vor allem erforderlich, um zu verhindern, dass anhaltende innerstaatliche Auseinandersetzungen das Leben von zurückkehrenden Flüchtlingen und Vertriebenen gefährdeten.

Wie in so vielen anderen Fällen ging die Rückführung wesentlich rascher voran, als ursprünglich angenommen. Eine UN-Vorbereitungsmission, die der Entsendung von UNTAC vorausging, vereinbarte mit UNHCR die Rückführungsrouten, die Aufnahmeeinrichtungen und die Wiederansiedlungsgebiete. Sie beteiligte sich zudem an der Unterstützung der ersten Rückkehrerkonvois. Ein Großteil der Arbeit in der ersten Zeit musste spontan und zur Abwehr kritischer Situationen mit den vor Ort verfügbaren Ressourcen geleistet werden. Da UNHCR noch vor dem Abschluss der Friedensvereinbarungen in Kambodscha präsent war, konnte das Amt in dieser Anfangsphase eine wichtige Rolle übernehmen.

Zwischen März 1992 und April 1993 kehrten mehr als 360.000 Kambodschaner zurück. Die überwiegende Mehrheit kam aus Thailand, rund 2.000 jedoch auch aus Indonesien, Vietnam und Malaysia.[10] Die Rückführung war wegen der zerstörten Infrastruktur, der Verminung, fehlender zuverlässiger Daten über die Bedingungen in den ländlichen Gebieten, anhaltendem Misstrauen zwischen den verschiedenen politischen Gruppen und häufigen Verstößen gegen die Waffenruhe logistisch schwierig und kostenaufwändig. Zudem verwandelte schwerer Monsunregen viele der bei der Rückführung benutzten Straßen in Schlammwüsten, sodass auf Eisenbahnlinien und Wasserstraßen ausgewichen werden musste. Fast 100.000 Kambodschaner kehrten mit dem Zug zurück, vor allem in die Hauptstadt und die östlichen Provinzen.

Die UNHCR-Mitarbeiter versuchten, den Kambodschanern vor ihrer Abreise aus den Lagern in Thailand zu ermöglichen, ihr Ziel selbst zu wählen. Im von UNHCR verwalteten Lager Khao-I-Dang war das relativ einfach, in einigen der Lager an der Grenze, die noch von den Roten Khmer kontrolliert wurden, jedoch recht schwierig. UNHCR bemühte sich auch um Zusicherungen für den uneingeschränkten Zugang zu den von den Roten Khmer kontrollierten Gebieten innerhalb Kambodschas. Trotz ständiger Bemühungen, den Dialog mit den Vertretern der Roten Khmer nicht abreißen zu lassen, hatte UNHCR Schwierigkeiten, die Situation der Rückkehrer in diesen Gebieten zu überwachen.

UNHCR bat die kambodschanischen Behörden, keine Vergeltungsmaßnahmen gegen Personen zu ergreifen, die aus Lagern zurückkehrten, welche bekanntermaßen als Ausgangspunkte für Angriffe auf Regierungstruppen benutzt worden waren. Nach einer gewissen Zeit sagten die kambodschanischen Behörden zu, auf solche Vergeltungsmaßnahmen verzichten zu wollen. Die zur UNTAC gehörenden Soldaten, Polizisten und Menschenrechtsbeobachter überwachten die Einhaltung dieser Zusage. Insgesamt gab es nur wenige Berichte, dass Rückkehrer von den kambodschanischen Behörden schikaniert wurden.[11]

In der Vorbereitungsphase nannte UNHCR fünf Grundvoraussetzungen für die sichere Rückkehr der Flüchtlinge: Frieden und Sicherheit, Bereitstellung geeigneter Agrarflächen durch die kambodschanische Regierung, Minenräumung in den Siedlungsgebieten der Rückkehrer, Instandsetzung für die Rückführung unverzichtbarer Straßen und Brücken und ausreichende finanzielle Unterstützung durch die Geberländer. In dem Maße, wie sich das wahre Ausmaß der Operation offenbarte, wurden diese Voraussetzungen letztendlich nur teilweise erfüllt.[12]

Ein besonders gravierendes Problem für die sichere Rückkehr waren die große Zahl von Minen und nicht explodierten Geschossen im Land. Die Minenräumarbeiten und die Aufklärungsmaßnahmen über die von Minen ausgehenden Gefahren kamen nur langsam voran, sodass die Minen eine ständige Bedrohung blieben. Ein UNHCR-Vertreter erklärte 1991: „Minenräumung findet derzeit nur statt, wenn Menschen auf eine Mine treten."[13] Es wurden sogar noch weitere Minen ausgelegt. Selbst als mit der Minenräumung wirklich begonnen wurde, gab es anfangs Belege, dass die Zahl der Minen schneller zunahm, als sie geräumt werden konnten. Bis zu den Wahlen im Mai 1993 hatte die kleine Minenräumeinheit der UNTAC erst etwa 15.000 Minen und andere nicht explodierte Geschosse geräumt. Die Zahl der Minen, die Schätzungen zufolge im ganzen Land ausgelegt worden waren, belief sich jedoch auf mehr als acht Millionen.[14]

Ab Juni 1992 begann UNHCR mit der Durchführung einer Reihe von Soforthilfeprojekten in Gebieten mit einem hohen Rückkehreranteil. Bis Ende 1994 wendete das Amt für etwa 80 Projekte, beispielsweise zur Instandsetzung von Nebenstraßen, Brücken, Krankenhäusern, Apotheken und Schulen, 9,5 Millionen Dollar auf. In Kambodscha ließen sich diese Projekte auf Gemeinschaftsebene deutlich schwerer durchführen als in Mittelamerika, weil die NGOs und Bürgerinitiativen hier wesentlich weniger gut entwickelt waren, zudem von Verwaltungs- und Sozialstrukturen kaum die Rede sein konnte. Dieses Problem konnte bis zu einem gewissen Grad durch die Zusammenarbeit von UNHCR und UNDP gelöst werden. Im Rahmen dieser Zusammenarbeit übernahm UNDP nach und nach die Zuständigkeit für die Reintegrationsmaßnahmen, während UNHCR seine Aktivitäten verringerte.[15]

Zugang zu Land

Die Frage des Zugangs der Rückkehrer zu Land, um darauf siedeln und es landwirtschaftlich nutzen zu können, erwies sich als äußerst komplex. UNHCR sah sich im Lauf der Ereignisse sogar gezwungen, von seinen eigenen Grundsätzen abzuweichen. Das Amt hat den Flüchtlingen in den Lagern in Thailand ursprünglich mitgeteilt, sie könnten sich ihre Zielorte in ländlichen Gebieten selbst aussuchen und sie würden neben der materiellen Hilfe, bestehend aus grundlegenden Haushaltsgegenständen und landwirtschaftlichen Geräten, je zwei Hektar Ackerland erhalten. Die meisten wollten in den Nordwesten nahe der Grenze, wo der Boden, wie sie wussten, fruchtbar war. Die ursprünglichen Erhebungen der verfügbaren Flächen stellten sich jedoch nicht zuletzt wegen des Ausmaßes der Verminung als unzuverlässig heraus. UNHCR musste schließlich einsehen, dass es weder in Kambodscha, geschweige denn im Nordwesten, genug freie und geeignete Flächen gab, um die Planungen des Amtes realisieren zu können.[16]

Diese Fehleinschätzung war symptomatisch für die Probleme der Friedenssicherungsmission insgesamt. Kambodscha war so lange von der Außenwelt abgeschnitten gewesen, dass auch wichtige Initiativen weitgehend auf überholten oder ungenauen Daten basierten. Die Planer von UNHCR in Genf und Bangkok hatten sich auf Daten aus einer Erhebung im Jahre 1989 gestützt und die späteren wirtschaftlichen Entwicklungen im Land, die sich auf die Nutzbarkeit und Verfügbarkeit von Grund und Boden auswirkten, nicht beachtet.[17]

Im Mai 1992 bot UNHCR den Rückkehrern mehrere Alternativen an. Sie konnten Agrarland erhalten, wenn auch nicht unbedingt im Gebiet ihrer Wahl, oder sich für eine Einmalzahlung und andere materielle Hilfe entscheiden. Letztlich wählten 85 Prozent der kambodschanischen Familien die Einmalzahlung, eine Nahrungsmittelration und eine Ausstattung an Haushaltsgegenständen und landwirtschaftlichen Geräten. UNHCR wurde damals dafür kritisiert, bei den Flüchtlingen falsche Hoffnungen auf ein Stück Land nach ihrer Rückkehr geweckt zu haben. Die kambodschanischen Behörden waren zunächst über die potenziellen Auswirkungen der Einmalzahlungen beunruhigt. Sie befürchteten, dass sich die Rückkehrer nach der Auszahlung des Betrages in die bereits überfüllten Städte begeben würden. Diese Sorge erwies sich jedoch als unbegründet. Die meisten Rückkehrer siedelten sich in der Nähe noch lebender Verwandter an, und zwar überwiegend in ländlichen Gebieten.

Die Wahlen von 1993 und die weitere Entwicklung

Die Rückführung stand durch die für Mai 1993 angesetzten Wahlen unter beträchtlichem Druck. Fast alle Flüchtlinge kehrten vor den Wahlen zurück, was den Kommandanten der UNTAC-Truppen veranlasste, den Einsatz als „erstaunlich erfolgreich"[18] zu beschreiben. Ein anderes ihrer Hauptziele konnte UNTAC jedoch nicht erreichen: die Entwaffnung und Demobilisierung der militärischen Gruppen. Die Roten Khmer, die an der Spitze des Völkermordregimes der siebziger Jahre gestanden hatten, sprangen von den Demobilisierungsvereinbarungen ab und zogen sich mit einer größeren Zahl von Kambodschanern aus den Lagern an der Grenze in bewaffnete Stützpunkte zurück. Während der gesamten Präsenz von UNTAC in Kambodscha kam es immer wieder zu sporadischen Kämpfen zwischen Regierungstruppen und den Roten Khmer, durch die erneut mehrere tausend Menschen vertrieben wurden, darunter auch viele Rückkehrer.[19] Auch die UNTAC-Bemühungen zum Aufbau einer zivilen Polizei und einer funktionierenden Zivilverwaltung scheiterten letztlich.

Trotz der instabilen Situation und befürchteter Störungen verliefen die Wahlen im Mai 1993 bemerkenswert gewaltfrei. Die meisten Sitze errang die Vereinigte Nationale Front für ein unabhängiges, friedliches und kooperatives Kambodscha (Funcinpec) unter Führung von Prinz Ranariddh. Die Kambodschanische Volkspartei unter Führung von Hun Sen focht das Wahlergebnis zuerst an, trat schließlich aber doch in eine Koalitionsregierung mit der Funcinpec ein. Die beiden Parteiführer bildeten als Erster und Zweiter Ministerpräsident die Regierungsspitze. Innerhalb weniger Monate nach den Wahlen hatte fast das gesamte UNTAC-Personal das Land verlassen. Auch UNHCR verringerte bald darauf seine Aktivitäten.

Der Abzug mehrerer tausend ausländischer Fachkräfte innerhalb eines so kurzen Zeitraums führte zu Besorgnis angesichts der noch unerfüllten Vorbedingungen für die Friedensvereinbarungen. Insbesondere auf Grund der gescheiterten Entwaffnung der Konfliktparteien kam es zu weiterer Gewaltanwendung und erneuter Vertreibung von Teilen der Bevölkerung sowohl in andere Teile Kambodschas als auch in die angrenzenden Staaten. Im Juli 1997 riss Hun Sen die Macht an sich. Ein Jahr später gewann seine Partei die Parlamentswahlen, bei denen es Vorwürfen der Oppositionsparteien zufolge jedoch zu verbreiteter Wahlfälschung gekommen war. Der oberste Führer der Roten Khmer, Pol Pot, starb im April 1998. Einige führende Mitglieder der Roten Khmer wurden festgenommen, viele andere auch amnestiert. Vor einiger Zeit einigten sich die kambodschanische Regierung und die Vereinten Nationen auf die Zusammensetzung eines Gerichtshofs, vor dem sich die Führung der Roten Khmer verantworten soll.

Die Rückführung nach Mosambik

Kurze Zeit nach der kambodschanischen Rückführung begann ein weiterer großer Einsatz, diesmal in Mosambik. Der Rückkehr der mosambikanischen Flüchtlinge war ein Friedensabkommen vorausgegangen, mit dem ein mehr als drei Jahrzehnte währender bewaffneter Konflikt in dem Land beendet worden war. Dieser Konflikt umfasste zwischen 1964 und 1975 den Kampf um die Unabhängigkeit von Portugal durch die Mosambikanische Befreiungsfront (*Frente de Libertação de Moçambique* – Frelimo). Nachdem die Unabhängigkeit erreicht worden war, wurde der Kampf zwischen der Frelimo und den Truppen des Mosambikanischen Nationalen Widerstands (*Resistência Nacional Moçambicana* – Renamo) weitergeführt.

Vor allem wegen der schlechten wirtschaftlichen Situation des Landes rückte die Frelimo-Regierung Mitte der achtziger Jahre von ihrer sozialistischen Wirtschaftspolitik ab. Als Südafrika Anfang der neunziger Jahre die Unterstützung für die Renamo einstellte, büßte die Rebellengruppe wichtige finanzielle und militärische Hilfe ein. Es war vor allem jedoch die Armut, die die Parteien an den Verhandlungstisch zwang. Eine 1992 einsetzende Dürre verschlimmerte die bereits erschreckenden Zustände weiter und machte es sowohl für die Regierung als auch für die Renamo unmöglich, ihre Truppen weiter kämpfen zu lassen. Im Mai 1991 begannen die beiden Konfliktparteien langwierige Verhandlungen, die im Oktober 1992 mit dem Allgemeinen Friedensabkommen für Mosambik ihren Abschluss fanden. Zu diesem Zeitpunkt war der größte Teil der Infrastruktur des Landes zerstört und mehr als ein Drittel der Bevölkerung mindestens einmal entwurzelt worden. Von den 16 Millionen Einwohnern hatten mehr als 1,7 Millionen Zuflucht in den benachbarten Ländern gesucht, etwa vier Millionen waren Binnenvertriebene, und mindestens eine Million Menschen waren getötet worden.[20]

Rückführung aus sechs Ländern

Malawi hatte mit einer Zahl von etwa 1,3 Millionen die bei weitem meisten Mosambikaner aufgenommen. Der größte Teil von ihnen lebte seit Anfang der achtziger Jahre in Lagern [siehe Kasten 5.2]. Mehr als 400.000 weitere befanden sich in Südafrika, Sambia, Simbabwe, Swasiland und Tansania.

Wie bei der Rückführung in Kambodscha arbeitete UNHCR im Rahmen einer großen UN-Friedenssicherungs- und Friedenskonsolidierungsoperation. Der UN-Einsatz in Mosambik (*Opération des Nations Unies en Mozambique* – ONUMOZ) begann im Dezember 1992. Er umfasste etwa 7.500 Soldaten, Polizisten und zivile Beobachter. Ferner wurde eine Stelle zur Koordinierung und Überwachung der humanitären Hilfe sowie der Reintegration der Flüchtlinge und Vertriebenen eingerichtet.

Wie zuvor in anderen Ländern begannen die Flüchtlinge noch vor der Unterzeichnung des Friedensabkommens auf eigene Initiative zurückzukehren. Das galt vor allem für die Mosambikaner in Malawi, die von den Lagern aus leicht Zugang nach Mosambik hatten. Nur für anfällige Flüchtlingsgruppen wie unbegleitete Kinder, von allein stehenden Frauen geführte Haushalte, ältere Menschen und Personen, die sehr große Strecken zurücklegen mussten, wurde der Transport organisiert.[21] 380.000 Flüchtlinge

Rückführung nach Mosambik, 1992 - 1994   Karte 6.1

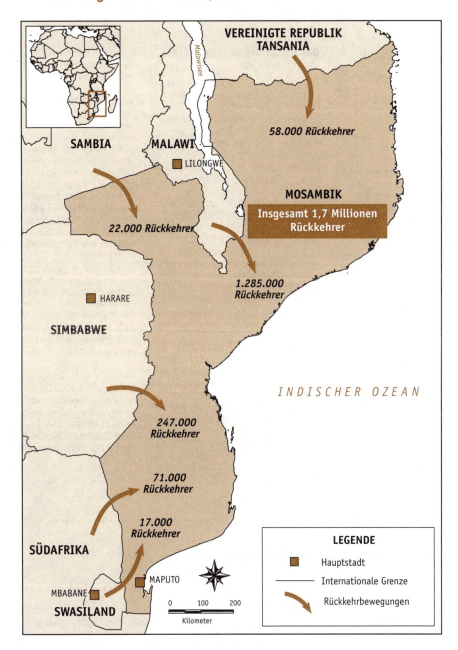

— 22 Prozent der Gesamtzahl und etwa genauso viele wie bei der großen Rückführung nach Kambodscha 1992/93 von den Lagern an der thailändischen Grenze — wurden unmittelbar bei der Abreise, dem Transport und der Aufnahme unterstützt.[22] Die überwiegende Mehrheit der Flüchtlinge kehrte lange vor den Wahlen zurück, die im Oktober 1994 stattfanden.

Kasten 6.3 — Menschenrechte und Flüchtlinge

Verletzungen international anerkannter Menschenrechte sind eine Hauptursache von Flucht und Vertreibung. Dies gilt unabhängig davon, ob Menschen allein oder in großen Gruppen vor gegen sie gerichteter Verfolgung fliehen. In manchen Fällen ist die Vertreibung bestimmter Gruppen von Zivilisten sogar explizites Ziel der Konfliktparteien. Faktoren wie große Armut und gesellschaftliche Diskriminierung, häufig aufgrund der ethnischen Herkunft, können die Ursache von Flucht und Vertreibung sein. Verstöße gegen die grundlegenden wirtschaftlichen, sozialen und kulturellen Rechte führen verbreitet zu politischer Instabilität und Gewalt. Eine solche Entwicklung wiederum kann Flucht und Vertreibung zur Folge haben. Deshalb besteht ein logischer Zusammenhang zwischen den Menschenrechten und dem Flüchtlingsschutz. Die Hohe Flüchtlingskommissarin der Vereinten Nationen Sadako Ogata sagte dazu: „Der Schutz der Menschenrechte ist eng mit den Ursachen von Flüchtlingsbewegungen, den Prinzipien des Flüchtlingsschutzes und der Lösung von Flüchtlingsproblemen verknüpft."[iii]

Der Schutz der Menschenrechte im Völkerrecht

Die rechtliche Grundlage für die Verknüpfung zwischen den Menschenrechten und dem Flüchtlingsschutz findet sich unter anderem in Artikel 14 der Allgemeinen Erklärung der Menschenrechte, in dem es heißt: „Jedermann hat das Recht, in anderen Ländern vor Verfolgung Asyl zu suchen und zu genießen." Wenn man nach einer Definition des Begriffs „Verfolgung" sucht, muss man bei den Menschenrechtsstandards beginnen, die unter dem Oberbegriff „Internationale Menschenrechtscharta" zusammengefasst werden: der Allgemeinen Erklärung der Menschenrechte, dem Internationalen Pakt über bürgerliche und politische Rechte von 1966 und dem Internationalen Pakt über wirtschaftliche, soziale und kulturelle Rechte.

Bestimmten Gruppen von Flüchtlingen und Vertriebenen wie Frauen und Kinder muss auf Grund von Menschenrechtsabkommen wie dem Übereinkommen zur Beseitigung jeder Form von Diskriminierung der Frau von 1979 und dem Übereinkommen über die Rechte des Kindes von 1989 besondere Aufmerksamkeit gewidmet werden. Vor allem bei Flüchtlingskindern hat bei allen sie betreffenden Verfahren und Entscheidungen unabhängig von ihrer Rechtsstellung das Wohl des Kindes oberste Priorität.

Nicht gefoltert oder unmenschlich behandelt zu werden, ist ein weiteres fundamentales Recht. Es wird durch Instrumente wie das Übereinkommen gegen Folter und andere grausame, unmenschliche oder erniedrigende Behandlung oder Strafe von 1984 oder die Europäische Konvention zum Schutz der Menschenrechte und Grundfreiheiten von 1950 geschützt. Dieses Recht ist auch mit dem Verbot der unfreiwilligen Aus- oder Zurückweisung von Flüchtlingen (refoulement) verknüpft, beispielsweise bei abgelehnten Asylbewerbern, die nicht in ein Land abgeschoben werden dürfen, in denen ihnen Folter droht. Dieses Recht wird zunehmend benutzt, um Flüchtlinge vor der Ausweisung zu schützen, wenn nationale Asylverfahren sich als unwirksam erwiesen haben.

Menschenrechtsstandards sind ferner ein wichtiger Maßstab für die angemessene Behandlung von Flüchtlingen und Asylbewerbern bei ihrer Ankunft im Asylland. Das traditionelle Flüchtlingsrecht einschließlich der Genfer Flüchtlingskonvention liefert

Reintegration und Wiederaufbau

Die von UNHCR und anderen internationalen Organisationen in Mosambik durchgeführten Reintegrationsprogramme für Rückkehrer waren sogar noch ehrgeiziger als die in Mittelamerika und Kambodscha. Von den UNHCR-Gesamtausgaben in Mosambik in Höhe von 145 Millionen Dollar wurden etwa 100 Millionen Dollar für Reintegrationsprojekte aufgewendet. Zudem unterstützte UNHCR damit viermal so viele Menschen wie bei der eigentlichen Rückführung.

Wie sich herausstellte, war der Schutz der Rückkehrer einfacher als in Kambodscha. Dort kam es selbst nach der Unterzeichnung der Friedensvereinbarungen weiterhin sporadisch zu Kämpfen, und es gelang den Vereinten Nationen nicht, die Roten

den Staaten keine Anleitung für die Aufnahme von Asylbewerbern. Vor allem in Fragen der Lebensqualität von Flüchtlingen und Asylbewerbern im Aufnahmeland haben sich Menschenrechtsstandards als nützlich erwiesen. Dazu zählen Bereiche wie Gesundheit, Unterbringung, Bildung, Bewegungsfreiheit, Internierung und Familienzusammenführung.

Ebenso können Menschenrechtsstandards dazu verwendet werden, die Bedingungen für die sichere und würdevolle Rückkehr von Flüchtlingen und Vertriebenen in ihre Herkunftsländer oder an ihre früheren Wohnorte zu definieren. Bürgerliche, politische, wirtschaftliche und soziale Rechte liefern einen auf Prinzipien basierenden und objektiven Rahmen, in dem Rückkehr-, Reintegrations-, Versöhnungs- und Wiederaufbaumaßnahmen stattfinden können. Beispielsweise ist es für Flüchtlinge oft sehr wichtig, ihren Besitz und vor allem ihren Wohnraum zurückzuerhalten.

Beobachtung, Überwachung und Durchsetzung

In den letzten Jahrzehnten wurde parallel zur Erweiterung der Menschenrechtsstandards eine breite Palette von Mechanismen zur Beobachtung, Überwachung und Durchsetzung der Menschenrechte geschaffen. Im internationalen Rahmen wird die Einhaltung durch die UN-Vertragsorgane überwacht, beispielsweise durch die Ausschüsse, deren Errichtung Bestandteil der sechs wichtigsten Menschenrechtsabkommen war, und durch die nicht auf einem bestimmten Abkommen basierenden Organe wie der UN-Menschenrechtskommission, deren Tätigkeit häufig direkte Auswirkungen auf den Flüchtlingsschutz hat. Weil Organisationen wie UNHCR in Krisengebieten sehr viel vor Ort im Einsatz sind, haben sie die Pflicht, in dem Maße, wie es Sicherheits- und Vertraulichkeitserwägungen zulassen, mit diesen Organen zusammenzuarbeiten.

Seit seiner Einrichtung im Jahre 1993 hat das Amt des UN-Hochkommissars für Menschenrechte immer wieder die Bedeutung nationaler Menschenrechtsstrukturen hervorgehoben. Es hat die Staaten bei der Bildung nationaler Menschenrechtsorgane unterstützt, um die Anerkennung der internationalen Standards zu fördern und sie umzusetzen. Diese nationalen Institutionen werden für UNHCR zu immer wichtigeren Partnern beim Einsatz für Flüchtlingsrechte und ihren Schutz. Nationale Menschenrechtskommissionen und unabhängige Ombudsleute haben beispielsweise häufig die Befugnis, Verstöße gegen die Menschenrechte wie unzulässige Inhaftierung oder unannehmbare Haftbedingungen zu untersuchen, von denen Flüchtlinge und Asylbewerber betroffen sind. Zu den sonstigen Bemühungen um die Achtung der Grundrechte von Flüchtlingen auf nationaler Ebene zählt auch, unabhängige Gerichte und die Rechtsstaatlichkeit zu fördern.

Humanitäre Organisationen und Menschenrechtsorgane verfügen über deutlich unterschiedliches, aber einander ergänzendes Know-how. UN-Generalsekretär Kofi Annan erklärte 1997: „Um Frieden und Sicherheit, Wohlstand und soziale Gerechtigkeit zu fördern, sind die Menschenrechte unverzichtbar." Er fügte hinzu: „Die Vereinten Nationen müssen deshalb ihr Menschenrechtsprogramm erweitern und es nahtlos in die breite Spanne der anderen Aktivitäten der Organisation einbetten."[iv]

Khmer zu entwaffnen und zu demobilisieren. Im Gegensatz dazu kamen in Mosambik die Kampfhandlungen nach der Unterzeichnung des Friedensabkommens praktisch vollständig zum Erliegen. Es gab lediglich vereinzelte Verstöße gegen die Waffenruhe, denen mit der Einrichtung einer Waffenstillstandskommission erfolgreich begegnet werden konnte. Anders als in Kambodscha konnten in Mosambik alle Konfliktparteien zur Zusammenarbeit bewegt werden, auch wenn sich die Renamo 1993 für einige Monate von der Kommission zur Überwachung und zur Kontrolle des Waffenstillstands zurückzog. Bei der Demobilisierung gab es zunächst Verzögerungen. Gleichwohl wurde sie in Mosambik letztendlich mit großem Erfolg durchgeführt. Selbst in Gebieten, in denen sich Anhänger der beiden früheren Kriegsparteien ansiedelten, gab es wenige gewaltsame Zwischenfälle. Das Friedensabkommen sah statt einer Verfolgung von Kriegsverbrechen, die an der Zivilbevölkerung begangen worden waren, eine allgemeine Amnestie vor. Die Gemeinschaften wandten ihre eigenen traditionellen Methoden an, um Gerechtigkeit und Versöhnung anzustreben, und verzichteten auf eine internationale Einmischung.

Die UNHCR-Präsenz vor Ort erwies sich als sehr vorteilhaft, als das ONUMOZ-Personal im Dezember das Land verließ. Nach seinem Abzug arbeiteten UNHCR, UNDP und die Weltbank bei der Planung einander ergänzender Programme eng zusammen. UNHCR kooperierte auch mit den Minenräumungseinsätzen der Vereinten Nationen, verlagerte wegen der Größenordnung der Aufgabe seinen Schwerpunkt jedoch schon bald auf die Aufklärung über die von Minen ausgehenden Gefahren.[24] Die Rückführung endete offiziell im Juli 1996. Bis zum Ende dieses Jahres unterhielt das Amt in Mosambik aber noch 20 Außenbüros.

Internationale Organisationen einschließlich UNHCR wirkten an der Instandsetzung von Schulen, Ambulanzen, Brunnen, Straßen und anderen Teilen der Infrastruktur im ganzen Land mit. Mehr als 1.500 Soforthilfeprojekte wurden begonnen. Die Geber stellten ausreichend Mittel zur Verfügung, und viele Organisationen beteiligten sich am Wiederaufbau. Das Reintegrationsprogramm trug dazu bei, die während des Krieges zerrissenen Gemeinschaften zu stabilisieren und zu stärken. Wie in Mittelamerika erwiesen sich die Kontakte, die sich bei der Durchführung der Soforthilfeprojekte zwischen früheren Gegnern entwickelten, als hilfreich, um Spannungen abzubauen und die Stabilität zu fördern.

Aldo Ajello, der Sonderbeauftragte des Generalsekretärs in Mosambik, führte den Erfolg von ONUMOZ vor allem auf drei Faktoren zurück: auf die neuen Chancen, die das Ende des Kalten Krieges und der Apartheid in Südafrika eröffnet hatten, auf die Entschlossenheit der Bevölkerung von Mosambik zum Frieden und auf den Umstand,

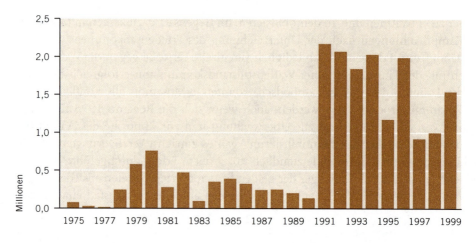

Zurückgekehrte Flüchtlinge weltweit (geschätzt), 1975–99 Grafik 6.1

dass die internationale Gemeinschaft bereit war, vom Augenblick der Unterzeichnung des Friedensabkommens an beträchtliche Finanzmittel und andere Ressourcen zur Verfügung zu stellen.[25]

Sich wandelnde Ansätze zu Rückführung und Reintegration

Im Laufe der neunziger Jahre wurde zunehmend klar, dass Flüchtlinge nach dem Ende von Konflikten häufig bereits in ihre Heimat zurückkehren, wenn der Frieden noch nicht gefestigt ist, Spannungen fortbestehen, chronische politische Instabilität herrscht und die Infrastruktur zerstört ist. Niemand kann in einer solchen Situation genau vorhersagen, ob der Frieden halten wird oder der Krieg erneut ausbricht. Ob weitere Kämpfe und neue Flüchtlingsbewegungen verhindert werden können, hängt weitgehend davon ab, wie energisch sich lokale, regionale und internationale Akteure bemühen, einen dauerhaften Frieden zu sichern.

In den wenigen Jahren zwischen der Rückführung nach Namibia 1989 und jener nach Mosambik 1993/94 hatte sich die Rolle von UNHCR grundlegend gewandelt. In früheren Jahrzehnten war die Beteiligung von UNHCR an der Rückführung im Allgemeinen zeitlich begrenzt und eingeschränkt. Das Amt hatte sich darauf beschränkt, sicherzustellen, dass die Flüchtlinge in Sicherheit zurückkehren konnten. Der Rückführung in Mittelamerika, Kambodscha und Mosambik lag dagegen ein neuer und breiter angelegter Ansatz zugrunde. In allen diesen Fällen spielte UNHCR eine wichtige Rolle bei den umfassenden UN-Friedenskonsolidierungseinsätzen. Die humanitären Aktivitäten waren in einen größeren strategischen und politischen Rahmen eingebettet, der die Versöhnung der Konfliktparteien, die Reintegration der Rückkehrer und den Wiederaufbau von Wohnraum und Infrastruktur gewährleisten sollte.

In den neunziger Jahren erkannte man auch, dass Maßnahmen zur Friedenskonsolidierung auf Dauer tragfähig sein müssen, wenn sie den Gesellschaften wirksam helfen sollen, die in den Jahren des Krieges und des Exils entstandenen Ressentiments, Traumata und Depressionen zu überwinden. In den von großem Optimismus geprägten frühen neunziger Jahren stellten die Geber bereitwillig Mittel für die UN-Friedenssicherungs- und Friedenskonsolidierungseinsätze zur Verfügung. Später zeigten sie sich jedoch häufig nicht bereit, Mittel in solchem Umfang über längere Zeiträume einzusetzen. Als besonders schwierig erwies es sich, die notwendige Unterstützung der Geber für Programme in strategisch weniger bedeutenden Ländern zu erhalten, vor allem wenn die internationalen Medien den Krisenschauplatz wieder verlassen hatten. Bereits 1993 blieb die finanzielle Unterstützung für UNHCR hinter dem kalkulierten Bedarf zurück. Daran sollte sich auch im weiteren Verlauf des Jahrzehnts nichts mehr ändern.

7 Asyl in den Industrieländern

Die Genfer Flüchtlingskonvention von 1951 war vor allem eine Reaktion auf die Massenflucht und -vertreibung in Europa am Ende des Zweiten Weltkriegs. Ein halbes Jahrhundert danach scheint das Asylrecht gerade in Europa und in anderen Industrieländern gefährdet. Die Regierungen der Industrieländer haben eine Reihe neuer Maßnahmen verabschiedet, um den Zugang zu ihren Territorien zu kontrollieren und einzuschränken. Sie wollen ihre Grenzen vor unerwünschter Zuwanderung schützen und misstrauen den Motiven vieler Asylsuchenden. In vielen Fällen haben sie es damit auch Menschen auf der Flucht vor Verfolgung erschwert, in Sicherheit zu gelangen und Zugang zu einem Asylverfahren zu erhalten.

Dieses Kapitel untersucht Entwicklungen der Flüchtlingspolitik in Europa, Nordamerika, Australien, Neuseeland und Japan. Im ersten Teil werden die Ansätze der europäischen Staaten zum Flüchtlingsschutz einer kritischen Betrachtung unterzogen, mit Schwerpunkt auf den Entwicklungen in den achtziger und neunziger Jahren. Die Maßnahmen zur Bekämpfung der illegalen Migration und ihre Konsequenzen für Flüchtlinge und Asylbewerber, Schritte zur Harmonisierung der Asylpolitik in der Europäischen Union und Reaktionen auf den Massenexodus durch den Krieg auf dem Balkan stehen dabei im Mittelpunkt. Ein weiteres Thema ist der Wandel der Länder in Mittel- und Osteuropa von Herkunfts- zu Aufnahmeländern von Flüchtlingen seit 1989.

Im zweiten und dritten Teil wird geschildert, wie in den traditionellen Einwanderungsländern USA, Kanada und Australien seit dem Zweiten Weltkrieg mit Hilfe staatlich finanzierter Programme Millionen von Flüchtlingen der Start in ein neues Leben ermöglicht wurde. Dabei wird auch untersucht, warum trotz der aufnahmefreundlichen Grundhaltung politische Interessen wiederholt die staatlichen Verpflichtungen gegenüber Asylbewerbern auszuhöhlen drohen. Sowohl in den USA als auch in Australien werden staatliche Maßnahmen zunehmend von der vorgeblich notwendigen Reaktion auf die steigende Zahl von Asylbewerbern diktiert, die auf eigene Faust versuchen, diese Länder zu erreichen.

Eine der größten Herausforderungen für die Industrieländer besteht heute darin, ihren Verpflichtungen gegenüber Flüchtlingen nachzukommen trotz der Tatsache, dass sie mit komplexen Migrationsbewegungen konfrontiert sind. Viele Menschen verlassen ihr Herkunftsland aus einer Kombination politischer, wirtschaftlicher und anderer Gründe.[1] Diese Mischung von Motiven ist ein Hauptgrund für die Wahrnehmung, das Asylsystem werde oftmals missbraucht. Diese Einschätzung wird häufig von Politikern und den Medien noch geschürt.

Nigerianischer Asylbewerber im Haftzentrum Krome in Miami (USA). (UNHCR/B. PRESS/1999)

Ein weiterer Umstand, der eine sachliche Auseinandersetzung mit der Migration zunehmend erschwert, ist der illegale Menschenschmuggel. Vielen Flüchtlingen sind die legalen Einreisewege versperrt. Deshalb greifen sie trotz der damit verbundenen Gefahren und finanziellen Belastungen auf die Dienste von Schleppern zurück, um in Sicherheit zu gelangen. Damit untergraben sie in den Augen vieler Staaten ihre Glaubwürdigkeit. In Kombination mit der zunehmenden Tendenz der Staaten, Asylsuchende einzusperren, gelten sie in der öffentlichen Wahrnehmung immer häufiger als Verbrecher.

Staaten haben legitime Interessen, den Zugang zu ihren Territorien zu kontrollieren. Sie haben aber auch völkerrechtliche Pflichten, Menschen auf der Flucht vor Verfolgung Schutz zu gewähren. Den Industriestaaten obliegt hinsichtlich des Flüchtlingsschutzes eine besondere Verantwortung. Sie waren es, die vor einem halben Jahrhundert die bedeutenden internationalen Instrumente zum Schutz von Flüchtlingen und der Menschenrechte formuliert haben. Noch wichtiger ist jedoch, dass ihr Vorgehen zwangsläufig Einfluss darauf haben wird, wie Flüchtlinge in den kommenden Jahren anderswo auf der Welt behandelt werden.

Die Entwicklung der Asylpolitik in Europa

Am Ende des zweiten Weltkriegs stand Europa vor einer immensen humanitären Herausforderung. Während der Kontinent sich um den Wiederaufbau der zerstörten Infrastruktur und Wirtschaft bemühen musste, sollten gleichzeitig mehr als 40 Millionen Vertriebene zurückgeführt oder neu angesiedelt werden. Wenige Jahre später, im Jahr 1956, verließen rund 200.000 Menschen Ungarn nach der Niederschlagung des dortigen Aufstands durch die Sowjets. Zehntausende von Menschen verließen schließlich die Tschechoslowakei nach der sowjetischen Unterdrückung des „Prager Frühlings" im Jahre 1968. Die Genfer Flüchtlingskonvention von 1951 lieferte den völkerrechtlichen Rahmen zum Schutz dieser Flüchtlinge. Die Gewährung von Asyl in Europa und der westlichen Welt insgesamt hatte aber immer auch einen ideologischen Aspekt. Sie war Ausdruck der politisch motivierten Bereitschaft, Flüchtlinge aus kommunistischen Ländern aufzunehmen.

Flüchtlinge aus anderen Kontinenten trafen zum ersten Mal in großer Zahl in den siebziger Jahren in Europa ein. Dazu zählten die Flüchtlinge aus Lateinamerika, die nach den Militärputschen in Chile und Uruguay (1973) sowie in Argentinien (1976) ihre Herkunftsländer verlassen hatten. Sie fanden Zuflucht sowohl in West- als auch in Osteuropa. Von den Flüchtlingen aus Indochina konnten sich nach 1975 ebenfalls rund 230.000 in Westeuropa neu ansiedeln, auch wenn der überwiegende Teil von den USA aufgenommen wurde.

In den achtziger Jahren flohen immer mehr Menschen aus der ganzen Welt unmittelbar nach Europa. Im Gegensatz zu der organisierten Ansiedlung von indochinesischen Flüchtlingen aus Erstasylländern handelte es sich dabei um Bewegungen, die von den Zielländern nicht gesteuert werden konnten. Die Zahl dieser Asylsuchenden war seit Anfang der siebziger Jahre konstant gestiegen und gab Mitte der achtziger Jahre für viele Regierungen Anlass zu Besorgnis. Zwischen 1983 und 1989 nahm sie in Westeuropa von unter 70.000 auf mehr als 200.000 zu. Der Anstieg hing mit einer Reihe innerstaatlicher Konflikte und schwerwiegenden Verstößen gegen die Menschenrechte in Afrika, Asien, Lateinamerika und dem Nahen Osten zusammen. Er war jedoch auch eine Folge von Veränderungen in der Einwanderungspolitik während des Konjunkturrückgangs nach den Ölpreisschocks der siebziger Jahre. Viele europäische Länder brauchten keine Arbeitsmigranten mehr und bemühten sich folglich nicht mehr um ausländische Arbeitskräfte, obwohl die Familienzusammenführung weiterging. Als Folge hiervon versuchten viele potenzielle Migranten, auf das Asyl auszuweichen. Verbesserte Informations- und Kommunikationsmöglichkeiten, die Ausweitung des Luftverkehrs und die weltweite Zunahme der Zahl der Menschen, die bessere wirtschaftliche und soziale Chancen suchten, waren weitere wichtige Faktoren.[2]

Diese neuen, nicht aus Europa stammenden Asylsuchenden passten selten in das Schema des Kalten Krieges. Tamilische Asylbewerber aus Sri Lanka gehörten zu den ersten Gruppen, die aus eigener Initiative in großer Zahl in Europa eintrafen. Darunter befanden sich Menschen, die aus verschiedenen Gründen einschließlich Verfolgung

Asylanträge in Europa, Nordamerika, Australien und Neuseeland, 1980 - 2000   Grafik 7.1

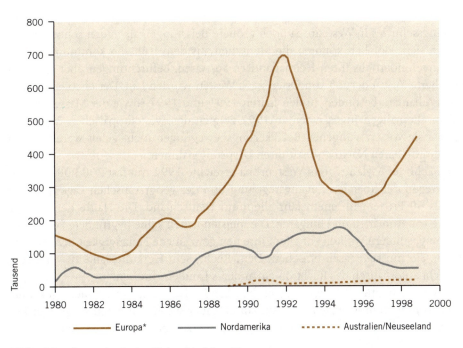

* Weitere Informationen zu den einzelnen Ländern siehe Anhang 10.
Quelle: Regierungen

und den unvorhersehbaren Folgen eines Krieges geflohen waren, über den man nicht viel wusste.[3] Ihre Ankunft löste heftige Diskussionen über die Verpflichtungen der Staaten gegenüber Menschen aus, die um die halbe Welt reisen, um im Westen einen Asylantrag zu stellen, obwohl sich ihnen wesentlich näher an ihrem Herkunftsland, nämlich im indischen Bundesstaat Tamil Nadu, eine Alternative geboten hätte. Viele europäische Regierungen hegten die in vielen Fällen ungerechte Vermutung, das Hauptmotiv dieser Asylbewerber sei wirtschaftlicher Art. Sie verhängten deshalb eine Visumpflicht für srilankische Staatsangehörige. Vorschläge, die tamilischen Asylbewerber in ein Land zurückzuschicken, in dem weiterhin ein erbittert geführter Bürgerkrieg tobte, waren allerdings heftig umstritten.

Im Vergleich zur Zahl der Flüchtlinge in den Entwicklungsländern war jene der in Westeuropa eintreffenden Asylsuchenden immer noch niedrig. Aber die in den europäischen Asylverfahren vorgeschriebene Einzelfallprüfung der Flüchtlingseigenschaft und die Pflicht, den Asylsuchenden ein Mindestmaß an sozialer Unterstützung zukommen zu lassen, erhöhten die administrativen und finanziellen Belastungen. Einer Schätzung zufolge stiegen die Gesamtkosten für die Durchführung der Asylverfahren und die soziale Versorgung für Asylbewerber in 13 größeren Industriestaaten von rund 500 Millionen Dollar im Jahre 1983 auf rund sieben Milliarden Dollar 1990.[4] Die zweite Zahl entsprach dem Zwölffachen des UNHCR-Etats für jenes Jahr.

Asyl nach dem Fall der Berliner Mauer

Der Fall der Berliner Mauer im November 1989 zog für das internationale System des Flüchtlingsschutzes in Westeuropa noch größere Belastungen als in den achtziger Jahren nach sich. Plötzlich konnten die Menschen aus dem früheren kommunistischen Block ungehindert aus ihren Heimatländern ausreisen. Befürchtungen über eine unkontrollierte Zuwanderung von Osten nach Westen wurden laut. Der chaotische Exodus aus Albanien, besonders in den Jahren 1991 und 1997 sowie der Massenexodus aus dem ehemaligen Jugoslawien ab 1992 zeigten den westeuropäischen Regierungen, dass sie vor erzwungenen Bevölkerungsbewegungen nicht gefeit waren, die in ihrer unmittelbaren Nachbarschaft ihren Ursprung nahmen.

Die Zahl der Asylanträge in Westeuropa erreichte 1992 mit fast 700.000 Rekordmaße. Wegen der liberalen Zugangsregelung und der geographischen Lage entfielen mehr als 60 Prozent in jenem Jahr allein auf Deutschland. Die Hälfte der Anträge stammte von Rumänen und Bulgaren. Die meisten hatten keine begründete Furcht vor Verfolgung, sondern wollten vor allem ihre neu gewonnene Freizügigkeit in Anspruch nehmen. Sie mussten rasch einsehen: Dem Recht, sein Herkunftsland zu verlassen, folgt nicht automatisch das Recht, in ein anderes Land einzureisen.

In der Asylpolitik der westeuropäischen Länder kam eine vorher nicht gekannte Abwehrhaltung zum Ausdruck. Die Aufnahmeländer waren auf einen so großen Zustrom nicht vorbereitet. Die vorhandenen Aufnahmekapazitäten waren bald erschöpft. Die Staaten zeigten sich nicht bereit, Ressourcen in einem Umfang bereitzustellen, der

Kasten 7.1 Die Asylpolitik der Europäischen Union

Die Bestrebungen der Mitgliedstaaten der Europäischen Union (EU) zur Schaffung einer „immer engeren Union" umfassten auch Maßnahmen zur Harmonisierung ihrer Einwanderungs- und Asylpolitik. Die nachstehend aufgeführten Dokumente sind eine Kombination bindender Verträge und nicht bindender zwischenstaatlicher Vereinbarungen, deren Vertragsstaaten die meisten, aber nicht in jedem Fall alle EU-Mitgliedstaaten sind.

Einheitliche Europäische Akte von 1986

Diese verpflichtete die Mitgliedstaaten der Europäischen Gemeinschaft, bis Ende 1992 einen Binnenmarkt zu schaffen. Während der freie Verkehr von Waren, Dienstleistungen und Kapital erreicht wurde, hat es sich als nicht einfach erwiesen, den freien Personenverkehr Wirklichkeit werden zu lassen.

Dubliner Übereinkommen von 1990

In diesem wurden für die EU-Mitgliedstaaten gemeinsame Kriterien festgelegt, aus denen hervorgeht, welcher Staat für die Prüfung eines Asylantrags zuständig ist. Es sollte auch verhindern, dass Asylbewerber von einem Land zum anderen reisen oder abgeschoben werden und ihr Asylantrag mehrmals oder gar nicht geprüft wird. Das Übereinkommen trat am 1. September 1997 in allen EU-Mitgliedstaaten in Kraft, obwohl einige Staaten bereits lange vorher begonnen hatten, es umzusetzen.

Schengener Durchführungsübereinkommen von 1990

Dieses Übereinkommen, dem 1985 ein Ähnliches zwischen sechs EU-Mitgliedstaaten vorausgegangen war, sollte dazu dienen, die Kontrollen an den Außengrenzen zu verbessern, um den freien Personenverkehr innerhalb der Vertragsstaaten zu erleichtern. Es enthält Bestimmungen zum Ausbau der Zusammenarbeit von Polizei und Gerichten und zur Einführung einer gemeinsamen Visumpolitik sowie von Strafen gegen Personenbeförderungsunternehmen. Das Übereinkommen trat am 1. September 1993 in Kraft und wurde ab März 1995 von den Vertragsstaaten schrittweise umgesetzt. Zu diesen zählen alle EU-Mitgliedstaaten außer Dänemark, Großbritannien und Irland.

Vertrag über die Europäische Union von 1992

Dies ist der Vertrag zur Gründung der Europäischen Union. Er wird auch als Maastrichter Vertrag bezeichnet. Er umfasste bestehende Angelegenheiten der Europäischen Gemeinschaft und sah einen Ausbau der zwischenstaatlichen Zusammenarbeit in verschiedenen Bereichen einschließlich der polizeilichen und rechtlichen Zusammenarbeit in Strafsachen vor. Dazu zählen Maßnahmen zur Harmonisierung der Asyl- und Einwanderungspolitik sowie die Einführung einer Unionsbürgerschaft. Der Vertrag trat am 1. November 1993 in Kraft.

Londoner Resolutionen von 1992

Die für Einwanderungsfragen zuständigen Minister der Europäischen Gemeinschaft verabschiedeten 1992 in London drei Resolutionen. Sie definierten „offensichtlich unbegründete" Asylanträge, sichere Drittländer, die Asylsuchende durchquert haben und in die sie zurückgeschickt werden können, und Länder, in denen allgemein kein schwer wiegendes Risiko der Verfolgung besteht. Diese vereinheitlichten Festlegungen sollten die Verfahren zur Prüfung von Asylanträgen beschleunigen. Die Resolutionen sind nicht bindend, werden aber in EU-Mitgliedstaaten und darüber hinaus angewendet.

---

dem Ausmaß des Problems adäquat gewesen wäre. Gleichzeitig trafen Zehntausende Asylbewerber aus Ländern außerhalb Europas wie Afghanistan, Angola, Ghana, dem Iran, dem Irak, Nigeria, Pakistan, Somalia, Sri Lanka, Vietnam und Zaire ein.

Der bestehende Orientierungsrahmen für die Flüchtlingspolitik mit seiner starken Betonung der Einzelfallprüfung der Flüchtlingseigenschaft erschien zur Bewältigung dieses Zustroms zunehmend ungeeignet. 1992 äußerte sich die Hohe Flüchtlingskommissarin der Vereinten Nationen Sadako Ogata besorgt über die Zukunft des Flüchtlingsschutzes: „Zu Beginn der neunziger Jahre befindet sich Europa offenbar an einem Scheideweg. Wird es den Menschen, die ihr Herkunftsland verlassen müssen,

Andere Resolutionen und Empfehlungen des EU-Ministerrats

In den neunziger Jahren verabschiedete der EU-Ministerrat eine Reihe von Resolutionen, Empfehlungen und Gemeinsamen Positionen, die ebenfalls nicht völkerrechtlich bindend sind. Zu diesen zählten zwei 1994 und 1995 verabschiedete Empfehlungen zu Rückübernahmeabkommen mit einem Musterabkommen zur Rückführung von Asylbewerbern, deren Asylanträge abgelehnt wurden oder als unbegründet eingestuft wurden. Zwischen 1993 und 1996 wurden im Rahmen einer Reihe von Maßnahmen zur „Lastenverteilung" Solidaritätsprinzipien für den Fall eines großen Zustroms von Asylsuchenden in ein Land aufgestellt. Im Juni 1995 verabschiedete der Ministerrat eine Resolution zu Mindestgarantien für Asylverfahren, in der Verfahrensrechte und -pflichten beschrieben wurden. Im März 1996 wurde eine Gemeinsame Position zur harmonisierten Anwendung der Definition des Begriffs „Flüchtling" beschlossen. Kritikern galten viele dieser Maßnahmen als Schritte zur Harmonisierung, bei denen man über eine Einigung auf dem kleinsten gemeinsamen Nenner nicht hinausgekommen war.

Der Amsterdamer Vertrag von 1997

Dieser Vertrag enthält eine Zusage der Mitgliedstaaten zur Entwicklung einer gemeinsamen Einwanderungs- und Asylpolitik innerhalb von fünf Jahren. Bis dahin erfolgt die Entscheidungsfindung weiterhin auf zwischenstaatlicher Grundlage, sodass ein Teil der Staaten - beispielsweise die Vertragsstaaten des Schengener Übereinkommens - enger zusammenarbeiten kann, selbst wenn andere nicht teilnehmen wollen. Nach fünf Jahren wird die Entwicklung der gemeinsamen Asylpolitik im Rahmen des normalen Entscheidungsfindungsprozesses im Ministerrat angesiedelt sein, in dem Einstimmigkeit nicht immer erforderlich ist. Dem Europäischen Parlament wurde eine begrenzte beratende Funktion bei der Entwicklung dieser Politik zugestanden, während der Europäische Gerichtshof hinsichtlich der Interpretation der entsprechenden Bestimmungen des EU-Vertrags vorläufige Entscheidungen veröffentlichen kann und als letzte Berufungsinstanz fungiert. Der Vertrag trat am 1. Mai 1999 in Kraft.

Sitzung des Europäischen Rats in Tampere im Jahre 1999

Im Oktober 1999 bekräftigten die Staats- und Regierungschefs der Europäischen Union auf ihrer Sitzung im finnischen Tampere die Bedeutung, die sie „der absoluten Achtung des Rechts auf Asyl" beimessen.[i] Sie kamen überein, „auf ein Gemeinsames Europäisches Asylsystem hinzuwirken, das sich auf die uneingeschränkte und allumfassende Anwendung der Genfer Flüchtlingskonvention stützt, wodurch sichergestellt wird, dass niemand dorthin zurückgeschickt wird, wo er Verfolgung ausgesetzt ist, d.h. der Grundsatz der Nichtzurückweisung gewahrt bleibt". Dieses gemeinsame europäische Asylsystem soll auf kurze Sicht „eine klare und praktikable Formel für die Bestimmung des für die Prüfung eines Asylantrags zuständigen Staates, gemeinsame Standards für ein gerechtes und wirksames Asylverfahren, gemeinsame Mindestbedingungen für die Aufnahme von Asylbewerbern und die Annäherung der Bestimmungen über die Zuerkennung und die Merkmale der Flüchtlingseigenschaft" implizieren. Später sollen „Vorschriften über die Formen des subsidiären Schutzes, die einer Person, die eines solchen Schutzes bedarf, einen angemessenen Status verleihen", hinzukommen.

---

den Rücken zukehren, oder wird es seine lange Tradition, die Rechte der Unterdrückten und der Entwurzelten zu schützen, neu beleben? Wird Europa neue Mauern errichten, obwohl es weiß, dass Mauern die Menschen, die in der Vergangenheit vor totalitärer Verfolgung geflohen sind, nicht aufgehalten haben?"[5]

In dieser Situation entschieden sich die europäischen Regierungen angesichts des großen Zustroms von Asylbewerbern aus dem ehemaligen Jugoslawien für die Einführung eines neuen Konzeptes, dem Instrument des vorübergehenden Schutzes. Die deutsche Bundesregierung, mit der größten Zahl von Flüchtlingen aus der Region konfrontiert, versuchte vergeblich, die anderen betroffenen europäischen Regierungen zu einer „Lastenverteilung" als Ergänzung zum Instrument des vorübergehenden

Schutzes zu bewegen. 1993 wurde das vorbehaltlos garantierte Recht auf Asyl aus dem deutschen Grundgesetz gestrichen. Danach bedurfte es neuer Maßnahmen mit dem Ziel, die Einreise von Asylbewerbern zu begrenzen und ihre Rückführung in Transitländer zu erleichtern. Auf der Grundlage von drei Resolutionen, die die für Einwanderung zuständigen Minister der EU-Mitgliedstaaten im Dezember 1992 verabschiedet hatten, erließen andere Regierungen in Europa ähnliche restriktive Bestimmungen [siehe Kasten 7.4].

Weil Asylsuchenden die legalen Einreisewege zunehmend versperrt waren, wandten sie sich wie andere Migranten auch immer häufiger an Menschenschmuggler und Schleuser, um Westeuropa zu erreichen. Viele bedienten sich falscher Papiere oder zerstörten unterwegs ihre Ausweise. Dies verstärkte wiederum die öffentliche Skepsis hinsichtlich der wirklichen Motive von Asylbewerbern. Um der zunehmend feindseligen Haltung ihnen gegenüber zu begegnen, bemühten sich Organisationen und Interessengruppen, ein positiveres Bild von Flüchtlingen zu zeichnen und die öffentliche Unterstützung für den Flüchtlingsschutz zu mobilisieren. Gleichzeitig waren sie nicht willens, die Notwendigkeit der Rückführung abgelehnter Asylbewerber in ihre Herkunftsländer anzuerkennen, was zur weiteren Polarisierung der Asyldebatte beitrug. Um ihre Wahlchancen zu verbessern oder eine höhere Auflage zu erzielen, schienen bestimmte politische Parteien und Teile der Presse damals häufig bereit, rassistischen und fremdenfeindlichen, gegen Einwanderer gerichteten Stimmungen nachzugeben. Im Oktober 1998 ging beispielsweise eine Lokalzeitung in Großbritannien, der *Dover Express*, so weit, Asylbewerber als „menschlichen Unrat" zu bezeichnen.[6]

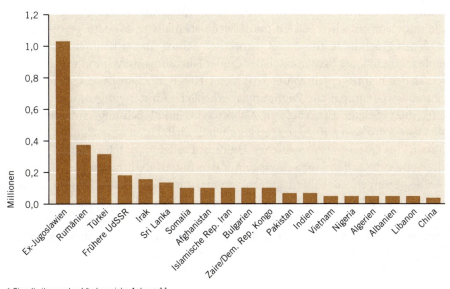

Wichtigste Herkunftsländer/-gebiete von Asylbewerbern in Westeuropa, 1990 - 1999 *   Grafik 7.2

* Einzelheiten zu den Ländern siehe Anhang 11.

„Festung Europa"

Die in Westeuropa neu eingeführten, restriktiven Maßnahmen zur Bekämpfung der illegalen Zuwanderung und des Missbrauchs des Asylsystems führten zu einer Verschiebung des Gleichgewichts zwischen dem Flüchtlingsschutz und der Einwanderungskontrolle. Für diese Entwicklung war der Begriff „Festung Europa" symptomatisch.

Vier verschiedene Arten von Maßnahmen wurden ergriffen, um die „gemischte Zuwanderung" von illegalen Migranten und Flüchtlingen einzudämmen, mit der sich die europäischen Länder konfrontiert sahen. Es zeigte sich jedoch: Beide Gruppen waren hierdurch unterschiedslos betroffen. Auch schutzbedürftige Menschen konnten nur noch unter großen Schwierigkeiten ein Land erreichen, indem sie einen Asylantrag stellten. UNHCR warnte bereits 1986: „Einseitig eingeführte unkoordinierte restriktive Maßnahmen sind unzureichend. Ihre Folge ist eher eine Verschiebung als eine Verringerung der Belastungen, und sie setzen eine sinnlose Kette von Ereignissen in Gang. ... Langfristig führen sie zwangsläufig zu einem allgemeinen Abbau international anerkannter Normen."[7]

Erstens versuchten die Staaten, Maßnahmen zur „Einreiseverhinderung" zu verabschieden, die darauf abzielten, Personen mit unvollständigen Papieren einschließlich potenzieller Asylbewerbern daran zu hindern, Europa überhaupt zu erreichen. Man erließ Visumvorschriften und verhängte Sanktionen gegen Personenbeförderungsunternehmen, die Passagiere mit unzureichenden Papieren beförderten. Manche Länder entsandten Einwanderungsbeamte ins Ausland, um potenzielle Migranten mit unzureichenden Papieren „abzufangen" und sie daran zu hindern, ihre Reise in diese Länder überhaupt anzutreten.

Zweitens wurden für Asylsuchende, die trotz dieser Maßnahmen ein potenzielles Aufnahmeland erreichten, Mechanismen entwickelt, mit denen die Zuständigkeit für die Überprüfung der Flüchtlingseigenschaft und Schutzgewährung auf andere Länder abgewälzt werden konnten. Dieser Ansatz wurde nicht zuletzt dadurch ermöglicht, dass die mitteleuropäischen Staaten mittlerweile ebenfalls zu Ländern geworden waren, in denen Flüchtlinge zumindest theoretisch Schutz finden konnten. Nach 1989 waren die meisten dieser Staaten rasch der Genfer Flüchtlingskonvention von 1951 beigetreten. In den neunziger Jahren unternahmen UNHCR, der Europarat, andere Organisationen und westeuropäische Regierungen erhebliche Anstrengungen, um die Möglichkeiten dieser Staaten zu verbessern, Asylbewerber und Flüchtlinge aufzunehmen.

Die westeuropäischen Regierungen konnten deshalb Listen so genannter „sicherer Drittstaaten" im Osten der Europäischen Union aufstellen und sich auf diese Weise eine Pufferzone verschaffen.[8] Sie schlossen mit den mittel- und osteuropäischen sowie anderen Regierungen Rückübernahmeabkommen zur Rückführung illegal eingereister Personen und begannen, Asylsuchende in „sichere" Transitländer zurückzuschicken. Diese Abkommen enthielten nur selten bestimmte Garantien für die Asylsuchenden. Sie führten zur Entstehung des Phänomens der so genannten „Kettenabschiebungen", bei denen Asylsuchende von einem zum nächsten Land weitergereicht wurden, ohne die Sicherheit zu haben, am Ende der Kette einen Antrag auf Schutz stellen zu können. UNHCR beschrieb diese Praxis als „grundlegenden Schutzprinzipien eindeutig zuwiderlaufend" und kritisierte, dass sie keinen ausreichenden Schutz vor einem Verstoß gegen das Prinzip des *Non-refoulement* bot.[9] Konsequenterweise führten die mittel- und osteuropäischen Staaten, bestärkt durch das Vorbild ihrer Nachbarn im Westen, ihrerseits ebenfalls ähnliche Kontrollen ein, um die Zahl der bei ihnen eintreffenden Ausländer zu begrenzen.

Drittens wandten die Behörden die Genfer Flüchtlingskonvention zunehmend restriktiver an, um bestimmte Gruppen von Asylsuchenden vom Geltungsbereich der Flüchtlingsdefinition auszuschließen. In manchen Ländern führt dies immer noch dazu, dass Menschen, die Opfer von Verfolgung durch „nichtstaatliche Urheber" geworden sind, nicht als Flüchtlinge gelten. Dadurch wird ihnen häufig nur eine eingeschränkte Form des Schutzes mit weniger Rechten und Leistungen angeboten [siehe Kasten 7.1]. Als Folge dieser Entwicklung und anderer Faktoren hat der Anteil der Antragsteller, die als Flüchtlinge entsprechend der Genfer Flüchtlingskonvention von 1951 anerkannt werden, stetig abgenommen. Viele abgelehnte Asylbewerber erhalten in dem Land, in dem sie ihren Antrag gestellt haben, ein Bleiberecht, das jedoch weniger Schutz als die Rechtsstellung eines Flüchtlings nach der Konvention von 1951 bietet. Die Bezeichnung dafür lautet im einen Land „B-Status", in anderen „humanitärer Status" oder „außerordentliches Bleiberecht".[10] Das Aufnahmeland trägt dem Schutzbedürfnis der Betroffenen Rechnung, reduziert jedoch seine Verpflichtungen insbesondere im Hinblick auf die Familienzusammenführung und die Ausstellung von Ausweispapieren gemäß der Genfer Flüchtlingskonvention auf ein Mindestmaß. Die Vielzahl der möglichen Einstufungen führten in der Öffentlichkeit zu einer beträchtlichen Verwirrung darüber, wer denn nun ein „echter" Flüchtling sei.

Schließlich wurden auch noch verschiedene „Abschreckungsmaßnahmen" ergriffen. Dazu zählten unter anderem die verbreitete automatische Inhaftierung oder Internierung von Flüchtlingen, die Verweigerung von Sozialhilfe und ein Arbeitsverbot.[11] Zudem wurde das Recht der bereits im Land befindlichen Flüchtlinge auf den Nachzug von Familienangehörigen eingeschränkt.

Die Suche nach einer gemeinsamen Politik der Europäischen Union

Die Bemühungen der westeuropäischen Länder um die Anpassung ihrer Asyl- und Einwanderungspolitik fielen mit den Bestrebungen zusammen, durch die Schaffung eines gemeinsamen Binnenmarktes eine weit gehende wirtschaftliche und politische Integration zu erreichen. Sie umfassten die Beseitigung praktisch aller zwischenstaatlichen Handelsschranken und die Herbeiführung des freien Personenverkehrs innerhalb der Europäischen Union, die mit dem Inkrafttreten des Maastrichter Vertrags 1993 aus der Europäischen Gemeinschaft hervorging. Gleichzeitig wollte man jedoch die Kontrolle über die Einreise von Bürgern aus Ländern behalten, die nicht EU-Mitgliedstaaten waren. Die Regierungen befürchteten damals, der freie Personenverkehr innerhalb der Europäischen Union werde zahlreiche neue Probleme im Einwanderungs- und Asylbereich mit sich bringen. Deshalb versuchen die zuerst zwölf und später 15 EU-Mitgliedstaaten in einem komplizierten und langwierigen Prozess ihre Politik in Fragen der Grenzkontrollen, der Einwanderung und des Asyls zu harmonisieren [siehe Kasten 7.4].[12]

Ein großer Teil der auf Einwanderung und Asyl bezogenen Aktivitäten in den neunziger Jahren richteten sich auf die Koordination und die Restriktion der Einreisepolitik der EU-Mitgliedstaaten. Das Schengener Übereinkommen von 1990 enthielt Bestimmungen für eine verstärkte Zusammenarbeit der Polizei und der Gerichte, eine gemeinsame Visumpolitik und die Verschärfung von Sanktionen gegen Personenbeförderungsunternehmen. Im Dubliner Übereinkommen von 1990 wurden Kriterien aufgelistet, anhand derer ermittelt werden kann, welcher Vertragsstaat für die Prüfung eines Asylantrags zuständig ist. Es sollte Asylsuchende daran hindern, ihren Antrag in dem für sie mutmaßlich „besten" potenziellen Aufnahmeland zu stellen und das Problem der Flüchtlinge lösen, für die kein Land die Zuständigkeit übernehmen will: die so genannte „Orbit-Situation".

Während die Übereinkommen von Schengen und Dublin für die Vertragsstaaten völkerrechtlich bindend sind, haben andere Harmonisierungsbestrebungen außerhalb

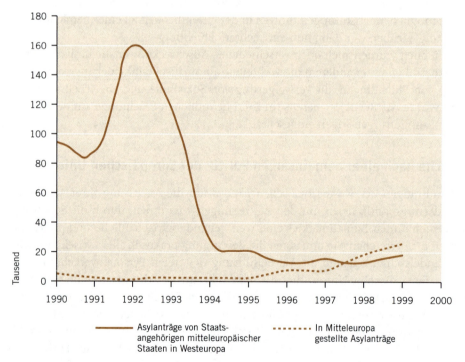

Asylanträge in Mitteleuropa, 1990 - 1999 * Grafik 7.3

— Asylanträge von Staatsangehörigen mitteleuropäischer Staaten in Westeuropa
······· In Mitteleuropa gestellte Asylanträge

* Westeuropa umfasst die Europäische Union, Norwegen und die Schweiz. Mitteleuropa umfasst Bulgarien, Polen, Rumänien, Slowakei, Tschechische Republik und Ungarn.
Quelle: Regierungen

Kasten 7.2 Nichtstaatliche Urheber von Verfolgung

Stellen Sie sich vor, Sie sind in einem Dorf, wo Regierungstruppen und Rebellen Sie schikanieren, Nahrungsmittel verlangen, Ihre Familie schlagen und drohen, Sie zu töten oder Ihnen die Hände abzuhacken. Sie beschließen, aus dieser unerträglichen Lage zu fliehen, und beantragen Asyl in einem anderen Land. Bei der Beschreibung Ihrer Situation gegenüber dem Asylbeamten erklären Sie, dass die schwer wiegendsten Bedrohungen und Schikanen von den Rebellen ausgingen. Der Beamte schaut Sie mit ernstem Gesichtsausdruck an und sagt, Sie seien kein richtiger Flüchtling, weil Sie nicht von den Regierungstruppen verfolgt wurden, sondern von einer bewaffneten Gruppe, bei der es sich nicht um ein Organ der Staatsgewalt handelte. Für Sie ist es natürlich unerheblich, ob Sie von den einen oder den anderen gefoltert werden. Einige Länder machen da jedoch einen Unterschied. Sie erkennen Menschen, die von so genannten „nichtstaatlichen Urhebern" verfolgt werden, nicht als Flüchtlinge an.

Die Genfer Flüchtlingskonvention gewährleistet Schutz vor Verfolgung. Der Begriff „Verfolgung" ist dort jedoch weder definiert noch wird etwas über die Urheber von Verfolgung ausgesagt. Über das Ausmaß des Schutzes, den die Konvention bietet, ist deshalb viel gestritten worden. Spricht man von Verfolgung, denkt man normalerweise an Nachstellungen durch böse Geheimdienste, Folterungen durch Polizeibeamte oder Unterdrückung durch das Militär. Zur Zeit des Holocaust verfolgte eine ganze Staatsmaschinerie bestimmte Menschen. Als die Verfasser der Genfer Flüchtlingskonvention den Begriff „Flüchtling" definierten, dachten sie zweifellos primär an Verfolgung durch Organe der Staatsgewalt.

Mit der Genfer Flüchtlingskonvention von 1951 sollte unter anderem vor allem verhindert werden, dass Menschen an Orte zurückgeschickt werden, wo ihnen schwere Menschenrechtsverletzungen oder Verfolgung drohen. Sie sagt nichts darüber aus, dass die Verfolgung vom Staat ausgehen muss. Jede Gruppe, die in einem Land über erhebliche Macht verfügt, kann Verfolgung ausüben. UNHCR hat deshalb stets die Auffassung vertreten, dass die Konvention für alle Personen mit begründeter Furcht vor Verfolgung gilt, unabhängig von ihrem Urheber. Die Position von UNHCR wird von der überwiegenden Mehrheit der Vertragsstaaten der Konvention geteilt. Einige Länder gewähren allerdings kein Asyl, wenn die befürchtete Verfolgung von nichtstaatlichen Urhebern ausgeht und die Regierung Schutz nicht leisten will oder kann. Diese Minderheitsposition wird von Deutschland, Frankreich, Italien und der Schweiz eingenommen.

In anderen internationalen Menschenrechtsverträgen wie dem Übereinkommen gegen Folter und andere grausame, unmenschliche oder erniedrigende Behandlung oder Strafe von 1984 und der Europäischen Konvention für den Schutz der Menschenrechte und Grundfreiheiten von 1950 wird nicht zwischen dem Staat und anderen Urhebern von Folter oder anderer unmenschlicher oder erniedrigender Behandlung unterschieden. Diese Verträge bieten Schutz gegen solche Behandlung unabhängig davon, durch wen sie geschieht.

Heute liegt die Gebietsgewalt nicht immer allein in den Händen des Staats und seiner Polizei und Armee. Somalia beispielsweise hat keine Regierung mit einer festen Herrschaft über das Staatsgebiet und die Bevölkerung. Stattdessen ist das Land in einzelne Gebiete unterteilt, die von bewaffneten Banden oder Kriegsherren kontrolliert werden. Die tonangebende politische und militärische Macht in Afghanistan, die Taliban, wird von manchen Ländern nicht als legitimes Organ der Staatsgewalt anerkannt. In Ländern wie Angola, Kolumbien und Sri Lanka befinden sich ganze Regionen in der Macht von Gruppen, die die Regierung bekämpfen.

Verfolgung ist nicht auf den Staat und noch nicht einmal auf nichtstaatliche bewaffnete Gruppen beschränkt. Sie kann auch durch eine Sekte, einen Clan oder eine Familie erfolgen. Traditionelle Gebräuche können die Form von Verfolgung annehmen. Wenn die Regierung solche Gebräuche nicht unterbinden kann oder will, können Menschen gezwungen sein, ihr Land zu verlassen, um ihr Leben, ihre Freiheit oder ihre körperliche Unversehrtheit zu retten. 1985 erkannte das UNHCR-Exekutivkomitee an, dass Frauen auf Grund ihrer anfälligen Situation häufig körperlicher Gewalt, sexuellem Missbrauch und Diskriminierung ausgesetzt sind. Es beschloss, dass Frauen, denen harte oder unmenschliche Behandlung droht, weil sie die sozialen Normen der Gesellschaft, in der sie leben, überschritten haben, unter den Schutz der Genfer Flüchtlingskonvention fallen können.

Ein Beispiel geschlechtsspezifischer Verfolgung ist der Fall von zwei pakistanischen Frauen, die in Großbritannien Asyl beantragten, weil sie von ihren Ehemännern so misshandelt wurden, dass es Verfolgung gleichkam. Dem Oberhaus zufolge, dass in Großbritannien die oberste gerichtliche Instanz ist, waren sie Flüchtlinge gemäß der Genfer Flüchtlingskonvention, weil die pakistanische Regierung wegen ihres Geschlechts nicht bereit war, sie zu schützen.[ii]

Gesellschaften, die Frauen oder Homosexuelle diskriminieren, dulden möglicherweise auch Verfolgung wegen des Geschlechts oder der sexuellen Orientierung. Manche Gesellschaften gestatten oder fördern sogar die Verstümmelung der weiblichen Geschlechtsorgane. Diese Gepflogenheit kann für Frauen oder Mädchen Verfolgung darstellen. Weigern sie sich, diese Tradition zu befolgen, überschreiten sie damit die „sozialen Normen". Dann stellt sich die Frage, ob der Staat eingreift, um sie zu schützen. Erfahren sie keinen Schutz durch den Staat, können sie schwer wiegenden körperlichen Schaden nur vermeiden, wenn sie ihr Land verlassen und zu Flüchtlingen werden.

eines bindenden Rahmens auf einer wenig transparenten zwischenstaatlichen Ebene stattgefunden. Dennoch haben sich die EU-Mitgliedstaaten in den meisten Fällen nur auf dem kleinsten gemeinsamen Nenner einigen können. Eines der umstrittensten Themen war die Suche nach einer einheitlichen Interpretation der Flüchtlingsdefinition in der Genfer Flüchtlingskonvention. Unter dem Einfluss der sehr engen deutschen Interpretation und wegen der Bestrebungen Frankreichs, seine Verpflichtungen gegenüber Flüchtlingen aus Algerien zu begrenzen, liegt der Gemeinsamen Position der Europäischen Union von März 1996 über die harmonisierte Anwendung der Definition des Begriffs „Flüchtling" ein restriktiver Ansatz zugrunde, nach dem der Urheber von Verfolgung „im Allgemeinen" ein Organ der Staatsgewalt ist.[13] Dies hat dazu geführt, dass die Behandlung von Menschen auf der Flucht vor Verfolgung durch nichtstaatliche Urheber von Land zu Land variiert. Auch mit Blick auf andere Aspekte des Asyls haben sich zwischen den EU-Mitgliedstaaten bei der Umsetzung ihrer Harmonisierungsbestrebungen erhebliche Divergenzen ergeben.[14]

Innerhalb der Europäischen Union werden in manchen Ländern wesentlich mehr Asylanträge gestellt als in anderen. Nachdem Deutschland Anfang der neunziger Jahre 350.000 Bosnier aufgenommen hatte, strebte die Bundesregierung nachdrücklich eine Vereinbarung über eine gleichmäßigere Lastenverteilung an. 1995 verabschiedete die Europäische Union eine nicht bindende Resolution über die Verteilung der Belastungen, die durch die vorübergehende Aufnahme und Anwesenheit von Vertriebenen entstehen.[15] Die großen Flüchtlingsströme aus Bosnien und Herzegowina Mitte der neunziger und aus dem Kosovo Ende der neunziger Jahre hatten zur Folge, dass die Lastenverteilung während des gesamten Jahrzehnts in Europa heftig umstritten war und bis heute blieb. Der deutsche Anteil an den Asylanträgen in Europa insgesamt ist allerdings zwischenzeitlich von 63 Prozent zu Beginn der neunziger Jahre auf 23 Prozent im Jahre 1999 zurückgegangen.

Die Harmonisierung der Asylpolitik in Europa wird weiter vorangetrieben. UNHCR hat diese Bestrebungen unterstützt, wenn sie darauf abzielten, die Asylsysteme gerechter, effizienter und berechenbarer zu machen, und zwar nicht nur zum Nutzen der Regierungen, sondern auch für Flüchtlinge und Asylbewerber. In vielen Fällen ist man jedoch über den kleinsten gemeinsamen Nenner nicht hinausgekommen. Das Ergebnis war dann auch häufig eher eine Verschlechterung als eine Verbesserung des Flüchtlingsschutzes.

Vorübergehender Schutz für Flüchtlinge aus dem ehemaligen Jugoslawien

Bis zu den neunziger Jahren war die allgemeine Auffassung, dass Personen, die in Europa als Flüchtlinge anerkannt worden waren, auf unbegrenzte Zeit in ihrem Asylland bleiben könnten. Angesichts des Konflikts im ehemaligen Jugoslawien wurde jedoch ein neuer Ansatz verfolgt. Die Staaten boten den jugoslawischen Bürgerkriegsflüchtlingen nur noch vorübergehenden Schutz und erwarteten von vornherein von ihnen, dass sie nach dem Ende des Konflikts zurückkehren würden. UNHCR unterstützt das Konzept des vorübergehenden Schutzes als Notbehelf in Fällen eines Massenexodus, bei dem die Betroffenen offensichtlich Schutz benötigen, es aber kaum oder gar keine Möglichkeiten gibt, in kurzer Zeit die Schutzbedürftigkeit im Einzelfall zu überprüfen. Nach Auffassung des Amtes kann bei einem Massenexodus vorübergehender Schutz dazu dienen, den Betroffenen im Aufnahmeland sofort Sicherheit zu geben und ihre grundlegenden Menschenrechte einschließlich des Rechts auf *Non-refoulement* zu bewahren. Vorübergehender Schutz kann auch die Aussichten für eine regionale Lösung über die unmittelbar betroffenen Gebiete hinaus verbessern.[16]

1992 forderte UNHCR die Staaten auf, den mehreren hunderttausend Menschen, die vor dem Konflikt im ehemaligen Jugoslawien geflohen waren, zumindest vorübergehenden Schutz zu gewähren. Die Staaten reagierten unterschiedlich. Als der Exodus anhielt, wuchs in Westeuropa der Disput über die Aufnahme der Flüchtlinge. Es waren EU-Mitgliedstaaten, die 1993 als Erste die Einrichtung „sicherer Gebiete" in Bosnien und Herzegowina selbst vorschlugen. Sie waren sich einig, dass Schutz und Unterstützung „wann immer möglich in der Herkunftsregion geleistet werden sollten" und „Vertriebenen geholfen werden sollte, in sicheren Gebieten möglichst nahe bei ihren Wohnorten zu bleiben".[17] Die Massaker, die stattfanden, als 1995 Einheiten der bosnischen Serben die „sicheren Gebiete" Srebrenica und Zepa überrannten, zeigten, wie gefährlich dieser Ansatz war.[18]

Die Gewährung vorübergehenden Schutzes für die Flüchtlinge aus dem ehemaligen Jugoslawien in Westeuropa war mit Problemen verbunden.[19] Es bestand Unsicherheit über die Ansprüche der Personen, die vorübergehenden Schutz erhalten hatten, und über die Verpflichtungen der Aufnahmeländer gegenüber den Flüchtlingen

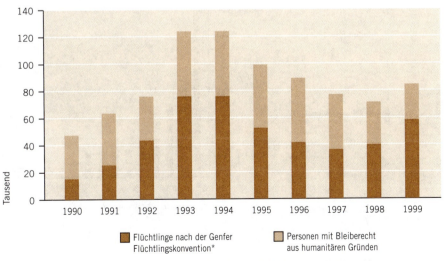

Anzahl von anerkannten Flüchtlingen pro Jahr in Europa, 1990 - 1999 Grafik 7.4

* Zahlen von 1999 ohne Österreich und Frankreich. Weitere Einzelheiten und Erläuterungen siehe Anhang 10.
Quelle: Regierungen

Kasten 7.3 Finanzierungstrends

Die weltweiten staatlichen Ausgaben für humanitäre Hilfe haben in den letzten 50 Jahren ständig zugenommen. Anfang der neunziger Jahre stiegen sie drastisch an und erreichten 1994 mit 5,7 Milliarden Dollar ihren bisherigen Höchststand. Der Anteil der humanitären Hilfe am Bruttoinlandsprodukt sank hingegen zwischen 1990 und 1998 von 0,03 auf 0,02 Prozent (oder 20 Cents pro 1.000 Dollar).[iii]

Der Anteil der staatlichen Entwicklungshilfe, die von den Regierungen jedoch für die humanitäre Hilfe bereitgestellt wurde, nahm Anfang der neunziger Jahre ebenfalls beträchtlich zu. Auf dem Höhepunkt im Jahre 1994 machte er zehn Prozent der gesamten staatlichen Entwicklungshilfe aus. Im weiteren Verlauf des Jahrzehnts ging er jedoch wieder bis auf etwa sechs Prozent (1998) zurück.[iv]

Der Umfang der staatlichen Mittel für humanitäre Einsätze hat insgesamt zugenommen. Der Anteil dieser Mittel, die über internationale Organisationen geleitet wurde, hat sich hingegen verringert. Die Regierungen geben bilateralen Finanzierungsabkommen mit den Regierungen der Empfängerländer bzw. mit den eigenen nationalen NGOs zunehmend den Vorzug vor multilateraler Hilfe.

Ausgaben und Quellen für die Mittelbeschaffung von UNHCR

Der UNHCR-Etat ist in den 50 Jahren des Bestehens des Amtes analog zum Umfang und zur Reichweite seiner Tätigkeit drastisch gestiegen. Von einem Haushalt von lediglich 300.000 Dollar im Jahre 1951 nahmen die jährlichen Ausgaben bis Mitte der siebziger Jahre auf etwa 100 Millionen Dollar zu. Ende der siebziger und Anfang der neunziger Jahre kam es dann jeweils zu bedeutenden Sprüngen nach oben.

Der erste große Anstieg erfolgte zwischen 1978 und 1980, als sich die Ausgaben von 145 Millionen Dollar auf 510 Millionen Dollar mehr als verdreifachten. Dies war zur Zeit der großen Flüchtlingskrisen in Indochina. Der zweite, ebenso bedeutende Anstieg fand zwischen 1990 und 1993 statt, als sich die Ausgaben von 564 Millionen Dollar auf 1,3 Milliarden Dollar mehr als verdoppelten. Diese Zunahme war vor allem durch die großen Rückführungsoperationen zu Beginn des Jahrzehnts und die kostenaufwändigen Hilfseinsätze in Nordirak und im ehemaligen Jugoslawien bedingt. Bis 1998 waren die Ausgaben dann wieder auf 887 Millionen Dollar zurückgegangen, um infolge der Kosovo-Krise 1999 die 1-Milliarde-Dollar-Grenze erneut knapp zu übersteigen. In keinen dieser Zahlen sind Spenden wie Zelte und Medikamente oder Sachleistungen wie logistische Unterstützung oder andere Dienste einbegriffen. Würden diese ebenfalls berücksichtigt, lägen die Zahlen beträchtlich höher.

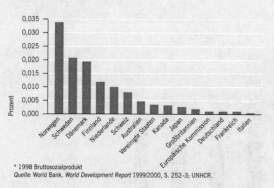

Beiträge der Hauptgeber an UNHCR als Prozentsatz am BSP, 1999 * — Grafik 7.5

* 1998 Bruttosozialprodukt
Quelle: World Bank, *World Development Report* 1999/2000, S. 252–3; UNHCR.

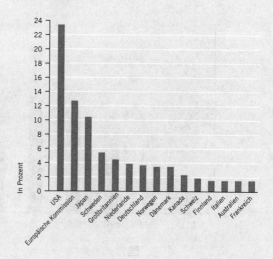

Die 15 größten Geber von UNHCR, 1980 - 1999 — Grafik 7.6

Die Verteilung der UNHCR-Ausgaben in den einzelnen Regionen spiegelt die Veränderungen der geographischen Schwerpunkte und des Umfangs der Einsätze des Amtes wieder. Anfang der sechziger Jahre entfielen mehr als die Hälfte der UNHCR-Ausgaben auf Programme für noch verbliebene europäische Flüchtlinge aus der Zeit des Zweiten Weltkriegs. Weniger als zehn Jahre später machten die Ausgaben in Europa nur noch sieben Prozent des Gesamtetats aus. 1999 führte UNHCR in mehr als 100 Ländern Programme durch. In den neunziger Jahren wendete UNHCR durchschnittlich 40 bis 50 Dollar jährlich pro „erfasste Person" auf. Dies konnten Flüchtlinge, Asylbewerber, Rückkehrer, Binnenvertriebene oder andere Personen sein. Die Pro-Kopf-Ausgaben variierten jedoch erheblich von Region zu Region.

UNHCR hat sich immer vorwiegend durch freiwillig geleistete Beiträge - hauptsächlich von Regierungen - finanziert. In den neunziger Jahren kamen im Durchschnitt weniger als drei Prozent der jährlichen Einnahmen des Amtes aus dem regulären UN-Haushalt. Den größten Teil der staatlichen Beiträge steuert eine kleine Zahl großer Industrieländer bei. Beispielsweise machten 1999 die von Nordamerika, Japan und den westeuropäischen Staaten bereitgestellten Mittel 97 Prozent aller Beiträge an UNHCR aus.

Immer häufiger binden die Geberländer UNHCR zugesagte Mittel je nach ihren nationalen Prioritäten an bestimmte Länder, Programme oder Projekte. 1999 waren nur 20 Prozent der Beiträge nicht gebunden. Dieser Trend verringert beträchtlich die Flexibilität des Amtes, Mittel dort einzusetzen, wo sie am dringendsten gebraucht werden. In demselben Jahr erhielt UNHCR nur knapp über 90 Prozent der angeforderten Mittel für Programme im ehemaligen Jugoslawien und nur etwa 60 Prozent für einige Programme in Afrika. Die internationale Gemeinschaft gab 1999 für jede von UNHCR im ehemaligen Jugoslawien erfasste Person 120 Dollar und damit mehr als dreimal so viel wie die etwa 35 Dollar pro Person, die sie für die Schutzbedürftigen in Westafrika bereitstellte. Selbst wenn man die Kostenunterschiede auf Grund des anderen Klimas berücksichtigt, bleibt die Ungleichheit eklatant.

Wie andere humanitäre Organisationen versucht UNHCR seine Geberbasis zu erweitern. Beispielsweise ermuntert das Amt den privaten Sektor, Mittel für humanitäre Programme zu spenden und sich am Wiederaufbau nach dem Ende von Konflikten zu beteiligen. 1999 erhielt UNHCR vor allem als Reaktion auf die Ereignisse im Kosovo und in Osttimor schätzungsweise 30 Millionen Dollar an Beiträgen von Privatpersonen, Stiftungen, Unternehmen und NGOs. In einigen Fällen haben Unternehmen in Krisen kostenlos ihre Dienste zur Verfügung gestellt. Während der Kosovo-Krise erhielt UNHCR beispielsweise von Microsoft Computerausrüstung und Software zur Registrierung der Flüchtlinge.

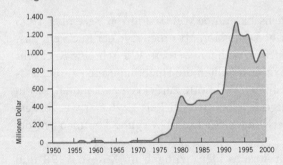

Ausgaben von UNHCR, 1950 - 2000 *   Grafik 7.7

* Einschließlich reguläres Budget der Vereinten Nationen, allgemeine Programme und Sonderprogramme. Veranschlagtes Budget 2000.

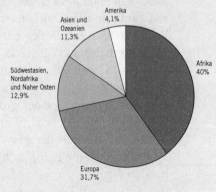

UNHCR-Ausgaben nach Regionen, 1990 - 2000 *   Grafik 7.8

* Ausgaben von 1990 bis 1999 und veranschlagtes Budget für 2000.

Albaner im Hafen von Brindisi in Süditalien. Tausende Albaner flohen Anfang der neunziger Jahre vor den Unruhen in ihrer Heimat. (ASSOCIATED PRESS/1991)

nach dem Ende des Krieges. Das Friedensabkommen von Dayton von Dezember 1995 war kaum unterzeichnet, als eine heftige Diskussion über die Frage der Rückkehr ausbrach. Sollte sie freiwillig erfolgen oder erzwungen werden? Wie sah eine Rückkehr „in Sicherheit und Würde" in der Praxis aus? Sollten die Flüchtlinge auch zurückkehren müssen, wenn sie nicht an ihre früheren Wohnorte zurückkehren konnten, um in einem anderen Teil des Landes neu angesiedelt zu werden? Als 1996 klar wurde, dass es so rasch nicht zu einer großen freiwilligen Rückkehrbewegung kommen würde, nahm der Disput an Schärfe zu.

Beim Ausbruch der gewaltsamen Auseinandersetzungen im Kosovo 1998 und 1999 zögerten die europäischen Regierungen zuerst, das Experiment des vorübergehenden Schutzes zu wiederholen. Sie wollten die Flüchtlingseigenschaft der Asylbewerber aus dem Kosovo wie zuvor während der gesamten neunziger Jahre weiterhin im Einzelfall prüfen. Ab Anfang 1999 stiegen die Flüchtlingszahlen jedoch rasch an, und als am 24. März 1999 die NATO mit der Bombardierung der Bundesrepublik Jugoslawien begann, setzte ein Massenexodus von Kosovo-Albanern nach Albanien und in die ehemalige jugoslawische Republik Mazedonien ein. Angst vor einem neuen unkontrollierbaren Flüchtlingsstrom vom Balkan machte sich breit.

Um für die Flüchtlinge aus dem Kosovo die Grenzen der ehemaligen jugoslawischen Republik Mazedonien und damit die Möglichkeit offen zu halten, Asyl zu beantragen, wurde eine Evakuierung aus humanitären Gründen beschlossen, bei der UNHCR eine führende Rolle spielte. In den Monaten Mai und Juni 1999 wurden etwa 92.000 Kosovo-Albaner aus der ehemaligen jugoslawischen Republik Mazedonien in mehr als zehn verschiedene Aufnahmeländer ausgeflogen. Obwohl die meisten bis zum Ende des Jahres nach Hause zurückgekehrt waren, dürfte dieses besondere Beispiel internationaler Lastenverteilung eher die Ausnahme bleiben, als zur Regel werden.

Der Amsterdamer Vertrag und die weitere Entwicklung

Trotz aufwändiger Grenzkontrollen hat der restriktive Ansatz zu Migration und Asyl das Problem der irregulären Ankunft einer großen Zahl von Migranten in Europa nicht lösen können. Er hat vielmehr dazu geführt, sowohl Migranten als auch Asylsuchende in die Hände von Menschenschmugglern und Schleusern zu treiben, was die Schwierigkeiten der Regierungen erhöht und die Betroffenen häufig in große Gefahr bringt.[20]

In ihrem Bemühen, dieses komplexe Problem besser unter Kontrolle zu bringen, haben die Regierungen der EU-Mitgliedstaaten die Harmonisierung weiter vorangetrieben. Der 1997 unterzeichnete und im Mai 1999 in Kraft getretene Amsterdamer Vertrag ist ein Meilenstein auf dem Weg zu einer einheitlichen Asylpolitik der Europäischen Union. Er sieht vor, Maßnahmen zu ergreifen, sodass innerhalb von fünf Jahren Asylangelegenheiten nicht mehr durch zwischenstaatliche Vereinbarungen der Mitgliedstaaten geregelt werden müssen, sondern die Entwicklung einer Asylpolitik und entsprechende Entscheidungen eindeutig in die Zuständigkeit von Institutionen der Europäischen Union fallen. Diese Entwicklung sollte UNHCR und anderen Organisationen ermöglichen, enger und systematischer als bisher mit den EU-Institutionen zusammenzuarbeiten. Zu diesen zählt auch die Europäische Kommission, die nach dem Vertrag weit reichende Befugnisse hat, Maßnahmen in Richtung auf eine gemeinsame Asylpolitik zu ergreifen.

Die Frustration der Regierungen über ihre Unfähigkeit, die Migration zu kontrollieren, hat andererseits aber auch zu einigen radikalen Vorschlägen geführt. Hier ein Beispiel: In der zweiten Jahreshälfte 1998 wurde ein Papier unter der österreichischen Präsidentschaft der Europäischen Union vorgelegt. In dieser „Migrationsstrategie" wurde nicht nur vorgeschlagen, eine „Verteidigungslinie" zu definieren, um Europa vor illegalen Arbeit oder asylsuchenden Migranten zu schützen, sondern auch gefordert, die Genfer Flüchtlingskonvention zu überarbeiten oder ganz zu ersetzen. Es implizierte, die Konvention sei verantwortlich für die Unfähigkeit der Regierungen, die unerwünschte Migration einzudämmen – ein Zweck, dem sie nie dienen sollte. Heftige Kritik von vielen Seiten an dem Papier führte dazu, dass es wieder zurückgezogen wurde, aber ähnliche Töne waren auch aus anderen Teilen Europas und Staaten wie Australien zu vernehmen.

Im Gegensatz zu diesen Bestrebungen bekräftigten die Staatsoberhäupter und Regierungschefs der Europäischen Union auf einem Treffen im finnischen Tampere im Oktober 1999 ihre „unbedingte Achtung des Rechts auf Asyl", die Notwendigkeit gemeinsamer Politiken, die „denjenigen, die Schutz in der Europäischen Union suchen oder in ihr Gebiet einreisen wollen, Garantien bieten", und ihre Entschlossenheit, „auf ein Gemeinsames Europäisches Asylsystem hinzuwirken, das sich auf die uneingeschränkte und allumfassende Anwendung der Genfer Flüchtlingskonvention stützt".[21] Die europäischen Politiker vereinbaren, eine Reihe von Maßnahmen – von der Definition gemeinsamer Mindestbedingungen für die Aufnahme von Asylsuchenden bis zu subsidiären Formen des Schutzes und vorübergehenden Schutz – zu ergreifen. Dazu zählt auch die Entwicklung eines „umfassenden Migrationskonzepts, in dem die Fragen behandelt werden, die sich in Bezug auf Politik, Menschenrechte und Entwicklung in den Herkunfts- und Transitländern und -regionen stellen." Es stellt sich die Herausforderung, sicherzustellen, dass diese Zusagen verwirklicht werden – ein nicht einfaches Unterfangen angesichts der vielen Maßnahmen, die eben diese Regierungen ergriffen haben, um Asylsuchenden den Zugang zu ihrem Territorium zu verwehren. UNHCR hat die europäischen Staaten aufgefordert, „sicherzustellen, dass Politik und Maßnahmen zur Kontrolle irregulärer Einwanderung die Rechte von Flüchtlingen und Asylbewerbern nicht beeinträchtigen".[22]

Parallel zu diesen Entwicklungen hat der Europarat, dessen Mitglieder über die 15 Staaten der Europäischen Union hinausgehen und die überwiegende Mehrheit der europäischen Staaten umfassen, sich bemüht, die Rechte von Flüchtlingen auf den Status grundlegender Menschenrechte anzuheben. 1991 hatte der Europäische Gerichtshof das Prinzip bekräftigt, dass Asylsuchende nicht in ein Land zurückgeschickt werden

Asylanträge in Industriestaaten, 1980 - 1999 *

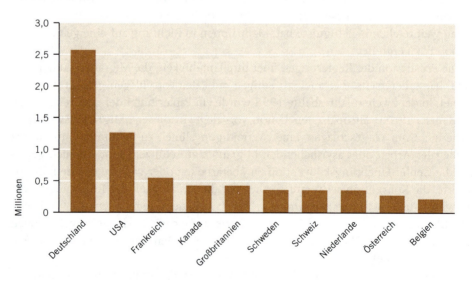

* Die zugrunde liegenden Zahlen für Großbritannien und die USA beinhalten auch gemeinsame Anträge für mehr als eine Person. Für alle anderen Länder betreffen die Anträge jeweils nur eine Person.
Quelle: Regierungen

dürfen, in dem sie der Gefahr ausgesetzt sein könnten, gefoltert oder misshandelt zu werden.[23] Auch wurde klargestellt, dass Bestimmungen der Europäischen Konvention zum Schutz der Menschenrechte und Grundfreiheiten von 1959 zu Fragen wie der Inhaftierung, des Rechts auf ein Familienleben und des Rechts auf wirksamen Rechtsbehelf ebenfalls für Asylbewerber und Flüchtlinge gelten. Die Aktivitäten des Europarats stützen und ergänzen also die der Europäischen Union und erweitern zudem den Geltungsbereich der Rechte von Flüchtlingen und Asylbewerbern auf weite Teile des Kontinents.

Für die zukünftige Entwicklung des Flüchtlingsschutzes in Europa wird darüber hinaus entscheidend sein, inwieweit die Länder in Mittel- und Osteuropa in der Lage sein werden, selbst Schutz zu leisten. In den zehn Jahren seit dem Ende des Kalten Krieges haben viele dieser Länder große Fortschritte beim Aufbau ihrer eigenen Asylsysteme gemacht. Sie sind heute nicht mehr nur Transitländer für Asylsuchende. Beispielsweise verzeichnete Ungarn 1999 mehr Asylanträge als Dänemark und Finnland zusammen.

Am Ende der neunziger Jahre stand Europa erneut an einem Scheideweg. Demographische Entwicklungen könnten dazu führen, dass die Regierungen in den nächsten Jahren der Einwanderung wieder offener gegenüberstehen werden. Nach Ansicht zahlreicher Fachleute werden auf Grund sinkender Geburtenraten und alternder Bevölkerungen in den nächsten 50 Jahren Einwanderer in beträchtlicher Zahl benötigt, um das Verhältnis der Empfänger von Altersbezügen zur arbeitenden Bevölkerung auch nur auf dem derzeitigen Stand zu halten. In einem jüngst vorgelegten Bericht der

Asylanträge pro 1.000 Einwohner in wichtigen Industriestaaten, 1999 * **Grafik 7.10**

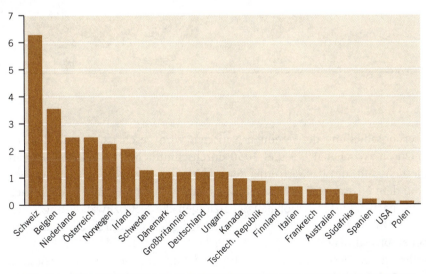

* Die zugrunde liegenden Zahlen für Großbritannien und die USA beinhalten auch gemeinsame Anträge für mehr als eine Person. Für alle anderen Länder betreffen die Anträge jeweils nur eine Person. Berücksichtigt wurden Industrieländer, in denen 1999 mindestens 2.500 Asylanträge gestellt wurden. Einzelheiten und Erläuterungen siehe Anhang 10.

Zur Lage der Flüchtlinge in der Welt

Politische Karte von Europa, 1999 Karte 7.1

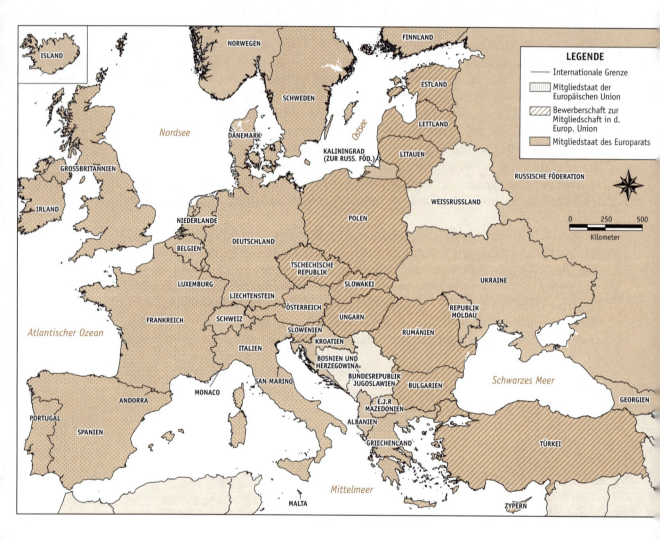

Bevölkerungsabteilung der Vereinten Nationen wird geschätzt, dass in der Europäischen Union zwischen 1995 und 2050 durchschnittlich 1,4 Millionen Einwanderer erforderlich sind, um das Verhältnis der arbeitenden zur nicht arbeitenden Bevölkerung auf dem Niveau von 1995 konstant zu halten. In dem Bericht ist auch nachzulesen, dass nach jüngsten nationalen Schätzungen die Nettozuwanderung in die Europäische Union zwischen 1990 und 1998 lediglich bei durchschnittlich 857.000 Menschen pro Jahr lag.[24]

Sollten die Regierungen auf diese Umstände mit einer Lockerung der Bestimmungen für die rechtmäßige Einwanderung reagieren, würde dies vielleicht den Druck auf das Asylsystem verringern, und es ließe sich wieder mehr Unterstützung für die Institution des Asyls in der Öffentlichkeit und bei den Politikern erwirken. Es kann allerdings auch nicht ausgeschlossen werden, dass ganz im Gegenteil die irreguläre Migration zunehmen würde. Dennoch lässt sich feststellen: Bei beschränkten legalen Zuwanderungsmöglichkeiten werden sowohl Asylsuchende als auch Migranten weiterhin das Asylverfahren anstreben. Die Institution des Asyls bleibt so unter Druck. Der weiteren Entwicklung der Migrationsdiskussion dürfte somit ein entscheidender Einfluss auf die Zukunft des Flüchtlingsschutzes in Europa zukommen.

Weiterwanderung und Asyl in Nordamerika

Im Gegensatz zu den Ländern Europas sind die USA und Kanada traditionelle Einwanderungsländer. Als solche sind sie es gewöhnt, den Zuzug von Neuankömmlingen zu planen und sie in ihre Gesellschaften zu integrieren. Flüchtlinge gelten seit langem als eine Gruppe von Einwanderern. Viele Flüchtlinge und Vertriebene aus der Zeit des Zweiten Weltkriegs haben in Nordamerika im Rahmen langfristiger Einwanderungsprogramme eine neue Heimat gefunden. Beide Staaten haben genau definiert, wie viele Flüchtlinge sie ins Land lassen wollten, und in beiden arbeiten die Regierung und Wohlfahrtsorganisationen bei der Aufnahme von Flüchtlingen eng zusammen.

Während des Kalten Krieges haben sowohl die USA als auch Kanada bevorzugt Flüchtlinge aus dem kommunistischen Machtbereich aufgenommen. Wegen ihrer isolierten Lage, geschützt durch den Pazifik und den Atlantik, trafen erst seit den achtziger Jahren Asylbewerber – im Gegensatz zu den aus Erstasylländern ausgewählten Flüchtlingen – auf eigene Faust und in größerer Zahl in Nordamerika ein. Die für die Bearbeitung weniger individueller Asylanträge ausgelegten Systeme waren dem Andrang nicht gewachsen, sodass von vielen Seiten Änderungen gefordert wurden. Im Gegensatz zu den Ländern in Europa haben sich die USA und Kanada lange schwer getan, den richtigen Mittelweg zwischen Flüchtlingsschutz und Einwanderungskontrolle zu finden, der auch dem Wunsch nach einem ausgewogenen Verhältnis von wiederangesiedelten Flüchtlingen zu Einwanderern genügt.

Die Politik der Vereinigten Staaten gegenüber Flüchtlingen während des Kalten Krieges

Zwischen 1975 und 1999 ermöglichten die Vereinigten Staaten mehr als zwei Millionen Flüchtlingen, sich auf Dauer in ihrem Land niederzulassen – darunter etwa 1,3 Millionen Indochinesen. Sie nahmen in dieser Zeit mehr Flüchtlinge zur dauerhaften Ansiedlung aus Erstasylländern auf als alle anderen Staaten zusammengenommen. Während des gesamten Kalten Krieges garantierte der Stellenwert der Aufnahme von Flüchtlingen aus dem kommunistischen Machtbereich europäischen Flüchtlingen einen freundlichen Empfang. Obwohl die USA einer der wichtigsten Geber von UNHCR sind, haben sie nie die Genfer Flüchtlingskonvention unterzeichnet. Allerdings traten die USA 1968 dem zugehörigen Protokoll über die Rechtsstellung der Flüchtlinge von 1967 bei. Ab dem Ende der fünfziger Jahre definierte das amerikanische Recht einen Flüchtling als eine Person, die vor dem Kommunismus oder aus dem Nahen Osten geflohen war. Die Flüchtlingspolitik wurde fast ausschließlich von außenpolitischen Interessen diktiert.[25] Personen, die die genannten Kriterien erfüllten, erhielten demzufolge garantiert Schutz in den Vereinigten Staaten, während anderen dieser Schutz nicht in gleichem Maße zuteil wurde.

Ab Mitte der siebziger Jahre begannen die USA mit der dauerhaften Ansiedlung sehr vieler vietnamesischer Flüchtlinge aus Erstasylländern. Die Motive für dieses Weiterwanderungsprogramm waren ein Pflichtgefühl gegenüber ihren Verbündeten in Südostasien und die Furcht vor der Destabilisierung der verbliebenen nicht kommunistischen Staaten in der Region durch die Flüchtlingsströme. Wenn ein außenpolitisches Interesse bestand, nahmen die Vereinigten Staaten darüber hinaus Menschen unmittelbar aus ihrem Herkunftsland als Flüchtlinge auf. Dieses Verfahren wurde beispielsweise benutzt, um Juden und Dissidenten aus der Sowjetunion, Menschen, die dem Regime von Nicolae Ceauèescu in Rumänien oder Fidel Castro in Kuba zu entkommen suchten, sowie Teilnehmer an dem von UNHCR finanzierten Programm zur ordnungsgemäßen Ausreise von Vietnamesen die Einreise in die USA zu ermöglichen.

Ende der siebziger Jahre schlossen sich Kongressabgeordnete mit Interessenvertretern von Flüchtlingen aus NGOs zusammen, um eine Reform der amerikanischen Flüchtlingspolitik herbeizuführen. Die Regierung von Präsident Jimmy Carter wollte die Förderung der Menschenrechte zum zentralen Element ihrer Außenpolitik machen und reagierte deshalb positiv. 1979 wurde das neue Amt des Koordinators der Vereinigten Staaten für Flüchtlingsangelegenheiten (*Office of the United States Coordinator for Refugee Affairs*) geschaffen. Im darauf folgenden Jahr wurden in das Flüchtlingsgesetz von 1980 die Flüchtlingsdefinition der Genfer Flüchtlingskonvention übernommen und ein vorgeschriebenes Asylverfahren eingeführt. Das neue Gesetz nahm der Regierung jedoch nicht ganz den Einfluss auf die Flüchtlingspolitik. Die Exekutive behielt ihr gegenüber weit reichende Befugnisse. Dadurch wurde die Flüchtlingspolitik häufig für Ziele der Außenpolitik eingespannt.

Ein typisches Beispiel sind die Asylsuchenden aus El Salvador und Guatemala in den achtziger Jahren. Die Vereinigten Staaten lehnten die überwältigende Mehrheit der Anträge von Asylbewerbern aus diesen beiden Ländern ab. Gleichzeitig nahmen sie jedoch eine große Zahl von Nicaraguanern auf, die vor der linksgerichteten sandinistischen Regierung geflohen waren. Amerikanische Behördenvertreter behaupteten, die Salvadorianer und Guatemalteken würden nicht diskriminiert. Sie würden nur nicht als Flüchtlinge anerkannt, weil sie ihr Herkunftsland aus wirtschaftlichen Gründen verlassen hätten bzw. keine (potenziellen) Opfer individueller Verfolgung seien. Interessenvertreter von Flüchtlingen waren hingegen der Ansicht, die Verweigerung des Asyls sei darauf zurückzuführen, dass die Betroffenen vor rechtsgerichteten Regierungen geflohen waren, die von den USA unterstützt wurden. 1985 verklagten Gruppen, die für die Interessen von Flüchtlingen eintraten, die amerikanische Regierung wegen ihrer Behandlung der salvadorianischen und guatemaltekischen Asylbewerber und behaupteten, die Prüfung der Anträge würde nicht unvoreingenommen erfolgen. 1990 stimmte die Regierung einem Vergleich zu. Sie versprach, alle zwischen 1980 und 1990 abgelehnten Anträge von Asylbewerbern aus diesen beiden Ländern neu zu prüfen.[26]

Im Hinblick auf die unterschiedliche Behandlung von Asylbewerbern aus Haiti und Kuba wurden ähnliche Vorwürfe laut. Die ersten 25 Jahre nach der Machtergreifung von Fidel Castro in Kuba hatten die USA gegenüber Asylbewerbern aus Kuba eine Politik der offenen Tür verfolgt. Diese Politik geriet 1980 ernsthaft unter Druck, als Castro die Ausreisebeschränkungen lockerte und mehr als 125.000 Kubaner (einschließlich 8.000 verurteilten Kriminellen und Psychiatriepatienten) sich mit Booten nach Florida aufmachten. Trotz der resultierenden Kontroverse wurden den meisten erlaubt, in den USA zu bleiben. Um die gleiche Zeit wurden jedoch haitianische Asylsuchende auf offener See aufgebracht, ihnen wurde Asyl in den Vereinigten Staaten verwehrt. Man schickte sie zurück nach Haiti [siehe Kasten 7.2]. Während die Regierung auch in diesem Fall behauptete, viele Haitianer würden aus wirtschaftlichen Gründen fliehen, kritisierten Interessenvertreter von Flüchtlingen das Vorgehen der Behörden.

Nach dem Zusammenbruch der Sowjetunion, des wichtigsten Alliierten Kubas, im Jahre 1991 wollten immer mehr Kubaner die Insel verlassen. Angesichts der sich verschlechternden wirtschaftlichen und sozialen Bedingungen stieg die Zahl jener weiter

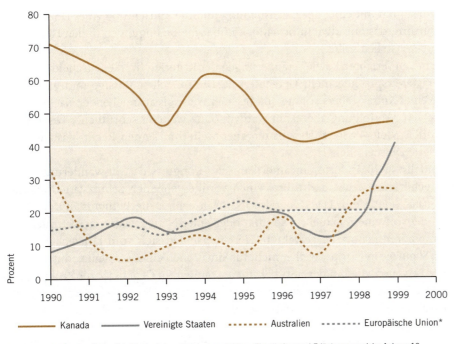

Anteil der Asylbewerber, die als Flüchtlinge anerkannt wurden oder denen ein Bleiberecht aus humanitären Gründen gewährt wurde, 1990 - 2000

Grafik 7.11

* Zahlen von 1999 ohne Österreich, Frankreich und Luxemburg. Weitere Einzelheiten und Erläuterungen siehe Anhang 10.

an, die versuchten, die Vereinigten Staaten zu erreichen,. Während sich dort die Stimmung immer mehr gegen Einwanderer richtete, begann Anfang der neunziger Jahre ein neuer Exodus aus Kuba. Mitte 1994 brachte die amerikanische Küstenwache mehr als 35.000 Bootsflüchtlinge auf. Die Regierung von Präsident Bill Clinton beschloss, den Kubanern den Zugang zum amerikanischen Territorium zu verwehren und sie auf dem amerikanischen Marinestützpunkt Guantánamo auf Kuba und an anderen Orten in der Region zu internieren. Um den Flüchtlingsstrom zu unterbinden, schloss die amerikanische Regierung im September 1994 ein umstrittenes Abkommen mit Kuba, in dem Kuba von der bisher verfolgten Politik abwich, nach der kubanische Staatsangehörige eine Ausreisegenehmigung benötigten, die die staatlichen Behörden nach ihrem Ermessen erteilen oder verwehren konnten.[27] Die amerikanische Regierung sagte im Gegenzug zu, jedes Jahr 20.000 Kubaner über andere Einwanderungskanäle ins Land zu lassen.

Neuere Entwicklungen in der Gesetzgebung und der Praxis der Vereinigten Staaten

Anfang der neunziger Jahre führte die amerikanische Einwanderungs- und Einbürgerungsbehörde ein neues Verfahren zur Entscheidung über Asylanträge ein. Zuvor war bemängelt worden, dass die Entscheide häufig von Einwanderungsbeamten getroffen wurden, die keine Ausbildung im Flüchtlingsrecht und in Befragungstechniken hatten und sich häufig mehr an von außenpolitischen Erwägungen diktierten Empfehlungen des amerikanischen Außenministeriums als an den Aussagen der Antragsteller und geltenden Bestimmungen orientierten. Die Reformen umfassten die Bildung eines Korps von Asylbeamten mit einer Spezialausbildung und die Einrichtung eines Dokumentationszentrums, das objektive Informationen über die Bedingungen in den Herkunftsländern bereitstellen sollte.

Die neuen Verfahren sowie Veränderungen der Kriterien für die Entscheidung über Asylanträge versprachen mehr Gerechtigkeit. Die in sich schlüssige und glaubhafte Aussage eines Antragstellers konnte nun beispielsweise als ausreichender Nachweis für die Furcht vor Verfolgung anerkannt werden, ohne weiterer schriftlicher Bestätigung zu bedürfen. Viele Asylbewerber hatten aber weiterhin keinen Rechtsbeistand oder qualifizierte Dolmetscher.[28]

Ebenfalls 1990 änderte der amerikanische Kongress das Einwanderungs- und Staatsangehörigkeitsrecht und führte einen vorübergehenden Schutzstatus (*temporary protected status* – TPS) ein. Der Generalstaatsanwalt erhielt die Befugnis, Bürgern von Staaten, die von einem aktuellen Konflikt oder einer Naturkatastrophe betroffen waren, temporären Schutz zu gewähren. TPS unterschied sich vom Konzept des temporären Schutzes in Europa, weil er nicht für Situationen eines Massenexodus vorgesehen war. Personen, die ihn gewährt bekamen, konnten im Gegensatz zur Rechtslage in einigen europäischen Ländern dennoch Asyl beantragen. TPS umfasste eine Arbeitserlaubnis und ein Abschiebungsverbot. Der neue Status bedeutete, dass Menschen zumindest zeitweilig Zuflucht in den USA finden konnten, die früher in eine für sie möglicherweise gefährliche Situation zurückgeschickt worden wären. Manche Beob-

Kasten 7.4 Haitianische Asylsuchende

Offiziellen amerikanischen Statistiken zufolge wurden zwischen 1981 und 1991 mehr als 22.000 Haitianer auf See abgefangen. Nur 28 Prozent von ihnen wurde gestattet, in den USA einen Asylantrag zu stellen.

UNHCR, andere humanitäre Organisationen und Interessengruppen haben wiederholt darauf aufmerksam gemacht: Die Praxis der USA, haitianische Asylsuchende auf dem offenen Meer abzufangen und sie zurückzuführen, ohne in geeigneten Verfahren zu prüfen, ob die Betroffenen in ihrer Heimat Verfolgung zu befürchten haben, ist nicht mit dem Artikel 33 der Genfer Flüchtlingskonvention (*Non-refoulement*) zu vereinbaren. Anfang der neunziger Jahre klagten Interessengruppen in den USA vor Bundesgerichten gegen die Abfangpraxis der Regierung. Die Klage wurde in der Berufung an das höchste amerikanische Gericht, den Obersten Gerichtshof, verwiesen. Dieser entschied 1993, die Verpflichtungen der USA gemäß Artikel 33 würden nicht außerhalb des amerikanischen Territoriums gelten.[v] Im Widerspruch dazu vertritt UNHCR nach wie vor die Position, dass das Prinzip des *Non-refoulement* für staatliches Vorgehen überall auf der Welt gilt.[vi] 1997 widersprach die Inter-Amerikanische Menschenrechtskommission der Organisation der Amerikanischen Staaten der Position des Obersten US-Gerichtshofs. Sie befand, die Garantien nach Artikel 33 hätten auch außerhalb der Grenzen eines Landes Bestand.[vii]

Nach Einschätzung mancher Beobachter hat das Vorgehen der US-Regierung gegen die Haitianer weltweit dazu beigetragen, die Institution des Asyls zu untergraben. Wenn die reichste Nation auf der Welt Asylsuchende zurückweisen kann, sollten ihrer Meinung zufolge arme Nationen, die einen großen Flüchtlingszustrom wesentlich schlechter bewältigen können, dies ebenfalls tun können. Als in den achtziger Jahren die USA die Bemühungen von UNHCR unterstützten, die Zurückweisung vietnamesischer Boatpeople durch Länder in Südostasien zu verhindern, argumentierte mindestens eine der in die Kritik geratenen Regierungen, sie würde gegen die Boatpeople nicht anders vorgehen als die USA gegen die Haitianer.

Zweierlei Maß

In den sechziger und siebziger Jahren behandelten die amerikanischen Behörden Asylsuchende aus Kuba und Haiti sehr unterschiedlich. Kritiker warfen der amerikanischen Regierung vor, sie würde die Kubaner als Flüchtlinge behandeln, weil sie vor einem kommunistischen Regime flohen, während sie die Haitianer trotz offenkundiger Belege für verbreitete Verfolgung in Haiti als Wirtschaftsmigranten einstufen würde. Amerikanische Politiker schwarzer Hautfarbe weisen häufig darauf hin, dass es sich bei den eintreffenden Kubanern überwiegend um Weiße, bei den Haitianern dagegen in der Mehrzahl um Schwarze handelte.

Haiti wurde 30 Jahre lang von zwei brutalen Diktatoren beherrscht: zuerst zwischen 1957 und 1971 von François Duvalier, genannt „Papa Doc", und zwischen 1971 und 1986 von dessen Sohn Jean-Claude Duvalier. Der erste gewählte Präsident des Landes, der ehemalige Seelsorger Jean-Bertrand Aristide, trat im Februar 1991 sein Amt an. Er wurde jedoch schon sieben Monate später durch einen Militärputsch gestürzt. Im Juli 1993 sagten die Armeeführer auf internationalen Druck und wegen der gegen das Land verhängten Sanktionen zu, zurückzutreten. Sie blieben jedoch Ende 1994 an der Macht, als die USA intervenierten und die Regierung Aristide wieder einsetzten.

Die ersten Haitianer auf der Flucht vor Unterdrückung, verbreiteten Menschenrechtsverletzungen und sich verschlechternden wirtschaftlichen Bedingungen trafen Anfang der siebziger Jahre in Booten an der Küste Floridas ein. Viele suchten Asyl, obwohl die meisten Anträge abgelehnt wurden. Andere tauchten in der wachsenden haitianischen Gemeinschaft in Miami unter.

1978 begann die amerikanische Regierung das so genannte „Haitianische Programm", mit dem die Einreise haitianischer Asylsuchender und Migranten verhindert werden sollte. Für Kritiker war es ein Programm, dass Haitianern eine faire Anhörung verwehrte und ihre beschleunigte Abschiebung ermöglichte. In der Tat setzten die amerikanischen Gerichte dem Programm 1979 ein Ende und ordneten neue Anhörungen bereits abgelehnter haitianischer Asylbewerber an.

Die Zahl der in Booten eintreffenden Haitianer stieg 1979 und nahm 1980 noch einmal drastisch zu. In jenem Jahr kamen auch mehr als 125.000 Kubaner in die USA. In der unmittelbaren Folgezeit wurde auf die amerikanische Regierung Druck ausgeübt, Haitianer und Kubaner gleich zu behandeln. Die haitianischen Ankömmlinge erhielten einen besonderen Status. Dieser umfasste ein Bleiberecht, während ihre Flüchtlingseigenschaft geprüft wurde. Die Möglichkeit, eine Daueraufenthaltsgenehmigung zu beantragen, wurde ihnen jedoch im Gegensatz zu den Kubanern verwehrt.

Das „Abfangprogramm"

Ende 1981 ergriff die neue Regierung von Präsident Ronald Reagan eine Reihe von Maßnahmen, die den Weg dafür ebneten, Haitianer auf dem offenen Meer abzufangen. Die amerikanische Regierung vereinbarte mit den haitianischen Behörden in Port-au-Prince, illegal ausgereiste Haitianer zurückzuführen. Präsident Reagan befahl der amerikanischen Küstenwache, Schiffe aufzubringen, die Ausländer ohne Visum in die USA bringen könnten. Kam die Küstenwache zu dem Schluss, die Passagiere würden versuchen, ohne Visum aus einem Land einzureisen, mit dem die USA ein Rückübernahmeabkommen geschlossen hatten, sollten die Betroffenen dorthin zurückgebracht werden. Haiti war damals das einzige Land, mit dem ein solches Abkommen bestand.

Die Reagan-Regierung wies die Küstenwache an, keine Personen zurückzuführen, bei denen es sich um Flüchtlinge handeln könnte. Die an Bord der Schiffe durchgeführten Verfahren machten es jedoch extrem schwierig, eine Einreisegenehmigung für die USA zu erhalten, um dort Asyl beantragen zu können.

Nach dem Putsch und dem Sturz von Präsident Aristide im September 1991 setzten die USA ihr „Abfangprogramm" vorübergehend aus. Einen Monat später wurde es wieder aufgenommen; abgefangene Haitianer wurden nun jedoch nicht mehr nach Haiti zurückgeführt, sondern zur Überprüfung auf den amerikanischen Marinestützpunkt Guantánamo auf Kuba gebracht. Nach den Angaben mancher amerikanischer NGOs und mindestens eines amerikanischen Bundesrichters waren die Haitianer auf dem Stützpunkt in Guantánamo unter gefängnisähnlichen Bedingungen untergebracht.[viii] Statistiken der amerikanischen Regierung zufolge wurde etwa 10.500 der 34.000 nach dem Putsch abgefangenen Haitianern eine glaubhafte Furcht vor Verfolgung

attestiert. Sie durften in die USA einreisen, um dort Asyl zu beantragen. Obwohl nur einer Minderheit tatsächlich später Asyl gewährt wurde, konnten die meisten schließlich in den USA bleiben.

Im Mai 1992 ordnete Präsident Bush erneut an, alle abgefangenen Haitianer nach Haiti zurückzuführen, und zwar diesmal sogar ohne die vorher durchgeführte oberflächliche Prüfung der Flüchtlingseigenschaft. Obwohl Bill Clinton das Vorgehen Bushs im Wahlkampf um das Präsidentenamt als „grausam" kritisierte, behielt er die Praxis nach seiner Wahl bei. Sie brachte die Haitianer jedoch nicht davon ab, die Flucht zu versuchen, sodass die Küstenwache auch 1992 wiederum 31.400 Haitianer auf offener See abfing. Die Zahl sank im darauf folgenden Jahr auf 2.400, stieg 1994 erneut drastisch auf 25.000 an und ging danach auf durchschnittlich 1.150 für die nächsten fünf Jahre zurück.

Im Juni 1994 führte Präsident Clinton ein neues Verfahren für abgefangene Haitianer ein, das allerdings nur kurze Zeit Bestand haben sollte. Die USA führten an Bord der vor der Küste Jamaikas ankernden *Comfort*, eines Schiffs der amerikanischen Marine mit zivilem Personal, ein vollständiges Verfahren zur Prüfung der Flüchtlingseigenschaft durch. Haitianer, die als Flüchtlinge anerkannt wurden, konnten sich in den USA niederlassen. Nach Ablehnung folgte die Rückführung nach Haiti. Der Anteil der auf der *Comfort* geprüften und anerkannten Asylbewerber war außergewöhnlich hoch. Die Zahl der abgefangenen und auf die Prüfung ihrer Flüchtlingseigenschaft wartenden Haitianer nahm jedoch so rasch zu, dass die Amerikaner die Verfahren an Bord der *Comfort* wieder einstellten. Die noch auf dem Schiff befindlichen und alle neu abgefangenen Haitianer wurden nach Guantánamo gebracht. Die amerikanischen Behörden teilten

ihnen mit, sie könnten dort bleiben, solange sie nicht in Sicherheit nach Haiti zurückkehren könnten, aber niemandem würde die Einreise in die USA gestattet. Insgesamt brachte die Küstenwache damals 21.000 Haitianer nach Guantánamo. Die meisten von ihnen wurden zurückgeführt; einige wenige durften jedoch auch in die USA einreisen.

Im September 1994 landeten multinationale Truppen unter amerikanischem Kommando in Haiti, und die haitianische Militärjunta trat endlich zurück. Präsident Aristide kehrte nach Haiti zurück - gefolgt von der Mehrzahl der Haitianer in Guantánamo, die praktisch unmittelbar darauf freiwillig nach Haiti zurück wollten. Im Dezember teilte die amerikanische Regierung den noch in Guantánamo verbliebenen 4.500 Haitianern mit, sie könnten jetzt in Sicherheit in ihre Heimat zurückkehren. 500 gingen freiwillig zurück, die 4.000, die sich weigerten, wurden gegen ihren Willen zurückgebracht.

Im Oktober 1998 verabschiedete der amerikanische Kongress ein Gesetz über faire Einwanderungsmöglichkeiten für haitianische Flüchtlinge. Es ermöglichte Haitianern, die vor dem 31. Dezember 1995 in den USA eingetroffen waren und die vor diesem Datum einen Asylantrag gestellt hatten, eine Daueraufenthaltsgenehmigung zu beantragen. Die Praxis, Haitianer auf offener See abzufangen, wird jedoch fortgesetzt. Sie verhindert weiterhin, dass die meisten Menschen, die Haiti mit Booten verlassen, die amerikanische Küste je erreichen.

achter befürchteten jedoch, er könnte dazu benutzt werden, Menschen aus bestimmten Ländern die volle Rechtsstellung von Flüchtlingen zu verwehren, oder sich negativ auf den Umstand auswirken, dass der von den USA gewährte Schutz traditionell zeitlich nicht begrenzt war. In der Vergangenheit erhielten praktisch alle Personen, denen die USA Asyl gewährten oder die Ansiedlung ermöglichten, ein Daueraufenthaltsrecht und später die Staatsangehörigkeit.

Anfang der neunziger Jahre machten sich in den Vereinigten Staaten gegen Einwanderer gerichtete Stimmungen breit, die zum Teil auf die sich verschlechternde Konjunktur und die Zunahme der Zahl der illegalen Migranten auf Arbeitsuche zurückzuführen waren. Gleichzeitig stieg die Zahl der in den USA gestellten Asylanträge wie in anderen Industrieländern beträchtlich an, und zwar von 20.000 im Jahre 1985 auf 148.000 zehn Jahre später. Dazu zählten sowohl berechtigte Anträge als auch Anträge von Personen, die auf der Suche nach alternativen Einwanderungsmöglichkeiten waren. Konservative Politiker, die einer hohen Einwanderungsrate ablehnend gegenüberstanden, schürten die Befürchtungen in der Öffentlichkeit, indem sie Einwanderer und Flüchtlinge für eine Vielzahl wirtschaftlicher und sozialer Probleme verantwortlich machten.

Das gegen Einwanderer gerichtete Klima zeigte sich in einer 1994 in Kalifornien geführten öffentlichen Debatte über den so genannten „Antrag 187", nach dem illegal eingereisten Migranten praktisch der Anspruch auf soziale Leistungen gestrichen und ihre Kinder vom öffentlichen Bildungswesen ausgeschlossen werden sollten. Obwohl der Antrag 187 illegal eingereiste Migranten und nicht Flüchtlinge betraf, löste er eine landesweite Diskussion über die Einwanderung im Allgemeinen aus. Der Antrag wurde angenommen, obwohl Amtsgerichte später die meisten der dort enthaltenen Bestimmungen für verfassungswidrig erklärten.

Zwei Jahre später verabschiedete der Kongress das Gesetz über die Reform der illegalen Einwanderung und die Verantwortung von Einwanderern (*Illegal Immigration Reform and Immigrant Responsibility Act* – IIRIRA). Es sollte primär die illegale Einwanderung und den Missbrauch des Asylverfahrens begrenzen, führte im Endeffekt jedoch zu umfassenden Veränderungen der Art und Weise, wie die amerikanische Regierung Asylbewerber behandelte und welche Rechte sie ihnen zugestand.[29] Es erlaube u.a. eine „beschleunigte Abschiebung". Einwanderungsbeamte können danach anordnen, dass Personen, die in den USA ohne gültiges Einreisevisum eintreffen „ohne weitere Anhörung oder Prüfung" abgeschoben werden können. Davon ausgenommen sind Personen, die beabsichtigen, Asyl zu beantragen. Dann muss der Einwanderungsbeamte den Fall an einen Asylbeamten weitergeben. Kommt der Asylbeamte zu dem Schluss, die betreffende Person habe eine „glaubhafte Furcht" vor Verfolgung, wird ihr gestattet, Asyl zu beantragen. Kann sie gegenüber dem Asylbeamten oder bei der späteren Prüfung gegenüber einem Einwanderungsrichter „glaubhafte Furcht" nicht nachweisen, kann sie abgeschoben werden. Mit dem Gesetz von 1996 wurde somit ein neuer Rechtsmaßstab geschaffen, anhand dessen beurteilt wird, ob an den Grenzen der Vereinigten Staaten eintreffende Asylsuchende zum Asylverfahren zugelassen werden.[30]

Das Gesetz von 1996 schloss darüber hinaus bestimmte Personengruppen vom Asylverfahren aus. Interessenvertreter waren insbesondere darüber besorgt, dass dies für alle Personen galt, die wegen „schwerer Verbrechen" verurteilt worden waren. Da das Gesetz sogar Straftaten als „schwere Verbrechen" auflistet, die nach amerikanischem Strafrecht nicht einmal zwingend als „Verbrechen" gelten müssen, können selbst Jahre zuvor begangene kleinere Straftaten wie Ladendiebstahl den Ausschluss vom Asylverfahren bedeuten. UNHCR und andere Gruppen haben gefordert, dass die Art der begangenen Straftat und die von der betreffenden Person ausgehende potenzielle Bedrohung der Bevölkerung im Asylland stets gegen die Schwere der befürchteten Verfolgung im Herkunftsland abgewägt werden müssen.

Das neue Gesetz legte auch fest, Asylbewerber für die Dauer des Prüfverfahrens auf die Zulassung zum Asylverfahren in Haft zu nehmen. Weil die Hafteinrichtungen der Einwanderungs- und Einbürgerungsbehörde zur Unterbringung der beträchtlich gestiegenen Zahl von Inhaftierten nicht mehr ausreichten, wurden viele Asylsuchende zusammen mit gewöhnlichen Straftätern in Gefängnissen untergebracht. Schließlich erweiterte das Gesetz die Flüchtlingsdefinition auf Personen, die vor gesetzlich vorgeschriebenen Programmen zur Geburtenkontrolle fliehen.

Wenngleich es auch Ausnahmen zu den drastischeren Bestimmungen des Gesetzes von 1996 gab, warnten UNHCR und andere Organisationen, vor der Gefahr der Aus- oder Zurückweisung von Flüchtlingen, besonders wenn sie zuvor straffällig geworden waren. Asylbewerber waren dann auch zunehmend gezwungen, sich auf die Bestimmungen des Übereinkommens gegen Folter und andere grausame, unmenschliche oder erniedrigende Behandlung oder Strafe von 1984 zu berufen, das 1998 in amerikanisches Recht umgesetzt wurde. Dieses verbietet die Abschiebung einer Person in ein Land, wenn stichhaltige Gründe für die Annahme bestehen, dass sie dort Gefahr liefe, gefoltert zu werden, und nimmt verurteilte Straftäter davon nicht aus. Ende 1999 beriet der Kongress über Änderungen an dem Gesetz von 1996, die einigen Kritikpunkten Rechnung tragen sollte, insbesondere bei der beschleunigten Abschiebung und der Inhaftierung von Asylsuchenden.

Die kanadische Flüchtlingspolitik

Wie die USA ist Kanada ein Land, das auf Einwanderung gründet. Die Aufnahme von Flüchtlingen aus Erstasylländern zur dauerhaften Ansiedlung ist deshalb ein integraler Bestandteil der kanadischen Einwanderungspolitik. Anfänglich konnten nur Menschen europäischer Abstammung nach Kanada einwandern. 1962 wurde dies auf Personen aller Nationalitäten ausgeweitet. Damit eröffneten sich neue Möglichkeiten für die dauerhafte Ansiedlung von Flüchtlingen in Kanada.

Zwischen dem Ende des Zweiten Weltkriegs und den frühen siebziger Jahren nahm Kanada eine beträchtliche Zahl von Flüchtlingen auf. Dazu zählten aus Europa stammende Menschen nach 1945, ungarische Flüchtlinge, die 1956/57 ihr Herkunftsland verlassen hatten, und tschechische Flüchtlinge 1968. 1972 nahm Kanada mehr als 6.000 von Präsident Idi Amin vertriebene Asiaten aus Uganda auf und nach dem Putsch in Chile 1973 eine ähnlich große Zahl chilenischer Flüchtlinge. Hinzu kamen weitere Flüchtlinge, die situationsbedingt auf individueller Grundlage aufgenommen wurden. In den zwei Jahrzehnten nach 1975 ermöglichte Kanada dann mehr als 200.000 Flüchtlingen aus Indochina die Ansiedlung in dem Land – das zweitgrößte Kontingent nach den USA.

1976 wurde ein neues Einwanderungsgesetz verabschiedet. Es legte ein Verfahren zur Prüfung der Flüchtlingseigenschaft fest und umriss erstmals einen breiten Rahmen für die kanadische Flüchtlingspolitik. Wie in den USA vier Jahre später wurde in dem Gesetz die Flüchtlingsdefinition in der Genfer Flüchtlingskonvention von 1951 in kanadisches Recht übernommen. Es bestätigte Kanadas Engagement für die „Vertriebenen und Verfolgten" und definierte Flüchtlinge als eine separate Personengruppe, die getrennt von Einwanderern ausgewählt und zur Einreise zugelassen werden müssen. Das Gesetz sah auch neue flexible Mechanismen für Kanadier vor, für Flüchtlinge als Bürgen zu fungieren und ihnen auf diese Weise die dauerhafte Ansiedlung in Kanada zu ermöglichen. Es gestattete zudem der Regierung, über die Flüchtlingsdefinition in der Genfer Flüchtlingskonvention hinaus bestimmte Gruppen von Flüchtlingen zu benennen, damit Kanada ihnen zu seinen eigenen Bedingungen helfen konnte.

Während der achtziger Jahre nahm Kanada jedes Jahr durchschnittlich 21.000 Flüchtlinge aus Erstasylländern zur dauerhaften Ansiedlung auf. Diese Zahl umfasste die Flüchtlinge, bei denen die Regierung die Kosten für die Ansiedlung übernahm, sowie diejenigen, bei denen die Kosten von Kirchen und anderen Organisationen getragen wurden. Wie in den USA besteht in Kanada eine außerordentlich gute Zusammenarbeit zwischen staatlichen Behörden und NGOs bei der dauerhaften Ansiedlung von Flüchtlingen. Zwischen 1989 und 1998 sank die Zahl der jährlich zur Ansiedlung zugelassenen Flüchtlinge von 35.000 auf unter 9.000. Wegen des Programms zur humanitären Evakuierung von Flüchtlingen aus dem Kosovo stieg sie 1999 jedoch wieder auf 17.000 an.

Ende der achtziger Jahre erkannte man angesichts des konstanten Zustroms von Asylsuchenden auch, dass das Verfahren zur Prüfung der Flüchtlingseigenschaft reformbedürftig war. Es hatte einen schwer wiegenden Mangel: Zu keinem Zeitpunkt während des Verfahrens erhielt der einzelne Asylbewerber die Möglichkeit, von den Entscheidern angehört zu werden. Der kanadische Oberste Gerichtshof legte dann 1985 in einer Grundsatzentscheidung fest, dass aus Gründen der Gerechtigkeit die Glaubwürdigkeit von Asylbewerbern auf der Grundlage einer Anhörung beurteilt werden musste.[31] Diese Entscheidung führte 1989 zur Bildung einer Einwanderungs- und Flüchtlingsbehörde einschließlich einer Abteilung zur Prüfung der Flüchtlingseigenschaft gemäß der Genfer Flüchtlingskonvention.

Mitverantwortlich für die Bildung der neuen Behörde war aber auch steigender Druck der Öffentlichkeit, besonders nachdem 1986 155 srilankische Asylsuchende vor der Küste Neufundlands aus dem Meer gerettet werden mussten und 1987 ein Schiff mit Sikhs in Nova Scotia eingetroffen war. Die kanadische Regierung wollte eine Umgehung der normalen Einwanderungskanäle verhindern. Sie befürchtete den Missbrauch des liberalen Asylsystems des Landes, besonders angesichts der gleichzeitigen Verschärfung des Asylsystems in den USA.

Seitdem hat die kanadische Regierung andere restriktive Bestimmungen eingeführt. Dennoch hat das Land häufig richtungsweisende Schritte zum Flüchtlingsschutz unternommen. Beispielsweise war Kanada das erste Land, dass ein Schnellverfahren für akut schutzbedürftige Antragsteller einführte – ein Weg, der gerade in ähnlicher Weise auch von Australien beschritten wurde. Zudem veröffentlichte die kanadische Einwanderungs- und Flüchtlingsbehörde 1993 Richtlinien zu Asylbewerberinnen mit Furcht vor geschlechtsbedingter Verfolgung, die weltweit Maßstäbe setzten.

Die Asylpolitik in Australien, Neuseeland und Japan

Wie in den USA und Kanada war die Einwanderung ein konstitutives Element für die Entwicklung Australiens und Neuseelands. Beide Länder waren nach dem Zweiten Weltkrieg wichtige Ziele für Flüchtlinge, vor allem aus Europa. In den 25 Jahren nach 1945 konnten sich mehr als 350.000 Flüchtlinge in Australien niederlassen, nicht eingerechnet tausende andere, die im Rahmen der Familienzusammenführung oder über andere Einwanderungskanäle ins Land kamen. Neuseeland nahm ebenfalls etwa 7.000 Flüchtlinge auf.

Australien gab 1973 seine Einwanderungspolitik mit dem Ziel eines „weißen Australien" auf. Durch die politischen Unruhen in der asiatisch-pazifischen Region treffen seitdem sowohl in Australien als auch in Neuseeland vorwiegend Flüchtlinge aus den dortigen Ländern ein. Ab 1975 nahm Australien das drittgrößte Kontingent von indochinesischen Flüchtlingen nach den USA und Kanada auf. Ihre Zahl belief sich auf mehr als 185.000, von denen weit über die Hälfte vietnamesische Boatpeople waren. In Neuseeland konnten sich in dieser Zeit 13.000 Flüchtlinge ansiedeln. Neben den Flüchtlingen, die im Rahmen offizieller Programme nach Australien einreisen konnte, gab es auch solche, die sich über das Meer von Südvietnam aus aufmachten. Das erste kleine Boot landete 1976, und zahlreiche andere folgten. Es war offensichtlich, dass ein Verfahren zur Bearbeitung von Asylanträgen eingeführt werden musste.

1978 bildete die australische Regierung zum ersten Mal einen Ausschuss zur Prüfung der Rechtsstellung von Flüchtlingen, der über entsprechende Anträge entscheiden sollte. Während der gesamten achtziger Jahre war die Zahl der Antragsteller relativ niedrig. Nach den Ereignissen auf dem Platz des Himmlischen Friedens in Beijing im Jahre 1989 stieg sie jedoch an, weil viele chinesische Studenten, die sich bereits in Australien aufhielten, dort bleiben wollten. 1992 wurde der Asyl-Ausschuss durch ein neues System ersetzt. Eine Abteilung des Ministeriums für Einwanderung und multikulturelle Angelegenheiten entscheidet in erster Instanz über Anträge. Einsprüche gegen ablehnende Entscheide werden vor einem Gericht verhandelt.

Besonders umstritten war von jeher die australische Politik, alle illegal eingereisten Personen in Haft zu nehmen. Eine Ausnahme zu dieser Bestimmung wird auch nicht für Asylbewerber gemacht. Für die Einreise nach Australien gilt die allgemeine Visumpflicht, ausgenommen sind lediglich neuseeländische Staatsangehörige. Viele Ankömmlinge ohne Visum werden in den umstrittenen Lagern in Port Headland, Curtin und Woomera im äußersten Nordwesten des Landes interniert.

Mitte 1999 folgte Australien dem Beispiel anderer Industriestaaten und verabschiedete ein Gesetz über vorübergehenden Schutz. Neue zeitlich begrenzte Visa zur

Gewährung sicherer Zuflucht sollten mehr Flexibilität bei Massenfluchtsituationen ermöglichen. In jenem Jahr wurden auf dieser Grundlage mehrere tausend Kosovo-Albaner und Timoresen aufgenommen. Personen, die diesen vorübergehenden Schutz erhalten, können kein Asyl beantragen, es sei denn, der zuständige Minister entscheidet gegenteilig. Dies hat zur Folge, dass Dauer und Art des Schutzes, den eine Person erhält, nach dem Ermessen des Ministers und nicht in einem überprüfbaren Verfahren festgelegt werden. 1999 trafen zunehmend illegale Neuankömmlinge mit Booten in Australien ein. Die Regierung verabschiedete daraufhin ein neues Gesetz zur Aufnahme und Behandlung illegal in das Land einreisender Asylsuchender. Sie schloss zudem ein „regionales Kooperationsabkommen" mit Indonesien ab. Es sieht vor, dass Staatsangehörige von Drittländern mit Ziel Australien in Indonesien aufgehalten, inhaftiert und auf ihre Flüchtlingseigenschaft geprüft werden können.

Neuseeland ist eines von den knapp über zehn Ländern weltweit mit einem etablierten Weiterwanderungsprogramm von Flüchtlingen aus Erstasylländern. Die jährliche Quote von 750 Plätzen ist auf die Bevölkerungszahl bezogen etwa identisch mit der Kanadas. Die geographische Lage Neuseelands hat bislang die Ankunft einer großen Zahl von Asylsuchenden verhindert. Gleichwohl ist ihre Zahl auch dort in den neunziger Jahren stetig bis auf 3.000 im Jahre 1998 gestiegen.

Von den großen Industriestaaten verzeichnete Japan, das 1981 der Genfer Flüchtlingskonvention beigetreten ist, die weitaus geringste Zahl von Asylanträgen. Durch strikte Kontrollen der Bevölkerungsbewegung und der Einwanderung konnte die ethnische und kulturelle Homogenität des Landes beibehalten werden, auch wenn seit

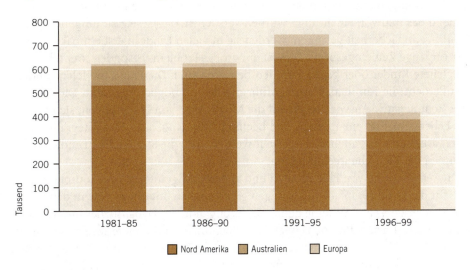

Aus Erstasylländern in Industrieländern angesiedelte Flüchtlinge, 1981 - 1999 *   Grafik 7.12

* Details zu den einzelnen Ländern siehe Anhang 10.
Quelle: Regierungen

1975 mehr als 10.000 indochinesische Flüchtlinge sich auf Dauer ansiedeln konnten oder ein Bleiberecht in Japan erhielten. In den zehn Jahren von 1990 bis 1999 haben nur 1.100 Personen in Japan Asyl beantragt. Eine sehr enge Frist für die Antragstellung und hohe Maßstäbe für den Nachweis der Flüchtlingseigenschaft haben dazu geführt, dass zwischen 1990 und 1997 weniger als vier Prozent dieser geringen Zahl von Antragstellern als Konventionsflüchtlinge anerkannt wurden. 1998/99 wurden mehr Asylentscheide durchgeführt als in den vorangegangenen zehn Jahren und die Anerkennungsquote stieg 1999 auf mehr als sieben Prozent. Gleichzeitig erhielt ein höherer Anteil abgelehnter Asylbewerber ein Bleiberecht aus humanitären Gründen. Außerhalb seiner eigenen Grenzen spiegelt sich das Engagement der japanischen Regierung für Flüchtlinge in seiner umfassenden Unterstützung für die Programme von UNHCR wieder.

Das Asylrecht schützen

Die gesetzlichen Veränderungen an den Asylsystemen in den Industriestaaten zielten in den letzten zwei Jahrzehnten vor allem auf die Eindämmung der irregulären Migration. Sie wurden von einer Reihe neuer Grenzkontrollmaßnahmen begleitet. Zu dieser Entwicklung haben auch Befürchtungen über die massenhafte Anwanderung aus vom Krieg zerrissenen Regionen sowie der Menschenschmuggel und das Schleuserunwesen beigetragen. Zumeist wurde bei diesen Maßnahmen unzureichend berücksichtigt, dass ein Teil der Betroffenen dringend Schutz vor Verfolgung suchen muss. In den Industriestaaten mit ihren ausgefeilten und kostspieligen Rechtssystemen und Grenzkontrollmechanismen das Recht auf Asyl aufrechtzuerhalten, ist eine der großen Aufgaben des 21. Jahrhunderts.

Diese Politik der Abschreckung hat aber auch die bereits unscharfe Trennung zwischen Flüchtlingen und Migranten weiter verwischt. In der Öffentlichkeit herrscht zunehmend das Bild vor, Flüchtlinge würden versuchen, das Gesetz zu umgehen. Wenn Flüchtlinge in Sicherheit gelangen, werden sie in vielen Ländern erst einmal und mitunter für lange Zeit eingesperrt. Dies ist ein großes Problem, besonders wenn hiervon unbegleitete Kinder oder ganze Familien betroffen sind. Die Praxis in vielen Ländern hat außerdem die Familienzusammenführung fast unmöglich gemacht. Dies hat auf kurze Sicht negative Auswirkungen auf die Möglichkeit von Flüchtlingen, sich an ihre neue Lebenssituation anzupassen, und beeinträchtigt langfristig ihre Integrationsaussichten. Deshalb muss auch sichergestellt werden, dass die Staaten die grundlegenden Prinzipien der Menschenrechte achten.

Die Vermischung von Flüchtlingen und anderen Migranten ist ein komplexes Problem, für das es keine einfachen Lösungen gibt. Letztlich unterliegen die in den Industriestaaten entwickelten Systeme den Veränderungen in der Dynamik der internationalen Migration. Dazu zählt auch, wie viele Flüchtlinge und andere Migranten versuchen, in diese Länder zu gelangen, und auf welche Weise sie es tun. Darauf können wiederum Regierungen und internationale Organisationen mit Maßnahmen zur Bekämpfung der Ursachen von Flüchtlingsströmen und Migration Einfluss nehmen.

Nimmt die Ungleichheit zwischen den reichsten und den ärmsten Ländern auf der Welt weiter wie in den letzten 50 Jahren zu, und werden darüber hinaus weniger entwickelte Länder nicht ermutigt und dabei unterstützt, für Flüchtlinge in ihren Regionen Schutz und Unterstützung zu leisten, dann wird die Zahl der Menschen, die in die reichen Länder streben, um dort ein neues Leben zu beginnen, auf einem hohen Niveau bleiben. Regionale Ansätze zu Migration und Asyl, wie sie in Europa verabschiedet bzw. angestrebt werden, sind notwendig. Wenn sie jedoch die globalen Ansätze zur Lösung von Problemen untergraben, können sie sich auch als kontraproduktiv erweisen.

8 Flucht und Vertreibung in der früheren Sowjetunion

Die Auflösung der Sowjetunion führte zu massiven Bevölkerungsbewegungen in den Ländern, die später die Gemeinschaft unabhängiger Staaten (GUS) bildeten. Spannungen zwischen ethnischen Gruppen und ungelöste Konflikte traten wieder zutage und wurden mit verheerenden Konsequenzen ausgetragen.

Mit den neuen Staatsgrenzen befanden sich Millionen Russen und Angehörige anderer Volksgruppen plötzlich außerhalb ihrer „Heimatländer". In dieser Situation versuchten viele der Betroffenen, in diese Länder zurückzukehren, was komplexe Fragen der Staatsangehörigkeit heraufbeschwor. Personengruppen, die in den vierziger Jahren deportiert worden waren, konnten endlich in ihre ursprünglichen Herkunftsgebiete zurückkehren. Zudem waren die Grenzen der ehemaligen Sowjetunion nun für Flüchtlinge und Asylsuchende aus anderen Staaten offen. Man schätzt, dass in den neunziger Jahren aufgrund der politischen Veränderungen bis zu neun Millionen Menschen ihren angestammten Wohnort freiwillig oder unfreiwillig verlassen haben – dies war die größte Bevölkerungsbewegung in der Region seit 1945.[1]

In der ersten Hälfte des Jahrzehnts wurden durch Auseinandersetzungen zwischen ethnischen Gruppen und auf Grund separatistischer Konflikte im Südkaukasus mehrere hunderttausend Menschen entwurzelt. Zu diesen Konflikten zählten der Streit zwischen Armenien und Aserbaidschan um Nagorny-Karabach sowie die Konflikte in den georgischen autonomen Territorien Abchasien und Südossetien. Zur gleichen Zeit zwang der Bürgerkrieg in Tadschikistan mehrere hunderttausend Menschen, ihre Wohnsitze zu verlassen. Auch im Nordkaukasus kam es zu massiven Fluchtbewegungen. 1992 wurden mehrere zehntausend Inguschen aus Nordossetien in das benachbarte Inguschetien vertrieben. In der Folgezeit wurde 1994/95 und später erneut 1999 Tschetschenien zum Schauplatz von Flucht und Vertreibung. Während des gesamten Jahrzehnts strebten darüber hinaus viele Menschen, die sich über Nacht in einem der Nachfolgestaaten der früheren Sowjetunion als „Ausländer" wiederfanden, in Regionen, die sie für sicherer hielten oder an denen sie sich bessere Zukunftsaussichten versprachen. Dies galt vor allem für Russen außerhalb der Russischen Föderation.

Die komplexen Verknüpfungen zwischen Flucht und Vertreibung und Massenmigration traten immer deutlicher zu Tage. Um zur Klärung dieser Fragen beizutragen, organisierte UNHCR im Jahre 1996 gemeinsam mit der Internationalen Organisation für Migration (IOM) und der Organisation für Sicherheit und Zusammenarbeit in Europa (OSZE) eine große internationale Konferenz. In Absprache mit den Regierungen der GUS-Staaten benannten diese Organisationen akute Flucht- und Vertreibungsprobleme, legten eine einheitliche Terminologie fest und entwickelten eine gemeinsame Strategie. Über die bekannten Begriffe wie „Flüchtlinge" und „Binnenvertriebene"

Konflikt um Nagorny-Karabach: Mangels geeigneter Unterkünfte lebten viele vertriebene Aserbaidschaner jahrelang in ausrangierten Eisenbahnwaggons. (UNHCR/A. HOLLMANN/1999)

hinaus wurden neue Termini geprägt, um Betroffene von Bevölkerungsbewegungen kategorisieren zu können, die für die Region spezifisch waren. Zu diesen Begriffen zählten beispielsweise „Angehörige in der Vergangenheit deportierter Völker", „Heimkehrer" und „Personen, die unfreiwillig ihren Wohnsitz aufgegeben haben".

Bei der Entwicklung und Durchführung von Programmen in der Region sah sich UNHCR mit vielen Problemen konfrontiert. Als besonders kompliziertes Einsatzgebiet erwies sich die Russische Föderation – immerhin ein ständiges Mitglied des UN-Sicherheitsrats. Es war eine besonders heikle Situation, nicht zuletzt weil die Sowjetunion UNHCR vorwiegend ablehnend gegenübergestanden hatte. In diesem Kapitel wird beschrieben, wie UNHCR in der Region aktiv wurde und dabei einen umfassenden Ansatz entwickelte, zu dem auch der Ausbau von Kapazitäten und Institutionen gehörte, erzwungene Bevölkerungsbewegungen zu verhindern.

Das sowjetische Vermächtnis

Anfang der zwanziger Jahre trat die Sowjetunion die Nachfolge des ethnisch heterogenen Zarenreichs an. Der große Flüchtlingsstrom aus Russland bewog 1921 den Völkerbund, Fridtjof Nansen zum Hohen Flüchtlingskommissar zu ernennen und ihn mit der Lösung dieses großen Problems zu betrauen. Ein Beauftragter von Nansen untersuchte die Situation von Rückkehrern in Südrussland. Solche Einsätze konnten danach in dieser Region erst wieder gegen Ende der Sowjetunion durchgeführt werden.

Die sowjetischen Machthaber versuchten, Menschen, Völker und die Gesellschaft der allumfassenden kommunistischen Ideologie zu unterwerfen. Die freiwillige oder unfreiwillige Umsiedlung und Vermischung von Völkern wurde ein probates Hilfsmittel auf dem Weg zu einem utopischen Ziel. Mehrere zehn Millionen Menschen wurden entwurzelt. Eine weitere Verschärfung dieser Situation bewirkten die massiven Vertreibungen, die durch den Zweiten Weltkrieg verursacht wurden. Stalins Zwangsumsiedlungen ganzer Nationen in den dreißiger und vierziger Jahren waren klassische Beispiele „ethnischer Säuberungen", lange bevor der Begriff geprägt wurde.[2] Auch seine Nachfolger scheuten um politischer und wirtschaftlicher Ziele willen nicht davor zurück, Bevölkerungsbewegungen auszulösen.

Als in der zweiten Hälfte der achtziger Jahre die politische Kontrolle schrittweise gelockert wurde, bahnten sich die ethnischen und nationalistischen Spannungen und Interessen ihren Weg, die in der Sowjetunion unterdrückt und weitgehend unsichtbar geblieben waren. Die Folge: Die politische Auflösung der Sowjetunion wurde von der Geschlossenheit der Völkergruppen und unüberhörbaren Souveränitätsansprüchen in umstrittenen Gebieten begleitet.[3]

Eines der ersten Anzeichen, dass Moskau die Kontrolle zu entgleiten begann, war der Ausbruch des Konflikts zwischen Armenien und Aserbaidschan um die Enklave Nagorny-Karabach Anfang 1988. Das Gebiet liegt auf aserbaidschanischem Territorium, wird aber von einer armenischen Bevölkerungsmehrheit bewohnt, die den Anschluss an Armenien anstrebt. Durch die Flucht von Armeniern aus Aserbaidschan und

Massendeportationen in der Sowjetunion in den vierziger Jahren

Grafik 8.1

Polen/Juden (1940/41)	380.000
Wolgadeutsche (September 1941)	366.000
Tschetschenen (Februar 1944)	362.000
Mescheten (November 1944)	200.000
Krimtataren (Mai 1944)	183.000
Koreaner (1937)	172.000
Inguschen (Februar 1944)	134.000
Kalmücken (Dezember 1943)	92.000
Karatschaier (November 1943)	68.000
Polen (1936)	60.000
Finnen (im Gebiet von St. Petersburg, 1942)	45.000
Balkaren (April 1944)	37.000
Moldauer (1949)	36.000
Schwarzmeergriechen (1949)	36.000
Andere Sowjetdeutsche (1941 - 1952)	843.000
Angehörige anderer Volksgruppen von der Krim (1944)	45.000
Angehörige anderer Volksgruppen vom Schwarzen Meer (1949)	22.000
Angehörige anderer Volksgruppen aus dem Nordkaukasus (1943-44)	8.000
Insgesamt	**3.089.000**

Quelle: UNHCR (Abteilung für Presse und Öffentlichkeitsarbeit), GUS-Konferenz über Flüchtlinge und Migranten, 30./31. Mai 1996
Hinweis: Alle Zahlen außer der zu den Mescheten stammen von Alain Blum vom Nationalen Institut für demographische Studien (Institut National d'Etudes Démographiques) in Paris. Historische Details wurden von Blum beigesteuert oder Les peuples déportés de l'Union Soviétique von J.-J. Marie entnommen. Umsiedlungen in Zusammenhang mit der Kollektivierung und den Gulag-Zwangsarbeitslagern, die jedoch nicht unter das "neue Siedlungsprogramm" fielen, sind nicht enthalten. Zwischen 1944 und 1953 fanden Massendeportationen auch aus dem Baltikum, Moldau und der Ukraine statt.

umgekehrt entstanden die ersten Wellen von *bezhentsi*. Dies ist der von den russischen Medien und der Öffentlichkeit verwendete Oberbegriff für Flüchtlinge und Binnenvertriebene.[4] Im Juni 1989 kam es im Fergana-Becken, am usbekischen Teilstück der Krisenregion in Zentralasien, zu einem neuen Gewaltausbruch zwischen ethnischen Gruppen, als die einheimische Bevölkerung mehrere zehntausend Mescheten vertrieb. Diese so genannten Einwanderer waren in der stalinistischen Ära aus Südgeorgien als Volk deportiert und zur Ansiedlung in Zentralasien gezwungen worden.[5]

Solche dramatischen Beispiele von Zusammenstößen zwischen Volksgruppen und ethnisch motivierten Vertreibungen weckten innerhalb und außerhalb der Sowjetunion Befürchtungen, dass es nach ihrer Auflösung zu noch mehr Gewalt und Blutvergießen kommen würde und sich Riesenströme von Flüchtlingen, Binnenvertriebenen und Migranten in Bewegung setzen könnten. Die Ergebnisse der letzten Volkszählung in der Sowjetunion im Jahre 1989 schienen dies zu bestätigen. Sie machten deutlich, wie viele Menschen Gefahr liefen, nach der Entstehung unabhängiger Staaten als „Ausländer" zu gelten. Abhängig von der zugrunde gelegten Definition des „Heimatlandes" lebten zwischen 54 und 65 Millionen Menschen oder etwa ein Fünftel der Gesamtbevölkerung der Sowjetunion von 285 Millionen außerhalb ihrer Heimatrepublik oder autonomen Region. Von diesen waren 25,3 Millionen Russen, die als größte Volksgruppe etwa die Hälfte der Bevölkerung stellten und die gesamte Sowjetunion als ihre „Heimat" ansahen.[6]

Erste UNHCR-Aktivitäten in der Region

Der anhaltende wirtschaftliche Niedergang und das Wiedererstarken des Nationalismus in der Sowjetunion nährten Anfang der neunziger Jahre die Angst, eine „Flut" russischer Migranten würde sich nach Westen in Bewegung setzen. In Westeuropa war das Asylsystem bereits unter Druck geraten. In Mitteleuropa, das sich gerade erst aus dem sowjetischen Einflussbereich hatte lösen können, war dagegen noch kaum mit dem Aufbau eines Asylsystems begonnen worden. UNHCR richtete nach und nach Vertretungen in den Ländern der Region ein. Das Amt hielt es für notwendig, die noch unausgereiften Mechanismen zum Flüchtlingsschutz zu unterstützen und auf diese Weise zum Bau des größer werdenden „europäischen Hauses" beizutragen.

Die Sowjetunion hatte UNHCR viele Jahre mit Misstrauen betrachtet und sah das Amt als ein Instrument des Kalten Krieges. Nachdem Präsident Michael Gorbatschow in der zweiten Hälfte der achtziger Jahre seine Politik von *perestroika* (Neuordnung) und *glasnost* (Offenheit) auf den Weg gebracht hatte, begann sich die Einstellung der Sowjetunion gegenüber UNHCR jedoch zu wandeln. Angesichts schwieriger Aufgaben wie der Beilegung der Konflikte in Kambodscha und Afghanistan, die jeweils mit der Rückkehr großer Flüchtlingsbevölkerungen verbunden waren, erkannte die sowjetische Führung zunehmend den Nutzen einer Zusammenarbeit mit UNHCR.

Es waren jedoch nicht nur außenpolitische Notwendigkeiten, die eine Annäherung an UNHCR erbrachten, sondern auch innenpolitische Probleme. Nach Jahrzehnten der allumfassenden Reglementierung im Inneren und rigoros beschränkten Außenkontakten war die Sowjetunion weder in Lage, massive Flüchtlingsströme, verursacht durch ethnische Konflikte, zu bewältigen, noch war sie für die Ankunft einer immer größeren Zahl ausländischer Asylsuchender in der Hauptstadt Moskau gerüstet.

Als die sowjetischen Behörden begannen, sich mit den praktischen Aspekten dieser Probleme auseinander zu setzen, erkannten sie, dass sie das Land in das System des internationalen Flüchtlingsschutzes einbinden mussten. Im September 1990 entsandte die Sowjetunion eine Beobachterdelegation zur jährlichen Sitzung des Exekutivkomitees von UNHCR in Genf. Diese Delegation informierte den Hohen Flüchtlingskommissar, dass die sowjetische Regierung beabsichtige, der Genfer Flüchtlingskonvention beizutreten, und neue Gesetze zur Migrationssteuerung sowie zur Bewältigung des Problems von „schätzungsweise 600.000 Binnenvertriebenen" vorzubereiten.[7]

UNHCR zögerte zunächst, sich in der Sowjetunion zu engagieren. Das Ausmaß und die Komplexität von Massenflucht und -vertreibung waren entmutigend. Die Entwurzelten waren Binnenvertriebene, bei denen nicht klar war, ob sie unter das Mandat

Kasten 8.1 Staatenlosigkeit und strittige Staatsangehörigkeit

Nach der Auflösung der Sowjetunion, Jugoslawiens und der Tschechoslowakei mussten Millionen von Menschen ihre neue Staatsangehörigkeit bestätigen lassen. War der frühere tschechoslowakische Staatsangehörige jetzt Tscheche oder Slowake? War jemand, der in Belgrad geboren, in Sarajewo aufgewachsen war und mit einer Frau aus Zagreb verheiratet war und jetzt in Ljubljana wohnte, jugoslawischer, bosnischer, kroatischer oder slowenischer Staatsangehöriger? Die aus diesen staatlichen Zerfallprozessen hervorgehenden neuen Staaten legten ihre eigenen Staatsangehörigkeitskriterien fest. Manche Menschen, die diese Kriterien nicht erfüllten, wurden „staatenlos". Andere konnten nicht die Staatsangehörigkeit des Landes erwerben, in dem sie lebten.

Diese Fragen sind beileibe nicht auf Europa beschränkt, und Staatenlosigkeit resultiert auch nicht ausschließlich aus der Auflösung von Staaten. Sie kann beispielsweise aus fehlerhaften Gesetzen oder Verfahren für Eheschließungen oder die Registrierung von Geburten herrühren. Die Diskriminierung von Minderheiten, anderen Gruppen oder Individuen kann ebenfalls zu Staatenlosigkeit führen. Es hat auch schon Fälle gegeben, in denen Regierungen mit neuen Staatsangehörigkeitsgesetzen ganze Teile der Gesellschaft ausgegrenzt haben. Personen, die staatenlos sind oder deren Staatsangehörigkeit ungeklärt ist, haben oft keine klare Rechtsstellung und deshalb Schwierigkeiten, zu heiraten, ihre Kinder zur Schule zu schicken, Arbeit zu finden, zu reisen oder Eigentum zu besitzen.

Es lässt sich nicht eindeutig sagen, wie viele Menschen auf der Welt staatenlos sind, weil eine unklare Staatsbürgerschaft oder Staatsangehörigkeit in der Mehrzahl der Fälle strittig ist. Alle Länder sind davon in einem bestimmten Grad betroffen, weil in jedem Land gesetzlich festgelegt ist, wer die Staatsangehörigkeit besitzt und wer nicht. Unterschiedliche Ansätze sind jedoch nicht immer zwischen Staaten abgestimmt.

Die politischen Veränderungen in Europa in den neunziger Jahren machten die Probleme deutlich, die entstehen können, wenn es zu Konflikten über die Staatsangehörigkeit kommt. Als die baltischen Staaten unabhängig wurden, schlossen sie mit ihren Staatsangehörigkeitsgesetzen mehrere hunderttausend Russen aus, die dort seit Jahrzehnten gelebt hatten. Die Krimtataren waren in den vierziger Jahren von Stalin deportiert worden. Als viele von ihnen jetzt in die heutige Ukraine zurückkehrten, traf ein Teil erst nach Ablauf des Stichtages für den automatischen Erwerb der ukrainischen Staatsangehörigkeit ein. Die Betroffenen bekamen Schwierigkeiten bei der Arbeit- und Wohnungssuche. Der gewaltsame Zusammenbruch Jugoslawiens resultierte in der Flucht und Vertreibung von mehr als vier Millionen Menschen. Dabei wurde ein großer Teil der zum Nachweis der Staatsangehörigkeit erforderlichen Unterlagen zerstört, was zu vielfältigen Problemen führte. Als die Tschechoslowakei in zwei Republiken zerbrach, stuften die tschechischen Behörden viele in Tschechien lebende Personen als Slowaken ein, wodurch sie an ihrem gewöhnlichen Wohnsitz zu Ausländern wurden.

In Asien betrachteten sich die Biharis - nicht-bengalische Muslime, die Ende der vierziger Jahre aus Indien in das damalige Ost-Pakistan zogen - als pakistanische Staatsangehörige und weigerten sich, die bangladeschische Staatsangehörigkeit anzunehmen, nachdem Bangladesch 1971 unabhängig geworden war. Die pakistanische Regierung war jedoch nie bereit, sie „heimzuholen", und 200.000 von ihnen leben immer noch in Lagern in Bangladesch. In Myanmar führen restriktive Staatsangehörigkeitsgesetze nach wie vor dazu, dass viele Einwohner des Landes wie die Rohingyas nicht als Staatsangehörige gelten. In Bhutan schlossen die in den achtziger Jahren verabschiedeten

---

des Amtes fielen. Zudem litt UNHCR unter Mittelknappheit. Die raschen Veränderungen in der Sowjetunion bewogen das Amt jedoch, seine Position zu überdenken. Im Laufe des Jahres 1991 resultierten die sich intensivierenden bilateralen Kontakte in der Entsendung erster UNHCR-Missionen in die Sowjetunion. Kurze Zeit später wurde eine informelle Vereinbarung erzielt, nach der beide Seiten die Einrichtung einer ständigen Vertretung für wünschenswert hielten. In einem internen Strategiepapier von UNHCR zur „Auflösung der UdSSR" von September 1991 hieß es: „Angesichts der beispiellosen historischen Dimension des Wandels sollte das Amt eher pragmatisch als formalistisch vorgehen und – in seinem Tätigkeitsbereich – eher aktiv als reaktiv handeln."[8]

Staatsangehörigkeitsgesetze viele Angehörige der nepalesischen Volksgruppe von der Staatsangehörigkeit aus. Etwa 100.000 Betroffene aus Bhutan leben seit dieser Zeit in Lagern in Nepal.

In Afrika wurden 1989/90 nach ethnisch motivierten Auseinandersetzungen rund 75.000 Menschen aus Mauretanien vertrieben. Obwohl die meisten zwischenzeitlich zurückgekehrt sind, leben noch etwa 30.000 Betroffene im Senegal. Ihr Anspruch auf die mauretanische Staatsbürgerschaft wird von den mauretanischen Behörden bestritten. In Zaire verloren nach der Verabschiedung eines neuen Gesetzes im Jahre 1981 viele Banjarwanda *de jure* ihre Staatsangehörigkeit. In Äthiopien wiesen die Behörden im Jahre 1998 nach dem Ausbruch des Krieges mit Eritrea 68.000 Menschen dorthin aus, weil sie Staatsangehörige eines Feindeslandes waren. Obwohl beide Länder den Betroffenen Ausweise ausgestellt haben, war bis Dezember 1999 keines von beiden bereit, sie uneingeschränkt als Staatsangehörige zu akzeptieren.

Im Nahen Osten ist es mehr als 120.000 Kurden, die ihr Leben lang im Nordosten Syriens gelebt haben, nie gelungen, eine Staatsangehörigkeit zu erwerben. In Kuwait haben bis zu 250.000 Beduinen lange als Minderheit ohne wirksame Staatsangehörigkeit gelebt. Viele wurden während der Golf-Krise 1991 aus Kuwait vertrieben und leben heute im Irak oder in anderen Golf-Staaten. Obwohl die Palästinenser nicht als staatenlos gelten können, weil seit der Verabschiedung von Resolution 181 der UN-Vollversammlung im Jahre 1947 ein palästinensischer Staat „technisch" existiert, konnten etwa drei Millionen von ihnen nicht an ihre früheren Wohnorte zurückkehren. Ihre Rechtsstellung wurde von der israelischen Regierung nie anerkannt.

Obwohl nicht jede staatenlose Person ein Flüchtling ist, besteht zweifellos eine Verknüpfung zwischen Staatenlosigkeit und potenziellen Flüchtlingsströmen. UNHCR wirbt bei den Staaten dafür, dass sie dem Übereinkommen über die Rechtsstellung der Staatenlosen von 1954 und dem Übereinkommen zur Verminderung der Staatenlosigkeit von 1961 beitreten und sie umsetzen. Diese Instrumente stellen einen rechtlichen Rahmen für die Vermeidung und Verringerung der Staatenlosigkeit sowie zur Lösung zwischenstaatlicher Konflikte dar.

1995 forderte das UNHCR-Exekutivkomitee das Amt auf, sich auch dem Problem der Staatenlosigkeit zu widmen. Diesem Anliegen schloss sich später auch die UN-Vollversammlung an. Seitdem hat sich UNHCR zunehmend für die Vermeidung und Verringerung der Staatenlosigkeit eingesetzt. Das Amt hat zu diesem Zweck Aufklärungsmaßnahmen durchgeführt, Behördenvertreter geschult und die Zusammenarbeit zwischen anderen Organisationen gefördert, die in verwandten Bereichen tätig sind. UNHCR hat die Staaten aufgefordert, nationale Strukturen aufzubauen, an die Staatenlose sich wenden können, und bei Bedarf mit Staaten Verfahren ausgearbeitet, mittels derer Staatenlose die Staatsangehörigkeit erwerben können. Manche Staaten haben in den letzten Jahren beträchtliche Fortschritte bei der Bekämpfung der durch Staatenlosigkeit und strittige Staatsangehörigkeit entstehenden Probleme gemacht. Bislang mussten solche Probleme jedoch von Fall zu Fall gelöst werden. Immer wieder kommt es zu Situationen, in denen Menschen ungewollt die Staatsangehörigkeit verlieren, immer wieder kommt es zu Diskriminierung mit der Folge des Verlustes der Staatsangehörigkeit und anschließender Ausweisung. Solche Entwicklungen sind häufig die Ursache von Flüchtlingsströmen. Deshalb muss ein einheitlicher internationaler Rahmen geschaffen werden, der den Problemen der Staatenlosigkeit Rechnung trägt und es ermöglicht, systematisch darauf zu reagieren.

Das Konzept des präventiven Schutzes

Im September 1991 stimmte die neue Hohe Flüchtlingskommissarin Sadako Ogata im Grundsatz der Eröffnung einer Regionalvertretung in Moskau zu. Im darauf folgenden Monat veranstaltete UNHCR seine erste Fortbildungsmaßnahme zur Krisenvorbereitung in Moskau. Auf der Grundlage der in Mitteleuropa gewonnenen Erfahrungen verfolgte das Amt einen Kurs, der seine operativen Kapazitäten erweitern und ihm eine Positionierung im Bereich der Prävention und der Frühwarnung ermöglichen würde.[9]

Die Gemeinschaft Unabhängiger Staaten (GUS) und angrenzende Staaten, 1999

Karte 8.1

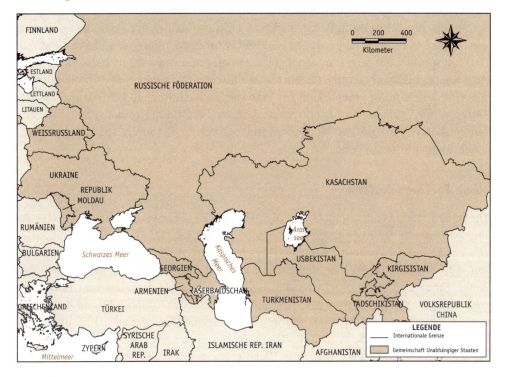

Anfang Dezember entsandte UNHCR eine Arbeitsgruppe in die Region, die „eine Entscheidungsgrundlage zur Einrichtung einer ständigen Präsenz [des Amtes] in der UdSSR … liefern sollte". Ihre Mitglieder wurden Zeugen der Auflösung der Sowjetunion und der Geburt der GUS am 8. Dezember 1991. Die Ergebnisse dieser wichtigen Mission hatten einen nachhaltigen Einfluss auf den Ansatz von UNHCR für die Region nach dem Ende der Sowjetherrschaft. So wurde betont, dass „sich der klassische Ansatz, auf Ereignisse zu reagieren, nachdem sie eingetreten sind, und dies mit herkömmlichen Maßnahmen entsprechend dem Mandat und ausschließlich im Asylland zu tun, wahrscheinlich als unzureichend erweisen wird". Auf der Grundlage von „Erfahrungen, die UNHCR in der jüngsten Zeit bei ethnischen Konflikten beispielsweise in Sri Lanka und Jugoslawien gewonnen hat", empfahl die Arbeitsgruppe „eine sich primär auf Schutz und Prävention beschränkende Rolle mit einem Akzent auf Frühwarnung und pragmatische Maßnahmen zur Bekämpfung der Fluchtursachen betroffener Bevölkerungen". Sie empfahl darüber hinaus die Einrichtung einer „ständigen Präsenz" im Südkaukasus und in Zentralasien.[10]

In den ersten Monaten des Jahres 1992 entsandte UNHCR Informationsmissionen in die meisten der neuen unabhängigen Staaten, die in Osteuropa, dem Südkaukasus und Zentralasien entstanden waren, und knüpfte auf diese Weise Kontakte zu den neuen Regierungen. Im März berief die Hohe Flüchtlingskommissarin ein Expertentreffen ein, bei dem die UNHCR-Strategie für die Region nach dem Ende der Sowjetherrschaft ausgearbeitet werden sollte. Man befand, systematische Maßnahmen seien erforderlich, um Beratung in Rechtsfragen und Unterstützung mit dem Ziel zu leisten, die Möglichkeiten von Regierungen und NGOs zur Bewältigung von Flucht- und Vertreibungsproblemen zu verbessern. Bei dieser Gelegenheit wurde auch das übergeordnete Konzept des „präventiven Schutzes" verabschiedet. Dessen Schwerpunkte waren u.a.: die Einrichtung einer ständigen Präsenz, Beobachtung und Frühwarnung, die Durchsetzung international anerkannter Normen, Fortbildungsinitiativen und die Öffentlichkeitsarbeit zu Menschenrechten mit besonderer Betonung auf Minderheiten, Flüchtlinge und Vertriebene.[11]

Neue Partnerschaften

Die neue Strategie trug einem Umstand Rechnung, der bereits zu Beginn des UNHCR-Engagements in der Region offensichtlich geworden war: Das Amt musste mit anderen zuständigen Organisationen im UN-System und mit IOM eng zusammenarbeiten.[12] In dieser Anfangsphase unterstützte UNHCR im Verbund mit dem Russischen Roten Kreuz und Ärzte ohne Grenzen Asylsuchende in Moskau. Das Amt führte gemeinsame Informationsreisen mit dem UN-Kinderhilfswerk (UNICEF) und dem Welternährungsprogramm (WFP) durch und verteilte Aufklärungsmaterial zu den Menschenrechten aus den Beständen des UN-Menschenrechtszentrums.

Es wurde jedoch auch klar, dass UNHCR bei der Bekämpfung von Flüchtlings- und Migrationsproblemen in der GUS und Mitteleuropa Partnerschaften mit anderen wichtigen internationalen Akteuren aufbauen musste, die an diesen Themen ein Interesse hatten. Dazu zählten insbesondere der Europarat und die Konferenz über Sicherheit und Zusammenarbeit in Europa (KSZE) – die Vorläuferinstitution der OSZE.

Im September 1991 veranstaltete die KSZE in Moskau eine „Konferenz über die menschlichen Dimensionen". Die Hohe Flüchtlingskommissarin wies dort darauf hin, dass sich die Tätigkeitsbereiche von UNHCR und KSZE ergänzen würden. Sie schlug vor, die KSZE sollte sich des Problems der so genannten *dislocated populations* annehmen. Sie rief zu einem direkten Dialog zwischen den KSZE-Mitgliedstaaten und UNHCR auf.[13] Diese und folgende Initiativen erwiesen sich als fruchtbar und trugen dazu bei, die Aufmerksamkeit auf die Flüchtlings- und Migrationsproblematik zu lenken. Bei einem weiteren KSZE-Treffen im Juni 1992 in Helsinki legten dann zehn Staaten einschließlich der Russischen Föderation und Kirgisistans einen Resolutionsentwurf vor, in dem die Besorgnis über „die Verschärfung des Flüchtlings- und Vertriebenenproblems" zum Ausdruck gebracht wurde. Sie erklärten, dass „Vertreibung häufig die Folge der Nichteinhaltung gemachter Zusagen hinsichtlich der menschlichen Dimension der KSZE ist. ... Deshalb ist sie ein unmittelbares und legitimes Anliegen aller Teilnehmerstaaten und fällt nicht ausschließlich in die inneren Angelegenheiten des betreffenden Staates."[14]

UNHCR wurde eine wichtige Rolle innerhalb des KSZE-Prozesses oder parallel dazu zuerkannt. Die Teilnahme von UNHCR an einer Mission unter Leitung der KSZE nach Nagorny-Karabach im März 1992 war die erste gemeinsame Aktion von UN und KSZE allgemein und speziell von UNHCR und KSZE.[15]

Als UNHCR später seine Einsatztätigkeit im Südkaukasus begann, wurde das Amt zunehmend in die Friedenskonsolidierungsmaßnahmen unter UN-Leitung oder der OSZE eingebunden. Zu diesen zählten die Konsultationen der „Minsk-Gruppe" der OSZE zu Nagorny-Karabach, die von den UN unterstützten Verhandlungen zwischen Georgien und Abchasien und der Versöhnungsprozess für Georgien und Südossetien unter Leitung der OSZE. In Tadschikistan arbeitete UNHCR bei der Organisation des Rückführungsprogramms ebenfalls eng mit der OSZE zusammen.

Konflikte im Südkaukasus und in Tadschikistan

Der Streit zwischen Armenien und Aserbaidschan um Nagorny-Karabach, der sich Ende der achtziger Jahre verschärft hatte, war nur einer von mehreren Konflikten, die kurz nach der Auflösung der Sowjetunion im Dezember 1991 zu Kriegen eskalierten. In Georgien hatte die bewaffnete Auseinandersetzung mit den nach Unabhängigkeit strebenden Südosseten an Schärfe zugenommen, bis im Mai 1992 eine instabile Waffenruhe zu Stande kam. Nur wenige Wochen danach brach in Georgien ein weiterer Konflikt aus, diesmal im autonomen Territorium Abchasien. In der Republik Moldau kam es Anfang 1992 zu einem kurzen, aber heftigen Waffengang zwischen moldauischen Truppen und der selbst ernannten „Republik Transnistrien". Im Mai 1992 brach dann in Tadschikistan in Zentralasien ein blutiger Bürgerkrieg aus.

In der zweiten Jahreshälfte 1992 stieg die Zahl der durch diese Konflikte geflohenen oder vertriebenen Menschen drastisch an. Zu diesem Zeitpunkt hatte man allgemein die Notwendigkeit humanitärer Soforthilfe erkannt. UNHCR gab deshalb viele seiner früheren Vorbehalte gegen ein Engagement vor Ort auf. Das Problem bestand nun darin, „das erlahmte Geberinteresse neu zu entfachen", wie es der UNHCR-Vertreter in der Region formulierte. Im August vertrat er in einem Grundsatzpapier den Standpunkt: „Selbst wenn die internationale Gemeinschaft derzeit auf Jugoslawien fixiert scheint, kann sie bei ernsthafter Überlegung die Situation im Südkaukasus nicht länger ignorieren."[16] UNHCR trug anschließend gemeinsam mit der UN-Abteilung für humanitäre Angelegenheiten (aus der später das Amt für die Koordination humanitärer Angelegenheiten wurde) erheblich dazu bei, ein internationales humanitäres Hilfsprogramm auf den Weg zu bringen.

Der Konflikt zwischen Armenien und Aserbaidschan um Nagorny-Karabach

Noch vor der Auflösung der Sowjetunion waren durch die Kämpfe um Nagorny-Karabach etwa 300.000 Armenier und 350.000 Aserbaidschaner entwurzelt worden. Die Unabhängigkeitserklärung von Armenien im Oktober 1991 und die Auflösung der Sowjetunion weniger als zwei Monate später verschärften die Situation wieder. Bis zum

Diese vertriebene aserbaidschanische Witwe lebt seit mehr als zehn Jahre in diesem ausrangierten Benzintank.
(UNHCR/A. HOLLMANN/1999)

August 1993 hatten Truppen aus Nagorny-Karabach und Armenien etwa 20 Prozent des aserbaidschanischen Territoriums unter ihre Kontrolle gebracht und zwei „Korridore" eingerichtet, um die Enklave mit Armenien zu verbinden.

Angesichts der anhaltenden Gewalt zögerte UNHCR, eigenständig einen großen humanitären Hilfseinsatz zu beginnen. Stattdessen beschloss das Amt, seine neuen Kriseneinsatzkräfte zu entsenden und im Ernstfall zu testen. Am 3. Dezember 1992 trafen UNHCR-Soforthilfeteams in Jerewan und Baku ein, den Hauptstädten von Armenien und Aserbaidschan.

Als im Mai 1994 endlich eine Waffenruhe vereinbart wurde, hatten armenische Truppen aus Karabach mehr als eine halbe Million Aserbaidschaner aus großen Teilen Aserbaidschans vertrieben. Wenngleich die Waffenruhe eingehalten wird, konnte bislang keine politische Lösung erzielt werden. Die meisten Vertriebenen sind infolgedessen bis heute Geiseln eines unter der Oberfläche schlummernden Konflikts geblieben. Trotz der politischen Sackgasse hat UNHCR in enger Partnerschaft mit der Weltbank, dem UN-Entwicklungsprogramm (*Development Programme* – UNDP) und NGOs die aserbaidschanische Regierung bei der Instandsetzung der Infrastruktur und dem Wiederaufbau in den Gebieten unterstützt, in die die zuvor entwurzelte Bevölkerung in Sicherheit zurückkehren konnte.

Kasten 8.2 Nichtregierungsorganisationen

Der Begriff „Nichtregierungsorganisation" (NGO) bezeichnet eine breite Palette nicht gewinnorientierter Körperschaften, die vielfältigen Aktivitäten nachgehen. Sie widmen sich vor allem der humanitären Hilfe, der Entwicklungszusammenarbeit und den Menschenrechten. Sie lassen sich unterteilen in internationale NGOs, die in vielen Ländern tätig sind, nationale NGOs, die nur in ihrem eigenen Land arbeiten, und in einige große, dezentralisierte „Familien" von NGOs wie CARE International, World Vision International, Oxfam und die Save the Children Alliance.

Die Hohe Flüchtlingskommissarin Sadako Ogata hat die NGOs als einen „wichtigen, zu mehr Demokratie beitragenden Faktor im internationalen Spektrum der Vereinten Nationen" bezeichnet.[i] Die wachsende internationale Anerkennung wird auch durch den Friedensnobelpreis 1999 demonstriert, der an Ärzte ohne Grenzen verliehen wurde.

Exakte weltweite Statistiken über die Zahl der NGOs und den Umfang der über sie geleiteten Mittel sind nicht verfügbar. Manche Beobachter schätzen, dass weltweit jährlich mehr als 8,5 Milliarden Dollar über NGOs verteilt werden.[ii] Der Anteil der staatlichen Entwicklungshilfe, der über NGOs geleistet wird, hat in den letzten 15 Jahren drastisch zugenommen. Dies gilt insbesondere für die Mittel, die zur Soforthilfe in Krisensituationen aufgewendet werden.

Seit seiner Gründung hat UNHCR mit einer Vielzahl von NGOs zusammengearbeitet. Die Satzung des Amtes verpflichtet UNHCR sogar dazu, über private und öffentliche Organisationen Flüchtlinge zu unterstützen. In der Anfangszeit fungierte das Amt auch wegen der knappen ihm zur Verfügung stehenden Mittel vorrangig als koordinierende oder überwachende Stelle. In dieser Zeit wurden die NGOs wichtige Partner von UNHCR. Zur Zeit der großen Flüchtlingsströme in Afrika in den sechziger Jahren entwickelten UNHCR und NGOs neue dynamische Beziehungen und arbeiteten vor allem im Rahmen des Internationalen Rats der Freiwilligenverbände (*International Council of Voluntary Agencies - ICVA*) zusammen, der weiterhin eine wichtige Rolle spielt.

In den siebziger Jahren begannen zahlreiche NGOs zu wachsen, und wurden zu den vorrangigen Partnern von UNHCR in allen Tätigkeitsbereichen des Amtes. Ende der siebziger Jahre arbeiteten beispielsweise in Khao-I-Dang, einem Lager für kambodschanische Flüchtlinge in Thailand, 37 NGOs. Während der gesamten achtziger Jahre mit den großen Flüchtlingskrisen am Horn von Afrika sowie in Asien und Mittelamerika nahm die Zahl der NGOs weiter zu. Ende der achtziger Jahre waren in den afghanischen Flüchtlingslagern und -siedlungen in Pakistan mehr als 100 internationale Hilfsorganisationen tätig.

In den neunziger Jahren kam es zu einer noch stärkeren Zunahme der Zahl, Größe, operativen Kapazitäten und Finanzausstattung der NGOs. Schätzungen zufolge waren 1994 in den ruandischen Flüchtlingslagern im damaligen Zaire mehr als 100, in Mosambik 150, in Ruanda 170 und in Bosnien und Herzegowina etwa 250 NGOs im Einsatz. Die Kosovo-Krise 1999 belegte erneut die große Zahl und Spannbreite von NGOs und ihre Fähigkeit, öffentliche und private Mittel zu mobilisieren.

Es sind weniger die individuellen Geber, sondern vielmehr die Regierungen, die für die Zunahme der Finanzausstattung der NGOs in den letzten Jahren verantwortlich

---

Konflikte in den georgischen autonomen Gebieten Abchasien und Südossetien

Bei den Bewohnern der zu Georgien gehörenden autonomen Gebiete Abchasien und Südossetien regte sich bereits 1989 der Wunsch nach Abspaltung. Die ursprüngliche Bevölkerung Ossetiens, dessen nördlicher Teil heute auf dem Territorium der Russischen Föderation liegt, machte 1979 zwei Drittel der Bewohner der Region aus. Die Südosseten strebten nach größerer Unabhängigkeit und Vereinigung mit Nordossetien und wurden von den Georgiern wegen ihrer traditionell pro-russischen Haltung angefeindet. Die überwiegend muslimischen Abchasier waren in den zwanziger Jahren innerhalb Georgiens praktisch unabhängig. Unter Stalin wurden jedoch Georgier in dem Gebiet angesiedelt. 1989 stellten die Abchasier nur noch 18 Prozent, die Georgier dagegen fast 50 Prozent der Bevölkerung.

zeichnen. 1970 trugen die öffentlichen Haushalte lediglich zu 1,5 Prozent zu deren Finanzierung bei. Bis zur Mitte der neunziger Jahre war dieser Anteil auf 40 Prozent gestiegen. Er nimmt bis heute weiter zu.[iii] Diese vermehrte Mittelzufuhr durch Regierungen und Quellen der Vereinten Nationen hat manche Beobachter zu der Frage veranlasst, ob sich eine Reihe dieser Organisationen überhaupt noch „Nichtregierungsorganisation" nennen dürfen. Bei vielen Projekten fungieren NGOs einerseits im Wesentlichen als Auftragnehmer von Regierungen oder der Vereinten Nationen. Andererseits haben NGOs in zahlreichen Fällen sowohl Regierungen als auch UN-Organisationen heftig kritisiert.

Die Regierungen finanzieren mittlerweile zunehmend nationale NGOs und unterlaufen damit die traditionelle Rolle der internationalen NGOs. Viele dieser nationalen NGOs sind relativ klein. Bei manchen handelt es sich um Basisorganisationen mit nur wenigen Mitarbeitern, die nur in einer kleinen Stadt oder einem Dorf tätig sind. Die Zahl solcher NGOs hat stark zugenommen. Beispielsweise arbeiteten 1999 allein in Afghanistan mehr als 200 verschiedene nationale NGOs.

UNHCR hat zunehmend enger mit nationalen NGOs zusammengearbeitet. Während der Bosnien-Krise wurden mehr als 90 Prozent der humanitären Hilfsgüter von UNHCR durch einheimische Organisationen wie Merhamet, CARITAS und Ortsverbände des Roten Kreuzes verteilt. 1999 arbeiteten 395 nationale NGOs partnerschaftlich mit UNHCR zusammen - mehr als dreimal so viele wie fünf Jahre zuvor. Sie führten fast ein Fünftel aller UNHCR-Projekte durch. Sie spielen eine wichtige Rolle beim Aufbau der Zivilgesellschaft vor Ort und sind zwangsläufig auch dann noch am Schauplatz einer Krise, wenn die internationalen humanitären Organisationen bereits lange abgezogen sind.

Seit 1994 wurde die Zusammenarbeit zwischen UNHCR und den NGOs durch den so genannten PARinAC-Prozess (*Partnership in Action*) ausgebaut. In den meisten Ländern, in denen UNHCR und NGOs gemeinsam tätig sind, kommt man regelmäßig zu Konsultationen zusammen. Diese vertiefen die Partnerschaft und ermöglichen den NGOs, an der Entwicklung der Arbeitsgrundlagen und den Planungen von UNHCR teilzuhaben. Der PARinAC-Prozess hat sich besonders bei plötzlichen auftretenden großen Flüchtlingskrisen als nützlich erwiesen.

Die Bedeutung der NGOs für UNHCR wird an der Tatsache deutlich, dass UNHCR 1999 295 Millionen Dollar an über 544 Partner aus dem Kreis der NGOs geleitet hat. Etwa die Hälfte aller UNHCR-Programme wird mittlerweile von internationalen NGOs abgewickelt. 34 von diesen haben 1999 mehr als zwei Millionen Dollar erhalten.

Das so genannte Sphere Project zur Entwicklung einer Humanitären Charta und von Mindeststandards in der Katastrophenhilfe zielt darauf ab, die Effizienz humanitärer Hilfe zu verbessern und das Verantwortungsbewusstsein humanitärer Organisationen zu stärken. Das 1997 ins Leben gerufene Projekt wird von mehr als 200 Organisationen einschließlich der Internationalen Rotkreuz- und Rothalbmondbewegung, akademischer Einrichtungen, der Vereinten Nationen (mit UNHCR) und staatlicher Organisationen getragen. Es bildet einen auf Prinzipien gestützten und praxisorientierten Rahmen für humanitäres Handeln.

1989 brachen in Südossetien Kämpfe zwischen Osseten und ortsansässigen Georgiern aus. Trotz der Anwesenheit sowjetischer beziehungsweise später georgischer Truppen konnte bis Mai 1992 kein wirksamer Waffenstillstand erzielt werden. Bis zu diesem Zeitpunkt waren etwa 50.000 Osseten über die Grenze nach Nordossetien in der Russischen Föderation geflohen, während gleichzeitig schätzungsweise 23.000 Georgier aus Südossetien in das georgische Kernland vertrieben worden waren.

Gerade als in Georgien ein Konflikt eingedämmt werden konnte, begann in einer anderen Region ein neuer. In Abchasien kam es Mitte 1992 zu gewaltsamen Auseinandersetzungen, nachdem die Republik ihre Unabhängigkeit ausgerufen hatte und 2.000 georgische Soldaten dorthin entsandt worden waren, um die öffentliche Ordnung wiederherzustellen. Im Verlauf von anderthalb Jahren führte dieser Konflikt zur Vertreibung und Ausweisung von schätzungsweise 250.000 Georgiern aus Abchasien.

Im Juli 1993 wurde eine Waffenruhe vereinbart, und im darauf folgenden Monat beschloss der UN-Sicherheitsrat die Stationierung einer kleinen UN-Beobachtermission in Georgien (*United Nations Observer Mission in Georgia* – UNOMIG). Es war die erste Mission der UN in der früheren Sowjetunion. Anfangs war die Waffenruhe instabil. Doch bis zum Dezember konnte in Gesprächen, die von den Vereinten Nationen vermittelt wurden, eine Vereinbarung zwischen den beiden Konfliktparteien erzielt werden. Das UNOMIG-Personal wurde um Friedenssicherungstruppen erweitert. UNHCR hatte in der georgischen Hauptstadt Tbilisi bereits eine Vertretung eröffnet. Als sich die Situation stabilisierte, nahm das Amt mit Georgien, Abchasien und der Russischen Föderation Verhandlungen über eine Vierparteienvereinbarung zur freiwilligen Rückkehr der Flüchtlinge und Vertriebenen auf. Im April 1994 wurde schließlich in Moskau ein Abkommen unterzeichnet, das die Stationierung überwiegend aus russischen Soldaten bestehender GUS-Friedenssicherungstruppen vorsah. UNHCR fiel die Aufgabe zu, den Rückkehrprozess zu überwachen.

Die Vierparteienvereinbarung war nicht frei von Schwachstellen. Gleichwohl schien sie einen gewagten, jedoch glaubhaften Versuch darzustellen, die ethnisch motivierte Flucht und Vertreibung einer ganzen Bevölkerung rückgängig zu machen. Ihre Umsetzung wurde jedoch in der Folgezeit erschwert, weil die abchasische Seite darauf bestand, vor der Rückführung den politischen Status Abchasiens zu klären. UNHCR war deshalb gezwungen, sein Rückkehrprogramm auszusetzen.

Trotz der Fortsetzung der Gespräche und anderer Verhandlungsrunden blieb die Gesamtsituation instabil. Mehrere zehntausende vertriebene Georgier kehrten trotz der Bedrohung durch Minen und andere Gefahren auf eigene Faust in den Bezirk Gali zurück, der in unmittelbarer Nähe zum georgischen Kernland liegt. Fehlende Sicherheitsgarantien in einem von der Regierung nicht kontrollierten Gebiet ließen UNHCR zögern, für die freiwillige Rückkehr nach Abchasien zu werben oder sie zu unterstützen. Stattdessen verhandelte das Amt sowohl mit der abchasischen als auch mit der georgischen Seite über den Zugang zu den Rückkehrern in Gali und zu Konfliktopfern in anderen Teilen Abchasiens, vor allem in der Hauptstadt Suchumi. UNHCR stellte später den Rückkehrern in Gali Baumaterial, Saatgut und Dieselkraftstoff zur Verfügung, um zum Wiederaufbau beizutragen. In anderen Teilen Abchasiens leistete das Amt ähnliche Hilfe.

Im Mai 1988 flammten im Bezirk Gali die Kämpfe zwischen georgischen Partisanen und abchasischen Milizen erneut auf. Dies bedeutete einen herben Rückschlag für die örtlichen und internationalen Friedensbemühungen. Er hatte zur Folge, dass etwa 40.000 der ursprünglichen 50.000 Rückkehrer erneut vertrieben und viele der von UNHCR instand gesetzten Häuser und Schulen geplündert und niedergebrannt wurden.

Den Bemühungen um eine friedliche Lösung des Konflikts zwischen Georgien und Südossetien war mehr Erfolg beschieden. In der seit Mai 1992 festgefahrenen politischen Situation konnte im Februar 1997 in Wladikawkas (Nordossetien) ein Durchbruch erzielt werden. Eine gemeinsame Kontrollkommission unter der Schirmherrschaft der OSZE verabschiedete drei Beschlüsse, darunter einen zur freiwilligen Rückführung von Flüchtlingen und Vertriebenen. UNHCR eröffnete ein Büro in Tschinwali in Südossetien und begann mit der Durchführung eines bescheidenen

Hilfsprogramms. In dessen Rahmen stellte das Amt primär Rückkehrern, deren Häuser während des Konflikts zerstört oder beschädigt worden waren, Baumaterial zur Verfügung. In die Zusammenarbeit zwischen UNHCR und OSZE bei den Bemühungen um eine Lösung des georgisch-ossetischen Konflikts wurde 1998 der Europarat einbezogen. Gemeinsam unterstützte man die georgische Regierung beim Aufbau eines juristischen Verfahrens, das Konfliktopfern erleichtern sollte, ihr Eigentum zurückzuerhalten.

Bürgerkrieg in Tadschikistan

Weniger als sechs Monate nach der Auflösung der Sowjetunion brach im Mai 1992 in Tadschikistan ein Bürgerkrieg aus. Dem Konflikt lagen politische, ethnische und in einem geringeren Maß ideologische Ursachen zugrunde. Die Bevölkerungsgruppen der Usbeken, Chodschandi und Kuljaben, die in der Sowjetära traditionell die politische und wirtschaftliche Macht innegehabt hatten, wurden von marginalisierten Gruppen aus anderen Regionen (Garm und dem Pamir) mit anti-kommunistischen, pro-islamischen und nationalistischen Zielen herausgefordert. Russische Truppen, die nach dem Zusammenbruch der Sowjetunion im Land verblieben waren, halfen der Regierung, die Kämpfe unter Kontrolle zu bringen und Truppen der Rebellen daran zu hindern, über die südliche Grenze in das Land vorzustoßen. Innerhalb von Monaten waren etwa 600.000 Menschen durch die Kämpfe gezwungen worden, ihren Wohnsitz zu verlassen. Von diesen flohen ungefähr 60.000 Tadschiken in südliche Richtung nach Afghanistan, während viele Russen, Usbeken und Tadschiken in andere Teile der GUS und andere Länder flohen.

Während die Vereinten Nationen an einem einheitlichen Ansatz zum Konflikt in Tadschikistan arbeiteten, leistete UNHCR Soforthilfe für die tadschikischen Flüchtlinge im Norden Afghanistans. Im Januar 1993 reiste dann ein UNHCR-Team in die tadschikische Hauptstadt Duschanbe. Im selben Monat wurde eine vom UN-Sicherheitsrat beschlossene kleine Beobachtermission der UN (*United Nations Mission of Observers to Tajikistan – UNMOT*) entsandt. Die UNHCR-Mitarbeiter mussten in den darauf folgenden Monaten ihrer Tätigkeit unter extrem gefährlichen Bedingungen nachgehen. Sie führten damals schwierige, letztlich jedoch erfolgreiche Verhandlungen mit den für die Vertreibungen verantwortlichen Kriegsherren, um das Vertrauen aller Parteien zu gewinnen und die Voraussetzungen für die Rückkehr der Flüchtlinge und Vertriebenen zu schaffen.

Der eigentliche Bürgerkrieg endete Anfang 1993. Gleichwohl blieb das Land auch danach weiterhin durch Aktivitäten von Rebellen instabil. Ab April 1993 half UNHCR in Zusammenarbeit mit anderen UN-Organisationen und NGOs sowie mit Unterstützung der tadschikischen Regierung, die Rückführung der Flüchtlinge und die Rückkehr der Binnenvertriebenen zu organisieren. Mitarbeiter vor Ort sollten die Rückkehr überwachen und Schutz leisten. Zusammen mit seinen Partnerorganisationen unterstützte UNHCR die Rückkehrer beim Wiederaufbau ihrer zerstörten Häuser und wichtiger Teile der Infrastruktur.

Mitte 1995 waren die meisten Binnenvertriebenen und rund 40.000 Flüchtlinge zurückgekehrt und fast 19.000 Unterkünfte errichtet worden. Die Beobachtertätigkeit von UNHCR ging nun an die OSZE über. Im Juni 1997 wurde in Moskau ein neues,

Tadschikistan, Provinz Chatlon: Heimgekehrte frühere Flüchtlingskinder werden im Freien unterrichtet, weil ihre Schule während des Krieges zerstört wurde. (UNHCR/A. HOLLMANN/1995)

von den Vereinten Nationen unterstütztes Friedensabkommen unterzeichnet, das den Weg für weitere Rückführungen ebnete. In den folgenden zwei Jahren kehrten weitere 17.000 Tadschiken zurück. Um die Reintegration der Rückkehrer im Süden des Landes zu erleichtern, führte UNHCR dort Arbeitsbeschaffungs-, Agrar- und Bildungsprogramme durch. Seitdem sind in Tadschikistan wiederholt neue Kämpfe ausgebrochen, die zu neuerlicher Flucht und Vertreibung geführt haben. Obwohl die Opposition an der Regierung beteiligt wurde, bleibt die politische Situation gespannt.

Neue Herausforderungen in den GUS-Staaten

In den Jahren nach der Auflösung der Sowjetunion standen die neu gebildeten Staaten vor der Herausforderung, geeignete rechtliche und administrative Verfahren einführen zu müssen, um komplexe Flüchtlings- und Migrationsprobleme bewältigen zu können. Zwischen 1992 und 1993 führten die meisten GUS-Staaten entweder vorläufige Flüchtlingsbestimmungen ein oder verabschiedeten Flüchtlingsgesetze. Im Februar 1993 traten die Russische Föderation und Aserbaidschan als erste GUS-Staaten der

Genfer Flüchtlingskonvention und dem Protokoll von 1967 bei. Ihnen folgten noch vor dem Ende des Jahres Armenien und Tadschikistan.

Es wurde jedoch zunehmend deutlich, dass die GUS-Staaten primär an der Lösung ihrer eigenen Flucht- und Vertreibungsprobleme interessiert waren. Nur widerwillig zeigten sie sich bereit, Verpflichtungen im Bereich des klassischen Flüchtlingsrechts einzugehen. UNHCR hatte es extrem schwer, für die Einführung fairer und effizienter Verfahren zur Prüfung der Flüchtlingseigenschaft und die Akzeptanz einer einheitlichen Flüchtlingsdefinition zu werben.

UNHCR und seine Partner aus dem Kreis der NGOs standen 1991/92 vor der Frage, wie sie den Asylsuchenden, die auf dem Moskauer Flughafen festsaßen, und den rund 10.000 Asylbewerbern aus Nicht-GUS-Staaten helfen könnten. Bei der zweiten Gruppe handelte es sich hauptsächlich um Afghanen, Somalier, Iraker und Äthiopier, die sich überwiegend in der Hauptstadt befanden. Der UNHCR-Vertreter in Moskau schrieb im Januar 1993 an die Zentrale: „Flüchtlinge/Asylsuchende sind nicht willkommen. Russland stellt sich auf den Standpunkt, sie befänden sich auf der Durchreise und sie hier zu unterstützen würde einen Anreiz für andere darstellen."[17] Er fügte hinzu, Russland hätte nicht einmal genug Geld, um seine eigenen Vertriebenen zu versorgen. Der Staatlichen Migrationsbehörde seien für 1992 lediglich drei Millionen Dollar zur Betreuung von einer Million Vertriebenen zur Verfügung gestellt worden. Die anderen GUS-Staaten standen vor ähnlichen Schwierigkeiten. UNHCR begann deshalb, den schutzbedürftigsten Flüchtlingen und Asylsuchenden direkt zu helfen und suchte Wege, um die in Russland festsitzenden Afghanen zu unterstützen.

Ein weiterer erschwerender Faktor war die Uneinheitlichkeit der Begriffe und Kategorien in manchen GUS-Staaten. Als besonders problematisch erwies sich, dass Russland und einige andere Staaten den Begriff „Zwangsmigranten" in ihr Recht einführten und darunter Russen und Russisch sprechende Personen verstanden, die mehr oder weniger unfreiwillig ihren Wohnsitz in früheren Sowjetrepubliken hatten aufgeben müssen, aus denen mittlerweile unabhängige Staaten geworden waren. Diese Gesetze verwischten die international anerkannte Flüchtlingsdefinition, vergrößerten die Unterschiede zwischen Flüchtlingen von innerhalb und außerhalb der GUS und führten häufig zur Diskriminierung der Letzteren.[18]

Russische „Zwangsmigranten" und andere Bevölkerungsbewegungen

Für Russland war das vordringliche Problem im Bereich der Migrationssteuerung der Zustrom einer sehr großen Zahl von Russen und Russisch sprechenden Personen. Viele dieser Menschen fühlten sich in den neuen Staaten, vor allem in Zentralasien und im Baltikum, fehl am Platze und diskriminiert. Die ganze Frage wurde politisch hochgespielt und äußerst brisant. Die Probleme von Millionen Rückkehrern berührten den nationalen Stolz, während der Schutz der Rechte von Russen im „nahen Ausland" zu einem Hauptthema der russischen Außenpolitik wurde.

Bereits während des letzten Jahrzehnts der Sowjetherrschaft war eine „Heimkehrbewegung" aus den zentralasiatischen Republiken zu registrieren gewesen, aber jetzt nahmen deren Umfang und politischer Stellenwert plötzlich drastisch zu. Zwischen

1992 und 1996 kamen ungefähr drei Millionen Menschen nach Russland, obwohl kaum eine Million von den Behörden erfasst wurden. Dies war die größte Bevölkerungsbewegung innerhalb der GUS-Staaten nach dem Ende der Sowjetherrschaft.

Russland bezeichnete russische Staatsangehörige aus den früheren Sowjetrepubliken oder solche, die es werden wollten, als „Zwangsmigranten". Andere GUS-Staaten kritisierten diesen Begriff als politisch einseitig. Nach ihrer Einschätzung fand eine umfassende Umsiedlungswelle innerhalb der Grenzen des früheren Sowjetreichs statt, von der nicht nur Russen betroffen seien. Viele von ihnen, so hieß es, würden aus kulturellen, sozialen oder wirtschaftlichen Motiven freiwillig in ihre Heimatrepubliken oder -gebiete zurückkehren. Die Verwirrung wurde noch größer, weil der Begriff darüber hinaus auf alle Binnenvertriebenen angewendet wurde.

Abgesehen davon waren die GUS-Staaten mit weiteren großen Migrationsproblemen konfrontiert. Dazu zählten Bevölkerungsbewegungen wie die der Krimtataren, die man bis zum Zusammenbruch der Sowjetunion an der Rückkehr in ihr Heimatgebiet gehindert hatte. Angehörige bestimmter Volksgruppen wollten in ihre Titularnationen. So kehrten beispielsweise die Kasachen aus der Mongolei, Tadschikistan und Afghanistan nach Kasachstan zurück. Umweltkatastrophen zwangen Menschen, ihren Wohnsitz zu verlassen und sich anderswo eine neue Bleibe zu suchen. Auch wuchs der westwärts gerichtete Strom illegaler Migranten, die auf der Route durch die GUS-Staa-

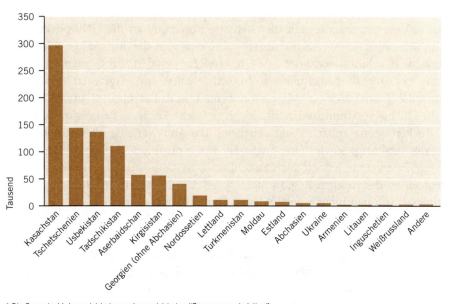

In der Russischen Föderation erfasste „zwangsumgesiedelte" Personen nach Gebiet des vorherigen Wohnsitzes, 1993 - 1998 * (insgesamt 978.000) Grafik 8.2

* Die Gesamtzahl der registrierten und unregistrierten "Zwangsumgesiedelten",
die in den 90er Jahren in der russischen Föderation eintrafen, wird auf über 3 Millionen Menschen geschätzt.
Quelle: Migrationsdienst der Russischen Föderation.

ten nach Westeuropa gelangen wollten. Hinzu kam, dass innerhalb der GUS-Staaten mehrere Millionen Menschen auf Arbeitsuche waren. Diese Arbeitsmigration, vor allem aus vom Krieg betroffenen Ländern, ging weitgehend ungesteuert vonstatten.

Die GUS-Staaten arbeiteten bei der Bekämpfung dieser Probleme sowohl auf einer bilateralen, subregionalen Grundlage als auch innerhalb des Rahmens ihres Staatenbundes zusammen. Bereits im Oktober 1992 unterzeichneten zehn GUS-Staaten in Bischkek (Kirgisistan) eine Vereinbarung über die früheren deportierten Völker.[19] Ein Jahr später kamen neun GUS-Staaten überein, Flüchtlinge und Zwangsmigranten zu unterstützen. Das dabei unterzeichnete Abkommen umfasste Definitionen der Begriffe „Flüchtling" und „Zwangsmigrant", die über die Genfer Flüchtlingskonvention hinausgingen und Personen einbezogen, die vor Konflikten geflohen waren. Als „Zwangsmigranten" wurden Personen definiert, die Staatsangehörige des Asyllandes waren, als Flüchtlinge hingegen solche, auf die das nicht zutraf.[20]

Diese und ähnliche zwischen GUS-Staaten damals getroffene Vereinbarungen schienen sinnvolle Initiativen darzustellen, wurden jedoch nie richtig in die Praxis umgesetzt. Einer der Gründe hierfür waren fehlende Mittel. Noch entscheidender waren jedoch die anhaltenden Spannungen innerhalb der GUS zwischen Staaten wie Russland, das eine größere Integration befürwortete, und anderen wie der Ukraine, Aserbaidschan, Moldau und Georgien, die eine Umwandlung der GUS in eine suprastaatliche Struktur ablehnten. Es wurde immer deutlicher, dass es eines neutralen Rahmens bedurfte, innerhalb dessen die GUS-Staaten die Lösung von Vertreibungs- und Migrationsproblemen in Angriff nehmen konnten.

Die GUS-Konferenz

In der Absicht, die internationale Aufmerksamkeit auf das Problem der „Zwangsmigranten" zu lenken, wandte sich die russische Regierung an die UN-Vollversammlung. Im Dezember 1993 verabschiedete diese eine von der Russischen Föderation eingebrachte Resolution, nach der eine UN-Konferenz zu den „Problemen im Zusammenhang mit Flüchtlingen, Rückkehrern, Vertriebenen und Migranten" einberufen werden sollte.[21] Zwei Monate später bat der russische Außenminister Andrej Kosyrew die Hohe Flüchtlingskommissarin offiziell, eine solche Konferenz zu organisieren.[22]

UNHCR reagierte zunächst zurückhaltend. Das Amt war sich über die politische Brisanz des Vorschlags sowie seine finanziellen und organisatorischen Konsequenzen im Klaren. Es erkannte jedoch auch zunehmend, dass ein unstrukturierter Ansatz zu den Problemen der riesigen Region nicht ausreichte. In diesem mit herkömmlichen Flüchtlingssituationen nicht vergleichbaren Umfeld konnte ein wirksamer und sachdienlicher Handlungsrahmen strategisch nicht nur auf die Institution des Asyls ausgerichtet sein. UNHCR beschloss, die GUS-Initiativen mit seinen eigenen Überlegungen zu verbinden und einen umfassenden multilateralen Ansatz für die Probleme der Region vorzuschlagen. Das Amt stützte sich dabei auf die Erfahrungen, die es vor mehr als einem Jahrzehnt mit dem CIREFCA-Prozess in Mittelamerika gewonnen hatte.

Bei Gesprächen in Moskau im Mai 1994 stimmte die Russische Föderation dem Vorschlag von UNHCR zu. Andere GUS-Staaten sowie mit dem Thema befasste Staaten und Organisationen wurden nun eingeladen, an dem Prozess teilzunehmen. UNHCR, IOM und OSZE, vertreten durch ihr Amt für demokratische Institutionen und Menschenrechte (Office for Democratic Institutions and Human Rights – ODIHR), vereinbarten, ihr bislang ambitioniertestes multilaterales Projekt gemeinsam zu organisieren. Im Dezember 1994 bekräftigte die UN-Vollversammlung mit einer weiteren Resolution ihre Unterstützung für die Initiative.[23]

Die umfangreichen Vorbereitungen nahmen fast zwei Jahre in Anspruch und festigten den Konsens, die aktuellen und potenziellen Flucht- und Vertreibungsprobleme in einem internationalen Forum für Zusammenarbeit und Dialog anzugehen. Auf einer Reihe subregionaler Treffen wurden die GUS-Staaten ermuntert, die Probleme und Erfordernisse in ihren jeweiligen Ländern klarer zu ermitteln. Bei einem ersten Expertentreffen im Mai 1995 kam man überein, dass sich die Konferenz einer breiten Palette vertriebener Bevölkerungsgruppen annehmen sollte.[24]

Die GUS-Konferenz wurde schließlich für den 30./31. Mai 1996 nach Genf einberufen. Ihre vollständige Bezeichnung lautete „Regionalkonferenz zur Bekämpfung der Probleme im Zusammenhang mit Flüchtlingen, Vertriebenen, anderen Formen von Vertreibung und Rückkehrern in den Ländern der Gemeinschaft unabhängiger Staaten und betroffenen Nachbarstaaten". Auf der Suche nach einer Strategie zur Bewältigung humanitärer Probleme und zur Festigung der Stabilität in der Region hatte die Konferenz insofern eine grundlegende politische Dimension, als sie Vertreibungs- und Migrationsfragen mit Sicherheitsanliegen verband. Sie stellte daher die direkteste Form dar, in der die internationale Gemeinschaft – unter einem humanitären Vorzeichen – einige der dringendsten Probleme infolge der Auflösung der Sowjetunion anging.

Die Teilnehmer untersuchten die aktuellen Bevölkerungsbewegungen in der Region und definierten anschließend genau die verschiedenen daran beteiligten Gruppen. Dazu zählten Flüchtlinge, Binnenvertriebene, Heimkehrer und in der Vergangenheit deportierte Völker sowie Migranten aus ökologischen Gründen, Arbeitsmigranten und Transitmigranten. An Stelle des Begriffs „Zwangsmigranten" wurde die neutralere Bezeichnung geprägt „Personen, die unfreiwillig ihren Wohnsitz aufgegeben haben".[25] Die Klärung dieser terminologischen Fragen bildete sowohl den Ausgangspunkt als auch das wichtigste Ergebnis der Konferenz. Die Kategorisierung der verschiedenen Bevölkerungsbewegungen trug dazu bei, der Thematik ihre politische Brisanz zu nehmen. Die Konferenz verabschiedete ein Aktionsprogramm, das auf der Grundlage anerkannter Prinzipien eine umfassende und integrierte Strategie zur Bewältigung von Migrations- und Vertreibungsproblemen umriss. Auf diese Weise sollten Situationen verhindert werden, die Ausgangspunkt weiterer unfreiwilliger Bevölkerungsbewegungen werden könnten.[26]

Der Nachfolgeprozess der GUS-Konferenz

Der Prozess der GUS-Konferenz trug dazu bei, die betroffenen Länder in den geltenden Rahmen der internationalen Normen und Verfahren einzubeziehen und die Aufmerksamkeit der Geber auf die Region zu lenken. Das auf der Konferenz verabschiedete Aktionsprogramm lieferte in der Folgezeit den Anstoß für die Verabschiedung neuer

Gesetze in praktisch allen Bereichen einschließlich der Menschenrechts- und Flüchtlingsproblematik.

Die Konferenz half UNHCR, in der Region zielgerichteter und erfolgversprechender zu arbeiten, weil das Amt seine Aktivitäten nun auf eine größere Zielgruppe ausdehnen konnte. UNHCR hat seitdem in allen GUS-Staaten Vertretungen eröffnet. Das Amt hat zudem eng mit den Regierungen an der Umsetzung von internationalen Standards entsprechenden Asyl- und Staatsangehörigkeitsgesetzen zusammengearbeitet. In Zentralasien war UNHCR an der Gründung des Bischkeker Migrationssteuerungszentrums (Bishkek Migration Management Centre) beteiligt, an dem Fortbildungsmaßnahmen, Forschungen und ein regionenübergreifender Dialog zur Flüchtlings- und Migrationsfragen stattfinden sollen. Die von UNHCR angebotenen Fortbildungsmaßnahmen haben sich jedoch nicht auf das Flüchtlingsrecht beschränkt, sondern betrafen darüber hinaus Themen wie die Menschenrechte, humanitäre Angelegenheiten, Migrations- und Ausländerrecht und Krisenvorbereitung.

Gemeinsam mit seinen Partnerorganisationen hat sich UNHCR aktiv dafür eingesetzt, die Rolle der NGOs in der Zivilgesellschaft anzuerkennen und für sie einen rechtlichen Rahmen zu schaffen. Der Europarat hat nach und nach die Federführung in dem Prozess übernommen, einen normativen Rahmen für eine entsprechende Gesetzgebung zu entwickeln. Über einen 1997 eingerichteten NGO-Fonds hat UNHCR örtliche Hilfsorganisationen mit bescheidenen Beträgen unterstützt, um sie besser in die Lage zu versetzen, Migrations- und Flüchtlingsprobleme anzugehen.

Im Kontext des Folgeprozesses haben sich UNHCR und seine Partnerorganisationen – vor allem das Amt des Hohen Kommissars für nationale Minderheiten der OSZE und der Europarat – bemüht, zur Lösung der wichtigen, aber politisch heiklen Probleme im Zusammenhang mit der Staatenlosigkeit [siehe Kasten 8.1] und einem Relikt aus der Sowjetzeit beizutragen – den propiska genannten Aufenthaltsgenehmigungen, die sowohl die Freizügigkeit als auch die freie Wahl des Wohnsitzes einschränken. Obwohl einige GUS-Staaten das propiska-System offiziell abgeschafft haben, wurde es von einer größeren Zahl stillschweigend oder unter einem anderen Namen beibehalten.

In der Vergangenheit deportierte Völker

Von den Völkern, die von Stalin in den vierziger Jahren deportierten wurden, durften die Krimtataren, die Mescheten und die Wolgadeutschen erst in den achtziger Jahren, als die Kontrollen in der Sowjetunion gelockert wurden, in ihre angestammten Gebiete zurückkehren. Die Wolgadeutschen konnten in Übereinstimmung mit dem deutschen Grundgesetz in die Bundesrepublik Deutschland ausreisen. Zwischen 1992 und 1999 wanderten etwa 850.000 nach Deutschland aus, während im gleichen Zeitraum nur wenige tausend in die Wolgaregion zurückkehrten.

Von den Krimtataren kehrten zwischen 1988 und 1999 rund 250.000 auf die Halbinsel Krim in der Ukraine zurück. Eine ungefähr gleich große Zahl lebt vermutlich noch außerhalb dieses Stammgebiets, vor allem in Usbekistan. Die Rückkehr der Krimtataren hat zu Spannungen mit Bewohnern der Halbinsel geführt, die durch wirtschaftliche Schwierigkeiten, von denen die gesamte Bevölkerung betroffen war, verschärft wurden. Zurückkehrende Tataren hatten auch Probleme, die ukrainische Staatsangehörigkeit zu erwerben. Da sie kaum Wohnungen fanden, waren sie gezwungen, sich in provisorischen Behausungen niederzulassen.

1997 bat die Regierung der Ukraine um internationale Unterstützung bei der Reintegration der Tataren. Durch Vermittlung von UNHCR und des Amtes des Hohen Kommissars für nationale Minderheiten der OSZE kam zur gleichen Zeit eine Vereinbarung zwischen den Regierungen der Ukraine und Usbekistans zu Stande, die es den Tataren erleichterte, die ukrainische Staatsangehörigkeit zu erwerben. UNHCR führte in der Ukraine auch eine Aufklärungskampagne durch, um die Öffentlichkeit über die Situation der Tataren zu informieren. Ende 1999 war auf der Krim das Problem der Staatenlosigkeit von Angehörigen der in der Vergangenheit deportierten Völker weitgehend gelöst.

Die Frage der Mescheten war komplexer. Dieses eigenständige Turkvolk aus dem Südwesten Georgiens erlangte erst nach seiner Deportation in den vierziger Jahren eine eigene nationale Identität. Im Gegensatz zu anderen Gruppen wurden sie nie der Kollaboration mit den Nationalsozialisten beschuldigt. Die strategische Bedeutung des Gebietes nahe der türkischen Grenze, aus dem sie deportiert worden waren, bewog die sowjetischen Behörden dennoch, ihre Rückkehr zu verhindern. Ende der achtziger Jahre zwangen ethnisch motivierte Unruhen in dem Gebiet, in dem sie sich niedergelassen hatten (dem Fergana-Becken zwischen Usbekistan und Kirgisistan), etwa 90.000 von ihnen zur Flucht. Mehr als die Hälfte zog nach Aserbaidschan. Seitdem sind Mescheten in mehreren GUS-Staaten immer wieder mit Schwierigkeiten mit Blick auf ihre Rechtsstellung, ihre Staatsangehörigkeit und ihre Integration konfrontiert worden.

Im September 1998 kamen alle beteiligten Parteien zum ersten Mal zu informellen Konsultationen zusammen. Das Treffen in Den Haag wurde vom Amt des Hohen Kommissars für nationale Minderheiten der OSZE in Zusammenarbeit mit UNHCR und dem *Open Society Institute* veranstaltet.[27] In der Folgezeit wurden weitere Akteure einschließlich des Europarats einbezogen. Der Europarat machte die sukzessive Rücksiedlung der Mescheten, die zurück in ihre angestammten Gebiete an der Südgrenze Georgiens wollen, zu einer der Vorbedingungen für den Beitritt des Landes im April 1999.

Konflikt im Nordkaukasus

Die ersten Kämpfe zwischen ethnischen Gruppen auf dem Gebiet der Russischen Föderation entbrannten weniger als ein Jahr nach dem Zerfall der Sowjetunion im Oktober und November 1992 im Nordkaukasus. Die seit langem bestehenden Spannungen zwischen den Inguschen, einem in der Vergangenheit deportierten Volk, und den Nordosseten entluden sich in offener Gewalt, durch die sich etwa 40.000 bis 50.000 Inguschen gezwungen sahen, aus dem umstrittenen Bezirk Prigorodny in Nordossetien in die benachbarte autonome Republik Inguschetien zu fliehen. Im Oktober 1994 luden die russischen Behörden UNHCR ein, die Lage in dem Gebiet zu untersuchen. Kurze Zeit, nachdem UNHCR-Mitarbeiter vor Ort gewesen waren, brach jedoch im angrenzenden Tschetschenien ein umfassender militärischer Konflikt los.

Kaukasus: Flucht und Vertreibung in den 90er Jahren

Karte 8.2

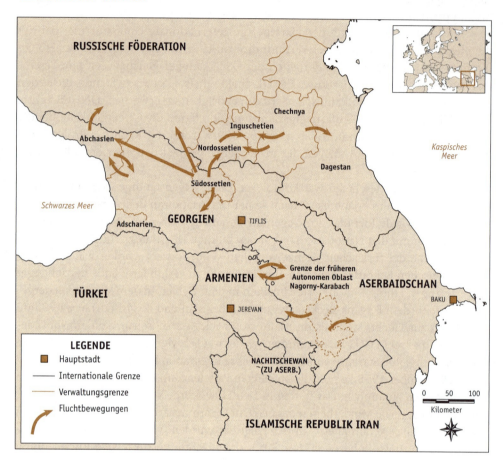

Krieg in Tschetschenien

Tschetschenien erklärte sich im November 1991 einseitig für unabhängig. Danach verließen etwa 150.000 nicht zur Volksgruppe der Tschetschenen gehörende Bewohner die Republik. Die meisten von ihnen zogen in andere Teile der Russischen Föderation. Die Kampfhandlungen begannen Ende 1993, als Gegner der tschetschenischen Regierung die Erste einer ganzen Reihe erfolgloser Offensiven starteten. Im Dezember 1994 gingen russische Truppen direkt gegen die abtrünnige Republik vor und veränderten damit die politische Situation und die Sicherheitslage in dem Gebiet von Grund auf. Mit Bomben- und Artillerieangriffen wurden weite Teile der Hauptstadt Grosny und der umliegenden Dörfer zerstört. 250.000 von 700.000 Einwohnern waren gezwungen, ihre Wohnsitze zu verlassen. Diese Menschen flohen nach Inguschetien, Dagestan und Nordossetien sowie in andere Teile Tschetscheniens.

Nicht lange nach dem russischen Einmarsch lud die russische Regierung UNHCR

Ende Dezember 1994 ein, humanitäre Hilfe für die Vertriebenen zu leisten. Nachdem der UN-Generalsekretär dem Amt gestattet hatte, die Betreuung dieser neuen großen Population von Binnenvertriebenen zu übernehmen, begann UNHCR seinen ersten humanitären Hilfseinsatz in der Russischen Föderation. Der Einsatz im Nordkaukasus erfolgte in Zusammenarbeit mit dem russischen Krisenministerium, dem Internationalen Komitee vom Roten Kreuz (IKRK), anderen UN-Organisationen und NGOs. Überwiegend als Ergebnis dieses Einsatzes konnten die sozialen und ethnischen Spannungen infolge des Massenzustroms in Grenzen gehalten und die Destabilisierung von Inguschetien und Dagestan sowie eine Ausbreitung des militärischen Konflikts über Tschetschenien hinaus verhindert werden.

Im August 1996 konnte endlich eine Waffenstillstandsvereinbarung erzielt werden. Sie sah den Rückzug der russischen Truppen vor, klärte jedoch nicht den Status Tschetscheniens. Im Laufe des nächsten Jahres kehrten viele Vertriebene an ihre früheren Wohnorte in Tschetschenien zurück, sodass der organisationsübergreifende Soforthilfeeinsatz der Vereinten Nationen in der Region schrittweise gedrosselt werden konnte. Die Aufmerksamkeit richtete sich nun wieder auf die Rückführung der inguschischen Binnenvertriebenen in den Bezirk Prigorodny.[28]

Familien in Tschetschenien trauern um tote Angehörige, nachdem ihre Häuser durch Bombenangriffe zerstört wurden.
(UNHCR/L. VAN DER STOCKT/1995)

Kasten 8.3 Bewaffnete Angriffe auf humanitäre Helfer

Dass Mitarbeiter humanitärer Organisationen in Gefahr geraten können, ist nichts Neues. Im Juli 1964 schrieb UNHCR-Mitarbeiter François Preziosi; der in den Lagern für ruandische Flüchtlinge in der damaligen Republik Kongo tätig war, in einem seiner Berichte an die UNHCR-Zentrale: „Wenn ich Risiken einzugehen scheine, weil ich mich häufig an die Frontlinien begebe, so tue ich das nicht aus Neugier, sondern weil ich bei Bedarf eingreifen und versuchen möchte, unangemessenes Vorgehen gegen die Flüchtlinge sowohl ‚draußen' als auch in den Weiterwanderungszentren zu verhindern. Dazu müssen die Offiziere und Soldaten mit meiner Anwesenheit vertraut sein. Deshalb besuche ich sie häufig."[iv] Sechs Wochen später, am 18. August 1964, wurden Preziosi und ein Kollege, der im Auftrag der Internationalen Arbeitsorganisation vor Ort war, im Flüchtlingslager Mwamba im Bezirk Kivu im Osten des Kongo ermordet, als sie versuchten, ruandische Flüchtlinge zu schützen.

Überall auf der Welt sind Mitarbeiter humanitärer Organisationen immer wieder in lebensbedrohende Situationen geraten. Bis zum Ende des Kalten Krieges vermieden UNHCR und die meisten anderen humanitären Organisationen jedoch weitgehend Einsätze in Kriegsgebieten. Nur das Internationale Komitee vom Roten Kreuz (IKRK) und eine Handvoll NGOs wie Ärzte ohne Grenzen arbeiteten regelmäßig inmitten akuter Konflikte.

Die Gefahren sind größer geworden

Während der gesamten neunziger Jahre haben humanitäre Organisationen einschließlich UNHCR zunehmend Einsätze in laufenden bewaffneten Konflikten durchgeführt. Entsprechend hat die Zahl der im Einsatz verwundeten oder getöteten Mitarbeiter humanitärer Organisationen zugenommen. Viele humanitäre Helfer sind Opfer von Minenexplosionen geworden oder durch willkürliche Angriffe auf die Zivilbevölkerung in Gefahr geraten. Während des Krieges in Bosnien und Herzegowina wurden beispielsweise 40 Mitarbeiter verschiedener humanitärer Organisationen durch Artilleriegeschosse oder Kugeln von Heckenschützen getötet und viele weitere verletzt. Ein besonders gefahrvoller Ort war Sarajewo, wo Anfang 1994 jeden Tag 1.200 Geschosse einschlugen.[v] Damals setzte UNHCR zum ersten Mal in der Geschichte des Amtes regelmäßig gepanzerte Fahrzeuge ein und stattete seine Mitarbeiter vor Ort mit kugelsicheren Westen aus.

In Konfliktsituationen arbeitende humanitäre Organisationen haben versucht, sich kenntlich zu machen, um Angriffe zu vermeiden. Als Transportmittel benutzen sie beispielsweise weiße Fahrzeuge, die mit Flaggen und Emblemen klar gekennzeichnet werden. In vielen Fällen war dies jedoch kein ausreichender Schutz. Niemand ist sicher in Staaten, in denen willkürlich Gewalt angewendet wird, Verbrechen an der Tagesordnung sind, Kriegsherren und örtliche Kommandanten vor niemandem Rechenschaft ablegen müssen, Kontrollpunkte von betrunkenen Soldaten oder von Kindern besetzt sind, die mit Waffen ausgerüstet sind, die größer sind als sie selbst. Im Gegenteil, die blitzenden Fahrzeuge von Hilfsorganisationen mit Allradantrieb, Funkantennen und anderer moderner und kostspieliger Ausrüstung sind häufig ein verführerisches Angriffsziel.[vi]

Mitarbeiter humanitärer Organisationen sind jedoch nicht nur durch Kriminalität und willkürliche Gewaltanwendung gefährdet. Die Anwesenheit humanitärer Organisationen wird häufig von einer oder mehreren Kriegsparteien abgelehnt, und diese Ablehnung kann sich zu einer ganz besonderen Art von Bedrohung entwickeln. Hilfseinsätze in laufenden bewaffneten Konflikten gelten Kriegsparteien häufig als Hindernis für ihre militärischen, politischen oder strategischen Ziele. Mitarbeiter humanitärer Organisationen können verdächtigt werden, geheime oder brisante Informationen weiterzugeben. Sie werden Zeuge von Verbrechen, die die Kriegsparteien vertuschen wollen. Kämpfer versuchen bisweilen, tatsächliche oder potenzielle Zeugen von Menschenrechtsverletzungen oder anderen Verstößen gegen das Völkerrecht aus dem Weg zu schaffen oder abzuschrecken, indem sie ein für humanitäre Organisationen unsicheres Umfeld schaffen. Auf beiden Seiten einer Front arbeitende Organisationen kann auch übel genommen werden, dass sie ebenfalls den „Feind" unterstützen. Oftmals sind einheimische Mitarbeiter humanitärer Organisationen wegen ihrer lokalen, religiösen oder ethnischen Verbindungen noch gefährdeter als ausländische.

Direkte Angriffe

Die Zahl der Angriffe auf Mitarbeiter humanitärer Organisationen hat in beunruhigender Weise zugenommen. Im Februar 1993 war der in Afghanistan tätige UNHCR-Mitarbeiter Reinout Wanrooy mit zwei Kollegen von den Vereinten Nationen und zwei afghanischen Fahrern auf der Straße von Peschawar nach Jalalabad unterwegs. Als sie sich Jalalabad näherten, wurden sie von drei nicht identifizierten bewaffneten Männern in einem Pritschenwagen überholt, die Schüsse auf die klar gekennzeichneten UN-Fahrzeuge abgaben. Nachdem sie die UN-Fahrzeuge zum Anhalten gezwungen hatten, sprangen sie aus ihrem Auto und eröffneten aus nächster Nähe das Feuer auf ihre Opfer. Drei Männer starben auf der Stelle, während einer der afghanischen Fahrer so schwer verwundet wurde, dass er später im Krankenhaus starb. Wanrooy konnte entkommen, indem er aus dem UN-Fahrzeug sprang und so schnell, wie er konnte, im Zickzack davonlief, um den Kugeln zu entgehen, die auf ihn abgefeuert wurden.

Zahlreiche andere Mitarbeiter verschiedener Hilfsorganisationen haben unter ähnlichen Umständen ihr Leben verloren. Seit 1996 wurden allein im ostafrikanischen Seenhochland mindestens 23 Mitarbeiter der Rotkreuzorganisation getötet. Die brutale Ermordung von sechs Mitarbeitern des IKRK in Tschetschenien im Dezember 1996 war besonders alarmierend. Es handelte sich bei ihnen überwiegend um Ärzte und Krankenschwestern, und sie wurden in dem Krankenhaus, in dem sie im Einsatz waren, im Schlaf umgebracht. In Burundi wurden im selben Jahr drei IKRK-Mitarbeiter in einem weiteren schrecklichen vorsätzlichen Angriff getötet. Zahlreiche andere Mitarbeiter humanitärer Organisationen starben, weil sie direkt angegriffen wurden, in das Kreuzfeuer von Handfeuerwaffen oder willkürlichem Artilleriebeschuss gerieten, ihr Flugzeug abgeschossen wurde oder sie Opfer von Minenexplosionen wurden. Eine noch größere Zahl wurde verletzt oder erlitt Traumata, unter denen sie zum Teil noch heute leiden.

Mitarbeiter humanitärer Organisationen wurden auch zunehmend als Geiseln genommen. Eines der Opfer war Vincent Cochetel, der Leiter des UNHCR-Büros in Wladikawkas in der Russischen Föderation, der dort ein Programm zur Unterstützung von mehreren zehntausend Menschen leitete, die durch die Konflikte in Tschetschenien, Ossetien und Inguschetien vertrieben worden waren. Als er an einem Tag im Januar 1998 die Tür zu seiner Wohnung im siebten Stock aufschloss, zwangen ihn drei bewaffnete Männer, niederzuknien, und hielten ihm eine Pistole in den Nacken. Er wurde nach Tschetschenien entführt und dort 317 Tage unter furchtbaren Bedingungen gefangengehalten. So wurde er einmal drei Tage lang im Kofferraum eines Autos eingesperrt, regelmäßig geschlagen, in Kellern angekettet und Scheinhinrichtungen unterzogen, bevor er befreit werden konnte.

Zwischen dem 1. Januar 1992 und dem 31. Dezember 1999 verloren 184 einheimische und ausländische UN-Mitarbeiter ihr Leben. Die meisten nahmen an humanitären Einsätzen teil. Im selben Zeitraum wurden mehr als 60 UN-Mitarbeiter als Geisel genommen. Bei mehr als der Hälfte von ihnen handelte es sich um Mitarbeiter humanitärer Organisationen. Seit Anfang der neunziger Jahre wurden 15 UNHCR-Mitarbeiter bei vorsätzlichen geplanten bewaffneten Angriffen getötet. Zum Teil wurden sie aus nächster Nähe erschossen. Wenn die Zahl der toten und verwundeten Mitarbeiter von NGOs ebenfalls berücksichtigt wird, bieten die Statistiken ein noch viel erschreckenderes Bild.

Sicherheitsmaßnahmen

Vor dem Konflikt im ehemaligen Jugoslawien beschäftigte UNHCR nur einen Experten auf einer Teilzeitstelle als Berater für Sicherheitsfragen. 1992 führte das Amt ein vollkommen neues Sicherheitssystem ein. Sicherheitsberater wurden eingestellt, ein Schulungsprogramm eingeführt und eine bessere Abstimmung sowohl innerhalb der Vereinten Nationen als auch mit NGOs angestrebt. Am Ende des Jahrzehnts waren für UNHCR in Afrika, Asien und Europa 21 Sicherheitsberater vor Ort tätig. Sie unterstützen und beraten die UNHCR-Mitarbeiter, untersuchen die Sicherheitslage vor Ort, nehmen Kontakt zu den zuständigen örtlichen Behörden, anderen UN-Organisationen, NGOs und Botschaften auf und geben aktuelle Hinweise, wie Gefahren, Bedrohungen und Angriffe abgewehrt werden können.

Friedenssicherungstruppen der Vereinten Nationen und anderer internationaler oder regionaler Organe wurden in Krisengebiete wie den Nordirak, Somalia, den Balkan, Osttimor und Liberia entsandt, um die Sicherheit der Mitarbeiter humanitärer Organisationen zu erhöhen und den Zugang zu schutzbedürftigen Bevölkerungen zu verbessern. Sie eskortieren Hilfskonvois, räumen Minen, setzen Straßen und Brücken instand und leiten Flughäfen. In vielen Ländern haben sich die Regierungen jedoch auch geweigert, Truppen oder andere Ressourcen bereitzustellen, um die Sicherheit der Mitarbeiter humanitärer Organisationen zu verbessern. An einigen der gefährlichsten Orte auf der Welt gehen viele unbewaffnete Mitarbeiter humanitärer Organisationen weit weg vom Rampenlicht der Medien auf sich allein gestellt weiterhin engagiert ihren Aufgaben nach. Sie setzen ihr Leben aufs Spiel, um andere Menschen zu schützen und zu unterstützen.

Flüchtlinge und Binnenvertriebene in der Gemeinschaft unabhängiger Staaten, 1999

Grafik 8.3

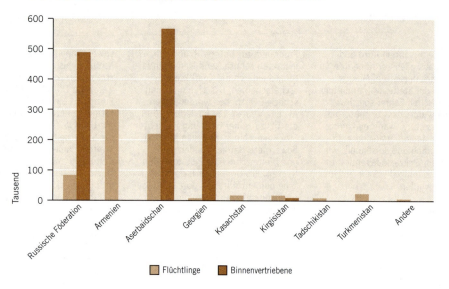

Die Situation in Tschetschenien blieb jedoch instabil. Entführungen und Bluttaten waren an der Tagesordnung. Im Dezember 1996 wurden sechs IKRK-Mitarbeiter in dem Krankenhaus, in dem sie arbeiteten, im Schlaf brutal ermordet. Im Januar 1998 wurde der Leiter des UNHCR-Büros in der nordossetischen Hauptstadt Wladikawkas, Vincent Cochetel, nach Tschetschenien entführt und konnte erst elf Monate später befreit werden. Wegen des Sicherheitsrisikos für die UNHCR-Mitarbeiter vor Ort verlegte das Amt sein Personal Anfang 1999 von Wladikawkas in das 300 Kilometer nordwestlich gelegene Stawropol.

Die anhaltenden Spannungen in der Region zwangen UNHCR zur Aufgabe seiner Pläne, für die Rückkehr zu werben. 1997 betreute das Amt mehr als 90.000 Binnenvertriebene aus Tschetschenien, die sich in benachbarten russischen Republiken und in Georgien aufhielten. Von außerhalb Tschetscheniens aus wurden auch Vertriebene in der Republik unterstützt. Hilfe erfuhren ferner mehr als 35.000 entwurzelte Menschen aus dem Bezirk Prigorodny in Nordossetien, die immer noch in Inguschetien lebten. In Nordossetien begann UNHCR mit der Rückführung von 29.000 Flüchtlingen aus Südossetien und dem georgischen Kernland.

In der zweiten Hälfte des Jahres 1999 kam es in der Region erneut zu bewaffneten Auseinandersetzungen. Zuerst zwangen Kämpfe zwischen tschetschenischen bewaffneten Gruppen und russischen Truppen im angrenzenden Dagestan etwa 30.000 Menschen zur Flucht. Im Oktober brach dann ein neuer Krieg zwischen russischen Truppen und der Armee der abtrünnigen Republik aus. Erneut flohen mehr als 200.000 Menschen in die benachbarten Republiken, vor allem nach Inguschetien, und mehrere Tausend über die internationale Grenze nach Georgien. Viele wurden in Lagern untergebracht. UNHCR und andere humanitäre Organisationen versorgten die

Binnenvertriebenen und Flüchtlinge mit Nahrungsmitteln und anderen Hilfsgütern und versuchten ihre grundlegenden Menschenrechte zu schützen.

Die zweite Tschetschenien-Krise erzeugte weltweit heftige politische Turbulenzen. Die Regierung der Russischen Föderation vertrat nachdrücklich den Standpunkt, sie würde auf ihrem Territorium Terroristen bekämpfen. Das Recht dazu wurde auch von keinem westlichen Staat bestritten. In vielen Ländern erhob sich jedoch Kritik an den eingesetzten Mitteln und der unverhältnismäßig großen Anwendung von Gewalt des russischen Militärs gegenüber der Zivilbevölkerung.

Die zukünftigen Herausforderungen

Durch die Auflösung der Sowjetunion kamen eine Fülle latenter Antagonismen zwischen ethnischen Gruppen sowie nationalistischer und sezessionistischer Tendenzen zum Ausbruch. Viele der Konflikte, die Ende der achtziger und Anfang der neunziger Jahre entbrannten, sind auch heute noch ungelöst – mit dem Resultat, dass es in der Region immer noch Tausende Binnenvertriebene gibt. Die meisten dieser Menschen konnten entweder nicht in Sicherheit an ihre früheren Wohnorte zurückkehren oder sich an ihrem Zufluchtsort nicht zufrieden stellend integrieren. Ein Teil der Grenzen ist ebenfalls weiterhin umstritten, was die Stabilisierung der neuen Staaten zusätzlich erschwert. Der in eine Sackgasse geratene Friedensprozess im Südkaukasus und der anhaltende Schwebezustand zwischen Krieg und Frieden bedeuten für die Betroffenen zusätzliche Torturen und Unsicherheit. In Tadschikistan bleibt der Frieden trotz einer Einigung zwischen den Konfliktparteien instabil. Auch in anderen Teilen Zentralasiens gibt es große Spannungen. In Tschetschenien sind weite Teile der Infrastruktur und der Häuser zerstört, und die Kämpfe halten an. Die Hauptstadt Grosny bietet ein Bild der Verwüstung, wie es in Europa seit dem Zweiten Weltkrieg nicht mehr zu sehen war. In Tschetschenien, Inguschetien und Dagestan leben Tausende Binnenvertriebene, deren Zukunft ungewiss ist.

In den letzten zehn Jahren haben viele GUS-Staaten beträchtliche Fortschritte bei der Einführung von Migrations- und Flüchtlingsgesetzen gemacht. Die meisten von ihnen sind mittlerweile auch der Genfer Flüchtlingskonvention beigetreten. Es hapert jedoch noch an der Umsetzung der Prinzipien des Flüchtlingsschutzes. Das Asylsystem in der Region ist nach wie vor unausgeformt und zersplittert. Die verbreitete Anwendung des Konzepts des „sicheren Drittstaates" und die Rückübernahme-Abkommen ohne angemessene Garantien für den Schutz von Flüchtlingen stellen weiterbestehende gravierende Lücken im sich entwickelnden regionalen und übergeordneten internationalen Asylsystem dar.

Viele Bürger der GUS-Staaten tun sich immer noch schwer mit der Vorstellung, Flüchtlingen Asyl zu gewähren. In einem Klima akuter sozioökonomischer Schwierigkeiten hat die Fremdenfeindlichkeit eher zu- als abgenommen. In der Bevölkerung der GUS-Staaten ist das Misstrauen zwischen den Angehörigen der slawischen und der kaukasischen Volksgruppen gewachsen. Diese Entwicklung wurde durch den Tschetschenien-Krieg und die vermeintliche latente terroristische Bedrohung noch verschärft. NGOs können in dieser Situation dazu beitragen, für Toleranz an Stelle von Fremdenfeindlichkeit zu werben und das Vertrauen zwischen den Gemeinschaften nach dem Ende von Konflikten wiederherzustellen. Durch den Prozess der GUS-Konferenz wurden die NGOs beträchtlich gestärkt. Es müssen jedoch weitere Anstrengungen unternommen werden, um ein Umfeld zu schaffen, in dem sie wirksam tätig werden können.

Abgesehen von den vielen Herausforderungen innerhalb der Region der früheren Sowjetunion erwecken die immer umfassenderen und zunehmend restriktiven Asyl- und Grenzkontrollsysteme der Europäischen Union bei den GUS-Staaten den Eindruck, sie sollten als Barriere für die illegale Migration in den Westen herhalten. Die Regierungen der GUS-Staaten vertreten den Standpunkt, die west- und mitteleuropäischen Staaten sollten einen gesamteuropäischen Ansatz verfolgen. Sie möchten, dass diese Länder ihnen helfen, faire und wirksame Asylsysteme aufzubauen sowie die illegale und die Transitmigration zu bekämpfen, die in der Region ebenfalls Besorgnis erwecken.

9 Krieg und humanitäre Einsätze im Irak und auf dem Balkan

In den neunziger Jahren sahen sich die humanitären Organisationen vor einer Reihe neuer schwieriger Aufgaben. Im veränderten politischen Umfeld nach dem Ende des Kalten Krieges begannen nicht nur UNHCR, sondern ein breites Spektrum humanitärer Organisationen und anderer internationaler Akteure, in größerem Umfang als je zuvor Einsätze in Kriegsgebieten durchzuführen. Die Zahl der Fälle, in denen multinationale Truppen in innerstaatliche Kriege eingriffen, nahm drastisch zu. Die Medien – besonders die Live-Berichterstattung im Fernsehen – beeinflussten die internationale Reaktion auf humanitäre Krisen mitunter entscheidend.

Die Massenflucht von Kurden im Nordirak nach dem Golf-Krieg im Jahre 1991 bedeutete für UNHCR eine ganz besondere Herausforderung. Die Türkei weigerte sich, den Kurden Asyl zu gewähren. Deshalb richteten Koalitionstruppen unter amerikanischem Kommando innerhalb des Nordirak eine „Sicherheitszone" für sie ein. UNHCR beteiligte sich an diesem Einsatz. Eine enge Zusammenarbeit mit den Koalitionstruppen war erforderlich, um den ersten großen Soforthilfeeinsatz des Amtes nach dem Ende des Kalten Krieges durchzuführen. Er sollte zu einem Wendepunkt für das Amt werden.

Die großen Bevölkerungsbewegungen auf dem Balkan, die im Verlauf des gleichen Jahres mit der Auflösung des jugoslawischen Staatsgebildes einsetzten, mündeten in eine Reihe noch komplexerer internationaler Hilfseinsätze, an denen UNHCR federführend beteiligt war. Auch hier arbeitete das Amt in einem gefährlichen und politisch höchst brisanten Umfeld mit multinationalen Truppen zusammen. In Bosnien und Herzegowina führte UNHCR zum ersten Mal in seiner Geschichte in einem Kriegsgebiet vor dem Ende der Kampfhandlungen einen Hilfseinsatz durch, der nicht nur Flüchtlingen, sondern auch Binnenvertriebenen und anderen vom Krieg betroffenen Bevölkerungsteilen dienen sollte.

Bei diesen und anderen Einsätzen in den neunziger Jahren war UNHCR vor allem mit zwei Schwierigkeiten konfrontiert. Zum einen war es wesentlich schwieriger, die Zivilbevölkerung inmitten bewaffneter Konflikte zu unterstützen, als Flüchtlinge in ihren Asylländern. Oftmals erwies es sich als ein ganz besonders komplexes Problem, überhaupt Zugang zu schutzbedürftigen Bevölkerungen zu erhalten. Große Sorgen bereitete auch die Sicherheit, und zwar nicht nur der unterstützten Menschen, sondern auch der Mitarbeiter humanitärer Organisationen. Der Eindruck der Unparteilichkeit konnte nur schwer oder vielleicht sogar unmöglich gewahrt werden. Zum anderen erforderte die große Zahl der an Hilfsaktionen beteiligten internationalen Akteure eine bessere Koordination. Neue Kontakte wurden geknüpft, nicht nur mit multinationalen Truppen und anderen humanitären Organisationen, sondern auch mit einer Vielzahl anderer Akteure einschließlich regionaler Sicherheitsorganisatio-

Eine Frau hört angespannt zu, als ein bosnischer Soldat die Namen von Männern aus Srebrenica verliest, die das Massaker der serbischen Truppen im Jahre 1995 überlebt haben. (UNHCR/R. LEMOYNE/1995)

nen, Menschenrechtsorganisationen, Ermittlern von Kriegsverbrechen, Entwicklungsorganisationen, Teilnehmern an Friedensverhandlungen und der Medien.

Dieses Kapitel beschreibt die Schwierigkeiten und Dilemmas, denen UNHCR und andere humanitäre Organisationen bei diesen Einsätzen gegenüberstanden. Dazu zählt beispielsweise die Frage, wann in Konfliktsituationen dem Schutz von Menschen in ihren Herkunftsländern Priorität vor dem Schutz durch Asyl eingeräumt werden sollte. Welche Beziehungen sollten humanitäre Organisationen mit Krieg führenden Parteien eingehen, die für direkte Angriffe auf die Zivilbevölkerung verantwortlich sind? Wie können humanitäre Organisationen verhindern, dass Hilfsgüter an Kombattanten fallen und damit vielleicht zur Verschärfung oder Verlängerung des Krieges beitragen? Wie können humanitäre Organisationen ihre Unparteilichkeit bewahren, wenn ihre Ziele denen einer oder mehrerer Kriegsparteien zuwiderlaufen und insbesondere, wenn sie eng mit internationalen Truppen zusammenarbeiten?

Die Kurdenkrise im Nordirak

Nachdem die Eingreiftruppen unter amerikanischem Kommando die irakischen Truppen aus Kuwait vertrieben hatten, begannen unzufriedene Gruppen im Norden und Süden des Irak im März 1991 eine Rebellion. Die Truppen von Staatspräsident Saddam Hussein reagierten rasch und hart – mit verheerenden Konsequenzen für die irakische Zivilbevölkerung. Innerhalb einer Woche flohen mehr als 450.000 irakische Kurden vor den gegen sie gerichteten Angriffen der irakischen Armee an die türkische Grenze. Von da an bis Mitte April flohen weitere 1,3 Millionen Türken in den Iran. Daneben verließen etwa 70.000 überwiegend schiitische Iraker ihre Wohnorte im Süden des Landes. Als Vorbereitung auf mögliche Flüchtlingsströme hatte UNHCR zuvor Hilfsgüter für schätzungsweise 35.000 Menschen im Iran und 20.000 Menschen in der Türkei angelegt. Das Ausmaß und die Geschwindigkeit der Flüchtlingsbewegungen übertrafen jedoch alle Vorhersagen.

Als die Flüchtlinge in den Iran strömten, bat die iranische Regierung UNHCR um Unterstützung. Angaben der iranischen Regierung zufolge hatte das Land zu diesem Zeitpunkt bereits mehr als zwei Millionen Flüchtlinge aufgenommen, darunter 1,4 Millionen Afghanen und 600.000 Iraker, die während des Krieges zwischen dem Iran und dem Irak vertrieben worden waren. Der Iran war damit das Land mit der weltweit größten Flüchtlingsbevölkerung. UNHCR unterstützte deshalb die iranischen Behörden bei Hilfsmaßnahmen und der Verwaltung der Flüchtlingslager.

Der Hilfseinsatz in der Türkei war wesentlich komplizierter. Die türkische Regierung hatte bereits mit einer großen kurdischen Rebellion im Südosten von Anatolien zu kämpfen und schloss deshalb die Grenze zum Irak, um die irakischen Kurden am Grenzübertritt zu hindern, die nach ihren Angaben das Land weiter destabilisieren würden. Mehrere hunderttausend Kurden saßen infolgedessen auf unwirtlichen schneebedeckten Bergpässen entlang der irakisch-türkischen Grenze fest.

Fernsehteams, die soeben noch über den Golf-Krieg berichtet hatten, fingen das Leid der Kurden ein, die extrem niedrigen Temperaturen ausgesetzt waren und keine Nahrungsmittel und Unterkünfte hatten. Die Berichterstattung erhöhte den Druck auf UNHCR und die Regierungen, einen internationalen Soforthilfeeinsatz einzuleiten. Selten war in den Medien so ausführlich über eine humanitäre Krise berichtet worden.

Der Hilfseinsatz an der irakisch-türkischen Grenze wurde anfangs von den Truppen der USA und anderer Koalitionsstaaten dominiert. Sie spielten eine wichtige Rolle bei der Verwaltung und Verteilung der Hilfsgüter. Trotz des gewaltigen Aufwands an militärischem Material und Personal gab es jedoch schwerwiegende logistische Probleme bei der Verteilung der Hilfsgüter an die vielen kleinen Gruppen von Kurden, die an zahlreichen unzugänglichen Orten in den Bergen festsaßen.

Die Reaktion der westlichen Staaten auf die türkische Weigerung, den irakischen Kurden Asyl zu gewähren, fiel sehr gedämpft aus. Botschafter einiger Länder wurden bei der türkischen Regierung vorstellig, aber die Proteste waren weder energisch genug noch von Dauer. Maßgebliche Staaten waren primär daran interessiert, dass die NATO weiterhin Flughäfen in der Türkei nutzen konnte, und zögerten deshalb, die türkische Regierung wegen der Schließung der Grenze zu kritisieren. Hinzu kamen die Befürchtungen westlicher Regierungen, dass große Flüchtlingslager für irakische Kurden in der Türkei ein Problem ähnlich dem der Palästinenser entstehen lassen könnten.[1]

Die Einrichtung einer „Sicherheitszone"

Angesichts schier endloser Fernsehbilder von verzweifelten, in den Bergen festsitzenden Kurden wuchs der internationale Druck, eine Lösung zu finden. Anfang April 1991 schlug der türkische Staatspräsident Turgut Özal vor, im Norden des Irak eine „Sicherheitszone" für die Kurden einzurichten. Nach einigen Beratungen verabschiedete der UN-Sicherheitsrat am 5. April 1991 die Resolution 688. Darin wurde gefordert, der Irak sollte „internationalen humanitären Organisationen sofortigen Zugang zu allen Hilfsbedürftigen gestatten". Sie befugte den Generalsekretär, „alle zu seiner Verfügung stehenden Ressourcen einzusetzen", um „den Grundbedarf der Flüchtlinge und vertriebenen irakischen Bevölkerungen" zu decken. Auf der Grundlage dieser Resolution und im Kontext der gerade bewältigten Golf-Krise rechtfertigte die gemeinsame *task force* unter amerikanischer Führung den Beginn der Operation *Provide Comfort* zur Einrichtung einer „Sicherheitszone" im Nordirak.

Am 10. April verhängten Mitglieder der *task force* ein Flugverbot über den Nordirak und übernahmen die Federführung der Hilfsmaßnahmen. Am 16. April kündigte der amerikanische Präsident George Bush an, Koalitionstruppen würden in den Nordirak vordringen, um Lager für die Kurden einzurichten. Obwohl Bush versprach, die Kurden zu „schützen", zögerte die amerikanische Regierung, ihre Truppen ein weiteres Mal auf feindliches Territorium zu schicken, und war bemüht, ihren militärischen Beitrag in Grenzen zu halten.[2] Das Ziel war, eine rasche Rückkehr der Kurden in den Nordirak zu ermöglichen und dann die Operation in die Verantwortung der Vereinten Nationen zu legen.

Die Motive der westlichen Staaten, die Operation *Provide Comfort* durchzusetzen, gingen eindeutig über die unmittelbaren humanitären Anliegen hinaus. Unter anderem wollten sie der Türkei, einem wichtigen westlichen Verbündeten, entgegenkommen. Ihre Strategie bot den Vorteil einer kurzfristigen Lösung des Problems, die den irakischen Kurden ein Stück Sicherheit bot, gleichzeitig jedoch keine Gedanken an eine mögliche Unabhängigkeit aufkommen ließ. Diese Lösung sollten die NATO-Staaten am Ende des Jahrzehnts mit einigen Abweichungen im Kosovo erneut anwenden.

Die irakische Regierung war ebenfalls daran interessiert, dass die Zuständigkeit für die Operation möglichst rasch von den Koalitionstruppen auf die Vereinten Nationen überging. Folglich unterzeichneten die irakische Regierung und die Vereinten Nationen am 18. April eine Vereinbarung. Sie umriss die Bedingungen für eine humanitäre Operation mit dem Ziel, die Rückkehr der Vertriebenen zu ermöglichen. Der frühere Hohe Flüchtlingskommissar der Vereinten Nationen Sadruddin Aga Khan, der damals Sondergesandter des UN-Generalsekretärs war, spielte bei den Gesprächen mit der irakischen Regierung eine wichtige Rolle.

Innerhalb der Vereinten Nationen wurde vorgeschlagen, UNHCR mit der Federführung des humanitären Einsatzes zu betrauen. Das Amt zögerte zunächst, beugte sich dann jedoch dem Argument, dass die Einrichtung einer Sicherheitszone im Wesentlichen einem Ersatz für Asyl im Ausland gleich käme. An den Irak angrenzende Staaten hätten jedoch die Anwesenheit von UNHCR auf irakischem Territorium als Vorwand nutzen können, um Flüchtlingen Asyl zu verweigern, wodurch ein gefährlicher Präzedenzfall entstanden wäre. UNHCR war zudem über die Sicherheit der in den Nordirak zurückkehrenden Kurden besorgt, weil die irakische Regierung keine Sicherheitsgarantien für sie abgegeben hatte. Sie hatte lediglich zugestimmt, eine 500 Mann starke Wachmannschaft der Vereinten Nationen zuzulassen, die mit den humanitären Organisationen zusammenarbeiten sollte. Viele UNHCR-Mitarbeiter zweifelten jedoch, dass diese ausreichen würde, die Sicherheit der zurückkehrenden Kurden zu gewährleisten. Es war vereinbart worden, dass die Wachen ein Mandat zum Schutz des Personals, der Ausrüstung und der Vorräte eines organisationsübergreifenden humanitären Programms im Irak, nicht jedoch der Kurden selbst erhalten und dementsprechend bewaffnet sein sollten.

Die Einrichtung der Sicherheitszone durch amerikanische, britische, französische und andere Truppen erfolgte rasch und entschlossen. Ihr Einsatz war zudem hinsichtlich des Umfangs und der Dauer begrenzt, was zu gewissen Spannungen führte. Die Befehlshaber wollten die Zuständigkeit für den Hilfseinsatz rasch an UNHCR übergeben. Sie behaupteten, das Sicherheitsproblem sei gelöst, wenn erst einmal humanitäre Organisationen mit UN-Wachmannschaften zum Schutz ihrer Mitarbeiter vor Ort wären. UNHCR dagegen zögerte, den Hilfseinsatz im Nordirak zu beginnen, solange die Sicherheit der zurückkehrenden irakischen Kurden nicht garantiert werden konnte, und plädierte deshalb für eine graduelle Übertragung der Zuständigkeit.[3]

Kasten 9.1 Binnenvertriebene

Dem Schicksal der Binnenvertriebenen wurde in den neunziger Jahren vermehrt Aufmerksamkeit geschenkt. Dies hatte unterschiedliche Gründe: Das Ausmaß von Flucht und Vertreibung in neu ausgebrochenen innerstaatlichen bewaffneten Konflikten sowie die neuen Möglichkeiten der Konfliktintervention, die das veränderte politische Umfeld nach dem Ende des Kalten Krieges eröffnet hatte.

Als vor 50 Jahren das internationale rechtliche und institutionelle System des Flüchtlingsschutzes geschaffen wurde, blieben die Binnenvertriebenen ausgeschlossen. Denn nach dem herkömmlichen Verständnis der staatlichen Souveränität fallen sie in die Zuständigkeit ihres eigenen Staates. Die Reaktion der internationalen Gemeinschaft auf das Problem der Binnenvertriebenen war deshalb lange uneinheitlich. Viele von ihnen blieben ohne wirksamen Schutz oder Unterstützung.

Das Ausmaß des Problems

Viele Jahre richtete sich das internationale Interesse kaum auf die Binnenvertriebenen. Das Internationale Komitee vom Roten Kreuz (IKRK) hat jedoch im Rahmen des Schutzes der Opfer bewaffneter Konflikte traditionell Binnenvertriebene unterstützt. In den neunziger Jahren nahm die Zahl der Binnenvertriebenen drastisch zu. Genaue Berechnungen sind nicht vorhanden. Man schätzt, dass es 1999 in mindestens 40 Ländern insgesamt 20 bis 25 Millionen Menschen gab, die infolge von Konflikten und Menschenrechtsverletzungen ihre Wohnorte verlassen mussten, jedoch nicht die Grenzen ihres Landes überschritten haben.

Mehr als die Hälfte aller Binnenvertriebenen auf der Welt befinden sich auf dem afrikanischen Kontinent. Allein im Sudan wurden durch den schon lange währenden Bürgerkrieg vier Millionen Menschen entwurzelt. Ähnlich brutale Konflikte in Angola, Burundi, der Demokratischen Republik Kongo, Ruanda – wo es gar zum Völkermord kam – und Sierra Leone haben ebenfalls zu Flucht und Vertreibung sehr vieler Menschen geführt. In Asien gibt es etwa fünf Millionen Binnenvertriebene, insbesondere in Afghanistan, Aserbaidschan, Indonesien, dem Irak, Myanmar und Sri Lanka. Durch bewaffnete Konflikte in Europa wie jene im ehemaligen Jugoslawien, in Georgien, der Russischen Föderation und der Türkei wurden weitere fünf Millionen Menschen vertrieben. In Amerika gibt es etwa zwei Millionen Binnenvertriebene, die meisten von ihnen in Kolumbien.

Im Juli 1992 wurde Francis Deng zum Sonderbeauftragten des UN-Generalsekretärs für Binnenvertriebene ernannt. Deng zufolge können Binnenvertriebene leicht in ein staatliches „Verantwortungsvakuum" fallen. Die zuständigen Behörden sehen in ihnen häufig eher Feinde als Staatsangehörige, die Schutz und Unterstützung brauchen. Sich in einem solchen Umfeld Zugang zu den Betroffenen zu verschaffen, kann mit großen Gefahren verbunden sein. Jede Seite befürchtet, humanitäre Hilfe stärke den Gegner, und versucht deshalb, sie zu verhindern. Unterstützung kann sogar als Waffe in dieser Auseinandersetzung missbraucht werden. Der Zugang zu Binnenvertriebenen wird durch den Umstand weiter erschwert, dass sie nicht immer in leicht erreichbaren Lagern oder Siedlungen Zuflucht suchen, sondern sich bisweilen verteilen, damit ihre Feinde sie nicht finden. Viele von ihnen gehören zur Slumbevölkerung großer Städte. Ihnen dort zu helfen, erfordert Programme für die gesamte Gemeinschaft, in der sie leben. Sie können auch in anderen vom Krieg betroffenen Bevölkerungsteilen aufgehen. Ihre Zahl ist auch deswegen schwieriger zu ermitteln als die von Flüchtlingen.

Da Binnenvertriebene bisweilen nicht von anderen hilfsbedürftigen Bevölkerungsgruppen unterscheidbar sind, wird häufig die Frage gestellt, ob sie als separate Kategorie oder bei den besonders Schutzbedürftigen eingestuft werden sollen. Als Folge von Flucht und Vertreibung stellen sich bei Binnenvertriebenen oft jedoch besondere Anforderungen. Sie haben häufig nur eingeschränkten oder gar keinen Zugang zu Grund und Boden, keine guten Beschäftigungsaussichten und unzureichende Papiere. Sie sind zudem durch gewaltsame Übergriffe gefährdet und oft von Zwangsumsiedlung, Zwangsrekrutie-

Rückkehr und Wiederaufbau

Um die Kurden zur Rückkehr zu ermutigen, beschrieben die Koalitionstruppen die UN-Wachmannschaften als Sicherheitsgarantie. Sie verteilten mehrere hunderttausend Flugblätter, in denen sie bekannt gaben, dass die Kurden in Sicherheit zurückkehren könnten.[4] Bald darauf begannen die auf kalten Bergpässen an der türkischen Grenze festsitzenden Kurden ihre Heimkehr.

Als die Kurden in den Irak zurückkehrten, war das unmittelbare Dilemma von

rung und sexuellem Missbrauch betroffen. Auch während der Rückkehr und Reintegration können Binnenvertriebene besonderen Schutz benötigen.

Flucht und Vertreibung unterbricht nicht nur das Dasein betroffener Personen und Familien, sondern ganzer Gemeinschaften und Gesellschaften. Sowohl ihre Herkunftsgebiete als auch die Gegenden, in die sie fliehen, können erheblichen wirtschaftlichen und ökologischen Schaden nehmen. Sozioökonomische Systeme und Gemeinschaftsstrukturen können zusammenbrechen, was den Wiederaufbau und die Entwicklung für Jahrzehnte beeinträchtigen kann. Konflikte, Flucht und Vertreibung breiten sich über die Grenzen in benachbarte Länder aus und untergraben die regionale Stabilität. Deshalb hat Generalsekretär Kofi Annan betont, dass die internationale Gemeinschaft die nationalen Anstrengungen zur Hilfe und zum Schutz aller Flüchtlinge und Vertriebenen stärker als bisher unterstützen muss.

Die Leitlinien

1998 stellte Francis Deng der UN-Menschenrechtskommission die Leitlinien zu Binnenvertriebenen vor. Diese beschreiben den besonderen Bedarf von Binnenvertriebenen sowie die Verpflichtungen von Regierungen, Rebellengruppen, internationalen Organisationen und NGOs gegenüber diesen Menschen. UNHCR und andere humanitäre Organisationen waren an ihrer Ausarbeitung beteiligt. Auf der Grundlage der Menschenrechte, des humanitären Völkerrechts und des analogen Flüchtlingsrechts fassen die Leitlinien in einem Dokument die verschiedenen Bestimmungen des geltenden Völkerrechts zusammen, die auf Binnenvertriebene anwendbar sind.

Die Leitlinien füllen auch Grauzonen im Völkerrecht, indem sie viele zuvor nur implizite Regelungen explizit festhalten. Beispielsweise wird betont, dass Binnenvertriebene nicht unter Anwendung von Zwang in Gefahrensituationen zurückgeführt werden dürfen. Die Leitlinien beschreiben u.a. spezielle Schutzmaßnahmen für Frauen und Kinder und bestätigen den Anspruch von Vertriebenen auf eine Entschädigung für verlorenes Wohneigentum und sonstigen Besitz bzw. deren Ersatz. Obwohl die Leitlinien kein bindendes Instrument darstellen, haben sie in relativ kurzer Zeit erhebliche Anerkennung und Geltung gewonnen und werden von den Vereinten Nationen, regionalen Organen und NGOs verbreitet und unterstützt.

Das internationale Vorgehen koordinieren

In den neunziger Jahren haben sich humanitäre Organisationen sowie Menschenrechts- und Entwicklungsorganisationen zunehmend mit dem Problem der Binnenvertriebenen beschäftigt. Ansätze zur Lösung scheiterten jedoch häufig an Fragen der nationalen Souveränität, der Sicherheit und des Zugangs zu den Betroffenen. Zudem gab es, abgesehen von dem bereits erwähnten Dilemma, dass schutz- und hilfsbedürftige Vertriebene nicht leicht ermittelt werden können, auch terminologische Schwierigkeiten.

Trotz des verbesserten Bewusstseins für das Problem der Binnenvertriebenen ist die internationale Reaktion jedoch selektiv, ungleichgewichtig und in vielen Fällen unzureichend geblieben. Bei den Vereinten Nationen konzentrierten sich die Bemühungen an dieser Situation etwas zu ändern, auf den Ausbau der Zusammenarbeit zwischen den verschiedenen für Binnenvertriebene tätigen Organisationen, wie im Reformprogramm des Generalsekretärs von 1997 beschrieben wurde.[i]

In ihrem Buch *Masses in Flight* forderten Francis Deng und Roberta Cohen eine effizientere Arbeitsteilung vor Ort bei der Bedarfsdeckung von Binnenvertriebenen, damit die Maßnahmen zielgerichteter werden.[ii] Nach ihrer Auffassung sollte dem Schutz der körperlichen Unversehrtheit und der Menschenrechte von Binnenvertriebenen größere Aufmerksamkeit gewidmet werden.

Die Rolle von UNHCR

UNHCR wurde 1950 gegründet, um Flüchtlinge zu schützen und zu unterstützen, also Menschen, die eine

UNHCR gelöst. „UNHCR hatte die Pflicht, den Rückkehrern zu folgen."[5] Nachdem der Generalsekretär das Amt gebeten hatte, allen Vertriebenen in allen Landesteilen des Irak zu helfen, willigte UNHCR ein, die Rolle der federführenden Organisation zu übernehmen. Am 6. Mai 1991 wies die Hohe Flüchtlingskommissarin Sadako Ogata ihre Mitarbeiter an: „UNHCR sollte die oberste Zuständigkeit für Schutz und Unterstützung an der Grenze und für die freiwillige Rückkehr aus dem Grenzgebiet übernehmen."[6]

In den ersten beiden Wochen kehrten fast 200.000 Flüchtlinge in den Irak zurück. In dieser Zeit war der Hilfseinsatz weiterhin von den Truppen der USA und

internationale Grenze überschritten haben. Obwohl das Amt bereits in den sechziger Jahren Binnenvertriebene betreute, nahmen erst in den neunziger Jahren Art und Umfang der Aktivitäten des Amtes zu Gunsten von Binnenvertriebenen drastisch zu. 1999 leistete UNHCR von Kolumbien über den Kosovo bis zum Kaukasus Schutz und Unterstützung für etwa fünf Millionen Binnenvertriebene.[iii]

In der Satzung von UNHCR werden Binnenvertriebene nicht erwähnt. Sie berücksichtigt jedoch in Artikel 9, dass sich das Amt über seine Aktivitäten zu Gunsten von Flüchtlingen hinaus „im Rahmen der ihm zur Verfügung gestellten Mittel mit solchen zusätzlichen Tätigkeiten befassen [wird], wie sie die Vollversammlung beschließt." Auf der Grundlage dieses Artikels hat die UN-Vollversammlung im Laufe mehrerer Jahrzehnte in einer Reihe von Resolutionen das besondere humanitäre Know-how von UNHCR anerkannt und die Beteiligung des Amtes an der Unterstützung und dem Schutz von Binnenvertriebenen gefördert. Mit Resolution 48/116 hat sie 1993 wichtige Kriterien aufgestellt, an denen sich UNHCR orientieren kann, wenn das Amt in einer konkreten Situation entscheiden muss, ob es sich an der Unterstützung und am Schutz von Binnenvertriebenen beteiligen soll. Diese Resolutionen bilden gemeinsam mit Artikel 9 der UNHCR-Satzung die völkerrechtliche Grundlage für die Aktivitäten des Amtes zu Gunsten von Binnenvertriebenen.

UNHCR hat besondere Verpflichtungen, wenn enge Verknüpfungen zwischen den Problemen von Flüchtlingen und Binnenvertriebenen bestehen und wenn für den Schutz von Binnenvertriebenen sein spezielles Know-how erforderlich ist. In manchen Situationen lässt sich in einem Gebiet kaum sinnvoll zwischen Binnenvertriebenen, Flüchtlingen, Rückkehrern und anderen unter dem Krieg leidenden Menschen unterscheiden. In solchen Fällen ist es oft erforderlich, einen breit angelegten, umfassenden Ansatz zu Gunsten aller Betroffenen zu verfolgen.

Wenn UNHCR sich an Maßnahmen zu Gunsten von Binnenvertriebenen beteiligt, prüft es gleichzeitig die Auswirkungen, die diese Beteiligung auf den Flüchtlingsschutz und die Institution des Asyls haben könnte – und dies sowohl in positiver als auch negativer Weise. Asylländer können sich beispielsweise ermutigt fühlen, eine großzügige Asylpolitik beizubehalten, wenn etwas zur Linderung der Not der Binnenvertriebenen getan wird, der Zwang, Asyl zu suchen, verringert wird und Bedingungen geschaffen werden, die ihrer Rückkehr förderlich sind. Die Aktivitäten von UNHCR zu Gunsten von Binnenvertriebenen können aber auch fälschlicherweise so interpretiert werden, als ob sie die Notwendigkeit des internationalen Schutzes und des Asyls überflüssig machen würden. Kritiker haben ferner eingewandt, es untergrabe den Flüchtlingsschutz, würde nicht mehr klar zwischen Binnenvertriebenen und Flüchtlingen unterschieden, da letztere zusätzliche Rechtsansprüche nach dem internationalen Flüchtlingsrecht haben.

Grafik 9.1 Länder mit den meisten Binnenvertriebenen, 1999

Land	Millionen
Sudan	4,0
Angola	1,5 - 2,0
Kolumbien	1,8
Myanmar	0,5 - 1,0
Türkei	0,5 - 1,0
Irak	0,9
Bosnien und Herzegowina	0,8
Burundi	0,8
Dem. Republik Kongo	0,8
Russische Föderation	0,8
Afghanistan	0,5 - 0,8
Ruanda	0,6
Bundesrep. Jugoslawien	0,6
Aserbaidschan	0,6
Sri Lanka	0,6
Indien	0,5
Republik Kongo	0,5
Sierra Leone	0,5

Quelle: US Committee for Refugees, World Refugee Survey 2000, Washington DC, 2000

anderer Länder dominiert. Auf ihrem Höhepunkt wurden etwa 200 Flugzeuge und mehr als 20.000 Angehörige von Streitkräften eingesetzt. An der Soforthilfe beteiligten sich darüber hinaus mehr als 50 internationale humanitäre Organisationen und rund 30 Staaten.

Nie zuvor hatten humanitäre Organisationen so eng mit dem Militär zusammengearbeitet. Die große Zahl der beteiligten humanitären Organisationen und Armeekontingente sowie die mangelnde Erfahrung bei der Zusammenarbeit führten zu schwerwiegenden Koordinationsproblemen. Es waren andererseits jedoch wertvolle

Erfahrungen, die neue Möglichkeiten der Kommunikation zwischen dem Militär und den humanitären Organisationen eröffneten.

Die USA beließen 5.000 Soldaten in der Türkei. Flugzeuge der Koalition kontrollierten weiterhin die Flugverbotszone über dem Nordirak. Dennoch blieb UNHCR über die Sicherheit der Kurden besorgt. In einem Schreiben an den UN-Generalsekretär brachte die Hohe Flüchtlingskommissarin am 17. Mai 1991 ihre „anhaltende Besorgnis" um die Sicherheit der Kurden zum Ausdruck. Sie erklärte, dass „nichts weniger als eine Vereinbarung als Ergebnis von Verhandlungen", flankiert von „internationalen Garantien", eine dauerhafte Lösung für die Notlage der Kurden bieten könnte.[7]

Anfang Juni 1991 wurde das letzte Lager in den Bergen an der türkischen Grenze geschlossen. Bis zu diesem Zeitpunkt waren bereits rund 600.000 der drei Monate zuvor in den Iran geflohenen Kurden zurückgekehrt. In einem Wettlauf mit dem herannahenden Winter leitete UNHCR ein großes Programm zum Bau von Unterkünften ein. Zwischen August und November überquerten rund 1.600 Lastkraftwagen die Grenze von der Türkei zum Irak und lieferten etwa 30.000 Tonnen Baumaterial an 500.000 Empfänger. Bei dem Material handelte es sich überwiegend um Dachbalken und Wellblech, mit denen die Kurden die Schäden an ihren Häusern, Schulen, Ambulanzen und anderen Teilen der Infrastruktur in mehr als 1.500 Dörfern behoben. Diese zählten zu den mehreren tausend Dörfern, die die irakische Regierung zerstört hatte.[8]

Nach dem Ende der Soforthilfephase verlagerte sich der Schwerpunkt auf den längerfristigen Wiederaufbau. UNHCR gab deshalb im Juni 1992 die Zuständigkeit für den Hilfseinsatz an andere UN-Organisationen weiter. Spätere Kritik an der schlecht koordinierten Reaktion der internationalen Gemeinschaft in der ersten Soforthilfephase bewogen Regierungen und humanitäre Organisationen gleichermaßen, eine bessere Koordination zwischen den humanitären Organisationen und dem Militär zu fordern. Eine wichtige Rolle sollte dabei die neue UN-Abteilung für humanitäre Angelegenheiten (*Department of Humanitarian Affairs* – DHA) spielen, die auf der Grundlage von Resolution 46/192 der Vollversammlung vom 19. Dezember 1991 eingerichtet worden war. Anfang 1998 wurde aus der DHA das Amt für die Koordination humanitärer Angelegenheiten (*Office for the Coordination of Humanitarian Affairs* – OCHA).

Die Einrichtung der Sicherheitszone im Nordirak wurde häufig als Erfolg gewertet, vor allem weil sie die Rückkehr mehrerer hunderttausend Kurden an ihre früheren Wohnorte möglich machte. Anfangs waren die wirtschaftlichen Bedingungen in der Sicherheitszone äußerst hart. Sie litt unter einem doppelten Wirtschaftsembargo, den UN-Sanktionen gegen den gesamten Irak sowie einem von der irakischen Regierung verhängten innerstaatlichen Embargo. Die Sicherheitsprobleme in der Zone hielten in den folgenden Jahren an. Grund dafür waren zum einen Machtkämpfe zwischen rivalisierenden kurdischen Gruppen und zum anderen militärische Angriffe von außen.[9] Beispielsweise kam es 1996 zu gewaltsamen Auseinandersetzungen, als Truppen der irakischen Regierung kurzzeitig die Stadt Irbil eingekreist hatten. Die Sicherheitszone wurde auch von iranischen Truppen angegriffen. Noch häufiger waren allerdings Angriffe türkischer Truppen, die sich in einer Reihe von Fällen gegen Orte richteten, in denen die türkische Armee Mitglieder der Kurdischen Arbeiterpartei (*Partiya Karkeren Kurdistan* – PKK) vermutete. Bei einer großen Militäroperation im März

1995 ließ die Türkei 35.000 Soldaten in die Sicherheitszone im Irak vordringen. Trotz dieser Probleme wurden die Instandsetzung der Infrastruktur und der Wiederaufbau während des gesamten Jahrzehnts fortgesetzt, sodass sich die wirtschaftlichen Bedingungen und die Sicherheitslage im Nordirak schrittweise verbesserten.

Die Einrichtung der Sicherheitszone im Nordirak im Jahre 1991 galt manchen anfänglich als Beispiel für die Anwendung einer „neuen Weltordnung", wo der Schutz vor schweren Menschenrechtsverletzungen Vorrang vor der staatlichen Souveränität haben sollte und eine gleich gesinnte internationale Gemeinschaft bei Verstößen gegen dieses Prinzip eingreifen würde. Spätere Anwendungen des Konzepts der Sicherheitszone und andere Bemühungen zum Schutz und zur Unterstützung von Zivilisten inmitten bewaffneter Konflikte beispielsweise in Bosnien und Herzegowina, Somalia, Ruanda und im Kosovo führten jedoch zu einer anderen, eher ernüchternden Bewertung.

Krieg in Kroatien und Bosnien und Herzegowina

Nahezu unmittelbar nach dem Exodus der Kurden aus dem Nordirak wurde UNHCR 1991 mit einer weiteren großen humanitären Krise konfrontiert, diesmal auf dem Balkan.[10] Der gewaltsame Zerfall der Sozialistischen Bundesrepublik Jugoslawien begann im Juni 1991, als sich Slowenien und Kroatien für unabhängig erklärten. Er löste die größte Flüchtlingskrise in Europa seit dem Zweiten Weltkrieg aus. Die ersten Kampfhandlungen fanden in Slowenien statt, waren jedoch begrenzter Natur und nur von kurzer Dauer. Der erste große Ausbruch von Gewalt erfolgte dann in Kroatien, wo eine Minderheit von mehr als einer halben Million Serben lebte. Nach der kroatischen Unabhängigkeitserklärung brachten die jugoslawische Armee und serbische Paramilitärs rasch ein Drittel des kroatischen Territoriums unter ihre Kontrolle. In Kroatien wurde zum ersten Mal die gewaltsame und menschenfeindliche Vertreibungsstrategie angewendet, die seitdem als „ethnische Säuberung" bezeichnet wird. Zuerst wurden tausende Kroaten aus serbisch besetzten Gebieten vertrieben. Anschließend vertrieben kroatische Truppen tausende Serben aus ihren Wohnorten. Allein in Kroatien wurden 1991 etwa 20.000 Menschen getötet. Mehr als 200.000 Menschen flohen ins Ausland, etwa 350.000 wurden zu Binnenvertriebenen.

1992 breitete sich der Krieg mit verheerenden Konsequenzen auf das benachbarte Bosnien und Herzegowina aus, die ethnisch heterogenste aller Republiken des ehemaligen Jugoslawien. Nach den Ergebnissen einer jugoslawischen Volkszählung im Jahre 1991 waren die drei größten ethnischen Gruppen die Muslime mit 44 Prozent, die Serben mit 31 Prozent und die Kroaten mit 17 Prozent.[11] Als Bosnien und Herzegowina im März 1992 seine Unabhängigkeit erklärte, schwor die serbische Regierung unter der Führung von Staatspräsident Slobodan Milosevic, zugunsten der dort lebenden serbischen Minderheit zu den Waffen zu greifen. Binnen weniger Tage drangen serbische Paramilitärs in den Ostteil der Republik vor und begannen mit der Ermordung und Vertreibung der muslimischen und kroatischen Bewohner. Etwa gleich-

Der anhaltende Artilleriebeschuss während des bosnischen Krieges verursachte in Sarajewo große Zerstörung.
(UNHCR/A. HOLLMANN/1996)

zeitig bezogen serbische Einheiten der jugoslawischen Armee Stellungen auf den Bergen um die bosnische Hauptstadt Sarajewo und begannen, sie mit Artillerie anzugreifen. Ende April 1992 waren 95 Prozent der muslimischen und kroatischen Bevölkerung der wichtigsten Städte Ostbosniens aus ihren Wohnorten vertrieben worden und Sarajewo wurde täglich beschossen. Bis Mitte Juni hatten die serbischen Truppen zwei Drittel von Bosnien und Herzegowina unter ihre Kontrolle gebracht und etwa eine Millionen Menschen ihre Wohnorte verlassen.

Zu Beginn des Krieges kämpften Muslime und Kroaten in Bosnien und Herzegowina gemeinsam gegen die bosnischen Serben. Anfang 1993 brachen jedoch bewaffnete Auseinandersetzungen zwischen bosnischen Kroaten und bosnischen Muslimen aus. Erneut kam es zu „ethnischen Säuberungen", diesmal in Zentralbosnien. Einheiten der bosnischen Kroaten versuchten mit der Unterstützung Kroatiens ein ethnisch homogenes, an Kroatien angrenzendes Territorium zu schaffen. Die Kämpfe zwischen den Truppen der bosnischen Kroaten und den überwiegend muslimischen Soldaten der bosnischen Armee endeten im März 1994 mit der Unterzeichnung des Washingtoner Abkommens und der Gründung einer muslimisch-kroatischen Föderation. Gleichwohl hielten die Spannungen zwischen ihnen an.

Als der Krieg im Dezember 1995 endete, waren mehr als die Hälfte der 4,4 Millionen Einwohner von Bosnien und Herzegowina vertrieben worden. Schätzungsweise 1,3 Millionen waren Binnenvertriebene, rund 500.000 lebten als Flüchtlinge in benachbarten Ländern. Rund 700.000 weitere Flüchtlinge hatten in westeuropäischen Ländern Zuflucht gefunden, davon allein 345.000 in Deutschland.

Das humanitäre „Feigenblatt"

Diese massiven Bevölkerungsbewegungen und die ausführliche Berichterstattung in den Medien über die Kriegsgräuel lösten einen der größten internationalen Hilfseinsätze aus. Im Oktober 1991 erbaten die jugoslawischen Behörden die Unterstützung von UNHCR. Im darauf folgenden Monat ersuchte UN-Generalsekretär Javier Pérez de Cuéllar die Hohe Flüchtlingskommissarin Sadako Ogata offiziell, zu prüfen, ob sie die „guten Dienste" ihres Amtes zur Verfügung stellen wollte, um von dem Konflikt betroffene hilfsbedürftige Binnenvertriebene zu unterstützen und die humanitären Maßnahmen in der Region zu koordinieren.[12] Nachdem UNHCR-Mitarbeiter in die Region gereist waren, um sich vor Ort ein Bild von der Situation zu machen, akzeptierte das Amt diese Rolle und übernahm im November 1991 die Federführung bei der Koordination der humanitären Unterstützung des UN-Systems in der Region.[13]

UNHCR begann Hilfseinsätze in allen Republiken des ehemaligen Jugoslawien. Mit den größten Schwierigkeiten wurde das Amt dabei in Bosnien und Herzegowina konfrontiert. Das Internationale Komitee vom Roten Kreuz (IKRK) hatte sich im Mai 1992 vorübergehend aus Sarajewo zurückgezogen, nachdem einer seiner Delegierten beschossen und tödlich verletzt worden war. Damit kam besonders in der bosnischen Hauptstadt den UNHCR-Maßnahmen entscheidende Bedeutung zu. Das Amt begann, Tausende Tonnen von Hilfsgütern auf dem Luftweg nach Sarajewo und mit Lkw-Konvois an andere Orte im ganzen Land zu bringen. Zum ersten Mal in seiner Geschichte koordinierte UNHCR eine große Hilfsoperation nicht nur für Flüchtlinge und Binnenvertriebene, sondern auch für mehrere hunderttausend andere vom Krieg betroffene Zivilisten, während die Kampfhandlungen noch anhielten.[14]

Die internationale Gemeinschaft konnte sich nicht darüber einigen, wie sie den Konflikt beenden sollte. Ihre Energie konzentrierte sich deshalb weitgehend auf die Unterstützung der humanitären Hilfsoperation unter der Federführung von UNHCR. Die Regierungen stellten in großem Umfang Mittel für den Hilfseinsatz bereit, konnten jedoch darüber hinaus kaum einen Konsens erzielen. Die humanitäre Operation wurde zunehmend zu einem „Feigenblatt" für die politische Untätigkeit und blieb die einzige sichtbare Reaktion der internationalen Gemeinschaft auf den Krieg. François Fouinat, der Koordinator des UNHCR-Sonderstabes für das ehemalige Jugoslawien, bemerkte im Oktober 1993: „Es ist nicht nur einfach so, dass die humanitären Anstrengungen von UNHCR politisiert wurden. Vielmehr sind wir zur einzigen Manifestation des internationalen politischen Willens gemacht worden."[15]

Die hohe Priorität, die der humanitären Hilfe im Krieg eingeräumt wurde, führte auch dazu, dass UNHCR eine wichtige Rolle bei den internationalen Verhandlungen spielte. Die Hohe Flüchtlingskommissarin informierte den UN-Sicherheitsrat häufig über die humanitäre Situation vor Ort. Als Vorsitzende der Arbeitsgruppe für humanitäre Angelegenheiten der Internationalen Konferenz zum ehemaligen Jugoslawien traf sie zudem regelmäßig mit den Unterhändlern, den Führern der Konfliktparteien und Regierungsdelegationen zusammen.

Ein wichtiges Element der internationalen Reaktion war die Entsendung von UN-Friedenssicherungstruppen. Die UN-Schutztruppe (*United Nations Protection Force – UNPROFOR*) richtete im Februar 1992 ihr Bereichshauptquartier in Sarajewo ein. Sie sollte ursprünglich die Waffenruhe in Kroatien überwachen. Als sich der Krieg ausbreitete, wurde sie mit aufeinander folgenden Resolutionen des UN-Sicherheitsrats beauftragt, die Voraussetzungen zu schaffen, damit in Bosnien und Herzegowina wirksam humanitäre Hilfe geleistet werden konnte.[16] Als Anfangserfolg konnte die UNPROFOR im Juni 1992 den Flughafen von Sarajewo unter ihre Kontrolle bringen. Dies war bis zum Ende des Krieges für die Versorgung der Bewohner der belagerten Stadt Sarajewo mit Hilfsgütern von entscheidender Bedeutung. Das Mandat der UNPROFOR wurde später auch auf die Abwehr von Angriffen auf „Schutzzonen" und andere Aufgaben ausgedehnt. Zu gewährleisten, dass die humanitäre Hilfe zu den Hilfsbedürftigen gelangte, blieb jedoch während des gesamten Krieges eine ihrer Hauptaufgaben. 1995 zählte die in Bosnien stationierte UNPROFOR 30.000 Soldaten.

Die Bekämpfung der „ethnischen Säuberungen"

UNHCR und andere humanitäre Organisationen konnten während des Kriegs große Mengen an Hilfsgütern verteilen. Wesentlich weniger erfolgreich waren dagegen ihre Bemühungen, die Bevölkerung vor „ethnischen Säuberungen" zu schützen. UNHCR-Mitarbeiter sprachen in vielen Fällen bei den örtlichen Behörden vor und versuchten, Vertreibungen und Zwangsräumungen zu verhindern. Dies galt unter anderem besonders in Banja Luka, wo die UNHCR-Vertretung nur ein Paar Straßen von Vierteln entfernt lag, in denen Menschen mit vorgehaltener Waffe zum Verlassen ihrer Häuser gezwungen wurden. Vielfach konnten die UNHCR-Mitarbeiter jedoch nichts anderes tun, als über die beobachteten Grausamkeiten Bericht zu erstatten. Diese Berichte konnten zwar direkt nichts bewirken, lieferten aber wichtige Informationen für die Außenwelt. Sie waren von besonderer Bedeutung, weil Journalisten ebenso wie die UNPROFOR die meiste Zeit während des Krieges keinen Zugang zu großen Teilen des bosnisch-serbischen Territoriums hatten. Besonders auf der bosnisch-serbischen Seite waren das IKRK und UNHCR häufig die einzigen internationalen Organisationen vor Ort, die Zeugnis über die Gräueltaten ablegen konnten.

Diese Berichte und öffentliche Verurteilungen durch UNHCR-Mitarbeiter von Personen, die solche Taten begangen hatten, belasteten die Beziehungen des Amtes zu den Konfliktparteien so weit, dass das Personal des Amtes häufig bedroht und seine Bewegungsfreiheit eingeschränkt wurde. Das resultierende Dilemma für die UNHCR-Mitarbeiter lag auf der Hand: Es war schwierig, mit den örtlichen Behörden bei der

Ein von UNPROFOR-Truppen eskortierter UNHCR-Konvoi zwischen Zepce und Zavidovici in Zentralbosnien.
(UNHCR/S. FOA/1994)

Durchführung von Hilfsprogrammen zusammenzuarbeiten und sie gleichzeitig für Menschenrechtsverletzungen zu verurteilen. In einigen Fällen wurde dem Amt vorgeworfen, nicht energischer eingeschritten zu sein.

Schwierig war auch, zu entscheiden, ob sich UNHCR an der Evakuierung besonders gefährdeter Zivilisten beteiligen sollte oder nicht. Anfangs lehnte das Amt die Evakuierung von Zivilisten ab. Als jedoch offensichtlich wurde, dass für einen großen Teil die einzige Alternative Internierungslager waren, wo viele Insassen geschlagen, vergewaltigt, gefoltert oder getötet wurden, begann UNHCR mit der Evakuierung von Zivilisten, deren Leben bedroht war. Dies beschwor jedoch die Kritik herauf, das Amt trage damit zur „ethnischen Säuberung" bei. In November 1992 beschrieb die Hohe Flüchtlingskommissarin das Dilemma wie folgt:

Im Kontext eines Konflikts, zu dessen expliziten Zielen die Vertreibung [bestimmter Teile] der Bevölkerung zählt, sind wir mit einem großen Dilemma konfrontiert. Inwieweit überreden wir Menschen, an ihrem Wohnort zu bleiben, wenn dadurch ihre Leben und ihre Freiheit in Gefahr geraten könnten? Wenn wir ihnen andererseits helfen, ihren Wohnort zu verlassen, machen wir uns dann nicht zu Mittätern bei der „ethnischen Säuberung"?[17]

Der UNHCR-Sondergesandte für das ehemalige Jugoslawien José-Maria Mendiluce formulierte es noch unverblümter: „Wir verurteilen die ‚ethnische Säuberung'", sagte er, „aber wenn Tausende gefährdeter Frauen und Kinder um alles in der Welt evakuiert werden wollen, ist es meine Pflicht, ihnen zu helfen, um ihr Leben zu retten. Ich kann mich jetzt nicht auf eine philosophische oder theoretische Debatte einlassen."[18]

UNHCR forderte darüber hinaus die Staaten in der Region und in Westeuropa auf, der großen Zahl von Menschen, die vor dem eskalierenden Krieg im ehemaligen Jugoslawien flohen, „temporären Schutz" zu gewähren. Mehrere hunderttausend Menschen fanden auf diese Weise Zuflucht. Kritiker erhoben jedoch den Vorwurf, dass die Gewährung von „temporärem Schutz" an Stelle des (zeitlich) uneingeschränkten Schutzes, der mit der Zuerkennung der Flüchtlingseigenschaft verbunden ist, das System des internationalen Flüchtlingsschutzes geschwächt habe [siehe Kapitel 7].

Die Einrichtung von „Schutzzonen"

Da durch die „ethnische Säuberung" weiterhin eine große Zahl von Menschen zu Flüchtlingen und Binnenvertriebenen gemacht wurden, suchte die internationale Gemeinschaft nach neuen Möglichkeiten, die Zivilbevölkerung zu schützen und die Massenfluchten zu verhindern. Anfang 1993 bahnte sich in Ostserbien eine kritische Situation an. Bis auf drei kleine Gebiete um die Städte Srebrenica, Zepa und Gorazde war das Gebiet von Bewohnern, die nicht zur ethnischen Gruppe der Serben zählten, fast vollständig geräumt worden. Diese Enklaven waren mit Muslimen überfüllt, von denen viele aus dem umliegenden ländlichen Raum geflohen waren. Sie waren von Einheiten der bosnischen Serben eingekreist und wurden von schlecht bewaffneten Soldaten der bosnischen Armee verteidigt. In einem vor Ort verfassten UNHCR-Bericht wurde die Lage in Srebrenica wie folgt beschrieben: „Jeden Tag sterben Menschen vor Hunger oder Erschöpfung. Die medizinische Situation könnte nicht kritischer sein. Verwundete werden ins Krankenhaus gebracht, wo sie an einfachen Verletzungen sterben, weil Medikamente fehlen."[19]

Die Lage in Srebrenica wurde immer unerträglicher. Am 2. April 1993 warnte die Hohe Flüchtlingskommissarin UN-Generalsekretär Boutros Boutros-Ghali schriftlich, dass die bis dahin unternommenen Versuche zur Linderung des zunehmenden menschlichen Leids „vollkommen unzulänglich" waren. Sie unterstrich die Notwendigkeit „drastischerer Maßnahmen", um das Überleben der Menschen in Srebrenica sicherzustellen. In ihrem Schreiben forderte sie, der UNPROFOR zum Schutz der Menschen in Srebrenica die Anwendung von Gewalt zu gestatten oder UNHCR zu einer Massenevakuierung zu ermächtigen.[20]

Kroatien und Bosnien und Herzegowina, April 1995

Karte 9.1

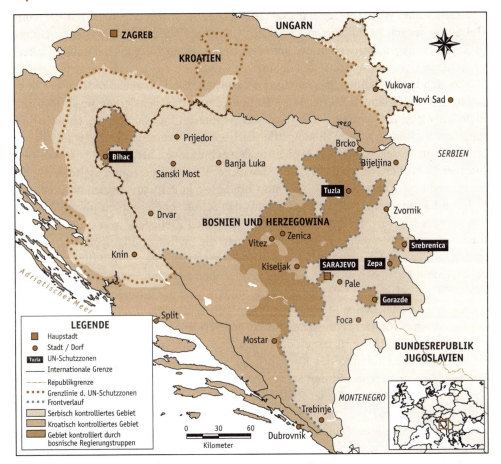

In den darauf folgenden zwei Wochen kamen während einer von UNHCR organisierten Evakuierung aus Srebrenica 56 Menschen durch serbischen Artilleriebeschuss ums Leben Der UN-Sicherheitsrat verabschiedete daraufhin die Resolution 819, mit der die Enklave zu einem „sicheren Gebiet" unter dem Schutz der Vereinten Nationen erklärt und unter anderem UNPROFOR aufgefordert wurde, ihre Präsenz in dem Gebiet zu verstärken. Eine Woche später verabschiedete der Sicherheitsrat die Resolution 824, mit der auch Sarajewo, Tuzla, Zepa, Gorazde und Bihac zu „sicheren Gebieten" erklärt wurden.

Die Schutzzonen wurden ohne die Zustimmung der Konfliktparteien eingerichtet, und es wurde auch keine glaubwürdige militärische Abschreckung vorgesehen. Obwohl der UN-Generalsekretär gewarnt hatte, es würden weitere 34.000 Soldaten benötigt, um eine „Abschreckung durch Stärke" zu erreichen, waren die Regierungen nicht bereit, Truppen in diesem Umfang bereitzustellen. Der Sicherheitsrat verabschiedete darauf eine alternative „kleine Lösung", in deren Rahmen für diese Aufgabe lediglich 7.500 Soldaten entsandt wurden. UNPROFOR durfte Gewalt nur zur Selbstverteidigung anwenden, nicht jedoch zur Verteidigung der Zivilbevölkerung, die sie schützen sollte. Wie UN-Generalsekretär Kofi Annan später zugab, waren die vom UN-Sicherheitsrat zu Schutzzonen erklärten Gebiete in Wirklichkeit „weder geschützte Gebiete noch sichere Zonen im Sinne des humanitären Völkerrechts und auch keine sicheren Gebiete im militärischen Sinn".[21]

Da sich in den Schutzzonen nicht nur Zivilisten, sondern auch Soldaten der bosnischen Armee befanden, werteten die Truppen der bosnischen Serben sie als legitime Ziele im Krieg. Sie wurden häufig von der Artillerie und von Heckenschützen beschossen. Vielfach erfolgten die Angriffe der bosnisch-serbischen Truppen als Reaktion auf Angriffe der bosnischen Armee aus den Schutzzonen heraus. Die bosnisch-serbischen Behörden verweigerten den Bewohnern der Schutzzonen sicheres Geleit durch serbisch kontrollierte Gebiete und hinderten humanitäre Organisationen wie UNHCR häufig daran, sie zu erreichen. Aus den Schutzzonen wurden überfüllte Gettos vorwiegend für Muslime. Sie boten gefährdeten Zivilisten zwar einerseits Zuflucht, wurden aber auch zu Gebieten, in denen die Zivilisten eingesperrt waren und in der Falle saßen: Es waren sozusagen offene Internierungslager. Weil die internationale Gemeinschaft sich so sehr auf die Schutzzonen konzentrierte, verlor sie zudem die nicht zur serbischen Volksgruppe gehörenden, aber noch in serbisch kontrollierten Gebieten verbliebenen Menschen aus den Augen. Diese waren dadurch noch stärker als ohnehin von der „ethnischen Säuberung" bedroht.

Wie schon im Nordirak hatten die Regierungen auch in Bosnien gemischte Motive für ihre Unterstützung des Konzepts der Schutzzonen. Während des gesamten Krieges blieb unklar, ob mit den Schutzzonen primär Territorien oder Menschen geschützt werden sollten.[22] Dieser Zwiespalt führte zu Missverständnissen und weckte falsche Hoffnungen. Im November 1999 wurde ein kritischer Untersuchungsbericht zur Rolle der Vereinten Nationen in Srebrenica vorgelegt. UN-Generalsekretär Kofi Annan gestand darin ein, dass die Resolutionen des UN-Sicherheitsrats ein falsches Gefühl von Sicherheit vermittelt hatten, weil nicht zugegeben worden war, dass die Ausrufung bestimmter Gebiete zu Schutzzonen in erheblichem Maße eine Zusage zu ihrer Verteidigung implizierte. In dem Bericht heißt es:

> Wenn die internationale Gemeinschaft feierlich verspricht, unschuldige Zivilisten vor einem Massaker zu sichern und zu schützen, muss sie bereit sein, dieses Versprechen mit den erforderlichen Mitteln einzuhalten. Andernfalls wäre es besser, erst gar keine Hoffnungen und Erwartungen zu wecken und nicht die Möglichkeiten zu untergraben, die sie vielleicht selbst für ihre Verteidigung mobilisieren können.[23]

Am 11. Juli 1995 überrannte die bosnisch-serbische Armee Srebrenica, nahm mehrere hundert niederländische UNPROFOR-Soldaten als Geiseln und zwang rund 40.000 Menschen zur Flucht. Im Anschluss daran töteten bosnisch-serbische Truppen beim größten Massaker in Europa seit dem Zweiten Weltkrieg etwa 7.000 Menschen, die meisten davon Männer und männliche Jugendliche. Richter Riad vom Internationalen Strafgerichtshof für das ehemalige Jugoslawien beschrieb die Geschehnisse als „Bilder aus der Hölle, eingemeißelt in die dunkelsten Seiten der menschlichen Geschichte".²⁴ Binnen weniger Tage nach dem Fall von Srebrenica überrannten serbische Truppen auch noch Zepa, eine weitere so genannte Schutzzone.

Die Lieferung von Hilfsgütern im Rahmen der Soforthilfe

Der humanitäre Hilfseinsatz in Bosnien und Herzegowina war in seiner Größe, Länge und Komplexität beispiellos. Zwischen 1992 und 1995 koordinierte UNHCR eine riesige logistische Operation, in deren Verlauf etwa 950.000 Tonnen humanitäre Hilfsgüter an unterschiedliche Orte in ganz Bosnien und Herzegowina gebracht wurden. 1995 lieferte UNHCR humanitäre Hilfsgüter für etwa 2,7 Millionen Empfänger. Der Großteil waren Nahrungsmittel vom Welternährungsprogramm der Vereinten Nationen (*World Food Programme* – WFP).

Bei der Lieferung der Hilfsgüter kooperierte UNHCR nicht nur eng mit WFP, sondern auch mit anderen UN-Organisationen wie der Ernährungs- und Landwirtschaftsorganisation FAO, dem UN-Kinderhilfswerk UNICEF und der Weltgesundheitsorganisation WHO sowie mit internationalen und einheimischen NGOs, die unter dem „Dach" von UNHCR tätig waren. Die meisten dieser Organisationen waren im Hinblick auf ihre offizielle Akkreditierung bei den Vereinten Nationen, die von den Konfliktparteien verlangt wurde und ohne die sie ihrer Arbeit kaum nachgehen konnten, in hohem Maß von UNHCR abhängig.

Zur „federführenden" Rolle des Amtes zählten weitere Aufgaben. Zeitweise waren in Bosnien und Herzegowina von mehr als 250 humanitären Organisationen über 3.000 Mitarbeiter mit UNHCR-Ausweisen und über 2.000 Fahrzeuge mit UNHCR-Nummernschildern im Einsatz. Für die Konvois verfügte UNHCR über einen Fuhrpark von mehr als 250 LKWs, die von den Regierungen Dänemarks, Norwegens, Schwedens, Großbritanniens, Deutschlands und der Russischen Föderation oder über sie bereitgestellt worden waren. Mehr als 20 Länder beteiligten sich an der Sarajewoluftbrücke. Zusätzlich wurden über unzugänglichen Stadtgemeinden wie Konjic, Gorazde, Maglaj, Srebrenica, Tesanj und Zepa mehr als 18.000 Tonnen humanitäre Hilfsgüter aus der Luft abgeworfen. Dies geschah bei Nacht aus großer Höhe, um die Gefahr von Boden-Luft-Angriffen auf die Flugzeuge zu verringern.

Die humanitäre Hilfsoperation wurde während des gesamten Krieges durch Sicherheitsprobleme, mangelnde Zusammenarbeit seitens der Konfliktparteien und logistische Schwierigkeiten in ihrer Effizienz beeinträchtigt. Die Mitarbeiter humanitärer Organisationen waren ständig durch willkürlichen Artilleriebeschuss, Heckenschützenfeuer und Minenexplosionen gefährdet und wurden bisweilen direkt angegriffen. Sie wurden mit Blick auf Informationen zu Sicherheitsfragen, bewaffnete Eskorten, den Transport in gepanzerten Fahrzeugen und logistische Unterstützung stark von UNPROFOR abhängig. In einem noch nie gekannten Ausmaß mussten sie auch kugelsichere Westen und gepanzerte Fahrzeuge verwenden. Trotz dieser Schutzmaßnahmen kamen im Laufe des Krieges mehr als 50 Mitarbeiter humanitärer Organisationen ums Leben und mehrere Hundert wurden verletzt. Darüber hinaus wurden 117 UNPROFOR-Soldaten getötet.²⁵

Im Allgemeinen lieferte UNHCR die humanitären Hilfsgüter an die örtlichen

Behörden, die für ihre Verteilung zuständig waren. Trotz Maßnahmen, die sicherstellen sollten, dass die Hilfsgüter nicht zweckentfremdet wurden, landete ein Teil unausbleiblich bei bewaffneten Einheiten oder auf dem Schwarzmarkt. Diese Missstände führten zu dem häufig erhobenen Vorwurf, die humanitäre Hilfsoperation würde mehr den Kriegsparteien als der Bevölkerung nutzen.

Im Mai 1992 hatte der UN-Generalsekretär erklärt: „Alle Parteien müssen in der Hilfsoperation einen neutralen humanitären Akt sehen."[26] Schon sehr früh war jedoch das Gegenteil erkennbar. Der humanitäre Hilfseinsatz wurde von den Konfliktparteien ständig behindert. Dies galt vor allem für die bosnischen Serben, die den Zugang zu den belagerten bosnischen Enklaven kontrollierten, und die bosnischen Kroaten, die den Zugang zu Zentralbosnien unter ihrer Kontrolle hatten.

1992 musste einmal ein UNHCR-Konvoi auf dem Weg von der kroatischen Hauptstadt Zagreb nach Sarajewo 92 Straßensperren passieren. Nach langwierigen Verhandlungen mit den Konfliktparteien wurden die meisten dieser Straßensperren später abgebaut; an ihre Stelle traten dann jedoch bürokratische Hürden. Schriftliche Freigabeanträge mit unzähligen Detailangaben mussten 14 Tage vor dem geplanten Termin für einen Konvoi bei den örtlichen Behörden eingereicht werden. In der Praxis erwies sich dies als ein einfacher Weg für die örtlichen Behörden, den Zugang zu feindlichem Territorium zu kontrollieren und einzuschränken, ohne ihn offen zu verbieten. Alle möglichen Verzögerungstaktiken wurden angewendet, und eine endlose Kette von Gründen diente zur Verweigerung der Genehmigungen.

Vielfach wollten die Konfliktparteien Genehmigungen für UNHCR-Konvois zur Fahrt durch Gebiete unter ihrer Kontrolle nur unter der Bedingung erteilen, dass gleichzeitig der Anteil der Hilfsgüter für diese Gebiete erhöht wurde. Dann wurden langwierige Verhandlungen erforderlich, während derer die Konvois oft wochen- oder sogar monatelang blockiert waren. UNHCR-Mitarbeiter vor Ort wendeten während des Krieges einen großen Teil ihrer Zeit dafür auf, den Zugang zu betroffenen Bevölkerungen auszuhandeln. Manche der einheimischen zivilen Behörden wie die bosnisch-serbischen Kommissare für humanitäre Hilfe hatten offensichtlich sogar den Auftrag, zu verhindern, dass die humanitäre Hilfe Zivilisten auf feindlichem Territorium erreichte. Dies zeigte sich in aller Klarheit bei einem Treffen zwischen UNHCR und serbischen Zivilbehörden am 2. Juli 1995. Bei dieser Gelegenheit erklärte Nikola Koljevic, der Vorsitzende des Koordinationsausschusses für humanitäre Hilfe (und Vizepräsident der selbst ernannten Republika Srpska) seine ständige Obstruktion mit dem Hinweis, er würde von seinem eigenen Regime als Kriegsverbrecher angeklagt, wenn er es zulassen würde, dass Muslime Nahrungsmittel erhielten.[27]

Die Rolle von UNPROFOR bei der humanitären Hilfsoperation

UNPROFOR hatte in Bosnien und Herzegowina vorrangig die Aufgabe, UNHCR dabei zu unterstützen ein Umfeld zu schaffen, das wirksame humanitäre Hilfe erlaubte. Die Friedenssicherungstruppe war jedoch in den von den bosnischen Serben kontrollierten Gebieten nicht sonderlich stark vertreten und hatte damit auch nur eingeschränkten Zugang. Bei der Erfüllung ihres Auftrags konzentrierte sich UNPROFOR darauf, zuverlässige Versorgungsrouten auf dem Landweg und Luftkorridore einzurichten und die Sicherheit der Mitarbeiter humanitärer Organisationen zu verbessern. Technikern von UNPROFOR gelang es, wichtige Straßenverbindungen in den von der bosnischen Regierung gehaltenen Gebieten zu öffnen und offen zu halten sowie die Landebahn und die wichtigsten Einrichtungen auf dem Flughafen von Sarajewo in Stand zu halten. Ein unvermeidliches Problem war allerdings, dass die geringe Anzahl der benutzbaren Straßen es den Konfliktparteien erleichterte, sie zu sperren, wann immer sie dies wollten.[28]

Obwohl UNPROFOR viel dazu beitrug, die Sicherheit der Mitarbeiter humanitärer Organisationen zu verbessern, gab es Zeiten, in denen man eher vom Gegenteil sprechen könnte. Besonders die bosnischen Serben standen UNPROFOR oft außerordentlich feindselig gegenüber. Bisweilen klagten die Besatzungen von UNHCR-Konvois, die Anwesenheit von UNPROFOR-Eskorten würde sie zum Ziel von Angriffen machen, sodass sie ohne Militäreskorte sicherer gewesen seien.

Eine der Hauptaufgaben von UNPROFOR bei der Unterstützung der humanitären Hilfsoperation bestand darin, „passiven Schutz" für die Hilfskonvois zu leisten. Zu diesem Zweck begleiteten gepanzerte Mannschaftstransportwagen die Konvois durch gefährliche Frontabschnitte. Dahinter steckte der Grundgedanke, dass sich bei einem Beschuss eines Konvois das zivile Personal in diesen gepanzerten Fahrzeugen in Sicherheit bringen sollte. Bisweilen schoss die Besatzung von UNPROFOR-Fahrzeugen auch zurück, wenn Konvois angegriffen wurden. Der Einsatz militärischer Eskorten für humanitäre Hilfskonvois war für UNHCR Neuland. Er wurde damals von jenen kritisiert, die die Unparteilichkeit des humanitären Handelns beeinträchtigt sahen. Im Gegensatz zu UNHCR verzichtete das IKRK während des gesamten Krieges auf Militäreskorten. Diese ermöglichten UNHCR jedoch, große Mengen an humanitären Hilfsgütern zu der vom Krieg betroffenen Bevölkerung zu transportieren und selbst auf dem Höhepunkt der Kämpfe Frontlinien zu passieren. Mehr als 80 Prozent der Soforthilfe, die während des Krieges die Zivilbevölkerung in Bosnien und Herzegowina erreichte, wurde von UNHCR transportiert.

Die UNPROFOR-Truppen verbesserten die Sicherheit des humanitären Hilfseinsatzes und leisteten wichtige logistische Unterstützung. Sie konnten jedoch nur wenig tun, um den Zugang zu den Gebieten zu verbessern, die nicht erreicht werden konnten, ohne von bosnisch-serbischen Einheiten kontrolliertes Territorium zu passieren. Da UNPROFOR nach den herkömmlichen Prinzipien für den Einsatz von Friedenssicherungstruppen im Einvernehmen mit den Konfliktparteien operierte, war man davon abhängig, dass die bosnisch-serbischen Behörden den Zugang zu ihren Gebieten erlaubten. Mehr als die anderen Konfliktparteien standen die bosnischen Serben der UNPROFOR jedoch fast ausschließlich feindselig gegenüber. Infolgedessen konnten UNPROFOR-Fahrzeuge bestimmte Routen manchmal monatelang nicht benutzen. In Stadtgemeinden wie Gorazde und Bihac gingen den UNPROFOR-Truppen wiederholt die frischen Nahrungsmittel aus, weil sie keine Passiergenehmigung für ihre eigenen Nachschubkonvois erhielten. Bei zahlreichen Gelegenheiten erhielten sie von UNHCR Nahrungsmittel. Das Amt versorgte in diesen Fällen also die Truppen, die zur Unterstützung der humanitären Hilfsoperation entsandt worden waren.

Die Belagerung von Sarajewo und die humanitäre Luftbrücke

Für einen Großteil des Krieges konzentrierte sich die Aufmerksamkeit der internationalen Gemeinschaft auf die bosnische Hauptstadt Sarajewo. Rund herum waren bosnisch-serbische Artillerie und Heckenschützen postiert, und sie war oft monatelang von der Wasser-, Strom- oder Gasversorgung abgeschnitten. Die bosnisch-serbischen Belagerungstruppen töteten wiederholt Zivilisten, die auf einem Markt einkauften oder in einer Schlange für Brot oder Wasser anstanden. Währenddessen bemühte sich UNHCR verzweifelt, Nahrungsmittel und andere Hilfsgüter in die Stadt zu bringen.

Zwischen dem 3. Juli 1992 und dem 9. Januar 1996 koordinierte UNHCR die längste je durchgeführte humanitäre Luftbrücke. Sie währte sogar noch länger als die Luftbrücke nach Berlin 1948/49. Die meisten Flugzeuge waren von Kanada, Frankreich, Deutschland, Großbritannien und den Vereinigten Staaten ausgeliehen, alles in allem beteiligten sich mehr als 20 Staaten daran. Mit mehr als 12.000 Flügen wurden insgesamt rund 160.000 Tonnen Nahrungsmittel, Medikamente und andere Hilfsgüter nach Sarajewo gebracht. Die Luftbrücke wurde auch dazu genutzt, mehr als 1.100 Zivilisten auszufliegen, die medizinisch versorgt werden mussten.

Die Luftbrücke war nicht nur mit bürokratischen Hindernissen, sondern auch mit ständigen Sicherheitsproblemen konfrontiert. Beide Konfliktparteien, vor allem aber die bosnischen Serben, beschossen Flugzeuge, die den Flughafen benutzten. Es gab mehr als 270 ernsthafte Zwischenfälle, die UNHCR wiederholt zwangen, die Luftbrücke vorübergehend einzustellen. Der schlimmste Zwischenfall ereignete sich am 3. September 1992, als eine Frachtmaschine des Typs G-222 der italienischen Luftwaffe mit einer Boden-Luft-Rakete abgeschossen wurde und alle vier Besatzungsmitglieder an Bord ums Leben kamen. Die Schuldigen wurden nie ermittelt.

Bei vielen Gelegenheiten verboten bosnisch-serbische Inspektoren, deren Anwesenheit auf dem Flughafen eine Vorbedingung der bosnischen Serben für die Zustimmung zur Luftbrücke war, dass bestimmte Hilfsgüter aus den UNHCR-Flugzeugen ausgeladen wurden. Diese mussten dann kostenaufwändig nach Kroatien, Italien oder Deutschland zurückgeflogen werden. In anderen Fällen verhinderten bosnisch-serbische Truppen, die die Straße zum Flughafen kontrollierten, dass Hilfsgüter vom Flughafengelände gebracht wurden. Während die Zivilbevölkerung in der Stadt Hunger litt, verrotteten Tonnen von Lebensmitteln auf dem Flughafengelände. Bestimmte, für lebenswichtige Versorgungsdienste in der Stadt dringend benötigte Gebrauchsgüter wie Rohre, Wasserpumpenersatzteile, Generatoren und andere Produkte wurden fast für die Dauer des gesamten Krieges auf dem Flughafen fest gehalten. Zudem wurden Evakuierungen aus medizinischen Gründen von schwer kranken oder verletzten Zivilisten häufig verhindert.

Die Ereignisse im Vorfeld des Friedensabkommens von Dayton

Anfang 1995 gab es eine neue Welle „ethnischer Säuberungen" durch die bosnischen Serben in Westbosnien und vor allem im Gebiet von Banja Luka, das der UNHCR-Sprecher damals das bosnische „Herz der Finsternis" nannte. Im Mai wurde die

Glaubwürdigkeit der Vereinten Nationen in Bosnien weiter erschüttert, als die bosnischen Serben nach von UNPROFOR angeforderten Luftschlägen der NATO mehrere hundert UNPROFOR-Soldaten als Geiseln nahmen. Manche Geiseln wurden von den bosnischen Serben als „menschliche Schutzschilde" an potenzielle Ziele von Luftangriffen angekettet. Die Fernsehbilder davon gingen rund um die Welt.

Schließlich änderte Mitte 1995 eine Reihe von Ereignissen die Dynamik des Krieges auf drastische Weise. Im Juli überrannte die bosnisch-serbische Armee die Schutzzonen von Srebrenica und Zepa. Anfang August begann die kroatische Armee ihre „Operation Sturm", eine riesige Militäroffensive mit mehr als 100.000 Soldaten, in deren Verlauf sie alle von den Serben kontrollierten Gebiete im Westen und Süden der Krajina, einer Landschaft in Kroatien, unter ihre Kontrolle brachte. Etwa 200.000 Serben flohen daraufhin aus dem Gebiet. Die Mehrheit zog in die Bundesrepublik Jugoslawien, eine kleinere Anzahl blieb in serbisch kontrollierten Teilen von Bosnien und Herzegowina. Am 28. August 1995 schließlich traf eine von bosnisch-serbischen Truppen abgefeuerte Artilleriegranate einen belebten Marktplatz in Sarajewo. Bei dem Vorfall starben 37 Menschen, und mehrere Hundert wurden verletzt. Die NATO reagierte mit zweiwöchigen intensiven Luftangriffen gegen bosnisch-serbische Ziele. Ermutigt durch die Luftschläge begannen kroatische und bosnische Regierungstruppen eine gemeinsame Offensive in Bosnien und Herzegowina, um die von den Serben kontrollierten Gebiete zurückzuerobern. Es gelang ihnen, ein Drittel des von den bosnisch-serbischen Truppen gehaltenen Territoriums einzunehmen. Angesichts der täglich fortschreitenden Gebietsverluste akzeptierte die bosnisch-serbische Führung eine Waffenruhe und willigte ein, an Friedensgesprächen in Dayton im amerikanischen Bundesstaat Ohio teilzunehmen.

Das dort ausgehandelte Friedensabkommen von Dayton wurde am 14. Dezember 1995 von den Staatspräsidenten der Republik Bosnien und Herzegowina, der Republik Kroatien und der Bundesrepublik Jugoslawien in Paris unterzeichnet. Es bestätigte, dass Bosnien und Herzegowina als ein Staat fortbestehen sollte, erkannte aber die Untergliederung in zwei Gebietseinheiten (*entities*) an: die Republika Srpska und die muslimisch-kroatische Föderation.

Das Abkommen umfasst detaillierte Bestimmungen zur Entmilitarisierung der früheren Konfliktparteien. An die Stelle von UNPROFOR sollte eine 60.000 Mann starke Truppe treten, um die Umsetzung des Abkommens zu überwachen (*Implementation Force* – IFOR). Weniger Aufmerksamkeit widmete man jedoch der Umsetzung der zivilen Aspekte des Friedensabkommens. UNHCR wurde in Anhang VII des Abkommens aufgefordert, „in enger Abstimmung mit Asylländern und den Vertragsparteien einen Rückführungsplan auszuarbeiten, der eine frühe, friedliche, geordnete und sukzessive Rückkehr von Flüchtlingen und Vertriebenen ermöglicht". Obwohl im Friedensabkommen allen Flüchtlingen und Vertriebenen das Recht eingeräumt wurde, „frei an ihren früheren Wohnort zurückzukehren", sah es keine Mechanismen zu dessen Durchsetzung vor. Stattdessen wurde von den früheren Konfliktparteien erwartet, ein Umfeld zu schaffen, in dem die Flüchtlinge „in Sicherheit [...] ohne jedes Risiko der Bedrohung, Einschüchterung, Verfolgung oder Diskriminierung" zurückkehren konnten.[29]

Flüchtlinge und Vertriebene aus dem ehemaligen Jugoslawien, Dezember 1995

Karte 9.2

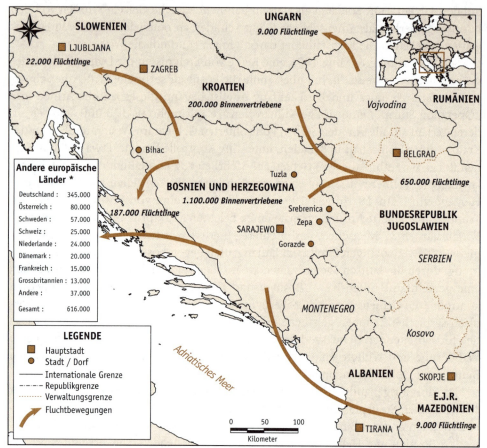

* Die Zahlen für andere europäische Länder entsprechen dem Stand von September 1996 und beruhen auf Angaben der jeweiligen Regierungen gegenüber UNHCR (Arbeitsgruppe für Humanitäre Angelegenheiten, HIWG96/6, 11. Dezember 1996).

Die militärischen Bestimmungen des Abkommens wurden erfolgreich umgesetzt. Seit der Unterzeichnung des Abkommens hat es keine Zusammenstöße zwischen den Truppen beider Seiten gegeben. Im zivilen Bereich blieben jedoch die nationalistischen Führer beider Seiten an der Macht. So konnten sie unter anderem die Aussichten auf eine Versöhnung zwischen den verschiedenen ethnischen Gruppen untergraben. Gleiches galt für die mögliche Rückkehr von Vertriebenen und Flüchtlingen an ihre früheren Wohnorte, die sie im Rahmen der „ethnischen Säuberung" während des Krieges hatten verlassen müssen. Die Hohe Flüchtlingskommissarin wies 1997 darauf hin, dass wegen der unzureichenden Bestimmungen zu Themen wie der polizeilichen Überwachung, dem Wiederaufbau oder der Versöhnung in dem Abkommen humanitäre Akteure wie UNHCR „mit Problemen zu kämpfen haben, die eigentlich politischer Natur sind".[30]

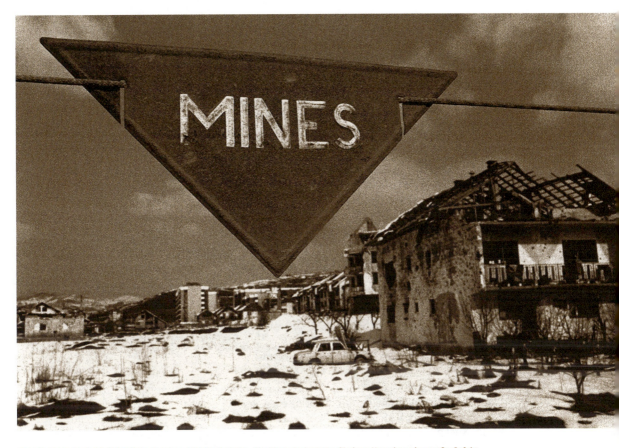

Zerstörungen durch die Kämpfe im Sarajewo-Stadtteil Ilidza. Die Minen bedeuteten für jene Menschen eine große Gefahr, die nach dem Krieg an ihre früheren Wohnorte zurückkehrten. (UNHCR/R. LEMOYNE/1996)

Rückführung und anhaltende ethnische Trennung

Es zeigte sich von Anfang an, dass die multinationalen Truppen unter dem Kommando der NATO nicht bereit waren, sich auf potenziell gefährliche Polizeiaufgaben einzulassen, um öffentliche Unruhen zu verhindern und die öffentliche Ordnung in Bosnien und Herzegowina aufrechtzuerhalten. Dies wurde Anfang 1996 besonders deutlich, als bosnisch-serbische Polizisten, Paramilitärs und Extremisten etwa 60.000 Angehörige ihrer ethnischen Gruppe zwangen, Vororte von Sarajewo zu verlassen, als diese wieder der Hoheit der muslimisch-kroatischen Föderation unterstellt worden waren . Bewaffnete Gruppen serbischer Agitatoren setzten unter den Augen schwer bewaffneter, aber vollkommen untätiger IFOR-Soldaten Häuser in Brand.³¹

Die fehlende öffentliche Ordnung in Bosnien und Herzegowina und besonders die mangelnde Sicherheit für ethnische Minderheiten verhinderten, dass die im Krieg erfolgten „ethnischen Säuberungen" in nennenswertem Umfang rückgängig gemacht wurden. Führende Lokalpolitiker beider Seiten vereitelten wiederholt alle Rückkehraussichten, indem sie Angehörigen ihrer eigenen ethnischen Gruppe verfügbaren Wohnraum zuwiesen und für Angehörige von Minderheiten ein Klima der Angst und Einschüchterung schufen. Bis Dezember 1999 waren rund 395.000 Flüchtlinge, die Bosnien und Herzegowina während des Krieges verlassen hatten, wieder zurückgekehrt. Die meisten von ihnen konnten jedoch nicht wieder an ihre früheren Wohnorte ziehen. Stattdessen ließen sie sich in Gebieten nieder, in denen ihre eigene ethnische Gruppe die Mehrheit bildete. Ende 1999 gab es in Bosnien und Herzegowina immer noch etwa 800.000 Vertriebene, die nicht an ihre früheren Wohnorte zurückkehren konnten.

UNHCR und andere humanitäre Organisationen unternahmen erhebliche Anstrengungen, für die Versöhnung zu werben und die freiwillige Rückkehr von Flüchtlingen und Vertriebenen an ihre früheren Wohnorte zu erleichtern, auch in Gebiete, die mittlerweile von einer anderen ethnischen Gruppe dominiert wurden. UNHCR richtete mehrere Busverbindungen zwischen den beiden Gebietseinheiten in Bosnien und Herzegowina ein und ermöglichte Gruppenbesuche von Flüchtlingen und Vertriebenen zu ihren früheren Wohnorten. UNHCR initiierte auch das Projekt der so genannten „offenen Städte", in dessen Rahmen Geber aufgefordert wurden, in Städten zu investieren, die Angehörigen von Minderheiten die Rückkehr ermöglichten. Es gibt jedoch eine Grenze dessen, was humanitäre Organisationen leisten können. Die Hohe Flüchtlingskommissarin beendete ihre Rede auf der Konferenz des Friedensimplementierungsrats 1998 mit den Worten:

Die Grundvoraussetzung für die Rückführung, nämlich eine signifikante und dauerhafte Veränderung der Umstände, die die Menschen gezwungen haben, ihre früheren Wohnorte zu verlassen, ist noch nicht erfüllt. An die Bereitschaft von UNHCR, eine federführende Rolle bei der Rückführung zu übernehmen, war die Voraussetzung geknüpft, dass die politischen Hindernisse beseitigt werden. Sie bestehen jedoch fort. Wir haben sie benannt, aber als humanitäre Organisation können wir sie nicht beseitigen.[32]

Nur eine geringe Zahl von Menschen ist in Gebiete zurückgekehrt, in denen sie jetzt einer ethnischen Minderheit angehören. Insgesamt hat es sowohl in Kroatien als auch in Bosnien und Herzegowina nur minimale Fortschritte bei der Wiederherstellung wirklich multiethnischer Gesellschaften gegeben. Die Aussichten auf eine umfassende Rückkehr in Gebiete, die jetzt von einer anderen ethnischen Gruppe dominiert werden, bleiben gering. Bis Ende 1999, mehr als vier Jahre nach Einstellung der Kampfhandlungen in Kroatien und Bosnien und Herzegowina, konnten weniger als zehn Prozent der insgesamt etwa 300.000 Serben, die zwischen 1991 und 1995 aus Kroatien geflohen waren, an ihre früheren Wohnorte zurückkehren. In ähnlicher Weise waren weniger als fünf Prozent der von den Serben aus dem Westen von Bosnien und Herzegowina vertriebenen 650.000 Muslimen und Kroaten und weniger als ein Prozent der von den Serben aus Ostbosnien vertriebenen Menschen an ihre früheren Wohnorte zurückgekehrt.[33]

Von den wenigen, die in Gebiete zurückgekehrt sind, in denen sie jetzt zu einer ethnischen Minderheit zählen, ist ein großer Teil in Gebiete nahe der Grenze zwischen den Gebietseinheiten zurückgekommen, die von Truppen unter dem Komman-

Die Vereinbarung von Dayton für Bosnien und Herzegowina, 1995

Karte 9.3

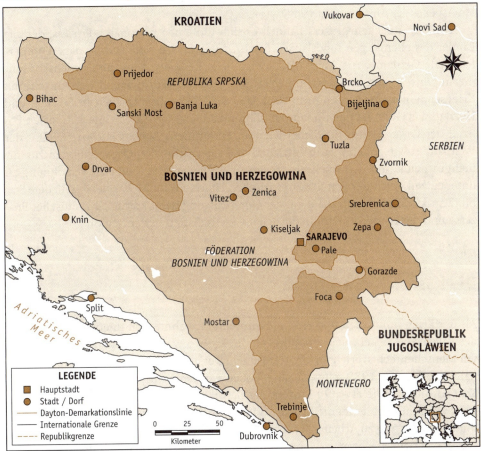

do der NATO scharf überwacht wird. Eine weitere Gruppe bilden ältere Menschen, die von den örtlichen Behörden nicht als wirkliche Bedrohung angesehen werden. Ein Teil ist auch nur mit der Absicht zurückgekehrt, sein Wohneigentum zu tauschen. Der während des Krieges begonnene Prozess der ethnischen Trennung wurde in der Nachkriegsperiode mit anderen Mitteln fortgesetzt.

Wenngleich die Gesamtzahl der Menschen, die in von einer anderen ethnischen Gruppe dominierte Gebiete zurückgekehrt sind, nach wie vor gering ist, registrieren UNHCR und andere Beobachter in den ersten Monaten des Jahres 2000 sowohl in Kroatien als auch in Bosnien und Herzegowina eine substanzielle Zunahme der Zahl zurückkehrender Angehöriger von Minderheiten.[34] Als Ursachen hierfür galten die Ungeduld von Flüchtlingen und Vertriebenen, eine Veränderung der Stimmungslage bei den Mehrheits- und Minderheitenbevölkerungen, der Regierungswechsel in Kroatien nach dem Tod von Staatspräsident Franjo Tudjman im Dezember 1999, eine geänderte Politik der bosnischen Regierung und Maßnahmen des Amtes des Hohen

Beauftragten mit dem Ziel, Obstruktionspolitiker aus ihren Ämtern zu entfernen und die Wohnraumgesetze umzusetzen. Letztere Stelle überwacht die Umsetzung der zivilen Aspekte des Abkommens von Dayton.

Bei dem Rückkehrprozess handelt es sich um einen regionalen Prozess, der alle Länder des ehemaligen Jugoslawien betrifft. UNHCR hat stets betont, dass die internationale Gemeinschaft weiterhin beträchtliche Ressourcen in die Friedenskonsolidierung investieren muss, wenn der Rückkehrprozess selbsttragend werden soll. Seit Kriegsende hat UNHCR eng mit dem Amt des Hohen Beauftragten in Bosnien und Herzegowina, den Truppen unter dem Kommando der NATO, der Internationalen Polizei, der Organisation für Sicherheit und Zusammenarbeit in Europa (OSZE), der Weltbank sowie anderen einheimischen und internationalen Organisationen zusammengearbeitet, um den Rückkehrprozess, den Wiederaufbau und die Versöhnung zu unterstützen. Auch der von der Europäischen Union im Juni 1999 verabschiedete Stabilitätspakt für Südosteuropa dient der Unterstützung demokratischer politischer Prozesse und der Förderung multiethnischer Gesellschaften in der Region.

Die Kosovo-Krise

Als der Krieg in Bosnien und Herzegowina endete, bahnte sich in einem anderen Teil des Balkans bereits ein neuer Konflikt an. Im Kosovo war es seit langem zu verbreiteten Menschenrechtsverletzungen gekommen. Der autonome Status des Kosovo innerhalb Serbiens war 1989 teilweise aufgehoben worden. Seitdem war die Mehrzahl der Kosovo-Albaner, die etwa 90 Prozent der Bevölkerung des Kosovo stellten, diskriminiert worden. In einer an die Apartheid in Südafrika erinnernden Situation hatte man ihnen den Zugang zu Arbeitsplätzen und öffentlichen Leistungen sowie die Wahrnehmung von Grundrechten verwehrt. Um dem entgegenzuwirken, schufen die Kosovo-Albaner für fast alle Bereiche des täglichen Lebens einschließlich Beschäftigung, Gesundheit und Bildung eigene Systeme parallel zu den staatlichen Systemen. Zwischen 1989 und Anfang 1998 verließen schätzungsweise 350.000 Kosovo-Albaner die Provinz. Die meisten gingen in die Länder Westeuropas.

Die seit langem unterschwellig brodelnde Krise erreichte im Februar 1998 eine neue Dimension. Die serbischen Sicherheitskräfte intensivierten ihre Operationen gegen die Kosovo-Albaner, die sie der Mitgliedschaft in der Kosovo-Befreiungsarmee (*Ushtria Çlirimtare e Kosovës* – UÇK) verdächtigten. Da sich die Sicherheitslage immer weiter verschlechterte, flohen im Mai und Juni 1998 etwa 20.000 Menschen über die Berge nach Albanien, andere nach Montenegro, Italien, in die Schweiz, nach Deutschland oder in andere Länder Westeuropas. In den darauf folgenden Monaten nahmen die Zusammenstöße an Heftigkeit zu. Im September gab es im Kosovo schätzungsweise 175.000 Binnenvertriebene. UNHCR begann einen großen Hilfseinsatz, um diese Binnenvertriebenen und andere vom Konflikt betroffene Teile der Bevölkerung zu unterstützen.

Nach der Verabschiedung der Resolution 1199 des UN-Sicherheitsrats stimmten die jugoslawischen Behörden im September 1998 auf zunehmenden internationalen

Druck einer Waffenruhe und einem teilweisen Truppenabzug aus dem Kosovo zu. Eine internationale Verifizierungsmission unter Leitung der OSZE wurde entsandt, mit dem Ziel, die Einhaltung der Vereinbarung zu überwachen. Vorübergehend kehrte Ruhe ein. Dann häuften sich die Verstöße gegen die Waffenruhe jedoch zunehmend, sodass sie Ende 1998 praktisch beendet war. Mitte Januar 1999 begingen serbische Truppen ein Massaker an 45 Kosovo-Albanern in Raçak. Diese Entwicklungen führten zu neuerlichen Bemühungen zur Beendigung des Konflikts, die im Februar 1999 in die Friedensverhandlungen in Rambouillet in Frankreich mündeten.

Während der Gespräche in Rambouillet hielten die Kämpfe und die Vertreibungen an. Dennoch zeigten sich die westlichen Regierungen zuversichtlich über die Friedenschancen und forderten UNHCR auf, die Rückkehr der Flüchtlinge und Vertriebenen zu planen. Am 19. März waren die Friedensverhandlungen jedoch gescheitert. Ohne eine Ermächtigung des UN-Sicherheitsrats abzuwarten, begann die NATO am 24. März mit groß angelegten Luftangriffen gegen die Bundesrepublik Jugoslawien, die sich auch gegen Ziele im Kosovo richteten. Da die Luftangriffe mit der offiziell bekundeten Absicht erfolgten, die laufende und mögliche weitere Ermordung und Vertreibung von Kosovo-Albanern zu verhindern, sprach man von einem „humanitären Krieg" der NATO.[35] Der Euphemismus konnte jedoch nicht verschleiern, dass die Luftangriffe zumindest kurzfristig eine noch größere humanitäre Katastrophe auslösten.

Die Flucht von Kosovo-Albanern nach Albanien und in die ehemalige jugoslawische Republik Mazedonien

Zu Beginn der Luftangriffe gab es bereits schätzungsweise 260.000 Binnenvertriebene im Kosovo. Darüber hinaus befanden sich rund 70.000 Kosovo-Albaner als Flüchtlinge oder Vertriebene in der Region und mehr als 100.000 als Flüchtlinge oder Asylbewerber in westeuropäischen oder weiter entfernten Ländern.

Die NATO-Luftangriffe führten zu einer Eskalation der Gewalt am Boden. Die Kämpfe zwischen der UÇK und jugoslawischen Truppen vor Ort hielten an, während Einheiten der jugoslawischen Armee und Polizei gemeinsam mit Paramilitärs und im Kosovo lebenden Serben eine brutale „ethnische Säuberung" begannen, bei der sie auch vor Massendeportationen in angrenzende Staaten nicht zurückscheuten.[36] Nach dem Beginn der Luftangriffe durch die NATO wurden mehrere tausend Kosovo-Albaner getötet und etwa 800.000 flohen oder wurden aus der Provinz vertrieben. Von diesen flohen rund 426.000 nach Albanien, etwa 228.000 in die ehemalige jugoslawische Republik Mazedonien und etwa 45.000 nach Montenegro.[37] Als die Luftangriffe der NATO nach 78 Tagen eingestellt wurden, waren zudem im Kosovo selbst weite Teile der Bevölkerung zu Binnenvertriebenen geworden.

In einem politisch derart brisanten Umfeld auf eine so große Flüchtlingskrise reagieren zu müssen, bedeutete für UNHCR eine immense Herausforderung. Zuvor hatte sich das Amt in Zusammenarbeit mit anderen UN-Organisationen und NGOs auf einen Exodus von bis zu 100.000 Menschen vorbereitet. Niemand hatte jedoch das Ausmaß und das Tempo des Flüchtlingsstroms vorhergesehen, der dann tatsächlich einsetzte. Der Zustrom in die angrenzenden Länder überstieg die Reaktionsmöglichkeiten sowohl der dortigen

Flüchtlinge und Vertriebene aus dem Kosovo in Nachbarstaaten/-territorien, Mitte Juni 1999

Karte 9.4

staatlichen Einrichtungen als auch der humanitären Organisationen. Besonders UNHCR wurde von manchen Gebern und NGOs für seine mangelnde Vorbereitung und sein Krisenmanagement in der Anfangsphase heftig kritisiert.[38]

Die mazedonischen Behörden schlossen Anfang 1999 vorübergehend die Grenze zum Kosovo und verweigerten, ähnlich wie die türkischen Behörden den irakischen Kurden 1991, mehreren zehntausend Kosovo-Albanern den Zugang zu ihrem Territorium. Angesichts von Spannungen im Zusammenhang mit ihrer eigenen albanischen Minderheit befürchtete die mazedonische Regierung, ein so großer Zustrom von Kosovo-Albanern würde das Land destabilisieren. Um die Zahl der Flüchtlinge auf ihrem Territorium zu verringern, forderte sie ein System der internationalen Lastenverteilung und die Evakuierung oder Verlegung eines Teil der Flüchtlinge in Drittländer. Da die NATO für ihre weitere Präsenz auf mazedonischem Territorium auf die Zustim-

Kasten 9.2 Osttimor: Der Preis der Unabhängigkeit

Der lange Kampf um die Unabhängigkeit von Osttimor spitzte sich 1999 zu, als sich die einheimische Bevölkerung in einem von den Vereinten Nationen organisierten und überwachten Referendum mit überwältigender Mehrheit für die Unabhängigkeit entschied. Unmittelbar nach der Bekanntgabe von dessen Ergebnis übten indonesische Sicherheitskräfte und die Unabhängigkeit ablehnende Milizen eine Kampagne der Gewalt gegen die Zivilbevölkerung aus, sie plünderten und steckten Häuser in Brand. Dies löste eine Massenflucht von Ost- nach Westtimor aus. Zusätzlich wurden in Osttimor selbst viele Menschen zu Binnenvertriebenen. UNHCR sollte die Flüchtlinge in Westtimor schützen und unterstützen. Dies war mit vielen heiklen Kontakten zu den die Unabhängigkeit ablehnenden Milizengruppen verbunden, die die Flüchtlingslager kontrollierten.

Der Status von Osttimor, der östlichen Hälfte einer Insel im ostindonesischen Archipel, war seit langem umstritten. 450 Jahre lang war es eine portugiesische Kolonie. Keine andere war so weit von Portugal entfernt und wurde von der Kolonialmacht so vernachlässigt. Als 1960 andere Kolonien unabhängig wurden, machte die UN-Vollversammlung Osttimor zur Angelegenheit von internationalem Interesse und setzte die Kolonie auf ihre Liste der „Gebiete ohne Selbstregierung".

Nach dem Sturz des Caetano-Regimes in Portugal im April 1974 hätte Osttimor unter der linksgerichteten Revolutionären Front für ein unabhängiges Osttimor (*Frente Revolucionário do Timor-Leste Independente* - Fretilin) unabhängig werden können. Das entschied antikommunistische Regime von General Suharto in Indonesien wollte dies jedoch nicht zulassen und unterstützte einen Putsch gegen die Fretilin. Als dieser fehlschlug, begann Indonesien im Dezember 1975 eine groß angelegte Invasion und annektierte das Gebiet im Juli 1976 als 27. Provinz.

Die indonesische Besatzung

Während der Fremdherrschaft der indonesischen Truppen in Osttimor kam es zu gravierenden und massiven Menschenrechtsverletzungen. Von etwa 700.000 Einwohnern vor 1975 starben in den ersten sechs Jahren der Militärherrschaft schätzungsweise 170.000.[iv] Sowohl der UN-Sicherheitsrat als auch die Vollversammlung weigerten sich wiederholt, die Besatzung anzuerkennen und forderten - wenngleich vergeblich - den Rückzug Indonesiens. General Suhartos westliche Verbündete, insbesondere die USA, betrachteten das Regime als wichtiges strategisches Bollwerk in Südostasien und verkauften der indonesischen Regierung modernste Waffen für die Rebellenbekämpfung.

Jahrelang blieb der Status von Osttimor umstritten. War es die 27. Provinz Indonesiens? Oder war es ein Gebiet ohne Selbstregierung, das sein Recht auf Selbstbestimmung noch wahrnehmen musste? Zwischen November 1982 und Mai 1998 führten mehrere UN-Generalsekretäre regelmäßig Gespräche mit der indonesischen und der portugiesischen Regierung über Osttimor, konnten jedoch keine wirklichen Fortschritte erzielen. Abgesehen von Australien erkannte kein westliches Land die Annexion durch Indonesien im Juli 1976 *de jure* an.

Mit dem Ende des Kalten Krieges begann sich auch die Situation Osttimors zu ändern. Mehr ausländische Journalisten als zuvor konnten das Gebiet bereisen und lieferten drastische Berichte über die Grausamkeit der Besatzungsmacht. Fotografen aus dem Westen waren Zeugen, als indonesische Truppen in November 1991 auf einem Friedhof in der osttimoresischen Hauptstadt Díli mehr als 250 Trauernde niederschossen. Ihre Bilder, die um die Welt gingen, widerlegten die Behauptungen der Regierung, die Bevölkerung Osttimors hätte die indonesische Herrschaft akzeptiert. Das Regime musste eine weitere politische Niederlage hinnehmen, als 1996 der osttimoresische römisch-katholische Bischof Carlos Belo und der wichtigste Sprecher des osttimoresischen Widerstands im Ausland, José Ramos Horta, den Friedensnobelpreis erhielten. Als General Suharto im Mai 1998 in einer Phase des wirtschaftli-

---

mung der mazedonischen Regierung angewiesen war, konnte diese auf die Regierungen der NATO-Mitgliedstaaten beträchtlichen Druck ausüben.

Durch die Beteiligung von NATO-Truppen an der Unterstützung der Flüchtlinge wurde die Hilfsoperation zusätzlich politisiert. Die internationalen Medien verbreiteten ständig dramatische Bilder von Flüchtlingen, die nach Albanien strömten oder an der mazedonischen Grenze festsaßen. Zunehmend wurde deutlich, dass die Luftangriffe die Gewalt gegen die Kosovo-Albaner nicht vermindert, sondern im Gegenteil vermehrt hatten. Infolgedessen wandte die NATO ihre Aufmerksamkeit der Not der

chen Niedergangs und allgemeiner politischer Unzufriedenheit zurücktreten musste, begann Osttimor der indonesischen Herrschaft zu entgleiten.

Das Referendum von 1999 und die weitere Entwicklung

Die neue Regierung von Staatspräsident B.J. Habibie wollte das Problem Osttimor rasch lösen. Im Mai 1999 kamen Indonesien und Portugal überein, eine „Bevölkerungsbefragung" unter der Schirmherrschaft des UN-Generalsekretärs durchführen zu lassen, um zu ermitteln, ob die einheimische Bevölkerung eine eingeschränkte Autonomie oder die vollständige Unabhängigkeit favorisierte. Im Juni 1999 stimmte der Sicherheitsrat einer UN-Beratungsmission für Osttimor (*United Nations Advisory Mission in East Timor* - UNAMET) zu, die das Referendum und den anschließenden Übergang zur Autonomie bzw. zur Unabhängigkeit überwachen sollte. Die indonesische Regierung bestand jedoch darauf, die Zuständigkeit für die Sicherheit im Vorfeld der Abstimmung und während der Übergangszeit zu behalten.

Trotz der angespannten Situation und des ehrgeizigen Zeitplans konnte die UNAMET von insgesamt mehr als 800.000 Bewohnern Osttimors 451.792 als abstimmungsberechtigt registrieren. Am 30. August nahmen mehr als 98 Prozent der Berechtigten an dem Referendum teil. Von diesen lehnten 78,5 Prozent die Autonomie zu Gunsten der Unabhängigkeit ab. Unmittelbar nach der Bekanntgabe des Ergebnisses am 4. September kam es zu Morden, Vergewaltigungen, Plünderungen und Brandstiftungen durch die die Unabhängigkeit ablehnenden Milizen und die Sicherheitskräfte.

Es ist unbekannt, wie viele Menschen dabei getötet wurden. Bis Ende 1999 waren jedoch bei der zivilen UN-Polizei mehr als 1.000 so genannte extralegale Tötungen angezeigt worden. Der Sonderberichterstatter der UN-Menschenrechtskommission teilte Ende 1999 mit, dass mehr als 100 Leichen exhumiert wurden. Einheimische NGOs gingen von einer wesentlich höheren Opferzahl aus.[v] Die Infrastruktur des Gebiets war zerstört worden. Auf diplomatischen Druck der internationalen Gemeinschaft gestattete die indonesische Regierung multinationalen Truppen unter australischem Kommando, einzugreifen. Ab dem 20. September wurde in Osttimor eine internationale Truppe (*International Force in East Timor* - INTERFET) stationiert. Innerhalb von 32 Tagen brachte die INTERFET das gesamte Territorium und die osttimoresische Enklave Oecussi (Ambeno) in Westtimor unter ihre Kontrolle.

Am 19. Oktober erkannte das oberste indonesische Verfassungsorgan, die Konsultative Versammlung des Indonesischen Volkes, das Unabhängigkeitsvotum an. Innerhalb einer Woche richtete der UN-Sicherheitsrat die UN-Übergangsverwaltung in Osttimor (*United Nations Transitional Administration in East Timor* - UNTAET) ein, die für Sicherheit sorgen und den Übergang des Territoriums zur Unabhängigkeit überwachen sollte.

Schutz der Vertriebenen

Die Gewalt in Osttimor vor und nach dem Referendum führte zu Flucht und Vertreibung von rund 500.000 Menschen. Schätzungsweise 250.000 wurden zu Binnenvertriebenen in Osttimor, während etwa 290.000 nach Westtimor flohen.

Die meisten Binnenvertriebenen versteckten sich zwischen dem 4. September und dem Zeitpunkt, zu dem die INTERFET in voller Personalstärke in Osttimor eingetroffen war, in den Bergen oder in den von den Rebellen kontrollierten Gebieten. Angehörige der INTERFET halfen humanitären Organisationen bei Soforthilfemaßnahmen für die Menschen, die in Dili geblieben waren. Nachdem die INTERFET ihre territoriale Kontrolle ausgedehnt hatte, wurden auch in anderen Städten Hilfsgüter ausgegeben. Über unzugänglichen Gebieten wurden zudem Hilfsgüter aus der Luft abgeworfen. Bis Ende Oktober waren die meisten Binnenvertriebenen an ihre früheren Wohnorte zurückgekehrt. UNHCR übernahm die federführende Rolle bei der langfristigen Unterstützung der Rückkehrer.

Flüchtlinge zu. Am 2. April bot NATO-Generalsekretär Javier Solana in einem Schreiben an die Hohe Flüchtlingskommissarin Ogata an, UNHCR bei der humanitären Hilfsoperation zu unterstützen. Diese nahm am darauf folgenden Tag das Angebot in einem Schreiben an, in dem sie die wichtigsten Bereiche aufführte, in denen Dienste und Leistungen benötigt wurden. Dazu zählten die Organisation der Luftbrücke, mit der Hilfsgüter nach Albanien und Mazedonien gebracht wurden, Unterstützung beim Transport der Flüchtlinge und logistische Unterstützung bei der Einrichtung von Flüchtlingslagern.[39]

Die meisten der nach Westtimor Geflohenen mussten eilends errichtete Lager nahe der westtimoresischen Hauptstadt Kupang oder der Grenzstadt Atambua beziehen. Diese Flüchtlinge waren den Milizen ausgeliefert, die den Zugang der internationalen Organisationen zu den Lagern einschränkten. Die Bedingungen in diesen Lagern waren sehr schlecht. Es mangelte an Nahrungsmitteln, Wasser, Hygiene und Gesundheitsversorgung. Der Monsun im November 1999 verschärfte die beklagenswerten Lebensbedingungen weiter und führte zu einem Anstieg der Zahl der Erkrankungen und Todesfälle durch Infektionskrankheiten, die über das Trinkwasser übertragen wurden.

UNHCR organisierte die Rückführung der Flüchtlinge nach Osttimor. Die Flüchtlinge, die sich für die Rückführung entschieden, waren durch die Angehörigen der Milizen höchst gefährdet. Mutmaßlichen Befürwortern der Unabhängigkeit wurde ihr persönlicher Besitz weggenommen. Manche wurden vergewaltigt oder getötet. Die UNHCR-Mitarbeiter konnten anfangs nur unter Begleitung schwer bewaffneter Militär- oder Polizeieskorten die Lager aufsuchen, um rückkehrwillige Flüchtlinge abzuholen. Später verbesserten sich die Zugangsmöglichkeiten zu den Lagern, obwohl die Sicherheitsprobleme anhielten. Viele Familienangehörige von Milizionären wollten nicht zurückkehren. Andere, die zur Rückkehr bereit waren, wurden durch die anhaltende Einschüchterung der Milizionäre daran gehindert.

Die ersten von UNHCR organisierten Rückführungsflüge fanden am 8. Oktober statt, aber die meisten Menschen trauten sich aus Furcht vor den Milizen nicht, sie zu nutzen. Ab dem 21. Oktober wurden mit von UNHCR gemieteten Fähren pro Woche mehr als 2.000 Flüchtlinge nach Osttimor gebracht. Diese Aktion wurde später von der Internationalen Organisation für Migration (IOM) unterstützt. Bis Ende 1999 waren mehr als 130.000 Menschen freiwillig zurückgekehrt, von ihnen 85.000 im Rahmen organisierter Rückkehrprogramme. Die Milizen hatten die Lager in Westtimor noch immer unter ihrer Kontrolle und versuchten beharrlich, die Flüchtlinge mit falschen Behauptungen über die Bedingungen und angebliche Gräueltaten in Osttimor von der Rückkehr abzuhalten.

Ende 1999 befanden sich in den Lagern in Westtimor immer noch mehr als 150.000 Menschen. Schätzungsweise 50.000 von ihnen sind frühere Beamte und vor Ort rekrutierte Angehörige der indonesischen Armee oder Polizei und ihre Familien. Viele von diesen dürften sich dafür entscheiden, in Indonesien zu bleiben. Ein Großteil der früheren Milizionäre wird jedoch wahrscheinlich versuchen, nach Osttimor zurückzukehren. Andere noch in den Lagern befindliche Personen sind Flüchtlinge, die möglicherweise als „Geiseln" gehalten und an der Rückkehr gehindert wurden. Wegen des Drucks, der in den Lagern auf die Flüchtlinge ausgeübt wurde, konnte die Haltung der meisten sich noch in Westtimor befindenden Osttimoresen nicht zuverlässig ermittelt werden. Ein Teil der Rückkehrer wurde angegriffen und schikaniert, weil man sie verdächtigte, die Milizen unterstützt zu haben. UNHCR und andere humanitäre Organisationen halfen weiterhin bei der Reintegration in Osttimor. Diese bildet einen integralen Bestandteil des Wiederaufbaus der osttimoresischen Gesellschaft.

Osttimor und umliegende Region, 1999   Karte 9.5

Indem UNHCR das Unterstützungsangebot der NATO annahm, konnte das Amt eine kurzfristige Lösung für die an der mazedonischen Grenze festsitzenden 65.000 Kosovo-Albaner anbieten. Sofortiger Bau von Lagern und ein anschließendes Programm zur Evakuierung in Drittländer waren die Bedingungen, die erfüllt werden mussten, damit die mazedonische Regierung die Flüchtlinge auf ihr Territorium ließ.

Die Beteiligung der NATO an der Einrichtung von Flüchtlingslagern bildete einen Präzedenzfall. UNHCR wurde von manchen Beobachtern für seine enge Zusammenarbeit mit der NATO kritisiert. Ihrer Meinung nach gefährdete die NATO-Hilfe für die

Zur Lage der Flüchtlinge in der Welt

Rund 65.000 Kosovo-Albaner saßen mehrere Tage lang in diesem „Niemandsland" fest, ehe Grenzwachen der ehemaligen jugoslawischen Republik Mazedonien ihnen die Einreise gestatteten. (UNHCR/H.J. DAVIES/1999)

Flüchtlinge die Unparteilichkeit der humanitären Operation. Wie jedoch schon im Nordirak 1991 schien das Militär am ehesten in der Lage zu sein, die logistische Unterstützung zu leisten und die Sicherheit herzustellen, die erforderlich waren, um die humanitäre Krise einzudämmen.

Die zweite Bedingung, die erfüllt werden musste, damit Mazedonien seine Grenzen öffnete, war ein „Programm zur Evakuierung aus humanitären Gründen". Es wurde von den USA nachdrücklich unterstützt und von UNHCR in Zusammenarbeit mit der Internationalen Organisation für Migration durchgeführt. Im Rahmen des Programms wurden Flüchtlinge aus dem Kosovo in Drittländer gebracht. Das Programm bildete eine neue Variante der Lastenverteilung und galt als kurzfristige Lösung. Da die Rechtsstellung und die Rechtsansprüche der evakuierten Flüchtlinge vorher nicht genau geklärt wurden, setzten verschiedene Regierungen eigene Vorstellungen hinsichtlich Fragen wie des Rechts auf Familienzusammenführung durch. UNHCR bestand darauf, dass die Teilnahme an der Evakuierung freiwillig war, das Recht auf den Zusammenhalt der Familie gewahrt wurde und besonders gefährdete Personen bevorzugt evakuiert wurden. Es war eine schwierige Aufgabe zu entscheiden, welche Flüchtlinge am dringendsten evakuiert werden mussten, und welche Länder zu ihrer Aufnahme am geeignetsten waren. Schwierig war es, die Teilnehmer, die zum Teil über unzureichende oder gar keine Personalpapiere verfügten, zu registrieren und auf ihrem weiteren Weg zu begleiten.

Am Ende der Krise hatten fast 96.000 Flüchtlinge in 28 Aufnahmeländern Zuflucht gefunden. Die meisten Flüchtlinge nahmen Deutschland mit 14.700, die USA mit 9.700 und die Türkei mit 8.300 auf. Nach Frankreich, Norwegen, Italien, Kanada und Österreich konnten jeweils mehr als 5.000 Flüchtlinge ausgeflogen werden. Darüber hinaus wurden mehrere tausend Flüchtlinge mit Bussen nach Albanien gebracht.

Die Regierungen der Geberländer stellten großzügig Mittel für die Hilfsaktion in Albanien und Mazedonien bereit. Der Umfang, in dem die Geber Mittel und Ressourcen für diesen Einsatz anboten, unterschied sich deutlich von dem für neue Flüchtlingskrisen in Afrika, die zur gleichen Zeit ausbrachen. Das enorme Echo in den internationalen Medien führte dazu, dass politische Erwägungen ausschlaggebend dafür waren, wie Hilfe geleistet wurde. Ein damals vor Ort tätiger UNHCR-Mitarbeiter sagte: „Für viele Akteure wurde es fast zur Notwendigkeit, dort präsent zu sein und im unmittelbaren Kontakt mit den Flüchtlingen gesehen zu werden. Je mehr spürbar wurde, dass die Bombenangriffe keine andere Wirkung hatten, als nur weitere Flüchtlingsströme zu produzieren, desto mehr fühlten sich die Regierungen verpflichtet, den Eindruck zu erwecken, dass sie für die Flüchtlinge sorgten."[40] Infolgedessen leiteten die Regierungen Mittel in nie da gewesenem Umfang über NGOs aus ihren jeweiligen Ländern oder direkt an die albanische und mazedonische Regierung, anstatt multilaterale Unterstützung über Organisationen wie UNHCR zu leisten.

UNHCR bekam hierdurch große Schwierigkeiten, seine federführende Rolle wahrzunehmen. Manche Lager wurden eingerichtet und benutzt, bevor das Amt auch nur von ihrer Existenz Kenntnis erhielt. Es wurden alle möglichen Maßstäbe für die bilaterale Hilfe angelegt, und für viele Akteure schien es oft wichtiger zu sein, sich ins Rampenlicht zu stellen, als sich um Auswirkungen und Koordination zu kümmern. Die Hohe Flüchtlingskommissarin forderte die Regierungen auf, den Handlungsspielraum internationaler humanitärer Organisationen wie UNHCR nicht einzuschränken, indem sie sie übergingen. Sie betonte auch die Bedeutung multilateraler Unterstützung für die Bewahrung von Unparteilichkeit, da diese Form von Unterstützung „sich an den Menschen und nicht an den Interessen von Staaten orientiert".[41]

Der Wiederaufbau des Kosovo

Am 9. Juni 1999 akzeptierte die Bundesrepublik Jugoslawien offiziell einen Friedensplan, der den Abzug aller serbischen Truppen aus dem Kosovo, die sichere und freie Rückkehr aller Flüchtlinge und Vertriebenen und die Entsendung einer mit Resolution 1244 vom UN-Sicherheitsrat autorisierten UN-Mission forderte. Am 12. Juni rückte eine auch russische Soldaten umfassende Friedenssicherungstruppe unter dem Kommando der NATO (*Kosovo Force – KFOR*) in das Kosovo ein.

Ein Hubschrauber aus der Schweiz transportiert für UNHCR Hilfsgüter nach Kukes in Nordalbanien. Die Vereinigten Staaten hatten die Vorräte dem Welternährungsprogramm gespendet. (UNHCR/U. MEISSNER/1999)

Die Flüchtlinge begannen sofort mit ihrer Rückkehr. Innerhalb von drei Wochen waren 500.000 und bis Ende 1999 mehr als 820.000 Kosovo-Albaner heimgekehrt – einschließlich der Menschen, die vor dem 24. März die Provinz verlassen hatten. Die Rückkehrer kamen in eine Gesellschaft, in der es weder eine Zivilverwaltung noch eine Polizei oder ein Rechts- oder Gerichtswesen gab. Ein großer Teil des Wohnraums war zerstört. Zusätzlich waren die Rückkehrer durch Minen, Sprengfallen und nicht explodierte Geschosse gefährdet.

Da mehrere zehntausend Häuser und Wohnungen im Kosovo zerstört oder schwer beschädigt waren, begannen UNHCR und andere humanitäre Organisationen unverzüglich ein umfassendes Wiederaufbauprogramm. Die Bereitstellung materieller Unterstützung für zurückkehrende Kosovo-Albaner war aber nur einer der vielen Aspekte der Konsolidierung des Friedens im Kosovo. Die gesamte Gesellschaft war durch den Krieg und die Ereignisse der vorhergehenden Jahre schwer traumatisiert, und die Sicherheitslage im Kosovo blieb instabil. Für die NATO-Luftangriffe waren Unsummen aufgewendet worden, aber das politische Engagement und die wirtschaftlichen Investitionen nach dem Ende des Krieges blieben im Vergleich dazu wieder einmal weit hinter dem Notwendigen zurück.

Der UN-Sicherheitsrat beschloss ein Mandat für eine zivile Übergangsverwaltung der Vereinten Nationen im Kosovo (*United Nations Interim Administration in Kosovo – UNMIK*). Sie erhielt umfassende Zuständigkeiten für viele Bereiche von der Sozialfürsorge über die Schaffung von Wohnraum bis zur Wiederherstellung von Recht und Ordnung. Die jahrelangen Versäumnisse und die durch den Krieg verursachten Schäden erforderten dringende Instandsetzungsarbeiten in allen wichtigen Teilen des öffentlichen Sektors:

Kasten 9.3 — Internationale Strafgerichtsbarkeit

Zum ersten Mal seit den Tribunalen von Nürnberg und Tokio Ende der vierziger Jahre richtete die internationale Gemeinschaft in den neunziger Jahren wieder mehrere internationale Strafgerichtshöfe ein, um Personen zur Rechenschaft zu ziehen, die Verstöße gegen das humanitäre Völkerrecht und die Menschenrechte begangen haben. Der ad hoc Errichtung der internationalen Strafgerichtshöfe für das ehemalige Jugoslawien und für Ruanda 1993 beziehungsweise 1994 folgte am Ende des Jahrzehnts eine Vereinbarung zur Errichtung eines Internationalen Strafgerichtshofs.

Internationale Strafgerichtsbarkeit beendet die Straflosigkeit und kann auf diese Weise schwere Verstöße gegen die Menschenrechte verringern, die häufig zu Flucht und Vertreibung führen. Sie kann auch dazu beitragen, dass Flüchtlinge und Vertriebene nach dem Ende von Konflikten wieder an ihre früheren Wohnorte zurückkehren können. Die Bestrafung für begangenes Unrecht ist Bestandteil des nationalen Versöhnungsprozesses. Ohne sie ist der Frieden schwieriger zu konsolidieren und es besteht die Gefahr, dass der Konflikt neu aufflammt.

Die Internationalen Strafgerichtshöfe

Seit seiner Errichtung im Mai 1993 bemüht sich der Internationale Strafgerichtshof für das ehemalige Jugoslawien sicherzustellen, dass die Verantwortlichen für dort begangene Kriegsverbrechen und Verbrechen gegen die Menschlichkeit nicht straflos bleiben. Die Arbeit des Strafgerichtshofs bildet einen integralen Bestandteil des schleppenden Versöhnungsprozesses, der eine Voraussetzung für den dauerhaften Frieden in der Region ist.

Der Internationale Strafgerichtshof für das ehemalige Jugoslawien hat mehr als 90 Personen angeklagt. Seine Arbeit wurde jedoch ständig durch einige betroffene Regierungen behindert. Fast ein Drittel der öffentlich Angeklagten befinden sich weiterhin auf freiem Fuß. Zu ihnen zählen der jugoslawische Staatspräsident Slobodan Milosevic und der Führer der bosnischen Serben, Radovan Karadzic. Gegen viele Angeklagte laufen derzeit noch die Vorverfahren. Bis Ende 1999 waren acht Personen schuldig befunden worden, Kriegsverbrechen, schwere Verstöße gegen die Genfer Konventionen von 1949 oder Verbrechen gegen die Menschlichkeit begangen zu haben. Sie wurden zu Haftstrafen von bis zu 40 Jahren verurteilt.

Der Internationale Strafgerichtshof zu Ruanda wurde im November 1994 errichtet. Er soll die Beteiligten am Völkermord im Jahre 1994 zur Rechenschaft ziehen. Seine Aufgabe hat sich als außerordentlich schwierig erwiesen. Bis November 1999 hat der Strafgerichtshof vier Verfahren abgeschlossen. Hinzu kamen zwei Fälle, in denen sich die Angeklagten schuldig erklärt hatten. Nur gegen fünf Personen wurden Urteile verhängt. Sie wurden zu Haftstrafen zwischen 15 Jahren und lebenslänglich verurteilt.

Trotz all seiner Verfahrensprobleme und Misserfolge sollte der grundlegende Beitrag des Strafgerichtshofs zum internationalen Justizwesen und zur Weiterentwicklung des Völkerstrafrechts nicht unterschätzt werden. Die Verurteilung eines ehemaligen ruandischen Bürgermeisters im Jahre 1998

Strom- und Wasserversorgung, Gesundheits- und Bildungswesen, Fabriken und Kleinbetriebe, Landwirtschaft und Kommunikation.

Abgesehen von den enormen Aufgaben des Wiederaufbaus und der Instandsetzung der Infrastruktur erwies es sich als die größte Herausforderung für die KFOR und die UN-Übergangsverwaltung, die im Kosovo verbliebenen Serben und Roma sowie andere Minderheiten zu schützen. Nach der Rückkehr der Flüchtlinge und Vertriebenen gingen die Kosovo-Albaner gegen Serben und Angehörige anderer Minderheiten vor, die sie verdächtigten, Gräueltaten begangen oder daran mitgewirkt zu haben. Innerhalb von drei Monaten wurden bis zu 200.000 Serben und Angehörige anderer Minderheiten Opfer einer „umgekehrten ethnischen Säuberung" und verließen das Kosovo. Obwohl die Regierungen der NATO-Mitgliedstaaten immer wieder betont hatten, die Multiethnizität des Kosovo erhalten zu wollen, und die Führung der Kosovo-Albaner ebenfalls zugesagt hatte, dies anstreben zu wollen, entstand in der Provinz eine tiefe Kluft zwischen den von den Kosovo-Albanern bewohnten Gebieten und den

bedeutete nicht nur eine richtungsweisende Anwendung der Konvention über die Verhütung und Bestrafung des Völkermordes von 1948, sondern schuf auch einen wichtigen Präzedenzfall zur Interpretation der Anwendung von sexueller Gewalt und von Vergewaltigung in bewaffneten Konflikten.

Bei der Strafverfolgung der Verantwortlichen für ähnliche Straftaten in anderen Ländern war die internationale Gemeinschaft weniger konsequent. Im Kambodscha beispielsweise hatten die Roten Khmer in den siebziger Jahren Schuld am Tod von mehr als einer Million Menschen. Erst jetzt bestehen Aussichten, dass gegen einen Teil der Verantwortlichen rechtlich vorgegangen wird. In den letzten Jahren wurden in Sierra Leone abscheuliche Verbrechen gegen die Zivilbevölkerung einschließlich der Verstümmelung von Säuglingen und Kindern begangen. Das 1999 in Sierra Leone geschlossene Friedensabkommen sah jedoch eine umfassende Amnestie für alle diese Verbrechen vor. Um die Straflosigkeit zu bekämpfen, ohne auf die Strafgerichtsbarkeit zurückgreifen zu müssen, bediente man sich in manchen Ländern anderer Mechanismen wie der Einrichtung von Wahrheits- und Versöhnungskommissionen. In vielen anderen Ländern, in denen es in brutalen und langwierigen Konflikten zu großen Verlusten unter der Zivilbevölkerung gekommen ist, sind die Verantwortlichen jedoch weder strafrechtlich verfolgt noch auf sonstige Weise zur Rechenschaft gezogen worden.

Auf dem Weg zu einem Internationalen Strafgerichtshof

Diesen Anliegen wurde unter anderem Rechnung getragen, als im Juli 1998 der seit langem währende Prozess zur Errichtung eines Internationalen Strafgerichtshofs erfolgreich abgeschlossen werden konnte. Ein wirklich universelles System zur Wahrnehmung internationaler Strafgerichtsbarkeit hätte eine abschreckende Wirkung auf potenzielle Täter und würde deshalb dazu beitragen, Situationen zu verhindern, die Flüchtlingsströme auslösen.

In einem organisationsübergreifenden Appell riefen UNHCR und andere humanitäre Organisationen im Mai 1999 alle Staaten auf, das Römische Statut des Internationalen Strafgerichtshofs so bald wie möglich zu unterzeichnen und zu ratifizieren, damit die Verantwortlichen für schwere Verstöße gegen das humanitäre Völkerrecht und die Menschenrechte zur Rechenschaft gezogen werden können. Die Organisationen forderten die Staaten zudem auf, ihren Verpflichtungen zum Schutz der Zivilbevölkerung nachzukommen, die in Konflikten immer häufiger vorsätzlich angegriffen wird.

Bis Ende 1999 hatten sechs Staaten das Statut des Internationalen Strafgerichtshofs ratifiziert. Damit es in Kraft treten kann, sind 60 Ratifizierungen erforderlich. Derweil laufen in New York weiterhin langwierige Verhandlungen zur genauen Festlegung der Verfahrensregeln des Gerichtshofs und der Straftaten, auf die das Statut begrenzt werden soll.

noch von Serben und Roma bewohnten Enklaven. Seit Juni 1999 haben UNHCR und andere humanitäre Organisationen in Zusammenarbeit mit der KFOR und der UNMIK eine Reihe von Maßnahmen ergriffen, um Serben und andere Minderheiten im Kosovo zu schützen und zu unterstützen.

Die Flucht des größten Teils der serbischen Bevölkerung aus dem Kosovo in andere Teile der Bundesrepublik Jugoslawien bedeutete eine weitere Belastung für das Land, das bereits unter den langwierigen Auswirkungen internationaler Sanktionen und der NATO-Luftangriffe leidet. Bereits vor diesem jüngsten Zustrom hatte die Bundesrepublik Jugoslawien mehr als 500.000 Flüchtlinge aus Kroatien und Bosnien und Herzegowina aufgenommen, sodass sie das Land mit der größten Flüchtlingsbevölkerung in der Region ist.

Grenzen humanitären Handelns in Kriegszeiten

Im letzten Jahrzehnt des 20. Jahrhunderts haben humanitäre Organisationen in vom Krieg zerrissenen Ländern Tausende von Menschenleben gerettet und viel zur Linderung menschlichen Leids beigetragen. Eine der zentralen Lektionen aus den Ereignissen des Jahrzehnts ist jedoch, dass humanitäres Handeln in Konfliktsituationen von den Krieg führenden Parteien missbraucht werden und ungewollt dazu beitragen kann, die Position von Autoritäten zu festigen, die gegen die Rechte der Bevölkerung und die Menschenrechte verstoßen. Ebenso können die von humanitären Organisationen gelieferten Hilfsgüter die Kriegswirtschaft ankurbeln und auf diese Weise zur Verlängerung eines Krieges beitragen.

Das letzte Jahrzehnt hielt auch wichtige Erkenntnisse über den Einsatz des Militärs zum Schutz ziviler Kriegsopfer bereit. In einem im November 1999 vorgelegten, äußerst kritischen Bericht an die UN-Vollversammlung zum Fall von Srebrenica fasste Generalsekretär Kofi Annan die wichtigsten Punkte wie folgt zusammen:

Die wichtigste Lehre aus den Ereignissen in Srebrenica ist, dass einem vorsätzlichen und systematischen Versuch, ein ganzes Volk zu terrorisieren, zu vertreiben, auszuweisen oder zu ermorden, mit allen erforderlichen Mitteln entschlossen begegnet werden muss – und mit dem politischen Willen, diese Politik bis zu ihrem logischen Ende durchzustehen. Auf dem Balkan mussten wir diese Lehre nicht nur einmal, sondern sogar zweimal machen. In beiden Fällen – in Bosnien und im Kosovo – versuchte die internationale Gemeinschaft, auf dem Verhandlungsweg eine Vereinbarung mit einem skrupellosen und mörderischen Regime zu erreichen. Und in beiden Fällen musste Gewalt angewendet werden, um die geplante und systematische Ermordung und Vertreibung der Zivilbevölkerung zu verhindern.[42]

Allzu häufig mussten die humanitären Organisationen wie UNHCR in den neunziger Jahren Probleme bewältigen, die eigentlich politischer Natur waren. In all diesen Fällen traten die Grenzen humanitären Handelns klar zutage. Wie die Hohe Flüchtlingskommissarin im gesamten Verlauf des Jahrzehnts zunehmend nachdrücklich unterstrich, sollten Hilfsoperationen nicht als ein Ersatz für rechtzeitige und energische politische Schritte zur Bekämpfung von Konfliktursachen betrachtet werden.[43]

10 Der Völkermord in Ruanda und die weitere Entwicklung

Ethnische Spannungen und bewaffnete Konflikte verursachten im ostafrikanischen Seehochland wiederholt Massenflucht und Vertreibung. Die Ereignisse der letzten 50 Jahre wurzeln in einer noch längeren Geschichte der Gewalt. Doch es ist auch eine Geschichte der verpassten Möglichkeiten. Dies gilt nicht nur für die beteiligten Akteure, sondern auch für die internationale Gemeinschaft. Allzu oft unterließ man es, gerechte Lösungen für altes Unrecht zu finden. Jahre oder Jahrzehnte später kam es deshalb erneut zu Gewalt und Blutvergießen in einem größeren Umfang als zuvor.

Aufgrund der Ruanda-Krise von 1959 bis 1963 (siehe Kapitel 2) lebten Tutsi-Flüchtlinge in allen benachbarten Ländern. Drei Jahrzehnte wurde ihnen die Rückkehr verweigert. Gleichwohl hielten sie den Kontakt zu den Tutsi in Ruanda aufrecht. In Uganda lebende Tutsi hatten sich der Nationalen Widerstandsarmee (*National Resistance Army – NRA*) von Yoweri Museveni angeschlossen, um das Regime von Milton Obote zu bekämpfen. Sie waren in die ugandische Armee eingetreten, als die NRA an die Macht gekommen war. Ende der achtziger Jahre begannen sie mit Planungen für eine bewaffnete Rückkehr nach Ruanda und gründeten die Ruandische Patriotische Front (*Front patriotique rwandais -RPF*).

Die RPF marschierte 1990 in Ruanda ein. Der sich anschließende bewaffnete Konflikt und der wachsende innenpolitische Druck führten im August 1993 in Arusha zu einer Vereinbarung, die Macht zu teilen, die jedoch nie wirksam umgesetzt wurde. Nach der Ermordung des Staatspräsidenten von Burundi Melchior Ndadaye verschärften sich die Spannungen zwischen den Hutu und den Tutsi dramatisch. Es kam zu Massakern an Tutsi in Burundi, gefolgt von Massakern an Hutu. Am 6. April 1994 starben die Staatspräsidenten von Ruanda und Burundi, Juvenal Habyarimana und Cyprien Ntaryamira, als das Flugzeug, in dem sie sich befanden, beim Anflug auf die ruandische Hauptstadt Kigali aus ungeklärter Ursache abstürzte. Hutu-Extremisten nutzten die Gelegenheit, um die Macht in Ruanda an sich zu reißen, und begannen einen Völkermord an der Tutsi-Bevölkerung und an gemäßigten Hutu.

Zwischen April und Juli 1994 wurden wahrscheinlich 800.000 Menschen getötet. Im Oktober 1993 kam eine multinationale UN-Friedenssicherungstruppe (*United Nations Assistance Mission to Ruanda* – UNAMIR) nach Ruanda. Die Blauhelme sollten helfen, die Vereinbarung von Arusha umzusetzen. Der Großteil dieser Truppe wurde kurz nach dem Ausbruch der Massaker abgezogen. Dieses Versagen der Vereinten Nationen und der internationalen Gemeinschaft, die Zivilbevölkerung vor dem Völkermord zu schützen, wurde untersucht und in einem im Dezember 1999 veröffentlichten UN-Bericht eingestanden.[1]

Die RPF-Truppen gewannen rasch die Kontrolle über Kigali und den größten Teil des Landes. Nun waren es die Hutu, die fliehen mussten. Zwei Millionen Hutu such-

Ruander auf der Flucht nach Goma in Ostzaire. Zwischen April und August 1994 flohen rund 1,2 Millionen Ruander in das Nachbarland. (UNHCR/J. STJERNEKLAR/1994)

ten Zuflucht in jenen Ländern, in die sie vor mehr als 30 Jahren die Tutsi vertrieben hatten. Angesichts fehlender politischer Intervention durch die internationale Gemeinschaft und des brutalen Umgangs der Kämpfer mit den Flüchtlingen gerieten UNHCR und andere humanitäre Organisationen in eine äußerst problematische Situation.

Der ruandische Völkermord setzte eine Kette von Ereignissen in Gang, die immer noch nicht abgeschlossen ist. Dazu zählte nicht nur der Exodus der ruandischen Hutu aus dem Land, sondern auch der Sturz des Regimes von Staatspräsident Mobutu Sese Seko und der bis heute anhaltende Bürgerkrieg in Zaire, das im Mai 1997 in Demokratische Republik Kongo umbenannt wurde. An diesem Krieg beteiligen sich viele andere afrikanische Staaten, die meisten mit Truppen. Diese Entwicklung hatte auch Einfluss auf andere laufende Kriege in den afrikanischen Staaten Angola, Burundi und Sudan.

Der Massenexodus aus Ruanda

Der Völkermord von 1994 und der anschließende Sturz des Völkermordregimes durch die RPF löste einen Massenexodus von mehr als zwei Millionen Menschen aus dem Land aus.[2] Er erfolgte jedoch nicht spontan. Ihm lag einerseits der Wunsch der Menschen zugrunde, neuerlichen Kämpfen zu entkommen; andererseits fürchteten sie Vergeltungsmaßnahmen der vorrückenden RPF. Er war aber auch das Ergebnis einer sorgfältig orchestrierten Panik, die das seinen Sturz vorhersehende Regime organisierte, um das Land zu leeren und einen möglichst großen Teil der Bevölkerung als menschliche Schutzschilde mit sich zu nehmen. Nach Schätzungen von UNHCR befanden sich Ende August mehr als zwei Millionen Flüchtlinge in angrenzenden Ländern, 1,2 Millionen in Zaire, 580.000 in Tansania, 270.000 in Burundi und 10.000 in Uganda.[3]

Die großen Lager um Goma in den Kivu-Provinzen im Osten von Zaire lagen nahe an der ruandischen Grenze. Sie wurden bald zum wichtigsten Stützpunkt der geschlagenen ruandischen Streitkräfte (*Forces armées rwandaises* – FAR) und der so genannten Interahamwe, den Angehörigen einer Hutu-Miliz. Diese Gruppen wurden oft unter dem Oberbegriff *génocidaires* (Völkermörder) zusammengefasst. Die Lager dienten auch als Ausgangspunkt für militärische Aktivitäten gegen die neue Regierung in Kigali. Von Anfang an missbrauchten die frühere Regierung von Ruanda und ihre Armee die Flüchtlinge als politische Geiseln. Die frühere FAR übte offen die Kontrolle über die Lager, vor allem der um Goma, aus. Dies führte zu gravierenden Sicherheitsproblemen für die Flüchtlinge selbst und machte es UNHCR schwer, sie wirksam zu schützen.

Ende 1994 waren neben den 800.000 Toten des Völkermords und den zwei Millionen Flüchtlingen außerhalb Ruandas etwa 1,5 Millionen Ruander zu Binnenvertriebenen geworden – mehr als die Hälfte der Gesamtbevölkerung von sieben Millionen Menschen. Dies war die Ausgangssituation für das nächste Stadium der ruandischen Tragödie.

In den Flüchtlingslagern, vor allem im Osten von Zaire, herrschte anfangs komplettes Chaos. Im Juli 1994 beschrieb die Hohe Flüchtlingskommissarin Sadako Ogata die Situation:

Wegen der felsigen vulkanischen Topographie und der ohnehin bereits großen Bevölkerungsdichte ist das Gebiet fast vollkommen ungeeignet, um dort Areale zur Unterbringung von Flüchtlingen herzurichten. Die Wasserressourcen sind äußerst unzureichend, und eine lokale Infrastruktur zur logistischen Unterstützung einer großen humanitären Operation ist praktisch nicht vorhanden.[4]

Im gleichen Monat brachen Cholera und andere Krankheiten aus und forderten mehrere zehntausend Menschenleben, bevor sie eingedämmt werden konnten.[5] Die Lager um Goma waren am stärksten betroffen. Dort lebten etwa eine Million Flüchtlinge, die anfangs in drei großen Anlagen untergebracht waren. Das war jedoch nicht das einzige Problem. Im Osten von Zaire in mehreren tausend Kilometern Entfernung von der Hauptstadt Kinshasa entfernt war die Macht der Zentralregierung begrenzt. Die ruandischen *génocidaires* hatten Verbündete in der örtlichen Verwaltung der Kivu-Provinzen, und Offiziere der früheren FAR übten in den Lagern die Kontrolle aus. Die Mitarbeiter der Hilfsorganisationen konnten sie nicht daran hindern. Wie das Land,

Ruanda 1994: Nach dem Völkermord flohen innerhalb von 24 Stunden rund 250.000 Ruander nach Tansania.
(UNHCR/P. MOUMTZIS/1994)

Kasten 10.1 Das Problem der Militarisierung von Flüchtlingslagern

Die Beherrschung der ruandischen Flüchtlingslager in Ostzaire in den Jahren 1994 bis 1996 durch bewaffnete Hutu-Gruppen (Interahamwe) lenkte die Aufmerksamkeit der internationalen Gemeinschaft auf das Problem der Militarisierung von Flüchtlingslagern. Die Anwesenheit bewaffneter Kräfte in Flüchtlingslagern ist jedoch kein neues Phänomen. Zahlreiche andere Beispiele lassen sich anführen.

In den siebziger Jahren kontrollierten Mitglieder des militärischen Flügels des Afrikanischen Nationalkongresses und des Pan-Afrikanistischen Kongresses die Lager für südafrikanische Flüchtlinge in Mosambik und Tansania, weshalb die Lager wiederholt von der südafrikanischen Armee angegriffen und bombardiert wurden. Die südafrikanische Luftwaffe griff auch namibische Flüchtlingslager in Angola an, die von der namibischen Befreiungsbewegung, der Südwestafrikanischen Volksorganisation (*South West African People's Organization* - SWAPO), betrieben wurden. In Sambia und Mosambik wurden die Flüchtlingslager aus dem damaligen Rhodesien von den simbabwischen Befreiungsbewegungen kontrolliert und von rhodesischen Truppen angegriffen.

In den achtziger Jahren gab es viele andere Beispiele von Lagern, in denen bewaffnete Kräfte nicht ohne weiteres von der Zivilbevölkerung unterschieden werden konnten. Anfang der achtziger Jahre flohen viele Kambodschaner vor dem Bürgerkrieg und der vietnamesischen Invasion in Lager an der thailändisch-kambodschanischen Grenze, die von den Roten Khmer und anderen bewaffneten Gruppen kontrolliert wurden. Wegen der militärischen Aktivitäten im Grenzgebiet mussten die Lager wiederholt verlegt werden, was die Arbeit der internationalen Hilfsorganisationen zusätzlich erschwerte. In Pakistan konnte man Mitte der achtziger Jahre in den afghanischen Flüchtlingsdörfern sogar Panzer und schwere Artilleriegeschütze der Mudschaheddin-Kämpfer sehen, die einen offenen Konflikt mit dem von der UdSSR unterstützten Regime in Afghanistan austrugen. Im Südwesten Äthiopiens benutzten Rebellen aus dem Süden des Sudan Flüchtlingslager als Stützpunkte. In Honduras agierten salvadorianische Guerillas aus Flüchtlingslagern. Auch die nicaraguanischen „Contras" operierten aus Gebieten, in denen Flüchtlinge angesiedelt worden waren.

Während der neunziger Jahre bestand das Problem der Militarisierung von Flüchtlingslagern in verschiedenen Teilen der Welt fort. In Westafrika beispielsweise versuchten Milizen, in Flüchtlingslagern Mitglieder zu rekrutieren. Die Bewegungen der Milizen zwischen Sierra Leone und Liberia verschärften häufig die Konflikte in beiden Ländern und beeinträchtigten die Sicherheit der Flüchtlingsbevölkerung. 1998/99 nutzte die Befreiungsarmee für das Kosovo Flüchtlingssiedlungen und -lager in Albanien als Ausgangspunkte für ihre Aktivitäten. In Westtimor nutzten bewaffnete Milizen Lager für Flüchtlinge aus Osttimor als sichere Zufluchtsorte. Burundische Rebellengruppen rekrutierten in den von Flüchtlingen bewohnten Gebieten in Tansania Mitglieder und leiteten darüber ihren Nachschub.

In all diesen Fällen hat die Anwesenheit bewaffneter Kräfte unter den Flüchtlingsbevölkerungen die Gefahren für die Zivilisten erhöht. Einschüchterung, Schikanen und Zwangsrekrutierung durch bewaffnete Gruppen gehörten zum Flüchtlingsalltag. Zudem drohten ihnen Infiltration und bewaffnete Angriffe durch feindliche Armeen, Minen, Entführungen und Mordanschläge. Die Anwesenheit bewaffneter Kräfte in Lagern schuf zudem Sicherheitsprobleme für die humanitären Helfer und untergrub die Glaubwürdigkeit humanitärer Organisationen wie UNHCR.

Die Sicherheit von Flüchtlingen gewährleisten

Angesichts dieses Problems hat UNHCR im Laufe der Jahre zunehmend nach Mitteln und Wegen gesucht, den zivilen und humanitären Charakter von Flüchtlingslagern sicherzustellen. Das Problem ist jedoch komplex, und das Amt verfügt weder über das Mandat noch über die Möglichkeiten, Flüchtlingslager und -siedlungen zu entmilitarisieren.

Nach dem internationalen Flüchtlingsrecht obliegt die Verantwortung für die Sicherheit von Flüchtlingslagern primär den Regierungen der Aufnahmeländer. Oftmals können oder wollen diese die Militarisierung jedoch nicht verhindern. Obwohl die Behörden der Aufnahmeländer mitunter an Grenzübergängen Flüchtlinge einer ersten Überprüfung unterziehen und sie entwaffnen, geschieht dies nicht immer gründlich genug und ist bei einem Massenexodus oft ohnehin nicht durchführbar. Zudem ist es für unbewaffnete Grenzbeamte oder UNHCR-Mitarbeiter fast unmöglich, Kämpfer zu entwaffnen, wenn diese nicht bereit sind, ihre Waffen abzugeben.

Haben sich bewaffnete Kämpfer erst einmal unter eine zivile Flüchtlingsbevölkerung gemischt, ist es extrem schwierig, sie zu ermitteln und auszusondern. Dort, wo es Widerstand gegen die Entmilitarisierung gibt, kann die Intervention einer schwer bewaffneten Truppe erforderlich werden. Wie sich allerdings in den Lagern für ruandische Flüchtlinge in Ostzaire zeigte, weigern sich häufig sogar selbst gut ausgebildete und ausgerüstete Truppen, diese Aufgabe durchzuführen. UNHCR hatte die Staaten über den UN-Generalsekretär wiederholt aufgefordert, bei der Trennung der bewaffneten Kräfte von der Zivilbevölkerung Unterstützung zu leisten. Aber keine Regierung war bereit, zu diesem Zweck Soldaten oder Polizisten nach Zaire zu entsenden. Infolgedessen stellte UNHCR schließlich aus Soldaten der zairischen Präsidentenwache eine Spezialeinheit zusammen, rüstete sie aus und bezahlte sie, um ein Mindestmaß an Recht und Ordnung in den Lagern zu erzwingen.

In Artikel II.6 der Flüchtlingskonvention der Organisation für Afrikanische Einheit (*Organization of African Unity - OAU*) von 1969 heißt es: „Aus Gründen der Sicherheit siedeln Asylländer, soweit dies möglich ist, Flüchtlinge in angemessener Entfernung von der Grenze zu ihrem Herkunftsland an." In der OAU-Flüchtlingskonvention ist keine konkrete Entfernung angegeben. Auch die Genfer Flüchtlingskonvention kennt keine Bestimmungen über die Entfernung von Flüchtlingslagern zur Grenze des Herkunftslandes. Gleichwohl hat UNHCR bei vielen Gelegenheiten versucht zu erreichen, dass Flüchtlingslager in „angemessener Entfernung" von internationalen Grenzen angelegt werden. Dies kann jedoch aus verschiedenen Gründen schwierig sein. Flüchtlinge legen Lager bisweilen aus eigener Initiative nahe der Grenze zu ihrem Herkunftsland an, um leichter zurückkehren oder die Situation dort besser beobachten zu können. Es ist wahrscheinlich, dass sie sich dagegen wehren, verlegt zu werden. Die Umsiedlung ist eine komplexe und kostenaufwändige Operation. Auch die Regierungen der Aufnahmeländer ziehen es häufig vor, Lager nahe an der Grenze zu lassen, weil sie hoffen, die Flüchtlinge dann eher zur Rückkehr bewegen zu können.

Es wurde vorgeschlagen, militarisierten Lagern den geschützten Status eines „Flüchtlingslagers" zu entziehen. Solange es in solchen Lagern auch eine beträchtliche Zahl ziviler Flüchtlinge gibt, ist dies jedoch eine schwierige Entscheidung. UNHCR hat es häufig vermieden, in bestimmten Lagern tätig zu werden, die als militarisiert galten. In anderen Fällen wie beispielsweise in den Lagern für Ruander in Goma in Ostzaire blieb das Amt trotz der Militarisierung vor Ort, weil ein Abzug die Flüchtlinge noch größerer Gefahr ausgesetzt hätte.

In den letzten Jahren unternahm UNHCR innovative Versuche, um die Sicherheit in Flüchtlingslagern und -siedlungen zu verbessern und ihren zivilen Charakter sicherzustellen. Beispielsweise setzte das Amt 1999 durch, dass Polizeiberater aus dem Ausland in die Lager für Kosovo-Albaner in der ehemaligen jugoslawischen Republik Mazedonien geschickt wurden, um die Sicherheit und die Einhaltung der Gesetze zu verbessern. In ähnlicher Weise unterstützt UNHCR seit 1998 in den burundischen Flüchtlingslagern in Tansania etwa 270 tansanische Polizeibeamte, die sowohl die Sicherheit der Flüchtlinge verbessern als auch helfen sollen, den zivilen und humanitären Charakter der Lager aufrechtzuerhalten.

Passend zu diesen neuen Initiativen schlug die Hohe Flüchtlingskommissarin Sadako Ogata jüngst „abgestufte Vorgehensweisen" bei der Bewältigung von Sicherheitsproblemen in Lagern vor, die „weiche", „mittlere" und „harte" Vorgehensweisen umfassten. Zu den Maßnahmen mit dem Ziel, Recht und Ordnung sicherzustellen, zählten Programme zur Ausbildung und zur Erweiterung der nationalen Polizei, um die Sicherheit in Lagern zu verbessern, die Entsendung von Polizeiberatern aus dem Ausland, und als letztes Mittel die Entsendung von Truppen. Der Erfolg all solcher Bemühungen hängt jedoch vom politischen Willen der Staaten ab, und zwar insbesondere der Aufnahmestaaten und anderer Staaten in der jeweiligen Region. Ergreifen die Regierungen der Aufnahmestaaten und andere Akteure keine aktiven Maßnahmen, um die Militarisierung von Flüchtlingslagern zu verhindern, wird das Problem fortbestehen und die Sicherheit von Flüchtlingen weiter gefährdet sein.

Ruandische und burundische Flüchtlingsbevölkerungen, 1993 - 1999

Grafik 10.1

Asylland	Ruandische Flüchtlingsbevölkerung						
	1993	1994	1995	1996	1997	1998	1999
Burundi	245.500	278.100	153.000	720	2.000	2.000	1.300
Dem. Rep. Kongo (ehem. Zaire)	53.500	1.252.800	1.100.600	423.600	37.000	35.000	33.000
Tansania	51.900	626.200	548.000	20.000	410	4.800	20.100
Uganda	97.000	97.000	6.500	11.200	12.200	7.500	8.000
Insgesamt	447.900	2.254.100	1.808.100	455.520	51.610	49.300	62.400

Asylland	Burundische Flüchtlingsbevölkerung						
	1993	1994	1995	1996	1997	1998	1999
Dem. Rep. Kongo (ehem. Zaire)	176.400	180.100	117.900	30.200	47.000	20.000	19.200
Ruanda	250.000	6.000	3.200	9.600	6.900	1.400	1.400
Tansania	444.900	202.700	227.200	385.500	459.400	473.800	499.000
Insgesamt	871.300	388.800	348.300	425.300	513.300	495.200	519.600

Hinweis: Stand vom 31. Dezember des jeweiligen Jahres.

das die Flüchtlinge gerade verlassen hatten, waren die Zelte in Goma unterteilt nach *secteur, commune, sous-préfecture* und *préfecture*. Die frühere ruandische Führung bildete dort praktisch eine Exilregierung. Hochrangige Offiziere der früheren FAR wurden schließlich in ein anderes Lager verlegt und die einfachen Soldaten überredet, ihre Uniformen abzulegen. Das änderte jedoch nichts daran, dass sie und die Interahamwe die Flüchtlinge kontrollierten. In Süd-Kivu waren die Flüchtlinge unter physischen Gesichtspunkten in einer etwas besseren Situation als weiter nördlich, weil die Flüchtlingsbevölkerung selbst und die Lager kleiner waren. Aber auch diese Lager wurden von bewaffneten Kräften infiltriert. Nur in Tansania gelang es den Behörden, sie zu entwaffnen und ein Mindestmaß an Kontrolle über die Lager zu gewinnen.

In der Anfangsphase der Flüchtlingskrise arbeiteten die Mitarbeiter der Hilfsorganisationen mit den Militärbehörden und den Führern der Interahamwe-Miliz zusammen. Die Verwaltungsstruktur, die sie aufgebaut hatten, war der schnellste und scheinbar effektivste Weg zur Verteilung der Hilfsgüter. Dieses Verteilungssystem wurde jedoch so rasch wie möglich geändert, um sicherzustellen, dass Nahrungsmittel und andere Hilfsgüter unmittelbar an die Flüchtlinge ausgegeben wurden. Dennoch war die Kritik berechtigt, dass die *génocidaires* die humanitären Organisationen missbrauchten, um ihre Position gegenüber den Flüchtlingen zu stärken.

Die Lagerführer hatten in der Anfangsphase die Kontrolle über die Verteilung von Nahrungsmitteln und anderen Hilfsgütern. Es wurde jedoch bald deutlich, dass sie nicht nur aus der humanitären Hilfe Profit schlugen. Sie nutzten ihre Kontrolle über die Lager für lukrative Geschäfte. Sie eröffneten Läden und besteuerten die Lagerbevölkerung, vor allem diejenigen Flüchtlinge, die von den humanitären Organisationen eingestellt worden waren und einen regelmäßigen Lohn erhielten. Die Lager in Goma wurden quasi zu einem Mikrokosmos von Ruanda vor 1994. Von ihnen ging zudem eine schwerwiegende militärische Bedrohung für die neue Regierung in Ruanda aus. Die alte Führung hatte sogar einen Großteil des Geldes und der Einlagen in der Bank von Ruanda sowie des staatlichen Fuhrparks mitgenommen.

Ende August bat die Hohe Flüchtlingskommissarin Sadako Ogata den UN-Generalsekretär in einem Schreiben, eine Reihe von Sofortmaßnahmen zu ergreifen, zu denen die zairischen Behörden nicht in der Lage gewesen waren. Sie stellte vier Kernforderungen auf: erstens, „die Soldaten der früheren FAR vollständig zu entwaffnen sowie alle Waffen und sonstige militärische Ausrüstung zu beschlagnahmen und an einem sicheren Ort entfernt von der Grenze zu aufzubewahren", zweitens, „alle zivilen Führer zu isolieren und ihrer Macht zu entheben", drittens, „einen Mechanismus zum Umgang mit Straftätern einzuführen", und viertens, „durch den Einsatz von Polizeitruppen Recht und Ordnung in den Lagern zu gewährleisten".[6] Aber die Mitglieder des Sicherheitsrats und andere Staaten konnten sich nicht dazu entschließen, diese Maßnahmen zu verabschieden, und die humanitären Organisationen in den Lagern waren machtlos. Eine weitere Katastrophe bahnte sich an.

Die unentschlossene internationale Reaktion

Die neue Regierung Ruandas übte heftige Kritik an der Situation in den Lagern und forderte wiederholt, die Flüchtlinge sofort zurückzuführen oder sie weiter ins Innere von Zaire zu verlegen. Dies war jedoch einfacher gesagt als getan. Die zairische Bevölkerung stand der Anwesenheit der Ruander ablehnend gegenüber. In der zunehmend brisanten politischen Atmosphäre in Zaire konnte diese ablehnende Haltung jederzeit

Ruandische Flüchtlinge im ostafrikanischen Seenhochland, Ende August 1994 — Grafik 10.2

Gebiet	
Nordburundi	270.000
Westtansania	577.000
Südwestuganda	10.000
Zaire (Goma)	850.000
Zaire (Bukavu)	332.000
Zaire (Uvira)	62.000
Insgesamt	**2.101.000**

in Gewalt umschlagen. In einem Memorandum an UNHCR drohten Mitglieder der politischen Opposition kurz nach dem Exodus Gewalt an. Die Flüchtlinge, schrieben sie,

> haben unsere Nahrungsmittelreserven zerstört, unsere Felder zerstört, unser Vieh, unsere Naturparks, haben Hunger verursacht und Seuchen verbreitet und … profitieren von Nahrungsmittelhilfe, während wir nichts erhalten. Sie verkaufen oder übergeben Waffen an ihre Landsleute, ermorden sowohl Tutsi als auch ortsansässige Zairer. … Sie müssen entwaffnet, registriert, den zairischen Gesetzen unterworfen und schließlich zurückgeführt werden.[7]

Für die angeschlagene Regierung in Kinshasa waren die Flüchtlinge jedoch potenziell von Wert. Sie konnten ihr vielleicht helfen, die Kontrolle über die östlichen Provinzen wiederzuerlangen. Für den Staatspräsidenten Mobutu lenkte die Flüchtlings-

Das Lager Kibeho für vertriebene ruandische Hutu, das im April 1995 Schauplatz eines Massakers wurde.
(S. SALGADO/1994)

> **Kasten 10.2** **Flüchtlinge und Aids**
>
> Ende 1999 waren schätzungsweise 32 Millionen Erwachsene weltweit mit dem HIV-Virus infiziert oder an AIDS erkrankt. Daneben gab es etwa elf Millionen Kinder, die entweder beide Elternteile durch AIDS verloren oder sich selbst mit dem Virus infiziert hatten. AIDS hat in vielen Entwicklungsländern zu politischen und sozioökonomischen Krisen beigetragen. Die Vereinten Nationen befassen sich mittlerweile eingehend mit dem Thema, und es wurde sogar im UN-Sicherheitsrat erörtert.
>
> UN-Generalsekretär Kofi Annan hat die Auswirkungen von AIDS in Afrika als „nicht weniger zerstörerisch als diejenigen von Kriegen" beschrieben. Obwohl die Krankheit keine Grenzen kennt, wirkt sie sich in Afrika ganz besonders verheerend aus. In Afrika südlich der Sahara leben knapp zehn Prozent der Weltbevölkerung, aber fast 70 Prozent der HIV-positiven Menschen. In einigen Ländern der Region ist jeder vierte Bewohner infiziert.
>
> Erzwungene Bevölkerungsbewegungen erhöhen häufig die Gefahr einer HIV-Ansteckung. HIV kann sich rasch ausbreiten, wo Armut, Gesetzlosigkeit und soziale Instabilität herrschen. Dies sind jedoch genau die Ursachen oder Begleitumstände von Flucht und Vertreibung. Von Soldaten oder Paramilitärs begangene Vergewaltigungen und von ihnen angewendete andere Formen sexueller und geschlechtsspezifischer Gewalt werden oft zu Kriegswaffen oder zu einer Taktik des Terrors.
>
> Um auf die Notwendigkeiten im Bereich der Gesundheit von Flüchtlingen zu reagieren, haben UNHCR und seine Partnerorganisationen zunehmend versucht, umfassende Ansätze zu verfolgen, die den Erfordernissen der reproduktiven Gesundheit einschließlich der HIV/AIDS-Prävention und der Versorgung von HIV-Infizierten und AIDS-Kranken Rechnung tragen. Die Flüchtlingskrise im ostafrikanischen Seenhochland im Jahre 1994 trug dazu bei, der internationalen Gemeinschaft die Notwendigkeit der AIDS-Prävention und der Betreuung von AIDS-Kranken vor Augen zu führen. Es handelte sich damals um eine große Bevölkerungsbewegung mit einem hohen Anteil an HIV-Infizierten, die in Ländern Zuflucht suchten, in denen es bereits viele AIDS-Kranke gab.
>
> Die Strategien, Ansteckung mit dem HIV-Virus zu verringern, sind wohl bekannt. Sie sind jedoch außerordentlich schwierig umzusetzen, weil sie heikle und private Seiten des Lebens sowie von der jeweiligen Kultur geprägte Einstellungen und Verhaltensweisen berühren. Sie umfassen ausreichende Hygiene, sichere Bluttransfusionen, Zugang zu Kondomen, Verhütung und Behandlung von Geschlechtskrankheiten sowie Bildung und Aufklärung, die auf die Kultur Rücksicht nimmt.
>
> Während der gesamten neunziger Jahre wurden umfangreiche Maßnahmen mit dem Ziel ergriffen, der reproduktiven Gesundheit und HIV/AIDS weltweit mehr Bedeutung beizumessen. Vor allem die Internationale Konferenz über Bevölkerung und Entwicklung in Kairo im Jahre 1994 hat dazu beigetragen, dass die internationale Gemeinschaft die reproduktive Gesundheitsfürsorge als Grundrecht anerkannt hat, obwohl nach wie vor Uneinigkeit über die Formen dieser Versorgung besteht. Die Konferenz kam überein, dass die reproduktive Gesundheitsfürsorge „allen zugänglich gemacht werden soll, einschließlich Migranten und Flüchtlingen, bei voller Achtung ihrer verschiedenen religiösen und sittlichen Werte und des unterschiedlichen kulturellen Umfelds sowie in Überein-

problematik die Aufmerksamkeit von der schlechten Führung des Landes durch seine Regierung ab. Sie bot ihm eine Chance, internationale Reputation zurückzugewinnen, die er seit dem Ende des Kalten Krieges verloren hatte.

Der Westen, der die Hilfsmaßnahmen für die Flüchtlinge finanzierte, war uneinig. Nach Kinshasa entsandte Delegationen forderten regelmäßig, Mobutu solle mit den verschiedenen Parteien verhandeln, aber es blieb unklar, wer an den Verhandlungen beteiligt werden und worüber verhandelt werden sollte. Alle Geberregierungen gaben Lippenkenntnisse zur Rückführung der Flüchtlinge ab, aber keine unterstützte sie nachdrücklich genug, um das politische Risiko auf sich zu nehmen, sie durchzusetzen. Schuldgefühle im Westen über die Untätigkeit der Vereinten Nationen komplizierten die bestehende politische und wirtschaftliche Interessenlage in der Region. Auf der politischen Ebene gab es folglich kein klares und einheitliches Konzept.

stimmung mit den allgemein anerkannten internationalen Menschenrechten". Auf der Vierten Weltfrauenkonferenz 1995 in Beijing wurde das Recht der Frauen weiter bekräftigt, frei von Zwang, Diskriminierung und Gewalt über Angelegenheiten im Zusammenhang mit ihrer Sexualität zu bestimmen und frei und eigenverantwortlich entscheiden zu können.

Das 1996 gegründete AIDS-Programm der Vereinten Nationen (*United Nations Programme on AIDS - UNAIDS*) soll den Ansatz zur AIDS-Seuche koordinieren, seine Fortentwicklung dokumentieren und für eine kostenwirksame weltweite Reaktion werben. Humanitäre UN-Organisationen, NGOs und einige Regierungen haben ebenfalls dabei zusammengearbeitet, die reproduktive Gesundheitsfürsorge von Flüchtlingen und flüchtlingsähnlichen Gemeinschaften auszubauen. Das 1999 von mehreren Organisationen herausgegebene Handbuch *Reproductive Health in Refugee Situations* und die Entwicklung von *reproductive health kits* durch den UN-Bevölkerungsfonds (*United Nations Population Fund - UNFPA*) sind weitere Ergebnisse dieses Prozesses.

Es gibt klare Strategien zur Verringerung der HIV-Ansteckung. Gleichwohl müssen verschiedene größere Hürden überwunden werden, ehe wirksame Programme zur HIV/AIDS-Prävention und zur Versorgung von HIV-Infizierten und AIDS-Kranken durchgeführt werden können.

In vielen, vor allem afrikanischen Ländern, in denen Flüchtlinge leben, sind die nationalen Programme zur Eindämmung von AIDS noch unterentwickelt. Die einheimische Bevölkerung hat nur eingeschränkten Zugang zur grundlegenden Primärgesundheitsversorgung, und die meisten Menschen können sich wirksame Medikamente gegen HIV/AIDS, die außerordentlich teuer sind, nicht leisten. Den Flüchtlingen Hilfe anzubieten, aber nichts für die einheimische Bevölkerung zu tun, kann kaum dazu beitragen, die Ausbreitung der Seuche zu verhindern.

Eine wirksame Reaktion auf das komplexe Problem von HIV und AIDS setzt personelle, materielle und finanzielle Ressourcen sowie eine technische Ausstattung voraus, über die viele humanitäre Organisationen noch nicht verfügen. Sie erfordert auch einen bereichsübergreifenden Ansatz, der nicht nur gesundheitliche, sondern auch soziale, wirtschaftliche und rechtliche Aspekte einschließlich der Menschenrechte berücksichtigt.

Frauen einschließlich Flüchtlingsfrauen sind der Bedrohung durch HIV/AIDS oft in besonderem Maße ausgesetzt. In vielen Fällen können sie auf Grund von kulturellen und anderen Einstellungen und Praktiken die Verhaltensweisen ihrer Sexualpartner nicht beeinflussen.

Das Stigma, das häufig mit AIDS verbunden ist, kann die Bereitschaft der Betroffenen mindern, sich versorgen zu lassen, und die örtlichen Behörden dazu bewegen, ihnen die notwendige Unterstützung vorzuenthalten. Flüchtlinge, die eine separate Gruppe bilden und deren Anwesenheit bisweilen von der örtlichen Bevölkerung abgelehnt wird, können leicht diskriminiert werden, wenn die stereotype Wahrnehmung um sich greift, dass „Flüchtlinge AIDS einschleppen". UNHCR ist besonders darüber besorgt, dass Flüchtlingen gelegentlich die Weiterwanderung, Asyl oder die Rückkehr verwehrt wird, weil sie HIV-infiziert sind.

Die Regierung von Zaire, die eigentlich für das Wohlergehen der Flüchtlinge verantwortlich war, zeigte deutliche Auflösungserscheinungen. Regierungsmitglieder widersprachen einander. Auch die neue ruandische Regierung gab gemischte Signale. Offiziell bekundeten Vertreter der Regierung, sodass eine frühzeitige Rückkehr der Flüchtlinge wünschenswert wäre. Aber Initiativen humanitärer Organisationen, diese zu beschleunigen, wurden immer wieder behindert.

UNHCR stand vor dringenden praktischen Problemen, die sich wegen der zunehmenden militärischen Instabilität in der Region aber kaum lösen ließen. Goma wurde immer weniger ein Zufluchtsort und immer mehr zum Schauplatz eines schwelenden Krieges. Ein UNHCR-Mitarbeiter schrieb aus Goma: „Weder unser Mandat noch die uns zur Verfügung stehenden Mittel sind für diese regionale Krise angemessen."[8]

Die Eskalation des Konflikts in Ostzaire

Zu Beginn des Jahres 1995 begannen bewaffnete ruandische Gruppen in Ostzaire, vor allem Soldaten der früheren FAR, mit Angriffen über die Grenze nach Ruanda. Die Ruandische Patriotische Armee (*Rwandan Patriotic Army* – RPA) antwortete mit Gegenangriffen auf zairisches Territorium. Am 11. April griff sie das Lager Birava an, am 26. April das Lager Mugunga. Dabei wurden 33 Menschen getötet. UNHCR steckte mitten in dem Konflikt zwischen den beiden ruandischen Armeen. In Zaire unterstützte Staatspräsident Mobutu die Wiederbewaffnung und die Verbesserung des Ausbildungsstandes der früheren FAR. Die Aufrüstung der früheren *génocidaires* erfolgte unter anderem mit billigen leichten Waffen aus den ehemals kommunistischen Ländern Osteuropas.[9] Die frühere FAR und die Milizen konnten die Lager immer leichter zur Rekrutierung und als Rückzugsbasen für die Infiltration Ruandas nutzen.

In Ruanda selbst verschlechterte sich zwischenzeitlich die politische Situation. Im Lager Kibeho im Südwesten Ruandas töteten im April 1995 RPF-Einheiten mehrere tausend Binnenvertriebene. Zwischen Juli und August 1994 gehörte das Lager Kibeho zu einer „humanitären Schutzzone", die multinationale Truppen unter französischem Kommando im Rahmen der vom UN-Sicherheitsrat autorisierten „Opération Turquoise" eingerichtet hatten.[10] Bis August 1995 hatte die RPF die unabhängigeren Mitglieder des ruandischen Kabinetts ausgebootet. Ministerpräsident Faustin Twagiramungu, Innenminister Seth Sendashonga und Justizminister Alphonse-Marie Nkubito mussten zurücktreten. Die Hauptsorge des neuen Kabinetts war die militärische Bedrohung durch Einheiten der früheren FAR, die aus den Flüchtlingslagern in Zaire operierten.

UNHCR forderte den Sicherheitsrat wiederholt auf, Maßnahmen zu ergreifen, um den zivilen und humanitären Charakter der Flüchtlingslager zu gewährleisten. Die Hohe Flüchtlingskommissarin verlangte „ein multinationales Kontingent von Polizisten aus französischsprachigen Ländern und möglicherweise Kanada, logistische Unterstützung in Form von Transportmitteln, Ausrüstung aus nicht afrikanischen Ländern und finanzielle Unterstützung aus anderen Staaten".[11] Nichts jedoch geschah. Die meisten Geberländer scheuten angesichts der Instabilität der Region und der hohen Kosten für die Entsendung der Polizeitruppe vor einem Engagement zurück. Unentschlossenheit im UN-Sicherheitsrat trug ebenfalls dazu, dass man sich des Problems nicht energisch genug annahm.

UNHCR entschied sich in dieser Situation, auf die Möglichkeiten des Aufnahmelandes zurückzugreifen. Zum Schutz der Flüchtlingslager wurde eine spezielle Einheit zusammengestellt, die Zairische Komponente für die Sicherheit der Lager (*Zairian Component for the Security of the Camps*). Sie bestand aus 1.500 Angehörigen der Präsidentengarde von Staatspräsident Mobutu, die von UNHCR bezahlt und ausgerüstet wurden. Ihnen wurden Berater aus den Niederlanden und mehreren westafrikanischen Ländern an die Seite gestellt. Die Truppe nahm Anfang 1995 ihre Arbeit auf und kam ihren Aufgaben zur Überraschung einiger skeptischer Beobachter anfangs relativ gut nach. Obwohl sich ihr Auftrag nicht auf den Grenzschutz erstreckte, konnte sie in den Lagern ein Mindestmaß an Recht und Ordnung herstellen. Sie konnte sogar bis zu einem bestimmten Grad die Autorität der Lagerführung zurückdrängen, sodass die Flüchtlinge größeren Spielraum hatten, sich für die Rückkehr zu entscheiden.

Nach einem hoffnungsvollen Beginn ließ in der Einheit die Disziplin jedoch immer mehr nach. Sie war über den Verteidigungsminister direkt Staatspräsident Mobutu verantwortlich und nicht dem Ministerpräsidenten. Dies führte dazu, dass sie in die sich ausweitenden politischen Auseinandersetzungen in Zaire hineingezogen wurde. Auch waren ihre Angehörigen nicht immun gegen die grassierende Korruption in der Verwaltung der Kivu-Provinzen und anderer Teilen von Zaire. Anfang 1996 schrieb die Hohe Flüchtlingskommissarin an den zairischen Ministerpräsidenten Kengo Wa Dondo:

Ich möchte meine Forderungen nach Beendigung der Straflosigkeit in den Lagern wiederholen. Die verschiedenen von Ihrer Regierung beschlossenen Maßnahmen sollten endlich in die Praxis umgesetzt werden, und es sollten zairisches Recht und Ordnung herrschen. All dies natürlich in umfassender Zusammenarbeit von UNHCR und dem zairischen Kontingent für die Sicherheit der Lager.[12]

Wie zuvor konnte Präsident Mobutu wegen der mangelnden konzertierten internationalen diplomatischen Unterstützung jedoch sein Doppelspiel weiter betreiben. Nach außen teilte er die Besorgnis von UNHCR über die zunehmende Gewalt in den Grenzgebieten, während er sie nach innen zuließ oder sogar begünstigte. Aber dieses Mal hatte Präsident Mobutu sich verrechnet, denn er sollte das nächste Opfer der im Osten entfesselten Kräfte werden.

Die gescheiterte Rückführung

Die Rückführung von Zaire nach Ruanda kam schnell in Gang. Zwischen Juni 1994 und Januar 1995 kehrten mehr als 200.000 Flüchtlinge aus dem Gebiet um Goma zurück.[13] Aus Süd-Kivu, Tansania und Burundi trafen ebenfalls Rückkehrer in Ruanda ein, wenn auch in geringerer Zahl. Die sich verschärfende Sicherheitslage in den Lagern trug zweifellos zum Rückkehrwunsch der Flüchtlinge bei. In Ruanda verschlechterten sich die Umstände jedoch ebenfalls zunehmend, sodass die Rückkehrbewegung Anfang 1995 „zum Stillstand kam".[14] Im Abschlussbericht einer von UNHCR in Auftrag gegebenen Untersuchung der Erfolgsaussichten für die Rückführung war bereits Mitte 1994 gewarnt worden, dass Teile der RPF in Ruanda Menschen töteten und andere Menschenrechtsverletzungen begingen. Nachdem das Amt die ruandische Regierung über seine Erkenntnisse informiert hatte, beendete es seine Unterstützung für das Rückführungsprogramm. Das Massaker im April 1995 im Lager Kibeho im Südwesten Ruandas bestärkte jene, die eine Rückführung ablehnten. Nach diesem Vorfall wurde sie vollständig eingestellt.

Als sich die Situation in Ruanda im weiteren Verlauf des Jahres 1995 wieder stabilisiert hatte, nahm UNHCR die Rückführung wieder auf. Die Parteien hatten jedoch dabei keine einheitliche Position. Dies kam deutlich zum Ausdruck, als die zairische Regierung im August 1995 unter Anwendung von Gewalt ein Lager schloss, um eine Rückkehrbewegung auszulösen. Etwa 15.000 Flüchtlinge wurden damals auf gemietete Lastkraftwagen verfrachtet und gegen ihren Willen nach Ruanda zurückgebracht. Auf internationalen Druck sahen sich die zairischen Behörden jedoch genötigt, die Operation rasch wieder einzustellen.

Kasten 10.3 Somalia: Flucht und Leben im Ausland

Die Republik Somalia, 1960 unabhängig geworden, stand nie auf stabilen Fundamenten. Clan-Zugehörigkeiten hatten lange die Entwicklung einer wirksamen Zivilverwaltung erschwert. Nach der Niederlage von Staatspräsident Barre im Ogaden-Krieg von 1977 versuchte sein herrschender Clan, konkurrierende Clans systematisch an den Rand zu drängen und sie auszubeuten. 1988 trat der Staat dem Widerstand der Somalischen Nationalbewegung (*Somali National Movement* - SNM) mit aller Härte entgegen.

Zum ersten großen Exodus von Flüchtlingen nach dem Ogaden-Krieg kam es, nachdem Regierungstruppen 1988 die Städte Hargeisa und Burao im Nordwesten des Landes bombardiert hatten. 365.000 Menschen flohen nach Äthiopien, 60.000 wurden zu Binnenvertriebenen. Schätzungen zufolge kamen bei den Angriffen der Regierungstruppen etwa 50.000 Menschen ums Leben.

Die für den Augenblick unterlegene SNM ging später eine Allianz mit dem sich auf den Stamm der Hawiye stützenden Vereinigten Somalischen Kongress (*United Somali Congress* - USC) und der kleineren Somalischen Patriotischen Bewegung (*Somali Patriotic Movement* - SPM) ein. Diese lose Allianz stürzte im Januar 1991 die Regierung von Staatspräsident Barre. Sie konnte die Kontrolle über das Land jedoch nicht halten und zerbrach, was eine große humanitäre Krise zur Folge hatte. Die Rivalitäten der Clans untereinander wurden durch die Konkurrenz zwischen Milizenführern um Macht und Ressourcen verschärft.

Nachdem Mogadischu an den USC gefallen war, gehörten Vergeltungsmaßnahmen von Clans zum Alltag. Die Zersplitterung der Clans in kleinere Gruppen und der anhaltende Krieg mit Barres Truppen mündeten in schwere Konflikte. Durch die Angriffe auf die von den Clans der Digil und Rahanweyn besetzten Gebiete und das brutale Vorgehen gegen Minderheiten in den Küstenstrichen wurden sehr viele Menschen zu Binnenvertriebenen. Clan-Angehörige strebten in die Heimatgebiete ihrer Clans und vertrieben die dortigen Bewohner. Dürren und Hungersnöte verschärften die Katastrophe. Mitte 1992 waren durch den Konflikt etwa zwei Millionen Menschen vertrieben worden. Etwa 400.000 von diesen flohen nach Äthiopien und mehr als 200.000 nach Kenia.

Internationales Eingreifen

Die Reaktion der internationalen Gemeinschaft auf die sich ausweitende Krise in Somalia kam nur langsam in Gang. Mehrere hunderttausend Somalier starben an Hunger und Krankheiten oder kamen in den Kämpfen ums Leben, bevor im April 1992 die ersten UN-Friedenssicherungstruppen im Rahmen der UN-Operation in Somalia (*United Nations Operation in Somalia* - UNOSOM I) eintrafen.[i] Die UNOSOM-Truppen sollten anfangs lediglich die Waffenruhe zwischen den Krieg führenden Gruppen überwachen.

Die sich ständig weiter verschlechternde humanitäre Situation bewog den amerikanischen Präsidenten George Bush im Dezember 1992 zur Entsendung von 28.000 amerikanischen Armeeangehörigen. Sie waren Teil eines schließlich 37.000 Mann starken Vereinten Eingreifverbands (*Unified Task Force* - UNITAF) unter amerikanischem Kommando. Die Operation *Restore Hope* von UNITAF genehmigte der UN-Sicherheitsrat mit Resolution 794 vom 3. Dezember 1992, ohne vorher von den Krieg führenden Parteien dazu aufgefordert worden zu sein. Ein wichtiger Aspekt der Operation war das humanitäre Anliegen, sicherzustellen, dass die Nahrungsmittelhilfe die Opfer der Hungersnot erreichte. Das Fehlen einer klaren Strategie schwächte die Intervention jedoch von Anfang an. Der humanitäre Charakter der Operation wurde durch Versuche, die rivalisierenden somalischen Gruppen zu entwaffnen, weiter ausgehöhlt.

Im Mai 1993 wurde UNITAF durch UNOSOM II ersetzt, und der amerikanische Kommandant übergab die Führung an einen UN-Befehlshaber. UNOSOM II hatte eine größere Truppenstärke und ein breiteres Mandat als die ursprüngliche UNOSOM, die während der ganzen Zeit in Somalia geblieben war. UNOSOM II begann ein Programm des nationalen Wiederaufbaus in Somalia. Die UN-Friedenssicherungstruppe umfasste 28.000 Angehörige aus 27 verschiedenen Ländern und hatte einen Etat von 1,6 Milliarden Dollar. Noch nie hatten die Vereinten Nationen eine so große Friedenssicherungstruppe mit einem so vielfältigen Auftrag entsandt. Zu ihr gehörten 17.700 amerikanische Militärangehörige, die nicht der unmittelbaren Befehlsgewalt der Vereinten Nationen unterstanden.

Das plötzliche Umschwenken der Vereinten Nationen von einer humanitären Hilfsoperation zu dem Versuch, beim nationalen Aufbau zu helfen, löste bei den somalischen Kriegsherren nur Ablehnung aus. Eine Serie offener Zusammenstöße mit dem mächtigen Clan des Generals Mohamed Farah Aidid vom Hawiye-Stamm gipfelte im Oktober 1993 im Abschuss von zwei amerikanischen Hubschraubern. Der Tod von 18 amerikanischen Soldaten und die Bilder von der Leiche eines amerikanischen Soldaten, der durch die Straßen von Mogadischu geschleift wurde, bewogen die Regierung von Präsident Clinton, die amerikanischen Truppen aus Somalia abzuziehen. Im März

1994 verließen alle amerikanischen und europäischen Armeeangehörigen Somalia. Bis Ende März 1995 waren ihnen auch die restlichen Truppen der Vereinten Nationen gefolgt.

In der schlimmsten Phase der Krise in Somalia waren nur noch das Internationale Komitee vom Roten Kreuz (IKRK) und einige wenige NGOs in dem Land tätig. Solange internationale Truppen dort stationiert waren, verteilten UN-Organisationen wie das Welternährungsprogramm und das UN-Kinderhilfswerk (UNICEF) in Zusammenarbeit mit vielen Nichtregierungsorganisationen große Mengen an Hilfsgütern. Trotz der Anwesenheit internationaler Truppen blieb die Sicherheitslage jedoch stets problematisch. Viele Mitarbeiter humanitärer Organisationen wurden getötet oder verletzt. Damit die Mitarbeiter humanitärer Organisationen ihrer Tätigkeit nachgehen konnten, mussten sie sich von bewaffneten Angehörigen einheimischer Milizen eskortieren lassen, die als Leibwächter fungierten.

Auf Ersuchen des UN-Generalsekretärs führte UNHCR ab September 1992 eine Reihe grenzübergreifender Einsätze von Kenia aus durch, mit dem Ziel, Bevölkerungsbewegungen in Somalia zu stabilisieren. Nach der Entsendung von UNITAF im Dezember 1992 wurden bestimmte Gebiete im Süden Somalias zu so genannten „präventiven Zonen" erklärt. Die Bewohner erhielten Unterstützung, damit sie diese Gebieten nicht wegen der Hungersnot verlassen mussten. Im Rahmen dieser grenzübergreifenden Hilfseinsätze wurden nicht nur Nahrungsmittel und andere Hilfsgüter verteilt, sondern auch mit der Instandsetzung der Infrastruktur begonnen. Dies sollte den Weg für die freiwillige Rückkehr der Flüchtlinge aus den Lagern in Kenia ebnen, in denen seit Ende 1992 mehr als 285.000 Menschen lebten.

Die Handy-Gesellschaft

Bereits vor dem Bürgerkrieg lebten viele Somalier als Arbeitsmigranten im Ausland, vor allem in den Golf-Staaten und in Westeuropa. Ihre Zahl erhöhte sich nun durch die Flüchtlinge, die das Land verlassen hatten. Ein Teil von ihnen gründete Exilgemeinden im Jemen, in Dschibuti und Libyen, aber auch in Nordamerika und Europa. Der nördliche Teil Somalias war früher britisches Protektorat und erklärte sich 1991 unter dem Namen Somaliland einseitig für unabhängig. Wegen der weiter bestehenden Verbindungen zur früheren Kolonialmacht gibt es auch in vielen Städten Großbritanniens Somalier, die sich dort auf Dauer niedergelassen haben.

Die Kommunikation zwischen den Somaliern in den verschiedenen Ländern und in der Heimat wurde durch Mobilfunk, Internet und Email sehr erleichtert. Mit Hilfe der neuen Technologien können Somalier ebenso wie andere Flüchtlinge Kontakt zu Familienmitgliedern im Ausland halten. In Somalia gibt es mittlerweile mindestens acht Telefongesellschaften, bei denen es sich zum Teil um Gemeinschaftsunternehmen von Einheimischen und Auslandssomaliern handelt. Das wachsende Telefonnetz ermöglicht es, familiäre Bindungen aufrechtzuerhalten, und ist auch für die regelmäßigen Überweisungen aus dem Ausland vorteilhaft, die in den letzten Jahren den Zusammenbruch der somalischen Wirtschaft verhindert haben.

Es hat sich gezeigt, dass das ausgeprägte Clan-System, das in den neunziger Jahren Somalia entzweite und zum Tod mehrerer hunderttausend Menschen führte, auch eine Quelle der Einheit und Stärke sein kann. Die engen Bindungen der Menschen an ihren Clan führten zur Entwicklung eines internationalen Systems von Überweisungsagenturen. Derzeit verwenden die meisten im Ausland lebenden Somalier noch Telefaxgeräte, um Überweisungen zu übermitteln. An ihre Stelle tritt jedoch zunehmend das Email. Der Gegenwert einer Überweisung, die bei einem zum eigenen Clan gehörenden Bankier in London eingereicht wird, erreicht die Familienmitglieder in Somalia bereits 24 Stunden später. Der Versand von Waren und die Mitnahme von Bargeld auf den regelmäßigen Flügen von Jeddah und Dubai sind weitere beliebte Wege, die Daheimgebliebenen am eigenen Verdienst teilhaben zu lassen. Man geht davon aus, dass sich der Kapitaltransfer aus dem Ausland nach Somalia derzeit auf mehrere hundert Millionen Dollar pro Jahr beläuft. Er übertrifft damit als Quelle für Deviseneinnahmen den Viehexport bei weitem.[ii]

Die Nachrichten der BBC in somalischer Sprache sind die wichtigste Informationsquelle für Auslandssomalier. Eine Überweisungsagentur verfügt über eine Internet-Seite, auf der die Benutzer diese Nachrichten abspielen können. Auf zahlreichen anderen Internet-Seiten können sich Somalier über die wandelnden Einstellungen zu ihrer Heimat sowie die neuen Anforderungen und Möglichkeiten des Lebens im Ausland informieren. Gleichzeitig haben Email und Handys es den Somaliern im Ausland und in der Heimat ermöglicht, den Kontakt aufrechtzuerhalten, und auch dazu beigetragen, den Zusammenhalt als Mitglieder einer Gesellschaft zu wahren.

UNHCR versuchte auf verschiedene Weise, den Einfluss der Lagerführer zurückzudrängen. Das Amt organisierte Aufklärungskampagnen und Informationsreisen zu Familienangehörigen in Ruanda. Es verhandelte mit den ruandischen Behörden über die Öffnung zusätzlicher Grenzübergänge, damit die Flüchtlinge die Lager leichter verlassen konnten. Das Zairische Kontingent schloss die Geschäfte im Lager zeitweilig, um die Macht der Lagerführer zu untergraben. Täglich wurden Rückführungskonvois zusammengestellt, die rückkehrwillige Flüchtlinge aufsammelten und eskortierten. Wegen der kombinierten Konsequenzen des Widerstandes der zairischen oder ruandischen Behörden und der mangelnden Unterstützung der internationalen Gemeinschaft, insbesondere der Regierungen der wichtigsten Geberländer und der Frontstaaten, blieben alle diese Initiativen jedoch letztendlich erfolglos.

Bei UNHCR und den anderen humanitären Organisationen herrschte erhebliche Unsicherheit, über die Frage der Rückführung. Das traditionelle Prinzip, nach dem Flüchtlinge auf der Grundlage ausreichender Informationen die Möglichkeit erhalten sollen, individuell eine Entscheidung über die freiwillige Rückkehr zu treffen, war in diesem Fall schwierig in die Praxis umzusetzen. Die meisten Flüchtlinge waren ja von ihren Führern gezwungen worden, ihnen ins Exil zu folgen. Viele von ihnen waren eher Geiseln als Flüchtlinge. Hier handelte es sich um eine andere Art von Vertreibung, bei der das Konzept der freiwilligen Rückkehr und die Bedeutung des Wortes „Flüchtling" neuen und komplexen Realitäten unterworfen waren, denen mit traditionellen Ansätzen nicht ohne weiteres beizukommen war.[15]

Die Flucht aus den Flüchtlingslagern

Die beiden ostzairischen Provinzen Nord- und Süd-Kivu, in denen die Flüchtlinge Zuflucht gefunden hatten, waren schon längere Zeit Zentren des Widerstands gegen das Regime von Staatspräsident Mobutu gewesen, der nun versuchte, ethnische Rivalitäten zu seinem Vorteil zu nutzen. Eine große ethnische Gruppe in den Kivu-Provinzen bildeten die so genannten Banyarwanda, ruandischsprachige Viehzüchter (sowohl Hutu als auch Tutsi). Mobutu hatte sie in der Vergangenheit wiederholt gegen andere indigene Gruppen eingesetzt.[16] Die resultierenden ethnischen Spannungen wurden verschärft, als das zairische Parlament 1981 ein Gesetz verabschiedete, durch das mehrere tausend Banyarwanda *de jure* die Staatsangehörigkeit verloren. 1993, also noch vor dem Völkermord in Ruanda, hatte es noch Kämpfe zwischen Banyarwanda und anderen Gruppen gegeben, als die Behörden versuchten, eine Erhebung der in Zaire lebenden „Ausländer" durchzuführen. Die brutalen ethnischen Vorurteile des politischen Flügels der Hutu-Flüchtlinge, die im Sommer 1994 nach Zaire kamen, hatten einen verheerenden Einfluss auf das empfindliche ethnische Gleichgewicht in den Kivu-Provinzen.

Anfang 1995 brachen die Auseinandersetzungen in den Kivu-Provinzen wieder aus, vor allem in Nord-Kivu, wo sich die Lager um Goma befanden. Dieses Mal waren sie nicht auf die ortsansässige Bevölkerung beschränkt. General Augustin Bizimungu, Stabschef der früheren FAR, versuchte, in den Kivu-Provinzen ein Gebiet unter seine

Kontrolle zu bringen, von dem aus er gegen Ruanda und die zairischen Tutsi-Gemeinschaften in den Kivu-Provinzen vorgehen konnte. Er rekrutierte Soldaten der zairischen Armee (Forces armées zaïroises – FAZ), die seit langem auf ihren Sold warteten, schlecht geführt waren und sich nun bei den Ruandern als Söldner verdingten. In dem Konflikt standen auf der einen Seite die frühere FAR, ihre Verbündeten von der FAZ sowie einige die Regierung bekämpfende einheimische Milizen, die Mayi Mayi genannt wurden. Auf der anderen Seite stand die zairische Tutsi-Bevölkerung, die militärisch unterlegen war. Viele Tutsi wurden getötet oder mussten fliehen.

Zwischen November 1995 und Februar 1996 flohen etwa 37.000 Tutsi nach Ruanda. Die Flüchtlinge waren zum einen zairische Tutsi, die durch den Konflikt im Gebiet von Masisi in Nord-Kivu vertrieben wurden und zum anderen Flüchtlinge, die 1959 nach Zaire gekommen waren. Die ruandische Regierung bat UNHCR sofort, Flüchtlingslager auf der ruandischen Seite der Grenze zu eröffnen. Es war eine paradoxe Situation, weil viele der in Ruanda eintreffenden „Flüchtlinge" aus Ruanda stammten. Da UNHCR eigentlich eine erfolgreiche Rückführung nach Ruanda angestrebt und nicht die Einrichtung weiterer Lager in Ruanda im Sinn gehabt hatte, eröffnete das Amt widerstrebend zwei Lager auf ruandischem Staatsgebiet.[17] Diese Lager für die Tutsi-Flüchtlinge waren nur wenige Kilometer von der Grenze und von den Lagern in Goma entfernt.

Die Hohe Flüchtlingskommissarin bemühte sich ein weiteres Mal um internationale Unterstützung zur Verbesserung der Sicherheitslage. „Bislang sind 9.000 Menschen aus Masisi nach Ruanda gekommen", schrieb sie im Mai 1996 an UN-Generalsekretär Boutros-Ghali. „Die internationale Gemeinschaft sollte dringend Maßnahmen ins Auge fassen, um eine weitere Verschlechterung der Sicherheitslage zu verhindern. … Zudem sollten neue Anstrengungen unternommen werden, die Lager aus dem Grenzgebiet zu verlegen."[18] Selbst die zairische Regierung begann einzusehen, dass ihr Eingriff in das ethnische Gleichgewicht in den Kivu-Provinzen zu einer Situation geführt hatte, die außer Kontrolle zu geraten drohte. Aber es war bereits zu spät. Der Konflikt erfasste die gesamte Subregion.

Der Konflikt weitet sich aus

Mitte 1996 war die Lage im ostafrikanischen Seenhochland äußerst angespannt. Auch in Burundi verschärften sich die Spannungen zwischen den Tutsi und den Hutu. Im Oktober 1993 war der zur Volksgruppe der Hutu gehörende gewählte Präsident Melchior Ndadaye von Tutsi-Soldaten ermordet worden. Die Bluttat hatte einen Ausbruch von Gewalt zur Folge gehabt, bei dem mehrere tausend Menschen – sowohl Tutsi als auch Hutu – getötet worden waren. Sie hatte auch die Flucht von etwa 700.000 Hutu ausgelöst. Die meisten waren nach Ruanda geflohen. Ein Teil von ihnen war später aktiv am ruandischen Völkermord beteiligt.

Am 26. Juli 1996 stürzte der frühere Staatspräsident Major Pierre Buyoya die schwache Zivilregierung von Staatspräsident Sylvestre Ntibantunganya. Manche sahen darin einen Versuch, die Staatsmacht wiederherzustellen; für andere war es lediglich ein weiterer Militärputsch. Die benachbarten Länder beriefen eine Krisensitzung ein

Kasten 10.4 Krieg, Flucht und Vertreibung in Westafrika

In den neunziger Jahren wurde Afrika zum Schauplatz gewaltsamer Kriege, durch die Millionen von Menschen entwurzelt wurden. Die beiden größten Konflikte wurden in Liberia und Sierra Leone ausgetragen. Beide waren überwiegend interner Natur, wurden aber durch ausländische Mittel, Waffen und Interessen verschärft. Auf der Flucht vor diesen Konflikten zogen mindestens eine Million Menschen in die benachbarten Länder, vor allem nach Guinea und Côte d'Ivoire. Ein kleinerer Konflikt im Senegal und eine Meuterei der Armee in Guinea-Bissau im Jahre 1998 machten ebenfalls rund 200.000 Menschen zu Flüchtlingen.

Am Ende des Jahrzehnts wies Westafrika mehr als ein Drittel aller afrikanischen Flüchtlinge und Vertriebenen auf. Die meisten Betroffenen waren Binnenvertriebene in ihren eigenen Ländern. Viele derjenigen, die eine internationale Grenze überschritten, verharrten in unmittelbarer Nähe ihres Herkunftslandes. Infolgedessen blieben auch diejenigen, die zu Flüchtlingen geworden waren und sich vielleicht in Sicherheit wähnten, anfällig für Angriffe. UNHCR musste in Guinea mehrere Lager aus dem Grenzgebiet verlegen, um die Bewohner zu schützen. Auch die Mitarbeiter humanitärer Organisationen, die den Flüchtlingen und Vertriebenen helfen wollten, gerieten in große Gefahr. Viele wurden bedroht, bestohlen und mehrere wurden entführt. In einer Reihe von Fällen mussten die Mitarbeiter humanitärer Organisationen zu ihrer eigenen Sicherheit evakuiert werden.

Als die ersten Liberianer nach Guinea und Côte d'Ivoire flohen, wurden sie von den Einheimischen in ihren Häusern aufgenommen. In diesen frühen Phasen brauchten nur relativ wenige Flüchtlinge in Lagern untergebracht werden. Als die Sierra-Leoner nach Guinea zu fliehen begannen, fand ein Teil von ihnen ebenfalls Aufnahme bei Gastfamilien. Die Kapazitäten waren jedoch bald erschöpft, sodass viele in Flüchtlingslager ziehen mussten. Beide Länder zeigten sich während der gesamten neunziger Jahre großen Flüchtlingsbevölkerungen gegenüber aufnahmebereit. Ende 1996 lebten in Guinea etwa 650.000 Flüchtlinge aus Liberia und Sierra Leone. In Côte d'Ivoire hielten sich von 1990 bis 1997 stets zwischen 175.000 und 360.000 Flüchtlinge auf. 1999 betrug ihre Zahl immer noch etwa 138.000.

Die Kriege in Westafrika in den neunziger Jahren hatte verschiedene Ursachen einschließlich ethnischer Spannungen, Kämpfen um Ressourcen und Aufständen unzufriedener Jugendlicher. Die ethnischen Spannungen im Blick, verweisen einige Beobachter darauf, dass die Rebellenbewegung ursprünglich ethnisch motiviert war, obwohl sich ihr Jugendliche aus einem breiten Querschnitt der liberianischen Gesellschaft anschlossen. Im Senegal wurden die Casamance-Separatisten häufig als Bewegung des Jola-Volkes beschrieben. Aber nicht alle Jola waren Separatisten und nicht alle Separatisten Jola.

Andere Beobachter sahen in diesen Kriegen primär Kämpfe um die Kontrolle über Tropenholz- und Diamantenressourcen. In Liberia finanzierten sich die Rebellen zu einem wichtigen Teil aus illegalem Holzeinschlag, das zu einem großen Teil nach Frankreich verkauft wurde. In Sierra Leone dagegen tauschten die Rebellen Diamanten gegen Waffen, und sowohl die Regierung als auch die Rebellen hatten Geschäftsbeziehungen zu internationalen Bergbau- und Sicherheitsunternehmen.

Wieder andere behaupten, die Ursachen der drei Konflikte wären weder in den ethnischen Spannungen noch im Kampf um Ressourcen zu suchen, sondern vielmehr in der grassierenden Korruption und der staatlichen Vernachlässigung marginalisierter und anfälliger Jugendlicher.[iii] Der langwierige Konflikt in Casamance, wo es kaum lohnenden Holzbestand oder Bodenschätze gibt, wird dabei als Beispiel angeführt.

Liberia

Der Konflikt, unter dem Liberia in den gesamten neunziger Jahren zu leiden hatte, begann im Dezember 1989 zwischen Einheiten der Nationalen Patriotischen Front Liberias (NPFL), die überwiegend den ethnischen Gruppen der Gio und Mano angehörten, und Truppen, die Präsident Samuel Doe ergeben waren und die in der Mehrzahl zur ethnischen Gruppe der Krahn zählten. Der Konflikt war durch Massaker an Zivilisten, Verstümmelungen und die verbreitete

---

und verhängten ein Wirtschaftsembargo gegen Burundi. Im Norden der Region verschlechterten sich derweil die Beziehungen zwischen Uganda und dem Sudan. Kampala beschuldigte Khartum, Guerillagruppen zu bewaffnen und sie zu ermutigen, Uganda sowohl aus dem Sudan als auch (mit Unterstützung aus Kinshasa) aus dem Nordosten von Zaire anzugreifen.

Schließlich breitete sich der Konflikt in Ostzaire von Nord-Kivu nach Süd-Kivu

Zerstörung von öffentlichem und privatem Eigentum gekennzeichnet. Beide Konfliktparteien rekrutierten zudem eine große Zahl von Kindersoldaten, die häufig zu Bluttaten gezwungen wurden, um ihre Loyalität auf die Probe zu stellen. In acht Jahren Terror wurden mehr als 150.000 Liberianer getötet und mehr als die Hälfte aller Liberianer verließen ihren Wohnsitz. Von den mehr als 1,7 Millionen Entwurzelten flohen etwa 40 Prozent in benachbarte Länder.

1990 entsandte die Wirtschaftsgemeinschaft westafrikanischer Staaten (*Economic Community of West African States* - ECOWAS) in dem Bemühen, die öffentliche Ordnung wiederherzustellen, eine militärische Beobachtergruppe (*ECOWAS Military Observer Group* - ECOMOG). Die Truppen eroberten die Kontrolle über die Hauptstadt Monrovia, aber 95 Prozent des Landes blieben in den Händen der Rebellen. Durch das Aufkommen anderer bewaffneter Gruppen verschärfte sich der Konflikt zusätzlich. 1994 waren elf verschiedene Gruppen in die Kämpfe verwickelt. Kaum ein Krieg zuvor war so zerstörerisch, so unlösbar und wurde dennoch von den Medien so vernachlässigt.

Selbst in Monrovia waren die Zivilisten nicht sicher. Durch anhaltende Kämpfe um die Kontrolle über die Stadt wurden die Menschen, die dort Zuflucht suchten, wiederholt vertrieben. Im April 1996 starben 3.500 Menschen bei den Kämpfen zwischen drei bewaffneten Gruppen. Mehr als 350.000 Zivilisten und Binnenvertriebene flohen aus der Stadt. Unter ihnen befanden sich mindestens 2.000 Liberianer, die an Bord der *Bulk Challenge* über das Meer ihre Heimat verließen, und 400 andere, die dies auf dem gleichen Weg mit der *Zolotista* versuchten. Beide Schiffe fuhren entlang der westafrikanischen Küste von Hafen zu Hafen auf der Suche nach einem sicheren Zufluchtsort für die Flüchtlinge an Bord. In jedem Hafen wurden sie zurückgewiesen. Ghana gestattete der *Bulk Challenge* schließlich, ihre Passagiere abzusetzen, weil angeblich viele Menschen an Bord schwer erkrankt waren. Die *Zolotista* musste mit ihren Passagieren nach dreiwöchiger Fahrt ergebnislos nach Monrovia zurückkehren.

Nach den Gewaltexzessen von 1996 unterzeichneten die Krieg führenden Parteien ein wichtiges Friedensabkommen. Anders als frühere Vereinbarungen hatte dieses nämlich Bestand. 1997 wurde der Führer der NPFL, Charles Taylor, unter internationaler Aufsicht zum Präsidenten gewählt. Obwohl es zwischen 1997 und Ende 1999 keine weiteren größeren militärischen Konfrontationen gab, blieben die politische Situation und die Sicherheitslage in Liberia instabil.

Sierra Leone

In Sierra Leone begann im März 1991 eine Rebellion der Revolutionären Vereinigten Front (*Revolutionary United Front* - RUF) mit einem aus Liberia geführten Angriff. Die RUF unterhielt enge Beziehungen zur NPFL von Charles Taylor und wurde von Libyen und Burkina Faso politisch und finanziell unterstützt. Auch nach Sierra Leone wurde eine ECOMOG-Truppe entsandt, um die Regierung zu unterstützen, aber die Gewalt hielt an. In den nächsten drei Jahren wurden mehr als eine Million Menschen entwurzelt. Bis 1994 hatte die RUF an Kampfkraft eingebüßt, aber die Gewalt gegen die Zivilbevölkerung, die vor allem von unzufriedenen oder ehemaligen Regierungssoldaten ausging, endete dadurch nicht.

1995 heuerte die Regierung eine südafrikanische Söldnertruppe an, die ihr half, die öffentliche Ordnung zum Teil wiederherzustellen. Anfang 1996 wurden Wahlen abgehalten. Die Bevölkerung wählte den zur ethnischen Gruppe der Susu gehörenden Zivilisten Ahmed Tejan Kabbah zum Staatspräsidenten. Kabbah verkleinerte die Armee und verließ sich vor allem auf die traditionellen Milizen, deren Angehörige vorwiegend zur ethnischen Gruppe der Mende gehörten. Schließlich unterzeichneten die Regierung und die RUF ein Friedensabkommen, und mehrere hunderttausend Menschen kehrten nach Hause zurück.

Der Frieden blieb jedoch nur von kurzer Dauer. Im Mai 1997 schlossen sich frustrierte Armeeangehörige mit der RUF zusammen. Sie stürzten Kabbah und bildeten den Revolutionären Rat der Streitkräfte (*Armed Forces Revolutionary Council* - AFRC).

---

aus. Dort hatten die Banyamulenge, eine ethnische Gruppe zairischer Tutsi, ebenfalls Probleme wegen des 1981 geänderten Staatsangehörigkeitsgesetzes. Bewaffnete Horden, die im Auftrag Mobutus von örtlichen Politikern mit nationalistischen Parolen aufgehetzt worden waren, griffen die Banyamulenge an. Mitte September trafen die ersten Flüchtlingsgruppen am ruandischen Grenzübergang Cyangugu ein. Banyamulenge-Milizen führten Vergeltungsschläge gegen diverse zivile und militärische Ziele

Durch die Kämpfe zwischen den ECOMOG-Truppen und den Einheiten der AFRC wurden 1997 Tausende von Menschen wiederum vertrieben. Ein erneutes Friedensabkommen Ende 1997 sah die Wiedereinsetzung Kabbahs vor und wies auch dem inhaftierten RUF-Führer Foday Sankoh eine maßgebliche Rolle zu. Durch schwere Kämpfe wurden im Laufe des Jahres 1998 erneut eine große Zahl von Zivilisten zu Flüchtlingen. Ende 1998 galten mehr als eine Million Sierra-Leoner entwurzelt, von denen sich etwa 400.000 in benachbarten Ländern befanden.

Im Juli 1999 kamen die Regierung und die Rebellen in Lomé im Togo zusammen und unterzeichneten eine weitere Vereinbarung zur Einstellung der Feindseligkeiten. Sie sah eine Teilung der Macht und eine Amnestie für alle Personen vor, die Gräueltaten an der Zivilbevölkerung begangen hatten. Die ECOMOG-Truppen wurden im Oktober 1999 durch eine 11.000 Mann starke UN-Friedenssicherungstruppe ersetzt, deren Hauptaufgabe es sein sollte, die Demobilisierung der früheren Kämpfer zu überwachen und ein sicheres Umfeld für die Rückkehr von Flüchtlingen und Vertriebenen an ihre früheren Wohnorte zu schaffen.

Ende 1999 war die Situation in Sierra Leone jedoch nach wie vor instabil. Die Waffenruhe wurde häufig gebrochen, es gab anhaltende Menschenrechtsverletzungen, und die Demobilisierung der Soldaten ging nur langsam voran. Trotz der Amnestie werden die Menschen ständig an die vielen Grausamkeiten der neunziger Jahre erinnert. Die verbreitete Rekrutierung von Kindersoldaten während des Krieges und die brutale Verstümmelung von Zivilisten, die ein besonderes Merkmal des Krieges war, haben die sierra-leonische Gesellschaft schwer traumatisiert.

Flüchtlinge und Binnenvertriebene in Westafrika, 1994 Karte 10.1

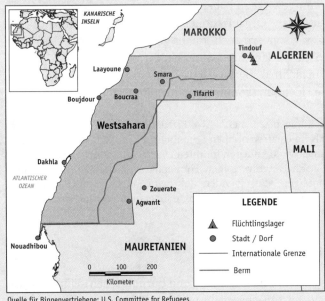

Quelle für Binnenvertriebene: U.S. Committee for Refugees

durch. Berichten zufolge waren RPA-Soldaten aus Ruanda nach Zaire eingedrungen und kämpften gemeinsam mit den Banyamulenge-Milizen und anderen bewaffneten Oppositionsgruppen, die zu diesem Zeitpunkt eine Rebellion gegen das Regime von Staatspräsident Mobutu entfacht hatten.

Ein Jahr später bestätigte der ruandische Vizepräsident Paul Kagame Berichte, nach denen die ruandische Regierung die Banyamulenge und andere zairische Oppositionsgruppen bei ihrer Rebellion entscheidend unterstützt hatte. Ruanda rechtfertigte die Angriffe auf zairisches Territorium und die Flüchtlingslager in Nord- und Süd-Kivu mit der Notwendigkeit, den bewaffneten Übergriffen von Hutu-Extremisten in den Flüchtlingslagern ein Ende zu setzen.

Die ohnehin bereits schwierige Situation von UNHCR und anderen humanitären Organisationen in den Kivu-Provinzen wurde hierdurch zusätzlich erschwert. Die Auflösung der von humanitären Organisationen versorgten Flüchtlingslager wurde zum vorrangigen Kriegsziel. Dieser Umstand wurde durch das zairische Kontingent weiter kompliziert, das UNHCR bezahlt hatte, um Recht und Ordnung aufrechtzuerhalten, das aber als zairische Militäreinheit versuchte, Gegenwehr zu leisten. Widerstand gegen das Vorrücken der von der ruandischen Regierung massiv unterstützten Rebelleneinheiten leistete auch die frühere FAR.

In den Augen der ruandischen Regierung und ihrer Verbündeten unterstützte UNHCR nicht die Flüchtlinge, sondern vielmehr die *génocidaires* und ihre Gönner, das Regime von Staatspräsident Mobutu. Auch die Flüchtlinge kritisierten das Amt, und als die Hohe Flüchtlingskommissarin in den Konflikt verwickelte Ruander zur Rückkehr nach Ruanda aufforderte, beschuldigten Extremistengruppen UNHCR der Kollaboration mit den Angreifern. Die zairische Regierung warf UNHCR gar vor, an der so genannten „Invasion" von Süd-Kivu mitgewirkt zu haben.

UNHCR und andere humanitäre Organisationen steckten in einer Situation, die nicht nur politisch schwierig war, sondern auch immer gefährlicher wurde. Die Aussage, humanitäre Hilfe könne ohne flankierende politische Maßnahmen einen bewaffneten Konflikt verlängern und manchmal sogar verschärfen, wurde durch die Ereignisse in Ostzaire gestützt. Die Hohe Flüchtlingskommissarin hielt im Oktober 1996 fest:

Die Verknüpfung zwischen Flüchtlingsproblemen sowie Frieden und Sicherheit ist vielleicht nirgendwo augenscheinlicher als im ostafrikanischen Seenhochland. ... Wahrscheinlich musste mein Amt nie zuvor seine humanitären Anliegen inmitten eines solch tödlichen Sumpfes aus politischen Zielen und Sicherheitsinteressen verfolgen. Humanitäre Unterstützung und Schutz von UNHCR gelten einer unschuldigen, schweigenden Mehrheit bedürftiger und verängstigter Flüchtlinge. Gleichzeitig dienen sie den militanten Kräften, die daran interessiert sind, den Status quo beizubehalten. Dies kann so nicht weitergehen.[19]

Angriffe auf die Flüchtlingslager in Goma

Die bewaffneten Kräfte, die gegen die ruandischen (und burundischen) Flüchtlingslager in Süd-Kivu vorgingen, waren zunächst nicht genau zu identifizieren. Zuerst galten alle als Banyamulenge. Aber nach Mitte Oktober tauchte zunehmend die Bezeichnung „Allianz der Demokratischen Kräfte für die Befreiung von Zaire/Kongo" auf (*Alliance des forces démocratiques pour la libération du Zaïre/Congo* – AFDL/ZC). Sie wies auf eine genuine zairische Beteiligung an dem neuen Krieg und übergeordnete politische Ziele hin.

Doch zunächst richteten sich die Angriffe gegen die Flüchtlingslager. Zuerst wurden die Lager im Gebiet von Uvira im Süden angegriffen, in denen vorwiegend burundische Flüchtlinge untergebracht waren. Diese Lager waren von den Kräften für die Verteidigung der Demokratie (*Forces de défense de la démocratie* – FDD) infiltriert worden.

Dabei handelte es sich um Hutu-Guerillas. Sie bekämpften die Regierung von Staatspräsident Buyoya, der Mitte 1996 die Macht an sich gerissen hatte. Im Oktober 1996 wurden die Lager mit verblüffender Leichtigkeit überrannt und die Flüchtlinge rasch über die Grenze nach Burundi getrieben. Die FDD musste dabei schwere Verluste hinnehmen. Diese Angriffe halfen Staatspräsident Buyoya in Burundi in einem kritischen Moment. Der Angriff auf Uvira zwang UNHCR und seine Partnerorganisationen, ihren Einsatz einzustellen. Die ausländischen Mitarbeiter wurden evakuiert, während das einheimische Personal und mehrere tausend Flüchtlinge zurückblieben. Die UNHCR-Einrichtungen wurden geplündert und verwüstet.

Nach dem großen Angriff auf Uvira strömten die überlebenden ruandischen Flüchtlinge nordwärts in Richtung Bukavu. Doch zu dem Zeitpunkt wurde Bukavu ebenfalls bereits angegriffen. Die letzten Mitarbeiter internationaler Hilfsorganisationen wurden am 29. Oktober unter schwerem Beschuss evakuiert. Auch hier konnten UNHCR und seine Partnerorganisationen ihren Einsatz nicht fortsetzen. Erneut flohen die ruandischen Flüchtlinge vor den Angreifern, diesmal nach Westen und Norden. Ihr Ziel war das Gebiet um Goma.

Aber Nord-Kivu war ebenfalls unsicher. Die Rebellion griff mit großer Geschwindigkeit um sich und traf sowohl die Zairer als auch die internationalen Beobachter unvorbereitet. Rebelleneinheiten griffen die zwei der nördlich von Goma gelegenen Lager Katale und Kahindo an. Mehrere hunderttausend Menschen waren gezwungen, in Richtung der letzten beiden vermeintlich sicheren Bastionen, der Lager in Mugunga und Kibumba, zu fliehen. Einige Tage später wurde Kibumba direkt angegriffen, und mehr als 200.000 Flüchtlinge versuchten, die Stadt Goma oder Mugunga zu erreichen. Am 31. Oktober wurde Goma selbst Ziel eines Angriffs. Am 2. November wurden die Mitarbeiter von UNHCR und anderen humanitären Organisationen in Goma unter dem Schutz der RPA über die Grenze ins nahegelegene Ruanda evakuiert.[20]

Diese Ereignisse waren das Resultat eines dramatischen Versagens der internationalen Gemeinschaft beim Schutz der Flüchtlinge. Gleichzeitig stürzten sie UNHCR in eine der schwersten Krisen in der Geschichte des Amtes. Innerhalb weniger Tage hatten UNHCR und seine Partnerorganisationen mehrere hunderttausend Flüchtlinge inmitten eines sich verschärfenden Konflikts im Stich lassen müssen. Sie waren vom einzigen noch bestehenden Flüchtlingslager abgeschnitten und hatten den Kontakt mit der Mehrzahl der Flüchtlinge verloren, die nun durch die Kivu-Provinzen irrten. Die Not dieser Flüchtlinge, von denen viele versuchten, durch den dichten Regenwald weiter ins Landesinnere von Zaire zu gelangen, erforderte ein unmittelbares Eingreifen. Wie 1994 forderte UNHCR die Entsendung internationaler Truppen, die den Zugang humanitärer Organisationen zu den Flüchtlingen erzwingen und sichern sollten. Bereits 1994 war es jedoch schwierig, eine solche Eingreiftruppe zu mobilisieren. Nun war es fast unmöglich. Die Flüchtlinge waren den bewaffneten Kräften vollständig ausgeliefert. Die Schwierigkeiten und Widersprüche der letzten Jahre hatten ihren Höhepunkt erreicht. Ein weiteres Mal brach in den westlichen Hauptstädten eine langwierige Diskussion über die Entsendung einer multinationalen Eingreiftruppe aus, aber vor Ort tat sich nichts.

Wenngleich die Einstellung des humanitären Hilfseinsatzes unter dramatischen Umständen hatte erfolgen müssen, konnten UNHCR und seine Partnerorganisationen einen Teil ihrer Aktivitäten schon einige Tage später wieder aufnehmen. Die Rebellen, die nun allgemein als AFDL bezeichnet wurden, hatten den östlichen Teil der Kivu-Provinzen weitgehend unter ihre Kontrolle gebracht. Die Vereinten Nationen nahmen mit ihnen Verhandlungen über die Wiederaufnahme der humanitären Hilfe in den von der AFDL kontrollierten Gebieten auf. Eine UN-Delegation kam in Goma mit dem Führer der AFDL, Laurent-Désiré Kabila, zusammen, dem späteren Staatspräsidenten der Demokratischen Republik Kongo. Die AFDL wendete eine Taktik an, auf die sie in den folgenden Monaten immer wieder zurückgreifen sollte. Sie versprach, UNHCR den Zugang zu den Flüchtlingen zu erlauben, während sie ihn in Wirklichkeit auf die Gebiete begrenzte, über die sie die Kontrolle erlangt hatte. UNHCR erhielt nur Zugang, nachdem verdächtige bewaffnete Kräfte getötet worden waren. Häufig zählten auch Flüchtlinge zu den Opfern.

Am 12./13. November bombardierte die RPA das Lager Mugunga. Die Flüchtlinge dort versuchten, nach Westen, weiter ins Landesinnere von Zaire, zu entkommen. Einem Teil gelang dies, aber den meisten wurde der Weg von Einheiten der Rebellen abgeschnitten. Sicherheit bot einzig die Rückkehr nach Ruanda. Eine große Zahl von Flüchtlingen begann, über die Grenze zu strömen. Zwischenzeitlich hatte UNHCR von der AFDL die Genehmigung erhalten, die Aktivitäten in Goma wieder aufzunehmen. Die Mitarbeiter konnten jedoch nichts anderes tun, als mehrere hunderttausend Menschen dabei zu beobachten, wie sie in einer beklemmenden Stille zurück in das Land gingen, das sie ebenfalls unter Druck und kaum aus freien Stücken vor gerade einmal mehr als zwei Jahren in einem Massenexodus verlassen hatten.

Rückführung von Tansania nach Ruanda

Die Situation in den ruandischen Flüchtlingslagern in Tansania war von Anfang an weniger gespannt als in den Lagern in Zaire. Der Einfluss des früheren Regimes auf die Flüchtlingsbevölkerung war schwächer, es befanden sich darunter nicht so viele Angehörige der früheren FAR, und die Einstellung der tansanischen Behörden war wesentlich resoluter und transparenter als die der Regierung von Zaire. Am 12. April 1995 hatten Ruanda, Tansania und UNHCR ein Dreiparteienabkommen über die Rückführung unterzeichnet. Dennoch blieb die Zahl der Rückkehrer weit hinter den Erwartungen zurück: von insgesamt etwa 480.000 Flüchtlingen in den Lagern waren es nur 6.427 im Jahre 1995 und 3.445 im Jahre 1996.

Die Anwesenheit einer so großen Zahl von Flüchtlingen im Westen Tansanias hatte zu einer Reihe von ökologischen und sozialen Problemen, wie Entwaldung, Diebstahl und Gewalt geführt. Die tansanischen Behörden deuteten die massiven Zwangsrückführungen aus Zaire im November 1996 deshalb als klares Signal. Staatspräsident Benjamin Mkapa erklärte: Die Rückführung der Flüchtlinge lässt sich jetzt wesentlich besser bewerkstelligen."[21] Bereits am nächsten Tag teilte der Staatssekretär im Innenministerium Oberst Magee dem UNHCR-Vertreter mit: „Nach der Massenrückkehr aus Ostzaire und den Entwicklungen, die stattgefunden haben, gibt es für die ruandischen Flüchtlinge in Tansania keinen legitimen Grund mehr, weiterhin die Rückkehr nach Ruanda zu verweigern." [22]

UNHCR-Mitarbeiter in Tansania hielten die sichere Rückführung nach Ruanda für möglich und behaupteten, viele Flüchtlinge seien zur Rückkehr bereit, würden daran aber von ihren Führern gehindert. Bei diesen Führern handele es sich zu einem großen Teil um *génocidaires*. Sie würden die Mehrzahl der Flüchtlinge als Geiseln missbrauchen, um sich selbst zu schützen. UNHCR beschloss deshalb, den Einfluss der Führer zu untergraben, indem das Amt die Flüchtlinge öffentlich zur Rückkehr aufforderte.[23] Am 6. Dezember 1995 gaben die tansanische Regierung und UNHCR eine gemeinsame Erklärung an alle ruandischen Flüchtlinge in Tansania heraus.[24] Wie die tansanische Regierung darin bekannt gab, hatte sie nach jüngst erfolgten Zusagen der ruandischen Regierung beschlossen, dass alle ruandischen Flüchtlinge „jetzt in Sicherheit in ihr Land zurückkehren können". Von allen Flüchtlingen wurde „erwartet, dass sie bis zum 31. Dezember 1996 nach Hause zurückkehren". Weiter hieß es: „Die tansanische Regierung und UNHCR fordern deshalb alle Flüchtlinge auf, sich darauf vorzubereiten, vor diesem Datum zurückzukehren." Statt jedoch die Rückkehr zu ermöglichen, beschloss die Führung der Flüchtlinge am 12. Dezember, die Flüchtlinge

Massenrückkehr von Tansania nach Ruanda im Dezember 1996. (UNHCR/R. CHALASANI/1996)

Kasten 10.5 Westsahara: Flüchtlinge in der Wüste

Die Grenzen des früheren Spanisch-Sahara wurden zwischen 1900 und 1912 in vier französisch-spanischen Abkommen zu der Zeit festgelegt, als der größte Teil Marokkos zu einem französischen Protektorat wurde. Spanisch-Sahara blieb bis 1975 unter spanischer Herrschaft. In diesem Jahr zogen sich die Kolonialbehörden infolge der politischen Entwicklungen in Spanien, wegen des wachsenden Widerstands gegen die Kolonialherrschaft bei einem großen Teil der örtlichen Bevölkerung und auf Druck des mittlerweile unabhängigen Marokko aus dem Gebiet zurück. Im November vereinbarten Spanien, Marokko und Mauretanien in Madrid die Teilung des Gebiets in eine nördliche und eine südliche Zone, die an Marokko beziehungsweise Mauretanien abgetreten wurden. Seitdem ist die Bezeichnung Westsahara üblich. In den folgenden Monaten strömten Tausende von Soldaten und Zivilisten aus beiden Ländern in die neu erworbenen Gebiete, während Tausende Angehörige der ortsansässigen Bevölkerung flohen.

In den letzten Jahren der spanischen Herrschaft hatte sich eine antikoloniale Bewegung gebildet - die 1993 von Studenten gegründete Volksfront zur Befreiung von Saguia el-Hamra und Rio de Oro (*Frente Popular para la Liberación de Saguia el-Hamra y de Río de Oro* - Polisario-Front). Die unerwartete Vereinbarung zwischen Spanien, Marokko und Mauretanien führte dazu, dass diese Organisation neuen Zulauf erhielt. Mitglieder der Polisario-Front wurden bereits in Libyen und zunehmend auch in Algerien militärisch ausgebildet, und beide Länder lieferten ihnen Waffen. Mit Hilfe der algerischen Regierung wurden die aus Westsahara geflohenen Bewohner in vier Flüchtlingslagern südlich von Tindouf, einer trockenen und felsigen Region im Südwesten von Algerien, angesiedelt.

Selbstbestimmung

Aus diesen Lagern rief die Polisario-Front im Februar 1976 die Unabhängigkeit der Demokratischen Arabischen Republik Sahara (DARS) aus und bildete eine Exilregierung. Als Mauretanien im August 1979 seine territorialen Ansprüche aufgab, besetzte Marokko auch den südlichen Teil und übt dort seitdem die Verwaltungshoheit aus. Die Armeen Marokkos und der Polisario-Front lieferten sich erbitterte Kämpfe, bis sich beide Parteien im April 1991 unter Vermittlung der Vereinten Nationen auf einen Friedensplan einigten, der auch vom Sicherheitsrat gutgeheißen wurde. Entsprechend diesem Friedensplan setzten die Konfliktparteien eine förmliche Waffenstillstandsvereinbarung um und stimmten der Durchführung eines Referendums unter der Schirmherrschaft der Vereinten Nationen zu. Das Volk der Saharauis sollte sich so zwischen der Integration in den marokkanischen Staat oder der Unabhängigkeit entscheiden.

Die schwierige Registrierung der Abstimmungsberechtigten bei diesem Referendum sollte durch eine UN-Mission (*Misión de las Naciones Unidas para el Referéndum del Sáhara Occidental* - MINURSO) erfolgen, die im April 1991 eingerichtet wurde. Die Aufgabe, unter der in der Region weit verstreuten Bevölkerung die Saharauis zu ermitteln, wurde durch Uneinigkeit zwischen der marokkanischen Regierung und der Polisario-Front über den Kreis der Abstimmungsberechtigten wiederholt verzögert. Beide Seiten gehen davon aus, dass die Zusammensetzung der Abstimmungsberechtigten über den Ausgang des Referendums entscheiden wird. Obwohl die MINURSO bis Dezember 1999, fünf Jahre nach Beginn der Registrierung der Abstimmungsberechtigten, 198.500 Antragsteller befragt hat, von denen gerade einmal knapp über 86.000 als abstimmungsberechtigt eingestuft wurden, hat sie ihren Auftrag noch nicht beendet. Sie steckt derzeit in einer schwierigen und heiklen Phase der Anhörung von Einsprüchen, die von etwa zwei Drittel der abgelehnten Antragsteller eingereicht wurden.

Im Vorfeld des Referendums hat sich UNHCR auf die freiwillige Rückführung der abstimmungsberechtigten Flüchtlinge und ihrer unmittelbaren Angehörigen - insgesamt etwa 120.000 Personen - vorbereitet. Die überwiegende Mehrheit der Flüchtlinge hat immer wieder betont, unabhängig von ihren ursprünglichen Herkunftsgebieten in den Teil der Westsahara zurückkehren zu wollen, der östlich eines von marokkanischen Truppen errichteten 2.500 Kilometer langen Verteidigungswalls - genannt „die Mauer" - liegt. Als vertrauensbildende Maßnahme hat UNHCR versucht, für Informationsreisen von Familien über diese Grenze zu werben. Aber die Flüchtlinge fürchten für den Fall einer Rückkehr in den westlichen Teil des Territoriums um ihre Sicherheit.

Westsahara bleibt derzeit in zwei Zonen auf beiden Seiten der „Mauer" geteilt. Truppen der Polisario-Front kontrollieren beträchtliche Teile des Landesinneren bis zu den Ostgrenzen nach Algerien und Mauretanien. Marokko hält die Kontrolle über die Küstengebiete, einschließlich des so genannten „brauchbaren Dreiecks" im Norden zwischen El Aaiun, Smara und den großen Phosphatreserven in Bu Craa. Während sich die Grenzen dieser Zonen in den letzten zehn Jahren kaum verändert haben, fanden in ihnen umfassende Veränderungen statt. Marokko hat die grundlegende und die industrielle Infrastruktur in El Aaiun beträchtlich und im Rest des „brauchbaren Dreiecks" in einem geringerem Maße verbessert.

1975 floh der größte Teil der Flüchtlinge in ein unwirtliches Wüstengebiet um Tindouf in Algerien, etwa 500 Kilometer östlich von El Aaiun und 50 Kilometer von der Grenze zu

Westsahara entfernt. Ende 1976 lebten Berichten zufolge hier etwa 50.000 Saharauis in Siedlungen. In einem Gebiet von mehreren hundert Quadratkilometern, das die algerische Regierung der DARS vorübergehend überließ, wurden drei Flüchtlingslager errichtet, die später um ein weiteres ergänzt wurden. Die Flüchtlinge in diesen Lagern erhielten von der algerischen Regierung, dem Roten Kreuz und UNHCR humanitäre Hilfe. Schätzungen der algerischen Regierung zufolge lebten hier maximal etwa 165.000 Menschen.

Während des militärischen Konflikts schloss sich der größte Teil der Männer der wachsenden und zunehmend gut ausgerüsteten Armee der Polisario-Front an. Die Frauen verwalteten die Lager. In den letzten 25 Jahren sind zwischen den Zelten, in den die Flüchtlinge leben, Krankenhäuser, Schulen, Werkstätten und Ministerien entstanden.

Die Flüchtlinge sind heute weitgehend von internationaler Unterstützung abhängig. Diese kommt vom Humanitären Büro der Europäischen Gemeinschaft (ECHO), von der algerischen Regierung, dem Welternährungsprogramm und UNHCR sowie verschiedenen europäischen NGOs und aus bilateralen Quellen. Dennoch haben sich der Ernährungszustand, die Hygiene und die medizinische Versorgung im Laufe der Jahre ständig verschlechtert. Unterernährung und Krankheiten bei den Kindern nehmen zu, und die Qualität des Trinkwassers ist schlecht. Die Flüchtlinge haben in den Lagern Zugang zu Grundschul- und höherer Bildung, und einige setzen ihre Ausbildung im Ausland fort. Jedes Jahr verbringen einige tausend Flüchtlinge bei Sympathisanten ihre Sommerferien in Europa, vor allem in Spanien. Neben den Flüchtlingen in den Lagern lebten Ende 1999 Schätzungen zufolge etwa 26.400 Saharauis in Mauretanien, und mehr als 800 studierten in Kuba.

Die Polisario-Front hat über die Jahre enge Kontakte zu den saharauischen Flüchtlingen aufrechterhalten. Die Organisation verfügt über ein weites Netz an Vertretern. Die meisten von ihnen leben in Europa, vor allem in Spanien und Italien. Andere Repräsentanten errichten und betreiben weltweit Netzwerke für die Flüchtlinge und unterstützen den saharauischen Unabhängigkeitskampf.

Ein Teil der Flüchtlinge ist zu Arbeitsmigranten geworden. Viele Flüchtlinge sind zu Verwandten in Mauretanien, Algerien oder sogar Marokko gezogen. Ein anderer Teil der übrigen Lagerbewohner verlässt die Tindouf-Region während der heißen Sommer und verdingt sich als Wanderarbeiter auf den Kanarischen Inseln, dem spanischen Festland oder in weiter entfernten Ländern.

Die meisten saharauischen Flüchtlinge leben jedoch weiterhin in den Lagern oder besuchen sie häufig. Viele unterhalten zunehmend aktive soziale und wirtschaftliche Kontakte zu weit entfernten saharauischen Gemeinschaften in mauretanischen Städten wie Nouâdhibou oder Nouakchott, auf den Kanarischen Inseln oder dem spanischen Festland.

Mehr als 25 Jahre sind seit der Flucht der Saharauis vergangen. Das Referendum sollte bereits vor mehr als neun Jahren stattfinden. Derzeit steht immer noch nicht fest, wann die Abstimmung endlich durchgeführt werden wird. Es wurden keine Mechanismen vereinbart, um die Umsetzung des Ergebnisses anschließend zu erzwingen. Deshalb bleibt die Zukunft von Westsahara, das manchmal die „letzte afrikanische Kolonie" genannt wird, weiterhin ungewiss.

Westsahara, 1999   **Karte 10.2**

weiter nach Osten ins tansanische Landesinnere zu verlegen. Die tansanische Regierung ergriff sofort Maßnahmen, um dies zu verhindern, und entsandte Truppen, um die Flüchtlinge über die Grenze nach Ruanda zu führen.

Die Zwangsrückführung aus Tansania unterschied sich sehr von den gewaltsamen Ereignissen in Zaire, bei denen Tausende getötet worden waren und die Flüchtlinge in ein Kriegsgebiet hatten fliehen müssen. Dennoch löste auch sie heftige Kontroversen aus. Obwohl UNHCR nie einem Vorschlag zugestimmt hatte, die Flüchtlinge unter Androhung von Gewalt zur Rückkehr zu zwingen, wurde das Amt von amnesty international, Human Rights Watch und anderen humanitären Organisationen für seine Rolle bei der Rückführung und insbesondere für die gemeinsame Erklärung, in der die Flüchtlinge aufgefordert worden waren, binnen weniger als einem Monat zurückzukehren, heftig kritisiert.[25]

Die Suche nach den vermissten Flüchtlingen in Zaire

In Zaire hatten die AFDL und ihre ruandischen Verbündeten eine Militärkampagne begonnen. Sie drangen quer durch das ganze Land bis nach Kinshasa vor, nahmen am 17. Mai 1997 die Hauptstadt ein, stürzten Staatspräsident Mobutu und übernahmen die Regierungsgewalt. Derweil irrten ruandische Hutu-Flüchtlinge verzweifelt durch die zairischen Wälder. Über ihre Zahl brach ein heftiger Streit aus. Im November 1996 hatte eine ungenaue Erhebung am Grenzübergang zwischen Goma und Gisenyi ergeben, dass insgesamt 380.000 Flüchtlinge in der ersten Massenflucht nach dem Fall von Mugunga die Grenze überquert hatten.[26] Es wurde davon ausgegangen, dass sich die Zahl der Rückkehrer, die über Cyangugu gekommen waren, und der Nachzügler über Gisenyi auf mindestens weitere 100.000 belief. Damit stieg die Gesamtzahl auf etwa 500.000. Mehr als eine grobe Schätzung war allerdings unmöglich.

Die UNHCR-Mitarbeiter einigten sich mit der ruandischen Regierung auf eine Zahl von 600.000 Rückkehrern, obwohl sie diese eigentlich für zu hoch hielt. Die Behörden in Kigali behaupteten daraufhin, die von UNHCR angegebene Zahl von etwa 1,1 Millionen Lagerbewohnern in Zaire sei weit überzogen gewesen. Einige westliche Regierungen stimmten dem zu. Sie erklärten weiter, die meisten Flüchtlinge seien zurückgekehrt. In Zaire würden sich mit wenigen Ausnahmen nur bewaffnete Kräfte aufhalten, die Grund hätten, sich im Urwald zu verstecken. Die AFDL schloss sich dieser Einschätzung an. UNHCR und andere humanitäre Organisationen gingen hingegen davon aus, dass mehrere hunderttausend Flüchtlinge noch nicht zurückgekehrt waren.

Die Zahlen wurden auf der internationalen Ebene zu einem höchst umstrittenen politischen Thema. Der Sicherheitsrat hatte mit Resolution 1080 vom 15. November 1996 endlich der Entsendung einer multinationalen Truppe zugestimmt. Dieser Beschluss basierte jedoch auf der Annahme, dass sich noch eine beträchtliche Anzahl von Flüchtlingen in Zaire befand. Viele Regierungen waren gegen den Einsatz, weil er ihre Soldaten unbestreitbaren Risiken aussetzen würde. Die AFDL, unterstützt von Ruanda, lehnte die Entsendung multinationaler Truppen vollständig ab, weil sie befürchtete, diese würden ihr Vorrücken nach Westen auf Kinshasa vereiteln. Sie erklärte, sie würde keine Hilfe bei der Rückführung der „wenigen" in Zaire verbliebenen Flüchtlinge benötigen.

Am 21. November 1996 teilte ein UN-Sprecher in New York unter Bezugnahme auf Daten von UNHCR mit, es befänden sich „noch 746.000 Flüchtlinge in Zaire" und das Problem sei „noch nicht gelöst". Die ruandische Regierung gab am selben Tag eine amtliche Verlautbarung heraus, in der die von internationalen Organisationen angegebenen Zahlen der ruandischen Flüchtlinge als „vollkommen falsch und irreführend" bezeichnet wurden. Sie erklärte weiterhin, es handele sich bei den nach Westen ziehenden Menschen „möglicherweise um Zairer oder Burunder". Der amerikanische Botschafter in Ruanda behauptete, es gebe „in Zaire nur noch zehn- oder zwanzigtausend Flüchtlinge statt der angeführten riesigen Zahlen". Währenddessen nannte die französische Zeitung *Le Monde* in ihrer Ausgabe vom 23. November die Zahl von 800.000.[27]

Generalleutnant Maurice Baril, der Mitte November zum Kommandeur der multinationalen Truppen in Ostzaire ernannt worden war, erklärte am 21. November 1996: „Die Situation ist unklar, denn die Schätzungen der Flüchtlingszahlen schwanken zwischen 100.000 und 500.000. ... Wir müssen uns über die Bedingungen vor Ort näher informieren, um die militärischen Entscheidungen analysieren zu können, die getroffen werden könnten."[28] UNHCR bemühte sich derweil in Goma, Bukavu und später auch in Uvira verzweifelt, verstreute Flüchtlinge zu finden, Informationssysteme und Sammelpunkte einzurichten und die Rückkehrwilligen – und das waren nahezu alle – nach Ruanda zurückzubringen. UNHCR informierte die Stellen, die mit den Planungen für die multinationale Truppe befasst waren, regelmäßig, aber die internationale Aufmerksamkeit erlahmte bereits wieder. Gegen Ende des Jahres wurde die erst im Entstehungsstadium befindliche Truppe, deren Hauptquartier in Uganda eingerichtet worden war, bereits wieder abgezogen. Wie bereits in den Lagern in Kivu mussten die humanitären Organisationen weitgehend ohne internationale Unterstützung ihrer Operationen auskommen.

Die Such- und Rettungsoperation von UNHCR

Trotz gegenteiliger Erklärungen der AFDL und der ruandischen Regierung war von Beginn an klar, dass viele aus den Lagern in Zaire vertriebene Flüchtlinge westlich von Goma und Bukavu in entlegenen Gebieten tief im Landesinneren von Zaire festsaßen. Mehrere hunderttausend Ruander befanden sich noch in Zaire. Die meisten flohen westwärts, sowohl unter dem Schutz als auch unter dem Druck der früheren FAR. Manche Gruppen machten in entlegenen Gebieten Halt und versteckten sich. Andere bildeten Widerstandsnester in Städten wie Masisi. Als der Vorstoß der AFDL und ihrer Verbündeten auf Kinshasa scheiterte, wurden die Ruander auf der Flucht zum Hauptangriffsziel der Rebellen. Die FAZ hatte sich fast vollständig aufgelöst. Einzig die frühere FAR leistete noch nennenswerten Widerstand.

Tausende Ruander starben auf der Flucht. Die genaue Zahl wird man nie kennen. Von Anfang an hatte es viele Gerüchte über Massaker der Rebellen gegeben, die jedoch nur schwer zu belegen waren. Im November veröffentlichten Journalisten die ersten

Zur Lage der Flüchtlinge in der Welt

Flüchtlingsbewegungen aus Ruanda und Burundi, 1994–1999

Karte 10.3

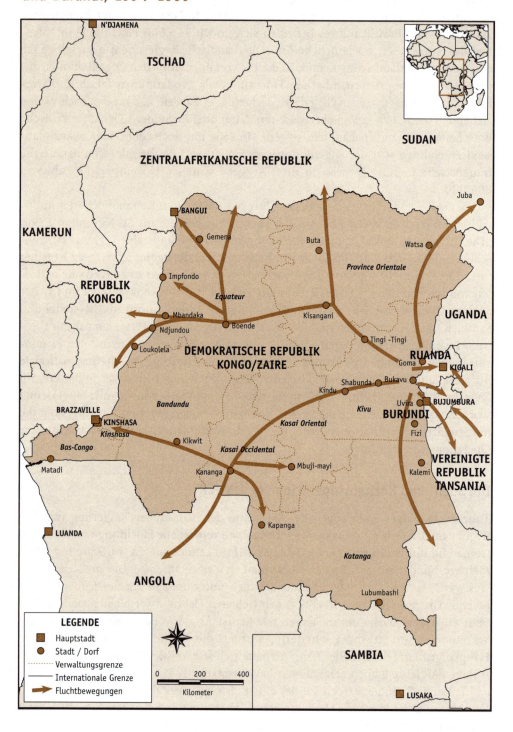

Berichte über die Tötung von Flüchtlingen. Später lieferten Nichtregierungsorganisationen und Menschenrechtsgruppen genauere Schilderungen. UNHCR und andere humanitäre Organisationen, die über Informationen zum Schicksal der Flüchtlinge verfügten, waren uneinig, ob sie die Öffentlichkeit unterrichten sollten bzw. ob damit die Fortsetzung des Rettungseinsatzes gefährdet würde. Anfang Dezember 1996 nahm UNHCR an einer gemeinsamen UN-Mission nach Tingi-Tingi teil, wo bereits viele Flüchtlinge eingetroffen waren. Eine zweite große Gruppe wurde in Shabunda weiter im Süden entdeckt.

Die humanitären Organisationen waren von den Rebellen abhängig, um Zugang zu den Flüchtlingen zu erhalten. Diese folgten dabei zumeist strategischen Erwägungen. Nach langwierigen und mühsamen Verhandlungen mit den Behörden der AFDL richteten UNHCR und seine Partnerorganisationen Sammelpunkte für die Flüchtlinge ein. Es bestand jedoch die Gefahr, dass die AFDL-Behörden diese Sammelpunkte missbrauchen würden, um Flüchtlinge anzugreifen und in entlegenen Gebieten zusammenzutreiben. Die an den Sammelpunkten eintreffenden Flüchtlinge befanden sich in sehr schlechter körperlicher Verfassung. Sie hatten zudem panische Angst, sowohl vor dem, was hinter ihnen lag – ihre Geiselnahme durch die *génocidaires* und ihre Verfolgung durch die Rebellen –, als auch davor, was sie in Ruanda erwartete. UNHCR wurde erst nach dem Ende der Kämpfe Zugang zu den Flüchtlingen gewährt.

Ein Wendepunkt im Krieg war der Fall des militarisierten Lagers für ruandische Hutu in Tingi-Tingi im März 1997. Er eröffnete den Rebellen den Weg nach Kisangani, der größten zairischen Stadt zwischen den Kivu-Provinzen und Kinshasa. Die Ereignisse in Kisangani 1997 veranschaulichen, wie der Krieg und die Such- und Rettungsoperation zusammenhingen. Im April erreichte UNHCR eine große Gruppe von etwa 80.000 sich absetzenden Flüchtlingen vor der vorrückenden AFDL. Das Amt half ihnen, sich in zwei Lagern südlich von Kisangani provisorisch niederzulassen. Gerade als UNHCR eine Luftbrücke einrichten wollte, um die Flüchtlinge zurück nach Ruanda zu transportieren, brachten die Rebellen das Gebiet unter ihre Kontrolle. Sie versperrten UNHCR den Zugang zu den Lagern, griffen diese an und töteten alle Männer, die sie der Zugehörigkeit zur bewaffneten Opposition verdächtigten. Dabei wurden – absichtlich oder nicht – viele Flüchtlinge getötet. Mitarbeiter humanitärer Organisationen durften die Stätten, an denen Massengräber angelegt worden waren, nicht betreten.

Jenen Ruandern, die UNHCR erreichte, konnte das Amt nur die Rückkehr in die ungewisse und gefährliche Situation in Ruanda nahe legen. In Zaire zu bleiben, bedeutete den fast sicheren Tod. Unter den gegebenen Umständen gab es keine andere Möglichkeit, die UNHCR den Flüchtlingen anbieten konnte. Angesichts dieses Dilemmas erwog das Amt, sich aus Zaire zurückzuziehen; aber man folgte dem Gebot, Menschenleben zu retten. Die Rettungsoperation wurde bis in den September 1997 fortgesetzt. UNHCR organisierte den Transport der Flüchtlinge per Lkw oder Flugzeug zurück nach Ruanda. Insgesamt wurden auf diese Weise mehr als 260.000 Flüchtlinge gerettet, von denen etwa 60.000 im Rahmen einer UNHCR-Luftbrücke nach Ruanda zurückgeflogen wurden. Anschließend führte das Amt in Ruanda in großem Umfang Reintegrationsmaßnahmen durch, um mehreren hunderttausend Rückkehrern Beistand zu leisten.

Ruandische Hutu im Exil

Viele der Ruander, die nicht zurückgeführt wurden und nicht auf dem langen Marsch nach Westen ums Leben kamen, führte ihr Weg bis auf die andere Seite des Kontinents in entfernte Länder wie Angola oder die Republik Kongo. Einige erreichten nach einer Wegstrecke von über 2.000 Kilometern den Atlantischen Ozean. Unter diesen Gruppen befanden sich die Reste der früheren FAR und der Hutu-Milizen, die von der AFDL und ihren Verbündeten bei ihren Angriffen auf die Lager in Kivu und während des Krieges nicht getötet worden waren. Sie besaßen Waffen und waren in besserer körperlicher Verfassung als die Flüchtlinge. Sie konnten besser zu Fuß gehen oder sich Fahrzeuge verschaffen, wodurch sie auch leichteren Zugang zu Nahrungsmittelvorräten hatten.

Nach dem Ende der Rettungsoperation versuchte UNHCR, diese im Ausland gebliebenen Ruander zu befragen, um die Flüchtlinge von den *génocidaires* abzugrenzen. Doch erwies sich dies als ein praktisches unmögliches Unterfangen. Bis 1997 war das Schicksal der Flüchtlinge mit dem der bewaffneten Kräfte untrennbar verknüpft.

1999 nahm UNHCR die Rückführung der überlebenden ruandischen Flüchtlinge, die im Osten der Demokratischen Republik Kongo geblieben waren, wieder auf. In diesem Jahr kehrten die Letzten von ihnen zurück. Die außerhalb Ruandas gebliebenen bewaffneten Gruppen wurden zu einer zahlenmäßig kleinen, aber anhaltenden Bedrohung für die ruandische Regierung. Viele folgten dem Beispiel der Angehörigen anderer geschlagener Armeen in Zentralafrika und wurden Söldner. Manche beteiligten sich an anderen Konflikten, beispielsweise in Angola oder in der Republik Kongo. Viele kämpften jedoch in der neuen Demokratischen Republik Kongo weiter, wo der Krieg 1998 erneut ausbrach.[29]

Eine neue Phase des Krieges im Kongo

Im August 1998 wurde erkennbar, dass die Regierungen von Ruanda und Uganda den neuen Staatspräsidenten der Demokratischen Republik Kongo, Kabila, nicht länger unterstützten. Die Koalition afrikanischer Länder, die sich mit ihm verbündet hatte, war in zwei Fraktionen zerbrochen: Angola und Simbabwe stand Kabila weiterhin bei, während Ruanda und Uganda nun seinen Sturz betrieb. Die Krise, die ursprünglich im Wesentlichen auf Ruanda und Burundi beschränkt gewesen war, weitete sich zu einem regionalen Konflikt aus, bei dem es primär um die Machtverteilung in der Demokratischen Republik Kongo ging. Dieser neue Krieg wurzelte im kongolesischen Bürgerkrieg, in dem Staatspräsident Mobutu entmachtet worden war, und in den ungelösten Spannungen im ostafrikanischen Seenhochland. Seit Mobutus Sturz hatte sich der Krieg in einen Kampf um die Macht im Lande und die Kontrolle über seine reichen Bodenschätze ausgeweitet. Armeen aus sechs Ländern und zahlreiche andere nicht staatliche Gruppen beteiligten sich daran. Der Blutzoll stieg mit jedem Tag. Ende 1999 war die Zahl der Binnenvertriebenen auf schätzungsweise mehr als eine Million emporgeschnellt.

Diese neue Phase des Krieges bestätigt frühere Tendenzen des internationalen Engagements in der Region. Anrainerstaaten der Demokratischen Republik Kongo und einige andere Staaten haben nicht gezögert, einzugreifen, um ihre strategischen Interessen zu verteidigen. Hingegen hat sich die internationale Gemeinschaft spürbar zurückgehalten – in scharfem Gegensatz zu ihren Interventionen im Kosovo und in Osttimor im Jahre 1999. Das mehrfache Versäumnis, den Völkermord in Ruanda 1994 zu stoppen, die Militarisierung der Flüchtlingslager in Goma von 1994 bis 1996 zu verhindern sowie die nach Zaire vertriebenen ruandischen Hutu-Flüchtlinge wirksam zu schützen und zu unterstützen, hat gezeigt, dass Bürgerkrieg, Flucht und Vertreibung katastrophale längerfristige Konsequenzen nach sich ziehen können, wenn sie nicht umgehend unterbunden werden.

Der Völkermord im April 1994 ist das Schlüsselereignis in der jüngeren Geschichte der Region. Er hätte verhindert werden können. Dass er geschah, war der Höhepunkt einer jahrzehntelangen Abfolge verpasster Gelegenheiten. Noch schlimmer ist jedoch, dass diese Passivität bis heute anhält und während der Kämpfe 1996/97 zum Tod von weiteren zehntausenden, wenn nicht sogar mehreren hunderttausend Menschen geführt haben – sei es durch Waffengewalt, Krankheiten oder Hunger. Staatspräsident Mobutu wurde aus dem Amt und dem Land gejagt, aber die Demokratische Republik Kongo ist noch immer kein funktionierender Staat. Die Rechtsstellung und die Staatsangehörigkeit der Banyarwanda in der Kivu-Region sind nach wie unklar. Die Sicherheitslage in Ruanda und Burundi bleibt instabil. Die Feindschaft zwischen Hutu und Tutsi hält an.

In Zentralafrika wurden die humanitären Organisationen in langfristige politische Prozesse mit einem hohen Maß an Gewalt verwickelt. Wie sich ein Konflikt entwickeln und welche Bevölkerungsbewegungen er zur Folge haben wird, können solche Organisationen nicht vorhersehen oder beeinflussen. Bei der Bewältigung der Auswirkungen von Gewalt waren Organisationen wie UNHCR gezwungen, mit bewaffneten Gruppen zu verhandeln, die sich als durchaus gewiefte politische Taktiker erwiesen und nicht davor zurückscheuten, die Menschen unter ihrer Kontrolle rücksichtslos zu manipulieren. Humanitäre Organisationen mussten nicht selten an den Frontlinien inmitten von Konflikten ihren Aufgaben nachgehen, während der Rest der internationalen Gemeinschaft es vermied, sich zu engagieren. Nur eine verbesserte internationale Reaktion, die besser abgestimmt ist und bei der sich Friedenssicherung und diplomatischer Druck an denselben Prinzipien orientieren wie die humanitäre Hilfe, kann das beschämende Bild des letzten Jahrzehnts verblassen lassen.

11 Der Wandel von Flucht und Vertreibung

In den letzten 50 Jahren seit der Gründung von UNHCR hat sich die Art und Weise und das Ausmaß von Flucht und Vertreibung sehr gewandelt. Gleiches gilt für die internationalen Reaktionen auf dieses Problem. Die Frühphase von UNHCR, in der sich das Amt auf Flüchtlinge in Europa konzentrierte, war durch das gespannte Klima während des Kalten Krieges gekennzeichnet. Eine wichtige Rolle spielte UNHCR bei der Dekolonialisierung, wozu nicht zuletzt eine Welle internationaler Solidarität mit den Flüchtlingen aus den nationalen Befreiungskriegen beitrug. In den siebziger und achtziger Jahren führten das politische und militärische Patt zwischen den Supermächten dazu, dass sie ihre Feindseligkeiten in zerstörerischen Stellvertreterkriegen austrugen, die Millionen Menschen zu Flüchtlingen machten. Durch die Bemühungen von UNHCR, viele dieser Flüchtlinge zu unterstützen, die zum Teil mehrere Jahrzehnte im Exil bleiben mussten, nahmen Größe und Ausmaß seiner Hilfseinsätze drastisch zu.

Das Ende der bipolaren Welt zu Beginn der neunziger Jahre führte zu einer grundlegenden Veränderung der Einsatzbedingungen von UNHCR. Die meisten Stellvertreterkriege endeten; einige entwickelten jedoch auch eine Eigendynamik ohne die Unterstützung der Supermächte. Das Risiko einer Intervention wurde nun geringer, da nicht länger harte Vergeltungsmaßnahmen von der einen oder anderen Supermacht drohten. In vielen Fällen verblasste auch die ideologische Motivation für Konflikte. An ihre Stelle traten auf bestimmten Identitäten beruhende Konflikte. Diese Identitäten leiten sich aus der Zugehörigkeit zu einer Religion, ethnischen Gruppe, Nation, Rasse, einem Clan, einer Sprache oder Region ab. Viele dieser Konflikte wurden aber auch von den wirtschaftlichen Interessen einer oder mehrerer Kriegsparteien getragen.

Bei diesen Konflikten handelte es sich in der Mehrzahl um innerstaatliche und nicht um zwischenstaatliche Auseinandersetzungen. Oftmals wurden sie durch die Beteiligung von Menschen mit ähnlichen ethnischen oder religiösen Bindungen verkompliziert. Die betraf auch Flüchtlinge und politisch aktive Landsleute im Ausland. Da diese Konflikte nicht mehr im Kontext der großen Konfrontation zwischen den Supermächten standen, wurden nun viele Flüchtlinge und Vertriebene von den mächtigen Staaten ignoriert, die durch deren Notsituation keine wichtigen nationalen Interessen mehr berührt sahen. Die Rolle und die Aufgaben von UNHCR bei der Reaktion auf solche Krisen haben sich in den neunziger Jahren erheblich ausgeweitet. Diese Entwicklung wird zweifellos weitergehen, während sich das Amt bemüht, auf die Herausforderungen des 21. Jahrhunderts zu reagieren.

Flüchtlinge bei der Rückkehr von Westtimor nach Osttimor im Oktober 1999.
(UNHCR/M. KOBAYASHI/1999)

Die Herausforderung der Globalisierung

Der Globalisierungsprozess rührt an die Unverletzbarkeit der nationalen Grenzen – mit Implikationen für den Flüchtlingsschutz. Die aktuelle Organisationsform des Flüchtlingsschutzes wurde in einem staatenzentrierten System und für ein solches geschaffen. Nach der Genfer Flüchtlingskonvention von 1951 ist ein Flüchtling eine Person, die den Schutz ihres eigenen Staates nicht in Anspruch nehmen kann. Sie ist eine Person, die die internationale Demarkationslinie überschritten hat, die die Grenze des souveränen Territoriums des jeweiligen Staates markiert. Wenn die Staaten im Rahmen der Globalisierung viele ihrer Möglichkeiten einbüßen, zu kontrollieren, wer ihre Grenzen überschreitet und was innerhalb dieser Grenzen vor sich geht, erhebt sich die Frage nach der anhaltenden Relevanz von Begriffen wie „Souveränität" und „Landesgrenzen".

Waren- und Kapitalströme fließen heute freier als je zuvor, und Geschäftsleute, Touristen und Studenten überqueren zunehmend unsichtbare Grenzen. Im Gegensatz dazu wollen die Regierungen immer noch unerwünschte Bevölkerungsbewegungen steuern. Strenge Maßnahmen zur Begrenzung der illegalen Einreise hindern jedoch viele schutzbedürftige Menschen daran, ein Land zu erreichen, in dem sie Zuflucht finden könnten.

Die Globalisierung hat noch viele weitere – positive und negative – Konsequenzen. Obwohl fast jeder Teil der Welt davon bereits betroffen ist, sind ihre Auswirkungen extrem ungleichgewichtig. Die raschen Veränderungen durch die Ausweitung der globalen Marktwirtschaft haben die Ungleichheit zwischen den reichsten und ärmsten Staaten verschärft. Dies hat Implikationen für die weltweite Migration. Sie hat auch zur Marginalisierung bestimmter Gruppen in den Industriestaaten, einer zunehmenden Ablehnung von Einwanderern und wachsender Feindseligkeit gegenüber Asylbewerbern geführt.

Organisierte Verbrechersyndikate zählen zu denjenigen, die sich am erfolgreichsten auf die Globalisierung eingestellt haben und am meisten davon profitieren. Die Anonymität elektronischer Finanztransaktionen, die Deregulierung und das extreme Wachstum von Handel und Tourismus begünstigen internationale verbrecherische Aktivitäten. Ihre Gewinne, sei es, dass sie aus dem Kokainhandel in Amerika oder dem Diamantenhandel in Westafrika stammen, dienen der Finanzierung von Kriegen, durch die Millionen von Menschen zu Flüchtlingen und Vertriebenen gemacht werden. Diese raffiniert vernetzten Banden haben auch rasch erkannt, wie viel Geld sich mit Menschenschmuggel und dem Schleusen von Migranten über Grenzen verdienen lässt. Folglich haben sie eine globale „Dienstleistungsbranche" geschaffen, die Menschen in Länder bringt, für die sie keine Einreisegenehmigung haben. Ein von UNHCR in Auftrag gegebener und im Juli 2000 vorgelegter Bericht zeigt: Flüchtlinge, die verzweifelt versuchen, der Verfolgung zu entkommen, werden durch Maßnahmen wie strenge Visumvorschriften, Sanktionen gegen Personenbeförderungsunternehmen, Rückübernahmeabkommen und Ähnliches in die Hände von Menschenschmugglern getrieben.[1]

Der sich wandelnde Charakter von Konflikten

Als UNHCR 1950 gegründet wurde, waren die europäischen Flüchtlinge, auf die das Amt seine Aktivitäten konzentrierte, vor allem vor tatsächlicher oder befürchteter Verfolgung durch totalitäre Regierungen geflohen – vertrieben durch den Faschismus oder bedroht durch den Stalinismus. Politische Unterdrückung und schwere Menschenrechtsverletzungen sind auch heute noch gravierende Ursachen von Flucht und Vertreibung. Dies geschieht heute jedoch vor allem im Kontext von bewaffneten Konflikten. Das Ausmaß der Vertreibung und das hohe Verhältnis der zivilen zu den militärischen Todesopfern – in manchen Fällen höher als 9:1 – belegt, dass diese Konflikte besonders für Zivilisten gefährlich waren und sind. Die erschreckend hohen Zahlen der zivilen Kriegsopfer in den letzten Jahren haben die Frage aufgeworfen, ob sich der Charakter bewaffneter Konflikte nach dem Ende des Kalten Krieges gewandelt hat. Schaut man ein wenig weiter in die Geschichte zurück, muss man jedoch feststellen, dass gezielte Angriffe auf die Zivilbevölkerung nichts Neues sind. Der Dreißigjährige Krieg in Europa, der 1648 mit dem Westfälischen Frieden endete und das moderne System des Nationalstaats begründete, war, was die Zerstörung von menschlichem Leben, Sachwerten und sozialer Organisation betrifft, einer der brutalsten Kriege, die es in Europa jemals gegeben hat. An seinem Ende war Deutschland, wie Norman Davies es beschreibt, „verwüstet. Die Bevölkerung war von 21 auf vielleicht 13 Millionen Menschen gesunken. Die Zahl der Toten lag zwischen einem Drittel und der Hälfte der Einwohner. Ganze Städte wie Magdeburg lagen in Schutt und Asche. In ganzen Bezirken gab es keine Menschen, kein Vieh und nichts Essbares mehr. Der Handel war gleichsam zum Erliegen gekommen. 30 Jahre Plünderungen, Hungersnöte, Krankheiten und soziale Auflösung hatten ihren Tribut gefordert".[2] Im Lauf der Jahrhunderte haben sich ähnliche Szenarien überall auf der Welt abgespielt.

Die neunziger Jahre unterschieden sich von früheren Jahrzehnten; in ihnen zeigte sich die Schwächung der Zentralregierung in Ländern, die von der einen oder anderen Supermacht unterstützt worden waren. Hieraus folgten zunehmende identitätsbezogene Konflikte, bei denen ganze Gesellschaften in einen Strudel der Gewalt stürzten. Die leichte Verfügbarkeit und die erhöhte Stärke moderner Handfeuerwaffen haben zur Zerstörungskraft von Konflikten mit relativ geringer Intensität beigetragen. Rebellen finanzieren heute viele ihrer Aktivitäten durch den Raubbau an den natürlichen Ressourcen in den von ihnen kontrollierten Gebieten. Häufig schließen sie sich zu diesem Zweck mit internationalen Verbrechersyndikaten zusammen. Die möglichen Profite aus einem lukrativen, keine Gesetze mehr beachtenden, globalisierten Handel gewinnen in vielen Fällen die Oberhand über die ursprünglichen politischen oder ideologischen Ziele, die sie bewogen haben, zu den Waffen zu greifen. Die Gewinne aus der Kriegswirtschaft sind oft die wichtigste Triebfeder für die Fortsetzung des Konflikts. Ihr etwas entgegenzusetzen, ist außerordentlich schwierig.

Seit dem Ende des Zweiten Weltkriegs wurden erhebliche Fortschritte bei der Weiterentwicklung des Völkerrechts erzielt. Die vier Genfer Konventionen von 1949, die die Grundlagen des humanitären Völkerrechts bilden, wurden von nahezu allen Staaten auf der Welt ratifiziert. Ferner haben 150 Staaten eines oder beide der Zusatzprotokolle zu den Genfer Konventionen von 1977 ratifiziert. Dennoch scheinen Kriege, in denen disziplinierte, gut versorgte Armeen einander bekämpfen und versuchen, Schäden an der Zivilbevölkerung und Sachwerten zu vermeiden, während sie gleichzeitig die Versorgung von Kranken und Verwundeten gestatten, immer noch eher die Ausnahme als die Regel zu sein.

Nach dem Ende des Kalten Krieges wurde in vielen Bürgerkriegen und anderen gewaltsamen innerstaatlichen Konflikten die Zivilbevölkerung gezielt angegriffen. Frauen werden systematisch vergewaltigt, und junge Männer werden Opfer von Massenmorden oder zwangsrekrutiert. Auch Kindersoldaten sind heute nichts Ungewöhnliches mehr. Immer noch wird in vielen Kriegen versucht, durch besondere Grausamkeit Terror zu verbreiten. Zu den jüngsten Beispielen zählen die systematischen Verstümmelungen durch Angehörige der Revolutionären Vereinigten Front (*Revolutionary United Front – RUF*) in Sierra Leone. Humanitäre Organisationen wie UNHCR können kaum Einfluss auf die Verantwortlichen solcher Gräueltaten nehmen. Mit ihnen verhandeln zu müssen, ist bestenfalls unangenehm und beschwört konkrete ethnische Konflikte herauf. Andere Staaten sind meist nicht zu einem militärischen Eingreifen bereit, sodass die humanitären Organisationen auf sich allein gestellt bleiben.

Die zunehmende Komplexität von Bevölkerungsbewegungen

Schätzungen zufolge lebten am Ende des 20 Jahrhunderts etwa 150 Millionen Menschen außerhalb ihres Geburtslandes. Dies waren etwa 2,5 Prozent der Weltbevölkerung bzw. einer von 40 Menschen.[3] Von diesen waren etwa 15 Millionen (zehn Prozent) Flüchtlinge.

Viele Staaten verfolgen eine Einwanderungspolitik und haben detaillierte Gesetze verabschiedet, nach denen sie Einwanderer aus drei Gründen zulassen: erstens zur Familienzusammenführung, zweitens zur Arbeitsaufnahme bzw. Studium oder als Investoren und drittens aus humanitären Gründen. Während sich die Kategorien auf dem Papier säuberlich trennen lassen, sind die Abgrenzungen zwischen ihnen in der Realität wesentlich weniger klar und die Überlappungen vielfältig. Nehmen wir als Beispiel eine Angehörige einer verfolgten Minderheit. Sie entschließt sich schweren Herzens, ihr Herkunftsland zu verlassen und beantragt in einem reichen Land Asyl. In diesem Land hat sie vielleicht bessere Chancen als anderswo, ihren Lebensunterhalt zu verdienen. Macht sie das zu einer Wirtschaftsmigrantin? Ein politisch Andersdenkender in einem autoritären Land erhält Todesdrohungen und versucht, zu seinem Bruder zu ziehen, der nach Kanada ausgewandert ist. Handelt es sich hier um die Aufnahme eines Flüchtlings oder um eine Familienzusammenführung? Ein Programmierer in einem streng islamistischen Staat wird Mitglied einer als häretisch geltenden Sekte und nimmt kurze Zeit später ein Stellenangebot aus Europa an. Ist er ein Flüchtling oder ein Arbeitsmigrant? Nachdem das Dorf eines indigenen Bauern zum dritten Mal von rechtsgerichteten Paramilitärs angegriffen wurde, schleicht er sich über die Grenze in das nördliche Nachbarland und findet Arbeit als Erntehelfer. Ist er ein Flüchtling oder ein illegaler Einwanderer?

Moderne Staaten müssen kraft ihrer vehement verteidigten Souveränität Tag für Tag darüber entscheiden, wer ihr Territorium betreten darf und wer nicht. Aus humanitären Gründen haben sie eingewilligt, sich ihren Ermessensspielraum einschränken zu lassen. Die Vertragsstaaten der Genfer Flüchtlingskonvention haben sich verpflichtet, Flüchtlinge nicht in ein Land aus- oder zurückzuweisen, in denen ihnen mit großer Wahrscheinlichkeit Verfolgung droht. Die Asylsysteme in den fortschrittlichen Industriestaaten sind unter Druck geraten, Möglichkeiten der rechtmäßigen Einwanderung sind eingeschränkt oder ganz abgeschafft worden. Die europäischen Staaten beispielsweise haben trotz einer deutlichen Abnahme der Bevölkerung im erwerbsfähigen Alter fast alle offiziellen Programme zur Anwerbung von Arbeitsmigranten eingestellt. Es gibt Personen, die keine Flüchtlinge sind, jedoch das Asylverfahren dazu nutzen, um sich einen rechtmäßigen Zugang zu einem der Industriestaaten zu verschaffen. Dies gehört zur Realität, obwohl ihr Ausmaß bisweilen übertrieben dargestellt wird.

Einwanderungskontrollen sind historisch betrachtet ein relativ neues Phänomen. Ungefähr bis zum Ersten Weltkrieg verzichteten die Staaten bis auf wenige Ausnahmen wie Japan weitgehend auf die Einschränkung des Zugangs zu ihrem Territorium. Frühe Versuche zur Steuerung von Bevölkerungsbewegungen in Europa dienten eher dazu, Staatsangehörige und insbesondere solche, die Fertigkeiten besaßen oder gesund und kräftig waren, am Verlassen ihres Landes zu hindern. Ein Autor hielt dazu fest:

Die Einrichtung des modernen Passsystems und die Anwendung ähnlicher Systeme im Inneren vieler Länder ... markierte den Anbruch einer neuen Ära der menschlichen Angelegenheiten, in der einzelne Staaten und das internationale Staatensystem insgesamt die legitime Entscheidungsgewalt über die Freizügigkeit in ihrem Hoheitsgebiet und darüber hinaus erfolgreich monopolisierten.[4]

In den letzten Jahren sind viele Staaten unter zunehmenden Einwanderungsdruck geraten. Dazu hat auch der technische Fortschritt beigetragen, der es erleichterte, große Entfernungen zu überbrücken. Wachsende Fremdenfeindlichkeit in einigen Ländern und die Furcht der Staaten, die Kontrolle über den Zugang zu ihrem Territorium zu verlieren, haben sie dazu bewogen, die illegale Migration mit immer strengeren Maßnahmen zu verhindern. Dies gilt nicht nur für Europa und Nordamerika. Fast jedes Land, das im Unterschied zu den Nachbarn einen Aufschwung erlebte, musste feststellen, dass mit dem einsetzenden Erfolg auch ein zunehmender Einwanderungsdruck entstand. Dynamische Staaten in ihrer jeweiligen Region wie Thailand, Malaysia, Südafrika oder Mexiko waren plötzlich mit der illegalen Zuwanderung aus ärmeren und häufig konfliktgeladenen Nachbarländern konfrontiert.

Kein Staat hat bisher erfolgreich Strategien zu entwickeln vermocht, mit denen sich gerecht und wirksam zwischen Flüchtlingen mit begründeter Furcht vor Verfolgung und Migranten mit wirtschaftlichen oder anderen Motiven unterscheiden lässt. Dieselben Maßnahmen, die einem illegalen Migranten den Zugang zum Arbeitsmarkt in einem verheißungsvollen Land erschweren, machen es auch dem Flüchtling fast unmöglich, Zugang zum Gebiet eines potenziellen Asyllandes und zu einem Asylverfahren zu erhalten. UNHCR hat wiederholt seine Besorgnis über willkürliche Einrei-

Zur Lage der Flüchtlinge in der Welt

Große Flüchtlingsbevölkerungen weltweit, 1999   Karte 11.1

Äthiopien
In Äthiopien haben fast 260.000 Flüchtlinge Zuflucht gefunden, darunter mehr als 180.000 Somalier, etwa 70.000 Sudanesen und ungefähr 5.000 Kenianer.

Algerien
Schätzungen der algerischen Regierung zufolge leben in der Region Tindouf im Südwesten des Landes etwa 165.000 Flüchtlinge aus der Westsahara in Lagern.

Armenien und Aserbaidschan
Infolge des Konflikts zwischen Armenien und Aserbaidschan Anfang der neunziger Jahre leben etwa 300.000 aserbaidschanische Flüchtlinge in Armenien und fast 190.000 armenische Flüchtlinge in Aserbaidschan. Armenien beherbergt mehr Flüchtlinge pro Kopf der Bevölkerung als jedes andere Land auf der Welt.

China
In China gibt es mehr als 290.000 anerkannte Flüchtlinge, die nahezu alle aus Vietnam stammen. Die meisten gehörten zur chinesischen Volksgruppe in Vietnam und befinden sich seit 1979 in China.

Bundesrepublik Deutschland
Nach Schätzungen der deutschen Regierung leben in dem Land fast eine Million Flüchtlinge. Das ist die größte Flüchtlingsbevölkerung in einem westeuropäischen Land. Nicht allen wurde allerdings die Rechtsstellung von Flüchtlingen nach der Genfer Flüchtlingskonvention zuerkannt. Die meisten von ihnen kamen aus dem ehemaligen Jugoslawien, der Türkei, dem Irak und dem Iran nach Deutschland.

Guinea und Côte d'Ivoire
Guinea ist eines der ärmsten Länder in Afrika. Gleichwohl bietet es weiterhin rund 370.000 Flüchtlingen aus Sierra Leone und rund 130.000 Flüchtlingen aus Liberia Zuflucht. In Côte d'Ivoire leben etwa 136.000 liberianische Flüchtlinge.

Indien
Indien beherbergt eine große Flüchtlingsbevölkerung aus verschiedenen Ländern einschließlich rund 100.000 Tibetern, 66.000 Srilankern, 15.000 Bhutanesen und 14.000 Afghanen. Wie andere Staaten in der Region ist Indien weder der Genfer Flüchtlingskonvention von 1951 noch dem Protokoll von 1967 beigetreten und gewährt UNHCR nicht zu allen Flüchtlingen auf seinem Territorium Zugang.

Indonesien
Die gewaltsamen Unruhen nach der Entscheidung der Bevölkerung von Osttimor für die Unabhängigkeit im Referendum von 1999 zwangen rund 280.000 Menschen zur Flucht nach Westtimor. Wenngleich viele zwischenzeitlich zurückgekehrt waren, hielten sich im Dezember 1999 noch rund 163.000 Timoresen in Indonesien auf.

Iran und Pakistan
Im Iran und in Pakistan befindet sich weiterhin die größte Flüchtlingsbevölkerung, für die UNHCR zuständig ist:. Von maximal 6,2 Millionen afghanischen Flüchtlingen im Jahre 1990 leben derzeit 1,3 Millionen im Iran und 1,2 Millionen in Pakistan. Der Iran hat darüber hinaus mehr als 500.000 irakische Flüchtlinge aufgenommen und beherbergt mit insgesamt 1,8 Millionen Flüchtlingen die weltweit größte Flüchtlingsbevölkerung.

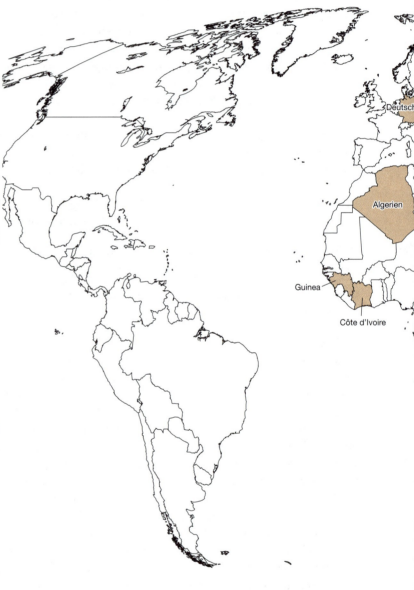

Hinweis:
Die Karte bietet keinen vollständigen Überblick über die weltweiten Flüchtlingsbe sondern zeigt einen repräsentativen Ausschnitt.
Die in dieser Karte gezeigten Grenzen entsprechen dem Gebrauch der Kartographischen Abteilung

Der Wandel von Flucht und Vertreibung

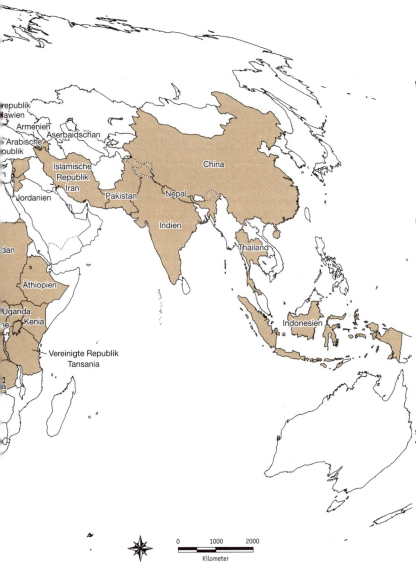

Bundesrepublik Jugoslawien
Die Flüchtlingsbevölkerung in der Bundesrepublik Jugoslawien ist mit rund 500.000 Flüchtlingen die größte in der Region. Sie umfasst rund 300.000 kroatische Flüchtlinge und rund 200.000 Flüchtlinge aus Bosnien und Herzegowina.

Kenia und Uganda
Kenia hat rund 224.000 Flüchtlinge aufgenommen. Die größten Gruppen bilden die Somalier (etwa 140.000) und die Sudanesen (etwa 64.000). In Uganda leben fast 220.000 Flüchtlinge, davon allein etwa 200.000 Sudanesen.

Demokratische Republik Kongo
Mehr als 250.000 Staatsangehörige der Demokratischen Republik Kongo sind aus dem Land geflo-hen. Gleichzeitig befinden sich dort jedoch rund 285.000 Flüchtlinge aus benachbarten Ländern. Dazu zählen unter anderem etwa 150.000 Angolaner, 68.000 Sudanesen, 33.000 Ruander, 19.000 Burunder und 12.000 Staatsangehörige der Republik Kongo.

Nepal
In Nepal leben mehr als 100.000 Flüchtlinge aus Bhutan, viele von ihnen seit mehr als einem Jahrzehnt. Das Land hat darüber hinaus etwa 20.000 Tibeter aufgenommen.

Palästinenser
Die Palästinenser bilden die weltweit größte Flüchtlingsbevölkerung. Sie hat sich in den letzten 50 Jahren über die gesamte Welt verstreut. Etwa 3,6 Millionen Palästinenser leben jedoch weiterhin im Nahen Osten in Jordanien, Syrien, im Libanon, im Gaza-Streifen und im Westjordanland. Für ihre Unterstützung ist das Hilfswerk der Vereinten Nationen für die Palästinaflüchtlinge im Nahen Osten (United Nations Relief and Works Agency - UNRWA) zuständig.

Sambia
Sambia hat über 160.000 Flüchtlinge aus Angola aufgenommen. Das Land beherbergt darüber hinaus etwa 36.000 Flüchtlinge aus der Demokratischen Republik Kongo.

Sudan
Im Sudan befinden sich mehr als 390.000 Flüchtlinge, über 340.000 Eritreer und etwa 35.000 Äthiopier. Die meisten Eritreer kamen bereits vor der Unabhängigkeit Eritreas im Jahre 1993. Wegen des seit langem anhaltenden Bürgerkrieges sind auch rund 475.000 Menschen aus dem Sudan geflohen, vor allem nach Uganda, Äthiopien, in die Demokratische Republik Kongo und nach Kenia.

Thailand
In Thailand leben fast 100.000 Flüchtlinge aus Myanmar. Offiziell nicht als Flüchtlinge anerkannt, gestatten die Behörden UNHCR und anderen humanitären Organisationen dennoch, sie zu unterstützen.

Vereinigte Republik Tansania
Mit insgesamt 620.000 Flüchtlingen beherbergt Tansania die größte Flüchtlingsbevölkerung in Afrika. Sie umfasst etwa 500.000 Burunder, fast 100.000 Staatsangehörige der Demokratischen Republik Kongo und etwa 20.000 Ruander.

seerschwernisse zum Ausdruck gebracht, weil selbst ein gut funktionierendes Asylsystem Menschen nicht schützen kann, die das betreffende Land erst gar nicht erreichen können. Infolgedessen nehmen manche Flüchtlinge die gefährlichen und kostspieligen Dienste von Menschenschmugglern und Schleusern in Anspruch, um die hohen physischen oder administrativen Hürden zu überwinden, die sie von der sicheren Zuflucht trennen.

Während sich einerseits die bekannten Kategorien von Migranten zunehmend überlappen, gibt es andererseits weitere Gruppen Entwurzelter mit bestimmten Erfordernissen. Ihre Beziehung zu den bestehenden Schutzmechanismen und seine Institutionen sowie ihre Unterstützung auf der internationalen Ebene sind noch unklar, selbst wenn viele von ihnen ebenso wie Flüchtlinge humanitäre Hilfe benötigen. Eine Konferenz zu Migration, Flucht und Vertreibung in der Gemeinschaft unabhängiger Staaten im Jahre 1996 lenkte beispielsweise die internationale Aufmerksamkeit auf nicht weniger als neun Kategorien entwurzelter Menschen in der früheren Sowjetunion: Flüchtlinge, Menschen in flüchtlingsähnlichen Situationen, Binnenvertriebene, Heimkehrer, ehemals deportierte Völker, Transitmigranten, illegale Migranten, Migranten aus ökologischen Gründen und Personen, die unfreiwillig ihren Wohnsitz aufgegeben haben.

Ende der neunziger Jahre wurde insbesondere den Binnenvertriebenen viel Aufmerksamkeit gewidmet. Die Gründe hierfür waren zum Ersten die drastische Zunahme ihrer Zahl im Verlauf des Jahrzehnts und zum Zweiten ihre besondere Anfälligkeit. Der Sonderbeauftragte des Generalsekretärs für Binnenvertriebene Francis Deng hat ihre Erfordernisse untersucht und „Leitlinien" zu ihrem Schutz und ihrer Unterstützung ausgearbeitet. Dennoch gibt es für Binnenvertriebene weder ein völkerrechtlich bindendes Instrument wie die Genfer Flüchtlingskonvention noch eine Institution mit einem speziellen Schutzmandat, wie UNHCR es für Flüchtlinge hat.[5]

Im Januar 2000 vertrat der amerikanische UN-Botschafter, Richard Holbrook, den Standpunkt, es habe keinen Sinn, zwischen Flüchtlingen und Binnenvertriebenen zu unterscheiden. Er plädierte leidenschaftlich dafür, dass die politischen Entscheidungsträger sich nicht „durch bürokratische Euphemismen und Abkürzungen dazu verleiten lassen sollten, diese Menschen zu vernachlässigen".[6] UNHCR hat in der Vergangenheit häufig die Verantwortung für die Betreuung von Binnenvertriebenen übernommen, wenn das Amt vom UN-Generalsekretär oder von der UN-Vollversammlung dazu aufgefordert wurde und das betreffende Land dem zustimmte. 1999 unterstützte UNHCR etwa fünf Millionen Binnenvertriebene in Afrika, auf dem Balkan, in der früheren Sowjetunion, in Kolumbien, Sri Lanka und anderen Ländern.

Manche Beobachter halten es für gefährlich, den Unterschied zwischen Flüchtlingen und Binnenvertriebenen zu verwischen. Flüchtlinge, nach der Definition der Genfer Flüchtlingskonvention, haben nach dem Völkerrecht bestimmte Rechte. Besonders wichtig: Staaten dürfen sie nicht gegen ihren Willen an einen Ort aus- oder zurückweisen, an dem sie begründet Verfolgung befürchten. In einem internationalen System, das immer noch um souveräne Staaten organisiert ist, macht es einen sehr großen Unterschied, ob man sich auf dem Hoheitsgebiet des Staats befindet, in dem Verfolgung stattfindet, oder außerhalb davon. Flüchtlinge und Binnenvertriebene zusammenzufassen, würde nach Ansicht mancher Beobachter diesen wichtigen Unterschied und den daraus abgeleiteten Schutz aufheben.[7] Andere haben auch darauf hingewiesen, dass eine solche Lösung nicht den Erfordernissen aller zivilen Opfer bewaffneter Konflikte Rechnung trägt, unabhängig davon, ob sie vertrieben wurden.

Der sich wandelnde Charakter humanitären Handelns

Humanitäre Hilfe hat sich im Lauf der letzten 50 Jahre zu einem zunehmend kostspieligen und komplexen Unterfangen entwickelt. Die Zahl der Akteure hat sich vervielfacht. Beteiligt sind u.a. UN-Organisationen, große und kleine NGOs, Truppen, private Dienstleister und religiöse Organisationen. Sie unterscheiden sich erheblich hinsichtlich ihrer Ressourcen, ihrer Mandate, ihrer Ausrichtung und ihres Leistungsvermögens. Die Koordination der Arbeit unterschiedlicher Akteure bei publizitätsträchtigen humanitären Krisen ist eine schwierige Aufgabe. Diese Aufgabe ist UNHCR besonders häufig zugefallen, weil das Amt in vielen Fällen vom UN-Generalsekretär gebeten wurde, die Rolle der federführenden UN-Organisation in humanitären Krisen zu übernehmen.

Auslöser für Flüchtlingsströme sind heute fast immer bewaffnete Konflikte. UNHCR und andere humanitäre Organisationen haben sich deshalb daran gewöhnen müssen, ihrer Arbeit nachzugehen, während um sie herum Gewalt angewendet wird und Kampfhandlungen stattfinden. Flüchtlingsbewegungen sind nicht mehr Begleiterscheinungen von Konflikten, sondern vielfach ein zentrales Element der Kriegstaktik und -ziele. Die humanitäre Hilfe von Flüchtlingen gilt deshalb nicht mehr zwangsläufig als neutraler Akt, der von der Dynamik des Konflikts getrennt ist und darüber steht. UNHCR und andere humanitäre Organisationen gelten den Konfliktparteien zunehmend als parteiisch. Dies gilt besonders, wenn eine Partei offensichtlicher als die andere für Gräueltaten verantwortlich ist, durch die Menschen vertrieben werden.

Heikle Dilemmas ergeben sich mit Blick auf den Auftrag des Amtes, in gewaltsamen und politisch brisanten Situationen Flüchtlinge zu schützen, sie zu versorgen und Lösungen für ihre Vertreibung zu finden. Während des Krieges in Bosnien wurde beispielsweise befürchtet, es könne ein Beitrag zur „ethnischen Säuberung" sein, Angehörige gefährdeter Minderheiten aus dem Konfliktgebiet in Sicherheit zu bringen. In der ehemaligen jugoslawischen Republik Mazedonien wurde 1999 die Sorge zum Ausdruck gebracht, dass die Evakuierung aus humanitären Gründen das Prinzip des Erstasyls untergraben könnte. In der ruandischen Flüchtlingskrise von 1994 bis 1996 forderten viele Kritiker UNHCR auf, sich aus den Flüchtlingslagern in Ostzaire und Tansania zurückzuziehen. Sie behaupteten, die Nahrungsmittelversorgung durch das Amt würde den Verantwortlichen für den Völkermord zugute kommen und den Konflikt verlängern. In Ländern wie Angola und Somalia musste UNHCR oft auf die unverschämten Forderungen bewaffneter Kräfte eingehen, um Zugang zu hilfsbedürftigen Menschen zu erhalten. Das Amt musste sich im Verlauf seiner Geschichte und besonders im letzten Jahrzehnt immer wieder mit solchen Fragen auseinander setzen. Es ist wesentlich schwieriger, die Prinzipien des Flüchtlingsschutzes in der Praxis anzuwenden, als sie auf dem Papier zu schützen. In manchen Situationen gibt es vielleicht gar keine befriedigenden Lösungen, und die humanitären Akteure müssen sich entscheiden, ob sie untätig bleiben oder einen Weg verfolgen wollen, der am wenigsten Schaden anrichtet.

Kritiker haben auch zunehmend auf die potenziellen Gefahren humanitärer Hilfe aufmerksam gemacht. Sie kann ungewollt Konflikte verlängern, die Verantwortlichen für Menschenrechtsverletzungen mit Nahrungsmitteln versorgen und lokale Strukturen der Selbstversorgung untergraben. Doch wenn die humanitäre Hilfe eingestellt wird, um solche negativen Begleiterscheinungen zu vermeiden, können die Folgen Leid und der Tod unschuldiger Menschen sein. UNHCR muss immer häufiger heikle Entscheidungen treffen, ob ein Einsatz auch unter nicht optimalen Bedingungen weitergeführt werden soll und ob die Fortsetzung langfristig den beabsichtigten Empfängern vielleicht zum Schaden gereicht. Dies sind im Grunde Fragen politischer Natur.

Die Medienwirksamkeit von Flüchtlingskrisen hat sich im Informationszeitalter drastisch gewandelt. Über Massenflucht, Vertreibungen und andere Katastrophen wird heutzutage routinemäßig „live" im Fernsehen und zunehmend auch im Internet berichtet. Es ist viel über den „CNN-Effekt", seinen Einfluss auf die öffentliche Meinung und mit ihr auf die Reaktion der Politik bezüglich der Flüchtlingskrisen diskutiert worden.[8] Die wesentlich größere Anteilnahme der Öffentlichkeit, die durch eine Berichterstattung in den Medien ausgelöst werden kann, erzeugt Unterstützung für die humanitäre Hilfe. Aber die Medien sind selektiv in ihrem Ansatz und ignorieren manche Krisen ganz. Eine ausführliche Berichterstattung in den Medien setzt die humanitären Organisationen zudem unter zusätzlichen Druck. Dieser Effekt mag von Vorteil sein. Öffentliche Kritik an langsamen oder unzureichenden Reaktionen hat UNHCR und andere humanitäre Organisationen häufig veranlasst, ihre Krisenreaktionsansätze zu überprüfen und zu überarbeiten, neue Maßstäbe für die Unterstützung zu entwickeln und die Koordinationsmechanismen zu verbessern. Aber der Druck, bei publizitätsträchtigen Krisen vor Ort Präsenz zu beweisen, hat in manchen Fällen auch zu unproduktivem Wettbewerb zwischen den Organisationen geführt und sorgfältige Planungen umgestoßen. Bei ihren Bemühungen um die Verbesserung des Schutzes von Flüchtlingen und Binnenvertriebenen können die humanitären Organisationen es sich heute nicht mehr leisten, auf die Zusammenarbeit mit den Medien zu verzichten.

Die sich wandelnde Rolle von UNHCR

In den vorhergehenden Kapiteln wurde die Entwicklung von UNHCR durch einige der wichtigsten Phasen des Amtes nachgezeichnet. Jede Krise löst neue Reaktionen der internationalen Gemeinschaft aus und hält neue Aufgaben für UNHCR und seine Partnerorganisationen bereit. UNHCR hörte auf, sich auf einzelne Flüchtlinge zu konzentrieren, als die Dienste des Amtes nach der Massenflucht von Ungarn aus ihrem Land im Jahre 1956 angefordert wurden. In den sechziger Jahren, zur Zeit der Unabhängigkeitskriege in Afrika, gab UNHCR seinen Eurozentrismus auf. Die Verhandlungen über das Protokoll von 1967 zur Genfer Flüchtlingskonvention machten diese Entwicklung endgültig.

Während der Krise in Südostasien Anfang der siebziger Jahre, aus der ein unabhängiges Bangladesch hervorging, übernahm UNHCR zum ersten Mal eine größere koordinierende Funktion innerhalb des Systems der Vereinten Nationen und darüber hinausgehend. In der Indochina-Krise erweiterte das Amt seine Aktivitäten erheblich. Es richtete Flüchtlingslager für Kambodschaner und Laoten ein, verwaltete sie und wirkte an der Ansiedlung von etwa zwei Millionen überwiegend aus Vietnam stammenden Flüchtlingen in den USA und anderen Ländern mit.

Infolge zeitgleicher Krisen in Indochina, am Horn von Afrika, in Mittelamerika und Afghanistan wuchsen die Rolle und die Zahl der Aufgaben von UNHCR in den achtziger Jahren noch einmal. Als am Ende des Kalten Krieges viele Konflikte erloschen, übernahm das Amt nicht nur den Rücktransport der Flüchtlinge, sondern auch die wesentlich komplexere Aufgabe, sicherzustellen, dass diese Lösung von Dauer war. In den achtziger Jahren beantragten immer mehr Menschen aus Konfliktgebieten in Afrika, Asien und Lateinamerika Asyl in Europa und Nordamerika. Die bestehenden Asylsysteme gerieten hierdurch unter Druck, sodass die Regierungen dazu übergingen, zunehmend restriktivere Maßnahmen einzuführen, um Flüchtlinge wie Migranten von ihrem Staatsgebiet fern zu halten. UNHCR geriet darüber in Konfrontation mit den Staaten, die seine größten Geber waren und das Amt politisch am meisten unterstützten.

Anfang der neunziger Jahre kam es zu einer richtungsweisenden Verbesserung der Beziehungen mit den Nachfolgestaaten der früheren Sowjetunion, die dem Amt während der meisten Zeit seines Bestehens feindselig gegenübergestanden hatten. UNHCR eröffnete überall in dieser riesigen Region Vertretungen, um Regierungen und die Bevölkerung dabei zu unterstützen, mit dem enorm komplexen Phänomen von Migrationsströmen, Flucht und Vertreibung fertig zu werden. Die großen Krisen Mitte der neunziger Jahre im Nordirak, im ehemaligen Jugoslawien und in Ruanda zwangen das Amt zu großen Hilfsoperationen in einem nie da gewesenen Ausmaß, die in laufenden Konflikten durchgeführt werden mussten.

Diese Entwicklung über einen Zeitraum von 50 Jahren hat UNHCR wesentlich weiter geführt, als sich seine Gründer jemals hätten vorstellen können. Das Amt begann als kleine Organisation mit bescheidenen Mitteln, begrenzten Aufgaben und beschränkt auf Aktivitäten in Europa. Heute beschäftigt es mehr als 5.000 Mitarbeiter in etwa 120 Ländern. Es verfügt über einen jährlichen Etat von etwa einer Milliarde Dollar, die es für eine komplexe und mitunter erstaunliche Palette von Aufgaben ausgibt. Dennoch sind seine Größe und seine Einsatzkapazitäten klein im Vergleich zu dem Bedarf, den es decken soll. UNHCR erfasst heute zahlreiche Kategorien von Menschen, deren Schutzerfordernisse sich zum Teil von denen der Flüchtlinge unterscheiden. Dies gilt beispielsweise für Staatenlose und Personen, deren Staatsangehörigkeit und Nationalität umstritten ist. Andere einschließlich vieler Binnenvertriebener leben in Regionen, in denen es keine Autorität gibt, die sie schützen kann.

Ein Ausblick nach vorn

Um den aktuellen Herausforderungen begegnen zu können, mit denen Flüchtlinge und andere Vertriebene konfrontiert werden, ist UNHCR neue strategische Partnerschaften mit Menschenrechtsorganisationen, dem Militär, dem privaten Sektor und verschiedenen anderen Akteuren eingegangen. Das Amt hat sich an einer Reihe von

Aktivitäten beteiligt, die früher vielleicht als Überschreitung seines Mandats interpretiert worden wären. Dazu zählen beispielsweise Umweltschutz, Minenräumung oder Antirassismuskampagnen, um nur einige zu nennen. Alle diese Aktivitäten zielen darauf ab, sicherzustellen, dass die angestrebten Lösungen für Flüchtlinge und Vertriebene dauerhaft sind. Es muss jedoch noch vieles getan werden, um diese weit reichenden Partnerschaften effektiver zu gestalten und die Koordination zu verbessern.

UNHCR ist seit langem über die mangelnde Kontinuität zwischen der Soforthilfe und der längerfristig angelegten Entwicklungszusammenarbeit besorgt. Besonders dort, wo es große Unterschiede des Lebensstandards gibt, ist Armut ein fruchtbarer Boden für Konflikte und daraus resultierender Flucht und Vertreibung. Flüchtlinge und Vertriebene, die nach dem Ende eines Konflikts an ihre früheren Wohnorte zurückkehren, leiden häufig unter einem Mangel an Ressourcen und haben Schwierigkeiten, ihren Lebensunterhalt selbst zu bestreiten. Dies kann zu einem Wiederaufflammen des Konflikts und erneuter Fluchtbewegungen führen. UNHCR bemüht sich daher in Zusammenarbeit mit der Weltbank, wichtigen Gebern und anderen UN-Organisationen, die institutionellen und finanziellen Lücken zwischen der Soforthilfe und der längerfristig angelegten Entwicklungszusammenarbeit zu überbrücken.

Hierzu reichen jedoch der Wiederaufbau von Wohnraum und Infrastruktur sowie der Wirtschaft nicht aus. Die internationale Gemeinschaft muss darüber hinaus systematischere und nachdrücklichere Anstrengungen als bisher unternehmen, um die demokratischen Institutionen zu stärken und in Ländern, die sich in der Übergangsphase vom Krieg zum Frieden befinden, gute Regierungsführung (*good governance*) sicherzustellen. Schwachen Staaten zu helfen, ihre Institutionen so schnell wie möglich zu stärken, ist ein wichtiger Beitrag dazu, den Schutz von Rückkehrern und einen dauerhaften Frieden zu gewährleisten. In vielen Fällen empfiehlt es sich, als ersten Schritt die Fähigkeit der Polizei und der Justiz wiederherzustellen, für Recht und Ordnung zu sorgen.

UNHCR wirkt zunehmend an Friedenskonsolidierungsmaßnahmen in Ländern mit, die von einem Krieg oder gewaltsamen innerstaatlichen Auseinandersetzungen betroffen waren. In der ersten Zeit nach der Gründung des Amtes endeten die UNHCR-Aktivitäten, wenn die Flüchtlinge in anderen Ländern angesiedelt oder zurückgeführt worden waren. In den letzten Jahren beteiligte sich das Amt im Gegensatz dazu aktiv an Friedensverhandlungen. Beispielsweise nahm UNHCR an den ausführlichen Beratungen teil, die zum Pariser Friedensabkommen für Kambodscha im Jahre 1991 führten, in dem die Rückführung als entscheidender Bestandteil der Vereinbarungen anerkannt wurde. Das Amt spielte auch eine wichtige Rolle bei der Internationalen Konferenz zum ehemaligen Jugoslawien während des dortigen Konflikts und hatte eine beratende Funktion zu Rückführungsfragen bei den Verhandlungen zum Friedensabkommen von Dayton 1995. Die Hohe Flüchtlingskommissarin der Vereinten Nationen Ogata hat treffend darauf hingewiesen, dass „Friedensprozesse nicht mit dem Abschluss eines Friedensabkommens enden. Optimalerweise sollten sie dann erst beginnen."[9]

Ein wichtiger Sicherheitsaspekt ist die erfolgreiche Koexistenz von Menschen, die Gemeinschaften wieder zusammenschweißen müssen, zwischen denen durch einen gewaltsamen innerstaatlichen Konflikt tiefe Gräben entstanden waren. Dies ist ein wichtiges Thema für Flüchtlinge und Binnenvertriebene, die an ihre früheren Wohnorte zurückkehren. Wenige Ziele sind schwieriger zu erreichen. Zerrissene Gemeinschaften zu ermutigen und zu unterstützen, wieder zusammenzuleben, und ihnen einen Weg zur Versöhnung zu weisen, könnte sich im 21. Jahrhundert als eine der wichtigsten Aufgaben für humanitäre Organisationen erweisen.

Eine anhaltende Herausforderung wird in den nächsten Jahren auch darin bestehen, Mittel und Wege zu finden, um die Sicherheit von Flüchtlingen, Binnenvertriebenen und anderen von UNHCR betreuten Personen sicherzustellen. Flüchtlinge und Binnenvertriebene halten sich häufig in sehr unsicheren Gebieten auf. Abgesehen von Verbrechen und Gewalt, die zu normalen Erscheinungen in armen, stark bevölkerten Siedlungen zählen, in denen die sozialen Strukturen zusammengebrochen sind, werden Flüchtlingslager häufig militarisiert, weil sich Kämpfer unter die Zivilisten mischen. Rebellenbewegungen, die Regierungen der Aufnahmeländer und andere Staaten manipulieren die Flüchtlingsbevölkerungen häufig zu ihren politischen und militärischen Zwecken und ziehen sie in gefährliche Konfrontationen hinein. Manchmal beteiligen sich Vertriebene auch bereitwillig an laufenden Konflikten und gefährden auf diese Weise die Neutralität ihrer Zufluchtsorte. In anderen Fällen werden sie buchstäblich als Geiseln gehalten. Ständige Unsicherheit belastet die Vertriebenen, die Gemeinschaften in ihrer Umgebung und die Mitarbeiter von humanitären Organisationen, die sich um ihren Schutz und ihre Unterstützung bemühen.

Die Staaten zögern zunehmend, eigene Truppen zu entsenden, um die Sicherheit humanitärer Einsätze zu gewährleisten. Dies geschieht nicht nur aus finanziellen und politischen Erwägungen, sondern auch, weil sich dies bei zahlreichen Gelegenheiten als nicht zweckdienlich erwiesen hat. UNHCR hat deshalb gemeinsam mit der UN-Abteilung für Friedenssicherungseinsätze, Regierungen, regionalen Organisationen und anderen humanitären Hilfswerken nach alternativen Mechanismen für mehr Sicherheit gesucht. Zwischen einer groß angelegten militärischen Intervention und Untätigkeit wird eine breite Palette von Eingreifmöglichkeiten entwickelt, zu denen beispielsweise die Entsendung von Experten für öffentliche Sicherheit, die Stärkung der Polizeikräfte in den Aufnahmeländern und die Unterstützung regionaler Sicherheitsorganisationen zählen.

Eine weitere wichtige Aufgabe besteht darin, die Sicherheit der Mitarbeiter humanitärer Organisationen in Konfliktsituationen zu gewährleisten. Diese sind zunehmend gezielt Opfer von Angriffen geworden. Zahlreiche Mitarbeiter sind attackiert, entführt oder sogar ermordet worden. Für humanitäre Organisationen, die in instabilen Regionen aktiv sein wollen, ist es eine ständige Herausforderung, die Gefahren für ihre Mitarbeiter in Grenzen zu halten und ein noch akzeptables Gefahrenpotenzial zu ermitteln.

In den 50 Jahren humanitären Handelns hat sich immer wieder gezeigt, dass humanitäre Organisationen allein die grundlegenden sozialen, wirtschaftlichen und politischen Probleme, die zu Flucht und Vertreibung führen, nicht lösen können. Ebenso ist klar geworden, dass die ungelöste Problematik die Beendigung von Kriegen und die Konsolidierung des Friedens erschweren kann. Die Aufgabe von UNHCR, dauerhafte Lösungen für Flüchtlinge zu suchen, ist in den größeren Rahmen eingebettet, die menschliche Sicherheit zu gewährleisten. Unsicherheit zwingt nicht nur Menschen, zu fliehen, um ihr zu entkommen; die anhaltenden Konflikte, Flucht und Vertreibungen haben auch die Bereitschaft vieler Staaten verringert, die international anerkannten Prinzipien des Flüchtlingsschutzes aufrechtzuerhalten.

Die sinkende Bereitschaft der Staaten, Asyl zu gewähren, ist für die Menschen, die auf der Suche nach Sicherheit ihr Land verlassen, und die Organisationen, die ihnen zu helfen versuchen, ein großes Problem. In einer Welt, aus der schwerwiegende Verstöße gegen die Menschenrechte nicht für immer verbannt werden können, muss sichergestellt sein, dass Menschen, die fliehen müssen, anderswo Zuflucht finden können. Das Asyl muss als grundlegendes Schutzinstrument fortbestehen. Ein vorrangiges Ziel der UNHCR-Strategie für den internationalen Flüchtlingsschutz bleibt deshalb, den Zugang zum Asyl zu sichern. Eine der wichtigsten Aufgaben besteht nun darin, bei der Lösung der vielfältigen Migrationsprobleme, mit denen die Staaten konfrontiert werden, den Schutz von Flüchtlingen sicherzustellen, und für Lösungen einzutreten, die den Verbindungen zwischen Migration und Asyl Rechnung tragen.

Nach dem bestehenden Völkerrecht und vor allem der Genfer Flüchtlingskonvention besteht nach wie vor ein wichtiger Unterschied zwischen Flüchtlingen, die eine internationale Grenze überschritten haben, und Menschen, die in ihrem eigenen Land zu Binnenvertriebenen werden. Während sich die Aufgabe von UNHCR, Flüchtlinge zu schützen und nach dauerhaften Lösungen für sie zu suchen, in den letzten 50 Jahren nicht geändert hat, hat das Engagement des Amtes für Binnenvertriebene deutlich zugenommen. Die Frage, inwieweit UNHCR aufgefordert sein wird, eine größere Verantwortung für Binnenvertriebene zu übernehmen, wird für die Zukunft des Amtes von entscheidender Bedeutung sein.

Die internationalen Reaktionen auf Massenflucht und Vertreibung haben sich in den letzten 50 Jahren ständig weiterentwickelt. Dieser Prozess wird auch anhalten. Jedes Jahr sind auch der völkerrechtliche Rahmen und die institutionellen Vereinbarungen zum Schutz und zur Unterstützung von Flüchtlingen und anderen Vertriebenen gewachsen. Das wird so bleiben. Es ist unser aller Pflicht, jetzt aus den Erfahrungen der Vergangenheit unsere Lehren zu ziehen und neue Mechanismen für wirksame Antworten auf die Herausforderungen der Zukunft zu entwickeln. Um den Erfordernissen der Flüchtlinge und Binnenvertriebenen auf der Welt gerecht zu werden, bedarf es jedoch mehr, als kurzfristig ihre Sicherheit zu gewährleisten und sie eine Zeit lang zu unterstützen. Wir müssen die Verfolgung, die Gewalt und die Konflikte angehen, mithin die Ursachen von Vertreibung. Wir müssen sicherstellen, dass die Menschenrechte aller Männer, Frauen und Kinder geachtet werden, damit sie in Frieden, Sicherheit und Würde leben können, ohne ihre Wohnorte verlassen zu müssen. Dies ist die Aufgabe, der sich die Regierungen, die internationalen Organisationen und die Menschen auf der Welt im neuen Jahrtausend stellen müssen.

Anhang

Anmerkungen

Viele Quellentexte in diesem Buch stammen aus den Archiven von UNHCR. Die Verweise auf diese Texte enthalten den Verfasser, gegebenenfalls den Empfänger, den Titel oder die Art des Textes, das Datum, Nummer und Länderkürzel, den „Fonds" (F/HCR) und die Seriennummer.

Einleitung
1. E. Hobsbawm, On History, Abacus, London, 1998, S. 353, Das Zeitalter der Extreme. Weltgeschichte des 20. Jahrhunderts, DTV, München, 1998.
2. Siehe Der Hohe Flüchtlingskommissar der Vereinten Nationen, Zur Lage der Flüchtlinge in der Welt. UNHCR-Report 1995/96. Die Suche nach Lösungen, Verlag J.H.W. Dietz Nachfolger, Bonn, 1995, S. 32 - 61.
3. L.W. Holborn, Refugees: A Problem of our Time: The Work of the United Nations High Commissioner for Refugees, 1951-1972, 2 Bände, Methuen, Scarecrow Press, NJ, 1975.

Kapitel 1
1. E. Hobsbawm, The Age of Extremes: The Short Twentieth Century, Michael Joseph, London, 1994, S. 50 - 52; L.W. Holborn, Refugees: A Problem of our Time: The Work of the United Nations High Commissioner for Refugees, 1951-1972, 2 Bände, Methuen, Scarecrow Press, New Jersey, 1975, S. 23; G. Loescher, Beyond Charity: International Cooperation and the Global Refugee Crisis, Oxford University Press, Oxford, 1993, S. 46 - 54; M.R. Marrus, The Unwanted: European Refugees in the Twentieth Century, Oxford University Press, Oxford, 1985, S. 296 - 345; J.G. Stoessinger, The Refugee and the World Community, University of Minnesota Press, Minneapolis, 1956, S. 45 - 48.
2. Ebenda.
3. Holborn, Refugees, S. 24.
4. Marrus, The Unwanted, S. 321.
5. Siehe allgemein: Loescher, Beyond Charity, S. 47 - 49.
6. IRO-Satzung, Artikel 2(1)(a); Anhang, Artikel 1c.
7. Resolution der UN-Vollversammlung 8/1, Abschn. (c)(ii), vom 12. Februar 1946.
8. B. Harrell-Bond, 1988, „Repatriation: Under What Conditions is it the Most Desirable Solution for Refugees? An Agenda for Research", African Studies Review, Band 32, Nr. 1.
9. L.W. Holborn, The International Refugee Organization: A Specialized Agency of the United Nations, Its History and Work 1946-1952, Oxford University Press, Oxford, 1956, S. 200; Holborn, Refugees, S. 40.
10. Resolution der UN-Vollversammlung 319 (IV) vom 3. Dezember 1949.
11. G. Loescher, „American Foreign Policy, International Politics and the Early Development of UNHCR", Vortrag auf der Konferenz „The Uprooted: Forced Migration as an International Problem in the Post-War Era", Lund, 19. - 21. August 1988, S. 2f.
12. G.J.L. Coles, „Conflict and Humanitarian Action: An Overview", Genf, 29. November 1993, Dokument erstellt für die UNHCR-Abteilung für internationalen Schutz, S. 8, 15f.
13. Ebenda; M. Cutts, „Politics and Humanitarianism", Refugee Survey Quarterly, Band 17, Nr. 1, 1998.
14. Prinz Sadruddin Aga Khan, Stellvertretender Hoher Flüchtlingskommissar, Rede vor dem Norwegian Refugee Council am 19. Mai 1965.
15. G. Goodwin-Gill, The Refugee in International Law, 2. Auflage, Oxford University Press, Oxford, 1996, S. 118.
16. American Council of Voluntary Agencies for Foreign Service, „Report of Fact Finding Committee of the Committee on Migration and Refugee Problems on the Hungarian Refugee Program", New York, 1958.
17. J. Furlow, „Revolution and Refugees: The Hungarian Revolution of 1956", The Fletcher Forum of World Affairs, Band 20, Nr. 2, S. 107f.
18. Mündlich überliefertes Interview mit A. Lindt, 4. Februar 1998, F/HCR 36.1.
19. Ebenda.
20. Der Hohe Flüchtlingskommissar der Vereinten Nationen, „HC's Report from Yugoslavia, No. 1", Aktennotiz vom 15. April 1953, 1/7/5 YUG, HC Missions, F/HCR 11.1.
21. Zahlenangaben siehe UNREF-Exekutivkomitee, „Report and Further Recommendations of the Problem of Hungarian Refugees", UN-Dokument A/AC.79/73, 8. Mai 1957, Tabellen I und IV.
22. R.A. Saager an den Hohen Flüchtlingskommissar der Vereinten Nationen, Aktennotiz vom 19. März 1957, 1/7/5 YUG, HC Missions, F/HCR 11.1.
23. P. Weis an M. Pagès, „Eligibility of Refugees from Hungary", Aktennotiz vom 9. Januar 1957, 6/1/HUN, F/HCR 11.1.
24. Resolutionen der UN-Vollversammlung 1006(ES-11) und 1129(XI) vom 9. und 21. November 1956.
25. UNHCR-Vertretung Österreich an den Hohen Flüchtlingskommissar der Vereinten Nationen, Genf, „Eligibility Procedure and Screening of New Arrivals", Aktennotiz vom 20. November 1956, 22/1/AUS, F/HCR 11.1.
26. American Council of Voluntary Agencies, „Report on the Hungarian Refugee Problem", New York, 1958.
27. Holborn, Refugees, S. 395ff.; Manchester Guardian, 29. November 1956.
28. Coles, „Approaching the Refugee Problem Today", S. 7.
29. Lindt-Interview, a.a.O.; siehe auch G.J.L. Coles, „Solutions to the Problem of Refugees and the Protection of Refugees", unveröffentlichtes Manuskript, Bibliothek des Centre for Documentation on Refugees, UNHCR.
30. P. Weis, „Notes Taken on Meeting Held at International Committee of the Red Cross Concerning the Question of Repatriation of Hungarian Refugee Children", 13. Dezember 1956, 6/9 HUN/AUS, F/HCR 11.1; P. Weis an M. Pagès, „Status of Hungarian Refugee Children", Aktennotiz, 10. Januar 1957, 6/9 HUN, ebenda. Siehe auch A. Schnitzer, „Some Aspects of the Legal Situation of Unaccompanied Hungarian Children", Stellungnahme an den Hohen Flüchtlingskommissar der Vereinten Nationen, 8. Mai 1959, ebenda.

31 Exekutivkomitee des Programms des Hohen Flüchtlingskommissars „Progress Report on Programme for New Hungarian Refugees as of 31 December 1960", UN-Dokument A/AC.96/112, 19. April 1961, S. 1.
32 Resolution der UN-Vollversammlung 1166(XII) vom 26. November 1957.
33 Resolution der UN-Vollversammlung 1167(XII) vom 26. November 1957.

Kästen zu Kapitel 1
i C. Skran, „Profiles of the First Two High Commissioners", Journal of Refugee Studies, Band 1, Nr. 3-4, 1988.
ii Der Bericht wurde später veröffentlicht von E. Hambro unter dem Titel *The Problem of Chinese Refugees in Hong Kong*, Leyden, 1955.
iii Resolution der UN-Vollversammlung 1167(XII) vom 26. November 1957.

Kapitel 2
1 Zum Einsatz der Folter siehe H. Alleg, *La Question*, Paris, 1958; engl. Übers. als *The Question*, London, 1958; C. Moorehead, *Dunant's Dream: War, Switzerland and the History of the Red Cross*, Harper Collins, London, 1998, S. 585 - 594. Mündliches Interview mit A. Lindt, 4. Februar 1998, F/HCR 36.1.
2 J.D.R. Kelly an den Hohen Flüchtlingskommissar, „Visit to Eastern Border Area", Memo, 28. Juli 1962, 13/1/31 ALG, F/HCR 11.1.
3 P. Weis, „Note on Algeria", 2. August 1957, PW/PR/HCR/ISSN/18, Paul-Weis-Archiv, Refugee Studies Centre, University of Oxford.
4 Staatspräsident Bourguiba an A. Lindt, Brief, 31. Mai 1957, 13/1/31 TUN, F/HCR 11.1.
5 L.W. Holborn, *Refugees: A Problem of our Time: The Work of the United Nations High Commissioner for Refugees, 1951-1972*, 2 Bände, Methuen, Scarecrow Press, New Jersey, 1975, S. 1006f.
6 Lindt an J. Foster Dulles, Brief, 20. September 1957, 13/1/31 TUN, F/HCR 11.1. Siehe auch A. Lindt an J.W. Hanes, Deputy Assistant Secretary for International Organizations, US Department of State, Brief, 7. Oktober 1958; Lindt an R. McCollum, Bureau of Security and Consular Affairs, Brief, 29. Oktober 1958, a.a.O.
7 D.J. Walton, UNHCR-Vertreter in Marokko, „High Commissioner's Visit - General", 21. Dezember 1959, 1/7/5 TUN/MOR, F/HCR 11.1.
8 Siehe beispielsweise A.R. Zolberg u.a., *Escape from Violence: Conflict and the Refugee Crisis in the Developing World*, Oxford University Press, Oxford, 1989; C. Ruthström-Ruin, *Beyond Europe: The Globalization of Refugee Aid*, Lund University Press, Lund, 1993, S. 117 - 120.
9 Horne, *A Savage War of Peace: Algeria 1954-1962*, Faber and Faber, London, 1969, S. 249f., 265 - 269.
10 Walton, „Rations for Combatants", Memo, 1. Februar 1961, 13/1/31 MOR, F/HCR 11.1.
11 Walton an UNHCR-Zentrale, „Distribution of Rations to Refugees who May be Mobilized or Trained for Warlike Activities", Memo, 25. Februar 1961, a.a.O.
12 Resolution der Vollversammlung 1672(XVI), 18. Dezember 1961.
13 Walton, „Visit of Deputy High Commissioner", Memo, 5. April 1962, 1/7/43 Missions - Deputy High Commissioner, F/HCR 11.1.
14 Walton an UNHCR-Zentrale, „Report on Activities of Tripartite Commission for Marokko", Memo, 28. Juli 1962, 13/1/31 MOR, F/HCR 11.1.
15 Zolberg u.a., *Escape from Violence*, S. 234; Moorhead, *Dunant's Dream*, S. 593f.
16 F. Schnyder an U Thant, Brief, 3. Oktober 1962, 13/1/31 ALG, F/HCR 11.1.
17 Interview mit Lindt, 4. Februar 1998, F/HCR 36.1.
18 Die belgische Kolonie der Republik Kongo wurde seinerzeit oft mit Kongo-Leopoldville bezeichnet. Dies diente zur Unterscheidung von dem gleichnamigen Staat am Westufer des Kongo-Flusses, der häufig mit Kongo-Brazzaville bezeichnet wurde. Der erstgenannte wurde 1964 in Demokratische Republik Kongo und 1971 in Republik Zaire umbenannt. 1997 benannte er sich in Demokratische Republik Kongo zurück.
19 Destexhe, *L'humanitaire impossible ou deux siècles d'ambiguité*, Armand Colin, Paris, 1993, Kap. 5; Moorhead, *Dunant's Dream*, S. 614 - 627.
20 G. Prunier, *The Rwanda Crisis 1959-1994: History of a Genocide*, Hurst & Co, London, 1995; R. van der Meeren, „Three Decades in Exile: Rwandan Refugees 1960-1990", *Journal of Refugee Studies*, Bd. 9, Nr. 3, S. 252 - 267; R. Lemarchand, „The Apocalypse in Rwanda. Ethnic Conflict: The New World Order", *Cultural Survival Quarterly*, Sommer/Herbst, 1994, S. 29 - 33; B. Anderson, *Imagined Communities*, Verso, London, 1983.
21 Bericht der UN-Treuhandkommission, März 1961.
22 O. Gobius an den Hohen Flüchtlingskommissar, Memo, 5. April 1962, 15/BUR/RWA, F/HCR 11.1.
23 Staatspräsident Nyerere an den Hohen Flüchtlingskommissar Sadruddin Aga Khan, Brief, 20. Februar 1963, 15/81/TAN, F/HCR 11.1.
24 Der Hohe Flüchtlingskommissar an die UN-Vollversammlung, „Report on the Situation of Refugees from Rwanda", 13. Februar 1963, UN Doc. A/AC.96/190.
25 J. Cuénod, Regionalabgesandter für Burundi an den Hohen Flüchtlingskommissar, „Subversive Activities Amongst Rwandese Refugees in Burundi", Memo, 6. November 1964, 15/BUR/RWA, F/HCR 11.1.
26 R. Lemarchand, Selective Genocide in Burundi, Minority Rights Group, Bericht Nr. 20, London, Juli 1974.
27 R. Dayal, Sonderbeauftragter des Generalsekretärs an Dag Hammarskjöld, „Report on the Kasai Refugees, Republic of the Congo", o. D., Anlage zu O. Gobius an T. Jamieson, Memo, 13. Januar 1961, 15/78 „Situation in the Congo", F/HCR 11.1.
28 G. Streijffert, Assistent des Delegationsleiters der Liga der Rotkreuzgesellschaften, Kongo-Delegation, „Report on a Joint Fact-Finding and Operational Planning Mission to Kivu Province", 3. März 1962, 15/81 KIVU, F/HCR 11.1.
29 F. Preziosi, „Situation in North Kivu", Memo, 21. Oktober 1963, a.a.O.

30 R. Bunche, UN-Untergeneralsekretär für politische Angelegenheiten, an den Hohen Flüchtlingskommissar, Brief, 8. September 1964, a.a.O.
31 Wurde erst 1966 zurückgezogen. UNHCR, „Note sur la protection au Congo (Leopoldville)", 20. Juni 1966, 6/1 PROTECTION CONGO, F/HCR 11.1.
32 F.P. Hordijk an den Hohen Flüchtlingskommissar, „Report on the First Moves of Refugees from Central Kivu to Tanganyika via Goma", Memo, 20. November 1964, 15/81 KIVU, F/HCR 11.1.
33 Zitiert durch R. Lemarchand, Rwanda and Burundi, Pall Mall Press, London, 1970, S. 215.
34 R. Gorgé, Leitender Juristischer und Politischer Berater von UNHCR, an M. Dorsinville, leitender ONUC-Mitarbeiter, „Report on Joint Congolese-UN Commission set up to Investigate Refugee Situation in North Kivu", 9. Dezember 1963, Anlage zu H.H. Schindler an den Hohen Flüchtlingskommissar, Memo, 11. Dezember 1963, F/HCR 11.1.
35 Anhang zu Resolution 429(V) der UN-Vollversammlung, 14. Dezember 1950, GAOR, Fifth Session, Supplement No. 20 (A/1775); Holborn, Refugees, S. 177 - 182.
36 R. Greenfield, „The OAU and Africa's Refugees", in El-Ayouty und I.W. Zartman (Hrsg.), The OAU after Twenty Years, Praeger, New York, 1984, S. 212; Loescher, Beyond Charity: International Cooperation and the Global Refugee Crisis, Oxford University Press, Oxford, 1996, S. 80; Holborn, Refugees, S. 183 - 194.

Kapitel 3

1 L. Lifschultz, Bangladesh: The Unfinished Revolution, Zed Press, London, 1979; T. Maniruzzaman, The Bangladesh Revolution and its Aftermath, Bangladesh Books International, Dakka, 1980.
2 Mascarenhas, The Rape of Bangladesh, Vikas, Neu-Delhi, 1971; zeitgenössische Zeitungsberichte wie beispielsweise S. Schanberg, „In Dacca, Troops Use Artillery to Halt Revolt", New York Times, 28. März 1971.
3 UNHCR, A Story of Anguish and Action: The United Nations Focal Point for Assistance to Refugees from East Bengal in India, Genf, November 1972, S. 9.
4 Telex des New Yorker Büros an die UNHCR-Zentrale vom 24. April 1971, 1.IND.PAK, F/HCR 11.1. Siehe die Erklärung von Botschafter Sen, dem ständigen Vertreter Indiens bei den Vereinten Nationen, Wirtschafts- und Sozialausschuss, ECOSOC, Agenda 5(a), Bericht, Menschenrechtskommission, 17. Mai 1971.
5 Telex des Hohen Flüchtlingskommissars der Vereinten Nationen Sadruddin Aga Khan an U Nyun u. a. vom 5. Mai 1971, 1.IND.PAK, F/HCR 11.1.
6 Mace, Telex des Stellvertretenden Hohen Flüchtlingskommissars der Vereinten Nationen aus Kalkutta an die UNHCR-Zentrale vom 15. Mai 1971, ebenda.
7 UNHCR, Anguish and Action, S. 18.
8 R.E. Sisson und L.E. Rose, War and Secession: Pakistan, India and the Creation of Bangladesh, University of California Press, Berkeley, CA, 1990, S. 152f.
9 Ebenda, S. 206.
10 UNHCR, Anguish and Action, S. 19.
11 Ebenda, S. 27.
12 Ebenda, S. 30.
13 „UN Secretary General's Appeal for Assistance to East Bengal on June 17, 1971", 11. August 1972, UN Doc. A/8662/Add. 3, S. 7.
14 Archivnummer 250, 8. Juni 1971, und Memo von G. Jaeger, Leiter des Asien-Büros, an den Hohen Flüchtlingskommissar der Vereinten Nationen vom 22. Juni 1971, beide 1.IND.PAK, F/HCR 11.1.
15 Telex des Hohen Flüchtlingskommissars der Vereinten Nationen Aga Khan an P. Hoffman, Administrator, UNDP, vom 21. Mai 1971, 1/6/5 IND, F/HCR 11.1.
16 Sisson und Rose, War and Secession, S. 189. Für Einschätzungen des Hohen Flüchtlingskommissars der Vereinten Nationen siehe „Record of Press Conference of UN High Commissioner for Refugees, UN, New York, 23. Juni 1971", in Indian Ministry of External Affairs, Bangladesh Documents, Neu-Delhi, 1971 - 1973, Bd. 1, S. 628 - 632; Telex von C. Mace, Stellvertretender Hoher Flüchtlingskommissar der Vereinten Nationen, an U Thant, UN-Generalsekretär, vom 8. Juni 1971, 1.IND.PAK, F/HCR 11.1.
17 Sisson und Rose, War and Secession, S. 190. Siehe auch New York Times, 19. November 1971.
18 Antwort der indischen Regierung auf das Aide-mémoire des UN-Generalsekretärs, 2. August 1971, Bangladesh Documents, Bd. 1, S. 660 - 663.
19 H. Zaheer, The Separation of East Pakistan: The Rise and Realization of Bengali Muslim Nationalism, Oxford University Press, Oxford, 1994, Kap. 11; UN Office of Public Information, Yearbook of the United Nations 1971, Bd. 25, New York, 1974.
20 Zur Rolle J. Kellys siehe M. Sayle, „How Dacca Fell: The Inside Story", Observer, 19. Dezember 1971; Befragung von J. Kelly, 1. April 1998, F/HCR 11.1.
21 UNHCR, Anguish and Action, S. 74.
22 Ebenda, S. 79.
23 G.J.L. Coles, „Solutions to the Problem of Refugees and the Protection of Refugees: A Background Study", von UNHCR und dem International Institute of Humanitarian Law vorbereitetes Papier für die Gespräche am Runden Tisch über dauerhafte Lösungen und den Flüchtlingsschutz, 1989.
24 UNHCR, Airlift: The Sub-continent Repatriation Operation, September 1973-June 1974, Genf, 1975, S. 7.
25 Telex der UNHCR-Zentrale an die UNHCR-Vertretung in Dakka mit dem Text der Presseveröffentlichung, 29. Januar 1974, 1/9/1/SCSU/BGD, F/HCR 11.1.
26 Telex der UNHCR-Vertretung in Dakka an die UNHCR-Zentrale, 12. März 1974, ebenda.
27 Brief von F.L. Pijnacker Hordijk, UNHCR-Vertreter in Indien, an I. Singh, Stellvertretender Staatssekretär im indischen Außenministerium, Neu-Delhi, „Sub-continental Repatriation Operation", 10. Juli 1974, 1/9/1 SCSU/IND, F/HCR 11.1; Brief von R. McAlpine, Leiter der UNHCR-Vertretung in Dakka, an Pijnacker Hordijk, „Sub-continent Repatriation 1973/74", 28. November 1979, 120.GEN Statistics, F/HCR 11.2; UNHCR, Airlift, S. 18.
28 Telex der UNHCR-Vertretung in Dakka an die UNHCR-Zentrale, 16. Februar 1974, 1/9/1/SCSU/PAK, F/HCR 11.1.

29 M. Weiner, „Rejected Peoples and Unwanted Migrants in South Asia", *Economic and Political Weekly*, 21. August 1993, S. 1739.
30 A.R. Zolberg u a., *Escape from Violence: Conflict and Refugee Crisis in the Developing World*, Oxford University Press, Oxford, 1989, S. 145; M. Nur Khan, „Biharis in Bangladesh: Forgotten Pakistani Citizens", in T.K. Bose und R. Manchanda (Hrsg.), *States, Citizens and Outsiders: The Uprooted Peoples of South Asia*, South Asia Forum for Human Rights, Kathmandu, 1997; S. Sen, „Stateless Refugees and the Right to Return: The Bihari Refugees of South Asia", *International Journal of Refugee Law*, noch nicht veröffentlicht, 2000.
31 C.R. Abrar, *A Forsaken Minority: Stateless Persons of the Bihari Community in Bangladesh*, Refugee and Migratory Movements Research Unit, Januar 1999, S. 13; K.M. Rahman, „Bihari Refugees in Bangladesh: On the Way to Integration", *South Asian Refugee Watch*, Bd. 1, Nr. 1, Juli 1999, S. 29.

Kästen zu Kapitel 3
i C. Furer-Haimendorf, *The Renaissance of Tibetan Civilization*, Synergetic Press, Tennessee, 1990.
ii Human Rights Watch, *The Rohingya Muslims: Ending a Cycle of Exodus?*, New York, September 1996; Amnesty International, *Myanmar/Bangladesh: Rohingyas - The Search for Safety*, London, September 1997. Andererseits wurde die UNHCR-Präsenz im Staat Rakhine und deren unterstützende Rolle bei der Schaffung und Sicherstellung einer für die Rückkehr der Rohingyas förderlichen Situation vom Sonderberichterstatter der UN-Menschenrechtskommission für die Lage in Myanmar in seinen Berichten 1995 und 1996 begrüßt. Siehe UN-Dok. E/CN.4/1995/65, 12. Januar 1995, und E/CN.4/1996/65, 5. Februar 1996.

Kapitel 4
1 Dieses Kapitel stützt sich weitgehend auf W.C. Robinson, *Terms of Refuge: The Indochinese Exodus and the International Response*, Zed Books, London, 1998. UNHCR hat den Verfasser bei seinen Recherchen unterstützt und ihm uneingeschränkten Zugang zu den betreffenden UNHCR-Dokumenten gewährt.
2 L.A. Wiesner, *Victims and Survivors: Displaced Persons and Other War Victims in Viet-Nam, 1954-1975*, Westport Press, New York, 1988; A.R. Zolberg u.a., *Escape from Violence: Conflict and the Refugee Crisis in the Developing World*, Oxford University Press, Oxford, 1989, S. 160 - 170.
3 Der Hohe Flüchtlingskommissar der Vereinten Nationen Sadruddin Aga Khan, „Statement to the Twenty-fifth Session of the Intergovernmental Committee for European Migration", 10. Mai 1966.
4 Zolberg u.a., *Escape from Violence*, S. 163.
5 „Statement of the United Nations High Commissioner for Refugees to the Third Committee, 17. Nov. 1975."
6 „Report of the United Nations High Commissioner for Refugees, General Assembly, Thirty-Fifth Session", Anhang Nr. 12, A/35/12, 1980.
7 Telex des UNHCR-Regionalbüros Malaysia an die UNHCR-Zentrale vom 13. November 1978.
8 Telex der UNHCR-Zentrale an das Regionalbüro Malaysia vom 14. November 1978
9 „Joint Communiqué Issued at the Twelfth ASEAN Ministerial Meeting, Bali, Indonesia, 28-30 June 1979", aus Thailändisches Außenministerium, *Documents on the Kampuchean Problem: 1979-1985*, Bangkok, 1985, S. 78.
10 Zur Genfer Konferenz siehe UNHCR, „Meeting on Refugees and Displaced Persons in Southeast Asia, Convened by the Secretary-General of the United Nations at Geneva on 20 and 21 July 1979, and Subsequent Developments", 7. November 1979.
11 UNHCR, „Note by the High Commissioner for the Meeting on Refugees and Displaced Persons in Southeast Asia", 9. Juli 1979.
12 Robinson, *Terms of Refuge*, S. 128.
13 D. de Haan, Stellvertretender Hoher Flüchtlingskommissar der Vereinten Nationen an die UN-Hauptverwaltung in New York, „Procedures for Orderly Departure from Vietnam", Note, 15. Juni 1979, 100.ORD.SRV GEN, F/HCR 11.2. Siehe auch J. Kumin, „Orderly Departure from Vietnam: A Humanitarian Alternative?", Doktorarbeit, Fletcher School of Law and Diplomacy, Medford, MA, 1987, Kopie im UNHCR Centre for Documentation on Refugees.
14 B. Wain, *The Refused: The Agony of the Indochina Refugees*, Dow Jones Publishing Co., Hongkong, 1981, S. 83.
15 UNHCR-Pressemitteilung, „UNHCR Expresses Grave Concern at Continuing Plight of Refugees in Distress at Sea", 14. November 1983.
16 Robinson, *Terms of Refuge*, S. 193.
17 Zur weiteren Diskussion siehe A. Casella, „The Refugees from Vietnam: Rethinking the Issue", *The World Today*, Aug./Sept. 1989.
18 UNHCR-Informationsbulletin, „The Comprehensive Plan of Action", August 1995.
19 V. Muntarbhorn, „Displaced Persons in Thailand: Legal and National Policy Issues in Perspective", *Chulalongkorn Law Review*, Jg. 1, Chulalongkorn University, Bangkok, 1982, S. 14.
20 Zwar haben die beiden Bezeichnungen Kambodscha und Kampuchea jeweils einen anderen politischen und ideologischen Unterton, stammen aber vom selben Khmer-Wort *Kambuja* ab und sind grundsätzlich austauschbar.
21 B. Kiernan, *How Pol Pot Came to Power*, Verso, London, 1985, S. 415f.
22 Siehe W.C. Robinson, *Double Vision: A History of Cambodian Refugees in Thailand*, Chulalongkorn University, Institute of Asian Studies, Bangkok, Juli 1996.
23 D. McNamara, „The Politics of Humanitarianism", (unveröffentlichtes Manuskript), 1986, Abschnitt V, S. 21. Siehe auch W. Shawcross, *The Quality of Mercy: Cambodia, Holocaust and Modern Conscience*, André Deutsch, London, 1984.
24 Thailändisches Innenministerium, *An Instrument of Foreign Policy: Indochinese Displaced Persons*, Department of Local Administration, Bangkok, 1981, S. 41.

25 J. Rogge, „Return to Cambodia", aus F.C. Cuny, B.N. Stein, P. Reid (Hrsg.), *Repatriation During Conflict in Africa and Asia*, Center for the Study of Societies in Crisis, Dallas, 1992, S. 144.
26 Büro des Sonderbeauftragten des Generalsekretärs der Vereinten Nationen für die Koordination der Programme für humanitäre Hilfe in Kambodscha (OSRSG), *Cambodian Humanitarian Assistance and the United Nations, 1979-1991*, Vereinte Nationen, Bangkok, 1992, S. 42.
27 J. Reynell, *Political Pawns: Refugees on the Thai-Kampuchean Border*, Refugee Studies Programme, Oxford, 1989, S. 42.
28 Robinson, *Double Vision*, S. 137.
29 Die vier politischen Gruppen waren der in Phnom Penh ansässige Staat Kambodscha (*State of Cambodia* - SOC) unter Ministerpräsident Hun Sen und die drei Widerstandsgruppen, die die Koalitionsregierung des Demokratischen Kambodscha (*Coalition Government of Democratic Kampuchea* - CGDK) bildeten. Die CGDK setzte sich aus der von Prinz Norodom Sihanouk geführten Vereinigten Nationalen Front für ein unabhängiges, neutrales, friedliches und kooperatives Kambodscha (*United National Front for an Independent, Neutral, Peaceful and Cooperative Cambodia* - FUNCINPEC), der Nationalen Befreiungsfront des Volkes der Khmer (*Khmer People's National Liberation Front* - KPNLF) unter Leitung des ehemaligen Ministerpräsidenten Son Sann und der gemeinhin als „Rote Khmer" bekannten Partei des Demokratischen Kambodscha (*Party of Democratic Kampuchea*) Pol Pots zusammen.
30 Ansprache von S. Vieira de Mello bei der Schließung von Khao I Dang, 3. März 1993.
31 Robinson, *Terms of Refuge*, S. 13.
32 R. Cooper, „The Hmong of Laos: Economic Factors in Refugee Exodus and Return", aus G.L. Hendricks, B.T. Downing und A.S. Deinard (Hrsg.), *The Hmong in Transition*, Center for Migration Studies, New York, 1986, S. 23 - 40.
33 Zitat aus einer Pressemitteilung des thailändischen Außenministeriums vom 25. Oktober 1975.
34 UNHCR, „Report on UNHCR Activities in the LPDR in 1977", Februar 1978.
35 UNHCR, „Report on UNHCR Activities in the LPDR in 1979", Februar 1980.
36 Siehe J.A. Hafner, „Lowland Lao and Hmong Refugees in Thailand: The Plight of Those Left Behind", *Disasters*, Jg. 9, Nr. 2, 1985, S. 83; M. Lacey, „A Case Study in International Refugee Policy: Lowland Lao Refugees", *People in Upheaval*, Center for Migration Studies, New York, 1987, S. 24.
37 „Draft Declaration and Comprehensive Plan of Action", verabschiedet beim Vorbereitungstreffen zur Internationalen Konferenz über die Indochinaflüchtlinge, 8. März 1989.
38 UNHCR, „Outline of the Plan for a Phased Repatriation and Reintegration of Laotians in Thailand", Vierte Runde der Dreiparteiengespräche, 27. - 29. Juni 1991, S. 5.
39 UNHCR Information Bulletin, „Laos", April 1996.
40 vgl. Rede des Hohen Flüchtlingskommissars der Vereinten Nationen J.-P. Hocké bei der Internationalen Konferenz über die Indochinaflüchtlinge, Genf, 13. Juni 1989.
41 A. Simmance, „The International Response to the Indo-Chinese Refugee Crisis", beim internationalen Seminar über den indochinesischen Exodus und die internationale Reaktion vorgestelltes Papier, Tokio, Japan, 27./28. Oktober 1995.
42 UNHCR, „Resettlement in the 1990s: A Review of Policy and Practice", zusammenfassende Bewertung, angefertigt durch den Inspection and Evaluation Service for the Formal Consultations on Resettlement, Genf, 12. - 14. Oktober 1994, S. 1.

Kästen zu Kapitel 4
i Der Hohe Flüchtlingskommissar der Vereinten Nationen, „Note for the Meeting on Refugees and Displaced Persons in Southeast Asia", Juli 1979.
ii Der Hohe Flüchtlingskommissar der Vereinten Nationen J.-P. Hocké, Rede auf der Internationalen Konferenz über die Indochinaflüchtlinge, Genf, 13. Juni 1989.
iii „Draft Declaration and Comprehensive Plan of Action", verabschiedet beim Vorbereitungstreffen zur Internationalen Konferenz über die Indochinaflüchtlinge, 8. März 1989.
iv Ebenda.
v H. Kamm, „Vietnam's Refugees Sail into Heart of Darkness", *New York Times*, 4. Juli 1984.
vi US Committee for Refugees, *World Refugee Survey*, Washington DC, 1977.
vii W.C. Robinson, Terms of Refuge: The Indochinese Exodus and the International viii Response, Zed Books, London, 1998, Tabelle, S. 295.
viii E. Ressler, „Analysis and Recommendations for the Care of the Unaccompanied Khmer Children in the Holding Centers in Thailand," Interagency Study Group, Bangkok, Dezember 1980.

Kapitel 5
1 A. Zolberg und A. Callamard, „Displacement-Generating Conflicts and International Assistance in the Horn of Africa", Beitrag für eine von der Internationalen Arbeitsorganisation (ILO) und UNHCR gemeinsam veranstaltete Tagung zu internationaler Hilfe als Mittel zur Verringerung des Migrationsdrucks, Genf, 1992, S. 7.
2 J. Crisp und N. Cater, „The Human Consequences of Conflict in the Horn of Africa: Refugees, Asylum and the Politics of Assistance", Beitrag für eine regionale Sicherheitskonferenz, Kairo, 27. - 30. Mai 1990, S. 6.
3 A. Karadawi, *Refugee Policy in Sudan 1967-1984*, Berghahn Books, New York, 1999.
4 R. Ek und A. Karadawi, „Implications of Refugee Flows on Political Stability in the Sudan", *Ambio*, Jg. 20, Nr. 5, August 1991, S. 196 - 203; J.R. Rogge, *Too Many, Too Long: Sudan's Twenty-Year Refugee Dilemma*, Rowman and Allanheld, New Jersey, 1985.
5 P. Vigne, „Eastern Sudan: Refugee Agriculture Programme, Break Basket or Basket Case?", *Refugees*, Nr. 27, UNHCR, Genf, März 1986, S. 30.
6 A. de Waal, *Famine Crimes: Politics and the Disaster Relief Industry in Africa*, African Rights, London, und James Currey, Oxford, 1997, S. 106.

7   H.A. Ruiz, *Behind the Headlines: Refugees in the Horn of Africa*, US Committee for Refugees, Washington DC, 1989, S. 17.
8   De Waal, *Famine Crimes*, S. 115 - 117.
9   A. Billard, „Eastern Sudan: Huge Efforts Paying Off", *Refugees*, Nr. 27, UNHCR, Genf, März 1986, S. 21.
10 Ebenda, S. 22.
11 Ebenda, S. 19f.
12 L. Dupree und N. Hatch Dupree, „Afghan Refugees in Pakistan", *1987 World Refugee Survey*, US Committee for Refugees, Washington DC, 1988, S. 17.
13 M. Priestly, UNDP-Vertreter in Islamabad, an J. Cuenod, UNHCR-Hilfsabteilung, Genf, Brief vom 2. August 1979, 100/PAK/AFG, F/HCR 11.2.
14 H. C. von Sponek, UNDP-Vertreter in Islamabad an den Hohen Flüchtlingskommissar P. Hartling, 3 August 1978, und von Sponek an F. J. Homann-Herimberg, Telex, 16 August 1978, beide in 100/PAK/AFG, F/HCR 11.2.
15 J.K.A. Marker, Botschafter von Pakistan in Genf, an den Hohen Flüchtlingskommissar der Vereinten Nationen Hartling, Brief vom 10. April 1979, 100/PAK/AFG, F/HCR 11.2.
16 UN-Informationszentrum für Pakistan, Pressemeldung 22/79, 25. Oktober 1979, 100/PAK/AFG, F/HCR 11.2.
17 K. Khoda Panahi, Außenminister des Iran, an den Hohen Flüchtlingskommissar der Vereinten Nationen Hartling, Brief vom 29 November 1980, 010/IRN, F/HCR 11.2.
18 R. Yazgi, Leiter der Abteilung Naher Osten und Nordafrika, an den Hohen Flüchtlingskommissar der Vereinten Nationen Hartling, Memorandum vom 26. Juni 1981, 100/IRN/AFG, F/HCR 11.2.
19 S. Lamb, „Afghans in Pakistan: The Target of Blame, the Beneficiaries of Hospitality", *Refugees*, Nr. 41, UNHCR, Genf, Mai 1987, S. 20.
20 UNHCR Programme and Technical Support Section Mission Report 96/28, „Evaluation of the Income Generation Project for Refugee Areas (IGPRA)", 1996, F/HCR 18.1.
21 H. Ruiz, *Left Out in the Cold: The Perilous Homecoming of Afghan Refugees*, US Committee for Refugees, Washington DC, 1992, S. 4.
22 A.R. Zolberg u. a., *Escape from Violence: Conflict and the Refugee Crisis in the Developing World*, Oxford University Press, Oxford, 1989, S. 154.
23 M. Moussalli, Leiter der UNHCR-Abteilung für internationalen Schutz, an G. Walzer, Leiter der UNHCR-Vertretung in Islamabad, Memorandum vom 3. Juli 1984, 100/PAK/AFG, F/HCR 11.2.
24 Ebenda.
25 P. Sargisson, UNHCR-Regionalvertreter für Nordlateinamerika, an die UNHCR-Zentrale, Telex vom 10. März 1980, 600.HON, F/HCR 11.2; der Stellvertretende Hohe Flüchtlingskommissar der Vereinten Nationen D.S. de Haan an C. Lopez Contreras, Außenminister von Honduras, 16. August 1979, 600/HON, F/HCR 11.2.
26 J. Hampton (Hrsg.), *Internally Displaced People: A Global Survey*, Norwegian Refugee Council und Earthscan, London, 1998, S. 103.
27 Zolberg u. a., *Escape from Violence*, S. 212.
28 UNHCR-Statistikabteilung, Genf.
29 Zolberg u. a., *Escape from Violence*, S. 218.
30 R. Camarda u. a., *Forced to Move: Salvadoran Refugees in Mexico*, Solidarity Publications, San Francisco, CA, 1985, S. 26.
31 J. Henkel, Mitarbeiter des UNHCR-Verbindungsbüros in Washington, an den Hohen Flüchtlingskommissar der Vereinten Nationen Hartling, 28. März 1984, mit Anlage „Media Backgrounder: UNHCR and the Relocation of Salvadoran and Guatemalan Refugees in Honduras", 100/HON/SAL, F/HCR 11.2. Siehe auch UNHCR Tegucigalpa an UNHCR Genf, Telex vom 8. Juni 1984, 600/HON, F/HCR 11.2.
32 B. Thiesbrummel, „Report on My Mission in Honduras (August-December 1983)", Archivnummer 965, 600/HON, F/HCR 11.2.

Kästen zu Kapitel 5
i   Siehe beispielsweise B. Harrell-Bond, *Imposing Aid: Emergency Assistance to Refugees*, Oxford University Press, Oxford, 1986; die Artikel zu „Menschen in Lagern" (*People in Camps*), *Forced Migration Review*, Nr. 2, August 1998; J. Crisp und K. Jacobsen, „Refugee Camps Reconsidered", *Forced Migration Review*, Nr. 3, Dezember 1998, S. 27 - 30, und eine Replik auf S. 31.
ii   M. Cutts, „Surviving in Refugee Camps", *Forum: War, Money and Survival*, Internationales Komitee vom Roten Kreuz, Genf, Februar 2000.
iii E. Schlatter, Missionschef, „Report on UNHCR Operation to Chile, 19 October 1973-29 March 1974", 1/CHL/GEN F/HCR 11.1. Siehe auch - allgemeiner - G. Perkins, an UNHCR-Zentrale, „The UNHCR in Latin America - A Post-Chile Analysis", 31. Januar 1974, in G. Perkins an G. Koulischer, 12. Februar 1974, 600/LAM, F/HCR 11.2.
iv   Der Hohe Flüchtlingskommissar der Vereinten Nationen Prinz Sadruddin Aga Khan an den Außenminister, Santiago, Chile, Telex vom 13. September 1973, 1/CHL/GEN, F/HCR 11.1.
v   D.S. Blanchard, UNHCR-Vertreter, Santiago, an den UNHCR-Regionalvertreter für Lateinamerika, Buenos Aires, „Report on the Operation in Chile - 1 April - 24 May 1974", 24. Mai 1974, 100/CHL/GEN, F/HCR 11.2.
vi   G. Koulischer, UNHCR New York, an die UNHCR-Zentrale, Telex vom 23. Dezember 1973, 600/CHL F/HCR 11.2.
vii A.R. Zolberg u. a., *Escape from Violence: Conflict and the Refugee Crisis in the Developing World*, Oxford University Press, Oxford, 1989, S. 199f.

Kapitel 6
1   F. Hampson, *Nurturing Peace: Why Peace Settlements Succeed or Fail*, US Institute for Peace, Washington DC, 1996, S. 75 und 77; A. O. Akwimi, Leitender Rechtsexperte für Afrika, an M. Goulding, Untergeneralsekretär der Vereinten Nationen, 6. Juli 1989, mit Anlage „Mission Report to Angola and Namibia, 14-28 June 1989", F/HCR 17, Unterlagen zu Schutzfragen, Geographische Unterlagen, Namibia II.
2   R. Preston, „Returning Exiles in Namibia Since Independence", in: T. Allen und H. Morsink (Hrsg.), *When Refugees Go Home: African Experiences*, UN Research Institute for Social Development (UNRISD), Africa World Press, James Currey, London, 1994.

3   Siehe allgemein den vom UNHCR-Regionalbüro für Amerika und der Abteilung für Evaluation und Grundsatzanalyse finanzierten Bericht von P. Worby, „Lessons learned from UNHCR's Involvement in the Guatemala Refugee Repatriation and Reintegration Programmes (1987-1999)", Genf, Dezember 1999.
4   Siehe auch die Resolution 51/198 der UN-Vollversammlung vom 27 März 1997.
5   G. Perez del Castillo und M. Fahlen, „CIREFCA: An Opportunity and Challenge for Inter-agency Cooperation", Gemeinsamer Prüfbericht von UNDP und UNHCR, Mai 1995.
6   Die Hohe Flüchtlingskommissarin der Vereinten Nationen S. Ogata, Rede an der Sophia University, Tokio, 1995.
7   Diese und andere sachbezogene UN-Dokumente finden sich in United Nations, *The United Nations and Cambodia 1991-1995*, UN Blue Book Series, Department of Public Information, New York, 1995.
8   M. Berdal und M. Leifer, „Cambodia", in J. Mayall (Hrsg.), *The New Interventionism 1991-1994: United Nations Experience in Cambodia, Former Yugoslavia and Somalia*, Cambridge University Press, Cambridge, 1996, S. 36.
9   Siehe allgemein: S. Heder und J. Ledgerwood, *Propaganda, Politics, and Violence in Cambodia: Democratic Transition under United Nations Peace-Keeping*, Armouk, New York, 1996; M.W. Doyle, *Peacebuilding in Cambodia*, International Peace Academy, New York, 1996; M.W. Doyle, *UN Peacekeeping in Cambodia: UNTAC's Civil Mandate*, International Peace Academy, Boulder (Colorado), 1995.
10 Der UN-Generalsekretär, „Fourth Progress Report of the Secretary-General on UNTAC", UN Doc. S/25719, 3. Mai 1993, Abs. 89, UN Blue Book on Cambodia, S. 285.
11 D. McNamara, „UN Peacekeeping and Human Rights in Cambodia: A Critical Evaluation", Aufsatz für eine Konferenz über Friedenssicherungsmaßnahmen der Vereinten Nationen und Menschenrechte, Aspen Institute, Colorado, August 1994, S. 12. Der UNHCR-Mitarbeiter McNamara wurde von UNHCR abgestellt, um die Leitung der UNTAC-Abteilung zur Überwachung der Menschenrechte zu übernehmen.
12 UNHCR, „Summary of Revised Operations Plan (Cambodia Portion)", 7. November 1991. Siehe auch W.C. Robinson, *Terms of Refuge: The Indochinese Exodus and the International Response*, Zed Books, London, 1998, S. 239.
13 Berdal und Leifer, „Cambodia", S. 48.
14 Ebenda, W.C. Robinson u. a. *Rupture and Return: Repatriation, Displacement and Reintegration in Battambang Province Cambodia*, Indochinese Refugee Information Center, Chulalongkorn University, Bangkok, 1994, S. 11; Der Generalsekretär der Vereinten Nationen, „Fourth Progress Report of the Secretary-General on UNTAC", UN Doc. S/25719, 3. Mai 1993, Abs. 88 - 94, abgedruckt in UN Blue Book on Cambodia, S. 296.
15 UNHCR (J. Crisp und A. Mayne), „Review of the Cambodian Repatriation Operation", Eval/CAM/13, September 1993 (nachfolgend UNHCR, „Evaluation").
16 Siehe Asia Watch, *Political Control, Human Rights, and the UN Mission in Cambodia*, Human Rights Watch, September 1992; UNHCR, „Evaluation"; UNHCR, *Bulletin: Repatriation Operation, Cambodia*, 3. August 1992; W. Blatter, Leiter des Regionalbüros für Asien und Ozeanien, an S. Ducasse, Missionsleiter, Phnom Penh, Brief vom 19. August 1993, A004/PNP/276, F/HCR 15, Records of the Assistant High Commissioner, Sub-Fonds 1, Cambodia, Chronologische Unterlagen für Juni bis Oktober 1993.
17 UNHCR, „Evaluation", Abs. 151 - 154. UNHCR führte eine Bodenerkundung per Satellit statt einer Erhebung vor Ort durch, was dem Evaluierungsbericht zufolge die Fehleinschätzung verschlimmerte, Abs. 167 f. Siehe auch Robinson, *Rupture and Return*, S. 10.
18 Generalleutnant J. Sanderson, „UNTAC: Successes and Failures", in H. Smith (Hrsg.), *International Peacekeeping: Building on the Cambodian Experience*, Australian Defence Studies Centre, Canberra, 1994, S. 23.
19 P. Utting, „Linking Peace to Reconstruction", in P. Utting (Hrsg.), *Between Hope and Insecurity: The Social Consequences of the Cambodian Peace Process*, UNRISD, Genf, 1994, S. 4.
20 Siehe allgemein: United Nations, *The United Nations and Mozambique, 1992-1995*, UN Blue Book Series, Department of Public Information, New York, Bd. 5, 1995.
21 Lawyers' Committee for Human Rights, *African Exodus: Refugee Crisis, Human Rights and the 1969 OAU Convention*, New York, Juli 1995.
22 UNHCR, *Mozambique: An Account from a Lessons Learned Seminar on Reintegration*, Genf, 24. - 26. Juni 1996, Abs. 7.
23 UNHCR, „Rebuilding a War-Torn Society: A Review of the UNHCR Reintegration Programme for Mozambican Returnees, July 1996", *Refugee Survey Quarterly*, Jg. 16, Nr. 2, S. 24.
24 R. Eaton u. a., *Mozambique, The Development of Indigenous Mine Action Capacities*, UN-Abteilung für humanitäre Angelegenheiten, New York, 1997.
25 Ajello in *Winning the Peace: Concept and Lessons Learned of Post-Conflict Peacebuilding*, international workshop, Berlin 4-6 July 1996, Stiftung Wissenschaft und Politik, Ebenhausen, S. 13 - 16.

Kästen zu Kapitel 6
i   UN Doc. A/AC.96/INF 158, Empfehlung 10.1.
ii   H. Cholmondeley, zitiert in: *Winning the Peace: Concept and Lessons Learned of Post-Conflict Peacebuilding*, internationaler Workshop, Berlin 4. - 6. Juli 1996, Stiftung Wissenschaft und Politik, Ebenhausen, S. 24.
iii Die Hohe Flüchtlingskommissarin der Vereinten Nationen S. Ogata, Rede vor der UN-Menschenrechtskommission, 7. Februar 1995.
iv   Der UN-Generalsekretär, „Renewing the United Nations: A Programme for Reform", 14. Juli 1997, UN Doc. A/51/950, Teil 1, Abschnitt B, Abs. 78f.

Kapitel 7

1. S. Collinson, „Globalization and the Dynamics of International Migration: Implications for the Refugee Regime", UNHCR Working Paper Nr. 1, Genf, Mai 1999.
2. D. Joly, *Haven or Hell? Asylum Policies and Refugees in Europe*, Macmillan, London, 1996; S. Collinson, *Europe and International Migration*, 2. Ausgabe, Pinter und Royal Institute of International Affairs, London, 1994.
3. Siehe N. Chandrahasan, „A Precarious Refuge: A Study of the Reception of Tamil Asylum Seekers into Europe, North America and India", Harvard Human Rights Yearbook, Jg. 2, 1989; US Committee for Refugees, *Time for Decision: Sri Lankan Tamils in the West*, Washington DC, 1985.
4. UNHCR, Zur Lage der Flüchtlinge in der Welt. UNHCR-Report 1995/96, Verlag J.H.W. Dietz Nachfolger, Bonn, 1995, S. 218.
5. Die Hohe Flüchtlingskommissarin der Vereinten Nationen S. Ogata, Rede auf der internationalen Konferenz zum Thema „Fortress Europe? Refugees and Migrants: Their Human Rights and Dignity", Akademie Graz, Österreich, 23. Mai 1992.
6. Editorial, „We Want to Wash Dross Down Drain", *Dover Express*, 1. Oktober 1998.
7. UNHCR, „Note submitted by the High Commissioner for the Consultations with Concerned Governments", Genf, Dezember 1986.
8. European Council on Refugees and Exiles, *Safe Third Countries: Myths and Realities*, ECRE, London, 1996; R. Byrne und A. Shacknove, „The Safe Country Notion in European Asylum Law", Harvard Human Rights Law Journal, Jg. 9, Frühjahr 1996; Danish Refugee Council, „Safe Third Country" Policies in European Countries, Kopenhagen, 1997.
9. UNHCR, Note on International Protection, 1999, Abs. 19.
10. B.S. Chimni, „Globalisation, Humanitarianism and the Erosion of Refugee Protection", Working Paper no. 3, Refugee Studies Centre, Oxford, Februar 2000, S. 11-12.
11. F. Liebaut und J. Hughes (Hrsg.), *Detention of Asylum Seekers in Europe: Analysis and Perspectives*, Kluwer Law International, Den Haag, 1998; Ständiger Ausschuss des UNHCR-Exekutivkomitees, „Detention of Asylum-seekers and Refugees: The Framework, the Problem and Recommended Practice", UN Doc. EC/49/SC/CRP.13, 4. Juni 1999.
12. E. Guild und J. Niessen, The Developing Immigration and Asylum Policies of the European Union, Kluwer Law International, Den Haag, 1996; D. Papademetriou, Coming Together or Pulling Apart? The European Union's Struggle with Immigration and Asylum, Carnegie Endowment for International Peace, Washington DC, 1996; J. van der Klaauw, „Refugee Protection in Western Europe: A UNHCR perspective", in J.-Y. Carlier und D. Vanheule (Hrsg.), Europe and Refugees: A Challenge?, Kluwer Law International, Den Haag, 1997; F. Nicholson und P. Twomey (Hrsg.), Refugee Rights and Realities: Evolving International Concepts and Regimes, Cambridge University Press, Cambridge 1999, Teil 4, The European Regime.
13. Amtsblatt der Europäischen Union, 1996, L63/2.
14. S. Peers, „„Mind the Gap!, Ineffective Member State Implementation of European Union Asylum Measures", Immigration Law Practitioners' Association/British Refugee Council, London, Mai 1998.
15. Amtsblatt der Europäischen Union, 1995, C262.
16. UNHCR, „Report of the United Nations High Commissioner for Refugees", GAOR, 48th Session, Supplement No. 12 (A/48/12), 1994, Abs. 24; UNHCR, *A Comprehensive Response to the Humanitarian Crisis in the Former Yugoslavia*, Genf, 24. Juli 1992; W. Kälin, *Towards a Concept of Temporary Protection*, von UNHCR in Auftrag gegebene unveröffentlichte Studie, 1996.
17. Resolution zu bestimmten gemeinsamen Richtlinien bezüglich der Zulassung besonders anfälliger Personen aus dem ehemaligen Jugoslawien, Rat der für Einwanderung zuständigen Minister, 1./2. Juni 1993.
18. Vereinte Nationen, „The Fall of Srebrenica, Report of the Secretary-General Pursuant to General Assembly Resolution 53/55", UN Doc. A/54/549, 15. November 1999.
19. IGC-Sekretariat (Zwischenstaatliche Konsultationen), *Report on Temporary Protection in States in Europe, North America and Australia*, Genf, 1995; UNHCR/Humanitarian Issues Working Group of the International Conference on the Former Yugoslavia, *Survey on the Implementation of Temporary Protection*, Genf, März 1995.
20. J. Harding, The Uninvited: Refugees at the Rich Man's Gate, Profile Books, London, 2000; J. Morrison, The Cost of Survival: The Trafficking of Refugees to the UK, British Refugee Council, London, 1998.
21. Schlussfolgerungen des Vorsitzes, Europäischer Rat (Tampere), 15./16. Oktober 1999
22. UNHCR, Pressemitteilung vom 8 Oktober 1999.
23. Cruz Varas gegen Schweden, 20. März 1991, Europäischer Gerichtshof für Menschenrechte, Reihe A, Nr. 201; Vilvarajah gegen Großbritannien, 30. Oktober 1991, Reihe A, Nr. 215; N. Mole, Problems Raised by Certain Aspects of the Present Situation of Refugees from the Standpoint of the European Convention on Human Rights, Menschenrechtsakten Nr. 9, überarb., Europarat, Straßburg, 1997, aktualisierte Ausgabe erscheint 2000; R. Plender und N. Mole, „Beyond the Geneva Convention: Constructing a de facto Right of Asylum from International Human Rights Instruments", in: Nicholson und Twomey, Refugee Rights and Realities, S. 81 - 105.
24. UN-Bevölkerungsabteilung, Abteilung für wirtschaftliche und soziale Angelegenheiten, *Replacement Migration: Is it a Solution to Declining and Aging Populations?*, UN Secretariat, New York, März 2000, S. 85 - 87. Siehe auch „Europe's Immigrants: A Continent on the Move", Economist, 6. Mai 2000; Harding, The Uninvited, S. 90 - 102.
25. G. Rystad, „Victims of Oppression or Ideological Weapons? Aspects of US Refugee Policy in the Postwar Era", in: G. Rystad (Hrsg.), *The Uprooted: Forced Migration as an International Problem in the Post-War Era*, Lund University Press, Lund, 1990, S. 209.
26. *American Baptist Churches* gegen Thornburgh, 760 F.Supp. 796 (N.D. Cal. 1991). Siehe auch US Committee for Refugees, *Refugee Reports*, Jg. 12, Nr. 1, 29. Januar 1991, sowie N. Zucker und N. Flink Zucker, *Desperate Crossings: Seeking Refuge in America*, M.E. Sharpe, Inc., New York, 1996.

27 Menschenrechtskommission, „Cuba: Report on the Human Rights Situation", E/CN.4/1995/52, 11 Januar 1995, Abs. 34 und 41.
28 Lawyers' Committee for Human Rights, Uncertain Haven: Refugee Protection on the Fortieth Anniversary of the 1951 United Nations Refugee Convention, New York, 1991.
29 US Committee for Refugees, *World Refugee Survey 1997*, Washington DC, 1997. Siehe auch M.J. McBride, „The Evolution of US Immigration and Refugee Policy: Public Opinion, Domestic Politics and UNHCR", UNHCR Working Paper Nr. 3, Genf, Mai 1999.
30 Lawyers' Committee for Human Rights, *Slamming the „Golden Door": A Year of Expedited Removal*, LCHR, New York, April 1998.
31 *Singh u. a. gegen Kanada (Minister für Arbeit und Einwanderung)*, [1985] 1 Berichte des Obersten Gerichtshofs 1997.

Kästen zu Kapitel 7

i Europäischer Rat (Tampere), „Schlussfolgerungen des Vorsitzes", 15./16. Oktober 1999.
ii Islam v. Secretary of State for the Home Department und Regina v. Immigration Appeal Tribunal and Another Ex Parte Shah, Entscheidung des House of Lords, 25. März 1999, [1999] 2 WLR 1015, [1999] Imm AR 283.
iii Organisationsübergreifender Ständiger Ausschuss, „Global humanitarian assistance 2000", 23. Sitzung, Entwurf des Abschlussberichts, März 2000.
iv Entwicklungshilfeausschuss, 1999 *Development Cooperation Report*, Organisation für Sicherheit und Zusammenarbeit in Europa, Paris, 2000, Tabelle 19; Earthscan, *The Reality of Aid*, jährliche Veröffentlichung, London.
v *Sale v. Haitian Centers Council, Inc., et al.*, 113 S. Ct. 2549 (1993); siehe auch „Cases and Comment", *International Journal of Refugee Law*, Jg. 6, Nr. 1, 1994, S. 69 - 84.
vi Amicus-Schriftsatz des Amtes des Hohen Flüchtlingskommissars der Vereinten Nationen in einem Fall betreffend das Abfangen von Haitianern auf offener See, 1993, siehe *International Journal of Refugee Law*, Jg. 6, Nr. 1, 1994, S. 85 - 102 auf S. 97.
vii Haitian Refugee Cases, Fall Nr. 10.675, Inter-Amerikanische Menschenrechtskommission, OEA/Ser/L/V/II.93, Doc. 36, 17 Oktober 1996; *International Human Rights Reports*, 1998, S. 120 - 165.
viii Haitian Centers Council, Inc. v. Sale, 8. Juni 1993, 823 F. Supp. 1028, 1042.

Kapitel 8

1 UNHCR, Abteilung für Presse- und Öffentlichkeitsarbeit, „GUS-Konferenz Flüchtlinge und Migranten", 30./31. Mai 1996, Genf, S. 3.
2 Siehe R. Conquest, The Nation Killers: The Soviet Deportation of Nations, Macmillan, London, 1970; A.M. Nekrich, The Punished Peoples: The Deportation and Fate of Soviet Minorities at the End of the Second World War, W.W. Norton and Co., New York, 1978; J.-J. Marie, Les peuples déportés d'Union Soviétique, Editions Complexe, Brüssel, 1995.
3 R. Brubaker, „Aftermaths of Empire and the Unmixing of Peoples: Historical and Comparative Perspectives", *Ethnic and Racial Studies*, Jg. 18, Nr. 2, April 1995, S. 189 - 218; B. Nahaylo und V. Swoboda, *Soviet Disunion: A History of the Nationalities Problem in the USSR*, Hamish Hamilton, London, 1990.
4 Human Rights Watch/Helsinki, Bloodshed in the Caucasus: Escalation of the Armed Conflict in Nagorno-Karabakh, Human Rights Watch, New York, 1992.
5 Siehe N. F. Bugai, *Turki iz Meskhetii: dolgii put k reabilitatsii* [Türken aus Meschetien: der lange Weg zur Rehabilitation], Ross, Moskau, 1994, S. 131 - 135; H. Carrrere d'Encausse, *The End of the Soviet Empire: The Triumph of the Nations*, Basic Books, New York, 1992, S. 98 f. und 103f.
6 Gosudarstvennyi komitet SSSR po statistike [Staatliches Statistikkomitee der UdSSR], *Natsionalnyi sostav naseleniia: Chast II* [Die nationale Zusammensetzung der Bevölkerung: Teil II], Moskau, 1989, S. 3 - 5.
7 A.-M. Demmer, Leiter des UNHCR-Regionalbüros für Europa und Nordamerika, „Meeting of the Delegation of the USSR to ExCom with the High Commissioner, 17.09.90", Notiz für die Unterlagen, 18. Oktober 1990, 010.RUS, F/HCR 11.3.
8 A. Verwey, Stellvertretender Leiter des UNHCR-Regionalbüros für Europa und Nordamerika, „UNHCR and the Disintegrating USSR", Notiz für die Unterlagen, 15. September 1991, Entwicklung in Russland, 1988-06/93, F/HCR 19.4.
9 UNHCR-Regionalbüro für Europa und Nordamerika, „UNHCR Strategy for the Commonwealth of Independent States", Paper für ein Treffen in der UNHCR-Zentrale unter Vorsitz der Hohen Flüchtlingskommissarin der Vereinten Nationen, 5. März 1992, Entwicklung in Russland, 1988-06/93, F/HCR 19.4.
10 W. D. Clarance, „Report on Mission to the Soviet Union 5-18 December 1991", Notiz für die Unterlagen, 9. Januar 1992, 010.RUS, F/HCR 11.3.
11 O. Andrysek, Leiter von Abteilung IV, UNHCR-Regionalbüro für Europa und Nordamerika, „Note for the File", 12 März 1992, 600.CIS, F/HCR 11.3; UNHCR-Regionalbüro für Europa und Nordamerika, „UNHCR Strategy for the Commonwealth of Independent States".
12 Andrysek, „Note for the File", 12 März 1992, 600.CIS, F/HCR 11.3. Siehe auch „The Commonwealth of Independent States: UNHCR's Approach and Involvement", Paper für ein Treffen der Zwischenstaatlichen Konsultation in Genf am 26. Februar 1992, Entwicklung in Russland, 1988-06/93, F/HCR 19.4.
13 Die Hohe Flüchtlingskommissarin der Vereinten Nationen S. Ogata, an B. Pankin, Außenminister der Sowjetunion, Brief vom 26. September 1991, CSCE.General, F/HCR 17.
14 D. Petrasek, Amnesty International, an E. Feller, Abteilung für internationalen Schutz, Telefax vom 12. Juni 1992, einschließlich als Anlage: Delegation der Russischen Föderation sowie von Albanien, Bulgarien, Griechenland, Jugoslawien, Kirgisistan, Österreich, Rumänien, der Schweiz und Slowenien beim Helsinki-Folgetreffen der KSZE 1992, Vorschlag zum Thema „Refugees and Displaced Persons", CSCE/HM/WG3/17, Helsinki, 5. Juni 1992, CSCE.General, F/HCR 17.

15 Dienstbier, amtierender KSZE-Vorsitzender, an die Hohe Flüchtlingskommissarin der Vereinten Nationen Ogata, Brief vom 24. April 1992, CSCE.General, F/HCR 17.
16 W. D. Clarance, UNHCR-Regionalbüro, Moskau, „CIS: Some Realities and Responsibilities", Paper vom 14. August 1992, CIS, F/HCR 19.4.
17 A. Akiwumi, UNHCR Moskau, an UNHCR-Zentrale, „Project Proposal 1993 - Interim Response", Telefax vom 22. Januar 1993, 600.CIS, F/HCR 11.3.
18 Sekretariat der GUS-Konferenz, „Note on the Concept of the ‚Forced Migrant'", Arbeitspapier von September 1995, abgedruckt in UNHCR, IOM, OSZE, „The CIS Conference on Refugees and Migrants", European Series, Jg. 2, Nr. 1, Januar 1996, S. 161 - 166. Siehe auch V. Tishkov (Hrsg.), Migratsii i novye diaspory v post-Sovetskih gosudarstvakh [Migrationen und neue Exilgemeinschaften in postsowjetischen Staaten], Aviaizdat, Moskau, 1996; V. Tishkov (Hrsg.), Vynyzhdennye migranty: Intergatsiya i vozvraschenie [Zwangsmigranten: Integration oder Rückkehr], Aviaizdat, Moskau, 1997.
19 Agreement on Questions Relating to the Restitution of the Rights of Deported Individuals, National Minorities and Peoples. Siehe „The CIS Conference on Refugees and Migrants", European Series, Jg. 2, Nr. 1, Januar 1996, S. 167 - 170.
20 Dieses Dokument, andere Vereinbarungen der Gemeinschaft unabhängiger Staaten zur Flüchtlings- und Migrationsthematik sowie entsprechende Gesetze aus diversen GUS-Staaten finden sich in V. Mukomel und E. Pain (Hrsg.), Bezhentsy I vynuzhdennye pereselentsi v gosudarstvakh SNG [Flüchtlinge und Zwangsmigranten in den Staaten der GUS], Centre for Ethnopolitical and Regional Research, Moskau, 1995. Siehe auch R. Plender, Basic Documents on International Migration Law, 2. Ausgabe, Kluwer Law International, Den Haag, 1997, S. 882.
21 UN-Dokument GA/RES/48/113 vom 20. Dezember 1993.
22 A. Kosyrew, Außenminister der Russischen Föderation, an die Hohe Flüchtlingskommissarin der Vereinten Nationen Ogata, Brief von Februar 1994.
23 UN-Dokument GA/RES/49/173 vom 23. Dezember 1994.
24 „Summary of the First Meeting of Experts, Geneva, 18-19 May 1995", in The CIS Conference on Refugees and Migrants, S. 51 - 58.
25 Siehe C. Messina, „Refugee Definitions in the Countries of the Commonwealth of Independent States", in F. Nicholson und P. Twomey (Hrsg.), Refugee Rights and Realities; Evolving International Concepts and Regimes, Cambridge University Press, Cambridge, 1999, S. 136 - 150.
26 UNHCR, IOM, OSZE, „Report of the Regional Conference to address the problems of refugees, displaced persons, other forms of involuntary displacement and returnees in the countries of the Commonwealth of Independent States and relevant neighbouring States", Genf, 30./31. Mai 1996.
27 „Document of the Hague Meeting on the Issues Relating to the Meskhetian Turks," in UNHCR-Europabüro, „Report on the Consultation on the Meskhetian Turk Issue, The Hague, 7-10 September 1998", November 1998.
28 L. Funch Hansen und H. Krag, „On the Situation in the Prigorodny District", Beraterbericht für UNHCR-Europabüro, Genf, Oktober 1997 - April 1998.

Kästen zu Kapitel 8
i Die Hohe Flüchtlingskommissarin der Vereinten Nationen S. Ogata, Rede auf der Konferenz Partnership in Action, Juni 1994.
ii J. Bennett und S. Gibbs, NGO Funding Strategies, International NGO Training and Research Centre (INTRAC)/ICVA, Oxford, 1996.
iii P. Ryder, Funding Trends and Implications: Donors, NGOs and Emergencies, INTRAC, Oxford, 1996, S. 7.
iv F. Preziosi, Leiter der UNHCR-Vertretung in Bukavu, Kivu, an den Hohen Flüchtlingskommissar der Vereinten Nationen, „Situation in Central Kivu", Memorandum, 1. Juli 1964, 15/81 KIVU, F/HCR 11.1.
v M. Rose, „Field Coordination of UN Humanitarian Assistance, Bosnia, 1994", in: J. Whitman und D. Pocock (Hrsg.), After Rwanda: The Coordination of United Nations Humanitarian Assistance, Macmillan, Basingstoke, 1996, S. 158.
vi M. Cutts, „Prime Targets", The World Today, August/September 1998, S. 220 f.

Kapitel 9
1 E. Morris: „The Limits of Mercy: Ethnopolitical Conflict and Humanitarian Action", Center for International Studies, Massachusetts Institute of Technology, 1995, S. 54.
2 New York Times, 17. April 1991.
3 N. Morris, A. Witschi-Cestari, „Meetings at US European Command", Bericht der Mission, Stuttgart, 3. Mai 1991.
4 A. Roberts, Humanitarian Action in War: Aid, Protection and Impartiality in a Policy Vacuum, Adelphi Paper 305, International Institute for Strategic Studies/Oxford University Press, Dezember 1996, S. 41.
5 C. Faubert, „Repatriation in Situations of Armed Conflicts - The Case of Northern Iraq", UNHCR, 20. Februar 1992.
6 Die Hohe Flüchtlingskommissarin der Vereinten Nationen S. Ogata, Memorandum an die Mitarbeiter vom 6. Mai 1991.
7 Die Hohe Flüchtlingskommissarin der Vereinten Nationen Ogata an Generalsekretär J. Pérez de Cuéllar, Brief vom 17. Mai 1991.
8 D. McDowall, The Kurds: A Nation Denied, Minority Rights Publications, London, 1992.
9 D. Keen, The Kurds in Iraq: How Safe is Their Haven Now?, Save the Children, London, 1993.
10 Siehe allgemein N. Malcolm, Bosnia: A Short History, 2. Auflage, Papermac, London, 1996; L. Silber und A. Little, The Death of Yugoslavia, Penguin Group und BBC Worldwide Ltd, London, 1995; M. Glenny, The Balkans 1804-1999: Nationalism, War and the Great Powers, Granta Publications, London, 1999.
11 Die meisten derjenigen, die sich nicht den ethnischen Gruppen der Kroaten, Muslime oder Serben zurechneten, bezeichneten sich als Jugoslawen.

12 Die Hohe Flüchtlingskommissarin der Vereinten Nationen Ogata an Generalsekretär Pérez de Cuéllar, Brief vom 14. November 1991.
13 Der Generalsekretär der Vereinten Nationen, „Report of the Secretary-General Pursuant to Security Council Resolution 721(1991)", 11. Dezember 1991, UN-Dokument S/23280.
14 S. Ogata, „UNHCR in the Balkans: Humanitarian Action in the Midst of War", in: W. Biermann und M. Vadset (Hrsg.), *UN Peacekeeping in Trouble: Lessons Learned from the Former Yugoslavia*, Ashgate, Aldershot, Großbritannien, 1998, S. 186; L. Minear u. a., *Humanitarian Action in the Former Yugoslavia: The UN's Role 1991-1993*, Thomas J. Watson Jr Institute for International Studies und Refugee Policy Group, Occasional Paper Nr. 18, Brown University, Providence, RI, 1994.
15 Interview mit F. Fouinat, Koordinator der UNHCR-Arbeitsgruppe für das ehemalige Jugoslawien, Oktober 1993, zitiert in: Minear u a., *Humanitarian Action in the Former Yugoslavia*, S. 7; siehe auch S.A. Cunliffe und M. Pugh, „The Politicization of UNHCR in the Former Yugoslavia", *Journal of Refugee Studies*, Jg. 10, Nr. 2, 1997, S. 134.
16 Zu den wichtigsten diesbezüglichen Resolutionen des Sicherheitsrats zählten die Resolutionen 758 vom 8. Juni 1992, 770 vom 13. August 1992 und 776 vom 14. September 1992.
17 Die Hohe Flüchtlingskommissarin der Vereinten Nationen Ogata, „Refugees: A Humanitarian Strategy", Rede im Royal Institute for International Relations, Brüssel, 25. November 1991.
18 Interview mit J.M. Mendiluce, April 1993. Siehe auch Silber und Little, *The Death of Yugoslavia*, S. 296 f.
19 UNHCR-Lagebericht, Srebrenica, 19. Februar 1993, „BH West", Unterlagen des leitenden Angestellten für äußere Angelegenheiten, F/HCR31/1.
20 Die Hohe Flüchtlingskommissarin der Vereinten Nationen Ogata an Generalsekretär Boutros-Ghali, Brief vom 2. April 1993, UN-Dokument S/25519.
21 Die Vereinten Nationen, „The Fall of Srebrenica, Report of the Secretary-General Pursuant to General Assembly Resolution 53/55", UN-Dokument A/54/549, 15. November 1999, (nachstehend „UN- Bericht zu Srebrenica") Abs. 499.
22 W. Van Hovell, „New Concepts of Protection in Conflict: ‚Safe Keeping, Interventions in Iraq, Bosnia and Rwanda", interner UNHCR-Forschungsbericht, Juli 1995. Siehe auch K. Landgren, „Safety Zones and International Protection: A Dark Grey Area", *International Journal of Refugee Law*, Jg. 7, Nr. 3, S. 436 - 458.
23 UN-Bericht zu Srebrenica, Abs. 502.
24 UN-Bericht zu Srebrenica, Abs. 9. Siehe auch D. Rohde, Endgame: The Betrayal and Fall of Srebrenica, Europe's Worst Masscre since World War II, Farra, Straus, Giroux, 1998.
25 UN-Bericht zu Srebrenica, Abs. 3.
26 UN-Bericht zu Srebrenica, „Further Report Pursuant to Security Council Resolution 749 (1992)", UN-Dokument S/23900, 12. Mai 1992.
27 M. Cutts, „The Humanitarian Operation in Bosnia, 1992-95: Dilemmas of Negotiation Humanitarian Access", UNHCR-Arbeitspapier Nr. 8, Genf, Mai 1999.
28 C. Thornberry, „Peacekeepers, Humanitarian Aid and Civil Conflicts", in: J. Whitman und D. Pocock (Hrsg.), *After Rwanda: The Coordination of United Nations Humanitarian Assistance*, Macmillan, Basingstoke, 1996, S. 226 - 244.
29 Friedensabkommen von Dayton, Anhang VII, Artikel I.2.
30 Die Hohe Flüchtlingskommissarin der Vereinten Nationen Ogata, „Peace, Security and Humanitarian Action", Alistair-Buchan-Gedächtnisvorlesung am International Institute of Strategic Studies, London, 3. April 1997.
31 J. Sharp, „Dayton Report Card", *International Security*, Jg. 22. Nr. 3, S. 101 - 137.
32 Die Hohe Flüchtlingskommissarin der Vereinten Nationen Ogata, Rede vor dem Friedensimplementierungsrat, Madrid, 15. Dezember 1998.
33 Für Beschreibungen des Rückkehrprozesses zwischen 1996 und 1999 siehe auch die folgenden Berichte der International Crisis Group, „Going Nowhere Fast: Refugees and Displaced Persons in Bosnia and Herzegowina", 1. Mai 1997, „Minority Returns or Mass Relocation", 14. Mai 1998 und „Preventing Minority Return in Bosnia and Herzegowina: The Anatomy of Hate and Fear", 2. August 1999.
34 International Crisis Group, „Bosnia's Refugee Logjam Breaks: Is the International Community Ready?", Balkan-Bericht Nr. 95, 30. Mai 2000.
35 A. Roberts, „NATO's Humanitarian War", *Survival*, Jg. 41, Nr. 3, 1999.
36 Amt für demokratische Institutionen und Menschenrechte der OSZE, Kosovo/Kosova, As Seen As Told: an Analysis of the Human Rights Findings of the OSCE Kosovo Verification Mission, October 1998 to June 1999, Bd. 1, OSZE/ODIHR, Warschau, November 1999.
37 Diese Zahlen beziehen sich auf die Flüchtlinge, die zwischen dem 24. März, dem Tag des Beginns der NATO-Luftangriffe, und dem 12. Juni 1999 das Kosovo verließen.
38 A. Suhrke u. a., The Kosovo Refugee Crisis: An Independent Evaluation of UNHCR's Preparedness and Emergency Response, Genf, Februar 2000, verfügbar unter www.unhcr.ch.
39 Die Hohe Flüchtlingskommissarin der Vereinten Nationen Ogata und der NATO-Generalsekretär, Korrespondenz vom 2. und 3. April 1999.
40 Interview im Dezember 1999 mit I. Khan, früherer UNHCR-Soforthilfekoordinator in der ehemaligen jugoslawischen Republik Mazedonien.
41 Die Hohe Flüchtlingskommissarin der Vereinten Nationen Ogata, einleitende Bemerkungen, Colloquium on the Global Refugee Crisis - A Challenge for the 21st Century, Brüssel, 20. Mai 1999.
42 UN-Bericht zu Srebrenica, Abs. 502.
43 Siehe beispielsweise Die Hohe Flüchtlingskommissarin der Vereinten Nationen Ogata, „Half a Century on the Humanitarian Frontlines", Vorlesung, Graduate Institute for International Studies, Genf, 25. November 1999.

Kästen zu Kapitel 9

i   Der Generalsekretär der Vereinten Nationen, „Renewing the United Nations: A Programme for Reform", 14. Juli 1997, UN-Dokument A/51/950.
ii R. Cohen und F.M. Deng, *Masses in Flight: The Global Crisis of Internal Displacement*, Brookings Institution, Washington DC, 1998.
iii UNHCR, „Internally Displaced Persons: The Role of the United Nations High Commissioner for Refugees", 6. März 2000.
iv G. Defert, *Timor-est - Le génocide oublié: Droit d'un peuple et raisons d'état*, Editions Harmattan, Paris, 1992, S. 147 - 151, Abb. 5.
v   UN-Vollversammlung, „Situation of Human Rights in East Timor", Mitteilung des Generalsekretärs, UN-Dokument A/54/660, 10. Dezember 1999, Abs. 37.

Kapitel 10

1 United Nations, „Report of the Independent Inquiry into the Actions of the United Nations during the 1994 Genocide in Rwanda", New York, 15. Dezember 1999, verfügbar unter http://www.un.org/News/ossg/rwanda_report.htm.
2 Siehe allgemein G. Prunier, *The Rwanda Crisis: History of a Genocide*, Hurst and Co., London, 1995; G. Prunier, „The Geopolitical Situation in the Great Lakes Area in Light of the Kivu Crisis", *Refugee Survey Quarterly*, Jg. 16, Nr. 1, 1997, S. 1 - 25; African Rights, *Rwanda: Death, Despair, Defiance*, African Rights, London, 1994; Human Rights Watch Africa, *Leave None to Tell the Story*, Human Rights Watch, New York, 1999; P. Gourevitch, *We Wish To Inform You That Tomorrow We Will Be Killed With Our Families*, Picador, New York, 1999.
3 UNHCR, Sonderabteilung für Ruanda und Burundi, Informationstreffen, Genf, 16. November 1994.
4 Die Hohe Flüchtlingskommissarin der Vereinten Nationen S. Ogata an UN-Generalsekretär B. Boutros-Ghali, Brief vom 18. Juli 1994, Privatarchiv der Hohen Flüchtlingskommissarin.
5 Joint Evaluation of Emergency Assistance to Rwanda, The International Response to Conflict and Genocide: Lessons from the Rwanda Experience, Study 3: Humanitarian Aid and Effects, Kopenhagen, März 1996, S. 68 - 86.
6 Die Hohe Flüchtlingskommissarin der Vereinten Nationen S. Ogata an UN-Generalsekretär B. Boutros-Ghali, Brief vom 30. August 1994, Privatarchiv der Hohen Flüchtlingskommissarin.
7 Zairische politische Parteien (UDPS, PDSC) an UNHCR, Memorandum, 28. Oktober 1994.
8 J. Boutroue an K. Morjane, Brief vom 21. November 1994.
9 Human Rights Watch Arms Project, Rwanda/Zaire: Rearming with Impunity - International Support for the Perpetrators of the Rwandan Genocide, Human Rights Watch, New York, Mai 1995.
10 Siehe allgemein United Nations, „Report of the Independent Inquiry"; Human Rights Watch, *Leave None to Tell*, S. 668 - 691; African Rights, *Rwanda: Death Despair and Defiance*, S. 1138 - 1154; Commission de la Défense nationale et des forces armées et Commission des affaires étrangères de l'Assemblée nationale française, „Les opérations militaires menées par la France, d'autres pays et l'ONU au Rwanda entre 1990 et 1994", Paris, 15. Dezember 1998, verfügbar unter http://www.assembleenationale.fr/9/9recherche.html.
11 Die Hohe Flüchtlingskommissarin der Vereinten Nationen S. Ogata an UN-Generalsekretär B. Boutros-Ghali, Brief vom 24. Oktober 1994, Privatarchiv der Hohen Flüchtlingskommissarin.
12 Die Hohe Flüchtlingskommissarin der Vereinten Nationen S. Ogata an den zairischen Ministerpräsidenten Kengo Wa Dondo, Brief vom 12. April 1996.
13 UNHCR, „Goma Situation Report no. 19, 15 Jan./15 Feb. 1995", 20. Februar 1995, OPS 16 COD, „Sitrep Zaire: Bukavu, Goma, Uvira, août 1994-juillet 1996", F/HCR 19/7.
14 UNHCR, „Goma Situation Report no. 22", 19. April 1995, a.a.O.
15 J. Boutroue, „Missed Opportunities: The Role of the International Community in the Return of the Rwandan Refugees from Eastern Zaire", Arbeitspapier, Nr. 1, Inter-University Committee on International Migration, Massachusetts Institute of Technology, Center for International Studies, Cambridge MA, Juni 1998, S. 19; S. Lautze, B.D. Jones, M. Duffield, „Strategic Humanitarian Coordination in the Great Lakes Region, 1996-97: An Independent Assessment", UNHCR, Genf, März 1998.
16 Siehe J.C. Willame, *Banyarwanda et Banyamulenge*, Editions L'Harmattan/CEDAF, Paris/Brüssel, 1997.
17 A. Liria-Franch an K. Morjane/W.R. Urasa, Telefax vom 12. April 1996, 1996 Rwanda Masisi 1, F/HCR 19/7.
18 Die Hohe Flüchtlingskommissarin der Vereinten Nationen S. Ogata an UN-Generalsekretär B. Boutros-Ghali, Brief vom 9. Mai 1996, 1996 Rwanda Masisi 1, F/HCR 19/7.
19 Die Hohe Flüchtlingskommissarin der Vereinten Nationen S. Ogata, Eröffnungsrede, UNHCR Exekutivkomitee, 47. Sitzung, Genf, 7. Oktober 1996, ExCom 1. August 1994 - Dezember 1997, F/HCR 19/7 oder UN-Dok. A/AC.96/878, Anhang II.
20 D. McNamara, Leiter der UNHCR-Abteilung für internationalen Schutz, „Statement to Subcommittee on International Operations and Human Rights of US House of Representatives Committee on International Relations, hearing on ‚Rwanda: Genocide and the Continuing Cycle of Violence,", 5. Mai 1998, Director's Chron. 1998, F/HCR 17.
21 *The Guardian* (Dar es Salaam), 26. November 1996.
22 A. Sokiri, UNHCR-Vertreter in Dar es Salaam, an S. Vieira de Mello, Stellvertretender Hoher Flüchtlingskommissar der Vereinten Nationen u. a., 27. November 1996, mit Anlage „Note for the File: Meeting with Col. Magere", Rwanda 1994-96 REP.TAN 1, F/HCR 19/7.

23 S. Vieira de Mello, „The Humanitarian Situation in the Great Lakes Region", Notizen für eine Rede vor dem Ständigen Ausschuss des Exektuivkomitees, 30. Januar 1997, EXCOM 1 August 1994 - Dezember 1997, F/HCR 19/7.
24 UNHCR, „Message to all Rwandese Refugees in Tanzania from the Government of the United Republic of Tanzania and the Office of the United Nations High Commissioner for Refugees", 5. Dezember 1996, übermittelt von L. Kotsalainen, Stellvertretender UNHCR-Vertreter in Tansania, an S. Vieira de Mello u. a., UNHCR HQ, Telefax, MAHIGA-TANZANIA-3, F/HCR 19/7.
25 Amnesty International, „Rwanda: Human Rights Overlooked in Mass Repatriation", Internationales Sekretariat, London, 14. Januar 1997; Amnesty International, „Tanzania: Refugees Should Not be Returned to Near Certain Death", Pressemitteilung, London, 20. Januar 1997; Amnesty International, „Great Lakes Region: Still in Need of Protection - Repatriation, *Refoulement* and the Safety of Refugees and the Internally Displaced", London, 24 Januar 1997; Human Rights Watch, „Uncertain Refuge: International Failures to Protect Refugees", New York, April 1997, S. 4; Human Rights Watch, „Tanzania: In the Name of Security - Forced Round-ups of Refugees in Tanzania", New York, Juli 1999.
26 Integrated Regional Information Network (IRIN), *Information Bulletin* Nr. 29, 18. November 1996.
27 UN-Abteilung für humanitäre Angelegenheiten, Integrated Regional Information Network, „IRIN Update 50 on Eastern Zaire", 6. Dezember 1996.
28 C. Correy, Meldung der US Information Agency, 22. November 1996.
29 F. Reyntjens, *La guerre des Grands Lacs*, L'Harmattan, Paris, 1999; J.-C. Willame, *L'odyssée Kabila*, Karthala, Paris, 1999.

Kästen zu Kapitel 10
i United Nations, Department of Public Information, „Mission Backgrounder", *United Nations Operation in Somalia I*, 21. März 1997. Siehe auch M. Sahnoun, *Somalia: The Missed Opportunities*, United States Institute of Peace, Washington DC, 1994; I. Lewis und J. Mayall, „Somalia", in: J. Mayall (Hrsg.), *The New Interventionism 1991-1994: United Nations Experience in Cambodia, Former Yugoslavia and Somalia*, Cambridge University Press, Cambridge, 1996, S. 108 f.
ii *Economist*, 28. August 1999.
iii P. Richards, Fighting for the Rain Forest: War, Youth and Resources in Sierra Leone, James Currey, Oxford, 1996.

Kapitel 11
1 J. Morrison, „The Trafficking and Smuggling of Refugees: The End Game in European Asylum Policy?", Bericht für die UNHCR-Abteilung für Evaluierung und politische Analyse, Genf, Juli 2000, verfügbar unter http://www.unhcr.ch.
2 N. Davies, *Europe: A History*, Oxford University Press, Oxford, 1996, S. 565 und 568.
3 J. Harding, *The Uninvited: Refugees at the Rich Man's Gate*, Profile Books, London, 2000, S. 7.
4 J. Torpey, *The Invention of the Passport*, Cambridge University Press, Cambridge, 2000, S. 9.
5 UNHCR, „Internally Displaced Persons: The Role of the United Nations High Commissioner for Refugees", 6. März 2000.
6 R. Holbrooke, Rede in der Cardoza Law School, New York, 28. März 2000.
7 G.S. Goodwin-Gill, „UNHCR and Internal Displacement: Stepping into a Legal and Political Minefield", US Committee for Refugees, *World Refugee Survey 2000*, Washington DC, 2000, S. 25 - 31.
8 Der Begriff „CNN-Effekt" bezieht sich auf den wachsenden Einfluss von Fernsehsendern wie Cable News Network (CNN) auf die Politik.
9 High Commissioner S. Ogata, ,On the Humanitarian Frontlines: Refugee Problems Between Changing Wars and Fragile Peace', lecture at the University of California at Berkeley, 17 March 1999.

Statistiken

Technische Hinweise zur Erhebung statistischer Daten

Die meisten Länder haben die Flüchtlingsdefinition in der Genfer Flüchtlingskonvention übernommen. Es gibt jedoch wichtige nationale Unterschiede bei der Erfassung von Flüchtlingen und der Feststellung der Flüchtlingseigenschaft. In den Industrieländern sind die Angaben zu den Entscheiden über die individuellen Asylanträge die wichtigste Quelle für statistische Daten. UNHCR erhält diese Daten von den nationalen Behörden. In vielen Entwicklungsländern dagegen werden oft ganze Gruppen als Flüchtlinge anerkannt. Dort geht es weniger um das einzelne Verfahren als vielmehr um die möglichst genaue Erfassung von Flüchtlingen als Grundlage für die Bereitstellung materieller Hilfe. Die entsprechenden Register, die UNHCR häufig auf Ersuchen der Regierungen der Aufnahmeländer führt, sind eine wichtige Quelle für Flüchtlingsdaten in den Entwicklungsländern. Um Doppelerfassungen zu verhindern, werden Flüchtlingsregister oft mit Hilfe von Unterlagen und Erhebungen im Gesundheitsbereich verifiziert und ergänzt.

In den letzten Jahren ist UNHCR zunehmend für Personen tätig geworden, die keine internationale Grenze überschritten hatten. Dazu zählen unter anderem Binnenvertriebene, infolge eines bewaffneten Konflikts von Vertreibung bedrohte Personen und zurückgekehrte Flüchtlinge („Rückkehrer"). Angesichts dieser Entwicklung und unter Berücksichtigung der komplexen und vielfältigen Unterschiede der Rechtsstellung, die die Industrieländer Flüchtlingen zuerkennen („Flüchtlingsstatus", „Bleiberecht aus humanitären Gründen", „temporärer Schutz", „vorläufige Aufenthaltsgenehmigung" usw.), wurde der Begriff „Flüchtlinge und andere von UNHCR erfasste Personen" als Oberbegriff für alle Gruppen geprägt, zu Gunsten derer UNHCR aktiv wird. In den Statistiken werden die Palästinenser, die in die Zuständigkeit des Hilfswerks der Vereinten Nationen für die Palästinaflüchtlinge im Nahen Osten (United Nations Relief and Works Agency for Palestine Refugees in the Near East — UNRWA) fallen, nicht berücksichtigt.

UNHCR hat sich bemüht, die Statistiken so umfassend wie möglich zu gestalten. Dennoch kann es sein, dass bestimmte Bevölkerungsbewegungen unberücksichtigt geblieben sind, weil das Amt nicht unmittelbar involviert war, Aufzeichnungen fehlten usw. Wegen der unzureichenden Erfassung und des mangelnden Zugangs zu den Betroffenen sind insbesondere genaue Angaben zu den Zahlen von zurückgekehrten Flüchtlingen und Binnenvertriebenen schwer zu erhalten. Die Rückkehrerzahlen in den Anhängen 1 und 8 basieren primär auf Angaben zu Ankömmlingen im Herkunftsland und weniger auf Angaben zu Personen, die die Aufnahmeländer verlassen haben.

Für diejenigen Industriestaaten, die keine Statistiken über die Zahlen der anerkannten Flüchtlinge führen, hat UNHCR ein einfaches Verfahren zur Schätzung der Flüchtlingsbevölkerungen entwickelt. Es basiert auf den Zahlen der in dem jeweiligen Land in den letzten Jahren eingetroffenen Flüchtlinge und/oder als Flüchtlinge anerkannten Asylbewerber einschließlich der Personen, denen ein Bleiberecht aus humanitären Gründen gewährt wurde. Den aktuellen Schätzungen der Flüchtlingsbevölkerungen in Australien, Kanada, Neuseeland und den Vereinigten Staaten liegen die Zahlen der aus Erstasylländern zur Ansiedlung aufgenommenen Flüchtlinge und der als Flüchtlinge anerkannten Asylbewerber in den letzten fünf Jahren zugrunde. Weil in Dänemark, Finnland, Großbritannien, Irland, Japan, den Niederlanden, Norwegen, Österreich, Portugal, Schweden und Spanien die Einbürgerungsverfahren länger dauern, wurde für diese Länder ein Zehnjahreszeitraum zugrunde gelegt. Die für einige frühere Zeiträume verwendeten Schätzverfahren konnten nicht ermittelt werden (siehe Anhänge 3, 4 und 5). In Anhang 6 wurde die Herkunft von Flüchtlingen in diesen Ländern auf der Grundlage von Daten über in der letzten Zeit als Flüchtlinge anerkannte Asylbewerber geschätzt.

Die in den Anhängen verwendete Einteilung in Regionen wurde von der Bevölkerungsabteilung des Sekretariats der Vereinten Nationen übernommen. Asien umfasst den größten Teil des „Nahen Ostens" (nicht jedoch Nordafrika) und die Türkei. Aus Anhang 2 geht die genaue Aufteilung der Länder auf die Regionen hervor. In den Tabellen wurden Zahlen kleiner 1.000 auf die nächsten 10 und Zahlen größer gleich 1.000 auf die nächsten 100 gerundet. Ein Strich (—) signalisiert, dass der entsprechende Wert gleich Null ist, auf Null gerundet wurde oder unzutreffend ist. Zwei Punkte (..) zeigen an, dass der jeweilige Wert nicht verfügbar war.

Ein Großteil der hier präsentierten historischen Daten basiert auf Archivmaterial und war vorher nicht verfügbar. Neuere Daten enthält der seit 1994 jährlich veröffentlichte Statistical Overview von UNHCR (Adresse im World Wide Web: http://www.unhcr.ch/statist/main.htm).

Vertragsstaaten der Genfer Flüchtlingskonvention von 1951, des Protokolls von 1967 sowie der OAU-Flüchtlingskonvention von 1969 und Mitglieder des Exekutivkomitees (EXCOM) von UNHCR (Stand: 31. Dezember 1999)

Anhang 1

Mitgliedstaaten der Vereinten Nationen	Flüchtlings- konvention von 1951[a]	Protokoll von 1967[b]	OAU-Flüchtlings- konvention von 1969[c]	Mitglieder des Exekutivkomitees von UNHCR[d]
Ägypten	1981	1981	1980	
Afghanistan				
Albanien	1992	1992		
Algerien	1963	1967	1974	1963
Andorra				
Angola	1981	1981	1981	
Antigua und Barbuda	1995	1995		
Äquatorialguinea	1986	1986	1980	
Argentinien	1961	1967		1979
Armenien	1993	1993		
Aserbaidschan	1993	1993		
Äthiopien	1969	1969	1973	1993
Australien	1973	1973		1951
Bahamas	1993	1993		
Bahrain				
Bangladesch				1995
Barbados				
Belgien	1953	1969		1951
Belize	1990	1990		
Benin	1962	1970	1973	
Bhutan				
Bolivien	1982	1982		
Bosnien und Herzegowina	1993	1993		
Botsuana	1969	1969	1995	
Brasilien	1960	1972		1951
Brunei Darussalam				
Bulgarien	1993	1993		
Burkina Faso	1980	1980	1974	
Burundi	1963	1971	1975	
Chile[e]	1972	1972		
China	1982	1982		1958
Costa Rica	1978	1978		
Côte d'Ivoire[e]	1961	1970	1998	
Dänemark	1952	1968		1951
Bundesrepublik Deutschland	1969	1969		1951
Dominica	1994	1994		
Dominikanische Republik	1978	1978		
Dschibuti	1977	1977		
Ecuador	1955	1969		
El Salvador	1983	1983		
Eritrea				
Estland	1997	1997		
Fidschi	1972	1972		
Finnland	1968	1968		1979
Frankreich	1954	1971		1951

Anhang 1

Mitgliedstaaten der Vereinten Nationen	Flüchtlings- konvention von 1951[a]	Protokoll von 1967[b]	OAU-Flüchtlings- konvention von 1969[c]	Mitglieder des Exekutivkomitees von UNHCR[d]
Gabun	1964	1973	1986	
Gambia	1966	1967	1980	
Georgien	1999	1999		
Ghana	1963	1968	1975	
Grenada				
Greece	1960	1968		1955
Großbritannien	1968	1968		1951
Guatemala	1983	1983		
Guinea	1965	1968	1972	
Guinea-Bissau	1976	1976	1989	
Guyana				
Haiti	1984	1984		
Heiliger Stuhl[f]	1956	1967		1951
Honduras	1992	1992		
Indien				1995
Indonesien				
Iraq				
Islamische Republik Iran	1976	1976		1955
Irland	1956	1968		1996
Island	1955	1968		
Israel	1954	1968		1951
Italien	1954	1972		1951
Jamaika	1964	1980		
Japan	1981	1982		1979
Jemen	1980	1980		
Jordanien				
Bundesrepublik Jugoslawien	1959	1968		1958
Kambodscha	1992	1992		
Kamerun	1961	1967	1985	
Kanada	1969	1969		1957
Kap Verde		1987	1989	
Kasachstan	1999	1999		
Katar				
Kenia	1966	1981	1992	
Kirgisistan	1996	1996		
Kiribati				
Kolumbien	1961	1980		1955
Komoren				
Kongo	1962	1970	1971	
Demokratische Republik Kongo	1965	1975	1973	1979
Demokratische Volksrepublik Korea				
Republik Korea[e]	1992	1992		
Kroatien	1992	1992		
Kuba				
Kuwait				
Demokratische Volksrepublik Laos				
Lesotho	1981	1981	1988	1979
Lettland	1997	1997		
Libanon				1963
Liberia	1964	1980	1971	
Libysch Arabische Dschamahirija			1981	
Liechtenstein	1957	1968		

Mitgliedstaaten der Vereinten Nationen	Flüchtlingskonvention von 1951[a]	Protokoll von 1967[b]	OAU-Flüchtlingskonvention von 1969[c]	Mitglieder des Exekutivkomitees von UNHCR[d]
Litauen	1997	1997		
Luxemburg	1953	1971		
Madagaskar	1967			1963
Malawi	1987	1987	1987	
Malaysia				
Malediven				
Mali	1973	1973	1981	
Malta	1971	1971		
Marokko	1956	1971	1974[h]	1979
Marshall-Inseln				
Mauretanien	1987	1987	1972	
Mauritius				
Ehem. jugosl. Rep. Mazedonien	1994	1994		
Mexiko[g]				
Föderierte Staaten von Micronesia				
Republik Moldau				
Monaco	1954			
Mongolei				
Mosambik	1983	1989	1989	1999
Myanmar				
Namibia	1995			1982
Nauru				
Nepal				
Neuseeland	1960	1973		
Nicaragua	1980	1980		1979
Niederlande	1968	1968		1955
Niger	1961	1970	1971	
Nigeria	1967	1968	1986	1963
Norwegen	1953	1967		1955
Oman				
Österreich	1954	1973		1951
Pakistan				1988
Palau				
Panama	1978	1978		
Papua Neuguinea	1986	1986		
Paraguay	1970	1970		
Peru	1964	1983		
Philippinen	1981	1981		1991
Polen	1991	1991		1997
Portugal	1976	1976		
Ruanda	1980	1980	1979	
Rumänien	1991	1991		
Russische Föderation	1993	1993		1995
Sambia	1969	1969	1973	
Samoa	1988	1994		
San Marino				
St. Kitts and Nevis				
St. Lucia				
St. Vincent und die Grenadinen	1993			
São Tomé und Príncipe	1978	1978		
Saudi Arabien				
Schweden	1954	1967		1958

Anhang 1

Mitgliedstaaten der Vereinten Nationen	Flüchtlingskonvention von 1951[a]	Protokoll von 1967[b]	OAU-Flüchtlingskonvention von 1969[c]	Mitglieder des Exekutivkomitees von UNHCR[d]
Schweiz[f]	1955	1968		1951
Senegal	1963	1967	1971	
Seychellen	1980	1980	1980	
Sierra Leone	1981	1981	1987	
Simbabwe	1981	1981	1985	
Singapur				
Slowakei	1993	1993		
Slowenien	1992	1992		
Solomon-Inseln	1995	1995		
Somalia	1978	1978		1988
Spanien	1978	1978		1994
Sri Lanka				
Sudan	1974	1974	1972	1979
Südafrika	1996	1996	1995	1997
Suriname	1978	1978		
Swaziland		1969	1989	
Syrische Arabische Republik				
Tadschikistan	1993	1993		
Vereinigte Republik of Tansania	1964	1968	1975	1963
Thailand				1979
Togo	1962	1969	1970	
Tonga				
Trinidad und Tobago				
Tschad	1981	1981	1981	
Tschechische Republik	1993	1993		
Tunesien	1957	1968	1989	1958
Türkei	1962	1968		1951
Turkmenistan	1998	1998		
Tuvalu[f]	1986	1986		
Uganda	1976	1976	1987	1967
Ukraine				
Ungarn	1989	1989		1993
Uruguay	1970	1970		
Usbekistan				
Vanuatu				
Venezuela		1986		1951
Vereinigte Arabische Emirate				
Vereinigte Staaten		1968		1951
Vietnam				
Weißrussland				
Zentralafrikanische Republik	1962	1967	1970	
Zypern	1963	1968		
Insgesamt	134	134	45	54

[a] Jahr der Ratifizierung der Genfer Flüchtlingskonvention von 1951, des Beitritts dazu und/oder des Beitritts dazu auf dem Wege der Staatennachfolge.
[b] Jahr des Beitritts zum Protokoll von 1967 und/oder des Beitritts dazu auf dem Wege der Staatennachfolge.
[c] Jahr der Ratifizierung der OAU-Flüchtlingskonvention von 1969.
[d] Bezieht sich auf das Exekutivkomitee des Programms des Hohen Flüchtlingskommissars der Vereinten Nationen.
[e] Am 17. Dezember 1999 verabschiedete die UN-Vollversammlung Resolution 54/143, nach der Chile, Côte d'Ivoire und die Republik Korea Mitglieder des Exekutivkomitees von UNHCR werden sollen.
[f] Keine Mitgliedstaaten der Vereinten Nationen.
[g] Am 31. Dezember 1999 war Mexiko weder der Genfer Flüchtlingskonvention von 1951 noch dem Protokoll von 1967 beigetreten. Im April 2000 stimmte der mexikanische Senat jedoch der Ratifizierung beider Instrumente zu.
[h] Marokko trat 1984 von der OAU und ihren Verpflichtungen zurück.

Flüchtlinge und andere von UNHCR erfasste Personen, (Stand: 31. Dezember 1999)

Anhang 2

Region und Asyl-/Aufenthaltsland oder -gebiet	Flüchtlinge[a]	Asylbewerber[b]	Zurückgekehrte Flüchtlinge[c]	Andere erfasste Personen[d]			Erfasste Personen insgesamt
				Binnenvertriebene	Zurückgekehrte Binnenvertr.	Sonstige	
Äthiopien	257.700	2.000	14.700	-	-	-	274.400
Burundi	22.100	510	36.000	50.000	50.000	10.600	169.210
Dschibuti	23.300	410	-	-	-	-	23.710
Eritrea	3.000	-	7.800	-	-	-	10.800
Kenia	223.700	5.800	-	-	-	-	229.500
Komoren	10	-	-	-	-	-	10
Madagaskar	30	-	-	-	-	-	30
Malawi	1.700	1.300	-	-	-	-	3.000
Mauritius	40	-	-	-	-	-	40
Mosambik	220	1.200	-	-	-	-	1.420
Ruanda	34.400	1.800	49.100	-	626.100	-	711.400
Sambia	206.400	180	-	-	-	-	206.580
Simbabwe	2.000	40	-	-	-	-	2.040
Somalia	130	-	77.400	-	-	-	77.530
Vereinigte Rep. Tansania	622.200	12.300	-	-	-	-	634.500
Uganda	218.200	180	1.200	-	-	-	219.580
Östliches Afrika	**1.615.130**	**25.720**	**186.200**	**50.000**	**676.100**	**10.600**	**2.563.750**
Angola	13.100	930	41.100	-	-	-	55.130
Gabun	15.100	2.100	-	-	-	-	17.200
Kamerun	49.200	740	-	-	-	-	49.940
Kongo	39.900	220	77.200	-	-	-	117.320
Dem. Rep. Kongo	285.200	170	79.800	-	-	-	365.170
Tschad	23.500	570	2.300	-	-	-	26.370
Zentralafrikanische Rep.	49.300	1.300	-	-	-	-	50.600
Mittleres Afrika	**475.300**	**6.030**	**200.400**	**–**	**–**	**–**	**681.730**
Ägypten	6.600	4.600	-	-	-	-	11.200
Algerien	165.200	-	-	-	-	-	165.200
Libysche Arab. Dschamahirija	10.500	220	-	-	-	-	10.720
Marokko	900	-	-	-	-	-	900
Sudan	391.000	-	250	-	-	-	391.250
Tunesien	450	20	-	-	-	-	470
Nördliches Afrika	**574.650**	**4.840**	**250**	**–**	**–**	**–**	**579.740**
Botsuana	1.300	180	-	-	-	-	1.480
Namibia	7.400	340	1.400	-	-	-	9.140
Südafrika	14.500	17.300	-	-	-	-	31.800
Swasiland	620	50	-	-	-	-	670
Südliches Afrika	**23.820**	**17.870**	**1.400**	**–**	**–**	**–**	**43.090**
Benin	3.700	1.600	-	-	-	-	5.300
Burkina Faso	680	280	-	-	-	-	960
Côte d'Ivoire	138.400	660	-	-	-	-	139.060
Gambia	17.200	-	-	-	-	-	17.200
Ghana	13.300	480	1.100	-	-	-	14.880
Guinea	501.500	430	-	-	-	-	501.930
Guinea-Bissau	7.100	-	5.300	-	265.000	-	277.400
Liberia	96.300	30	296.900	212.900	-	-	606.130
Mali	8.300	610	31.900	-	-	-	40.810
Mauretanien	220	30	7.000	-	-	26.400	33.650
Niger	350	-	3.800	-	-	-	4.150
Nigeria	6.900	-	-	-	-	-	6.900
Senegal	21.500	2.100	430	-	-	-	24.030

Anhang 2

Region und Asyl-/Aufenthalts-land oder -gebiet	Flüchtlinge[a]	Asyl-bewerber[b]	Zurückgekehrte Flüchtlinge[c]	Andere erfasste Personen[d]			Erfasste Personen insgesamt
				Binnen-vertriebene	Zurückgekehrte Binnenvertr.	Sonstige	
Sierra Leone	6.600	30	198.100	500.000	-	-	704.730
Togo	12.100	280	-	-	-	-	12.380
Westliches Afrika	834.150	6.530	544.530	712.900	265.000	26.400	2.389.510
Afrika gesamt	3.523.050	60.990	932.780	762.900	941.100	37.000	6.257.820
China	293.300	10	-	-	-	-	293.310
Hongkong, China	970	-	-	-	-	-	970
Japan[e]	4.200	300	-	-	-	-	4.500
Republik Korea	10	10	-	-	-	-	20
Ostasien	298.480	320	-	-	-	-	298.800
Afghanistan	-	10	359.800	258.600	10.000	-	628.410
Bangladesch	22.200	10	13.400	-	-	-	35.610
Indien	180.000	20	-	-	-	-	180.020
Islamische Rep. Iran	1.835.700	-	-	-	-	-	1.835.700
Kasachstan	14.800	-	25.200	-	-	-	40.000
Kirgisistan	10.800	180	1.200	5.600	-	-	17.780
Nepal	127.900	20	-	-	-	-	127.920
Pakistan	1.202.000	460	-	-	-	-	1.202.460
Sri Lanka	20	-	160	612.500	-	-	612.680
Tadschikistan	4.500	2.200	8.400	-	-	-	15.100
Turkmenistan	18.500	820	-	-	-	-	19.320
Usbekistan	1.000	260	-	-	-	-	1.260
Südzentralasien	3.417.420	3.980	408.160	876.700	10.000	-	4.716.260
Indonesien	162.500	20	-	-	-	-	162.520
Kambodscha	20	50	53.700	-	-	-	53.770
Dem. Volksrep. Laos	-	-	1.400	-	-	-	1.400
Malaysia	50.500	30	-	-	-	-	50.530
Myanmar	-	-	1.200	-	-	-	1.200
Osttimor	-	-	127.500	-	-	-	127.500
Philippinen	170	-	-	-	-	-	170
Singapur	-	-	-	-	-	-	-
Thailand	100.100	580	-	-	-	40	100.720
Vietnam[f]	15.000	-	160	-	-	-	15.160
Südostasien	328.290	680	183.960	-	-	40	512.970
Armenien	296.200	10	-	-	-	-	296.210
Aserbaidschan	221.600	350	-	569.600	-	-	791.550
Georgien	5.200	-	1.800	278.500	600	110	286.210
Irak	128.900	280	32.700	-	-	-	161.880
Israel	130	240	-	-	-	-	370
Jemen	60.500	340	-	-	-	9.000	69.840
Jordanien	1.000	4.300	-	-	-	-	5.300
Katar	10	-	-	-	-	-	10
Kuwait	4.300	60	-	-	-	138.100	142.460
Libanon	4.200	3.300	-	-	-	-	7.500
Saudi.Arabien	5.600	140	-	-	-	-	5.740
Syrische Arab. Rep.	6.500	5.000	-	-	-	2.100	13.600
Türkei	2.800	5.100	730	-	-	-	8.630
Vereinigte Arab. Emirate	500	340	-	-	-	-	840
Zypern	120	210	390	-	-	-	720
Westasien	737.560	19.670	35.620	848.100	600	149.310	1.790.860
Asien gesamt	4.781.750	24.650	627.740	1.724.800	10.600	149.350	7.318.890
Bulgarien	540	1.600	-	-	-	-	2.140
Republik Moldau	10	220	-	-	-	-	230
Polen	950	-	-	-	-	-	950
Rumänien	1.200	50	-	-	-	-	1.250

Zur Lage der Flüchtlinge in der Welt

Region und Asyl-/Aufenthalts-land oder -gebiet	Flüchtlinge[a]	Asyl-bewerber[b]	Zurückgekehrte Flüchtlinge[c]	Andere erfasste Personen[d] Binnen-vertriebene	Zurückgekehrte Binnenvertr.	Sonstige	Erfasste Personen insgesamt
Russische Föderation	80.100	16.000	-	498.400	64.500	845.300	1.504.300
Slowakei	440	330	-	-	-	-	770
Tschechische Rep.	1.200	1.400	-	-	-	2.300	4.900
Ukraine	2.700	300	-	-	-	260.000	263.000
Ungarn	5.000	2.600	-	-	-	-	7.600
Weißrussland	260	16.400	-	-	-	160.000	176.660
Osteuropa	**92.400**	**38.900**	**-**	**498.400**	**64.500**	**1.267.600**	**1.961.800**
Dänemark [e]	69.000	-	-	-	-	-	69.000
Finnland [e]	12.800	-	-	-	-	-	12.800
Großbritannien [e g]	132.700	129.000	-	-	-	-	261.700
Irland [e]	1.100	9.800	-	-	-	-	10.900
Norwegen [e]	47.900	-	-	-	-	-	47.900
Schweden [e]	159.500	7.900	-	-	-	-	167.400
Estland	-	30	-	-	-	-	30
Island	350	10	-	-	-	-	360
Lettland	10	-	-	-	-	-	10
Litauen	40	50	-	-	-	-	90
Nordeuropa	**423.400**	**146.790**	**-**	**-**	**-**	**-**	**570.190**
Portugal [e]	380	-	-	-	-	-	380
Spanien [e]	6.400	3.300	-	-	-	-	9.700
Albanien	3.900	20	-	-	-	-	3.920
Bosnien und Herzegowina	65.600	20	161.100	809.500	73.000	-	1.109.220
Griechenland	3.500	-	-	-	-	-	3.500
Italien	22.900	5.000	-	-	-	-	27.900
Bundesrep. Jugoslawien	500.700	30	755.500	234.900	168.900	-	1.660.030
Kroatien	28.400	30	33.600	50.300	70.300	-	182.630
Malta	270	-	-	-	-	-	270
Ehem. jugosl. Rep. Mazedonien	21.200	-	-	-	-	-	21.200
Slowenien	4.400	610	-	-	-	11.300	16.310
Südeuropa	**657.650**	**9.010**	**950.200**	**1.094.700**	**312.200**	**11.300**	**3.035.060**
Deutschland [h]	975.500	264.000	-	-	-	-	1.239.500
Niederlande [e]	129.100	-	-	-	-	-	129.100
Belgien	36.100	23.100	-	-	-	-	59.200
Frankreich	140.200	-	-	-	-	-	140.200
Liechtenstein	-	-	-	-	-	-	-
Luxemburg	700	-	-	-	-	-	700
Österreich	80.300	5.500	-	-	-	-	85.800
Schweiz	82.300	45.400	-	-	-	-	127.700
Westeuropa	**1.444.200**	**338.000**	**-**	**-**	**-**	**-**	**1.782.200**
Europa gesamt	**2.617.650**	**532.700**	**950.200**	**1.593.100**	**376.700**	**1.278.900**	**7.349.250**
Bahamas	100	-	-	-	-	-	100
Dominikanische Rep.	630	10	-	-	-	-	640
Jamaika	40	-	-	-	-	-	40
Kuba	970	10	-	-	-	-	980
Karibik	**1.740**	**20**	**-**	**-**	**-**	**-**	**1.760**
Belize	2.900	-	-	-	-	20.000	22.900
Costa Rica	22.900	30	-	-	-	-	22.930
El Salvador	20	-	-	-	-	-	20
Guatemala	730	10	5.900	-	-	-	6.640
Honduras	10	-	-	-	-	-	10
Mexiko	24.000	-	-	-	-	-	24.000
Nicaragua	470	10	70	-	-	-	550
Panama	1.300	60	-	-	-	-	1.360

Anhang 2

Region und Asyl-/Aufenthaltsland oder -gebiet	Flüchtlinge[a]	Asylbewerber[b]	Zurückgekehrte Flüchtlinge[c]	Andere erfasste Personen[d]			Erfasste Personen insgesamt
				Binnenvertriebene	Zurückgekehrte Binnenvertr.	Sonstige	
Mittelamerika	52.330	110	5.970	–	–	20.000	78.410
Argentinien	2.300	960	–	–	–	–	3.260
Bolivien	350	10	–	–	–	–	360
Brasilien	2.500	370	–	–	–	–	2.870
Chile	320	50	–	–	–	–	370
Ecuador	310	–	–	–	–	1.200	1.510
Kolumbien	230	10	–	–	–	–	240
Paraguay	20	–	–	–	–	–	20
Peru	700	–	–	–	–	–	700
Uruguay	90	–	–	–	–	–	90
Venezuela	190	–	–	–	–	–	190
Südamerika	7.010	1.400	–	–	–	1.200	9.610
Lateinamerika und Karibik gesamt	61.080	1.530	5.970	–	–	21.200	89.780
Kanada [i]	136.600	24.700	–	–	–	–	161.300
Vereinigte Staaten [i][j]	513.000	580.900	–	–	–	–	1.093.900
Nordamerika gesamt	649.600	605.600	–	–	–	–	1.255.200
Australien[i]	59.700	–	–	–	–	–	59.700
Neuseeland[i]	4.800	–	–	–	–	–	4.800
Australien/Neuseeland	64.500	–	–	–	–	–	64.500
Papua-Neuguinea	–	–	–	–	–	–	–
Solomon-Inseln	–	–	–	–	–	–	–
Melanesien	–	–	–	–	–	–	–
Ozeanien gesamt	64.500	–	–	–	–	–	64.500
Insgesamt	11.697.630	1.225.470	2.516.690	4.080.800	1.328.400	1.486.450	22.335.440

Hinweise:

[a] Flüchtlinge: Nach der Genfer Flüchtlingskonvention, der OAU-Flüchtlingskonvention von 1969 oder nach der UNHCR-Satzung anerkannte Flüchtlinge, Personen mit einem Bleiberecht aus humanitären Gründen und Personen mit temporärem Schutz

[b] Asylbewerber: Personen, deren Antrag auf Zuerkennung der Flüchtlingseigenschaft in einem Asylverfahren anhängig ist, und Personen, die anderweitig als Asylbewerber erfasst sind

[c] Zurückgekehrte Flüchtlinge: Flüchtlinge, die an ihren früheren Wohnsitz zurückgekehrt sind und noch maximal zwei Jahre von UNHCR betreut werden

[d] Andere erfasste Personen: bestimmte Sondergruppen von Personen, die nicht unter das satzungsgemäße Mandat von UNHCR fallen
- Binnenvertriebene: Vertriebene, die sich innerhalb der Grenzen ihres Landes befinden und denen UNHCR nach einer konkreten Aufforderung durch ein zuständiges Organ der Vereinten Nationen Schutz und/oder Unterstützung zuteil werden lässt
- Zurückgekehrte Binnenvertriebene: An ihren früheren Wohnsitz zurückgekehrte und von UNHCR erfasste Binnenvertriebene, die noch maximal zwei Jahre von UNHCR betreut werden

[e] Auf der Grundlage der Zahlen der in den letzten zehn Jahren angekommenen Flüchtlinge und/oder als Flüchtlinge anerkannten Asylbewerber von UNHCR geschätzte Zahl der Flüchtlinge

[f] In diesem Fall umfasst die Rubrik der zurückgekehrten Flüchtlinge die zurückgekehrten abgelehnten Asylbewerber

[g] Asylbewerber: Zahl der anhängigen Verfahren in der ersten Instanz (102.900), multipliziert mit der durchschnittlichen Personenzahl pro Antrag (1,25)

[h] Asylbewerber: Zahl der in allen Instanzen anhängigen Verfahren (Quelle: Ausländerzentralregister)

[i] Auf der Grundlage der Zahlen der in den letzten fünf Jahren angekommenen Flüchtlinge und/oder als Flüchtlinge anerkannten Asylbewerber von UNHCR geschätzte Zahl der Flüchtlinge

[j] Asylbewerber: Zahl der anhängigen Verfahren in der ersten Instanz (342.000) und in der Berufung (59.000), multipliziert mit der durchschnittlichen Personenzahl pro Antrag (1,45)

Die Angaben für die Flüchtlingsbevölkerungen in Frankreich, Luxemburg, Österreich, Portugal und Rumänien beziehen sich auf 1998, die für Belgien auf 1995. Für weitere Informationen zur Zuverlässigkeit der Zahlenangaben siehe auch die technischen Hinweise zur Erhebung statistischer Daten.

Quelle: Regierungen, UNHCR

Flüchtlinge nach Regionen (geschätzt), 1950 - 1999

Anhang 3

Region	1950	1951	1952	1953	1954	1955	1956	1957	1958	1959
Afrika	..	5.000	2.900	2.800	5.400	-	-	-	3.700	3.700
Asien	..	41.500	16.000	18.000	40.500	20.100	18.200	14.900	12.200	10.000
Europa	..	1.221.200	1.128.200	1.067.500	975.800	917.900	991.000	904.800	871.400	839.200
Lateinamerika/Karibik	..	120.000	120.000	120.000	120.000	120.000	120.000	120.000	120.000	120.000
Nordamerika	..	518.500	654.800	607.000	575.800	552.600	517.500	546.300	546.900	547.900
Ozeanien	..	180.000	-	-	-	-	-	-	-	-
Andere/unbekannt	..	30.000	31.000	32.000	32.000	33.000	31.000	27.000	23.000	26.200
Summe	..	2.116.200	1.952.900	1.847.300	1.749.500	1.643.600	1.677.700	1.613.000	1.577.200	1.547.000

Region	1960	1961	1962	1963	1964	1965	1966	1967	1968	1969
Afrika	9.000	6.500	7.100	6.000	1.269.600	1.407.800	1.408.100	164.000	174.000	167.900
Asien	9.000	6.500	7.100	6.000	1.267.300	1.407.800	1.408.100	164.000	173.300	167.300
Europa	804.200	775.800	753.100	710.600	706.500	738.400	684.900	641.500	633.500	639.500
Lateinamerika/Karibik	120.000	120.000	120.000	120.000	120.000	125.000	125.100	115.000	110.000	106.000
Nordamerika	548.600	544.500	512.300	510.900	510.200	520.000	510.200	490.000	516.000	519.300
Ozeanien	-	-	-	-	-	40.000	40.000	47.000	45.000	44.000
Andere/unbekannt	25.200	23.000	19.500	3.600	-	130.000	6.000	54.000	12.000	79.000
Summe	1.516.000	1.476.300	1.419.100	1.357.100	3.873.600	4.368.900	4.182.500	1.675.500	2.461.100	2.461.100

Region	1970	1971	1972	1973	1974	1975	1976	1977	1978	1979
Afrika	998.100	991.900	1.088.300	1.012.200	1.108.600	1.616.700	1.716.100	2.105.000	2.416.400	3.062.100
Asien	158.900	203.400	208.700	102.000	75.300	90.600	802.200	991.500	723.300	1.451.500
Europa	645.700	617.500	592.200	567.900	553.500	546.700	550.000	550.600	516.000	558.500
Lateinamerika/Karibik	110.000	209.900	103.800	108.000	119.700	148.000	112.000	110.600	324.400	117.000
Nordamerika	518.500	547.200	550.900	543.400	541.400	546.300	527.400	714.200	765.300	791.900
Ozeanien	44.000	38.000	38.000	38.000	38.000	38.000	50.000	50.000	315.000	315.000
Andere/unbekannt	5.000	143.000	151.000	-	24.100	5.000	-	8.900	9.300	2.100
Summe	2.480.200	2.750.900	2.732.900	2.371.500	2.460.600	2.991.400	3.757.700	4.530.800	5.069.700	6.298.100

Region	1980	1981	1982	1983	1984	1985	1986	1987	1988	1989
Afrika	4.153.600	3.026.000	2.951.900	2.907.000	3.408.100	3.713.500	3.469.100	3.981.000	4.590.900	4.811.600
Asien	2.728.100	4.677.900	5.298.000	5.525.200	5.320.200	5.986.700	6.769.200	6.784.300	6.771.300	6.819.100
Europa	574.300	587.900	569.900	621.300	676.200	1.032.100	1.119.200	1.173.100	1.203.100	1.213.300
Lateinamerika/Karibik	178.700	405.800	345.400	353.800	369.900	334.300	339.000	338.600	1.198.200	1.203.900
Nordamerika	941.200	1.099.400	1.107.600	1.120.900	736.500	579.700	491.100	463.200	486.900	543.200
Ozeanien	315.000	327.800	329.800	328.800	104.500	105.400	101.600	101.400	104.400	110.300
Andere/unbekannt	2.600	70.100	70.000	70.000	70.000	65.500	300.000	227.000	200	200
Summe	8.894.000	10.194.900	10.672.600	10.927.200	10.685.400	11.817.200	12.589.200	13.068.700	14.355.000	14.701.600

Region	1990	1991	1992	1993	1994	1995	1996	1997	1998	1999
Afrika	5.891.400	5.277.700	5.384.700	6.444.000	6.752.200	5.692.100	4.341.500	3.481.400	3.270.900	3.523.100
Asien	7.943.800	8.518.700	7.736.700	5.818.600	5.015.200	4.819.900	4.813.900	4.733.000	4.747.300	4.781.800
Europa	1.468.400	1.564.400	3.446.200	3.061.600	2.555.300	3.095.000	3.173.100	2.945.900	2.667.700	2.617.700
Lateinamerika/Karibik	1.197.400	899.400	885.800	125.000	109.000	127.700	87.600	83.200	74.200	61.100
Nordamerika	617.600	683.700	763.800	806.500	795.500	771.300	737.500	687.500	659.700	649.600
Ozeanien	109.700	76.000	73.800	62.300	64.200	67.600	75.000	72.900	74.300	64.500
Andere/unbekannt	200	2.000	15.500	-	-	-	-	-	-	-
Summe	17.228.500	17.022.000	18.306.400	16.317.900	15.291.400	14.573.600	13.228.500	12.003.900	11.494.200	11.697.800

Hinweise:
Stand vom 31. Dezember des jeweiligen Jahres
Wegen des Mangels an vergleichbaren Daten zu Flüchtlingsbevölkerungen in Europa, Nordamerika und Ozeanien beruhen die meisten Zahlen für diese Regionen auf Schätzungen von UNHCR auf der Grundlage der Zahlen eingetroffener Flüchtlinge und/oder der als Flüchtlinge anerkannten Asylbewerber. Infolgedessen können die für manche Regionen genannten Zahlen von früheren UNHCR-Angaben abweichen. Für weitere Informationen zur Zuverlässigkeit der Zahlenangaben siehe auch die technischen Hinweise zur Erhebung statistischer Daten.

Flüchtlingsbevölkerungen in den größten Asylländern, 1980 - 1999 (in Tausend)

Anhang 4

Asylland	1980	1981	1982	1983	1984	1985	1986	1987	1988	1989
Äthiopien	10,9	5,5	5,6	31,4	180,5	180,4	132,4	310,5	679,5	710,2
Algerien	52,0	167,0	167,0	167,0	167,0	174,2	167,2	167,0	170,0	169,1
Angola	75,0	91,7	96,3	96,3	92,3	91,5	92,3	91,2	90,4	12,9
Armenien	-	-	-	-	-	-	-	-	-	-
Aserbaidschan	-	-	-	-	-	-	-	-	-	-
Australien [a]	304,0	317,0	317,0	317,0	89,0	89,0	85,9	87,6	91,0	97,9
Bangladesch	-	-	-	-	-	-	-	-	-	-
Benin	-	-	-	0,1	0,8	3,7	3,7	3,1	1,2	0,9
Burundi	234,6	234,6	253,2	253,8	273,8	267,4	267,5	267,5	267,5	267,5
China	263,0	265,0	272,1	276,6	279,8	279,7	285,8	280,6	284,3	284,3
Costa Rica	10,1	15,0	16,4	16,9	16,9	24,0	31,2	31,6	278,8	278,8
Côte d'Ivoire	-	-	-	0,5	0,7	0,8	0,9	0,8	0,8	0,5
Bundesrep. Deutschland [d]	94,0	100,0	100,0	115,0	126,6	475,0	547,9	596,2	610,2	628,5
Dschibuti	45,3	31,8	34,2	29,2	16,8	17,3	16,7	13,1	1,3	31,4
Frankreich	150,0	150,0	150,0	161,2	167,3	174,2	180,3	179,3	184,4	188,3
Ghana	-	-	0,1	0,1	0,1	0,1	0,2	0,2	0,1	0,1
Großbritannien [h]	148,0	146,0	143,0	140,0	135,0	135,0	100,0	100,0	101,3	39,2
Guatemala	4,1	100,0	70,0	70,0	70,0	12,0	12,0	12,0	223,1	223,1
Guinea	-	-	-	-	-	-	-	-	-	-
Honduras	25,0	28,0	32,2	39,7	49,2	60,0	68,0	63,0	237,1	237,2
Indien	-	3,5	5,0	6,9	7,2	6,7	6,4	6,7	6,6	9,5
Indonesien	8,5	14,9	13,2	10,1	9,5	8,2	4,0	2,5	2,4	1,0
Irak	0,4	1,2	1,2	1,2	1,2	83,2	111,0	1,0	-	-
Islam. Rep. Iran	300,0	1.565,0	1.700,1	1.900,1	2.000,0	2.300,0	2.590,0	2.760,0	2.850,0	2.850,0
Italien	14,0	13,5	13,6	14,2	15,1	15,2	15,5	10,6	11,0	11,4
Jemen [i]	15,6	1,0	1,4	3,7	4,3	5,0	105,0	73,0	78,2	80,1
Bundesrep. Jugoslawien	2,0	1,9	2,0	2,0	3,2	3,5	2,2	1,4	0,9	1,0
Kamerun	128,0	172,7	36,8	4,2	13,7	35,2	53,6	59,2	51,2	48,6
Kanada [c]	0,1	0,1	0,1	0,1	0,1	0,1	0,1	0,1	0,1	0,1
Kenia	3,5	3,4	4,8	6,8	8,1	8,8	8,0	10,2	12,8	12,7
Dem. Rep. Kongo (ehem. Zaire)	611,1	576,7	497,6	303,5	337,3	283,0	301,2	320,0	340,7	340,7
Kroatien	-	-	-	-	-	-	-	-	-	-
Kuwait	5,0	2,0	2,2	2,2	2,8	2,3	-	-	-	0,2
Liberia	-	-	-	0,1	0,3	0,2	0,3	0,2	0,1	0,3
Malawi	-	-	-	-	-	-	100,0	401,6	628,1	822,5
Malaysia	104,0	103,3	99,2	110,7	109,1	105,3	99,0	99,4	104,6	110,5
Mauretanien	-	-	-	-	-	-	-	0,1	-	15,0
Mexiko	44,0	150,0	167,8	170,0	175,0	175,0	175,1	177,1	356,4	356,5
Nepal	-	-	-	-	-	-	-	-	0,1	0,1
Niederlande [e]	12,0	13,0	14,0	14,5	15,0	15,5	16,0	24,0	26,0	27,2
Nigeria	100,0	89,6	5,2	4,6	4,6	5,9	4,8	5,1	5,2	3,8
Österreich [b]	15,5	17,9	35,0	37,3	39,1	40,5	41,2	41,2	39,8	39,4
Pakistan	1.428,2	2.375,3	2.877,5	2.901,4	2.500,0	2.732,4	2.882,1	3.159,0	3.257,6	3.275,7
Ruanda	10,5	18,2	62,0	49,5	48,9	20,1	19,4	19,5	22,2	23,3
Russische Föderation	-	-	-	-	-	-	-	-	-	-
Sambia	36,4	40,6	89,1	103,0	96,5	103,8	138,3	144,1	143,6	137,2
Saudi-Arabien	100,0	65,0	59,0	59,0	105,5	130,0	202,1	-	-	-
Schweden [f]	20,0	20,0	20,0	43,0	90,6	90,6	120,0	130,0	139,8	139,8
Schweiz [g]	32,0	40,0	33,4	32,3	31,2	30,7	31,3	31,7	31,9	36,8
Sierra Leone	-	-	0,1	0,2	0,2	0,2	0,2	0,1	0,1	-
Simbabwe	0,1	5,1	20,2	50,4	50,5	62,8	65,2	123,6	174,5	175,4
Somalia	2.000,0	700,0	700,0	700,0	701,3	812,0	700,0	840,1	834,0	769,6
Sudan	493,0	553,0	637,0	690,0	971,0	1.164,0	974,2	807,1	745,0	767,7
Vereinigte Rep. Tansania	159,6	164,2	160,0	180,1	179,9	214,5	223,5	266,2	265,2	265,1
Thailand	261,4	193,0	169,0	144,3	128,5	130,4	119,9	112,7	107,8	99,9
Uganda	113,0	113,0	113,0	133,0	151,0	151,0	144,1	87,7	103,1	130,0
Vereinigte Staaten [a]	849,0	1.003,0	1.000,0	1.000,0	623,5	487,5	392,3	358,4	370,4	407,5

Asylland	1990	1991	1992	1993	1994	1995	1996	1997	1998	1999
Äthiopien	772,8	527,0	431,8	247,6	348,1	393,5	390,5	323,1	262,0	257,7
Algerien	169,1	169,1	219,3	219,1	219,1	206,8	190,3	170,7	165,2	165,2
Angola	11,6	11,0	11,0	10,9	10,7	10,9	9,4	9,4	10,6	13,1
Armenien	-	-	300,0	340,7	304,0	218,0	219,0	219,0	310,0	296,2
Aserbaidschan	-	-	246,0	230,0	231,6	233,7	233,0	233,7	221,6	221,6
Australien [a]	97,9	53,1	49,8	50,6	52,1	54,3	59,0	60,2	61,8	59,7
Bangladesch	-	40,3	245,0	199,0	116,2	51,1	30,7	21,6	22,3	22,2
Benin	0,5	0,5	0,3	156,2	70,4	23,5	6,0	2,9	2,9	3,7
Burundi	268,4	270,1	271,7	271,9	300,3	173,0	20,7	22,0	25,1	22,1
China	287,2	288,9	288,1	288,2	287,1	288,3	290,1	291,5	292,3	293,3
Costa Rica	276,2	117,5	114,4	24,8	24,6	24,2	23,2	23,1	23,0	22,9
Côte d'Ivoire	272,3	230,3	174,1	251,7	360,1	297,9	327,7	208,5	119,9	138,4
Bundesrep. Deutschland [d]	816,0	821,5	1.236,0	1.418,0	1.354,6	1.267,9	1.266,0	1.049,0	949,2	975,5
Dschibuti	70,2	96,1	28,0	34,1	33,4	25,7	25,1	23,6	23,6	23,3
Frankreich	193,2	170,0	182,6	183,0	152,3	170,2	151,3	147,3	140,2	140,2
Ghana	8,1	8,1	12,1	150,1	113,7	89,2	35,6	22,9	14,6	13,3
Großbritannien [h]	43,7	43,4	64,8	80,3	85,1	90,5	97,5	105,3	116,1	132,7
Guatemala	223,4	223,2	222,9	4,7	4,7	1,5	1,6	1,5	0,8	0,7
Guinea	325,0	548,0	478,5	577,2	553,2	633,0	663,9	435,3	413,7	501,5
Honduras	237,1	102,0	100,3	0,1	0,1	0,1	0,1	-	-	-
Indien	12,7	210,6	258,4	260,3	258,3	274,1	233,4	223,1	185,5	180,0
Indonesien	20,6	18,7	15,6	2,4	0,1	-	0,1	-	0,1	162,5
Irak	0,9	88,0	95,0	108,1	119,6	123,3	113,0	104,0	104,1	128,9
Islam. Rep. Iran	4.174,4	4.405,0	4.150,7	2.495,0	2.236,4	2.024,5	2.030,4	1.982,6	1.931,3	1.835,7
Italien	11,7	12,2	12,4	12,4	12,5	80,0	71,6	73,4	68,3	22,9
Jemen [i]	3,0	30,0	59,7	53,8	13,6	40,3	53,5	38,5	61,4	60,5
Bundesrep. Jugoslawien	0,9	0,5	516,5	479,1	195,5	650,0	563,2	550,1	502,0	500,7
Kamerun	49,9	45,2	42,2	44,0	44,0	45,9	46,4	47,1	47,7	49,2
Kanada [c]	154,8	170,9	183,7	183,2	164,3	151,0	138,7	133,6	135,7	136,6
Kenia	14,4	120,2	401,9	301,6	252,4	239,5	223,6	232,1	238,2	223,7
Dem. Rep. Kongo (ehem. Zaire)	416,4	483,0	391,1	572,1	1.724,4	1.433,8	676,0	297,5	240,3	285,2
Kroatien	-	-	648,0	280,0	183,6	188,6	165,4	68,9	29,0	28,4
Kuwait	-	125,0	124,9	24,0	30,0	30,0	3,8	3,8	4,2	4,3
Liberia	-	-	100,0	150,2	120,2	120,0	120,1	126,9	103,1	96,3
Malawi	926,7	981,8	1.058,5	713,6	90,2	1,0	1,3	0,3	0,4	1,7
Malaysia	14,9	13,9	10,3	0,9	5,3	0,2	0,2	5,3	50,6	50,5
Mauretanien	20,4	35,2	37,5	46,7	82,2	40,4	15,9	0,0	0,0	0,0
Mexiko	356,4	360,2	361,0	52,0	47,4	39,6	34,6	31,9	28,3	24,5
Nepal	0,1	9,6	75,5	85,3	103,3	124,8	126,8	129,2	126,1	127,9
Niederlande [e]	15,1	18,3	29,8	44,2	62,8	80,8	103,5	119,0	131,8	129,1
Nigeria	3,6	3,6	4,8	4,8	6,0	8,1	8,5	9,0	7,9	6,9
Österreich [b]	34,9	34,5	62,4	57,7	40,7	34,4	89,1	84,4	79,9	80,3
Pakistan	3.185,3	3.099,9	1.629,2	1.479,5	1.055,4	1.202,7	1.202,7	1.202,7	1.202,5	1.202,0
Ruanda	23,6	34,0	25,2	277,0	6,0	7,8	25,3	34,2	33,4	34,4
Russische Föderation	-	-	17,1	44,7	50,2	42,3	205,5	237,7	128,6	80,1
Sambia	138,0	140,7	142,1	141,1	141,1	130,6	131,1	165,1	168,6	206,4
Saudi-Arabien	-	33,1	28,7	24,0	18,0	13,3	9,9	5,8	5,5	5,6
Schweden [f]	183,4	238,4	324,5	257,0	186,4	189,9	191,2	186,7	178,8	159,5
Schweiz [g]	40,9	45,6	51,9	56,6	75,3	82,9	84,4	83,2	81,9	111,6
Sierra Leone	125,8	28,0	5,9	15,8	15,9	4,7	13,5	13,0	9,9	6,6
Simbabwe	182,7	197,6	237,7	100,5	2,2	0,4	0,6	0,8	0,8	2,0
Somalia	460,0	-	0,5	0,3	0,4	0,6	0,7	0,6	0,3	0,1
Sudan	780,0	729,2	725,6	745,2	727,2	558,2	393,9	374,4	391,5	391,0

Vereinigte Rep. Tansania	265,2	288,1	292,1	564,5	883,3	829,7	498,7	570,4	543,9	622,2
Thailand	99,8	88,2	63,6	104,4	100,8	101,4	108,0	169,2	138,3	100,1
Uganda	142,4	162,5	196,3	286,5	286,5	229,4	264,3	188,5	204,5	218,2
Vereinigte Staaten [a]	462,9	512,8	580,1	623,2	631,3	620,3	598,8	553,9	524,1	513,0

Hinweise:

Diese Tabelle enthält Länder mit mindestens 75.000 Flüchtlingen in mindestens einem Jahr zwischen 1980 und 1999. Stand vom 31. Dezember des jeweiligen Jahres.

[a] Bei den Zahlen für 1984 bis 1999 handelt es sich um Schätzungen von UNHCR auf der Grundlage der Zahlen der eingetroffenen Flüchtlinge und/oder der als Flüchtlinge anerkannten Asylbewerber in einem Fünfjahreszeitraum. Die Schätzverfahren für die Jahre vor 1984 sind nicht bekannt.

[b] Schätzungen von UNHCR auf der Grundlage der Zahlen der eingetroffenen Flüchtlinge und/oder der als Flüchtlinge anerkannten Asylbewerber in einem Zehnjahreszeitraum, der Flüchtlinge mit temporärem Schutz und der Flüchtlinge mit einer ordnungsgemäßen Aufenthaltsgenehmigung für Ausländer.

[c] Schätzungen von UNHCR auf der Grundlage der Zahlen der eingetroffenen Flüchtlinge und/oder der als Flüchtlinge anerkannten Asylbewerber in einem Fünfjahreszeitraum.

[d] Die Zahlen für 1980 bis 1984 beinhalten „Personen, denen Asyl gewährt wurde, und im Ausland anerkannte Flüchtlinge", „Kontingentflüchtlinge" und „heimatlose Ausländer", die Zahlen für 1985 bis 1999 die Personen aus den zusätzlichen Kategorien „Familienangehörige von Personen, denen Asyl gewährt wurde", „Bürgerkriegsflüchtlinge aus Bosnien und Herzegowina" und „De-facto-Flüchtlinge". (Quelle: Zentrales Ausländerregister)

[e] Bei den Zahlen für 1990 bis 1999 handelt es sich um Schätzungen von UNHCR auf der Grundlage der Zahlen der eingetroffenen Flüchtlinge und/oder der als Flüchtlinge anerkannten Asylbewerber in einem Zehnjahreszeitraum. Die Schätzverfahren für die Jahre vor 1990 sind nicht bekannt.

[f] Bei den Zahlen für 1994 bis 1999 handelt es sich um Schätzungen von UNHCR auf der Grundlage der Zahlen der eingetroffenen Flüchtlinge und/oder der als Flüchtlinge anerkannten Asylbewerber in einem Zehnjahreszeitraum. Die Schätzverfahren für die Jahre vor 1994 sind nicht bekannt.

[g] Die Zahlen für 1980 bis 1984 beinhalten lediglich „anerkannte Flüchtlinge", während die Zahlen für 1985 bis 1999 auch die Personen aus der zusätzlichen Kategorie „temporäre Zulassung" enthalten, die während oder nach einem Verfahren oder ohne ein solches, aus humanitären Gründen oder gemäß vergleichbaren Regelungen gewährt wurde.

[h] Bei den Zahlen für 1989 bis 1999 handelt es sich um Schätzungen von UNHCR auf der Grundlage der Zahlen der eingetroffenen Flüchtlinge und/oder der als Flüchtlinge anerkannten Asylbewerber in einem Zehnjahreszeitraum. Die Schätzverfahren für die Jahre vor 1989 sind nicht bekannt.

[i] Die Zahlen von 1980 bis 1989 gelten für die Arabische Republik Jemen und die Demokratische Volksrepublik Jemen zusammengenommen. Die Zahlen ab 1990 gelten für die vereinigte Republik Jemen.

Für weitere Informationen zur Zuverlässigkeit der Zahlenangaben siehe auch die technischen Hinweise zur Erhebung statistischer Daten.

Größte Flüchtlingsbevölkerungen nach Herkunftsland, 1980 - 1999 (in Tausend)

Anhang 5

Herkunftsland	1980	1981	1982	1983	1984	1985	1986	1987	1988	1989
Äthiopien	2.567,4	1.362,3	1.333,9	1.350,7	1.545,4	1.748,5	1.533,7	1.486,7	1.501,0	1.462,4
Afghanistan	1.734,7	3.879,5	4.487,7	4.712,2	4.417,1	4.652,6	5.093,7	5.511,2	5.609,3	5.630,8
Angola	449,0	457,1	465,9	298,1	357,8	317,4	355,4	391,7	407,3	408,4
Armenien	0,3	0,3	0,7	0,3	0,3	0,3	0,5	0,2	0,3	-
Aserbaidschan	-	-	-	-	-	-	-	-	-	-
Bhutan	-	-	-	-	-	-	-	-	-	-
Bosnien und Herzegowina	-	-	-	-	-	-	-	-	-	-
Burundi	169,8	183,0	176,3	176,6	182,9	199,8	210,6	186,9	190,2	191,4
China	-	-	-	-	-	-	-	-	-	-
El Salvador	91,6	304,8	242,4	244,6	243,0	180,6	171,8	167,6	165,3	38,6
Eritrea	0,4	1,4	1,4	1,2	1,2	1,2	-	-	-	-
Irak	31,0	66,4	103,6	103,5	101,4	401,2	400,4	410,4	505,9	504,1
Islam. Rep. Iran	-	0,7	2,3	5,0	3,9	86,6	85,8	8,5	9,5	5,4
Jemen	15,0	-	-	-	-	-	100,0	70,0	77,0	77,0
Bundesrep. Jugoslawien	-	-	-	-	-	-	-	-	-	-
Kambodscha	192,7	134,9	123,2	90,9	72,3	67,3	54,7	48,4	44,5	40,4
Dem. Rep. Kongo (ehem. Zaire)	116,8	119,0	92,5	101,6	94,5	86,4	96,6	69,4	103,4	100,5
Kroatien	-	-	-	-	-	-	-	-	-	-
Dem. Volksrep. Laos	105,2	89,9	80,5	84,9	86,6	99,2	91,1	78,8	80,0	72,5
Liberia	-	-	-	-	-	-	-	-	-	-
Mali	-	-	-	-	-	-	-	-	-	-
Mauretanien	-	-	-	-	-	-	-	-	-	48,2
Mosambik	0,1	5,2	20,2	50,2	51,2	72,3	193,6	635,0	921,2	1.120,7
Myanmar	-	-	-	-	-	-	-	-	-	-
Namibia	55,6	74,5	75,2	75,1	77,6	76,9	77,0	75,7	76,5	3,7
Nicaragua	1,0	2,5	19,0	23,5	35,0	52,7	67,6	68,5	77,4	84,3
Osttimor	-	-	-	-	-	-	-	-	-	-
Palästinenser	-	-	9,8	9,1	-	31,6	52,7	2,0	5,0	4,1
Philippinen	90,0	90,0	90,0	100,0	100,0	90,0	90,0	90,0	90,0	90,0
Ruanda	286,7	277,0	328,0	321,8	357,1	376,5	371,9	353,4	327,5	319,5
Sierra Leone	-	-	-	-	-	-	-	-	-	-
Somalia	-	-	-	-	-	-	-	60,0	350,7	325,6
Sri Lanka	-	-	-	-	-	0,2	0,3	0,2	0,1	0,1
Sudan	10,9	5,4	5,4	31,0	180,1	180,9	132,8	253,2	347,2	438,7
Togo	-	-	-	-	-	-	-	-	-	-
Tschad	221,0	234,3	17,0	16,7	181,3	212,2	170,1	146,9	130,8	125,9
Türkei	-	-	0,3	0,5	1,0	0,8	0,9	1,1	-	1,5
Uganda	224,3	176,7	271,3	315,3	294,0	306,0	238,6	111,0	21,0	19,7
Vietnam	344,5	310,1	322,8	325,6	321,3	318,2	318,0	316,5	317,4	326,2
Westsahara	50,0	165,0	165,0	165,0	165,0	165,0	165,0	165,0	165,0	167,2

Anhang 5

Herkunftsland	1990	1991	1992	1993	1994	1995	1996	1997	1998	1999
Äthiopien	1.324,8	225,9	282,1	219,8	188,1	66,0	73,0	64,1	53,2	53,7
Afghanistan	6.326,4	6.294,8	4.550,6	3.388,2	2.745,2	2.681,7	2.673,2	2.650,4	2.633,9	2.562,0
Angola	407,5	381,3	300,1	325,6	283,9	246,2	248,9	265,7	315,9	350,7
Armenien	-	-	195,0	195,1	201,5	198,6	198,7	201,2	190,2	190,3
Aserbaidschan	-	-	300,0	328,0	299,0	200,3	210,9	234,2	328,5	13,2
Bhutan	-	9,5	75,4	85,3	103,3	104,7	106,8	108,7	105,7	107,6
Bosnien und Herzegowina	-	-	436,9	579,3	321,2	468,2	893,6	706,5	471,6	382,9
Burundi	191,6	223,9	184,1	871,3	389,2	349,8	427,5	517,6	500,0	524,4
China	-	-	80,0	109,1	109,2	118,0	118,0	118,5	118,5	120,1
El Salvador	27,1	29,6	27,2	22,6	16,7	13,5	13,9	13,5	9,6	9,6
Eritrea	-	500,6	503,2	427,2	422,4	285,7	330,9	318,2	345,4	345,6
Irak	1.116,9	1.305,2	1.322,7	740,0	702,1	628,0	654,5	631,6	590,8	572,1
Islam. Rep. Iran	2,9	56,8	56,2	49,6	50,0	46,4	70,1	59,0	52,2	54,2
Jemen	-	-	-	-	-	0,2	0,9	1,3	1,4	1,5
Bundesrep. Jugoslawien	-	43,0	418,6	48,8	38,5	46,9	76,8	79,9	100,2	112,6
Kambodscha	38,1	36,8	24,0	7,7	6,9	60,1	59,7	100,7	73,1	38,6
Dem. Rep. Kongo (ehem. Zaire)	67,0	65,3	80,4	74,7	71,6	86,2	154,3	168,7	152,4	249,3
Kroatien	-	-	168,6	151,2	78,3	242,9	305,6	342,1	334,6	340,3
Dem. Volksrep. Laos	71,3	61,4	43,4	29,3	14,1	23,1	19,6	16,4	13,5	15,5
Liberia	735,6	673,3	519,8	701,8	794,2	740,0	778,1	487,0	258,7	285,0
Mali	-	14,7	71,2	98,6	172,7	77,1	55,1	10,4	3,6	0,3
Mauretanien	66,0	79,9	79,6	67,9	68,0	83,9	82,3	68,9	67,8	27,7
Mosambik	1.248,0	1.316,6	1.344,9	1.309,2	234,5	125,5	34,6	33,6	-	-
Myanmar	-	40,0	245,0	281,3	203,9	146,3	135,1	132,3	129,6	127,8
Namibia	0,5	0,2	-	0,1	0,1	-	-	-	1,9	0,7
Nicaragua	36,9	31,6	31,0	23,4	22,9	20,8	20,1	19,8	18,9	18,6
Osttimor	-	-	-	-	-	-	-	-	-	162,5
Palästinenser [a]	4,0	59,6	89,0	74,7	75,3	65,1	74,0	71,1	72,8	100,5
Philippinen	-	-	-	-	-	-	-	-	45,1	45,1
Ruanda	361,3	431,2	434,7	450,4	2.257,0	1.818,4	467,7	66,0	73,4	84,3
Sierra Leone	-	142,6	253,6	311,1	275,1	379,1	374,4	328,4	411,0	487,2
Somalia	455,2	720,8	788,2	516,6	535,9	579,3	573,0	525,4	480,8	451,5
Sri Lanka	-	200,0	113,4	76,8	77,3	71,4	79,5	93,7	87,3	93,4
Sudan	523,8	195,9	266,9	391,4	398,6	436,5	464,0	351,7	374,2	467,7
Togo	-	-	0,1	291,0	167,7	92,9	25,2	6,6	2,7	2,7
Tschad	184,8	72,3	66,4	212,9	211,9	59,7	58,4	54,9	59,3	58,2
Türkei	-	-	-	5,5	16,9	32,9	41,6	38,3	32,7	36,9
Uganda	56,4	36,8	28,5	28,4	26,0	18,8	23,8	50,9	9,0	10,3
Vietnam	343,6	325,5	322,0	307,6	300,4	342,5	329,2	320,2	315,7	326,3
Westsahara	165,0	165,0	165,0	165,0	166,5	165,0	166,3	166,1	166,0	165,9

Hinweise:
Die Tabelle enthält Herkunftsländer von Flüchtlingsbevölkerungen von mindestens 75.000 Personen in mindestens einem Jahr zwischen 1980 und 1999.
Stand vom 31. Dezember des jeweiligen Jahres
Die Herkunft von Flüchtlingen in einer Reihe von Staaten, überwiegend Industriestaaten, ist nicht verfügbar.
[a] Ohne palästinensische Flüchtlinge, die vom Hilfswerk der Vereinten Nationen für die Palästinaflüchtlinge im Nahen Osten
(UN Relief and Works Agency for Palestine Refugees in the Near East - UNRWA) unterstützt wurden.
Für weitere Informationen zur Zuverlässigkeit der Zahlenangaben siehe auch die technischen Hinweise zur Erhebung statistischer Daten.

Flüchtlingsbevölkerungen nach Herkunft und Asylland/-gebiet (Stand: 31. Dezember 1999)

Anhang 6

Herkunftsland	Asylland/-gebiet	Anzahl
Afghanistan		**2.601.400**
	Dänemark *	2.300
	Deutschland *	16.600
	Großbritannien *	3.500
	Indien	14.500
	Iran	1.325.700
	Kasachstan	2.300
	Niederlande *	20.300
	Pakistan	1.200.000
	Tadschikistan	4.500
	Andere	11.700
Angola		**349.600**
	Dem. Rep. Kongo	150.000
	Kongo	20.600
	Namibia	7.000
	Sambia	163.100
	Südafrika	3.800
	Andere	5.100
Armenien		**189.700**
	Aserbaidschan	188.400
	Andere	1.300
Aserbaidschan		**310.700**
	Armenien	296.200
	Russische Föderation	12.900
	Andere	1.600
Bhutan		**107.600**
	Nepal	107.600
Bosnien und Herzegowina		**472.700**
	Andere	4.100
	Bundesr. Jugoslawien	198.200
	Dänemark *	27.300
	Deutschland *	50.000
	Kroatien	25.000
	Niederlande *	23.900
	Norwegen *	14.300
	Österreich	66.700
	Schweden *	52.800
	Schweiz	7.300
	Slowenien	3.100
Burundi		**524.700**
	Dem. Rep. Kongo	19.200
	Ver. Rep. Tansania	499.000
	Andere	6.500

Herkunftsland	Asylland/-gebiet	Anzahl
Bundesr. Jugoslawien		**153.400**
	Albania	3.900
	Bosnien und H.	26.100
	Dänemark *	3.100
	Deutschland *	21.000
	Finnland *	2.200
	Frankreich *	5.600
	Großbritannien *	4.400
	Italien	4.100
	Kroatien	3.400
	Mazedonien	21.000
	Niederlande *	7.000
	Norwegen *	10.400
	Schweden *	29.200
	Schweiz	4.500
	Vereinigte Staaten **	4.100
	Andere	3.400
China		**107.600**
	Indien	98.000
	Niederlande *	2.100
	Vereinigte Staaten **	3.800
	Andere	3.700
Eritrea		**345.500**
	Andere	900
	Jemen	2.500
	Sudan	342.100
Georgien		**28.400**
	Russische Föderation	28.000
	Andere	400
Guatemala		**23.100**
	Mexiko	22.300
	Andere	800
Irak		**639.300**
	Dänemark *	10.500
	Deutschland *	34.500
	Großbritannien *	5.700
	Islam. Rep. Iran	510.000
	Libanon	2.500
	Niederlande *	22.900
	Norwegen *	4.800
	Saudi-Arabien	5.400
	Schweden *	24.000
	Syrische Arab. Rep.	3.400
	Vereinigte Staaten **	2.600
	Andere	13.000

Herkunftsland	Asylland/-gebiet	Anzahl	Herkunftsland	Asylland/-gebiet	Anzahl
Islamische Republik Iran		**90.900**	**Myanmar**		**127.800**
	Dänemark *	2.800		Bangladesch	22.100
	Deutschland *	19.100		Malaysia	5.100
	Frankreich *	2.800		Thailand	99.700
	Großbritannien *	2.400		Andere	900
	Irak	26.500			
	Kanada **	4.700	**Osttimor**		**162.500**
	Niederlande *	9.700		Indonesien	162.500
	Norwegen *	3.800			
	Schweden *	11.000	**Palästinenser**		**104.300**
	Andere	8.100		Dänemark *	3.900
				Irak	90.000
Kambodscha		**38.600**		Kuwait	2.200
	Frankreich *	21.400		Libysch-Arab. Dsch.	7.600
	Vietnam	15.000		Andere	600
	Andere	2.200			
			Philippinen		**45.100**
Demokratische Rep. Kongo		**252.400**		Malaysia	45.100
	Angola	12.800			
	Burundi	20.800	**Ruanda**		**84.800**
	Frankreich *	5.200		Belgien *	2.100
	Kanada **	2.300		Dem. Rep. Kongo	33.000
	Kongo	12.400		Kenia	2.900
	Ruanda	33.000		Kongo	6.500
	Sambia	36.400		Sambia	4.200
	Südafrika	4.100		Uganda	8.000
	Uganda	8.000		Ver. Rep. Tansania	20.100
	Ver. Rep. Tansania	98.500		Andere	8.000
	Zentralafrikan. Rep.	9.500			
	Andere	9.400	**Russische Föderation**		**22.400**
				Georgien	5.200
Kongo		**26.200**		Kasachstan	7.000
	Dem. Rep. Kongo	11.800		Vereinigte Staaten **	2.700
	Gabun	12.200		Andere	7.500
	Andere	2.200			
			Sierra Leone		**487.200**
Kroatien		**343.400**		Gambia	12.000
	Bosnien und H.	39.600		Guinea	370.600
	Bundesr. Jugoslawien	298.000		Liberia	96.300
	Kroatien	2.800		Andere	8.300
	Andere	3.000			
			Somalia		**496.200**
Liberia		**288.400**		Ägypten	2.600
	Côte d'Ivoire	135.600		Äthiopien	180.900
	Ghana	10.400		Dänemark *	9.600
	Guinea	129.100		Dschibuti	21.600
	Sierra Leone	6.600		Eritrea	2.300
	Vereinigte Staaten **	2.500		Finnland *	2.400
	Andere	4.200		Großbritannien *	18.100
				Jemen	55.200
Mauretanien		**29.200**		Kanada **	4.000
	Mali	6.100		Kenia	141.100
	Senegal	20.000		Libysch-Arab. Dsch.	2.900
	Andere	3.100		Niederlande *	18.500

Zur Lage der Flüchtlinge in der Welt

Herkunftsland	Asylland/-gebiet	Anzahl	Herkunftsland	Asylland/-gebiet	Anzahl
Somalia Fortsetzung			Tschad		57.900
	Norwegen *	3.600		Kamerun	44.600
	Schweden *	7.700		Nigeria	3.200
	Schweiz	2.400		Sudan	4.400
	Südafrika	4.700		Zentralafrikan. Rep.	3.500
	Ver. Rep. Tansania	3.300		Andere	2.200
	Vereinigte Staaten **	5.200	Türkei		71.700
	Andere	10.100		Deutschland *	40.800
Sri Lanka		120.700		Frankreich *	11.900
	Deutschland *	9.200		Irak	11.200
	Frankreich *	15.900		Schweden *	2.400
	Großbritannien *	8.300		Schweiz	5.000
	Indien	66.400		Andere	400
	Kanada **	9.700	Usbekistan		44.300
	Niederlande *	2.100		Aserbaidschan	33.200
	Norwegen *	2.300		Russische Föderation	11.000
	Schweiz	4.300		Andere	100
	Andere	2.500	Vietnam		326.300
Sudan		474.700		Belgien *	3.100
	Ägypten	2.600		China	293.200
	Äthiopien	70.300		Frankreich *	15.700
	Dem. Rep. Kongo	68.000		Japan	3.100
	Großbritannien *	2.000		Schweden *	2.400
	Kenia	64.300		Schweiz	3.100
	Niederlande *	2.300		Andere	5.700
	Tschad	23.300	Westsahara		165.900
	Uganda	200.600		Algerien	165.000
	Zentralafrikan. Rep.	35.500		Andere	900
	Andere	5.800			
Tadschikistan		44.900			
	Kasachstan	5.400			
	Kirgisistan	10.100			
	Russische Föderation	12.300			
	Turkmenistan	17.000			
	Andere	100			

Hinweise:
Die Tabelle zeigt nur die Herkunft von Flüchtlingsbevölkerungen von mindestens 20.000 Personen und enthält nur Aufnahmeländer/-gebiete, die mindestens 2.000 Flüchtlinge aus dem jeweiligen Herkunftsland/-gebiet aufgenommen haben.
(*) Von UNHCR geschätzte Flüchtlingszahl auf der Grundlage der Zahlen der in den letzten zehn Jahren eingetroffenen Flüchtlinge und/oder der als Flüchtlinge anerkannten Asylbewerber (ohne aus Erstasylländern angesiedelte Flüchtlinge)
(*) Von UNHCR geschätzte Flüchtlingszahl auf der Grundlage der Zahlen der in den letzten fünf Jahren eingetroffenen Flüchtlinge und/oder der als Flüchtlinge anerkannten Asylbewerber (ohne aus Erstasylländern angesiedelte Flüchtlinge)
In dieser Tabelle wurden Schätzungen über die Zahl der in den Industriestaaten als Flüchtling anerkannten Asylbewerber berücksichtigt. Infolgedessen weichen die Summenwerte von den Angaben in Anhang 5 und von Schätzungen in anderen UNHCR-Dokumenten ab.
Für weitere Informationen zur Zuverlässigkeit der Zahlenangaben siehe auch die technischen Hinweise zur Erhebung statistischer Daten.

Quelle: Regierungen, UNHCR

Flüchtlinge pro 1.000 Einwohner: Rangliste der führenden 40 Länder (Stand: 31. Dezember 1999)

Asyl-/Aufenthaltsland	Flüchtlinge pro 1.000 Einwohner	Asyl-/Aufenthaltsland	Flüchtlinge pro 1.000 Einwohner
Armenien	84,2	Ehem. jugosl. Rep. Mazedonien	10,5
Guinea	67,5	Norwegen	10,3
Bundesrepublik Jugoslawien	47,1	Uganda	10,0
Dschibuti	36,5	Österreich	9,8
Liberia	32,7	Côte d'Ivoire	9,4
Aserbaidschan	28,7	Niederland	8,2
Islamische Republik Iran	27,1	Pakistan	7,7
Sambia	22,5	Kenia	7,4
Vereinigte Republik Tansania	18,6	Kroatien	6,3
Schweden	17,5	Guinea-Bissau	5,9
Bosnien und Herzegowina	16,5	Costa Rica	5,7
Zentralafrikanische Republik	13,6	Irak	5,6
Kongo	13,6	Demokratische Republik Kongo	5,5
Sudan	13,3	Nepal	5,3
Gambia	13,2	Algerien	5,2
Dänemark	13,0	Ruanda	4,4
Gabon	12,3	Kanada	4,4
Belize	12,0	Namibia	4,3
Deutschland	11,9	Turkmenistan	4,1
Schweiz	11,1	Äthiopien	4,1

Hinweis:
Für weitere Informationen zur Zuverlässigkeit der Zahlenangaben siehe auch die technischen Hinweise zur Erhebung statistischer Daten.
Quelle: Vereinte Nationen, Abteilung für wirtschaftliche und soziale Angelegenheiten, World Population Prospects: The 1998 Revision, New York, 1999; UNHCR

Flüchtlinge im ostafrikanischen Seenhochland, 1960 - 1999

Anhang 8

Region	1960	1961	1962	1963	1964	1965	1966	1967	1968	1969
Burundi	..	30.000	30.000	34.000	78.000	65.000	79.000	79.000	72.000	46.200
Dem. Rep. Kongo (ehem. Zaire)	..	203.000	223.000	237.000	236.000	265.000	357.100	434.100	475.400	496.300
Ruanda	..	-	-	-	-	3.000	300	-	-	-
Uganda	..	52.000	52.000	59.000	113.000	137.400	156.000	162.800	175.700	177.300
Ver. Rep. Tansania	..	12.000	12.000	12.000	25.000	29.000	34.000	39.800	46.000	54.600
Summe	..	297.000	317.000	342.000	452.000	499.400	626.400	715.700	769.100	774.400

Region	1970	1971	1972	1973	1974	1975	1976	1977	1978	1979
Burundi	38.800	33.000	43.400	49.000	48.500	49.500	49.500	50.000	50.300	50.500
Dem. Rep. Kongo (ehem. Zaire)	489.000	474.300	495.300	460.100	503.300	510.000	515.000	530.300	653.000	710.500
Ruanda	-	-	4.000	6.500	6.000	7.400	7.500	7.500	7.600	7.900
Uganda	179.800	180.900	166.600	113.900	118.500	112.600	112.900	113.600	113.700	112.700
Ver. Rep. Tansania	71.500	71.200	165.000	180.900	193.200	171.200	154.000	164.600	161.000	160.800
Summe	779.100	759.400	874.300	810.400	869.500	850.700	838.900	866.000	985.600	1.042.400

Region	1980	1981	1982	1983	1984	1985	1986	1987	1988	1989
Burundi	234.600	234.600	253.200	253.800	273.800	267.400	267.500	267.500	267.500	267.500
Dem. Rep. Kongo (ehem. Zaire)	611.100	576.700	497.600	303.500	337.300	283.000	301.200	320.000	340.700	340.700
Ruanda	10.500	18.200	62.000	49.500	48.900	20.100	19.400	19.500	22.200	23.300
Uganda	113.000	113.000	113.000	133.000	151.000	151.000	144.100	87.700	103.100	130.000
Ver. Rep. Tansania	159.600	164.200	160.000	180.100	179.900	214.500	223.500	266.200	265.200	265.100
Summe	1.128.800	1.106.700	1.085.800	919.900	990.900	936.000	955.700	960.900	998.700	1.026.600

Region	1990	1991	1992	1993	1994	1995	1996	1997	1998	1999
Burundi	268.400	270.100	271.700	271.900	300.300	173.000	20.700	22.000	25.100	22.100
Dem. Rep. Kongo (ehem. Zaire)	416.400	483.000	391.100	572.100	1.724.400	1.433.800	676.000	297.500	240.300	285.200
Ruanda	23.600	34.000	25.200	277.000	6.000	7.800	25.300	34.200	33.400	34.400
Uganda	145.700	162.500	196.300	286.500	286.500	229.400	264.300	188.500	204.500	218.200
Ver. Rep. Tansania	265.200	288.100	292.100	564.500	883.300	829.700	498.700	570.400	543.900	622.200
Summe	1.119.300	1.237.700	1.176.400	1.972.000	3.200.500	2.673.700	1.485.000	1.112.600	1.047.200	1.182.100

Hinweis:
Stand vom 31. Dezember des jeweiligen Jahres
Für weitere Informationen zur Zuverlässigkeit der Zahlenangaben siehe auch die technischen Hinweise zur Erhebung statistischer Daten.

Asylanträge und aufgenommene Flüchtlinge in ausgewählten Industrieländern, 1990 - 1999

Anhang 9

Land	1990	1991	1992	1993	1994	1995	1996	1997	1998	1999	Summe
Australien[a]											
Asylanträge	12.100	16.700	6.100	7.200	6.300	7.600	9.800	9.300	8.200	9.500	92.800
Flüchtl. nach Genfer Flüchtlingskonvention	90	190	610	990	1.000	680	1.400	1.000	2.500	1.900	10.400
Bleiberecht aus humanitären Gründen	-	-	-	-	-	-	-	-	-	-	-
Gesamtanerkennungsrate	31,8	11,4	5,8	9,9	13,3	9,1	18,1	6,6	23,8	26,4	14,6
Aus Erstasylländern z. Ansiedl. aufgen. Flüchtl.	12.000	7.800	7.200	10.900	11.400	13.600	11.300	8.000	11.100	8.300	101.600
Belgien											
Asylanträge	13.000	15.200	17.600	26.900	14.400	11.400	12.400	11.800	22.000	35.800	180.500
Flüchtl. nach Genfer Flüchtlingskonvention	530	620	900	1.100	1.600	1.400	1.700	1.900	1.700	1.500	13.000
Bleiberecht aus humanitären Gründen	-	-	-	-	-	-	-	-	-	-	-
Gesamtanerkennungsrate	30,3	22,1	19,4	21,8	24,0	24,6	22,5	19,7	24,6	31,2	24,8
Aus Erstasylländern z. Ansiedl. aufgen. Flüchtl.	-	-	-	-	-	-	-	-	-	-	-
Bulgarien											
Asylanträge	-	-	-	-	-	520	300	430	830	1.300	3.400
Flüchtl. nach Genfer Flüchtlingskonvention	-	-	-	-	-	50	150	130	90	180	600
Bleiberecht aus humanitären Gründen	-	-	-	-	-	20	10	*	10	380	420
Gesamtanerkennungsrate	-	-	-	-	-	70,8	49,8	47,6	22,0	37,8	39,3
Aus Erstasylländern z. Ansiedl. aufgen. Flüchtl.	-	-	-	-	-	-	-	-	-	-	-
Dänemark											
Asylanträge	5.300	4.600	13.900	14.300	6.700	5.100	5.900	5.100	5.700	6.500	73.100
Flüchtl. nach der Genfer Flüchtlingskonvention	700	990	760	650	680	5.000	1.400	980	1.100	1.100	13.400
Bleiberecht aus humanitären Gründen	1.600	2.200	2.500	2.300	1.700	14.900	6.800	4.500	3.200	2.600	42.300
Gesamtanerkennungsrate	-	-	-	-	-	86,7	81,7	58,3	54,5	51,8	72,4
Aus Erstasylländern z. Ansiedl. aufgen. Flüchtl.	750	860	550	3.200	3.800	2.000	600	500	450	520	13.300
Deutschland											
Asylanträge	193.100	256.100	438.200	322.600	127.200	127.900	116.400	104.400	98.600	95.100	1.879.600
Flüchtl. nach Genfer Flüchtlingskonvention[b]	6.500	11.600	9.200	16.400	25.600	23.500	24.100	18.200	11.300	10.300	156.700
Bleiberecht aus humanitären Gründen	-	-	-	-	-	3.600	2.100	2.800	2.500	2.100	13.100
Gesamtanerkennungsrate[c]	4,4	6,9	4,2	3,2	7,5	13,5	13,5	12,3	9,4	9,1	7,6
Aus Erstasylländern z. Ansiedl. aufgen. Flüchtl.	-	-	-	-	-	-	-	-	-	-	-
Finnland											
Asylanträge	2.700	2.100	3.600	2.000	840	850	710	970	1.300	3.100	18.200
Flücht. nach der Genfer Flüchtlingskonvention	20	20	30	20	30	10	10	10	10	30	190
Bleiberecht aus humanitären Gründen	140	1.700	700	2.100	390	230	340	290	380	470	6.700
Gesamtanerkennungsrate	32,1	73,3	35,1	59,6	45,6	46,8	58,6	52,1	44,1	18,2	47,3
Aus Erstasylländern z. Ansiedl. aufgen. Flüchtl.	640	460	670	590	650	640	840	630	300	540	6.000
Frankreich											
Asylanträge	54.800	47.400	28.900	27.600	26.000	20.200	17.400	21.400	22.400	30.800	296.900
Flüchtl. nach der Genfer Flüchtlingskonvention	13.500	15.500	10.300	9.900	7.000	4.500	4.300	4.100	4.000	..	73.100
Bleiberecht aus humanitären Gründen	-	-	-	-	-	-	-	-	-	-	-
Gesamtanerkennungsrate	15,4	19,7	28,0	27,9	23,7	15,6	19,6	17,0	17,5	..	20,0
Aus Erstasylländern z. Ansiedl. aufgen. Flüchtl.	-	-	-	-	-	-	-	-	-	-	-
Griechenland											
Asylanträge	6.200	2.700	1.900	810	1.300	1.300	1.600	4.400	3.000	1.500	24.700
Flüchtl. nach der Genfer Flüchtlingskonvention[d]	1.100	330	200	40	90	200	230	220	440	150	3.000
Bleiberecht aus humanitären Gründen	-	-	-	-	-	-	70	90	290	420	870
Gesamtanerkennungsrate	19,4	4,5	5,7	5,3	11,9	16,1	15,7	12,9	17,4	26,5	12,9
Aus Erstasylländern z. Ansiedl. aufgen. Flüchtl.	-	-	-	-	-	-	-	-	-	-	-

Land	1990	1991	1992	1993	1994	1995	1996	1997	1998	1999	Summe
Großbritannien [e]											
Asylanträge	26.200	44.800	24.600	22.400	32.800	44.000	29.600	32.500	46.000	71.100	374.000
Flüchtl. nach der Genfer Flüchtlingskonvention	920	510	1.100	1.600	830	1.300	2.200	4.000	5.300	7.100	24.900
Bleiberecht aus humanitären Gründen	2.400	2.200	15.300	11.100	3.700	4.400	5.100	3.100	3.900	13.300	64.500
Gesamtanerkennungsrate	82,5	44,4	47,1	54,3	21,4	21,1	18,7	19,7	29,3	61,7	34,9
Aus Erstasylländern z. Ansiedl. aufgen. Flüchtl.	650	490	620	510	260	70	20	-	-	-	2.600
Irland											
Asylanträge	-	30	40	90	360	420	1.200	3.900	4.600	7.700	18.300
Flüchtl. nach der Genfer Flüchtlingskonvention	-	-	-	-	-	20	40	210	170	510	950
Bleiberecht aus humanitären Gründen	-	-	-	-	10	10	10	120	30	40	220
Gesamtanerkennungsrate	-	-	-	-	25,0	34,8	56,8	52,3	12,0	9,2	13,9
Aus Erstasylländern z. Ansiedl. aufgen. Flüchtl.	-	-	-	-	-	-	-	-	-	-	-
Italien											
Asylanträge	4.800	26.500	6.000	1.600	1.800	1.700	680	1.900	7.100	33.400	85.500
Flüchtl. nach der Genfer Flüchtlingskonvention [d]	820	800	340	130	300	290	170	350	1.000	810	5.000
Bleiberecht aus humanitären Gründen	-	-	-	-	-	-	-	-	-	860	860
Gesamtanerkennungsrate	59,5	4,9	4,8	8,8	17,7	16,6	24,8	21,0	29,6	20,0	13,4
Aus Erstasylländern z. Ansiedl. aufgen. Flüchtl.	-	-	-	-	-	-	-	-	-	-	-
Japan											
Asylanträge	30	40	70	50	70	50	150	240	130	220	1.100
Flüchtl. nach der Genfer Flüchtlingskonvention	*	*	*	10	*	*	*	*	20	30	60
Bleiberecht aus humanitären Gründen	-	-	-	-	-	-	-	-	-	30	30
Gesamtanerkennungsrate	5,4	5,3	6,5	10,9	2,0	1,8	2,0	0,9	4,3	26,8	10,4
Aus Erstasylländern z. Ansiedl. aufgen. Flüchtl.	320	370	410	300	170	90	*	*	10	*	1.700
Kanada											
Asylanträge	36.700	32.300	37.700	20.300	22.000	26.100	26.100	22.600	23.800	30.100	277.700
Flüchtl. nach der Genfer Flüchtlingskonvention	10.700	19.400	17.400	14.100	15.200	9.600	9.500	10.000	12.900	13.000	131.800
Bleiberecht aus humanitären Gründen	-	-	-	-	-	-	-	-	-	-	-
Gesamtanerkennungsrate	70,5	64,6	57,0	46,2	60,7	55,9	43,8	40,2	43,8	46,4	52,1
Aus Erstasylländern z. Ansiedl. aufgen. Flüchtl.	35.200	27.300	15.700	15.500	12.400	12.700	12.200	21.700	20.500	9.800	183.000
Niederlande											
Asylanträge	21.200	21.600	20.300	35.400	52.600	29.300	22.200	34.400	45.200	39.300	321.500
Flüchtl. nach der Genfer Flüchtlingskonvention	690	780	4.900	10.300	6.700	8.000	8.800	6.600	2.400	1.500	50.700
Bleiberecht aus humanitären Gründen	860	1.900	6.900	4.700	12.700	10.500	14.800	10.400	12.700	8.000	83.500
Gesamtanerkennungsrate	10,9	10,7	23,0	35,2	33,2	32,2	28,1	34,6	31,6	15,6	27,3
Aus Erstasylländern z. Ansiedl. aufgen. Flüchtl.	700	590	640	660	550	610	620	190	540	20	5.100
Neuseeland [a]											
Asylanträge	-	1.200	320	380	450	710	1.300	1.600	2.900	2.100	11.000
Flüchtl. nach der Genfer Flüchtlingskonvention	-	160	150	50	50	80	90	100	240	360	1.300
Bleiberecht aus humanitären Gründen	-	-	-	-	-	-	-	-	-	-	-
Gesamtanerkennungsrate	-	49,1	15,1	4,6	15,0	25,9	13,3	16,9	12,9	16,2	15,4
Aus Erstasylländern z. Ansiedl. aufgen. Flüchtl.	810	680	620	410	740	820	780	530	680	1.100	7.200
Norwegen											
Asylanträge	4.000	4.600	5.200	12.900	3.400	1.500	1.800	2.300	8.400	10.200	54.300
Flüchtl. nach der Genfer Flüchtlingskonvention	130	120	140	50	20	30	10	90	110	180	880
Bleiberecht aus humanitären Gründen	1.500	1.900	2.000	8.000	6.300	2.600	1.500	1.100	2.100	3.000	30.000
Gesamtanerkennungsrate	28,3	34,4	29,9	53,7	48,7	52,3	38,6	29,7	39,9	33,3	41,4
Aus Erstasylländern z. Ansiedl. aufgen. Flüchtl.	970	1.100	2.000	1.500	690	1.600	790	1.300	1.100	1.500	12.600
Österreich											
Asylanträge	22.800	27.300	16.200	4.700	5.100	5.900	7.000	6.700	13.800	20.100	129.600
Flüchtl. nach der Genfer Flüchtlingskonvention	860	2.500	2.300	1.200	680	990	720	640	500	..	10.400
Bleiberecht aus humanitären Gründen	-	-	-	-	-	-	-	-	-	-	-
Gesamtanerkennungsrate	6,8	12,5	9,8	7,8	7,5	13,0	8,2	8,1	5,3	..	9,1
Aus Erstasylländern z. Ansiedl. aufgen. Flüchtl.	-	-	-	-	-	-	-	-	-	-	-

Anhang 9

Land	1990	1991	1992	1993	1994	1995	1996	1997	1998	1999	Summe
Polen											
Asylanträge	-	-	-	820	600	840	3.200	3.500	3.400	3.000	15.400
Flüchtl. nach der Genfer Flüchtlingskonvention	-	-	-	60	400	110	130	150	60	50	960
Bleiberecht aus humanitären Gründen	-	-	-	-	-	-	-	-	-	-	-
Gesamtanerkennungsrate	-	-	-	14,1	41,7	14,4	6,3	3,8	1,9	1,4	6,7
Aus Erstasylländern z. Ansiedl. aufgen. Flüchtl.	-	-	-	-	-	-	-	-	-	-	-
Portugal											
Asylanträge	80	260	690	2.100	770	450	270	250	340	270	5.500
Flüchtl. nach der Genfer Flüchtlingskonvention	10	30	20	80	30	50	10	*	*	20	250
Bleiberecht aus humanitären Gründen	-	-	-	-	-	-	-	-	-	50	50
Gesamtanerkennungsrate	18,0	12,2	3,7	11,7	6,8	8,7	22,8	7,2	12,5	14,8	8,4
Aus Erstasylländern z. Ansiedl. aufgen. Flüchtl.	-	-	-	-	-	-	-	-	-	-	-
Rumänien											
Asylanträge	-	-	-	-	-	-	590	1.400	1.200	1.700	4.900
Flüchtl. nach der Genfer Flüchtlingskonvention	-	-	-	-	-	-	90	80	180	250	600
Bleiberecht aus humanitären Gründen	-	-	-	-	-	-	-	-	100	370	470
Gesamtanerkennungsrate	-	-	-	-	-	-	13,3	21,6	10,5	26,4	17,6
Aus Erstasylländern z. Ansiedl. aufgen. Flüchtl.	-	-	-	-	-	-	-	-	-	-	-
Slowakei											
Asylanträge	-	-	90	100	140	360	420	650	510	1.300	3.600
Flüchtl. nach der Genfer Flüchtlingskonvention	-	-	60	40	50	70	130	70	50	30	500
Bleiberecht aus humanitären Gründen	-	-	-	-	-	-	-	-	-	-	-
Gesamtanerkennungsrate	-	-	100,0	45,8	35,8	21,1	33,4	9,4	15,9	2,2	15,5
Aus Erstasylländern z. Ansiedl. aufgen. Flüchtl.	-	-	-	-	-	-	-	-	-	-	-
Slowenien											
Asylanträge	-	-	-	-	-	-	40	70	500	870	1.500
Flüchtl. nach der Genfer Flüchtlingskonvention	-	-	-	-	-	*	-	-	*	-	*
Bleiberecht aus humanitären Gründen	-	-	-	-	-	-	-	-	30	10	40
Gesamtanerkennungsrate	-	-	-	-	-	100,0	-	-	15,0	1,3	4,1
Aus Erstasylländern z. Ansiedl. aufgen. Flüchtl.	-	-	-	-	-	-	-	-	-	-	-
Südafrika											
Asylanträge	-	-	-	-	-	-	16.000	15.600	15.000	13.200	59.800
Flüchtl. nach der Genfer Flüchtlingskonvention	-	-	-	-	-	-	3.300	3.500	1.700	6.200	14.700
Bleiberecht aus humanitären Gründen	-	-	-	-	-	-	-	-	-	-	-
Gesamtanerkennungsrate	-	-	-	-	-	-	35,7	52,3	10,2	38,5	30,5
Aus Erstasylländern z. Ansiedl. aufgen. Flüchtl.	-	-	-	-	-	-	-	-	-	-	-
Spanien											
Asylanträge	8.600	8.100	11.700	12.600	12.000	5.700	4.700	5.000	6.700	8.400	83.500
Flüchtl. nach der Genfer Flüchtlingskonvention	490	560	260	1.300	630	460	240	160	240	290	4.600
Bleiberecht aus humanitären Gründen	-	-	-	-	-	230	190	200	730	470	1.800
Gesamtanerkennungsrate	14,1	9,2	2,4	7,3	4,9	10,3	9,1	7,2	15,8	11,0	8,0
Aus Erstasylländern z. Ansiedl. aufgen. Flüchtl.	-	-	-	-	-	-	-	-	-	-	-
Schweden											
Asylanträge	29.400	27.400	84.000	37.600	18.600	9.000	5.800	9.700	12.800	11.200	245.500
Flüchtl. nach der Genfer Flüchtlingskonvention	2.200	1.400	620	1.000	790	150	130	1.300	1.100	330	9.000
Bleiberecht aus humanitären Gründen	9.200	15.500	8.800	34.500	36.700	3.500	3.100	7.100	6.000	2.600	127.000
Gesamtanerkennungsrate	41,7	45,4	28,3	41,5	69,0	37,6	43,1	58,2	49,8	31,6	46,4
Aus Erstasylländern z. Ansiedl. aufgen. Flüchtl.	1.500	1.700	3.400	940	7.400	2.000	1.600	1.200	1.100	550	21.400
Schweiz											
Asylanträge	35.800	41.600	18.000	24.700	16.100	17.000	18.000	24.000	41.300	46.100	282.600
Flüchtl- nach der Genfer Flüchtlingskonvention	880	1.200	1.400	3.800	2.900	2.700	2.300	2.600	2.000	2.100	21.900
Bleiberecht aus humanitären Gründen	130	940	6.700	12.200	13.800	11.900	8.200	6.000	7.000	22.800	89.700
Gesamtanerkennungsrate	6,1	5,6	21,9	54,2	66,7	75,8	50,4	36,5	36,8	52,7	39,7
Aus Erstasylländern z. Ansiedl. aufgen. Flüchtl.	-	-	-	-	-	-	-	-	-	-	-

Zur Lage der Flüchtlinge in der Welt

Land	1990	1991	1992	1993	1994	1995	1996	1997	1998	1999	Summe
Tschechische Republik											
Asylanträge	1.800	2.000	820	2.200	1.200	1.400	2.200	2.100	4.100	8.500	26.300
Flüchtl. nach der Genfer Flüchtlingskonvention	30	780	250	240	120	60	160	100	80	80	1.900
Bleiberecht aus humanitären Gründen	-	-	-	-	-	-	-	-	-	-	-
Gesamtanerkennungsrate	100,0	99,9	96,6	95,7	40,5	74,7	87,1	3,9	2,8	0,9	11,1
Aus Erstasylländern z. Ansiedl. aufgen. Flüchtl.	-	-	-	-	-	-	-	-	-	-	-
Ungarn [d]											
Asylanträge	4.000	1.300	860	730	440	590	670	1.100	7.400	11.500	28.600
Flüchtl. nach der Genfer Flüchtlingskonvention	2.600	450	490	400	250	180	170	160	440	310	5.500
Bleiberecht aus humanitären Gründen	-	-	-	-	-	-	-	-	230	1.800	2.000
Gesamtanerkennungsrate	89,0	45,4	46,8	46,1	27,4	31,9	23,3	11,7	14,0	18,3	29,2
Aus Erstasylländern z. Ansiedl. aufgen. Flüchtl.	-	-	-	-	-	-	-	-	-	-	-
Vereinigte Staaten [a e f]											
Asylanträge	73.600	56.300	104.000	143.100	144.600	149.100	107.100	52.200	35.900	31.700	897.600
Flüchtl. nach der Genfer Flüchtlingskonvention	4.200	2.100	3.900	5.000	8.100	12.500	13.500	9.900	9.900	13.200	82.300
Bleiberecht aus humanitären Gründen	-	-	-	-	-	-	-	-	-	-	-
Gesamtanerkennungsrate [c]	8,6	12,7	17,8	14,6	15,2	19,6	20,3	13,2	20,8	40,3	17,9
Aus Erstasylländern z. Ansiedl. aufgen. Flüchtl. [g]	122.300	112.800	132.200	119.500	112.700	99.500	75.700	70.100	76.600	85.000	1.006.400

Hinweise:
Asylanträge: Generell ohne Asylfolgeanträge. Die Zahlen entsprechen generell den Zahlen der Personen, die Asyl beantragt haben.
Flüchtlinge nach der Genfer Flüchtlingskonvention: Wenn das Asylverfahren in einem Land eine Überprüfung oder Berufung auf dem Verwaltungsweg vorsieht, sind positive Entscheide generell enthalten. Die Zahlen in dieser Rubrik enthalten generell keine aus Erstasylländern zur Ansiedlung aufgenommenen Flüchtlinge.
 Bleiberecht aus humanitären Gründen: Diese Rubrik enthält alle Formen des Bleiberechts aus humanitären Gründen (z.B. „temporäre Aufnahme", „vorläufige Aufenthaltsgenehmigung", „außerordentliches Bleiberecht" usw.), nicht jedoch Personen, deren Abschiebung vorläufig ausgesetzt wurde.
 Gesamtanerkennungsrate: Zahl der Flüchtlinge nach der Genfer Flüchtlingskonvention plus Zahl der Personen mit Bleiberecht aus humanitären Gründen, geteilt durch Zahl der Entscheide insgesamt.
 Aus Erstasylländern zur Ansiedlung aufgenommene Flüchtlinge: Die Zahlen können Personen enthalten, die nicht die international anerkannte Flüchtlingsdefinition erfüllen. Sie schließen Teilnehmer an Familienzusammenführungen generell aus.
* Wert kleiner als 5
a Die Angaben gelten für das „fiskalische" Jahr.
b Einschließlich Asylfolgeanträge.
c Ohne Entscheide bei Prüfungen auf dem Verwaltungsweg.
d Einschließlich Anträgen/Prüfungen der Flüchtlingseigenschaft nach dem UNHCR-Mandat.
e Anzahl der Fälle.
f Angaben der amerikanischen Einwanderungs- und Einbürgerungsbehörde (Immigration and Naturalization Service – INS).
g Einschließlich Familienzusammenführung.
Für weitere Informationen zur Zuverlässigkeit der Zahlenangaben siehe auch die technischen Hinweise zur Erhebung statistischer Daten.

Quelle: Regierungen

Wichtigste Herkunftsländer/-gebiete von Asylbewerbern in Westeuropa, 1990 - 1999 [a]

Anhang 10

Herkunft	1990	1991	1992	1993	1994	1995	1996	1997	1998	1999	Summe
Ehemaliges Jugoslawien	33.200	115.500	235.300	177.900	81.000	71.200	47.200	59.500	104.600	118.400	1.043.800
Rumänien	62.100	61.700	116.000	86.100	21.100	13.600	8.600	9.500	7.500	6.000	392.200
Türkei	48.800	45.500	37.100	25.500	26.100	41.400	38.300	32.900	20.900	19.400	335.900
Frühere UdSSR	4.800	10.300	16.400	28.300	16.300	18.100	20.800	23.100	21.400	37.100	196.600
Irak	7.400	9.000	10.700	9.800	10.000	15.100	22.600	35.800	33.300	31.100	184.800
Sri Lanka	19.300	23.700	16.800	12.600	12.900	12.700	12.400	13.000	11.100	11.400	145.900
Somalia	12.200	11.100	14.600	13.300	12.400	11.800	7.500	8.500	11.900	14.000	117.300
Afghanistan	8.900	8.500	7.500	7.800	9.200	11.300	11.500	14.700	15.400	18.500	113.300
Islamische Rep. Iran	18.300	15.300	7.800	7.100	12.000	10.000	10.000	8.300	8.100	11.900	108.800
Bulgarien	13.000	16.900	33.800	25.100	5.200	3.500	2.900	3.200	1.400	1.300	106.300
Dem. Rep. Kongo	11.800	17.600	17.800	11.700	8.800	7.700	7.700	7.700	6.600	6.800	104.200
Pakistan	10.400	13.700	9.600	6.600	6.000	9.800	7.600	7.800	6.000	7.100	84.600
Indien	11.900	11.700	9.600	9.300	6.000	9.000	7.100	5.600	4.100	5.200	79.500
Vietnam	13.400	11.600	13.700	12.400	4.100	3.700	2.800	3.500	3.500	2.900	71.600
Nigeria	8.100	12.400	12.700	4.300	6.300	8.900	6.300	4.500	3.600	2.500	69.600
Algerien	1.600	2.000	9.000	13.900	7.600	8.500	5.100	6.300	7.500	7.400	68.900
Albanien	4.400	26.300	7.300	6.500	1.900	1.300	1.500	7.700	6.500	3.400	66.800
Libanon	29.700	8.200	7.400	3.900	2.600	2.700	2.400	2.200	1.400	1.500	62.000
China	2.600	5.300	5.400	7.600	4.500	3.900	4.300	6.900	6.000	10.700	57.200
Ghana	9.400	11.100	10.500	5.500	3.100	3.200	1.600	1.400	800	800	47.400
Angola	9.700	11.200	2.200	4.000	4.900	3.100	2.500	1.900	2.000	4.100	45.600
Polen	16.600	7.500	6.400	3.300	1.400	1.700	1.500	1.100	1.700	2.300	43.500
Äthiopien	8.900	7.600	3.400	2.400	2.800	2.500	2.200	2.000	1.500	1.700	35.000
Syrische Arab. Republik	6.700	2.900	2.200	1.700	1.600	2.100	3.100	3.000	3.200	4.100	30.600
Bangladesch	2.900	4.300	4.200	2.500	2.400	2.800	2.800	3.500	2.200	2.700	30.300
Liberia	1.400	4.500	6.900	4.700	2.000	2.200	3.000	1.800	700	500	27.700
Togo	500	3.200	4.700	4.300	5.000	1.800	1.700	2.500	1.100	1.300	26.100
Palästinenser	7.300	2.800	3.800	2.600	1.800	500	600	400	100	300	20.200
Andere/unbekannt	39.100	44.900	52.000	45.000	39.500	35.800	30.600	34.600	40.200	78.300	440.000
Summe	424.400	526.300	684.800	545.700	318.500	319.900	276.200	312.900	334.300	412.700	4.155.700

Hinweise:
[a] Berücksichtigte Länder: Belgien, Dänemark, Deutschland, Finnland, Frankreich, Griechenland, Großbritannien (Zahl der Fälle), Italien, Niederlande, Norwegen, Österreich, Schweden, Schweiz und Spanien.
Für weitere Informationen zur Zuverlässigkeit der Zahlenangaben siehe auch die technischen Hinweise zur Erhebung statistischer Daten.

Quelle: Regierungen

Hohe Flüchtlingskommissare 1951 - 2000

Anhang 11

Gerrit Jan van Heuven Goedhart (Niederlande) 1951 - 1956

Vor seiner Ernennung zum ersten Hohen Flüchtlingskommissar der Vereinten Nationen war Gerrit Jan van Heuven Goedhart Rechtsanwalt und Journalist. Während des Zweiten Weltkrieges war er im niederländischen Widerstand aktiv und Mitglied der Exilregierung in London. Als Hoher Flüchtlingskommissar der Vereinten Nationen bemühte er sich besonders um die Mittelbeschaffung für die Unterstützung der schätzungsweise 2,2 Millionen Flüchtlinge, die nach dem Zweiten Weltkrieg noch immer heimatlos waren. Bis zu seinem plötzlichen Tod im Jahre 1956 hatte er UNHCR auf eine wesentlich solidere finanzielle Grundlage gestellt. Er verlagerte den Schwerpunkt der Arbeit von UNHCR von der Wiederansiedlung in Drittländern auf die Integration vor Ort in Europa. Seine Errungenschaften zu Gunsten von Flüchtlingen wurden 1954 anerkannt, als dem Amt der Friedensnobelpreis zuerkannt wurde.

Auguste R. Lindt (Schweiz) 1956 - 1960

Auguste Lindt arbeitete in den dreißiger Jahren als Auslandskorrespondent für verschiedene europäische Zeitungen und diente im Zweiten Weltkrieg in der Armee der Schweiz. Danach schlug er eine diplomatische Laufbahn ein und war Vorsitzender des Exekutivkomitees des Kinderhilfswerks der Vereinten Nationen (UNICEF). Ab 1953 war er Beobachter der Schweiz bei den Vereinten Nationen. Praktisch unmittelbar nach seiner Ernennung zum Hohen Flüchtlingskommissar mobilisierte er die Unterstützung für die 200.000 Ungarn, die nach der Niederschlagung des ungarischen Aufstands durch die Sowjets im Jahre 1956 nach Österreich und Jugoslawien geflohen waren. Wenig später brachte er ein Hilfsprogramm für etwa 260.000 Algerier auf den Weg, die während des algerischen Unabhängigkeitskrieges nach Tunesien und Marokko geflohen waren. Lindts diplomatisches Verhalten in diesen heiklen Situationen trug viel dazu bei, dass die Staaten UNHCR als eine Organisation mit einer weltweiten Verantwortung anerkannten.

Félix Schnyder (Schweiz) 1960 - 1965

Wie sein Vorgänger war Félix Schnyder ein Diplomat aus der Schweiz, der vor seiner Ernennung zum Hohen Flüchtlingskommissar der Vereinten Nationen als Vorsitzender des Exekutivkomitees von UNICEF und Beobachter der Schweiz bei den Vereinten Nationen tätig war. Schnyder leitete die Rückführung der algerischen Flüchtlinge aus Tunesien und Marokko, bei der UNHCR sich zum ersten Mal an einem solchen großen Einsatz beteiligte. Er erreichte auch die Unterstützung der UN-Vollversammlung dafür, dass UNHCR zunehmend seine „guten Dienste" zur Verfügung stellen konnte, um weltweit bei Flüchtlingskrisen zwischen Regierungen vermitteln zu können. Auf diese Weise konnte er auch die Unterstützung für die ruandischen Flüchtlinge im ostafrikanischen Seenhochland mobilisieren. Durch die Ausweitung der UNHCR-Aktivitäten auf Afrika trug er dazu bei, dass der globale Charakter des Flüchtlingsproblems immer mehr anerkannt wurde. Er war entscheidend daran beteiligt, den politischen Prozess auf den Weg zu bringen, der zur Verabschiedung des Protokolls über die Rechtsstellung der Flüchtlinge von 1967 führte.

Sadruddin Aga Khan (Iran) 1965 - 1977

Prinz Sadruddin Aga Khan war bereits für UNHCR tätig, bevor er zum Hohen Flüchtlingskommissar ernannt wurde. Er leitete Missionen im Nahen Osten sowie in Asien und war von 1962 bis 1966 Stellvertretender Hoher Flüchtlingskommissar. Als er auf das Amt des Hohen Flüchtlingskommissars berufen wurde, überstiegen die UNHCR-Ausgaben in Afrika und Asien bereits die in Europa, was eine definitive Verlagerung von Europa in die Entwicklungsregionen markierte. Er stärkte die Beziehungen des Amtes zu den afrikanischen Regierungen und setzte sich für eine bessere Zusammenarbeit zwischen den UN-Organisationen ein, um Lösungen von Massenfluchtsituationen in Asien und Afrika südlich der Sahara zu erleichtern. Er spielte eine entscheidende Rolle in der Flüchtlingskrise in Bangladesch im Jahre 1971 und bei der Unterstützung der aus Uganda ausgewiesenen Asiaten 1972.

Poul Hartling (Dänemark) 1978 - 1985

Poul Hartling war vor seiner Ernennung zum Hohen Flüchtlingskommissar dänischer Außenminister und Ministerpräsident. Während seiner achtjährigen Amtszeit wurde die Flüchtlingsproblematik durch die Verschärfung des Kalten Krieges zunehmend politisiert. Im Rahmen der umfassenden internationalen Reaktion auf den anhaltenden Massenexodus aus Indochina übernahm das Amt die federführende Rolle in einer großen, komplexen und politisch heiklen humanitären Operation. Unter Hartlings Leitung führte UNHCR weitere große Soforthilfeeinsätze am Horn von Afrika, in Mittelamerika und für die afghanischen Flüchtlinge in Asien durch. Vor allem wegen der Schlüsselrolle des Amtes bei der Bewältigung der vietnamesischen Flüchtlingskrise wurde UNHCR 1981 zum zweiten Mal der Friedensnobelpreis verliehen.

Jean-Pierre Hocké (Schweiz) 1986 - 1989

Jean-Pierre Hocké war vor seiner Ernennung zum Hohen Flüchtlingskommissar der Direktor der operativen Abteilung des Internationalen Komitees vom Roten Kreuz. In seine Amtszeit, während der die indochinesische Flüchtlingskrise anhielt, fiel die Verabschiedung des Umfassenden Aktionsplans, der zur Einführung regionaler Verfahren zur Prüfung der Flüchtlingseigenschaft führte und die freiwillige Rückkehr von vietnamesischen Flüchtlingen vorsah. Hocké trug auch dazu bei, den so genannten „CIREFCA-Prozess" in Mittelamerika auf den Weg zu bringen. In diesem Rahmen wurde versucht, den Frieden in der Region zu konsolidieren, indem man nicht nur die Rückkehrer, sondern weite Teile der vom Krieg betroffenen Bevölkerung unterstützte. UNHCR beteiligte sich in dieser Zeit auch an der Einrichtung und Leitung großer Lager für äthiopische Flüchtlinge im Sudan und für somalische Flüchtlinge in Äthiopien.

Thorvald Stoltenberg (Norwegen) Januar 1990 - November 1990

Thorvald Stoltenberg war vor seiner Ernennung zum Hohen Flüchtlingskommissar norwegischer Außenminister. In seiner kurzen Amtszeit erweiterte UNHCR seine Beteiligung an großen UN-Friedenskonsolidierungsmaßnahmen. In seine Amtszeit fallen mehrere Rückführungseinsätze insbesondere in Mittelamerika. Er gab sein Amt im November 1990 auf, um wieder das Amt des norwegischen Außenministers zu bekleiden. Auf dem Höhepunkt des Balkan-Krieges im Mai 1993 kehrte er als Sonderbeauftragter des Generalsekretärs für das ehemalige Jugoslawien in den Dienst der Vereinten Nationen zurück.

Sadako Ogata (Japan) 1990 - 2000

Vor ihrer Ernennung zur Hohen Flüchtlingskommissarin der Vereinten Nationen war Sadako Ogata Dekanin der Fakultät für Auslandsstudien an der Sophia University in Tokio. Neben ihrer akademischen Tätigkeit nahm sie Aufgaben bei den Vereinten Nationen wahr, beispielsweise 1978/79 als Vorsitzende des Exekutivkomitees von UNICEF, als Mitglied der UN-Menschenrechtskommission und als unabhängige Expertin der Kommission zur Menschenrechtssituation in Birma (jetzt Myanmar). Als Hohe Flüchtlingskommissarin der Vereinten Nationen leitete sie große Kriseneinsätze im Nordirak, in Bosnien und Herzegowina, im Kosovo und im ostafrikanischen Seenhochland. In ihrer Amtszeit nahmen der Etat und die Mitarbeiterzahl von UNHCR um mehr als 100 Prozent zu. Das Amt beteiligte sich zunehmend an der Unterstützung von Binnenvertriebenen und anderen besonders gefährdeten Zivilisten in Konfliktsituationen. Um der Verknüpfung zwischen Flüchtlingen und der internationalen Sicherheit Rechnung zu tragen, bemühte sie sich um den Ausbau der Kontakte zwischen UNHCR und dem UN-Sicherheitsrat.

Weiterführende Literatur

Viele der in diesem Buch verwendeten Daten und Fakten stammen aus unveröffentlichten Berichten und Dokumenten von UNHCR. Auch die von UNHCR zusammengestellte Dokumentations-CD-ROM Refworld (siehe unten) wurde ausgiebig genutzt. Diese Bibliographie bietet leicht zugängliche und nützliche Beiträge zu den in diesem Buch untersuchten Themen. In den Anmerkungen zu jedem Kapitel sind weitere Quellen aufgeführt. Die Aufnahme eines Titels in diese Bibliographie impliziert in keiner Weise eine Beurteilung durch UNHCR.

Aasland, A., „Russians Outside Russia: The New Russian Diaspora", in: G. Smith (Hrsg.), *The Nationalities Question in the Post-Soviet States*, Longman, London, 1996, S. 477 - 497

Adelman, H., *Refugee Policy: Canada and the United States*, York Lanes Press, Toronto, 1991

African Rights, *Rwanda: Death, Despair, Defiance*, African Rights, London, 1994

Aga Khan, S., *Legal Problems Related to Refugees and Displaced Persons*, Academy of International Law, Den Haag, 1976

Aga Khan, S., „Study on Human Rights and Massive Exoduses", ECOSOC-Dokument E/CN 4/1503, 1981

Allen, T. (Hrsg.), *In Search of Cool Ground: War, Flight and Homecoming in Northeast Africa*, United Nations Research Institute for Social Development, Africa World Press und James Currey, London, 1996

Allen, T. und H. Morsink (eds), *When Refugees Go Home: African Experiences*, James Currey, London, 1994

Amnesty International, „Great Lakes Region: Still in Need of Protection: Repatriation, Refoulement and the Safety of Refugees and the Internally Displaced", Bericht Nr. AFR02/07/97, London, 1997

Amnesty International, *Refugees: Human Rights Have No Borders*, London, 1997

Amnesty International und International Service for Human Rights, *The UN and Refugees' Human Rights*, London, 1997

Anderson, E., „The Role of Asylum States in Promoting Safe and Peaceful Repatriation under the Dayton Agreement", European Journal of International Law, Jg. 7, Nr. 2, 1996

Anderson, M., „Do No Harm: Supporting Local Capacities for Peace through Aid", Local Capacities for Peace Project, Cambridge, 1996

Anderson, M., *Frontiers: Territory and State Formation in the Modern World*, Polity Press, Cambridge, 1996

Arzt, D., *Refugees Into Citizens: Palestinians and the end of the Arab/Israeli Conflict*, Council on Foreign Relations, New York, 1997

Ball, N., *Making Peace Work: The Role of the International Development Community*, Overseas Development Council, Washington DC, 1996

Barber, B., „Feeding Refugees, or War?", Foreign Affairs, Jg. 76, Nr. 4, 1997

Barutciski, M., „The Reinforcement of Non-admission Policies and the Subversion of UNHCR: Displacement and Internal Assistance in Bosnia, Herzegovina (1992 -94)", Journal of Refugee Studies, Jg. 8, Nr. 1/2, 1996

Bascom, J., *Losing Place: Refugee Populations and Rural Transformations in East Africa*, Berghahn Books, Providence, Rhode Island, 1996

Batchelor, C., „Stateless Persons: Some Gaps in International Protection", International Journal of Refugee Law, Jg. 7, Nr. 2, 1995

Biermann, W. und M. Vadset (Hrsg.), *UN Peacekeeping in Trouble: Lessons Learned from the Former Yugoslavia*, Ashgate Publishing, Aldershot, Großbritannien, 1999

Black, R. und K. Koser (Hrsg.), *The End of the Refugee Cycle? Refugee Repatriation and Reconstruction*, Berghahn Books, Oxford, 1998

Black, R., *Refugees, Environment and Development*, Longman, New York, 1998

Booth, K., „Human Wrongs and International Relations", International Affairs, Jg. 71, Nr. 1, 1995

Bose, T. und R. Manchanda, *States, Citizens and Outsiders: The Uprooted Peoples of South Asia*, South Asia Forum for Human Rights, Kathmandu, 1997

Brown, M. (Hrsg.), *The International Dimensions of Internal Conflict*, MIT Press, Cambridge, Massachusetts, 1996

Brunner, G., *Nationality Problems and Minority Conflicts in Eastern Europe*, Bertelsmann-Stiftung, Gütersloh, 1996

Bush, K., „Rocks and Hard Places: Bad Governance, Human Rights Abuse and Population Displacement", *Canadian Foreign Policy*, Jg. 4, Nr. 1, 1996

Byrne, R. und A. Shacknove, „The Safe Country Notion in European Asylum Law", *Harvard Human Rights Journal*, Jg. 9, Frühjahr 1996

Cahill, K. (Hrsg.), *A Framework for Survival: Health, Human Rights, and Humanitarian Asistance in Conflicts and Disasters*, Council on Foreign Relations/BasicBooks, New York, 1993

Carlier, J.-Y. und D. Vanheule (Hrsg.), *Europe and Refugees: A Challenge?*, Kluwer Law International, Den Haag, 1997

Carlier, J.-Y. u. a. (Hrsg.), *Who is a Refugee? A Comparative Case Law Study*, Kluwer, Den Haag, 1997

Childers, E. und B. Urquhart, *Strengthening International Responses to Humanitarian Emergencies*, Ford Foundation, New York, 1991

Chimni, B.S., „The Incarceration of Victims: Deconstructing Safety Zones", in: N. Al-Naumi und R. Meese (Hrsg.), *International Legal Issues Arising Under the United Nations Decade of International Law*, Martinus Nijhoff, Den Haag, 1995

Chimni, B.S., „From Resettlement to Involuntary Repatriation: Towards a Critical History of Durable Solutions", UNHCR-Arbeitspapier Nr. 2, Genf, Mai 1999

Chimni, B.S. (Hrsg.), *International Refugee Law: A Reader*, Sage Publications, New Delhi, 2000

Cohen, Roberta und F. Deng, *Masses in Flight: The Global Crisis of Internal Displacement*, Brookings Institution, Washington DC, 1998

Cohen, Roberta und F. Deng (Hrsg.), *The Foresaken People: Case Studies of the Internally Displaced*, Brookings Institution, Washington DC, 1998

Cohen, Robin, *The Cambridge Survey of World Migration*, Cambridge University Press, Cambridge, 1995

Cohen, Robin, „Diasporas and the Nation State: From Victims to Challengers", *International Affairs*, Jg. 72, Nr. 3, 1996

Cohen, Robin, *Global Diasporas: An Introduction*, University College London, London, 1997

Coles, G.J.L., „Solutions to the Problems of Refugees and the Protection of Refugees: A Background Study", UNHCR, Genf, 1989

Coles, G.J.L., „Conflict and Humanitarian Action: An Overview", UNHCR, Genf, November 1993

Coles, G.J.L., „UNHCR and the Political Dimensions of Protection", UNHCR, Genf, August 1995

Coletta, N. u. a., *The Transition from War to Peace in Sub-Saharan Africa*, Weltbank, Washington DC, 1996

Collinson, S., *Europe and International Migration*, 2. Auflage, Pinter und Royal Institute of International Affairs, London, 1994

Collinson, S., „Globalization and the Dynamics of International Migration: Implications for the Refugee Regime", UNHCR-Arbeitspapier Nr. 1, Genf, Mai 1999

The Commission on Global Governance, *Our Global Neighbourhood*, Oxford University Press, Oxford, 1995

Crisp, J., „Meeting the Needs and Realizing the Rights of Refugee Children and Adolescents: From Policy to Practice", *Refugee Survey Quarterly*, Jg. 15, Nr. 3, 1996

Crisp, J., „Who has counted the refugees? UNHCR and the politics of numbers",
    UNHCR-Arbeitspapier Nr. 12, Genf, Juni 1999

Crisp, J., „Africa's Refugees: Patterns, Problems and Policy Challenges", *Journal of Contemporary African Studies*, Jg. 18, Nr. 2, 2000

Curtis, P., „Urban Household Coping Strategies During War: Bosnia-Hercegovina", *Disasters*, Jg. 19, Nr. 1, 1995

Cutts, M., „Politics and Humanitarianism", *Refugee Survey Quarterly*, Jg. 17, Nr. 1, 1998

Daoust, I. und K. Folkelius, „UNHCR Symposium on Gender-Based Persecution", *International Journal of Refugee Law*, Jg. 8, Nr. 1/2, 1996

de Waal, A., *Famine Crimes: Politics and the Disaster Relief Industry in Africa*, James Currey, Oxford, 1997

Deng, F., „Dealing with the Displaced: A Challenge to the International Community", *Global Governance*, Jg. 1, Nr. 1, 1995

Dmitriev, C., „New Migration Tests Russian Immigration Policy", *Transition*, 28. Juni 1996

Dowty, A. und G. Loescher, „Refugee flows as grounds for international action", *International Security*, Jg. 21, Nr. 1, 1996

Doyle, M., *UN Peacekeeping in Cambodia: UNTAC's Civil Mandate*, Lynne Rienner, Boulder, Colorado, 1995

Duffield, M., „Aid Policy and Post-Modern Conflict: A Critical Review", Occasional Paper Nr. 19, Birmingham University, Großbritannien, 1998

Durch, W. (Hrsg.), *The Evolution of UN Peacekeeping: Case Studies and Comparative Analysis*, Macmillan Press, London, 1993

European Council on Refugees and Exiles, *Safe Third Countries: Myths and Realities*, ECRE, London, 1996

Ferris, E., „After the Wars are Over: Reconstruction and Repatriation", Arbeitspapier Nr. 10, Migration Policy in Global Perspective Series, International Center for Migration, Ethnicity and Citizenship, New School for Social Research, New York, 1997

Fitzpatrick, J. „Temporary Protection of Refugees: Elements of a Formalized Regime", *American Journal of International Law*, Jg. 94, Nr. 2, 2000

Forbes Martin, S., *Refugee Women*, Zed Books, London, 1992

Forbes Martin, S., „Forced Migration and the Evolving Humanitarian Regime", UNHCR-Arbeitspapier Nr. 20, Genf, Juli 2000

Forsythe, D., „The International Committee of the Red Cross and Humanitarian Assistance: A Policy Analysis", *International Review of the Red Cross*, Nr. 314, 1996

Franco, L., „An Examination of Safety Zones for Internally Displaced Persons as a Contribution Toward Prevention and Solution of Refugee Problems", in: N. Al-Naumi und R. Meese (Hrsg.), *International Legal Issues Arising Under the United Nations Decade of International Law*, Martinus Nijhoff, Den Haag, 1995

Frelick, B., „,Preventive Diplomacy, and the Right to Seek Asylum", *International Journal of Refugee Law*, Nr. 4, 1992

Frelick, B., „Unsafe Havens: Reassessing Security in Refugee Crises", *Harvard International Review*, Spring 1997

Gibney, Mark, *Open Borders, Closed Societies: The Ethical and Political Issues*, Greenwood Press, New York, 1988

Gibney, Matthew, J., „The Responsibilities of Liberal Democratic States to Refugees", *American Political Science Review*, März 1999

Goodwin-Gill, G.S., *International Law and the Movement of Persons Between States*, Clarendon Press, Oxford, 1978

Goodwin-Gill, G.S., *The Refugee in International Law*, 2. Auflage, Oxford University Press, Oxford, 1996

Goodwin-Gill, G.S., „Refugee Identity and Protection's Fading Prospect", in: Nicholson, F, und P. Twomey, *Refugee Rights and Realities: Evolving International Concepts and Regimes*, Cambridge University Press, Cambridge, 1999

Gordenker, L., *Refugees in International Politics*, Croom Helm, Sydney, 1987

Gowlland-Debbas, V., *The Problem of Refugees in the Light of Contemporary International Law*, Martinus Nijhoff, Den Haag, 1996

Grahl-Madsen, A., *The Status of Refugees in International Law*, Bd. 1 und 2, Sijthoff, Leyden, 1966, 1972

Grant, B., *The Boat People: An „Age" Investigation*, Penguin Books, Harmondsworth, 1979

Guild, E. und J. Niessen, *The Developing Immigration and Asylum Policies of the European Union*, Kluwer Law International, Den Haag, 1996

Hampson, F.O., *Nurturing Peace: Why Peace Settlements Succeed or Fail*, US Institute of Peace, Washington DC, 1996

Hampton, J. (Hrsg.), *Internally Displaced People: A Global Survey*, Norwegian Refugee Council und Earthscan Publications, London, 1998

Harding, J., *The Uninvited: Refugees at the Rich Man's Gate*, Profile Books/London Review of Books, London, 2000

Harrell-Bond, B., *Imposing Aid: Emergency Assistance to Refugees*, Oxford University Press, Oxford, 1986

Hathaway, J., *The Law of Refugee Status*, Butterworths, Markham, Ontario, 1991

Hathaway, J., „New Directions To Avoid Hard Problems: The Distortion of the Palliative Role of Refugee Protection", *Journal of Refugee Studies*, Jg. 8, Nr. 3, 1995

Hathaway, J. (Hrsg.), *Reconceiving International Refugee Law*, Nijhoff Law Specials, Jg. 30, Martinus Nijhoff, Den Haag, 1997

Helton, A.S., „The CIS Migration Conference: A Chance to Prevent and Ameliorate Forced Movements of People in the Former Soviet Union", *International Journal of Refugee Law*, Jg. 8, Nr. 1/2, 1996

Helton, A.S. und E. Jacobs, „What is Forced Migration?" *Georgetown Immigration Law Journal*, Jg. 13 Nr. 4, 1999

Henkin, Alice N., (Hrsg.) *Honoring Human Rights and Keeping the Peace: Lessons from El Salvador, Cambodia, and Haiti*, The Aspen Institute, 1995

Hoffmann, S., „The Politics and Ethics of Military Intervention", *Survival*, Jg. 37, Nr. 4, 1995/96

Holborn, L.W., *The International Refugee Organization: A Specialized Agency of the United Nations, Its History and Work 1946—1952*, Oxford University Press, Oxford, 1956

Holborn, L.W., *Refugees: A Problem of Our Time: The Work of the United Nations High Commissioner for Refugees, 1951—1972*, 2 Bde., Scarecrow Press, NJ Methuen, 1975

Human Rights Watch, „Discussion Paper: Protection in the Decade of Voluntary Repatriation", New York, 1996

Human Rights Watch, „Uncertain Refuge: International Failures to Protect Refugees", Bericht Nr. 9/1(G), New York, 1997

Human Rights Watch/Africa, *Leave None to Tell the Story*, New York, 1999

Independent Commission on International Humanitarian Issues, *Refugees: Dynamics of Displacement*, Zed Books, London, 1986

International Journal of Refugee Law, Sonderausgabe zum OAU/UNHCR-Symposium zu Flüchtlingen und Vertreibungsproblemen in Afrika, 4 Bde., OECD, Sommer 1995

Ignatieff, M., *Virtual War: Kosovo and Beyond*, Chatto Bodley Head und Cape, London, 2000

Ignatieff, M., *The Warrior's Honour: Ethnic War And the Modern Conscience*, Metropolitan Books, New York, 1997

Indra, D. (Hrsg.), *Engendering Forced Migration: Theory and Practice*, Berghahn Books, Oxford, 1998

Jackson, I., *The Refugee Concept in Group Situations*, Kluwer Law International, Den Haag, 1999

Joint Evaluation of Emergency Assistance to Rwanda, *The International Response to Conflict and Genocide: Lessons from the Rwanda Experience*, 4 Bde., Kopenhagen, März 1996

Joly, D., *Haven or Hell? Asylum Policies and Refugees in Europe*, Macmillan, London, 1996

Kaldor, M. und B. Vashee, *New Wars: Restructuring the Global Military Sector*, UNU/WIDER, London, 1997

Kälin, W., *Guiding Principles on Internal Displacement: Annotations*, Studies in Transnational Legal Policy Nr. 32, The American Society of International Law, Washington DC, 2000

Karadawi, A., *Refugee Policy in Sudan 1967—1984*, Berghahn Books, New York, 1999

Keen, D., „The Economic Functions of Violence in Civil Wars", Adelphi Paper Nr. 320, International Institute for Strategic Studies, Oxford University Press, 1998

Keen, D., *Refugees: Rationing the Right to Life: The Crisis in Emergency Relief*, Zed Books, London, 1992

Khan, I., „UNHCR's Mandate Relating to Statelessness and UNHCR's Preventive Strategy", *Austrian Journal of Public and International Law*, Jg. 49, Nr. 1, 1995

Kibreab, G., „Environmental Causes and Impact of Refugee Movements: A Critique of the Current Debate", *Disasters*, Jg. 21, Nr. 1, 1997

Korn, D., *Exodus Within Borders: An Introduction to the Crisis of Internal Displacement*, Brookings Institution, Washington DC, 1998

Kuhlman, T., *Asylum or Aid? The Economic Integration of Ethiopian and Eritrean Refugees in the Sudan*, Avebury, Aldershot, 1995

Kumar, K. (Hrsg.), *Rebuilding Societies After Civil War: Critical Roles for International Assistance*, Lynne Rienner, Boulder CO, 1997

Landgren, K., „Safety Zones and International Protection: A Dark Grey Area", *International Journal of Refugee Law*, Jg. 7, Nr. 3

Larkin, M.A., F.C. Cuny und B.N. Stein, *Repatriation under Conflict in Central America*, CIPRA und Intertect, Washington DC, 1991

Lavoyer, P., „Refugees and Internally Displaced Persons: International Humanitarian Law and the Role of the ICRC", *International Review of the Red Cross*, Nr. 305, 1995

Lawyers' Committee for Human Rights, *Uncertain Haven: Refugee Protection on the Fortieth Anniversary of the 1951 United Nations Refugee Convention*, LCHR, New York, 1991

Lawyers' Committee for Human Rights, *African Exodus: Refugee Crisis, Human Rights and the 1969 OAU Convention*, LCHR, New York, 1995

Lawyers' Committee for Human Rights, *Slamming the „Golden Door": A Year of Expedited Removal*, LCHR, New York, April 1998

Loescher, G., *Refugees and International Relations*, Clarendon Press, Oxford, 1989

Loescher, G., *Beyond Charity: International Cooperation and the Global Refugee Crisis*, Oxford University Press, New York und Oxford, 1993

Loescher, G. und J.A. Scanlan, *Calculated Kindness: Refugees and America's Half-Open Door, 1945—Present*, Free Press, Macmillan, New York, 1986

Long, L.D., *Ban Vinai: The Refugee Camp*, Columbia University Press, New York, 1993

Macalister-Smith, P. und G. Alfredsson (Hrsg.), *The Land Beyond: Collected Essays on Refugee Law and Policy by Atle Grahl-Madsen*, Kluwer Law International, Den Haag, 2000

Macrae, J. und A. Zwi (Hrsg.), *War and Hunger: Rethinking International Responses to Complex Emergencies*, Zed Books, London, 1995

McNamara, D., „The Protection of Refugees and the Responsibility of States: Engagement or Abdication", *Harvard Human Rights Journal*, Jg. 11, Frühjahr 1998

Malkki, L., *Purity and Exile: Violence, Memory and National Cosmology among Hutu Refugees in Tanzania*, University of Chicago Press, Chicago, Illinois, 1995

Marrus, M., *The Unwanted: European Refugees in the Twentieth Century*, Oxford University Press, New York, 1985

Mayall, J. (Hrsg.), *The New Interventionism 1991—1994: United Nations Experience in Cambodia, Former Yugoslavia and Somalia*, Cambridge University Press, 1996

McDowell, C., *A Tamil Diaspora: Sri Lankan Migration, Settlement and Politics in Switzerland*, Berghan Books, Providence, Rhode Island, 1997

Médécins Sans Frontières, *World in Crisis: The Politics of Survival at the End of the 20th Century*, Routledge, London, 1997

Meron, T., „Answering for War Crimes: Lessons from the Balkans", *Foreign Affairs*, Jg. 76, Nr. 1, 1997

Minear, L. und T. Weiss, *Humanitarian Action in Times of War: A Handbook for Practitioners*, Lynne Rienner, Boulder, Colorado, 1993

Minear, L. und T. Weiss, *Mercy Under Fire: War and the Global Humanitarian Community*, Westview, Boulder, Colorado, 1995

Mooney, E., „Presence ergo Protection? UNPROFOR, UNHCR and ICRC in Croatia, and Bosnia and Herzegovina", *International Journal of Refugee Law*, 7, 1995

Mooney, E., „In-country Protection: Out of Bounds for UNHCR?" in: Nicholson, F., und P. Twomey, *Refugee Rights and Realities: Evolving International Concepts and Regimes*, Cambridge University Press, Cambridge, 1999

Moore, J., (Hrsg.) *Hard Choices: Moral Dilemmas in Humanitarian Intervention*, Rowman and Littlefield, Oxford, 1998

Moorehead, C., *Dunant's Dream: War, Switzerland and the History of the Red Cross*, HarperCollins, London, 1998

Morris, E., „The Limits of Mercy: Ethnopolitical Conflict and Humanitarian Action", Center for International Studies, Massachusetts Institute of Technology, 1995

Morris, N., „Protection Dilemmas and UNHCR's Response: A Personal View from Within UNHCR", *International Journal of Refugee Law*, Jg 9, Nr. 3, 1997

Morrison, J., *The Cost of Survival: The Trafficking of Refugees to the UK*, Refugee Council, London, Juli 1998

Morrison, J., „The Trafficking and Smuggling of Refugees: The End Game in European Asylum Policy?", Bericht für die UNHCR-Abteilung *Evaluation and Policy Analysis*, Genf, Juli 2000

Muni, S.D. und Baral Lok Raj (Hrsg.), *Refugees and Regional Security in South Asia*, Regional Centre for Strategic Studies, Konark Publishers PVT Colombo, 1996

Nahajlo, B., „Forcible Population Transfers, Deportations and Ethnic Cleansing in the CIS: Problems in Search of Responses", *Refugee Survey Quarterly*, Jg. 16, Nr. 3, 1997

Nash, A., (Hrsg.), *Human Rights and the Protection of Refugees under International Law*, Canadian Human Rights Foundation, Quebec, 1988

Newland, K., *US Refugee Policy: Dilemmas and Directions*, Carnegie Endowment for International Peace, Washington DC, 1995

Nicholson, F. und Twomey, P., *Refugee Rights and Realities: Evolving International Concepts and Regimes*, Cambridge University Press, Cambridge, 1999

Ogata, S., „Prevention, Protection and Solution: Elaborating a Post-Cold War Refugees Strategy", *The Brown Journal of World Affairs*, Brown University, Jg. 1, Nr. 2, 1994

Ogata, S., „The Evolution of UNHCR", *Journal of International Affairs*, Columbia University, Jg. 47, Nr. 2, 1994

Ogata, S., „UNHCR in the Balkans", in: Biermann, W. und M. Vadset (Hrsg.), *UN Peacekeeping in Trouble: Lessons Learned from the Former Yugoslavia*, Ashgate Publishing, Aldershot, Großbritannien, 1999

Omaar, R. und A. de Waal, „Humanitarianism Unbound? Current Dilemmas Facing Multi-Mandate Relief Operations in Political Emergencies", Diskussionspapier Nr. 5, African Rights, London, November 1994

Open Society Institute (Forced Migration Projects), *Crimean Tatars: Repatriation and Conflict Prevention*, New York, 1996

Open Society Institute (Forced Migration Projects), *Roma and Forced Migration: An Annotated Bibliography*, New York, 1997

Papademetriou, D., *Coming Together or Pulling Apart? The European Union's Struggle with Immigration and Asylum*, Carnegie Endowment for International Peace, Washington DC, 1996

Pejic, J., „Citizenship and Statelessness in the Former Yugoslavia: The Legal Framework", *Refugee Survey Quarterly*, Jg. 14, Nr. 3, 1995

Plaut, W., *Asylum: A Moral Dilemma*, Praeger, CT, 1995

Plender, R., *Basic Documents on International Migration Law*, 2. Auflage, Kluwer Law International, Den Haag, 1997

Posen, B., „Military Responses to Refugee Disasters", *International Security*, Jg. 21, Nr. 1, 1996

Pottier, J., „Relief and Repatriation: Views by Rwandan Refugees, Lessons for Humanitarian Aid Workers", *African Affairs*, Jg. 95, Nr. 380, 1996

Preeg, E., *The Haitian Dilemma: A Case Study in Demographics, Development and US Foreign Policy*, Westview Press, Boulder, Colorado, 1996

Prendergast, J., *Frontline Diplomacy: Humanitarian Aid and Conflict in Africa*, Lynne Rienner, Boulder CO, 1996

Prunier, G., *The Rwanda Crisis: History of a Genocide*, Hurst, London, 1995

Pugh, M., „Military Intervention and Humanitarian Action: Trends and Issues", *Disasters*, Jg. 22, 1998

Raoul Wallenberg Institute, *Temporary Protection: Problems and Prospects*, Bericht Nr. 22, Lund, 1996

Reynell, J., *Political Pawns: Refugees on the Thai-Kampuchean Border*, Refugee Studies Programme, Oxford, 1989

Richards, P., *Fighting for the Rain Forest: War, Youth and Resources in Sierra Leone*, James Currey, London, 1996

Rieff, D., „The Humanitarian Trap", *World Policy Journal*, Jg. 10, Nr. 4, 1995/96

Roberts, A., *Humanitarian Action in War: Aid, Protection and Impartiality in a Policy Vacuum*, Adelphi Paper Nr. 305, International Institute for Strategic Studies/Oxford University Press, London, 1996

Roberts, A. und B. Kingsbury (Hrsg.), *United Nations, Divided World: The UN's Role in International Relations*, Clarendon Press, Oxford, 1993

Robinson, N., *Convention Relating to the Status of Refugees: Its History, Contents and Interpretation*, Institute of Jewish Affairs, 1953

Robinson, N., *Convention Relating to the Status of Stateless Persons: Its History and Interpretation*, Institute of Jewish Affairs, 1955

Robinson, W.C., *Terms of Refuge: The Indochinese Exodus and the International Response*, Zed Books, London, 1998

Rogers R. und E. Copeland, *Forced Migration: Policy Issues in the Post-Cold War World*, Fletcher School of Law and Diplomacy, Tufts University, Medford, Massachusetts, 1993

Rohde, D., *A Safe Area: Srebrenica: Europe's Worst Massacre Since the Second World War*, Simon and Schuster, New York, 1997

Rotberg, R. und T. Weiss (Hrsg.), *From Massacres to Genocide: The Media, Public Policy and Humanitarian Crises*, Brookings Institution/World Peace Foundation, Cambridge, Massachusetts, 1996

Rubin, B. R., *The Fragmentation of Afghanistan: State Formation and Collapse in the International System*, Yale University Press, New Haven, Connecticut, 1995

Ruthstrom-Ruin, C., *Beyond Europe: The Globalization of Refugee Aid*, Lund University Press, Lund, 1993

Rystad, G., (Hrsg.), *The Uprooted: Forced Migration as an International Problem in the Post-War Era*, Lund University Press, Lund, 1990

Salomon, K., *Refugees in the Cold War. Toward a New International Refugee Regime in the Early Postwar Era*, Lund University Press, Lund, 1991

Shacknove, A., „From Asylum to Containment", *International Journal of Refugee Law*, Jg. 5, Nr. 4, 1993

Shawcross, W., *The Quality of Mercy: Cambodia, Holocaust and Modern Conscience*, André Deutsch, London, und Simon and Schuster, New York, 1984

Shawcross, W., *Deliver Us From Evil: Peacekeepers, Warlords and a World of Endless Conflict*, Simon and Schuster, New York, 2000

Shiblak, A., „Residency Status and Civil Rights of Palestinian Refugees in Arab Countries", *Journal of Palestine Studies*, Jg. 25, Nr. 3, 1996

Skran, C., *Refugees in Inter-War Europe: The Emergence of a Regime*, Clarendon Press, Oxford, 1995

Slim, H., „Doing the Right Thing: Relief Agencies, Moral Dilemmas and Moral Responsibility in Political Emergencies and War", *Studies on Emergency and Disaster Relief* No. 6, Nordiska Afrikainstitutet, Uppsala, 1997

Smillie, I., „Relief and Development: The Struggle for Synergy", Occasional Paper Nr. 33, Thomas J. Watson Jr. Institute, Providence, Rhode Island, 1998

Sorensen, G., „Individual Security and National Security: The State Remains the Principal Problem", *Security Dialogue*, Jg. 27, Nr. 4, 1996

Stein, B.N., F.C. Cuny und P. Reed (Hrsg.), *Refugee Repatriation During Conflict*, Centre for the Study of Societies in Crisis, Dallas, Texas, 1995

Suhrke, A. u. a., „The Kosovo Refugee Crisis: An Independent Evaluation of UNHCR's Emergency Preparedness and Response", Genf, 2000

Teitelbaum, M. und W. Weiner (Hrsg.), *Threatened Peoples, Threatened Borders: World Migration and US Policy*, W.W. Norton, New York, 1995

Tishkov, V., *Ethnicity, Nationalism and Conflict in and after the Soviet Union: The Mind Aflame*, United Nations Institute for Social Development, International Peace Research Institute und Sage Publications, London, 1997

Tuitt, P., *False Images: The Law's Construction of the Refugee*, Pluto Press, London, 1996

Türk, V., „The Role of UNHCR in the Development of International Refugee Law" in: Nicholson, F. und P. Twomey (Hrsg.), *Refugee Rights and Realities: Evolving International Concepts and Regimes*, Cambridge University Press, Cambridge, 1999

UNHCR (Amt des Hohen Flüchtlingskommissars der Vereinten Nationen), *A Mandate to Protect and Assist Refugees*, Genf, 1971

UNHCR, „Der Schutz von Flüchtlingen in Westeuropa: Tendenzen in der Gesetzgebung und die Positionen von UNHCR", *European Series*, Jg. I, Nr. 3, April 1996

UNHCR, *Die Lage der Flüchtlinge in der Welt. UNHCR-Report 1994*, Verlag J.H.W. Dietz Nachfolger, Bonn, 1994

UNHCR, *Handbuch über Verfahren und Kriterien zur Feststellung der Flüchtlingseigenschaft*, Genf, 1979

UNHCR, *Images of Exile: 1951—1991*, Genf, 1991

UNHCR, *Collection of International Instruments and other Legal Texts Concerning Refugees and Displaced Persons*, 2 Bde., 2. Auflage, Genf, 1995

UNHCR, *Handbook for Emergencies*, Genf, 1999

UNHCR, „Internally Displaced Persons: The Role of the United Nations High Commissioner for Refugees", Position Paper, Genf, März 2000

UNHCR, *International Thesaurus of Refugee Terminology*, United Nations, New York und Genf, 1996

UNHCR, *Protecting Refugees: A Field Guide for NGOs*, Genf, 1999

UNHCR, *UNHCR's Operational Experience with Internally Displaced Persons*, Genf, September 1994

UNHCR, *Zur Lage der Flüchtlinge in der Welt. UNHCR-Report 1995/96. Die Suche nach Lösungen*, Verlag J.H.W. Dietz Nachfolger, Bonn, 1995

UNHCR, *Zur Lage der Flüchtlinge in der Welt. UNHCR-Report 1997/98. Erzwungene Migration: Eine humanitäre Herausforderung*, Verlag J.H.W. Dietz Nachfolger, Bonn, 1997

Van Hear, N., *New Diasporas: The Mass Exodus, Dispersal and Regrouping of Migrant Communities*, University College London Press, London, 1998

Vereinte Nationen, „The Fall of Srebrenica, Report of the Secretary-General Pursuant to General Assembly Resolution 53/55", UN-Dokument A/54/549, 15. November 1999

Vereinte Nationen, „Report of the Independent Inquiry into the Actions of the United Nations during the 1994 Genocide in Rwanda", New York, 15. Dezember 1999

Vernant, J., *The Refugee in the Post-War World*, Yale Press, New Haven, Connecticut, 1953

Voutira, E., „Vestiges of Empire: Migrants, Refugees and Returnees in Post-Soviet Russia", *The Oxford International Review*, Jg. VII, Nr. 3, Sommer 1996

Wain, B., *The Refused: The Agony of the Indochina Refugees*, Simon and Schuster, New York, 1981

Walker, P., „Whose Disaster is it Anyway? Rights, Responsibilities and Standards in Crisis", *Journal of Humanitarian Assistance*, August 1996, Internet: http://www.jha.ac//articles/a009.htm

Waters, T., „The Coming Rwandan Demographic Crisis: Or Why Current Repatriation Policies Will Not Solve Tanzania's (or Zaire's) Refugee Problems", *Journal of Humanitarian Assistance*, Juli 1997, Internet: http://www.jha.ac//articles/a013.htm

Weiner, M., „Bad Neighbors, Bad Neighbourhoods: An Enquiry into the Causes of Refugee Flows", *International Security*, Jg. 21, Nr. 1, 1996

Weiner, M., „The Clash of Norms: Dilemmas in Refugee Policies", *Journal of Refugee Studies*, Jg. 11 Nr. 4, 1998

Weiner, M., *The Global Migration Crisis: Challenge to States and to Human Rights*, Harper Collins, New York, 1995

Weiner, M. und M. Munz, „Migrants, Refugees and Foreign Policy: Prevention and Intervention Strategies", *Third World Quarterly*, Jg. 18, Nr. 1, 1997

Weis, P., „The 1967 Protocol Relating to the Status of Refugees and Some Questions of the Law of Treaties", *British Yearbook of International Law*, Jg. 23, 1967

Weiss, T. und L. Minear (Hrsg.), *Humanitarianism Across Borders: Sustaining Civilians in Times of War*, Lynne Rienner, Boulder, Colorado, 1993

Weiss, T. u. a., *The United Nations and Changing World Politics*, Westview Press, Boulder, Colorado, 1994

Weiss, T. und C. Collins, *Humanitarian Challenges and Intervention: World Politics and the Dilemmas of Help*, Westview Press, Boulder, Colorado, 1996

Whitman, J. und D. Pocock (Hrsg.), *After Rwanda: The Coordination of the United Nations Humanitarian Assistance*, Macmillan Press, London, 1996

Wiesner, L.A., *Victims and Survivors: Displaced Persons and Other War Victims in Viet-Nam 1954—1975*, Westport Press, New York, 1988

Xenos, N., „Refugees: The Modern Political Condition", in: M. J. Shapiro und H. R. Alker (Hrsg.) *Challenging Boundaries: Global Flows. Territorial Identities*, University of Minnesota Press, Mineapolis und London, 1996

Zieck, M., „UNHCR and Voluntary Repatriation: A Legal Analysis", Universität Amsterdam (Doktorarbeit), Amsterdam, 1997

Zolberg, A., „The Unmixing of Peoples in the Post-communist World", Occasional Paper, International Center for Migration, Ethnicity and Citizenship, New School for Social Research, New York, 1997

Zolberg, A.R., A. Suhrke und S. Aguayo, *Escape from Violence: Conflict and the Refugee Crisis in the Developing World*, Oxford University Press, Oxford, 1989

Zucker, N.L. und N.F. Zucker, *Desperate Crossings: Seeking Refuge in America*, M.E. Sharpe, Armonk, New York, 1996

Zeitschriften und Berichte

Amnesty International Report. Erscheint jährlich. Herausgegeben von Amnesty International, London.

In Defense of the Alien. Erscheint jährlich. Herausgegeben vom Center for Migration Studies, New York.

Flüchtlinge. Erscheint viermal jährlich. Herausgegeben von UNHCR, Genf.

Forced Migration Review. Erscheint vierteljährlich. Herausgegeben vom Refugee Studies Centre, Oxford, in Zusammenarbeit mit dem Norwegian Refugee Council, Genf.

International Journal of Refugee Law. Erscheint vierteljährlich. Herausgegeben von Oxford University Press.

International Migration. Erscheint vierteljährlich. Herausgegeben von der Internationalen Organisation für Migration.

International Migration Review. Erscheint vierteljährlich. Herausgegeben vom Center for Migration Studies, New York.

International Review of the Red Cross. Erscheint sechsmal jährlich. Herausgegeben vom Internationalen Komitee der Rotkreuz- und Rothalbmondgesellschaften.

Journal of Refugee Studies. Erscheint vierteljährlich. Herausgegeben von Oxford University Press.

Refuge. Erscheint sechsmal jährlich. Herausgegeben vom Centre for Refugee Studies, York University, Toronto.

Refugee Survey Quarterly. Erscheint vierteljährlich. Herausgegeben von Oxford University Press.

World Disaster Report. Erscheint jährlich. Herausgegeben von der Internationalen Föderation der Rotkreuz- und Rothalbmondgesellschaften.

World Refugee Survey. Erscheint jährlich. Herausgegeben vom US Committee for Refugees, Washington DC.

World Report. Erscheint jährlich. Herausgegeben von Human Rights Watch, New York.

Ausgewählte Adressen im World Wide Web

Adressen der Vereinten Nationen:

UNHCR:
http://www.unhcr.ch

UNHCR-Vertretungen in Deutschland/Österreich:
http://www.unhcr.de

UNHCR Refworld:
http://www.unhcr.ch/refworld/welcome.htm

Vereinte Nationen:
http://www.un.org

Amt des Hochkommissars für Menschenrechte der Vereinten Nationen:
http://www.unhchr.ch

UN ReliefWeb:
http://www.reliefweb.int/

Andere Adressen:

Amnesty International:
http://www.amnesty.org/

Centre for Refugee Studies, York University, Toronto:
http://www.yorku.ca/crs/

European Council on Refugees and Exiles:
http://www.ecre.org/

Global IDP Survey:
http://www.nrc.no/idp.htm

Human Rights Internet:
http://www.hri.ca

Human Rights Watch:
http://www.hrw.org

InterAction:
http://www.interaction.org

International Association for the Study of Forced Migration:
http://141.13.240.13/~ba6ef3/iasfm.htm

International Crisis Group:
http://www.intl-crisis-group.org/

Internationale Föderation der Rotkreuz- und Rothalbmondgesellschaften:
http://www.ifrc.org/

Internationale Organisation für Migration:
http://www.iom.int/

Internationales Komitee vom Roten Kreuz:
http://www.icrc.org/

Jesuit Refugee Service:
http://www.JesRef.org/

Journal of Humanitarian Assistance:
http://www.jha.ac/

Lawyers Committee for Human Rights:
http://www.lchr.org/

Migration and Ethnic Relations:
http://www.ercomer.org/wwwvl/

OneWorld:
http://www.oneworld.org/index.html

Palästinensische Flüchtlinge:
http://www.Palestine-net.com/palestine.html

Refugee Studies Centre, University of Oxford:
http://www.qeh.ox.ac.uk/rsp/

Refugees International:
http://www.refintl.org/

US Committee for Refugees:
http://www.refugees.org

Refworld: Die CD-ROM von UNHCR

Refworld ist eine Informationsquelle für alle, die mit dem Thema Flucht und Vertreibung befaßt sind: Regierungen, Gerichte, internationale Organisationen, NGOs, Wohlfahrtsverbände, Universitäten/Institute und Anwälte. Die CD-ROM bietet zweimal jährlich aktualisierte Volltextdatenbanken mit den umfassendsten Flüchtlingsinformationen aus den aktuellsten und zuverlässigsten Quellen.

Die Informationen auf *Refworld* umfassen Daten zur Situation in den Herkunftsländern von Flüchtlingen, Gesetzestexte und Gerichtsentscheidungen verschiedenen Staaten, internationale Abkommen und Dokumente zu Menschenrechtsfragen und zum Flüchtlingsrecht, Dokumente der UN-Vollversamlung und des Sicherheitsrats, Dokumente der UN-Menschenrechtskommission und ihrer Unterkommission, offizielle UNHCR-Dokumente, eine ausführliche Referenzbibliothek mit Trainingshandbüchern, Flüchtlingsstatistiken und den Katalog des UNHCR-Dokumentations- und Forschungszentrums.

Refworld wird zum Abonnementspreis von jährlich 250 US-Dollar angeboten. Bei Sammelbestellungen gilt ein reduzierter Preis von 125 US-Dollar. Auf Antrag wird die Lizenz zur Nutzung auf mehreren Arbeitsplätzen erteilt. Nähere Informationen beim UNHCR Centre for Documentation and Research, CP2500, CH-1211 Genf 2, Schweiz.
Fax: +41 22 7 39 73 67, Email: cdr@unchr.ch.